성서 전체가 한 분 하나님의 말씀이라고 믿는 이들에게는 이 말씀의 핵심 메시지에 관한 관심이 없을 수 없다. 물론 우리는 성서 각 부분의 독특한 목소리를 경청한다. 하지만 동시에 그 많은 가락이 어우러져 만들어내는 거대한 합창곡이 듣고 싶다. 이 하나의 노래 속에서 그 다양한 가락의 색조가 제대로 드러난다고 믿기 때문이다. 두 저자는 "하나님의 관계적 임재"가 그 합창곡이라고 제안한다. 그리고 구약과 신약의 다양한 곡조를 상세히 짚어가며 어떻게 이 주제를 드러내는지, 그리고 그 노래 속에 다른 여러 주제가 어떤 식으로 함께 울려 나는지 보여준다. "관계적 임재"는 초월과 내재 사이, 그리고 하나님의 주권과 인간의 책임 사이의 비성서적 이분법을 벗어난다는 점에서 매력적이다. 또 구약의 시편이나 지혜 문서 혹은 교회의 삶을 다루는 신약의 여러 편지처럼, 구속 "역사" 중심의 종합에서 소홀히 되곤 하던 목소리들이 더 또렷이 들린다는 것 역시 이 구상의 장점이다. 이 책에 대한 구체적 평가는 책을 읽는 독자의 몫이지만, 이 책이 성서 전체의 일관된 흐름을 더 잘 이해하게 돕는다는 데는 의문의 여지가 없다. 성서라는 큰 마을의 풍경에 좀 더 익숙해지고 싶은 모두에게 매우 좋은 안내서다.

권연경 | 숭실대학교 기독교학과 신약학 교수

성서학자들은 역사비평적 관점에서 성서 각 권의 독특한 상황과 개별적인 신학의 강조점에 집중하는 경향이 있다. 그러다 보니 구약과 신약의 큰 그림과 신학적 통일성이라는 숲을 보기보다는 미시적 관점에서 각각의 나무만을 보며 성서에 접근하는 경우가 허다하다. 이런 신학적 작업은 자칫 구약과 신약을 서로 다른 별개의 신학 체계로 착각하게 만들거나, 성서 각 권 사이의 통일성을 찾는 작업 자체를 무모하거나 불가능한 일로 간주하는 착시 현상을 만들어냈다. 이렇듯 각자가 목소리를 내는 시장통에 서 있는 우리를 『하나님의 임재 신학』은 신학의 콘서트홀로 초대해 구약과 신약 사이 그리고 성서 각 권 사이의 신학적 통일성과 일관성의 목소리를 듣게 만든다. 무엇보다도 구약학자와 신약학자 두 사람이 각각 신구약을 맡아 "하나님의 관계적 임재"라는 일관된 관점에서 촘촘하게 구약과 신약의 신학적 유기성을 드러내고 있는 이 책은 단연 성서신학의 압권이다. 성서 각 권을 응집시키는 일관된 목소리를 듣는 일은 성서학자들뿐만 아니라, 구약과 신약을 함께 가르치고 설교하는 목회자에게도 중요한 일이다. 이 책은 언약, 하나님 나라, 구원, 예배 등의 관점으로 신구약 성서를 읽어오던 이들에게 더 근본적으로 "그물망"(spider web)같은 일관된 주제가 성서의 여러 주제를 하나로 연결해 지탱하고 있음을 간결한 언어로 설명한다. 한마디로 『하나님의 임재 신학』은 창세기부터 요한계시록까지 반복적으로 등장하는 일관된 하나의 주제를 추적해 풀어내는 성서신학(biblical theology)의 정수를 보여주는 책이다.

김경식 | 웨스트민스터신학대학원대학교 신약학 교수

기독교 성서신학은 구약과 신약을 통합하여 서술하는 것이 이상적이다. 그러나 보통 구약성서신학과 신약성서신학이 그렇게 한 묶음으로 기술되는 경우는 많지 않다. 그런 뜻에서 창세기부터 요한계시록까지 전체 성서를 아우르는 이 책은 이미 충분한 가치가 있다. 더욱이 신학이라는 것이 사람과 관계를 맺으시는 하나님의 임재를 추구하는 분야이므로, 이 책이 하나님의 관계적 임재를 성서를 꿰뚫는 주제로 삼은 것 역시 높이 평가할 수 있다. 그 밖에도 이 책에서 다루는 언약, 하나님 나라, 영광, 구속사 등과 같은 성서신학의 주요 주제는 독자들에게 성서의 주된 주제를 파악하는 데 큰 도움을 줄 것이다. 구약학자와 신약학자가 함께 이루어낸 이 귀한 작업의 결과물을 기쁜 마음으로 추천한다.

김정훈 | 부산장신대학교 신학과 구약학 교수

그동안 구약 39권을 관통하고 응집시키는 통일적 주제를 찾아보려는 시도는 많이 있었다. 하지만 신구약 66권 전체를 꿰뚫는 중심 주제를 신학적으로 제시하려는 시도는 비교적 적었다. 이 책은 창세기, 성문서, 예언서, 복음서, 바울 서신, 요한 서신, 그리고 요한계시록에 이르기까지 성서 전체를 일이관지로 견인하는 중심이 바로 하나님의 관계적 임재라고 주장한다. 저자들은 각 책의 스토리를 통합적으로 읽어낼 뿐만 아니라, 중요한 성서의 주제들도 하나님의 관계적 임재라는 큰 우산 아래 잘 통합시킴으로써 자신들의 주장을 설득력 있게 제시한다. 즉 언약, 하나님 나라, 영광, 예수 그리스도에게서 절정에 이르는 하나님의 구속, 이 모든 주제가 자신의 백성 가운데 거하며 그들과 교제하고 동행하시려는 하나님의 임재에 대한 열정을 다채롭게 표현한다는 것이다. 이 책은 구약과 신약의 연결점을 찾지 못해 성서 통독 도중에 좌초하는 모든 독자에게 가장 좋은 참고서가 되기에 손색이 없다.

김회권 | 숭실대학교 기독교학과 구약학 교수

기존의 성서신학들은 그것이 무리라는 것을 잘 알면서도 성서를 통합하는 단 하나의 중심 주제를 전면에 내세워왔다. 언약, 구속사, 약속, 왕국, 권능, 영광 등 저자와 작품 숫자만큼 많은 "중심 개념"이 그 결과다. 『하나님의 임재 신학』은 기존 주제들을 밀어내는 또 다른 "유일한 중심"이 아닌, 그들을 두루 연결해주는 응집의 중심으로서 "하나님의 관계적 임재"를 성공적으로 제시한다. 하나님의 임재의 중요성을 논하면서도 늘 그 위험과 모호성에 주목했던 기존의 작품들에 반해, 인간과의 사귐을 원하시는 하나님의 염원을 강조한 본서의 신학적 온기가 반갑고 신선하다. 아울러 인접 학문은 고사하고 성서신학 분과들끼리도 대화가 어려운 현실에서 일궈낸 신약학자와 구약학자의 성공적인 협업물이라는 점에서 이 책은 파편화한 신학계의 지형을 바꾸는 시도의 촉매가 되리라 기대한다. 창의적 발상과 엄밀한 연구, 친절한 글쓰기를 겸비한 『하나님의 임재 신학』을 성서를 사랑하는 모든 독자에게 기쁘게 추천한다.

유선명 | 백석대학교 신학대학원 구약학 교수

근세 이후 성서학은 "분석적 읽기"에 경도되는 경향을 보였는데, 그것이 과학적이고 실증적인 독법이라는 전제 때문이었다. 그러나 교부 시대로부터 오늘날까지 "교회의 책으로서 성서"는 "총체적 읽기"를 적용할 때 텍스트의 의미를 더욱 분명하게 드러낸다. 본서는 성서의 모든 문서를 코텍스트(co-text)의 관점에서 읽는 하나의 완성된 틀을 제시하는데, 구약성서와 신약성서를 관통하는 하나의 응축된 주제가 "하나님의 관계적 임재"라는 것이다. 저자들의 이런 주장은 신학적 성서 읽기가 제공하는 해석의 심층적 차원을 곱씹어보게 하며, 하나님과의 친밀한 소통을 가능하게 조력한다. 본서는 "성서"를 "하나님의 말씀"으로 읽으려는 일반 독자에게는 물론이고, 설교자와 신학도들에게는 필독서로 인정받아야 할 최상급의 책이다.

윤철원 | 서울신학대학교 신학대학원 신약학 교수

신약학자인 스캇 듀발과 구약학자인 대니얼 헤이즈는 하나님의 관계적 임재를 신구약 성서 전체에 걸쳐 있는 중심적인 주제로 제시한다. 심지어 성서신학의 주요 주제들이 바로 이 "하나님의 관계적 임재"라는 주제로 응축될 수 있다고 신구약을 장르별로 꼼꼼하게 주해하면서 설득력 있게 주장한다. 성서를 통해 자기 백성과의 인격적 관계 가운데 임재하기를 원하시는 하나님을 만나고자 하는 교회 성도들과 목회자, 그리고 성서학자들에게 신구약을 넘나드는 탁월한 신학적 통찰력을 담은 『하나님의 임재 신학』을 강력하게 추천한다.

이상일 | 총신대학교 신약학 교수

근대 이후 성서 연구는 두 가지 방향으로 진행되어왔다. 하나는 본문을 나누고 쪼개어 최대한 세밀하고 촘촘한 심연으로 치고 들어가는 미시적 해석의 관점이고, 다른 하나는 절개된 파편들을 감싸서 신약 27권과 구약 39권을 합한 성서 66권의 전체적인 흐름을 꿰뚫는 "복음"의 통일적 메시지에 집중하려는 흐름이다. 전자의 흐름을 탈 때 성서학도의 전공이나 연구는 가령 복음서→마태복음→Q자료→Q공동체→Q 이전 자료 등으로 잔가지를 치며, 후자의 흐름으로 나갈 때 연구 방향은 정경 66권을 총괄하는 단 하나의 키워드 찾기로 압축되는 경향을 보인다. 후자의 성서 해석에서 한 정점을 이룬 영역이 "성서신학"(biblical theology)인데, 이 책은 바로 이 분야에 속한다. 신약학자와 구약학자가 합세하여 이 책을 만들면서 그 키워드로 못 박은 개념은 "관계적 임재"(relational presence)다. 저자들은 신구약 성서 66권을 횡단하면서 이 핵심적 개념이 삼위일체 하나님의 관계적 현존은 물론 그의 백성들과 공동체, 종말론적 구원과 회복이라는 목표에 어떻게 관계적으로 임재하며 역동해왔는지, 또 그 과제가 "지금 여기서" 어떻게 진행되고 있는지를 명료하게 진술한다. 이 책은 성서신학에서 또 하나의 지평을 개척한 노작으로, "언약", "구원", "사랑", "회복" 등 기존의 성서신학적 키워드를 감싸고 있으며, 다각도의 "관계적 임재"로써 성서를 통해 그리고 성서와 함께 하나님이 구현해오신 총괄적 미션에 대한 이정표라 할 만하다.

차정식 | 한일장신대학교 신학과 신약학 교수

이 책은 구약학자와 신약학자의 공동 작품이다. 두 사람은 성서가 창세기의 에덴동산에서 하나님의 임재로 출발하여, 요한계시록의 회복된 동산에서 하나님의 임재로 끝난다는 관찰을 공유하면서, 하나님의 관계적 임재가 구약과 신약을 가로지르며, 신구약 간 통일성을 제공하는 성서신학의 중심 주제임을 주장한다. 저자들은 하나님의 관계적 임재라는 거대 주제가 어떻게 성서의 플롯을 주도하며, 이야기의 응집력을 제공하고, 다른 중요한 주제들을 서로 연결하는지를 각자의 전문지식을 동원하여 어렵지 않은 글쓰기로 독자를 설득한다. 저자들은 하나님의 관계적 임재가 성서신학의 응집력 있는 중심이라는 테제를 입증한다. 이는 하나님의 관계적 임재라는 중심 주제로 구약과 신약을 총망라하여 성서 전체를 추적하는 총체적인 성서신학 저술이다. 하나님의 관계적 임재라는 거대 주제가 성서의 다른 중요한 주제들(예. 언약, 하나님 나라, 창조, 거룩, 구속, 율법과 은혜, 죄와 용서, 생명과 죽음, 예배, 순종하는 삶)과 관련되고, 그것들을 서로 연결해주고 있다는 사실에 무릎을 치며 놀라게 된다.

차준희 | 한세대학교 구약학 교수, 한국구약학회 회장 역임, 한국구약학연구소 소장

이 책은 구약학자와 신약학자의 협업의 결과로서 성서의 중심 메시지가 무엇인가를 묻는다. 저자들은 이 질문에 구약과 신약 본문 전체에 대한 고찰을 통해 "하나님의 관계적 임재"(God's Relational Presence)라고 명확하게 답변한다. 각기 다른 시대에 생성된 다양한 종류의 문헌이 모여 있는 성서를 각 본문의 특징과 메시지를 존중하면서 읽기는 쉽지 않은 일이다. 어느 특정한 관점이나 개념을 중심으로 읽다 보면 고유한 역사적 배경을 가진 본문의 특징을 간과하거나 훼손할 위험성이 있다. 그러나 "하나님의 관계적 임재"는 그러한 우를 범하지 않으면서도 중심을 잃지 않게 하는 "나침반"과 "균형추"가 된다. "하나님의 관계적 임재"는 하나님의 창조 목적이면서 동시에 종말론적 구원의 목적이기도 하다. 더 나아가 다양한 주제(예컨대, 언약, 하나님 나라, 구원, 화목, 새 창조, 삼위일체 등)와 연결되는 동시에 그 주제들을 응집력 있게 통합한다. "관계적 임재"를 원하시며 이루시는 하나님의 모습은 진실로 그분이 "죽은 자의 하나님"이 아니라 "산 자의 하나님"(눅 20:38)이심을 증언한다.

하경택 | 장로회신학대학교 구약학 교수

신약학자 듀발과 구약학자 헤이즈는 지난 세월 공동 저자로서 좋은 파트너십을 이미 증명한 성서학자이자 말씀 교사들이다. 제목이 말해주듯 저자들은 창세기부터 요한계시록까지 "하나님의 관계적 임재"라는 현미경과 망원경의 이중 렌즈로 성서를 심도 있게 관찰하고 해석한다. 더 나아가 하나님의 임재야말로 다양한 주제(창조, 하나님 나라, 언약, 예배, 거룩, 성전, 영광, 죄와 구원, 죽음과 생명, 약속과 성취 등)로 구성된 성서신학적 거미줄을 연계적으로 끈끈하게 묶어주는 키워드임을 설득력 있게 풀어낸다. 성서 각 권/장르에 나타난 하나님의 임재에 대한 정경적 읽기이자 통전적 읽기인 셈이다. 성서신학적 읽기

(biblical-theological reading)가 그러하듯, 이 책은 여기서 다루고 있는 주제가 구원 역사의 흐름 가운데 어떻게 점진적으로 기독론적-교회론적-종말론적 성취와 완성을 지향하고 있는지를 여실히 보여준다. 신학생에게는 성서신학적 강물의 넓이와 깊이를, 목회자에게는 성서신학적 설교의 통찰을, 성도에게는 구약과 신약을 의식적으로 함께 통독해야 할 결단을 각각 자극하고 격려하는 파워풀한 작품이 아닐 수 없다.

허주 | 아세아연합신학대학교 신약학 교수

창조부터 새 창조에 이르기까지, 하나님의 관계적 임재는 전체 성서의 응집력 있는 중심으로서 인정된다. 저자들은 성서가 어떻게 조화를 이루는지를 이해하기 위해 정경 전체에서 이 중심 주제를 주의 깊고 명확하게 추적하여, 이 주제가 성서에 널리 퍼져 있을 뿐만 아니라 서로 연결되어 있음을 증명해낸다. 이 책은 성서신학을 다루는 모든 학과의 필독서가 될 것이다.

데이비드 G. 퍼스(David G. Firth) | 트리니티 칼리지 브리스톨, 프리스테이트 대학교

듀발과 헤이즈는 하나님의 관계적 임재가 성서신학의 진정한 중심 주제라는 사실을 분명하고 설득력 있게 제시한다. 이 책은 "물론이지!", "왜 내가 진작 이런 생각을 하지 못했을까?" 하며 감탄하는 순간들로 가득 차 있다. 성서 이야기를 한번 생각해보라. 인간은 하나님과 관계를 맺기 위해 지음을 받았다. 이 관계는 타락으로 인해 깨졌다. 성서의 나머지 부분은 이 관계의 회복과 갱신을 묘사하며, 요한계시록에서 하나님이 자기 백성과 함께 거하시는 것으로 절정에 이른다. "이것이야말로 성서의 중심 주제다!" 이 책은 단순하지만 심오한 이 논제를 포괄적으로 훌륭하게 수행해낸 연구 저술이기에 틀림없이 불후의 명작이 될 것이다.

마크 L. 스트라우스(Mark L. Strauss) | 베델 신학교

스캇 듀발과 대니얼 헤이즈는 내가 좋아하는 성서학자들이다. 나는 이 두 사람의 저서들을 통해 끊임없이 복을 받고 있는데, 이제 그 책의 수에 『하나님의 임재 신학』을 추가할 수 있다. 이 책은 정경 전체를 망라하는 포괄적인 성서신학이다. 저자들은 하나님의 관계적 임재가 거대한 구속 이야기에서 중요한 성서신학적 주제들을 하나로 묶는 "응집력 있는 중심"이라는 점을 설득력 있게 주장한다. 성서신학의 자료가 되는 이 책은 하나님의 말씀을 가르치는 신실한 교사들에게 많은 도움이 될 것이다. 나는 이 책을 몇 번이고 뒤질 것이다.

대니얼 L. 에이킨(Daniel L. Akin) | 사우스이스턴 침례신학교

교회에 주는 멋진 선물과 같은 책이다! 구약학자와 신약학자의 팀워크가 발휘된 대작이다. 이 책은 이미 출간된 두 사람의 많은 저서들이 증명하듯이, 저자들이 수년간 성서를 연구하고 묵상한 열매다. 나는 이 책을 읽다가 내려놓기가 어려웠다. 듀발과 헤이즈는 성서신학의 성배—이해하기 어려운 중심—를 찾는 일에 착수했다. 두 사람이 그 중심을 발견했다는 점에

동의하지 않을 학자들도 많이 있겠지만, 그들은 아주 가까이 접근했다. 듀발과 헤이즈는 (에덴)동산에서 하나님과 첫 인간 공동체의 중단되지 않는 교제로 시작하여 동산-도시에서 동일한 교제로 끝나는 성서의 줄거리를 추적한다. 타락, 족장들을 부르심, 출애굽, 시내산, 가나안 정복과 이스라엘 왕조, 포로기, 예언자적 소망, 그리스도 안에서 그 소망의 실현, 교회, 그리고 종말을 두루 망라하면서 말이다. 두 사람은 이 응집력 있는 중심이 바퀴살이 아주 가지런한 바퀴통과 같은 것이 아니라, 줄들이 때로는 직접적으로 때로는 간접적으로 연결되는 비교적 비대칭인 거미줄의 중심과 같다고 주장한다. 건전한 주해와 포괄적인 연구가 돋보이는 이 책은 성서신학의 중요한 필독서가 될 것이다!

스티븐 G. 뎀스터(Stephen G. Dempster) | 크랜달 대학교

전체 성서를 구성하면서도 그것이 일관된 전체로서 의미를 갖는 주제의 망을 통과하여 걸을 수 있다고 생각해보라. 『하나님의 임재 신학』은 그 방향으로 나아가는 위대한 발걸음이다. 이 책은 성서의 모든 부분과 그것들을 서로 연결하는 것에 대한 종합적인 토론을 소개한다.

대럴 L. 보크(Darrell L. Bock) | 댈러스 신학교

우리의 성서는 실제로 60권이 넘는 책이 있는 도서관이다. 그리스도인들은 심지어 이렇게 다양한 책의 정확한 수와 이름에 대해 의견이 엇갈리기까지 했다. 그렇다면 가죽제본 말고, 우리가 이 책들의 모음집이 실제로 한 권의 책이라고 생각하는 이유는 무엇인가? 듀발과 헤이즈는 이 책들이 하나의 이야기, 즉 자신의 피조물 가운데 나타나시는 창조주의 이야기, 자기 백성과의 관계를 추구하시는 하나님의 이야기이기 때문에 한 권의 책이라고 주장한다.

E. 랜돌프 리처즈(E. Randolph Richards) | 팜비치 애틀랜틱 대학교

God's Relational Presence

The Cohesive Center of Biblical Theology

J. Scott Duvall and J. Daniel Hays

© 2019 by J. Scott Duvall and J. Daniel Hays
Originally published in English under the title
God's Relational Presence by Baker Academic,
A division of Baker Publishing Group
P.O. Box 6287, Grand Rapids, MI 49516, U. S. A.
All rights reserved.

Used and translated by the permission of Baker Publishing Group
through rMaeng2, Seoul, Republic of Korea.

This Korean edition © 2022 by Holy Wave Plus Publishing Company, Seoul, Republic of Korea.

이 한국어판의 저작권은 알맹2를 통하여 미국 Baker Academic과 독점 계약한 새물결플러스에 있습니다. 신저작권법에 의해 한국 내에서 보호받는 저작물이므로 무단 전재와 무단 복제를 금합니다.

하나님의
임재
신학

성서신학의 응집력 있는 중심

J. 스캇 듀발, J. 대니얼 헤이즈 지음
오광만 옮김

GOD'S
RELATIONAL
PRESENCE
The Cohesive Center of Biblical Theology

새물결플러스

누구보다도 우리의 저술 작업에 긍정적인 영향을 준 우리의 친구이자
전 편집장인 잭 쿠하셰크(Jack Kuhatschek)에게 이 책을 바칩니다.
잭, 당신의 우정, 맛있는 저녁 식사, 생각을 자극하는 신학적 토론,
그리고 교회, 강의실, 학계를 위해 글을 쓸 수 있는
기회를 준 데 대해 고마움을 전합니다.

목차

세부 목차	14
감사의 글	23
약어	24

서론		29
제1장 •	모세 오경에 나타난 하나님의 관계적 임재	47
제2장 •	역사서, 시편, 지혜서에 나타난 하나님의 관계적 임재	121
제3장 •	예언서에 나타난 하나님의 관계적 임재	209
제4장 •	마태복음, 마가복음, 누가-사도행전에 나타난 하나님의 관계적 임재	295
제5장 •	바울 서신, 히브리서, 일반 서신에 나타난 하나님의 관계적 임재	385
제6장 •	요한복음, 요한 서신, 요한계시록에 나타난 하나님의 관계적 임재	483
결론		559
참고 문헌		578
인명 색인		614

세부 목차

감사의 글 23
약어 24

서론 29
    기본적인 논제 29
    본서에서 "성서신학"의 의미 30
    성서신학의 응집력 있는 중심 34
    임재와 편재, 내재와 초월 36
    신인동형론과 다른 비유들의 사용 40
    이 책은 어떻게 탄생하게 되었는가? 42

제1장 • 모세 오경에 나타난 하나님의 관계적 임재 47
    용어 47
    창세기 49
        창조와 (에덴)동산에 나타난 하나님의 임재
        하나님의 임재를 포함하는 성전으로서 (에덴)동산
        관계, 임재, 하나님의 형상
        (에덴)동산과 하나님의 임재로부터의 추방
        바벨탑
        족장, 언약, 하나님의 임재
    출애굽기 63
        하나님의 임재와 야웨라는 성호의 의미

애굽 사람들을 심판하시는 데 나타난 하나님의 임재
　　　출애굽 사건에 나타난 하나님의 임재
　　　모세의 노래와 출애굽의 목적
　　　시내산에 나타난 하나님의 임재
　　　성막에 나타난 하나님의 임재
　　　출애굽에 나타난 초월성, 내재성, 거룩함
　　　죄와 하나님의 임재의 위기
레위기-민수기　89
　　　하나님의 임재에서의 제사 용어
　　　하나님의 임재 안에서 드리는 예배와 제사
　　　하나님의 임재와 거룩함
　　　하나님의 임재와 언약
　　　"제사장의 축복"에 나타난 하나님의 임재
　　　언약궤에 나타난 하나님의 임재
　　　정복의 성공을 위해 힘을 주시는 능력으로서 하나님의 임재
신명기　103
　　　이스라엘 역사에 나타난 하나님의 임재
　　　약속의 땅을 정복하기 위해 힘을 주시는 능력으로서 하나님의 임재
　　　초월성과 내재성: 하나님은 위로 하늘과 아래로 땅에 계신다
　　　예배와 하나님의 이름/임재를 위해 하나님이 선택하실 장소
　　　예배, 의식, 제사, 하나님의 임재
　　　하나님의 임재, 언약, 땅에 대한 약속
결론　117

제2장 • 역사서, 시편, 지혜서에 나타난 하나님의 관계적 임재 121

역사서 121
  여호수아
  사사기
    이스라엘 백성은 "야웨의 목전에서 악을 행했다"
    사사기에서 "야웨의 영"
  룻기
    가나안 땅과 하나님의 임재를 떠난 결과들
    하나님의 임재와 가나안 땅에서 다시 축복을 찾음
  사무엘상하
    사무엘과 성막에서의 하나님의 임재
    하나님의 영은 하나님이 택하신 왕 위에 임한다
    다윗과 진설병
    하나님의 임재와 법궤 내러티브
  열왕기상하
    하나님의 거처인 성전
    솔로몬과 하나님의 임재의 관계
    히스기야, 요시야, 하나님의 임재
    하나님의 임재에서 추방된 이스라엘과 유다
  역대상하
    다윗과 하나님의 임재
    언약궤와 하나님의 임재
    다윗, 솔로몬, 성전 예배
    하나님의 임재는 성전에 거하기 위해 임한다
    유다의 왕들, 성전, 하나님의 임재
    하나님의 임재의 상실인 바빌로니아 포로
    다윗 언약, 성전, 미래에의 소망
  에스라-느헤미야
    가나안 땅으로 돌아왔으나…
    하나님은 제2성전에 돌아오지 않으신다
  에스더

시편 171
  성전에서 하나님께 드리는 예배와 하나님의 임재
  하나님의 얼굴

애가와 찬양시, 부재에서 임재로
하나님의 임재 안에 있는 피난처
출애굽에서 이스라엘을 인도하신 하나님의 강력한 임재를 기억함
정경적 배치, 하나님의 임재의 장소, 종말론적 소망
하나님의 통치, 언약, 메시아적 소망, 시편의 흐름

지혜서: 잠언, 욥기, 전도서, 아가 193

잠언
    지혜, 관계, "야웨를 경외함"
    창조, 지혜, 하나님의 임재
    지혜 여성과 하나님의 임재
욥기
전도서와 아가

결론 204

역사서
시편
지혜 문학

제3장 • 예언서에 나타난 하나님의 관계적 임재 209

이사야 209

이스라엘의 거룩하신 이는 성전에 거하신다
이스라엘 백성은 그들 가운데 거하시는 하나님을 버렸다
하나님의 임재로부터의 분리인 심판
하나님은 심판하실 때 이스라엘에게서 그분의 얼굴을 숨기신다
심판에 나타난 하나님의 임재
새로운 출애굽, 회복된 임재, 회복된 언약 관계
메시아적인 다윗 계열의 왕과 하나님의 임재
하나님의 임재와 하나님의 영
"내가 너와 함께함이라"라는 말로 표현되는 하나님의 임재

예레미야 232

하나님의 임재는 그분의 목전에서 행한 죄로 인해 멸시를 당한다
하나님의 임재로부터의 추방인 심판
하나님은 예루살렘과 직접 싸우신다
하나님은 법궤가 없는 보좌, 시온에 있는 그분의 보좌로 다시 오실 것이다

　　　　하나님은 목자가 그의 양 떼를 모으듯이 그분의 백성을 다시 모으신다
　　　　새 언약의 중심에는 하나님의 회복된 임재가 있다
　　에스겔　244
　　　　에스겔은 포로로 있는 동안 하나님의 임재를 대면한다
　　　　하나님은 성전에 거하시며 그곳에서 우상숭배로 인해 상처를 입으신다
　　　　하나님의 임재로부터의 분리인 심판
　　　　하나님은 마침내 성전에서 떠나신다
　　　　하나님은 예루살렘과 직접 싸우신다
　　　　미래의 회복에서 언약, 임재, 성령
　　　　하나님의 임재, 장차 오실 목자, 언약
　　　　하나님은 그분의 미래의 성전에 다시 오시며 그곳에 거하신다
　　다니엘　265
　　　　바빌로니아 포로, 천사들, 하나님의 초월성
　　　　옛적부터 계신 이와 장차 오실 인자
　　12예언서　271
　　　　호세아부터 스바냐까지
　　　　　　요나와 하나님의 임재
　　　　　　하나님은 성전에 거하시며, 그분 바로 앞에서 행한 죄로 말미암아 상처를 입으신다
　　　　　　하나님은 이스라엘 백성 및 유다 백성과 친히 싸우신다
　　　　　　하나님은 그분의 백성을 다시 모으시고 그들 가운데 다시 거하실 것이다
　　　　　　언약, 임재, 성령
　　　　학개부터 말라기까지
　　　　　　하나님은 제2성전에 거하기 위해 다시 오지 않으신다
　　　　　　하나님의 임재의 가능성은 포로기 이후 공동체와 함께 있다
　　　　　　미래에 하나님은 예루살렘의 성전에 다시 거하실 것이다
　　결론　292

제4장 • 마태복음, 마가복음, 누가-사도행전에 나타난 하나님의 관계적 임재　295

　　마태복음과 마가복음　296
　　　　예수의 정체성
　　　　　　마가복음: "예수는 그리스도시며, 하나님의 아들이시다"
　　　　　　마태복음: "임마누엘…우리와 함께 계시는 하나님"

예수의 사명
    마가복음: 하나님 나라의 가르침, 제자도, 기적
    마태복음: 성취, 제자도, 의
공동체와 갈등
    마태복음: 예수와 그의 백성의 동일시
    마가복음: 귀신 및 종교 지도자들과의 갈등
종말론적 임재
    새 성전이신 예수
    메시아 잔치
    예수의 미래 재림
    장차 임할 심판과 상급
지속적인 임재
    마태복음에서 임재의 수미상관
    교회의 사명에서 예수의 임재에 대한 약속

누가–사도행전 351
    백성을 구속하기 위한 하나님의 목적과 계획
    예수: 구주, 부활하신 주님, 메시아
    하나님의 인격적 임재로서의 성령
    하나님의 백성: 새 성전과 새 공동체
    복스러운 소망: 그리스도의 재림
결론 383

제5장 • 바울 서신, 히브리서, 일반 서신에 나타난 하나님의 관계적 임재 385

바울 서신 386
    하나님의 계시적 임재
    하나님의 성육신적 임재
    복음을 통해 전달된 하나님의 임재
    우리와 그리스도의 연합으로 말미암는 하나님의 임재
    성령으로 말미암는 하나님의 임재
    하나님의 백성인 교회 가운데 거하시는 하나님의 임재
    하나님의 지속적인 임재
    하나님의 종말론적 임재

히브리서와 일반 서신 442
  하나님의 성육신적 임재
  그리스도의 제사장적 임재
  하나님의 지속적인 임재
  하나님의 계시적–구원적 임재
  하나님의 백성인 교회 가운데 거하시는 하나님의 임재
  성령을 통한 하나님의 임재
  하나님의 종말론적 임재
결론 480

제6장 • 요한복음, 요한 서신, 요한계시록에 나타난 하나님의 관계적 임재 483

요한복음 484
  규정하기 힘들지만 계시된 하나님의 임재
  하나님의 성육신적 임재
  하나님의 지속적인 임재
    성령을 통한 지속적인 임재
    예수에 대한 제자도를 통한 지속적인 임재
  하나님의 종말론적 임재
요한 서신 508
  성육신한 아들이자 영생이신 예수
    하나님의 성육신한 아들이신 예수
    영생이신 예수
  인격적이고 관계적인 진리를 믿음
  하나님에게서 태어남, 하나님을 앎, 하나님께 순종함
  하나님의 사랑과 하나님의 임재
  성령과의 인격적 교제
요한계시록 523
  하나님의 삼위일체적 임재
  하나님의 예언적 임재
    예언적 서막과 에필로그
    요한의 환상 경험
    일곱 교회에 대한 메시지

　　　　　천사의 소통적 행위
　　하나님의 성육신적 임재
　　하나님의 지속적인 임재
　　　　　하늘에서 하나님의 지속적인 임재
　　　　　땅에서 하나님의 지속적인 임재
　　하나님의 종말론적 임재
　　　　　심판에 나타난 하나님의 임재
　　　　　자기 백성과 함께하시는 하나님의 영원한 임재

결론 555

결론 559

　　본서의 주요 논제로 되돌아감 559
　　핵심적인 세 가지 질문 560
　　하나님의 관계적 임재는 최상의 대답을 제공한다 561
　　보완적인 주제들 564
　　이 모든 것을 어떻게 규합할 것인가? 566
　　　　하나님
　　　　구원 계획
　　　　예수 그리스도
　　　　하나님의 백성
　　　　성령과 하나님의 지속적인 임재
　　　　종말론
　　　　에덴동산으로의 회복

참고 문헌 578
인명 색인 614

감사의 글

먼저 제임스 코르스모(James Korsmo), 데이브 넬슨(Dave Nelson), 그리고 우리의 이 꿈을 이루게 해준 베이커 아카데믹의 편집부 직원들에게 감사드린다. 자료를 찾고 문헌의 세부 사항을 확인하는 데 도움을 준 와시타 침례교 대학교(Ouachita Baptist University)의 학부 학생들인 딜런 왓슨(Dylan Watson), 랜지 조이너(Ransey Joiner), 칼렙 콜린스(Caleb Collins)에게도 고마움을 전한다. 특별히 참고 문헌을 정리할 때 우리를 많이 도와준 연구 조교 애덤 존스(Adam Jones)에게 감사의 말을 전한다. 마지막으로 우리의 아내들, 주디 듀발(Judy Duvall)과 도나 헤이즈(Donna Hays)의 끊임없는 지원과 격려, 그리고 애틋한 인내에 감사한다.

약어

성서 본문과 번역본

CSB	Christian Standard Bible
ESV	English Standard Version
ET	English translation
HCSB	Holman Christian Standard Bible
LXX	70인역
MT	마소라 본문
NASB	New American Standard Bible
NET	The NET Bible(New English Translation)
NETS	New English Translation of the Septuagint
NIV	New International Version
NLT	New Living Translation
NRSV	New Revised Standard Version
NT	New Testament
OT	Old Testament

2차 자료

AB	Anchor Bible
ABD	*Anchor Bible Dictionary*. Edited by David Noel Freedman. 6 vols. New York: Doubleday, 1992
AnBib	Analecta Biblica
AOAT	Alter Orient und Altes Testament
ApOTC	Apollos Old Testament Commentary
AYB	Anchor Yale Bible
AYBRL	Anchor Yale Bible Reference Library
BAFCS	The Book of Acts in Its First Century Setting
BBR	*Bulletin for Biblical Research*
BCOTWP	Baker Commentary on the Old Testament Wisdom and Psalms

BDAG	Danker, Frederick W., Walter Bauer, William F. Arndt, and F. Wilbur Gingrich. *Greek-English Lexicon of the New Testament and Other Early Christian Literature*. 3rd ed. Chicago: University of Chicago Press, 2000
BDB	Brown, Francis, S. R. Driver, and Charles A. Briggs. *A Hebrew and English Lexicon of the Old Testament*. Oxford: Clarendon, 1907
BECNT	Baker Exegetical Commentary on the New Testament
BETL	Bibliotheca Ephemeridum Theologicarum Lovaniensium
BHHB	Baylor Handbook on the Hebrew Bible
Bib	*Biblica*
BibInt	*Biblical Interpretation*
BJSUCSD	Biblical and Judaic Studies from the University of California, San Diego
BLS	Bible and Literature Series
BSac	*Bibliotheca Sacra*
BTCB	Brazos Theological Commentary on the Bible
BTL	Biblical Theology for Life
BTNT	Biblical Theology of the New Testament
BTS	Biblical Tools and Studies
BZ	*Biblische Zeitschrift*
BZAW	Beihefte zur Zeitschrift für die alttestamentliche Wissenschaft
CBQ	*Catholic Biblical Quarterly*
CBQMS	Catholic Biblical Quarterly Monograph Series
CC	Continental Commentaries
CNTUOT	*Commentary on the New Testament Use of the Old Testament*. Edited by G. K. Beale and D. A. Carson. Grand Rapids: Baker Academic, 2007
ConBOT	Coniectanea Biblica: Old Testament Series
COQG	Christian Origins and the Question of God
CTJ	*Calvin Theological Journal*
EB	Exploring the Bible
EBS	Encountering Biblical Studies
ECC	Eerdmans Critical Commentary
ExpTim	*Expository Times*
FAT	Forschungen zum Alten Testament
FBBS	Facet Books, Biblical Series
FOTL	Forms of the Old Testament Literature
FRLANT	Forschungen zur Religion und Literatur des Alten und Neuen Testaments
GAOT	The Gospel according to the Old Testament
HAR	*Hebrew Annual Review*
HBT	*Horizons in Biblical Theology*

HCOT	Historical Commentary on the Old Testament
HMSCS	Hearing the Message of Scripture Commentary Series
HSM	Harvard Semitic Monographs
IBC	Interpretation: A Bible Commentary for Teaching and Preaching
IBT	Interpreting Biblical Texts
ICC	International Critical Commentary
IDBSup	*Interpreter's Dictionary of the Bible: Supplementary Volume*. Edited by Keith Crim. Nashville: Abingdon, 1976
Int	*Interpretation*
ITC	International Theological Commentary
IVPNTC	IVP New Testament Commentary Series
JBL	*Journal of Biblical Literature*
JETS	*Journal of the Evangelical Theological Society*
JPTSup	Journal of Pentecostal Theology Supplement
JSNT	*Journal for the Study of the New Testament*
JSNTSup	Journal for the Study of the New Testament Supplement Series
JSOT	*Journal for the Study of the Old Testament*
JSOTSup	Journal for the Study of the Old Testament Supplement Series
JSQ	*Jewish Studies Quarterly*
JTISup	Journal for Theological Interpretation, Supplements
JTS	*Journal of Theological Studies*
KEL	Kregel Exegetical Library
LHBOTS	The Library of Hebrew Bible/Old Testament Studies
LNTS	The Library of New Testament Studies
NAC	New American Commentary
NACSBT	New American Commentary Studies in Bible and Theology
NCB	New Century Bible
NCBC	New Cambridge Bible Commentary
NDBT	*New Dictionary of Biblical Theology*. Edited by T. Desmond Alexander and Brian S. Rosner. Downers Grove, IL: InterVarsity, 2000
NEchtB	Neue Echter Bibel
NIB	*The New Interpreter's Bible*. Edited by Leander E. Keck. 12 vols. Nashville: Abingdon, 1994–2004
NIBC	New International Biblical Commentary
NICNT	New International Commentary on the New Testament
NICOT	New International Commentary on the Old Testament
NIDOTTE	*New International Dictionary of Old Testament Theology and Exegesis*. Edited by Willem A. VanGemeren. 5 vols. Grand Rapids: Zondervan,

	1997
NIGTC	New International Greek Testament Commentary
NIVAC	NIV Application Commentary
NSBT	New Studies in Biblical Theology
NTL	New Testament Library
NTT	New Testament Theology
OBS	Oxford Bible Series
OBT	Overtures to Biblical Theology
OTL	Old Testament Library
OTM	Oxford Theological Monographs
OtSt	Oudtestamentische Studiën
PBTM	Paternoster Biblical and Theological Monographs
PNTC	Pillar New Testament Commentary
PSt	Pauline Studies
ResQ	*Restoration Quarterly*
S&I	*Scripture and Interpretation*
SBET	*Scottish Bulletin of Evangelical Theology*
SBJT	*The Southern Baptist Journal of Theology*
SBL	Studies in Biblical Literature
SBLDS	Society of Biblical Literature Dissertation Series
SBLRBS	Society of Biblical Literature Resources for Biblical Study
SBLSymS	Society of Biblical Literature Symposium Series
SBTS	Sources for Biblical and Theological Study
SGBC	The Story of God Bible Commentary
SHBC	Smyth & Helwys Bible Commentary
SNTSMS	Society for New Testament Studies Monograph Series
SOTBT	Studies in Old Testament Biblical Theology
STAR	Studies in Theology and Religion
STDJ	Studies on the Texts of the Desert of Judah
STI	Studies in Theological Interpretation
TBC	Torch Bible Commentaries
TBS	Tools for Biblical Study
TBST	The Bible Speaks Today
TDNT	*Theological Dictionary of the New Testament*. Edited by Gerhard Kittel and Gerhard Friedrich. Translated by Geoffrey W. Bromiley. 10 vols. Grand Rapids: Eerdmans, 1964–76
TDOT	*Theological Dictionary of the Old Testament*. Edited by G. Johannes Botterweck and Helmer Ringgren. Translated by John T. Willis et al. 8

	vols. Grand Rapids: Eerdmans, 1974–2006
THOTC	Two Horizons Old Testament Commentary
TLOT	*Theological Lexicon of the Old Testament*. Edited by Ernst Jenni, with assistance from Claus Westermann. Translated by Mark E. Biddle. 3 vols. Peabody, MA: Hendrickson, 1997
TOTC	Tyndale Old Testament Commentaries
TTCS	Teach the Text Commentary Series
TWOT	*Theological Wordbook of the Old Testament*. Edited by R. Laird Harris, Gleason L. Archer Jr., and Bruce K. Waltke. 2 vols. Chicago: Moody, 1980
TynBul	*Tyndale Bulletin*
UBCS	Understanding the Bible Commentary Series
VT	*Vetus Testamentum*
WBC	Word Biblical Commentary
WestBC	Westminster Bible Companion
WTJ	*Westminster Theological Journal*
WUNT	Wissenschaftliche Untersuchungen zum Neuen Testament
WW	*Word and World*
ZAW	*Zeitschrift für die alttestamentliche Wissenschaft*
ZECNT	Zondervan Exegetical Commentary on the New Testament

서론

기본적인 논제

우리의 기본적인 논제는 삼위일체 하나님께서 당신의 백성과 인격적인 대면 관계를 맺기를 바라시며, 그 관계를 가능하게 하려고 당신의 피조물 안으로 들어오신다는 것이다. 그런 까닭에 성서는 (에덴)동산에서 당신의 백성과 관계를 맺으시는 하나님의 임재로 시작하고(창세기), 그 동산에서 당신의 백성과 관계를 맺으시는 하나님의 임재로 끝난다(요한계시록). 이런 거룩하고 열정적이며 강렬한 하나님의 임재는 불타는 떨기나무에서 그리고 시내산에서 모세에게 나타났으며, 그다음에는 성막(과 후에 성전)으로 들어갔다. 그 결과 하나님은 당신의 백성 가운데 거하실 수 있었다. 실제로 당신의 백성 가운데 거하시는 하나님의 임재는 백성과 맺은 하나님의 언약에서 근본이며, 이스라엘이 하나님을 예배하면서 하나님과 맺는 관계는 하나님이 성막 혹은 성전에 임재하시는 것에 초점을 맞춘다. 하지만 이스라엘은 그들의 죄와 불순종으로 인해 하나님의 임재에서 쫓겨난다. 하나님은 성전을 떠나시며(에스겔), 이스라엘은 그 땅에서 쫓겨나 포로로 끌려간다. 하나님의 임재의 회복은 구약 예언서 전편에 걸쳐 약속되며, 임마누엘(우리와 함께 계시는 하나님)이신 예수께서 나타나시는 복음서에서 성취된다. 성육신은 하나님의 관계적 임재를 절정에 이르게 한다. 이것이 바로 구약의 전체 이야기를 이끄는 주제다. 사도행전에서 예수께서 승천하신 후, 성령이 각 신자 안에 거하기 위해 오신다. 이는 마치 구약성서에서 하나님의 거룩한 임재가 성막이나 성전에 임한 것과 같다. 바울은 당신의 백성 가운데 거하시는 삼위일체 하나님의 관계적 임재에 대한 원대하고도 광범위한 신학적 함의를 설명한다. 실제로 바울 신학의 거의 모든 측면은 하나님의 관계적 임재와 연결된다. 전체 이야기는 요한계시록의 결론에서 절정에 도달한다. 요한계시록에서 하나님의 임재는 예루살렘(새 예루살렘)과 동산에서 하나님의 백성과 관련하여 또다시 발생한다. 이 "거대 주제"가 성서 이야기를 몰아가 언약, 하나님 나라, 창조, 거룩, 구속, 율법과 은혜, 죄와 용서, 생명과 죽음, 예배, 순종하는 삶과 같은 다른 모든 중요한 주제와 관련하여 정경 전체를 묶고 서로 연결해주는 응집력을 제공한다. 이것이 사실상 성서신학의 응집력 있는 중심이다.

본서에서 "성서신학"의 의미

성서 및 신학 연구 분야에서 "성서신학"(biblical theology)이란 용어는 폭넓은 범위의 의미를 뜻할 수 있다.[1] 이 책에서 우리는 성서 안에 있는 책들의

---

1 성서신학의 스펙트럼에 대한 개관은 Klink and Lockett, *Understanding Biblical Theology*를,

장르와 맥락을 사용하는 성서 주해에서 파생되고 각 책의 이야기 흐름에서 나와서 책에서 책으로 정경을 가로질러 연결하는 신학적 범주를 사용하는 신학을 지칭하기 위해 이 용어를 사용하고 있다. 성서신학에 대한 우리의 접근의 근저에 있는 것은 성서가 하나님의 영감으로 기록되었다는 전제다. 따라서 우리가 성서의 복잡한 구성을 확인하는 동안, 우리의 전제에서 도출되는 논리적 귀결은 성서 안에 통일성이 있다는 것이다. 이는 구약성서와 신약성서를 포함하여 모든 성서를 하나로 묶는, 하나님이 배치하신 응집력이다.

성서신학을 전개하기 위한 우리의 방법론은 주해와 귀납적 연구로 시작하지만,[2] 성서의 특성 때문에 주해적 분석과 신학적 분석이 종종 불가분하게 서로 연결된다는 점을 여전히 인정한다. 따라서 우리는 이 책의 처음부터 끝까지 구체적인 본문들에 대해 주해적인 세부 내용을 논의하고, 특성상 주로 주해적 분석이지만 종종 신학적 분석으로 이동하는 성서 주석과 단행본들을 참조할 것이다. 이 책의 범위는 전체 성서를 망라하지만, 우리의 주해적 분석은 가장 중요한 본문들에 한정될 것이다. 따라서 우리는 특히 논쟁의 여지가 있는 구절에 대해서는 보다 철저한 토론과 논증을 위해 인정받는 주석을 참조하면서 신속하게 결론을 내릴 것이다.

우리는 귀납적 주해 연구와 그와 관련된 신학적 분석을 하고 나서 종합으로 이동할 것이다. 여기서 우리는 먼저 각 책의 범주를 사용하고 그 책의 장르와 맥락에 특별한 주의를 기울이면서 주해적 결과를 종합하려고 한

이 주제에 대한 광범위한 논의는 Barr, *The Concept of Biblical Theology*를 보라. 성서신학의 간략한 역사에 대해서는 Pate et al., *The Story of Israel*, 11-17을 보라.

2 우리가 성서신학을 전개하기 위해 방법론적으로 설명하고 있는 것은 Carson, "Systematic Theology and Biblical Theology," 특히 91-92, 100-101; Hafemann, "Biblical Theology"에서 제시하는 것과 유사하다.

다. 다음으로 우리는 각각의 책에서 나온 결과들을 더 큰 단위(예. 모세 오경, 바울 서신 등)를 넘나드는 지속적인 플롯 및 성서적 주제들과 연결하고, 마찬가지로 종합한 것 하나하나를 가장 중요한 이야기 흐름 또는 "메가스토리"와 연결하면서 좀 더 광범위한 종합을 시도할 것이다. 이 단계에서 우리는 종종 구약 및 신약신학에 관한 책을 접하게 되는데, 그 이유는 그 책들이 종종 우리가 시도한 것과 비슷한 방식으로 종합을 시도하고 있기 때문이다.

성서신학에 대한 우리의 접근은 "서술적"이기도 하고 "규범적"이기도 하다. 우리는 각각의 책과 정경 전체에서 나타나는 신학을 밝히며 종합하려고 애쓸 것이다. 하지만 우리의 최종 목적은 그 신학을 그리스도인의 삶에 적용하는 데 있다.

우리는 "전체 성서"의 성서신학을 발전시키려고 시도할 것이다.[3] "전체 성서"의 성서신학은 본질적으로 기독교적 시도다. 우리 두 사람은 모두 개신교 전통 안에서 글을 쓰고 있다. 따라서 우리는 이 연구에서 구약성서를 설명할 때 성서의 책들에 대해 유대교의 타나크 정경 순서나[4] 외경을 포

---

3   Carson은 성서신학을 작성하는 데 있어 기본적인 도전이지만 여전히 결정적으로 필요한 일 중 하나는 성서 전체를 학문적이고 정확한 방식으로 다루는 어려운 작업이라고 강조했다 (Carson, "Current Issues in Biblical Theology," 20-23, 34-35).
4   우리는 막연히 유대교 정경이 "더 초기의 것"이라는 이유로 성서신학이 유대교의 정경 순서에 기초해야지 기독교 정경에 기초해서는 안 된다고 주장하는 동료 그리스도인들에게 동의하지 않는다. 이 동료 그리스도인들은 예수가 "율법과 예언자"를 언급한 것이 유대교 정경 순서를 인정하셨음을 나타낸다고 종종 지적한다. 하지만 고려해야 할 것이 있다. 첫째로 여기서 말하는 "율법"과 "예언자"는 매우 광범위한 분류를 가리키는 것이지, 예컨대 다니엘서를 어디에 분류해야 하는지를 나타내는 것이 결코 아니다. 둘째로 복음서는 유대교 성서에 대한 이런 광범위한 분류를 다음과 같은 세 가지 방식으로 언급한다. 즉 (1) "율법과 예언자"(마 7:12; 22:40; 눅 16:16), (2) "예언자와 율법"(마 11:13), (3) "모세 율법, 예언자, 시편"이다(눅 24:44). 셋째로 구체적인 정경 순서의 중요성(예. 룻기를 어디에 둘 것인지의 문제)은 성서가 두루마리 모음집에서 코덱스(책)로 이동했을 때 훨씬 더 중요해졌을 것이다. Hurtado는 그리스도인들이 기독교 운동에서 매우 일찍이 그들의 성서로 코덱스 형태를 채택했다고 지적하는데, 이는 유대인들이 그들의 거룩한 책으로 코덱스를 받아들인 것보다 앞

함하는 로마 가톨릭의 정경 모음집을 따르는 대신 전통적인 개신교 정경을 따를 것이다. 일반적으로 (기독교 대 유대교의) 정경 순서가 다른 것은 몇 군데 (역대상하, 룻기, 다니엘서 등)에서 성서신학의 발전에 영향을 미칠 뿐이며, 보통은 그저 사소한 방법론적 차이에 불과하다. 정경 위치의 이런 다양성 가운데서 우리의 연구의 결론에 심각하게 영향을 미치는 것은 아무것도 없다. 일부 학자들이 제안하듯이, 예를 들어 역대상하를 구약 정경의 끝에 놓는 것도 우리가 주장하는 흐름과 여전히 잘 어울리며, 심지어 우리의 주장을 약간 더 강화해주기까지 한다. 이를테면 역대하는 세 부분으로 이루어진 언약 공식의 요약, (땅 위에 거하시는 하나님의 임재를 위한 장소인) 성전을 재건하라는 요구, 당신의 백성과 함께하시는 하나님의 관계적 임재에 관한 약속으로 마친다. 이것은 신약성서와 연결되는 강력한 주제를 제공한다.[5] 구약 정경이 역대하로 끝나든지 말라기로 끝나든지 간에 우리의 결론은 동일하다.

마찬가지로 우리의 연구 과제는 기독교의 "전체 성서"를 망라하는 성서신학이다. 왜냐하면 우리는 하나님의 영감을 받은 성서 전체를 통해 플롯의 이동을 보기 때문이다. 우리의 관찰에서 출발점은 창세기가 플롯을 형성하는 시작이고, 요한계시록이 완성을 이루는 끝이라는 것이다. 예수 그리스도는 그 이야기의 중심에 계신다. 그러므로 역사적인 이동은 우리가

선다. 기독교 시대의 초기 몇 세기 동안 유대교는 여전히 두루마리를 사용했고, 유대교가 두루마리를 선호하는 것은 그리스도인들이 코덱스를 널리 용납한 후에도 수 세기 동안 지속되었으며, 심지어 지금도 유대교 회당들에서는 코덱스보다 두루마리가 더 선호되곤 한다(Hurtado, *The Earliest Christian Artifacts*, 43-93). 여기서 요지는 이것이다. 즉 구체적인 정경 순서가 신학적으로 더 중요해진 이유는 거룩한 책들의 모음집이 개별적으로 분리된 수많은 두루마리에서 하나로 묶은 코덱스로 옮겨졌기 때문이다. Hurtado는 그리스도인들이 코덱스를 선호한 것은 초기 기독교의 특징이자 "뚜렷한 표시"였다고 상정한다(*The Earliest Christian Artifacts*, 69).

5 신약 정경을 마무리하는 계 21-22장의 비슷한 주제적 강조점들을 주목하라.

제안하는 방법론에서 중요한 쟁점이다. 성서신학에 대한 우리의 접근은 성서신학에 대해 통시적 측면이 있다. 하지만 우리가 더 넓은 학계, 특히 구약 연구 분야에서 자주 논의되며 토론되고 있는 수많은 진화하는 구성 이론과 그에 수반되는 역사적 배경으로부터 기독교 성서신학의 발전을 위해 얻는 혜택은 매우 제한적이다.[6] 따라서 우리는 주로 정경에 반영된 역사를 전제하고, 기독교 정경에 제시된 역사적 배경과 운동에 기반을 둔 우리의 성서신학을 구축할 것이다.

성서신학의 응집력 있는 중심

분명한 것은 성서 전체에 약속과 성취, 구속, 창조, 하나님 나라, 언약, 하나님의 영광, 하나님의 주권과 같은 매우 중요하고도 만연한 수많은 주제가 있다는 것이다. 오랜 세월 동안 이런 주제들이 성서신학의 "중심"으로서 제안되었다. 하지만 성서신학의 중심이 무엇인지를 밝히는 것은 단순히 어느 주제가 가장 만연한지 또는 가장 자주 등장하는지를 주장하는 문제가 아니다. 오히려 성서신학의 중심은 다른 만연한 주제들을 상세한 내용과 더불어 일관성 있는 전체 속으로 연결하는 응집력을 제공하는 거대 주제일 것이다. 더욱이 우리는 성서신학의 중심을 묘사하기 위해 축(중심)이 있고 그 축에 연결된 동일하게 균형 잡힌 바퀴살(중심 주제)이 있는 바퀴 유비를 사용하는 대신 거미줄 유비를 선호한다. 성서신학의 중요한 주제들은

---

6 한 가지 예외는 시편이 될 것이다. 시편에서 우리는 시편 저자가 다섯 권을 작성하고 수집한 (포로기 이전, 포로기, 또는 포로기 이후의) 역사적 배경이 주해, 종합, 성서신학에 영향을 미칠 수 있다는 점을 인정할 것이다.

거미줄의 중요한 가닥들과 같다고 할 수 있는데, 이 가닥들은 이런저런 방향으로 중심에 연결되어 있지만, 늘 직접 연결되지는 않는다(일부는 방사형으로 연결되고, 일부는 동심원적으로 연결된다). 바퀴 유비에서 모든 것은 반드시 바퀴의 축에 직접 연결되어야 하는데, 이는 신학적으로 말하면 성서의 다양성에 인위적인 질서 정연함을 강제하는 결과를 낳을 수 있다. 반면에 거미줄의 중심은 정경적 유연성을 여전히 허용하는 상호 연결성의 의미를 전달한다.[7] 성서신학에서 모든 중심 주제와 부차적인 주제들은 궁극적으로 구조적인 통합성과 응집력의 중심에 의존한다. 비록 상호 연결의 구체적인 방식이 역사적으로나 신학적으로 복잡할 수 있지만 말이다.

이와 비슷하게 전반적인 성서 내러티브의 관점에서 볼 때, 성서신학의 응집력 있는 중심은 틀림없이 처음부터 끝까지 이야기의 플롯을 주도하는 거대 주제가 될 것이다. 그러므로 성서신학의 중심을 구분하는 것은 어떤 중심 주제가 플롯에 가장 통합적으로 관련되는지를 밝히는 문제다. 다시 말해서 성서신학의 중심은 플롯을 계속 진행시키고 다른 주제들과 서로 연결하는 만연한 주제다. 우리는 하나님의 관계적 임재가 성서 곳곳에서 바로 이런 역할을 수행하는 주제라고 주장할 것이다. 이와 동일하게 우리는 하나님의 관계적 임재가 성서신학의 "응집력 있는 중심"이라고 주장하지만, 성서에 있는 만연하고 의미심장한 다른 주제들(예. 언약, 하나님 나라)의 중요성을 무시하거나 경시하지 않을 것이다. 오히려 우리는 하나님의 관계적 임재라는 응집력 있고 중심적인 거대 주제가 이런 모든 다른 주제들을 성서 이야기의 매우 중요한 거대 플롯과 연결한다고 제안할 것이다. 우리가 생각

---

7 거미줄 유비에 대해 우리는 C. Campbell, *Paul and Union with Christ*(『바울이 본 그리스도와의 연합』, 새물결플러스 역간), 437-39에 신세를 지고 있다.

하기로 성서의 이런 다른 중요 주제들 대부분은 실제로 (소위) "하부 플롯들"이며, 각각의 하부 플롯은 하나님의 관계적 임재라는 거대 이야기와 상호 연결되고 관련된다. 이 책의 부제인 "성서신학의 응집력 있는 중심"(The Cohesive Center of Biblical Theology)은 하나님의 이야기를 처음부터 끝까지 진행시키는 과정에서 하나님의 관계적 임재가 성서의 모든 중요한 주제를 묶어주는 "거미줄 같이 응집력 있는 중심"이라는 주장을 반영한 것이다.

임재와 편재, 내재와 초월

조직신학 및 성서신학과 같은 기독교 신학에 대한 도전 중 하나는 하나님의 초월성(하나님의 타자성)과 하나님의 내재성(하나님과 피조물의 관계성, 특히 하나님과 창조세계 안에 있는 그분의 백성의 관계성) 간의 상호작용—어떤 이들은 긴장이라고 말할지도 모르겠다—이다. 때때로 조직신학에서나 심지어 성서신학에서도 내재성과 초월성을 둘 다 인정하는 경향이 있지만, 초월적인 하나님을 그분이 **실제로** 존재하는 방식으로, 내재하는 하나님을 (어느 정도 부차적으로) 그분이 우리에게 맞추시는 수용의 방식으로 이해한다. 우리는 이런 신학적 이해 방식이 부분적으로는 서구적 사고의 기저에 깔린 추론(아마도 신플라톤적 이원론의 잔재) 때문이라고 의심한다. 만일 우리가 조심하지 않는다면, 이것은 성서 본문에 대한 우리의 독서와 신학적 이해에 영향을 미치는 강하고 미묘한 전제가 된다.

하지만 신학의 목표, 특히 성서신학의 목표는 **성서를 통해 자신을 우리에게 계시하시는 분으로서** 하나님을 알고자 하는 것이다. 그렇다고 해서 이사야가 하나님의 오심을 "그는 목자같이 양 떼를 먹이시며 어린양을 그

팔로 모아 품에 안으시며 젖먹이는 암컷들을 온순히 인도하시리로다"(사 40:11)라고 묘사할 때 우리가 초월적인 하나님은 **실제로** 그렇지 않다고 말하면서 이것을 은유적인 수용으로 여기고 거부해야 할까? 그렇게 해서는 절대로 안 된다. 하나님은 분명히 초월적인 동시에 내재적인 분이시다. 그리고 하나님이 이 둘 중 어느 하나로 자신을 알리시는 자기 계시를 무시하는 것은 우리 자신의 이해라는 금송아지를 만들어 불경스럽게도 그것을 "하나님"으로 명명하는 것이다. 우리가 하나님을 이해하고 우리와 하나님의 관계를 이해하는 데 있어 중요한 부분은 하나님을 목자가 그의 양을 돌보듯이 우리를 사랑하시고 친근하게 돌보시는 분으로 여기는 것이다. 이것은 하나님께서 성서를 통해 자신을 우리에게 계시하시는 방식들 가운데 하나다.

성서는 확실하게 하나님의 초월성을 주장하며 초월성과 내재성 간의 긴장을 회피하지 않는다.[8] 하지만 성서 이야기가 전개되고 하나님께서 자기 백성과 관계를 맺고자 하실 때, 정의를 내리자면(즉 이 성서 이야기는 관계에 대한 이야기다), 내재성은 (비록 초월성이 여전히 지속적으로 맴돌고 있기는 하지만) 하나님께서 자신을 계시하시는 중심 무대를 차지한다. 우리의 이해에서 이런 "긴장"은 하나님의 임재와 그분의 편재 간의 중요한 구별로까지 이어진다.[9] 예를 들어 구약성서는 확실하게 하나님의 편재를 확언하지만, 모세는 광야에서 마주한 **모든** 떨기나무 앞에서 신을 벗고 두려움으로 그의 얼굴을 숨기지 않는다. 출애굽기 3장에 나오는 그 특별한 떨기나무에는 장관을 이루는 특별하고 독특한 무엇인가가 실제로 존재한다. 왜냐하면 하나

---

8 Clements, *God and Temple*, 136.
9 Moltmann의 유익한 논의를 보라. *The Coming of God*(『오시는 하나님』, 대한기독교서회 역간), 302-8.

님이 바로 그 불타는 특별한 떨기나무에 매우 강렬한 방식으로 임재하시기 때문이다. 마찬가지로 하나님의 편재가 세상의 모든 산을 채우고 있지만, 출애굽기 19장에 등장하는 한 산은 상당히 다르다. "시내산에 연기가 자욱하니 여호와께서 불 가운데서 거기 강림하심이라. 그 연기가 옹기 가마 연기 같이 떠오르고 온 산이 크게 진동하며"(출 19:18). 그래서 하나님은 시내산에서 자신과 이스라엘 백성의 언약 관계의 핵심적 측면으로서 자신의 임재에 대한 약속을 계시하실 때 편재의 모호한 개념에 대해서가 아니라 자신이 백성 가운데 실제로 거하기 위해 오신다는 매우 실제적이고 두려운 거룩한 임재를 말씀하신다. 하나님은 모세에게 이렇게 지시하신다. "내가 그들 중에 거할 성소[거룩한 장소]를 그들이 나를 위하여 짓되"(출 25:8). 하나님의 임재가 하나님과 그 백성의 관계에서 중심에 있다. 하나님은 이렇게 말씀하신다. "내가 이스라엘 자손 중에 거하여 그들의 하나님이 되리니, 그들은 내가 그들의 하나님 여호와로서 그들 중에 거하려고 그들을 애굽 땅에서 인도하여 낸 줄을 알리라. 나는 그들의 하나님 여호와니라"(출 29:45-46). 그 후 성막이 건축되자 하나님은 이스라엘 가운데 거하기 위해 성막으로 오신다. "구름이 회막에 덮이고 여호와의 영광이 성막에 충만하매"(출 40:34).[10] 이는 하나님의 "유사" 또는 "대용의" 임재가 아니라 하나님이 친히 당신의 백성과 관계를 맺을 목적으로 거처를 정하신 것이다.[11] 우리가 성서 전체를 통해 추적하고 있는 것이 바로 이런 하나님의 관계적 임

---

10 "야웨의 영광"(כְּבוֹד יְהוָה, kebod Yahweh)이라는 어구는 하나님 자신이 성막에 거하기 위해 오심을 나타내는 하나님의 임재를 가리킨다. M. Weinfeld, "כָּבֵד," *TDOT* 7:29-33; M. Moore, Divine Presence," 166을 보라.

11 Burnett은 이렇게 기록한다. "히브리 성서 전체에 걸쳐 이스라엘의 정체성은 그들이 하나님을 처음 만난 기억과 지속적인 하나님의 임재의 다양한 관계적 근거들에 대한 이해와 직접적으로 관련된다"(Burnett, *Where Is God?*, 5).

재다.

앞에서 언급했듯이, 구약성서에서 핵심적이고 결정적인 사건 중 하나는 시내산에서 하나님을 대면한 것이다. 그곳에서 하나님은 이스라엘과 세 가지 형식으로 규명된 언약 관계를 체결하신다. "나는 너희의 하나님이 될 것이다, 너희는 내 백성이 될 것이다, **나는 너희 가운데 거할 것이다**." 출애굽기에서 극적 사건의 절정은 40:34에 나타난다. 즉 "야웨의 영광"(하나님의 임재)이 이스라엘과 함께 거하기 위하여 성막에 들어가는 것이다. "그들 중에" 거하시는 하나님의 임재의 지속은 "야웨의 영광"이 솔로몬이 건축한 새 성전에 가득했다는 열왕기상 8:10-11에 나타난다. 구약 이야기의 전체 흐름과 거기에서 흘러나오는 신학에 대한 이 실제의 중요성은 아무리 강조해도 지나치지 않는다. 클레멘츠(R. E. Clements)가 주목하듯이, "야웨가 이스라엘의 하나님이 되신다는 것은 그분이 그들 가운데 거하신다는 것을 의미한다.…이스라엘은 야웨께서 그들 중에 거하실 때에만 이스라엘이 된다."[12] 실제로 하나님의 내재성은 당신의 백성에 대한 하나님의 계시에서 결정적인 요소다.

구약성서와 신약성서는 모두 하나님을 초월적인 동시에 내재적인 분으로서 제시한다. 어느 한 속성이 다른 속성을 지배하는 것을 용인하지 않으면서 말이다.[13] 구약성서에서 하나님의 내재성이 땅에 있는 그분의 백성과 함께 성막/성전에 거하시는 하나님과 연결될 때, 성서는 "이스라엘이

---

12 Clements, *God and Temple*, 115. 이와 비슷하게 Brueggemann은 출 29:45("내가 이스라엘 자손 중에 거하여 그들의 하나님이 되리니")을 주석하는 동안 "임재"와 "'그들의 하나님'이 되는 것" 사이의 강한 연결에 주목하면서 "임재는 모든 것이다"라고 주장한다(Brueggemann, *Theology of the Old Testament* [『구약신학』, 기독교문서선교회 역간], 663).
13 Vriezen은 "초월적인 하나님은 동시에 내재적인 하나님이시다"라고 강조한다(Vriezen, *Outline of Old Testament Theology*, 183).

야웨께서 사람들과 함께 거하심이 완전히 나타날 미래를 내다보는 종말론적 소망"을 추가한다. "기독교의 중심 주장을 위한 분명한 길이 만들어졌다. 그리스도 안에 나타난 하나님의 성육신 말이다.…여기서는 하나님의 내재성과 초월성이 인성과 신성의 완전한 연합체이신 분의 인격 안에서 조화를 이룬다."[14]

신인동형론과 다른 비유들의 사용

서론적인 문제에 속한 것으로서 우리는 비유적 언어의 문제를 제기해야 한다. 우리는 성서 전체, 특히 구약성서에서 비유적·시적·묵시적 언어를 광범위하고 종종 복잡하게 사용한다는 것을 잘 알고 있다.[15] 하나님의 행위 및 감정과 관련하여 신인동형론적 비유들이 넘쳐난다. 하지만 몇 가지 사실을 염두에 두는 것이 중요하다. 첫째, 성막에 그다음에는 성전에 거하는 하나님의 임재는 현실이었지, 은유가 아니었다. 하나님께서 성막에 들어가실 때 그의 영광/임재를 둘러싸고 있는 구름은 실제였지 비유가 아니었다. 둘째, 우리가 분명한 비유적 언어를 탐구할 때, 성서의 비유적 표현 배후에는 늘 문자 그대로의 실제가 존재한다는 점을 기억하는 것이 중요하다. 이는 비유적 표현이 가리키는 유사성의 영역이다.[16] 셋째, 신인동형론적 비유

---

14 Clements, *God and Temple*, 138.
15 구약의 시와 비유적 언어에 대해서는 J. D. Hays, *The Message of the Prophets*, 46-57; Duvall and Hays, *Grasping God's Word*(『성경해석: 성경을 읽고 해석하고 적용하는 실제적 지침서』, 성서유니온선교회 역간), 373-91을 보라.
16 Fretheim, *The Suffering of God*, 5-12에 제시된 신인동형론적 은유에 대한 유익한 논의를 보라.

는 우리에게 주시는 하나님의 계시에 속하는 이미지를 만들어낸다. 좋은 예로서 앞에서 인용한 이사야서 본문을 다시 보자. 여기서 예언자는 이렇게 쓴다. "그는 목자같이 양 떼를 먹이시며 어린양을 그 팔로 모아 품에 안으시며 젖먹이는 암컷들을 온순히 인도하시리로다"(사 40:11). 유비는 다음과 같이 분명하다. 즉 하나님은 마치 목자가 자기 양들을 돌보고 모으듯이 그분의 백성을 돌보시고 사랑스럽게 모으실 것이다. 비록 비유적 표현이긴 하지만, 이것은 우리에게 자신을 계시하기 위해 하나님께서 친히 선택하신 그분의 매우 실제적인 이미지를 전달한다. 여기서 이 이미지는 임재라는 우리의 주제와 약간 관계가 있다. 하나님은 단순히 멀리 하늘에 있는 그분의 보좌에서 회복을 명령하지 않으신다. 그분은 단순히 당신이 시키는 대로 하게 하려고 특사나 천사를 보냄으로써 회복을 이루시지 않는다. 하나님이 미래의 회복에서 그분의 역할을 위해 선택하신 중심 이미지 중 하나는 다시 모인 사람들과 함께 친히 걸으시고 어린양을 사랑스럽게 품에 안으시는 목자의 이미지다.

이 책에서 우리는 하나님께서 성전에 거하시고 후에 성전을 떠나시며 나중에는 성육신으로 다시 오시는 과정을 통해 이스라엘 가운데 거하시는 하나님의 실제적이고 문자적인 임재를 추적할 것이다. 또한 우리는 당신의 백성과 관계를 맺으시는 "매우 가깝고 인격적인" 하나님을 묘사하는 신인동형론적 비유를 자주 언급할 것이다. 우리는 이렇게 주장할 것이다. 이 둘은 관계가 있으며, 하나님의 친근한 인격적 관계에 관한 비유들은 시내산에서 하나님과 이스라엘의 인격적 만남이라는 실제와, 처음에 (에덴)동산에서, 그 후에는 성막에서, 나중에는 성전에서 그들 가운데 거하시는 매우 실제적이며 문자적인 하나님의 임재에 뿌리박고 있다고 말이다. 이 두 가닥—하나님께서 이스라엘 가운데 실제로 임재하신다는 것과 하나님에 관

서론 41

한 신인동형론적 비유—은 그리스도의 성육신, 성령의 내주, 기독교 정경의 가장 끝에 있는 새 예루살렘에서 발견되는 궁극적 회복을 통해 신약성서에서 극적으로 합쳐진다.

이 책은 어떻게 탄생하게 되었는가?

우리 중 한 사람(J. Scott Duvall)은 신약학 교수고, 다른 한 사람(J. Daniel Hays)은 구약학 교수다. 우리는 2001년에 함께 글을 쓰기 시작했다. 그 당시 우리는 『성경해석: 성경을 읽고 해석하고 적용하는 실제적 지침서』(성서유니온선교회 역간, *Grasping God's Word: A Hands-On Approach to Reading, Interpreting, and Applying the Bible*, Zondervan)를 출간했다. 우리는 신약과 구약 연구의 전문가로서 협력하여 작업하는 유익을 재빨리 알아차렸다. 실제로 성서 연구의 복잡성은 보통 전문화된 세부적 연구의 한 분야에 국한된 한 사람이 전체 성서를 학문적으로 설명하는 일을 어렵게 만든다. 게다가 (와시타 침례교 대학교에서 가르치는) 교수들로서 우리는 둘 다 전체 성서와 성서 이야기의 흐름을 학생들에게 설명해야 할 필요를 자주 느끼게 되었다. 이런 도전을 마주하는 것이 지난 25년간 우리의 열정이 되었다. 2004년에 우리는 공식적으로 성서신학을 저술하기 시작했다. 우리는 와시타 침례교 대학교의 다른 몇몇 동료 교수와 연합하여 『이스라엘의 이야기: 성서신학』(*The Story of Israel: A Biblical Theology*, InterVarsity)을 출간했다. 이 책에서 우리와 동료들은 정경 전체를 통해 "죄, 포로, 회복"이라는 주제를 추적했다. 그다음에 우리 두 사람은 다시 협력하여 전체 성서를 다룬 책 두 권을 썼다. 하나는 『베이커 성경 핸드북』(부흥과개혁사 역간, *The Baker Illustrated Bible Handbook*, Baker Books,

2011)이고, 다른 하나는 『성경실천: 성경의 위대한 이야기를 올바로 이해하고 실천하도록 돕는 실제적 지침서』(성서유니온선교회 역간, *Living God's Word: Discovering Our Place in the Great Story of Scripture*, Zondervan, 2012)다. 우리 두 사람이 하나님의 임재라는 주제가 얼마나 자주 등장하는지를 주목하기 시작한 것은 바로 이 무렵이었다. 우리는 하나님의 임재와 관련하여 각자의 연구에서 발견한 내용에 대해 흥미로운 대화를 나누기 시작했는데, 성서가 (에덴)동산에서 하나님의 임재로 시작하여 (창세기) 회복된 동산에서 하나님의 임재로 끝난다는 (요한계시록) 관찰로부터 출발했다. 이즈음 우리 두 사람의 학문적 연구에서 스캇은 요한계시록에 초점을 맞추고 있었고(*Revelation*, Baker Books, 2014; *The Heart of Revelation: Understanding the Ten Essential Themes of the Bible's Final Book*, Baker Books, 2016[『요한계시록의 심장: 요한계시록의 열 가지 핵심 주제 이해하기』, 새물결플러스 역간]), 대니는 구약 예언서에 대해 쓰고 있었다(*The Message of the Prophets: A Survey of the Old Testament Prophetic and Apocalyptic Books of the Old Testament*, Zondervan, 2010; *Jeremiah and Lamentations*, Baker Books, 2016). 또한 대니는 하나님의 관계적 임재라는 주제로 좀 더 직접적으로 파고들기 시작하여 대중적인 책인 『하나님의 임재와 구원』(새물결플러스 역간, *The Temple and the Tabernacle: A Study of God's Dwelling Places from Genesis to Revelation*, Baker Books, 2016)을 썼다. 우리 두 사람은 요한계시록과 구약 예언서를 각자 독립적으로 연구하면서 하나님의 관계적 임재가 구약과 신약을 가로지르며 신구약 간 통일성을 제공하는 성서신학의 중심 주제임을 확신하게 되었다.

 그 후 몇 년 동안 점점 더 그것을 찾기 시작하자 우리는 정경의 나머지 부분에서도 하나님의 임재의 빈도와 그 중심성에 지속적으로 끌렸다.[17] 본문 하나하나를 주해하는 수준에서 우리는 구약과 신약의 최고 주석들이 하나님의 임재가 특정한 본문들에서 수행하고 있는 중요한 역할에 주목하고 있다는 점에 여러 번 감명을 받았다. 예를 들어 마태복음 주석들은 마태복음이 "임마누엘"로 시작하고 "내가 너희와 항상 함께하리라"로 끝나는 것을 주목하고 있었다. 놓친 것이 있다면, 이렇게 독립된 주해적 결론들을 다 규합하고 그것들을 총체적인 성서신학으로 종합한 책이 없다는 점이었다. 이것이 바로 우리가 하려고 하는 일이다.

우리가 하나님의 임재가 성서신학의 중심 주제라고 최초로 주장한 것은 아니다. 수십 년에 걸쳐 다양한 학문 분과의 여러 학자가 비슷하거나 적어도 관련되는 결론에 도달해왔다. 1978년에 구약학자 새뮤얼 테리언(Samuel Terrien)은 『포착하기 힘든 임재: 성서신학의 핵심』(*The Elusive Presence: The Heart of Biblical Theology*, Harper & Row)을 출간했다. 테리언은 우리와 같은 결론을 많이 내린다. 하지만 그의 논증의 전개는 정경 전체에 걸쳐 매우 공정하지 않다. 테리언은 그의 자료비평적 선입견 때문에 적절한 자료를 많이 건너뛰기도 하며 그의 자료비평적 틀에 맞추어 자신의 결론들을 종합하려고 애쓴다. 그의 책은 유익하지만, 그 범위에 한계가 있다. 클레멘츠와 트렘퍼 롱맨(Tremper Longman)[18]과 같은 몇몇 다른 구약학자들은 하나님의 임재가 성서신학이나 구약신학의 중심이라고 주장하지 않은 채, 구약성서와 신약성서 전체에 걸쳐 하나님의 임재의 중요성을 강조한다. 이와 마찬가지

---

17 우리는 우리의 친구이자 전 편집장인 Jack Kuhatschek에게 빚을 졌다. 그는 이 초기 대화에 여러 번 참여했으며, 이 주제가 단지 "하나님의 임재"가 아니라 "하나님의 **관계적** 임재"라고 처음으로 우리에게 제안했다.

18 Clements, *God and Temple*; Longman, *Immanuel in Our Place*(『우리 안에 거하시는 하나님』, 기독교문서선교회 역간).

로 신약학자 비일(G. K. Beale) 역시 우주적 성전, 땅에 있는 성전, 하나님의 백성의 선교라는 주제를 추적하면서 우리가 내린 것과 동일한 몇몇 결론에 도달한다. 비록 비일이 좀 더 좁은 범위에 초점을 맞추고 있기는 하지만 말이다.[19] 조직신학 분야에서는 라이언 리스터(Ryan Lister)가 성서신학적 접근으로 정경 전체를 재빠르게 가로질러 이동하면서 우리가 내린 것과 매우 비슷한 결론들에 도달한다.[20] 따라서 다양한 수준에서 몇몇 다른 학문 분야의 다수 학자가 하나님의 임재가 성서의 중심 주제라고, 어쩌면 **유일한** 중심 주제라고까지 결론을 내렸다.

    이 책에서 우리의 목표는 하나님의 관계적 임재에 대한 완전한 성서신학을 발전시키는 것이다. 전체 성서를 가로질러 이 주제를 추적하고, 정경의 모든 부분에서 이 주제의 중요한 중심성을 주해적으로 확립하면서 말이다. 이 과정에서 우리는 이 거대 주제가 얼마나 반복적으로 등장하는지, 그리고 이 주제가 이야기와 플롯에 얼마나 핵심적인지를—실제로 이 거대 주제가 어떻게 성서의 플롯을 주도하며 이야기의 응집력을 제공하고 다른 중요한 주제들을 서로 연결하는지—보여줄 것이다. 우리는 하나님의 관계적 임재라는 이 거대 주제가 성서신학의 응집력 있는 중심이라고 주장할 것이다.

---

19 Beale, *The Temple and the Church's Mission*(『성전 신학: 하나님의 임재와 교회의 선교적 사명』, 새물결플러스 역간); Beale and Kim, *God Dwells among Us*(『성전으로 읽는 성경 이야기』, 부흥과개혁사 역간).

20 Lister, *The Presence of God*. 이와 비슷하게 하나님의 임재의 중심성과 그리스도인의 삶에서 하나님의 임재의 절대적인 중요성을 주목한 책은 Booth, *The Tabernacling Presence of God*이다.

제1장

모세 오경에 나타난
하나님의 관계적 임재

용어

구약성서 전체에 걸쳐 하나님의 임재를 암시하는 수많은 용어와 관용구가 있지만,[1] 핵심적이면서 가장 자주 사용되는 용어는 "파님"(פָּנִים, פָּנֶה [파네]의 복수형)이다.[2] 이 용어는 구약성서에서 2천 번 이상 등장한다. "파님"(פָּנִים/פָּנֶה)의 기본적인 의미는 해부학적 의미의 "얼굴"이다. 하지만 이 용어는 넓은 범위의 관용구와 여러 다른 비유적 표현으로도 사용된다. "얼

---

1 잘 알려져 있다시피, 구약성서가 하나님을 가리키기 위해 사용하는 중요한 두 가지 히브리어 단어는 야웨(일반적으로 "주님"[the Lord]으로 번역됨)와 엘로힘(일반적으로 "하나님"[God]으로 번역됨)이다. "전체 성서"를 탐구하는 성서신학으로서 우리의 관점과 일치하면서 일관성을 유지하기 위해 노력하며 우리는 이 책 전체의 논의는 물론이고 구약의 문맥에서까지도 일괄적으로 "하나님"이라는 단어를 사용했다. 물론 우리의 주해적·신학적 논의에서 야웨라는 명칭의 구체적인 의미가 중요한 역할을 하는 경우 불가피한 예외가 있다.

2 I. Wilson의 책에는 하나님의 임재를 암시하는 추가 용어 및 개념들의 긴 목록이 들어 있다. 이는 땅의 지역에서 말씀하심, 오심, 강림하심, 캄캄한 어둠 속에 계심, ~가운데 올라가심, 함께 가심, ~가운데 가심, 앞에 가심, 지나가심, 앞서 지나가심, 함께 서 계심, 함께 계심, ~가운데 계심, 나타나심, 만나심 등을 포함한다(I. Wilson, *Out of the Midst of the Fire*, 207–8).

굴"은 "손"보다 더 풍부한 표현이며 "눈"보다 더 포괄적인 용어이므로, 전체적인 인격을 나타내는 제유법으로 자주 사용되었다.³ 감정과 반응을 표현하는 "파님"의 능력 때문에, 이 단어는 관계의 강한 함의를 전달하기도 한다. 사실 시미안-요프레(H. Simian-Yofre)가 설명하는 것처럼, "'파님'이란 단어는 관계를 묘사한다.… '파님'은 야웨에게 적용되더라도 사람에게 적용되는 것 이상도 이하도 아닌 동일한 것을 말한다." 말하자면, 이 단어는 "실제적인 인격적 임재, 관계, 모임(아니면 만나기를 거절하는 것)을 가리킨다. 하나님과 인간의 모든 근본적 관계는 '파님'과 이 단어와 연관된 여러 표현으로 묘사될 수 있다.… '파님'이 임재를 나타내는 한, 이 단어가 사용된 목적은 대인 관계의 긍정적인 측면을 강조하는 데 있다. 그 관계의 부정적인 측면은 '파님'으로부터의 분리로 표현된다"("외면하다" 또는 "강경히 반대하다"[to set one's face against]라는 관용구는 강한 부정적 함축을 전달하는 예외일 것이다).⁴

"파님"이란 형태는 관용구적 표현을 만들기 위해 몇 개의 다른 전치사와 함께 사용되는데, 그중 많은 예가 하나님에 대해 사용된다. 가장 자주 등장하는 표현 가운데 하나가 "리프네 야웨"(לִפְנֵי יְהוָה, 야웨 앞에, 야웨 목전에)인데, 이는 구약성서에서 236번 등장한다.⁵ 이 표현은 다른 관용구들과 마찬가지로 약간 유동적이다. 하지만 그것의 대다수 용례는 종종 성막이나 성전에 계신 하나님의 **공간적** 임재를 가리킨다.⁶ 사실상 이것은 성막이나

---

3 H. Simian-Yofre, "פָּנִים," *TDOT* 11:607; A. S. van der Woude, "פָּנִים," *TLOT* 2:1001.
4 H. Simian-Yofre, "פָּנִים," *TDOT* 11:606-7. Van der Woude는 "파님"이 하나님에 대해 사용될 때 일종의 대리하는 인물이 아니라 하나님 자신의 인격적 임재를 가리킨다고 강조한다 (A. S. van der Woude, "פָּנִים," *TLOT* 2:1004-5).
5 Fowler, "The Meaning of *lipnê* YHWH," 384.
6 Fowler, "The Meaning of *lipnê* YHWH," 387; Simian-Yofre, "פָּנִים," 11:608-10. פָּנִים의 다른

성전에 계신 하나님의 매우 실제적이고 공간적인 임재를 가리키는 가장 일반적인 표현 중 하나다.

창세기

성서가 창조로 시작하고(창 1-2장) 새 창조로 끝난다(또는 절정에 도달한다)(계 21-22장)는 사실의 중요성에 주목한 사람들이 많이 있다.[7] 이런 관찰은 확실히 성서신학의 출발점에 대해 시사하는 함의가 있다.[8] 하지만 이 책 전체에서 논의했듯이, 하나님의 관계적 임재라는 주제는 "창조"와 "구원사"를 둘 다 포함한다. 이것은 창세기 1-11장이 요한계시록 19-22장의 많은 요소와 병행을 이루는 광범위한 "북엔드" 현상의 한 부분이다.[9] 하나님과 백성의 관계적 측면에서 볼 때, 성서는 (에덴)동산에서 하나님과 그분의 백성으로 시작하고 맨 나중에 동산에서 다시 한번 하나님과 그분의 백성으로 마친다.

전치사적 합성어와 관용구들에 대한 논의는 Simian-Yofre, "פָּנִים," 11:611-14를 보라. פָּנִים이 "얼굴을 가리다"라는 개념을 함의하는 동사 및 전치사들과 함께 사용된 용례는 Balentine, *The Hidden God*, 1-76을 보라.

7 Scobie, *The Ways of Our God*(『성경신학: 성경 전체를 종합적으로 다루는 다중 주제적 연구방식』, 부흥과개혁사 역간), 149; Fretheim, *God and World*, 9; Dumbrell, *The End of the Beginning*(『새 언약과 새 창조』, 기독교문서선교회 역간), 189-96; Westermann, *Beginning and End in the Bible*.

8 20세기의 구약학자들 중에는 "창조"를 주요 주제로 인정하지 않고, 그 대신 구약 신학을 주도하는 중심으로 "구원사"를 선택하는 사람이 많았다. 하지만 좀 더 최근에는 "창조"의 중요성을 핵심적이면서도 밀접하게 관련되는 주제로 인정하는 학자들이 점점 많아지고 있다. 예를 들어 Scobie는 "성서는 출애굽기로 시작하는 것이 **아니라** 창세기로 시작한다고 주장할 필요가 있다"라고 재치 있게 말한다(Scobie, *The Ways of Our God*, 148-49).

9 Duvall, "The Beginning and the End"에 있는 유용한 비교 도표를 보라.

창조와 (에덴)동산에 나타난 하나님의 임재

창세기의 창조 기사 전체에서 하나님은 친히 창조에 관여하시는 존재로 묘사된다. 창세기 1:2에서 "하나님의 영은 수면 위에 운행하시니라"라고 언급된다. 이 어구의 의미와 관련하여("하나님의 영"을 바람, 영, 성령 중 무엇으로 번역해야 하는지) 의견의 일치가 없지만, 이는 하나님의 활동을 가리키는 것으로 보인다. 따라서 이 본문은 하나님의 강력한 임재 혹은 그분의 임재와 관련된 힘의 확장을 암시한다.[10] 하지만 창세기 1장에서 2장으로 이동하면, 우리는 명칭(하나님의 성호)과 강조점에서의 이동을 목격한다. 즉 창세기 1장의 하나님의 초월성(우주의 창조자로서 엘로힘)에서 하나님의 내재성(사람을 만드시고 동산을 거니시는 야웨)으로 초점이 이동하는 것이다. 창세기 2장의 창조 기사 전체에서 언어와 이미지는 공간적 임재를 불러일으킨다. 즉 하나님은 마치 토기장이가 토기를 빚듯이 땅의 흙에서 사람(과 동물들[2:19])을 **만드셨다**(2:7). 하나님은 사람의 코에 숨을 **불어넣으셨고**(2:7), 동산을 **창설하셨으며**(2:8), 사람을 **이끌어** 동산에 **두셨다**(2:8, 15). 그 후 하나님은 동물들을 사람에게 **이끌어 가셨으며**(2:19), 남자의 갈비뼈로 여자를 만드시고는 그 여자를 남자에게 **이끌어 오셨다**(2:22).[11] 창세기 2장에서 창조 내러

---

10 Waltke는 이것이 사람의 거처를 위해 땅을 준비하시는 "전능하신 성령"을 묘사한다고 제안한다(Waltke, *Genesis*[『창세기 주석』, 새물결플러스 역간], 65). J. Walton은 "하나님의 영/바람"을 하나님의 손처럼 하나님의 능력의 확장을 나타내는 것으로 이해한다(J. Walton, *Genesis*, 77). Routledge는 "구약성서에서 성령의 임재와 활동은 하나님 자신의 임재 및 활동과 동일시된다"라는 점에 주목한다(Routledge, *Old Testament Theology*, 113). Sailhamer는 창 1:2에서 창조 사역을 행하시는 "하나님의 영"이 출 31:1-5에서 성막을 건축하기 위해 브살렐에게 충만히 임하시고 능력을 주시는 "하나님의 영"과 병행을 이룬다고 주장한다(Sailhamer, *The Pentateuch as Narrative*[『서술로서의 모세오경』, 크리스챤서적 역간], 32-33).

11 Fretheim, *God and World*, 39. W. Brown은 이렇게 쓴다. "하나님은 정원사이자 토기장이로

티브의 이미지는 하나님을 하늘 보좌에 앉으신 채 아래에 있는 만물에 명령을 보내시는 분으로 묘사하지 않는다. 오히려 그분을 창조에 친히 관여하시는, 동산에 내려와 직접 함께하시는 분으로 묘사한다.[12]

하나님에 대한 이런 묘사가 계속되는 것과 하나님이 실제로 (에덴)동산에 임재하심을 강조하는 것은 창세기 3:8에서도 볼 수 있다. "그들이 그날 바람이 불 때 동산에 거니시는 여호와 하나님의 소리를 듣고." 소수의 학자가 이 본문을 다르게 번역하고 이해해야 한다고 제안해왔지만,[13] 대다수의 주석가 및 번역가들은 하나님이 동산에 친히 거니신다는 전통적인 이해를 유지한다.[14] 더욱이 본문은 이것이 정상적으로 일어난 일이었음을 암시하는 것으로 보인다.[15] 테렌스 프레타임(Terence Fretheim)은 이렇게 쓴다. "우주와 모든 피조물의 창조자는 멀리서 세상과 관계를 맺는 것을 선택하지 않으신다. 그분은 인간의 형상을 취하시고, 피조물 사이에서 거니시며, 최근 사건들과 관련하여 친히 피조물에 관여하신다."[16] 이는 우리가 하나

서 자연스럽고 친밀하게 창조 사역을 하신다"(W. Brown, "Manifest Diversity," 23).

12 Averbeck은 이 행위들 가운데 몇 개(만들다, 불어넣다, 창설하다 등)를 콕 집어서 창 1:1-2:3이 하나님의 초월성을 강조하는 반면에, 창 2:4-4:26은 하나님을 그분의 백성과 가깝고 친밀한 관계를 맺는 분으로 제시하면서 그분의 내재성을 강조한다고 주장한다(Averbeck, "Tabernacle," 822). Bonhoeffer는 하나님이 그분의 손으로 사람을 만드신 것이 하나님의 권위뿐만 아니라 그분이 "가까이 계심"을 강조한다는 점에 주목한다(Bonhoeffer, *Creation and Fall*[『창조와 타락』, 복있는사람 역간], 46).

13 Niehaus는 창 3:8이 서늘한 날에 거니시는 하나님이 아니라 공포에 떨게 하는 바람/폭풍 신현을 가리킨다고 주장했다(Niehaus, "In the Wind of the Storm"). 이와 비슷한 견해에 대해서는 Stuart, "The Cool of the Day"를 보라.

14 예를 들어 V. Hamilton, *The Book of Genesis*(『NICOT 창세기 1』, 부흥과개혁사 역간), 192-93; Ross, *Creation and Blessing*(『창조와 축복』, 디모데 역간), 143; Cassuto, *From Adam to Noah*, 150-54; Wenham, *Genesis 1-15*(『창세기 1-15』, 솔로몬 역간), 76; Westermann, *Genesis 1-11*, 254; Waltke, *Genesis*, 92.

15 Wenham, *Genesis 1-15*, 76; Goldingay, *Old Testament Theology*, 1:136.

16 Fretheim, "The Book of Genesis," 362.

님과 첫 부부의 관계를 이해하는 데 있어 충격적인 함의가 있다. 하나님은 첫 부부를 아름다운 동산에 은혜롭게 두시고 그들을 위해 모든 것을 제공하셨다. 무엇보다도 중요한 것은 그들이 하나님의 실제적 임재와 아주 가깝게 직접 교제하는 복을 받았다는 점이다. 하나님이 어떻게 자기 백성과 관계를 맺으시는지를 보여주는 이 처음 그림에서 하나님은 하늘 보좌에 앉아 계신 왕이 아니라(비록 하나님이 첫 사람을 흙에서 만드신 것에서 그분의 권세가 분명하게 강조되긴 하지만), 바로 이곳 땅 위 동산에서 그분의 백성과 거니시고 이야기를 나누시는 분으로 그려진다. 존 월튼(John Walton)이 서술하듯이, "하나님의 임재는 (에덴)동산을 이해하는 열쇠였다."[17]

하나님의 임재를 포함하는 성전으로서 (에덴)동산

창세기의 처음 몇 장은 에덴동산을 하나님이 사시며 그분의 백성과 관계를 맺으시는 곳으로 묘사한다. 이런 현실(하나님이 거하시고 그분의 백성과 관계를 맺으시는 것)은 우리가 나중에 성막과 성전을 다룰 때 반복해서 보게 될 것이다.[18] 에덴동산과 성막/성전의 유사성과 강력한 주제적·언어학적 병행으로 인해 신학 스펙트럼 전반에 속한 많은 학자가 구약성서에서 창세기 2장의 에덴동산과 이후 성막/성전의 강력한 관련성을 주장하게 되었다. 많은 학자가 에덴동산을 원형적 성막/성전으로 이해해야 한다고 주장한다.[19]

---

17 J. Walton, *Genesis*, 182.
18 J. D. Hays, *The Temple and the Tabernacle*, 20-21.
19 Wenham, "Sanctuary Symbolism in the Garden of Eden Story"; Wenham, *Genesis 1-15*, 61-62; Waltke, *Genesis*, 85; Longman, *Immanuel in Our Place*, 7, 35-36; Fretheim, *Exodus*, 269; Beale, *The Temple and the Church's Mission*, 66-80; J. Walton, *Genesis*, 181-84; Mathews, *Genesis 1-11:26*, 210, 257; Provan, *Discovering Genesis*, 57-58, 70-71; B. Arnold, *Genesis*,

이런 관련성의 중심에는 하나님의 임재가 있는데, 그 이유는 성전이 무엇인지를 정의하는 것이 하나님의 "임재" 또는 "내주"이기 때문이다. 즉 성전은 이스라엘은 물론이고 고대 근동 전역에서 신들의 거주지로 간주되었다. 그곳은 오늘날 교회에 대해 종종 이해하듯이 단순히 예배를 위해 모이는 장소가 아니었다.[20]

관계, 임재, 하나님의 형상

창세기 1:26-27은 이렇게 진술한다. "우리의 형상을 따라 우리의 모양대로 우리가 사람을 만들고 그들로…다스리게 하자 하시고, 하나님이 자기 형상 곧 하나님의 형상대로 사람을 창조하시되." 성서학자나 조직신학자들 사이에서 "하나님의 형상"(종종 *imago Dei*로 언급됨)이라는 어구의 의미는 분명한 의견 일치를 보지 못한다. 그리고 이 문제는 수많은 학문적 토론을 계속 불러일으킨다. "하나님의 형상"(*imago Dei*)을 영적·정신적 또는 신체적 유사성을 가리키는 것으로 이해한 초기의 견해들은 대체로 거부되었다. 클라우스 베스터만(Claus Westermann)은 관계적 이해를 주장한다. 즉 하나님의 형상대로 창조되었다는 것은 인간에게 하나님의 상대라는 독특한 지위를 부여한다고 말이다. 그는 이렇게 쓴다. "하나님과의 관계는 인간 실존

58-59(적어도 유사성 일부에 주목한다); Middleton, *A New Heaven and a New Earth*(『새 하늘과 새 땅』, 새물결플러스 역간), 46-49; Brueggemann, *Theology of the Old Testament*(『구약신학』, 기독교문서선교회 역간), 533; Dumbrell, *The End of the Beginning*, 41; M. Smith, *Where the Gods Are*, 34-36; W. Brown, "Manifest Diversity," 21-24; Booth, *The Tabernacling Presence of God*, 11-13; Morales, *The Tabernacle Pre-Figured*, 83-91; T. D. Alexander, *From Paradise to the Promised Land*(『주제별로 본 모세오경』, 대한신학대학원대학교 역간), 123-25.

20 J. D. Hays, *The Temple and the Tabernacle*, 13-17.

에 덧붙여지는 어떤 것이 아니다. 인간은 그 자체가 하나님과 관계 있는 존재로 창조되었다."²¹ 마찬가지로 더 최근에 로빈 러틀리지(Robin Routledge)는 "관계"를 "하나님의 형상"의 "함의" 중 하나로 열거했다. 그는 이렇게 진술한다. "인간은 하나님과의 관계를 위해 지음을 받았다."²² 비록 일부 저자들이 (아래에서 논의할) 왕적/기능적 견해가 특히 구약학자들의 경우에 "하나님의 형상"에 대해 의견이 거의 일치하는 다수의 견해라고 주장하지만, 이는 사실이 아니다. 구약학이나 다른 분과의 많은 학자는 "관계"가 하나님의 형상에서 중요한 부분이라는 베스터만의 견해에 동의한다. 일례로 브레바드 차일즈(Brevard Childs)는 "하나님의 형상"에 대해 이렇게 쓴다. "이 단어의 불명확성에도 불구하고, 우리는 적어도 이 어구가 하나님과 인간의 특별한 관계를 의미한다고 말할 수 있다."²³

40년이 넘는 지난 시간 동안 구약학자들 사이에서는 하나님의 형상을 왕적/기능적 방식으로 보는 이해가 대중화되었다. 유사한 고대 근동의 맥락에 비춰볼 때, 형상과 모양을 지칭하는 용어들은 하나님이 인간을 자신의 "왕적" 대리인으로 지명하여 세상을 다스리고 세상에 복을 중개하는 자가 되게 하셨음을 암시하는 것으로 보인다.²⁴ 이 견해에 따르면, 하나님의

---

21 Westermann, *Genesis 1-11*, 158.
22 Routledge, *Old Testament Theology*, 140.
23 Childs, *Old Testament Theology*(『구약신학』, CH북스 역간), 34. "하나님의 형상"이라는 어구에 대한 이해에 있어 약간의 차이는 있지만, 이 어구를 "관계적"으로 이해하는 학자들은 다음과 같다. Atkinson, *The Message of Genesis 1-11*, 37; H. W. Wolff, *Anthropology of the Old Testament*(『구약성서의 인간학』, 분도출판사 역간), 159; K. Barth, *Church Dogmatics III/1*(『교회 교의학』, 대한기독교서회 역간), 183-97; Brunner, *Man in Revolt*, 94-96; Grenz, *The Social God and the Relational Self*; Fretheim, *God and World*, 13-14, 54-56; House, *Old Testament Theology*(『구약신학』, 기독교문서선교회 역간), 61; Birch et al., *A Theological Introduction to the Old Testament*(『신학의 렌즈로 본 구약개관』, 새물결플러스 역간), 49; Booth, *The Tabernacling Presence of God*, 14-15.
24 예를 들어 Clines, "The Image of God in Man"을 들 수 있다. Middleton, *The Liberating

형상으로 지음을 받은 사람들은 고대의 왕들이 그들의 관할 구역에 세워둔 작은 입상들과 같았다. 고대의 왕들은 그렇게 함으로써 그 지역에 대한 자신의 통치를 강조하고, 그곳을 지배하는 자신의 존재를 알렸다.[25]

보다 최근에 일부 학자들은 "하나님의 형상"을 이해하기 위해 왕/왕실 입상의 배경보다는 신(神) 자체를 나타내는 제의/신전 입상의 사용에 더 가까운 유사성이 있다고 주장했다.[26] 이로 인해 창세기 1장의 "하나님의 형상"은 아마도 그 어구의 의미에 속하는 것으로서 왕적 대리인 견해를 반영할 수 있지만, 다양한 범위의 다른 함의도 전달한다는 것을 인정하는 최근의 경향이 나오게 되었다. 예를 들어 캐서린 맥도웰(Catherine McDowell)은 "하나님의 형상"의 세 가지 중요한 함의를 주장한다. 첫째, 창세기 5:1과 같은 본문들에 근거하여 "하나님의 형상"은 "친족"(kinship)을 암시한다. 즉 "하나님의 형상"은 인류의 아버지로서 하나님을 나타낸다는 것이다.[27] 여기에는 관계적 견해에 대한 강한 암시가 있다. 둘째, 왕적 대리인 견해에서처럼, "하나님의 형상"은 인간을 특히 법과 정의에서 하나님의 대리인으로 지명한다. 마지막으로, "하나님의 형상"은 고대 근동에서 축소 모형의 신처럼 성전에 놓인 "신상"의 이미지를 만들어낸다. 이 세 번째 측면의 함의는 "인간이 하나님의 임재 안에, 즉 하나님의 거룩한 장소에 하나님과 함께 거주하기 위해 지명되었다"는 것이다.[28]

Image(『해방의 형상』, SFC 역간), 26-29의 최근 논의된 토론들도 보라.
25   Von Rad, *Genesis*(『창세기』, 한국신학연구소 역간), 60.
26   McDowell, *The Image of God in the Garden of Eden*; Schuele, "Made in the Image of God"; Middleton, *The Liberating Image*, 27.
27   이 견해에 대해서는 Mathews, *Genesis 1-11:26*, 170도 보라.
28   McDowell, *The Image of God in the Garden of Eden*, 207-8. McDowell, "'In the Image of God He Created Them,'" 32-34도 보라. 마찬가지로 왕적 대리인 견해를 넘어 함의의 범위를 확장한 것으로는 다음을 보라. R. Peterson, *The Imago Dei as Human Identity*. Peterson은

근래에 고든 맥콘빌(J. Gordon McConville)은 관계적 견해와 왕적/기능적 견해를 혼합했다. 맥콘빌은 인간이 세상에서 하나님의 임재, 즉 하나님의 임재의 능력과 특권으로 특징지어지는 대표적 능력을 나타낸다고 상정한다. 하지만 이 이미지는 관계성—하나님과의 관계, 동료 인간과의 관계, 그리고 창조 자체와의 관계—의 강한 측면도 전달한다.[29] 이와 유사하게 빌 아놀드(Bill Arnold)는 왕적 대리인 견해를 받아들이지만, "창세기 1장이 하나님과 '하나님의 형상'으로 된 인간(창 1:26-27)의 친밀한 관계를 강조했다"는 점도 주목한다.[30]

창세기 1장에서 "하나님의 형상"이 가리키는 것이 무엇인지를 정확히 이해하는 데 있어 완전한 의견 일치가 여전히 없지만, 학자들 사이에서 가장 널리 유지되는 견해는 임재, 통치, 능력, 관계에 대한 개념을 중심으로 전개된다.

(에덴)동산과 하나님의 임재로부터의 추방

아담과 하와는 뱀의 말을 듣고 하나님께 불순종하여 금단의 과일을 먹은 후 에덴동산에서 쫓겨났다. 신학적으로 종종 "타락"으로 언급되는 이 사건은 기독교 신학에서 중요한 역할을 담당한다. 하지만 에덴동산에서의 추

"인간의 정체성"을 하나님의 형상의 일차적인 특징으로, 왕적 대리인의 측면을 이차적인 특징으로 주장한다.

29   McConville, *Being Human in God's World*, 24-29.
30   B. Arnold, *Genesis*, 45, 59. Dyrness, *Themes in Old Testament Theology*(『주제별로 본 구약신학』, 생명의말씀사 역간), 83-84도 보라. 이와 유사하게 Brueggemann은 "하나님의 형상"과 구약의 서술 방식을 논의하고 나서 그것을 이렇게 특징짓는다. "내가 볼 때 인간성에 대한 이스라엘의 핵심적인 관심사는 인간이 야웨와 강력한 상호 관계를 맺고 살아가는, **야웨와 관계가 있는 사람**이라는 것이다(Brueggemann, *Theology of the Old Testament*, 453).

방으로 인한 결정적 결과는 아담과 하와가 하나님의 임재에 직접 다가가는 엄청난 특권과 복을 상실했다는 것이다.[31] 하나님은 아담에게 선악을 알게 하는 나무의 열매를 먹는 날에는 확실히 죽을 것이라고 말씀하셨다(창 2:17). 하지만 하나님께서 아담과 하와에게 실제로 하신 일은 그들을 추방하고 그분의 임재에서 격리하는 것이었다.[32] 따라서 동산에서의 추방은 죽음과의 관련성을 시사한다. 생명나무에 직접 접근하는 것을 잃어버리고 하나님의 임재에 직접 다가가는 것을 상실한 것은 불가분의 관계로 보인다. 러틀리지는 이렇게 쓴다. "구약성서에서는 육체적 죽음 역시 영적 차원이 있다. 즉 육체적 죽음은 하나님과의 관계를 끝낸다. 이와 비슷하게 생명은 단순히 존재하는 것 그 이상이다. 생명은 하나님의 임재의 복을 지속적으로 누리는 것과 관련된다."[33]

그룹들은 생명나무로 돌아가는 길을 막기 위해 동산 동편에 배치되어 그 길을 지켰다(창 3:24). 구약성서 전체에서 그룹들은 성막과 성전, 그리고

---

31 Morales, *The Tabernacle Pre-Figured*, 103-4. G. Anderson은 "타락"을 어쩌면 "포로"로 이해해야 할 것 같다고 힘주어 말한다(G. Anderson, *Christian Doctrine and the Old Testament*, 59-60).

32 Mathews, *Genesis 1-11:26*, 258. 이것은 수많은 구약학자가 강조하는 내용이다. 예를 들어 J. Walton은 상실한 것은 "낙원"이 아니라 하나님의 임재였다고 지적한다(J. Walton, *Genesis*, 231). Longman, *How to Read Genesis*(『어떻게 창세기를 읽을 것인가?』, IVP 역간), 112; Routledge, *Old Testament Theology*, 152; V. Hamilton, *The Book of Genesis*, 310; Westermann, *Genesis 1-11*, 277; Wenham, *Genesis 1-15*, 90; T. D. Alexander, *From Paradise to the Promised Land*, 127, 163도 보라.

33 Routledge, *Old Testament Theology*, 152. Atkinson은 "아담의 죽음은 장소의 변화(동산 안에서 동산 밖으로)와 하나님 앞에서의 상황의 변화(하나님과의 친교에서 하나님으로부터의 소외)다. 모든 죽음은 이렇게 이해할 수 있다"고 덧붙인다(Atkinson, *The Message of Genesis 1-11*, 37). Wenham은 이렇게 쓴다. "하나님의 임재 안에서만 사람은 생명의 충만함을 누렸다.…그러므로 고대 이스라엘의 경건한 사람들은 하나님 자신이 사셨던 기쁨의 동산에서 추방된 것을 육체의 죽음보다 더 큰 재앙으로 여겼다"(Wenham, *Genesis 1-15*, 90).

특히 하나님의 임재 자체와 밀접히 연결된다.³⁴ 출애굽기에 나오는 미래의 성막과 열왕기상에 나오는 미래의 성전에서 입구는 모두 동쪽을 향한다. 따라서 에덴동산의 동쪽 입구에 그룹들이 배치되었다는 언급은 그들이 생명나무와 하나님의 임재가 있는 동산/성전으로 돌아가는 길을 지키고 있음을 암시한다.

창세기 3-11장 전체에서 동쪽으로의 지속적인 이동(창 3:24; 4:16; 11:2)은 아마도 하나님의 임재에서 계속해서 멀어지는 이동에 대한 암시일 것이다.³⁵ 마찬가지로 수많은 학자가 창세기 3:23-24에 언급된 최초의 추방은 이스라엘이 약속의 땅(동산과 병행함)에서 추방되고 하나님의 임재에서 멀어질 것이라는, 이스라엘이 미래에 경험할 포로 생활의 전조 혹은 병행이라는 점에 주목했다.³⁶

그러므로 성서 이야기가 펼쳐내는 기본적인 신학적 문제("사건의 시초")가 지금 제시된다.³⁷ 사람들은 불순종과 죄로 말미암아 하나님께 가까이 가는 것과 그분과의 관계를 상실했다. 그 결과 영생도 상실했다. 하지만

34　V. Hamilton은 이렇게 쓴다. "구약성서에서 그룹들을 언급하는 모든 본문은 직간접으로 그룹들이 하나님의 임재의 상징임을 제시한다"(V. Hamilton, *The Book of Genesis*, 210). J. D. Hays는 그룹들을 하나님의 임재에 가까이 가는 것을 지키는 하나님의 호위병 또는 경비병들로 보는 것이 더 나을지도 모른다고 주장한다(J. D. Hays, *The Temple and the Tabernacle*, 111-22).

35　여러 학자가 창 3-11장(3:24; 4:16; 11:2)에서 "동쪽으로"의 이동에 주목했다. W. D. Tucker는 이렇게 서술한다. "동쪽으로의 이동은 낙원과 같은 에덴의 환경과 하나님의 임재에서 멀어짐을 상징했다"(W. D. Tucker, "The Pentateuch," 37). V. Hamilton, *The Book of Genesis*, 352도 보라.

36　Waltke with Yu, *Old Testament Theology*(『구약신학: 주석적, 정경적, 주제별 연구방식』, 부흥과개혁사 역간), 150; McKeown, *Genesis*, 38; W. D. Tucker, "The Pentateuch," 33; Fretheim, "The Book of Genesis," 365.

37　Morales는 다음과 같이 결론을 내린다. "그렇다면 하나님의 임재로부터의 추방(포로)은 성막의 중보적 기능의 대단원을 향한 연속적인 성서 내러티브를 주도하는 비극의 핵심이다"(Morales, *The Tabernacle Pre-Figured*, 102).

하나님은 그분의 은혜 안에서 인류를 그분과의 관계로 회복시키기 위해 동산 밖에서 계속 일하실 것이다. 이것이 성서의 나머지 부분의 이야기다. 하나님과 인간의 관계를 회복하는 것에 관한 이 이야기의 중심에는 하나님의 관계적 임재가 있다.

바벨탑

창세기 11장에서 이동은 동쪽으로 계속된다. 사람들은 동쪽으로 가다가 시날(바빌로니아)에서 도시와 탑을 세운다. 대부분의 구약학자는 그 탑이 바빌로니아 양식의 "지구라트"라는 데 입을 모은다. 지구라트는 전형적으로 중앙에 돌계단이 있는 커다란 테라스 형식의 구조다. 고대 근동의 이런 구조물들에 대한 고고학적 신학에 따르면, 이 돌계단의 꼭대기에는 "신들의 하늘 거처로 들어가는 입구인 신들의 문"이 있었다.[38] 일반적으로 지상층 근처에는 신전이 위치했지만, 지구라트는 주로 신들에게 접근하는 것을 용이하게 하는 수단으로 기능했다. 즉 돌계단은 신들이 땅으로 내려올 수 있게 해주었다. 그러므로 이 탑의 건설은 사람들이 흩어져서 땅을 채우도록 하신 하나님의 법령(창 1:28; 9:1)에 대한 반작용과 더불어, 하나님의 임재를 다시 얻고자 하는 인간적인 시도로 보인다. 존 골딩게이(John Goldingay)는 이렇게 말한다. "건축자들은 하나님의 동산으로 돌아갈 수 없을지 모르지만, 아마도 다른 방법으로 하나님의 처소에 도달할 수 있을 것이다."[39] 더욱이 이 건축가들은 신을 존경하거나 그의 이름을 부르기를 원치 않는다. 그

---

38 J. Walton, *Genesis*, 374.
39 Goldingay, *Old Testament Theology*, 1:189. Tucker 역시 바벨탑을 하나님의 임재를 다시 얻으려는 시도로 이해한다. W. D. Tucker, "The Pentateuch," 37.

들은 오히려 자신들을 위해 이름을 내기를 원한다(창 11:4). 그들이 하나님의 관계적 임재의 복을 얻지 못하고 오히려 하나님의 임재가 내려와 그들을 심판하여 흩으신 것은 역설적인 결과였다. 이는 한마디로 아담과 하와가 동산에서 쫓겨난 창세기 3:23-24에서 시작된 추방 주제의 계속이다.[40]

족장, 언약, 하나님의 임재

하나님의 관계적 임재는 하나님의 주권적 자유로 인해 동산에 국한되지 않으며, 하나님의 임재라는 주제는 족장 내러티브 내내 이야기의 중심에 자리한다.[41] 창세기 12-50장은 아브라함, 이삭, 야곱 등 족장들의 이야기를 전한다. 이 단락의 신학적 중심에는 하나님께서 그 가족과 맺은 언약을 통해 그들과의 관계를 어떻게 세우시는지에 관한 기사가 있다. 이 이야기를 관통하고 족장 언약의 체결 및 지속과 필연적으로 연결되는 것은 바로 하나님의 임재라는 주제다. 각각의 족장에게 하나님은 후손과 땅, 그리고 복을 약속하실 뿐만 아니라 매 경우에 그분의 관계적 임재에 대한 약속을 포함하신다.[42]

이것은 무엇보다도 자주 발생하는 신현을 통해 나타난다. 즉 하나님은 족장들과 언약 관계를 체결하시면서 정기적으로 그들에게 나타나신다.[43]

---

40 Morales, *The Tabernacle Pre-Figured*, 45.
41 W. Brown, "Manifest Diversity," 24-25.
42 W. Kaiser는 임재의 약속에서 관계적 측면을 강조한다. "하나님의 능동적 임재는 반복되는 약속의 말씀을 성취하시는 그분의 품성, 힘, 능력을 나타냈다. 그것은 현저하게 인격적인 관계의 말씀이었다"(W. Kaiser, *The Promise-Plan of God*, 62).
43 여러 본문에 사용된 용어는 족장들에게 나타나시는 하나님의 실제적·공간적 임재를 강조한다. 그래서 "리프네" 또는 이와 관련된 형식들이 창 17:1("내 **앞에서** 행하라")과 18:22("아브라함은 여호와 **앞에** 그대로 섰더니"), 그리고 19:27("아브라함이…여호와 **앞에**

이런 연결은 다음의 구절에서 이루어진다. 즉 창세기 12:7,[44] 15:17, 17:1, 18:1, 19:27, 26:2-3, 24, 28:12-15, 32:30, 35:9-12이다.[45]

게다가 하나님의 임재와 족장 언약의 연결이 이 본문들에서 대부분 강하게 암시되지만, 그중 몇몇 본문은 이 연관성을 명시적으로 나타낸다. 예를 들어 아브라함과 관련하여 창세기 17:1-2은 이렇게 서술한다. "여호와께서 아브람에게 나타나서 그에게 이르시되, '나는 전능한 하나님이라. 너는 내 앞에서 행하여 완전하라. 내가 내 언약을 나와 너 사이에 두어 너를 크게 번성하게 하리라' 하시니." 이삭과 관련해서도 똑같이 긴밀한 연결이 발생한다(창 26:2-5, 23-24). 여기서 하나님의 임재에 대한 약속("내가 너와 함께 할 것이니라")[46]은 아브라함에게 하신 하나님의 약속의 확인과 명시적으로 연결된다. 마찬가지로 하나님은 야곱에게 아브라함 약속을 재천명하시면서(창 28:12-15) 그분의 임재에 대한 약속을 분명히 재서술하신다("내가 너와 함께 있어"[15절]).[47] 하나님과 언약 관계에 있다는 것은 족장들이 "내가

서 있던 곳에 이르러")에 사용되었다. 창 32:30에서 야곱은 그가 씨름한 장소의 이름을 "브니엘"("하나님의 얼굴")이라고 하고는 "내가 하나님과 대면하여 보았으나 내 생명이 보전되었다"라고 설명했다. 마찬가지로 족장 내러티브에서 하나님을 묘사하기 위해 공간의 이동을 나타내는 동사들이 종종 사용되었다. "연기 나는 화로가 보이며 타는 횃불이 쪼갠 고기 사이로 지나더라[*abar*]"(15:17), "하나님이…그를 떠나 올라가셨더라[*'alah*]"(17:22), "하나님이…그를 떠나 올라가시는지라[*'alah*]"(35:13), "내가 너와 함께 애굽으로 내려가겠고[*yarad*]"(46:4).

44 Longman은 아브라함이 구체적으로 "하나님의 특별한 임재가 알려진 곳에" 이 제단을 세웠다고 서술한다(Longman, *Immanuel in Our Place*, 19). Cook 역시 제단을 쌓은 자리를 하나님의 임재와 연결한다. Cook, "God's Real Absence and Real Presence," 145.
45 K. Walton은 야곱 내러티브 전체에서 하나님의 임재와 부재라는 주제를 추적하면서, 이 주제가 이 내러티브에서 중심적이며 절대적으로 중요하다고 주장한다(K. Walton, *Thou Traveller Unknown*, 220).
46 House는 이 어구가 "지속적인 임재를 암시한다"고 언급한다(House, *Old Testament Theology*, 77).
47 하나님의 임재는 요셉 내러티브에서도 핵심적인 역할을 한다. Fritsch, "God Was with Him"을 보라. Fritsch 역시 스데반이 행 7:9-10에서 요셉의 형들은 그를 애굽에 노예로 팔았지만

너와 함께 있겠다"고 하신 그분의 임재를 경험할 것이라는 의미였다.[48]

이와 밀접하게 연관되는 또 다른 주제는 모세 오경의 이야기 내내 계속해서 나타나며, "땅"과 관련된다. 즉 임재, 언약, 땅에 대한 약속은 모두 서로 밀접히 연결되어 있어서 마치 모두가 동일한 "패키지" 안에 들어 있는 요소들인 것처럼 보인다. 그에 따라 창세기 28:13-15에서 하나님은 이렇게 선언하신다. "네가 누워 있는 땅을 내가 너와 네 자손에게 주리니…내가 너와 함께 있어 네가 어디로 가든지 너를 지키며 너를 이끌어 이 땅으로 돌아오게 할지라. 내가 네게 허락한 것을 다 이루기까지 너를 떠나지 아니하리라."[49] 땅에 대한 약속의 성취를 몰아가는 것은 바로 하나님의 임재다.

하지만 창세기 15:17의 연기 나는 화로는 아마도 예외일 것이다. 창세기에서 족장들이 경험한 "내가 너와 함께 있다"라는 하나님의 임재는 "동행하시는" 임재다. 이것은 적어도 강도 면에서는 모세와 이스라엘 백성이 출애굽기에서 마주하고 경험할 하나님의 임재와 다르다. 창세기에서 하나님은 보통 사람과 비슷한 모습으로 등장하신다. 반면에 출애굽기에서 하나님의 임재는 불, 번개, 연기 등 두렵게 하는 현상과 결부될 것이다. 이것은 외형적으로 거룩함이 강조되고 의도된 임재다.[50]

"하나님께서 그와 함께하셨다"고 지적한 것처럼, 요셉 이야기에 대한 후대의 신학적 이해에 주목한다(32).

48 구약성서 전체에서 언약은 세 부분으로 된 고전적인 형식으로 이루어진다. "나는 너희의 하나님이 될 것이다, 너희는 내 백성이 될 것이다, 나는 너희 가운데 거할 것이다"(레 26:9-13). 이 형식의 몇몇 측면은 족장들에게 주시는 하나님의 말씀에 여러 번 등장한다. 하나님은 그분의 임재를 약속하실 뿐만 아니라 "나는 그들의 하나님이 될 것이다"라고 진술하신다(창 17:8). W. Kaiser, *The Promise-Plan of God*, 62-63을 보라.
49 Ross, *Creation and Blessing*, 490-91을 보라.
50 W. Brown, "Manifest Diversity," 6.

출애굽기

창세기에서 족장들에게 하신 약속에 따라 하나님은 출애굽기에서 자신을 모세에게 드러내시고, 그 후에 이스라엘을 애굽에서 구원하심으로써 구원하고 심판하시는 그분의 능력을 보이신다(출 1-18장). 하지만 출애굽기 19장부터 40장까지 이야기의 핵심적인 초점은 하나님이 이스라엘과 언약을 세우시고 그 백성 가운데 거하기 위해 실제로 오시는 하나님의 임재에 집중된다.[51] 사실상 출애굽기 전체의 절정 혹은 최고점은 하나님이 그 백성 가운데 거하시기 위해 성막에 거처를 마련하시는 것이다.[52] 롤프 렌토르프(Rolf Rendtorff)는 출애굽기 29:45을 주석하면서 "이에 따르면 이스라엘이 인도되어 애굽에서 나온 실제 목적은 하나님이 그들 가운데 거하시는 것이다"라고 강하게 주장한다.[53] 마찬가지로 존 더럼(John Durham)은 자기 백성과 함께하시고 그들 가운데 거하시는 하나님의 임재가 출애굽기를 하나로 묶어주는 핵심적인 주제라고 주장한다.[54] 이와 비슷하게 헨톤 데이비스(G. Henton Davies) 역시 이렇게 결론을 내린다. "출애굽기는 구약성서에서 무엇보다도 주님의 임재에 관한 책이다. 이것이 논제이자 주제다.…실제로 이것은 이스라엘 자체의 주제로 묘사될 수도 있다."[55]

더욱이 데스몬드 알렉산더(T. Desmond Alexander)는 출애굽기에서 하나님의 임재라는 주제가 창세기 3장으로 거슬러 올라가 연결된다는 점에 주

51　Dozeman은 출애굽기의 중심적인 두 가지 주제를 야웨의 권능(출 1:1-15:21)과 야웨의 임재(15:22-40:38)라고 밝힌다(Dozeman, *Exodus*, 44-45).
52　Schnittjer, *The Torah Story*, 203.
53　Rendtorff, *The Canonical Hebrew Bible*, 65.
54　Durham, *Exodus*(『출애굽기』, 솔로몬 역간), xxi.
55　G. H. Davies, *Exodus*, 48.

목한다. 즉 출애굽기에서 이스라엘 가운데 거하기 위한 하나님의 오심은 "에덴동산에서 아담과 하와의 행위가 초래한 하나님과 인간의 깨진 관계가 부분적으로 회복됨을 표시한다. 이는 하나님이 거룩하신 것처럼 거룩한 사람들이 거주하는 세상을 하나님의 임재가 가득 채울 것이라는 미래의 발전을 대망한다."[56]

하나님의 임재와 야웨라는 성호의 의미

출애굽기 3:1-2에서는 "야웨의 천사"가 "하나님의 산"에서 "떨기나무 가운데로부터 나오는 불꽃 안에서" 모세에게 나타난다. 모세가 가까이 다가가자, 하나님은 떨기나무 가운데서 모세에게 친히 말씀하신다(출 3:4). 하나님은 모세에게 더 이상 가까이 오지 말라고 경고하고 "네 신을 벗으라"고 말씀하신다. 하나님은 모세에게 훈계하신다. "네가 선 곳은 거룩한 땅"이라고 말이다(3:5). 그러자 모세는 하나님 뵈옵기를 두려워하여 얼굴을 가린다(3:6). 이 행동은 이 대면에서 하나님의 임재의 현실을 강조한다.[57] 출애굽기 3장을 여는 이 구절들은 출애굽기에서 하나님의 임재와의 대면이 창세기에서 관찰되는 하나님의 임재와의 대면과 다를 것이라는 사실을 우리에게 일깨워준다. 창세기에서 하나님을 대면한 것과 대조적으로, 지금 하나님의 임재는 불(과 종종 연기, 구름, 또는 번개)을 동반한다.[58] 마찬가지로 지금 출애

---

56   T. D. Alexander, *Exodus*, 1. 이와 비슷하게 Dempster는 이렇게 쓴다. "출애굽의 목표는 주님이 그분의 백성과 함께 거하실 수 있는 에덴과 같은 성소를 짓는 것이다"(Dempster, "Geography and Genealogy," 74).
57   Goldingay, *Old Testament Theology*, 1:334.
58   Propp은 "불타는 떨기나무"(3:2), 구름 기둥(13:21-22; 14:24), 시내산 꼭대기(19:18; 24:17), 그리고 성막 위의(40:38) 불을 언급한다. Propp은 M. Greenberg를 인용하면서 이렇

굽기에서 하나님의 임재는 일반적으로 백성들이 침범하면 위험한 거룩한 공간에 관한 계획을 포함한다. 이런 주제들은 보통 족장들이 하나님의 임재를 대면한 상황에서는 발견되지 않는다(창 15:17의 화로는 예외일 수 있다). 하지만 불, 연기, 거룩함은 계속해서 출애굽기(와 레위기, 민수기, 신명기) 내내 하나님의 임재에 속한 것이 될 것이다. 따라서 출애굽기 3장에서 시작하여 모세 오경의 나머지 부분에 이르기까지 본문은 하나님의 임재와의 대면이 족장들이 경험한 대면과 다르고 어쩌면 그보다 더 강렬할 것임을 암시한다.

출애굽기 3:6에서 하나님은 모세에게 자신을 "아브라함의 하나님, 이삭의 하나님, 야곱의 하나님"으로 밝히신다. 이것은 하나님이 누구신지를 알려줄 뿐만 아니라 그분이 족장들에게 하신 약속—땅, 후손, 복에 대한 약속과 "내가 너와 함께 있을 것이다"라는 임재의 약속—과도 연결된다. 하나님은 애굽에서 자기 백성의 부르짖음을 들으셨으며, 그들을 구원하여 약속의 땅으로 데려가려고 "내려오셨다"(יָרַד, 야라드)고 설명하신다(3:7-9). 그리고 나서 하나님은 모세에게 그가 바로에게 가서 이스라엘 백성을 애굽에서 인도해낼 자임을 알려주신다.

모세가 자신이 이 일을 하기에 합당한지를 묻자, 하나님은 출애굽기 3:12에서 "내가 너와 함께 있다[또는 있을 것이다]"(אֶהְיֶה עִמָּךְ, 에흐예 이마크)라고 말씀하신다. 이 약속은 창세기에서 언약과 관련하여 족장들에게 하신 약속과 비슷하다. 그리고 하나님은 이 임재의 약속에 대한 표징을 약속하신다. 즉 모세와 그 백성이 바로 그 산으로 돌아가 하나님을 예배할 것이라고 말이다.[59] 3:13에서 모세는 "너희 조상들의 하나님"이라는 막연한

게 주장한다. "출애굽기의 전체 이야기는 하나님의 임재가 불로 나타나는 것의 이동으로 요약될 수 있다"(Propp, *Exodus 1-18*, 16-17).
59 출 19장에서 이 약속을 성취하는 "그 산"에서 발생한 사건들은 산꼭대기에서 하나님이 불로

이름보다 더 구체적인 이름을 하나님께 요청한다. 모세는 단지 호기심에 차 있었던 것이 아니다. 누군가의 이름을 안다는 것은 그 사람과의 관계 안으로 들어가는 것이었다.[60] 하나님은 모세에게 이렇게 대답하신다. "나는 스스로 있는 자이니라[אֶהְיֶה אֲשֶׁר אֶהְיֶה, 에흐예 아셰르 에흐예]. 너는 이스라엘 자손에게 이같이 이르기를 '스스로 있는 자[אֶהְיֶה, 에흐예]가 나를 너희에게 보내셨다' 하라"(출 3:14). 그리고 나서 하나님은 이렇게 덧붙이신다. "너는 이스라엘 자손에게 이같이 이르기를, '너희 조상의 하나님… 여호와[יהוה, 야웨]께서 나를 너희에게 보내셨다' 하라"(3:15).

이 구절에서 야웨("주님")라는 이름의 정확한 의미 혹은 함의에 대해 학자들 사이에 완전하게 일치하는 의견은 없다. "나는 스스로 있는 자이니라[I AM WHO I AM]"와 "스스로 있는 자[I AM]가 나를 너희에게 보내셨다"에 관한 이해도 의견이 일치하지 않는다. 하지만 "내가 너와 함께 있을 것이다"(3:12), "나는 스스로 있는 자이니라"(3:14a), "스스로 있는 자"(3:14b)라는 세 번에 걸친 선언에 모두 "~이다"(הָיָה, 하야)라는 동사의 미완료 시제가 동일하게 사용되었다는 점에 주목하라. 이것을 아래에 도표로 표시해보겠다.

출애굽기 3:12	"내가 너와 함께 있다/있을 것이다"(אֶהְיֶה עִמָּךְ)
출애굽기 3:14a	"나는 스스로 있는 자이니라"(אֶהְיֶה אֲשֶׁר אֶהְיֶה)
출애굽기 3:14b	"스스로 있는 자"(אֶהְיֶה)

임재하신 것에 초점을 맞추고 있음을 주목하라.
60 Waltke with Yu, *Old Testament Theology*, 359.

그러므로 대부분의 학자들은 적어도 출애굽기 3:15에 제시된 하나님의 이름 야웨(יהוה, 주님)가 "하야"(היה, to be) 동사와도 관련이 있다고 결론을 내린다. 더욱이 출애굽기 3:12에서 임재의 분명한 의미로 인해 상당히 많은 학자가 야웨라는 하나님의 이름에 반영된 동사 "하야"에 함축된 의미가 야웨라는 이름과 관련된 하나님의 임재에 대한 약속 또는 영향을 암시한다고 주장한다.61

사실 토머스 도즈먼(Thomas Dozeman)은 3:12부터 3:14에 이르는 과정과 "스스로 있는 자"(אהיה, 에흐예)의 반복이 하나님의 임재라는 주제와 조상들의 하나님을 연결하고 있다고 주장한다. 여기서 한 걸음 더 나아가 도즈먼은 "출애굽기 3:14의 목적이 하나님의 이름의 의미를 반추함으로써 하나님의 임재라는 주제를 진척시키는" 데 있으며, "동사의 초점은 하나님께서 모세에게 거듭 확신을 주심으로써 하나님의 임재라는 주제를 강조한다"는 점에 주목한다.62 이와 동일하게 폴 하우스(Paul House)는 이렇게 쓴다. "족장을 언급한다는 점과 '~이다'(to be) 동사에서 야웨의 이름이 파생했다는 사실은 거주하시고 관계를 맺으시는 하나님의 임재가 이 구절에서

---

61   예를 들어 Von Rad는 다음과 같이 주장한다. "이 본문의 '하야'(היה)를 '임재하다', '거기 있다'라는 의미로 이해해야 한다. 그러므로 이것은 정확히 말해서 절대적인 의미가 아니라 상대적이고 효과적인 의미에서 있다는 것이다"(von Rad, *Old Testament Theology*, 1:180). Seitz는 3:12과의 연결이 "**종살이로부터의 구원 사건에서** 특히 모세 및 백성과 함께하시는 하나님의 임재와 관련된 하나님의 이름에 대한 해석을 가리킨다"고 결론 내린다(Seitz, "The Call of Moses," 153). Preuss는 "함께 있다"(*hayah 'et* 또는 *hayah 'im*)라는 표현이 "하나님의 이름인 야웨를 상기시키며", "그 의미를 설명하기 위해 사용되기도 한다"는 점에 주목한다. 이 표현은 "야웨를 목자가 그의 양 떼에 그러하듯이 자기 백성을 인도하시고, 그들과 동행하시며, 함께 가시고, 그들을 위해 싸우시는 하나님으로 묘사하기 위해" 사용된다(H. Preuss, "את," *TDOT* 1:452-53). Preuss, "…ich will mit dir sein!"에서 "내가 너와 함께 있을 것이다"라는 어구에 대한 광범위한 논의, 그리고 하나님의 임재에 대한 폭넓은 주제와 이 어구의 중요한 연결도 참조하라.

62   Dozeman, *Exodus*, 134-35.

강조된다는 것을 가리킨다."⁶³ 에드몽 자콥(Edmond Jacob)도 이와 비슷한 결론에 도달한다. "주요한 것은 영원성 사상이 아니라…임재 사상이다."⁶⁴ 제임스 플라스타라스(James Plastaras)는 "야웨라는 이름은 능동적인 임재의 측면에서 하나님을 '정의한다'"고 진술한다.⁶⁵ 프리젠(T. C. Vriezen)은 이것을 "실제적으로 항상 임재하시는 분"으로 요약한다.⁶⁶ 찰스 스코비(Charles Scobie)는 출애굽기 3:13-15을 주석하면서 이렇게 쓴다. "가장 설득력 있는 설명은 하나님이 모세에게 자신을 그와 함께 그리고 그분의 백성과 함께 **계시는** 분으로 드러내신다는 것이다. 하나님은 '내가 임재한다' 또는 '내가 너와 함께 있다'라는 의미로 '스스로 있는 자'(I am)이시다."⁶⁷ 그러므로 야웨라는 이름에 담긴 계시와 그 이름의 기본적인 의미에 반영된 가장 핵심적인 특징들 가운데 하나가 그분의 관계적 임재라는 강력한 사례가 있다.⁶⁸ 이것은 매우 중요하고 의미심장한데, 그 이유는 야웨라는 이름이 구

---

63 House, *Old Testament Theology*, 93.
64 E. Jacob, *Theology of the Old Testament*(『구약신학』, CH북스 역간), 52.
65 Plastaras, *The God of Exodus*, 95. 따라서 Plastaras는 출 3:14a을 "내가 임재할 곳에(때, 사람에게) 내가 임재할 것이다"라고 번역하기를 제안한다(99).
66 Vriezen, *Outline of Old Testament Theology*, 181.
67 Scobie, *The Ways of Our God*, 110.
68 상당히 많은 구약학자가 이 본문에서 야웨가 자신의 이름을 계시하신 것과 자신의 임재를 약속하신 것 사이의 연결을 강조한다. 앞에서 언급한 사람들 외에 Waltke와 Yu는 이렇게 쓴다. "하나님의 이름은 그 기능에 있어 그분의 실용적인 임재를 제시한다"(Waltke with Yu, *Old Testament Theology*, 366). W. Kaiser는 이렇게 설명한다. "그것(하나님의 이름)은 존재론적인 명명 또는 존재에 대한 고정된 개념이 아니다.…오히려 그것은 역동적이고 능동적인 **임재**에 대한 약속이다.…모세 그리고 야웨의 아들인 이스라엘은 이전에 전혀 알지 못했던 일상의 경험에서 그분의 임재를 알게 될 것이다"(W. Kaiser, *Toward an Old Testament Theology*[『구약성경신학』, 생명의말씀사 역간], 107). Eichrodt는 "신성은 과시적으로 그리고 즉시 임재하고 활동했다"라고 진술함으로써 동의를 표한다(Eichrodt, *Theology of the Old Testament*[『구약성서신학 I, II』, CH북스 역간], 1:190). Kessler는 "'나는 스스로 있는 자이니라'라는 말은 자기 백성과 함께 계시는 야웨의 능동적인 임재의 표현이다"라고 진술한다(Kessler, *Old Testament Theology*, 210). Hertog는 본문의 임재 문맥을 강조하고 출 3:14a을 "나는 내가 존재하듯이 존재한다"(I am present as I am present)"라고 번역하기를 제안한다

약성서 전체에서 하나님을 가리키는 데 사용된 하나님의 주요 이름이고 (6,800번 이상), 전형적으로 인격적 언약 관계에 대한 강한 함축적 의미를 전달하기 때문이다.[69] 앞에서 언급했듯이, "야웨 앞에"(לִפְנֵי יְהוָה, 리프네 야웨, 주의 임재 앞에)라는 어구는 2백 번 이상 등장하는 반면에 "하나님 앞에"(리프네 엘로힘)라는 어구는 거의 등장하지 않고, 등장한다고 해도 손가락에 꼽을 정도이며, 대개는 포로기 이후 문헌에 등장한다는 것도 의미심장하다.[70]

출애굽기 6:2-3에서 하나님은 모세에게 자신을 야웨라는 이름으로는 족장들에게 "충분히 알리지" 않으셨다고 말씀하신다. 많은 구약학자는 하나님의 이 진술을 비록 족장들이 야웨라는 실제 이름을 익히 알고 있었다

(Hertog, "The Prophetic Dimension of the Divine Name," 226-27). V. Hamilton은 출 3장의 하나님의 이름과 관련하여 "지배적인 사상은 임재"라고 상정한다(V. Hamilton, *Exodus*, 66). C. Barth는 이렇게 쓴다. "하나님의 이름은 하나님의 임재와 도우심에 대한 약속이다"(C. Barth, *God with Us*, 71). Martens는 "야웨는 하나님이 행동하기 위해, 특히 구원하기 위해 지금 여기 임재하는 분으로 자신을 제시하시는 이름이다"라고 설명한다(Martens, *God's Design*[『하나님의 계획: 새로운 구약신학』, 아가페출판사 역간], 9-10). 그 밖에 출 3장에서 하나님의 이름의 계시 및 의미와 하나님의 임재라는 주제 간의 중요한 연결을 주목한 사람과 저서들은 다음과 같다. Routledge, *Old Testament Theology*, 84-85; Durham, *Exodus*, 39; Abba, "The Divine Name Yahweh," 325-26; Isbell, "The Divine Name אהיה," 115-17; B. Jacob, *The Second Book of the Bible*, 72-73; Lister, *The Presence of God*, 178-79; Brueggemann, "The Book of Exodus," 714; Terrien, *The Elusive Presence*, 119; G. H. Davies, *Exodus*, 48, 71-72; Saner, "Too Much to Grasp," 163-64; Preuss, "…ich will mit dir sein!," 158-59.

69 Soulen은 출 3장(과 출애굽기 전체)에서 하나님의 이름 선언은 하나님의 독특성, 그분의 임재, 그분의 복과 결합한다고 주장한다. 또한 Soulen은 하나님의 이름과 그분의 임재의 연결이 구약성서 전체에 두루 울려 퍼진다는 점도 주목한다. "구약성서는 종종 하나님의 이름 선언을 하나님의 백성과 함께 계시기 위해 오시는 하나님에 관한 기사와 연결하여 묘사한다.…하지만 구약성서는 다른 많은 방식으로도 하나님의 이름 선언과 하나님의 임재를 연결한다"(Soulen, *Distinguishing the Voices*, 136, 152).

70 앞에서 언급했듯이, 창 1장의 "엘로힘"을 사용하는 것에서 창 2장의 "야웨"를 사용하는 것으로의 전환도 주목하라. 이것을 자료에서의 변화로 보기보다 창 1장의 초월적인 하나님(엘로힘)에서 창 2장의 내재적인 언약의 하나님으로, 즉 강조점의 전환으로 인식하는 것이 가장 좋을 것 같다.

(즉 그들이 야웨라는 이름을 불렀다)고 해도 출애굽이라는 현저한 사건에서 드러난 야웨라는 이름의 완전히 계시적인 특성과 시내산에서 하나님과 대면하는 것을 알거나 경험하지 못했다는 의미로 이해한다. 출애굽기 3장으로부터 우리가 제안한 이해는 야웨라는 이름이 하나님의 임재라는 의미를 포함한다는 것이 출애굽기 6장에 대한 이런 이해와 일치한다는 것이다. 하지만 이는 경험된 구원의 결정적 요소로서 하나님의 강렬한 임재를 포함하도록 확장된다. 다시 말해서, 창세기에서 족장들은 하나님의 동행하시는 임재인 "내가 너와 함께 있다"를 경험했지만, 모세가 불타는 떨기나무에서 경험하는 것이나 이스라엘이 시내산에서 그리고 나중에 성막에서 경험하는 것과 같은 더 강렬한 하나님의 임재는 경험하지 못했다는 것이다. 시내산이나 성막에서 불, 연기, 번개, 거룩함은 보호의 휘장, 거리두기, 신을 벗는 것, 죄에 대한 대속과 같은 예방 조치가 필요한 강력하지만 위험한 대면의 상황을 만들어낸다.

애굽 사람들을 심판하시는 데 나타난 하나님의 임재

하나님의 임재는 하나님의 백성을 축복하고 구원하는 핵심적인 역할을 담당할 뿐만 아니라 하나님의 원수들을 심판하는 지배적이고 무서운 역할도 수행한다. 바로와 애굽에 대한 하나님의 심판을 묘사하는 내러티브에서 하나님은 애굽에서 그분의 백성과 함께하시는 분이라는 신인동형론적 용어들로 묘사된다. 첫째로, 하나님이 애굽에서 모세와 많은 대화를 하신 것("그때에 주님께서 모세에게 말씀하셨다")은 바로 그곳에서 발생한 것으로 보인다. 모세가 하늘 높은 곳에서 하나님과 대화하려고 했다거나 하나님이 꿈에 모세에게 나타나셨다는 언급은 없다. 둘째로, 애굽을 치시는 하나님의 "권능의 손/오른손"이라는 신인동형론적 관용구가 자주 등장하는데(출 3:20; 6:1; 7:4-5; 9:3, 15; 13:3, 9, 14, 16; 15:6, 9, 12), 이 어구는 적어도 애굽에 대한 이런 심판을 친히 수행하시는 하나님에 대한 비유적이고 가시적인 이미지를 전달한다. 마지막으로, 열 번째로 내려진 절정의 재앙(장자의 죽음)에 대해 하나님은 이렇게 선언하신다. "내가 애굽 가운데로 들어가리니, 애굽 땅에 있는 모든 처음 난 것은…죽으리니,…내가 그 밤에 애굽 땅에 두루 다니며 사람이나 짐승을 막론하고 애굽 땅에 있는 모든 처음 난 것을 다 치고…나는 여호와라"(11:4-5; 12:12, 23). 따라서 애굽 사람들은 심판에서 하나님의 강력한 임재를 경험한다.

출애굽 사건에 나타난 하나님의 임재

이스라엘 백성이 애굽을 떠날 때, 하나님은 친히 임재하셔서 그들을 인도하셨다(출 13:17-18). "여호와께서 그들 앞에서 가시며 낮에는 구름 기둥으로 그들의 길을 인도하시고 밤에는 불 기둥을 그들에게 비추사 낮이나 밤이나 진행하게 하시니, 낮에는 구름 기둥, 밤에는 불 기둥이 백성 앞에서 떠나지 아니하니라"(13:21-22). 불은 불타는 떨기나무에서 모세가 하나님을 대면한 것을 상기시킨다.[71] 출애굽기 19장에서 불과 구름은 둘 다 이스라엘이 시내산에서 하나님을 극적으로 대면하는 것을 통해 하나님의 임재 및 영광과 계속 연결될 것이다. 구름은 하나님의 영광을 감추거나 베일로 싸며, 본질적으로 하나님의 거룩함으로부터 이스라엘을 보호하는 기능을 한

---

71 Durham, *Exodus*, 186.

다. 이것은 다음 장에서 전개될 주제다.[72] 이런 의미에서 구름은 하나님의 임재에 대한 상징이 된다.[73] 출애굽기 16:9에서 모세는 이스라엘 백성의 원망 때문에 그들에게 "야웨 앞에(리프네) 오라(문자적으로 가까이 나아오라)"고 말한다. 히브리어의 "리프네" 구문이 직접적·공간적 임재를 강하게 함축하고 있음을 기억하라. 16:10에 제시된 것처럼, 이 본문에서는 하나님의 임재가 천명된다. "여호와의 영광이 구름 속에 나타나더라." 이것은 외견상 하나님에 대한 묘사가 아니라 하나님 자신의 강력하고 거룩한 임재다.[74]

모세의 노래와 출애굽의 목적

하나님이 홍해에서 이스라엘 백성을 구원하시고 애굽 병거를 멸하심으로써 그분의 큰 능력을 입증하신 후, 모세는 노래로 하나님을 찬양한다. 먼저 그는 애굽 군대를 물에 빠뜨리시는 하나님의 큰 능력을 찬양한다(출 15:1-12). 하지만 모세는 15:13과 15:17에서 그들이 방금 경험한 큰 구원의 목적을 언급한다. 우선 그는 다음과 같이 진술한다. "주의 인자하심으로 주께서 구속하신 백성을 인도하시되 주의 힘으로 그들을 주의 거룩한 처소에 들어가게 하시나이다"(15:13). 그리고 나서 그는 이렇게 선언한다. "주께서 백성을 인도하사 그들을 주의 기업의 산에 심으시리이다. 여호와여, 이는 주

---

72 Niehaus는 이렇게 쓴다. "그분이[하나님께서] 남자와 여자에게 그분의 첫 번째 언약의 말씀(창 1:28-30)을 주신 편안한 친밀함은 떠났다.…하나님은 영광 가운데 오실 때 죄인인 인간이 그로 인해 충격적인 결과를 입지 않도록 그들을 보호하시기 위해 반드시 그 영광을 연기, 구름, 폭풍으로 감추셔야 했다"(Niehaus, *God at Sinai*[『시내산의 하나님: 성경과 고대 근동학의 언약과 신현』, 이레서원 역간], 179).
73 Clements, *God and Temple*, 22.
74 Houtman, *Exodus*, 2:225.

의 처소를 삼으시려고 예비하신 것이라. 주여, 이것이 주의 손으로 세우신 성소로소이다"(15:17). 모세의 이 선언은 출애굽을 통해 하나님이 이스라엘 백성을 애굽에서 구원하신 가장 중요한 목적 가운데 하나가 "야웨가 그분의 특별한 백성 가운데 거처를 마련하는 것"이었음을 강하게 암시한다.[75] 스티븐 뎀스터(Stephen Dempster)는 이렇게 결론을 내린다. "그러므로 출애굽의 목표는 주님이 그분의 백성과 함께 거할 수 있는 에덴과 같은 성소를 짓는 것이다."[76]

시내산에 나타난 하나님의 임재

출애굽기 3장으로 다시 돌아가면, 하나님은 하나님의 산에서 불타는 떨기나무 가운데 모세에게 나타나셨다. 이 대면에서 하나님은 이스라엘 백성을 구원하라는 사명을 모세에게 주셨다. 그때 하나님은 일을 가능케 하시며 능력을 주시는 그분의 임재를 모세에게 약속하셨으며("내가 너와 함께 있을 것이다"), 이런 현실의 표징 또는 증거로서 모세가 백성들을 애굽에서 이끌고 나온 후에 그들이 같은 산에서 하나님을 예배하게 될 것임을 알려주셨다(출 3:12). 그때 하나님은 모세에게 당신의 이름을 야웨로 계시하셨는데,

---

[75] Durham, *Exodus*, 209. 하나님의 거처와 관련하여 이 두 구절에 나오는 몇몇 용어는 모호하다. 그래서 여기서 언급하는 것이 시내산인지, 시내산에 가는 도중에 있는 임시 야영지인지, 성막인지, 시온산인지, 아니면 시온산 위에 위치할 성전인지를 두고 학자들의 의견이 갈린다. Durham(*Exodus*, 209)과 Clements(*God and Temple*, 52-55)는 출 15:17이 시온산을 언급하는 것이 분명하다고 주장한다. 언급되는 위치에 대한 의견의 불일치로 인해 이스라엘이 당신의 거처(여기서는 땅 위)에 계시는 하나님께 가까이 가기 위해 애굽에서 구원받았다는 사실이 손상되는 것은 아니다. 모세는 이 사실을 분명히 알았다. Enns는 이렇게 결론을 내린다. "하나님은 그분의 백성과 함께 계시기 위해 그들을 애굽에서 나오도록 인도하신다"(Enns, *Exodus*, 300).

[76] Dempster, "Geography and Genealogy," 72.

이는 하나님의 임재와 야웨라는 이름이 연결되는 맥락이었을 것이다. 이제 그 약속이 성취된 출애굽기 19장에서 하나님은 이스라엘 백성을 애굽에서 인도하셔서 시내산에 이르게 하셨다. 거기서 하나님은 매우 현실적이고 강렬한 임재를 통해 그들을 대면하시고, 그들과 언약 관계를 맺으시며, 실제로 성막에서 그들과 함께 거하시고 그들과 함께 이동하시기 위해 실제로 그들 한가운데로 들어가신 것이다. 이렇게 시내산에서 하나님과 대면한 것은 전체 구약성서에서 가장 핵심적이고 중요한 사건 가운데 하나다.[77]

같은 장소(하나님의 산)에 계신다는 것에 덧붙여, 출애굽기 19장과 24-25장에서 이스라엘 백성이 시내산에서 하나님을 대면한 것에는 출애굽기 3장에서 모세가 불타는 떨기나무에서 하나님을 대면한 것과 비교되는 몇 가지 대조적인 병행이 있다. 하나님은 출애굽기 3장에서 모세 한 사람에게 말씀하시며, 출애굽기 19장에서는 모세를 통해 이스라엘 백성 전체에게 말씀하신다("백성"이란 단어가 강조되고, 출 19장에서 열 번 등장한다). 3:2에서는 떨기나무가 불타고 있고, 19:18에서는 산 전체가 불에 타고 있다. 3:5에서 하나님은 모세에게 그가 서 있는 땅이 거룩하다고 말씀하시는데, 19:23에서는 산 전체가 거룩하다. 도즈먼(Dozeman)은 "떨기나무"(סְנֶה, 세네)와 "시내"(סִינַי, 시나이)라는 두 히브리어 사이에 암시된 언어유희를 관찰한다.[78]

출애굽기 19:4에서 하나님은 이런 대면이 그분의 계획에서 핵심적인 부분임을 분명히 하신다. 하나님은 애굽 사람들을 심판하시고 "[이스라엘 백성을] 독수리 날개로 인도하셨"을 뿐만 아니라 그들을 당신께로 인도하

---

77 Durham, *Exodus*, 265.
78 Dozeman, *Exodus*, 124.

셨다. 말하자면, 하나님은 모세가 출애굽기 15:13-17에서 선언한 것을 천명하고 실제로 강조하신다. 이스라엘 백성을 출애굽 시키시는 하나님의 핵심적인 목적은 그분의 백성을 그분의 임재로 인도하는 것이라고 말이다. 이것이 이스라엘에 주는 의미가 무엇인지는 다음 구절에서 설명된다. 그것은 언약 관계, 보화 같은 소유, 제사장 나라, 그리고 거룩한 백성이 되는 것이다. 한마디로 하나님이 그들 가운데 계시는 것이다. 출애굽기 19:4-6의 중요한 배열을 주목하라.

1. 너희는 내가 애굽 사람들에게 어떻게 행했는지를 보았다(4절)
2. 너희는 내가 어떻게 독수리 날개로 너희를 업었는지를 보았다(4절)
3. 나는 너희를 내게로 인도했다(4절)
4. 이제 너희가 내 언약을 지키면(5절)
5. 너희는 내 보화 같은 소유가 되고(5절)
6. 너희는 내게 대하여 제사장 나라가 될 것이다(6절)
7. 그리고 거룩한 백성이 될 것이다(6절)

하나님의 관계적 임재와 그분의 언약의 긴밀한 연결에 주목하라. "내가 너희를 내게로 인도하였다"(출 19:4)라는 진술 다음에 바로 "이제 너희가 내 언약을 지키면"(19:5)이라는 말이 이어진다. 하나님의 관계적 임재와 그분의 언약의 이런 연결은 거슬러 올라가 창세기의 족장 내러티브들에서도 발견된다. 이 내러티브들에서 동행하시는 임재를 나타내는 "내가 너와 함께 있다"라는 어구는 하나님이 족장들과 맺은 언약과 계속 연결된다. 출애굽기 24장은 시내산 꼭대기에서 구름과 불 가운데 하나님과 맺은 전체 언약의 비준 사건을 중심으로 이런 요점을 명확히 해줄 것이다(15-17절). 모세는 백성들에게 "언약서"를 읽어주었고(7절), 백성들은 그 언약을 지키겠다고 한목소리로 말했다(7절). 모세는 백성들에게 언약의 피를 뿌리고(8절), 하나님과 교제의 식사를 하기 위해 장로들을 산 중턱까지 인도했으며(9-11절), 그다음에 홀로 구름이 있는 산 위로 올라가 사십 일간 그곳에 머물렀다. 그동안 모세는 십계명과 하나님의 임재의 지상 거처인 성막을 짓는 방법을 설명한 지침들을 받았다.

출애굽기 19장과 24장에서 하나님과의 대면은 앞서 출애굽기 3장에 나오는 불타는 떨기나무와 연결되고 병행할 뿐만 아니라 앞으로 나올 성막 및 성전과도 병행한다. 즉 산꼭대기에서 하나님의 임재는 "성전 같은" 상황을 만들어낸다. 불, 연기, 하나님의 영광, 하나님의 거룩함은 모두 성막과 이후에 성전에 계시는 하나님과 밀접히 연결된다. 더욱이 시내산에서 관계적이지만 거룩한 하나님의 임재는 성막과 성전에서와 마찬가지로 거룩한 공간과 접근에 대한 세 차원의 단계를 만들어낸다. 성막과 성전에서는 온 이스라엘이 첫 번째 단계인 뜰에 접근할 수 있었지만,[79] 거룩함의 다음 단계인 성소에는 오직 제사장들만이 가까이 나아갈 수 있었다. 마지막으로 가장 거룩한 장소인 지성소에서 하나님의 직접적인 임재에는 오직 대제사장만이 들어갈 수 있었다. 시내산에서 온 이스라엘은 산 아래에 모였다(출 19:2). 선발된 집단인 장로 칠십 명은 거룩한 산 중턱까지 가는 것이 허락되었다(24:9-11). 하지만 모세만이 홀로 하나님과 직접 대화하기 위해 산꼭대기로 올라갔다(24:12, 15-18). 마찬가지로 제단이 성막과 성전 바로 바깥에 놓이게 되듯이, 모세는 산 아래에 제단을 쌓는다(24:4). 그리고 그는 장로

79　Hartley, *Leviticus*(『레위기』, 솔로몬 역간), lvii.

칠십 명을 산 중턱으로 인도하기에 앞서 제사를 드린다.[80]

바로 이런 거룩한 산/성막/성전의 맥락 안에서 하나님께서 이스라엘을 "제사장 나라"와 "거룩한 백성"으로 지명하신 것을 이해해야 한다. 다시 말해 시내산 꼭대기에서 하나님의 불 같은 임재는 바로 성전과 같은 상황을 만들어냈다. 고대 근동의 신전 전체가 신들의 거주지로 기능했다는 점을 기억하라. 게다가 고대 근동의 평민들은 거의 신전에 들어가지 못했다. 그 지역 전체의 규범은 오직 제사장만이 신전 구역에 들어가서 신들을 섬기는 것이었다. 출애굽기에서는 하나님께서 이스라엘 한가운데서 그들과 함께 거하는 것이 그분의 분명한 의도다. 하나님은 온 이스라엘을 그분이 거주하시는 곳(성막과 이후의 성전)의 뜰 안으로 들어오라고 초대하실 것이다. 마치 하나님이 출애굽기 19장에서 그분의 거룩한 산 아래에 진영을 설치하도록 허락하신 것처럼 말이다. 이 특권—하나님의 산/성막/성전(즉 그분의 임재가 거하는 곳)에 나아갈 수 있는—은 모든 백성을 "제사장" 신분으로 높인다.[81] 여기서 말하려고 하는 요점은 기능보다는 관계와 가까이 나아감에 있다.[82] 피터 젠트리(Peter Gentry)는 이런 이해에 동의하면서, "제사장 나라"라고 명명한 것의 의미는 이스라엘을 "거룩한 백성"으로 명명한 것에서 "거룩한"이라는 단어의 의미와 밀접한 관계가 있다고 주장한다. 이 문맥에서 "거룩한"은 그들이 "야웨의 임재에 가까이 나아가고, 오직 주님

---

80 J. D. Hays, *The Temple and the Tabernacle*, 33-35.
81 Plastaras는 이렇게 서술한다. "이스라엘은 야웨를 그의 거룩한 산 위에서 섬기는 '제사장 나라'가 될 것이다"(Plastaras, *The God of Exodus*, 224). Gentry and Wellum, *Kingdom through Covenant*, 318-21도 보라. Gentry와 Wellum은 이 맥락에서 "제사장직"은 하나님의 임재에 가까이 나아가는 특권을 가리킨다고 주장한다.
82 J. Davies, "A Royal Priesthood," 157.

을 섬기고 예배하는 일에만 전념한다"는 것을 뜻한다.⁸³ 이와 마찬가지로 비록 하나님의 임재에 정기적으로 나아가는 것은 제사장들이라고 할지라도, 출애굽기 23:14-17은 온 이스라엘이 매년 성막에 나아가야 하는 세 가지 절기를 규정한다.

다른 몇몇 학자는 "제사장"이 하나님의 임재에로 나아감을 암시하는 이 개념을 확장하여, "제사장 나라"와 "거룩한 백성"이라는 두 어구의 연결은 이스라엘 백성이 하나님과 여러 나라 사이에서 중재 역할을 하는 제사장들이 될 것을 암시한다고 제안한다. 한 민족 안에서 제사장들이 성전과 신의 임재에로 가까이 나아가는 특별한 중재 역할을 하는 작은 집단을 구성하듯이, 여기서 이스라엘은 하나님의 임재에로 가까이 나아가는 중재적 역할을 하는, (세계의 여러 나라 가운데 있는) 작은 집단이다.⁸⁴ 이런 의미에서 성막/성전과 관련된 모든 것은 거룩해야 한다. 그래서 (제사장과 중보자들로서) 이스라엘 백성은 거룩한 백성이 되어야 한다고 선언되었다.⁸⁵

---

83   Gentry, "The Meaning of 'Holy,'" 404.
84   Houtman은 이런 연결을 만들지만, 출 19:5에 서술되었듯이 제사장으로서 이스라엘의 신분은 언약을 지키는 것에 달려 있다는 점을 추가한다(Houtman, *Exodus*, 2:445-46). Durham은 "제사장 나라"라는 진술은 이스라엘이 "야웨의 임재에 대한 사역을 온 세계로 확장하는 일"에 전념해야 함을 암시한다고 제안한다(Durham, *Exodus*, 263). 다음도 보라. Kessler, *Old Testament Theology*, 269; Routledge, *Old Testament Theology*, 172. T. D. Alexander는 이것을 아담과 하와가 에덴동산에서 추방되기 전에 지녔던, 제사장과 같은 신분의 회복으로 이해한다. 그들은 성전과 같은 에덴동산에서 하나님께 직접 나아갈 수 있었다(T. D. Alexander, *Exodus*, 97). Beale, *The Temple and the Church's Mission*, 117도 보라.
85   J. D. Hays, *The Temple and the Tabernacle*, 32-34. 출 19:10-15에 묘사된 모든 백성에게 요구되는 제의적 정결과 나중에 레위 지파의 제사장들에게 요구된 제의적 정결 사이의 유사성도 주목하라.

성막에 나타난 하나님의 임재

출애굽기 25:8-9에서 하나님은 모세에게 이렇게 말씀하신다. "내가 그들 중에 거할 성소를 그들이 나를 위하여 짓되, 무릇 내가 네게 보이는 모양대로 장막을 짓고 기구들도 그 모양을 따라 지을지니라." "성소"(מִקְדָּשׁ, 미크다쉬)로 번역된 이 히브리어는 보통 "거룩한"으로 번역되는 히브리어 단어에서 나왔다. 따라서 "성소"는 "거룩한 장소"로 번역될 수 있다. 이것은 하나님의 임재와 연결된 거룩함에 대한 지속적인 주제를 강조한다. 마찬가지로 "성막"(מִשְׁכָּן, 미쉬칸)으로 번역된 단어는 종종 "거하다"로 번역되는 히브리어 동사 "샤칸"(shakan)의 명사형이다. 즉 성막은 하나님 자신을 위한 거처가 될 것이다. "금송아지"로 중단된 것(출 32-34장)을 제외하고, 출애굽기의 나머지 모든 장(25-31; 35-40장)은 하나님의 새로운 거처인 성막의 건축을 다룬다.[86]

출애굽기 29:45-46에서 하나님은 이스라엘과 함께 거하시겠다는 그분의 약속을 재천명하신다. "내가 이스라엘 자손 중에 거하여(שָׁכַנְתִּי, 샤칸티) 그들의 하나님이 되리니, 그들은 내가 그들의 하나님 여호와로서 그들 중에 거하려고(לְשָׁכְנִי, 레샤크니) 그들을 애굽 땅에서 인도하여 낸 줄을 알리라. 나는 그들의 하나님 여호와니라." 이 본문은 출애굽 뒤에 있는 하나님의 목적이 이스라엘 가운데 정착하시고 거주하시는 것이라고 단도직입적으로 진술한다.[87] 이 구절에서 "주님을 아는 것"의 본질은 "내가 너희를 애

---

86   성막의 성소에 있는 특별한 기구들은 대부분 이런저런 방식으로 하나님의 임재와 연결됨을 주목하라. 임재의 떡을 위한 상, 등잔, 분향단 등이 그렇다. J. D. Hays, *The Temple and the Tabernacle*, 35-58을 보라.

87   Dozeman, *Exodus*, 659. Sommer, "Conflicting Constructions of Divine Presence," 44도 보라.

굽 땅에서 인도하여 낸" 것과 "내가 그들 중에 거할 것이라"의 결합임을 주목하라.

이 본문에서 우리는 세 부분으로 된 중요한 언약 형식의 더 발전된 진술을 본다. 구약성서 전체에서 하나님과 이스라엘의 언약 관계는 다음과 같이 세 부분으로 된 형식의 진술로 정의될 것이다. "나는 너희의 하나님이 될 것이다, 너희는 내 백성이 될 것이다, 나는 너희 가운데 거할 것이다." 이 세 가지 요소가 모두 출애굽기 전체의 다양한 본문에 등장하지만, "나는 너희의 하나님이 될 것이다"와 "나는 너희 가운데 거할 것이다"라는 두 측면이 이 본문에서 강조되며(출 29:45-46) 서로 긴밀히 결합한다.[88] 클레멘츠는 이렇게 쓴다. "이 구절에서 야웨가 이스라엘의 하나님이 된다는 것은 그분이 그들 가운데 거한다는 것을 의미하며, 이것을 실현하는 수단이 성막 건축이라는 점은 매우 분명하다."[89]

모세와 이스라엘 백성이 하나님의 구체적인 지시에 따라 성막 건축을 마친 후 출애굽기의 절정이 발생한다.[90] 이는 출애굽기 40:34에 "여호와의 영광이 성막에 충만하매"라고 서술되었기 때문이다.[91] 즉 하나님께서 약속하신 대로 하나님의 임재는 성막에, 그리고 이스라엘 가운데 거하기 위해 일어난다. 하나님은 시내산에 오셨던 것과 같은 방식—구름, 불, 거룩함

---

88 W. Kaiser는 출 29:42-46이 출애굽기에서 세 가지로 된 형식을 완성한다고 주장한다(W. Kaiser, *The Promise-Plan of God*, 85-86).
89 Clements, *God and Temple*, 115. 이와 마찬가지로 Brueggemann은 출 29:45에 대해 다음과 같이 결론 내린다. "이 진술은 '그들의 하나님'이 되는 것이 언제든지 이용 가능하며 가까이 갈 수 있는 것과 동등하다고 제안하며, 이것이 '그들의 하나님'이 되는 것에 대한 유일하고 중요한 증거다. 임재가 모든 것이다"(Brueggemann, *Theology of the Old Testament*, 663).
90 Niehaus, *God at Sinai*, 202.
91 "주님의 영광"(야웨의 영광)이란 어구는 "그분의 백성과 함께하시는 하나님의 임재를 가리키는 전문용어"로서 하나님의 임재와 동의어로 자주 사용된다(C. J. Collins, "כבד," *NIDOTTE* 2:579, 581-83). 이 어구는 출 16:7-10; 24:16-17에서도 비슷하게 사용된다.

등—으로 지금 성막에 거하시며, 약속의 땅으로의 여정을 이스라엘과 함께하신다. 그렇다면 성막은 이동하는 시내산과 같은 곳이 된 것이다.[92] 이 사건의 중요성은 아무리 강조해도 지나치지 않은데, 그 이유는 이것이 바로 출애굽 이야기 전체의 목적에서 중심이며,[93] 나아가 구약성서 전체에서 중심이기 때문이다.[94] 하나님은 이스라엘 백성을 애굽에서 인도하셨으므로, 이제 그들 가운데 거하시고 그들과 관계를 맺기 위해 오실 수 있다.[95]

출애굽기 19-24장의 내러티브 전체에서 이스라엘 백성은 산꼭대기에서 하나님을 대면하기 위해 올라가는데, 주로 모세가 올라간다(출 19-24장에서 올라가고 내려오는 이동의 주제는 매우 중요하다). 하나님께서 성막에 거하기 위해 내려오신 후(출 40:34), 이스라엘 백성은 하나님과 관계를 맺기 위해 더 이상 산 위로 올라가지 않는다. 마르틴 해게(Martin Hauge)는 이렇게 쓴다. "하나님의 내려오심과 인간의 올라감이라는 평행 이동은 대면의 유일한 수단으로서 하나님이 인간 세계에 내려오심으로 대체된다."[96]

더 넓은 모세 오경의 맥락에 비춰보면, 이스라엘 가운데 있는 성막에 거하기 위해 영광과 거룩함으로 강림하시는 하나님의 오심은 사람들이 에덴동산에서 그분과 가졌던 친밀한 관계, 즉 창세기 3장에서 잃어버린 관계를 회복하려는 움직임이다.[97] "성서 드라마의 핵심적인 대파국"은 창세기

---

92 Averbeck, "Tabernacle," 824; Milgrom, *Leviticus 1-16*, 58.
93 T. D. Alexander, *Exodus*, 186.
94 Plastaras, *The God of Exodus*, 6-7.
95 Rendtorff, *The Canonical Hebrew Bible*, 65.
96 Hauge, *The Descent from the Mountain*, 139-40.
97 House, *Old Testament Theology*, 120; Dozeman, *Exodus*, 417-18. Fretheim은 성막의 건축과 총체적인 창조 간의 밀접한 연결을 주장한다. 여기서 성막은 "창조의 소우주"로 이해되어야 한다. "세상의 완전한 재창조"가 아니라 "현재 진행 중인 하나님의 새로운 세상의 재창조에서…결정적인 시작"으로 말이다(Fretheim, *God and World*, 128). 이것은 출애굽기를 "창조 신학에 의해 결정적인 방식으로 형성된 것으로" 보는 Fretheim의 전반적인 이해와 일치한

3장에서 하나님의 임재의 상실이었으며, 성막에서 당신의 백성 가운데 거하시기 위한 하나님의 이동은 적어도 이 문제에 대한 "첫 번째 해결책"으로 이해될 수 있다.[98]

출애굽에 나타난 초월성, 내재성, 거룩함

출애굽기에서는 사람들이 이곳 땅 위에서 하나님의 임재를 대면할 때, 하나님의 초월성(하나님의 타자성)과 그분의 내재성(하나님의 관계성) 간의 긴장이 엄연한 현실이 되었다.[99] 영광 중에 계신 하나님이 실제로 땅에 내려오시지만, 그 영광은 그와 아울러 위험을 동반한다. 하나님이 그분의 백성 가운데 거하기 위해 오셨으므로, 그들은 하나님께 가까이 나아갈 수 있고 그분과 교제를 가질 수 있다. 하지만 거룩한 임재는 일반적으로 두려움과 경외감을 불러일으키는 연기, 불, 구름 또는 지진을 동반한다. 하나님의 임재가 거할 때마다 그 공간이 거룩해지고[100] 사람들에게 거룩함과 정결을 요

다(Fretheim, *God and World*, 110; *Exodus*, 12-14을 보라). 출애굽기의 성막 기사와 창조 간의 유사성을 강조하는 Balentine, *The Torah's Vision of Worship*, 138-40; Longman, *Immanuel in Our Place*, 35-36도 보라.

98 Morales, *The Tabernacle Pre-Figured*, 248-49. 성막에서 하나님의 거하심을 에덴동산과 하나님의 임재에서의 추방으로부터 회복을 향해 나아가는 움직임으로 이해하는 저술들은 다음과 같다. Plastaras, *The God of Exodus*, 258-61; Ross, *Recalling the Hope of Glory*, 84-86.

99 Averbeck, "Tabernacle," 822.

100 Jensen은 "거룩하다"라는 의미와 종종 연관되는 넓은 범위의 개념들을 주목한다(예. 구별, 능력, 전적으로 다름, 성품 등). 하지만 그는 "거룩하다"의 의미에 대한 가장 유익한 이해는 그것을 "공간"과 연결하여 이해하는 것이라고 결론 내린다. Jensen은 이렇게 쓴다. "이런 접근에서 거룩함은 하나님의 영역 혹은 존재의 영역에 속한 모든 것이며, 이와 동일한 직접적인 관계를 갖지 않는 다른 장소들과 대조된다." 이어서 Jensen은 거룩함에 대한 이 핵심적인 ("공간적인") 개념과 밀접하게 연관된 것은 하나님의 임재라고 주장한다(Jensen, "Holiness in the Priestly Writings," 97-107).

구하는 명령이 중요해진다(따라서 레위기가 필요한 것이다). 이런 관점에서 출애굽기는 하나님의 임재에 대한 중요한 주제를 더욱 발전시킨다. 하나님은 내재하실 때(이 세상의 여기에) 전적으로 거룩한 분으로 계신다. 실제로 하나님의 영광과 거룩함은 그분께 나아가기를 바라는 사람들에게는 위험이자 방해가 된다.

하지만 하나님은 그분께 가까이 나아가고 예배하는 수단을 그분의 백성에게 제공하시기 위해 최선을 다하신다. 사실 성막 건축과 관련한 세부적인 지침들과 이스라엘의 예배 방법에 대한 규율들은 하나님의 크신 영광과 거룩하심에도 불구하고 백성들이 그분께 가까이 나아가고 그분과 교제를 갖도록 하시기 위해ㅡ실제로 하나님이 그들 가운데 거하시기 위해ㅡ하나님이 제공하시는 것으로 보인다. 따라서 그와 같은 사실을 강조하는 구름, 연기, 휘장은 하나님께 가까이 나아감으로써 발생할 수 있는 위험으로부터 사람들을 보호하는 역할을 한다. 마찬가지로 거룩함의 경계 구분, 수많은 정결법 규정, 그리고 심지어 제사 제도 전체조차도 하나님이 사람들 가운데 실제로 거하실 수 있고 사람들이 참으로 하나님을 예배할 수 있게 하는 수단으로서 기능한다. 하나님은 단지 이스라엘 백성에게 율법을 주시려는 목적으로 시내산에서 그들을 대면하지 않으신다. 하나님은 그들과 교제하고 그들을 축복할 목적으로 그들 가운데 거하기 위해 오신다. 하나님은 이스라엘 백성들이 거룩함과 영광 중에 계신 그분께 가까이 나아올 수 있게 하시려고, 또 그들 가운데 계속 사시려고 그들에게 율법을 주신다.[101]

---

101 Sommer, *Revelation and Authority*, 57.

죄와 하나님의 임재의 위기

출애굽기 32장은 출애굽 이야기의 거의 상상할 수 없는 중단을 보여준다. 모세가 하나님의 새로운 거처인 성막의 건축에 대한 상세한 지침을 얻고자 하나님과 대화하려고 산 위에 올라가 있는 동안, 산 아래에 있던 이스라엘 백성은 인내가 극에 달했다. 그들은 아론의 도움을 받아 금송아지를 만들고, 불경스럽게도 "이는 너희를 애굽 땅에서 인도하여 낸 너희의 신이로다"라고 선언했다(출 32:4). 그리고 나서 아론은 "야웨의 절기"가 있을 것(출 32:5)이라고 선언하는데, 이 금송아지 우상에게 야웨("주")의 이름을 붙이려고 노력한 것이 분명하다. 이 전체 사건은 언약의 처음 두 계명(출 20:3-4)에 대한 노골적인 위반이다. 더럼은 이것이 단순히 이방 나라의 우상들에게 돌아간 것이 아니라 시내산에서 그들에게 자신을 계시하신 야웨의 대리물과 야웨의 임재를 재규정하려는 시도라는 점에 주목한다.[102] 백성들은 자신들을 인도한 만질 수 있고 볼 수 있는 신, 이웃 나라들의 신들과 좀 더 유사한 신의 존재를 원했음이 분명하다.[103]

다음 장과 그다음 장 절반(출 32:7-33:23)은 구약성서에서 가장 매력적인 본문을 담고 있는데, 모세가 이스라엘을 대신하여 하나님께 반복적으로, 그리고 충분히 중재하는 내용이다. 그러고 나서 모세는 진영으로 돌아와서 레위인들과 연합하여 자신과 하나님 편에 있지 않을 불순종하는 3천 명의 이스라엘 백성을 죽인다(32:25-28). 모세는 하나님께 다시 돌아가 금송아지 우상을 만든 백성들의 죄를 고백한다(32:30-32).

---

102 Durham, *Exodus*, 121-22.
103 Stuart, *Exodus*, 691.

하지만 이 죄의 심각한 결과는 오래 남는다. 출애굽기 33:1-3에서 하나님은 모세에게 백성들을 데리고 (하나님의 임재가 그들에게 계시된) 시내산을 떠나 족장들에게 약속하신 땅으로 인도하라고 말씀하신다. 하지만 하나님은 **그들과 함께 가지 않겠다**고 말씀하신다. 더럼은 이렇게 진술한다. "이스라엘은 금송아지를 만드는 죄를 지음으로써 야웨의 임재가 임하는 장소에 가까이 있을 수 있는 그들의 권리와 그들 가운데 머무르고자 하는 야웨의 바람 두 가지 모두를 파괴했다."[104] 하나님은 그들 앞에 "천사/사자"를 보내어 그들을 인도하고 도울 것이지만 하나님 자신은 가지 않을 것이라고 말씀하신다.[105] 이 금송아지 일화에서 범한 죄에 대한 가장 심각하고 지속적인 심판은 하나님의 임재의 상실이다.[106] 이것은 심판인 동시에 은혜의 요소를 통한 보호조치이기도 하다. 하나님이 이렇게 말씀하셨듯이 말이다. "내가 길에서 너희를 진멸할까 염려함이니라"(출 33:3, 5).[107] 하나님은 이스라엘 백성에게 "너희는 장신구를 떼어 내라"고 말씀하신다(33:5). 이것은 이혼 또는 깨진 관계의 뉘앙스를 암시하는 행동이다.[108] 33:4에서 이스라엘 백성은 슬피 울기 시작하는데, 이는 아마도 그들이 회개하고 있음을 암시할 것이다. 아무튼 하나님은 이 시점에서 "내가 너희에게 어떻게 할 것인지

---

104 Durham, *Exodus*, 436.
105 하나님의 이 말씀은 창세기에서 (종종 주의 천사와 연결되어) 족장들과 동행하시는 하나님의 임재와, 출 3장과 6장의 논의에서 주목했듯이 출애굽기에서 (불, 구름, 연기 등을 동반하고) 하나님의 이름인 야웨("주님")와 결합된 임재인 그분의 거룩하고 강렬한 임재 간 차이에 대한 통찰을 우리에게 제공해줄 수 있다.
106 Durham은 앞선 장들에서 이스라엘이 받은 모든 것의 상실에 주목한다. "특별한 보화도, 제사장 나라도, 거룩한 백성도, 야웨를 그들의 하나님으로 삼음도, 언약도, 법궤도, 성막도, 제단도, 영광의 구름도 없을 것이다"(Durham, *Exodus*, 437).
107 Stuart, *Exodus*, 692.
108 Dozeman은 예언서 전체에서 "장신구"와 결혼의 밀접한 연결을 가리키면서 "장신구를 떼어 내는 것이 심판과 심지어 이혼을 나타낸다"는 점에 주목한다(Dozeman, *Exodus*, 722-23).

정하겠노라"(33:5)고 말씀하심으로써 마지막 심판을 미정으로 남기신다. 한 민족으로서 이스라엘의 운명은 어떻게 될지 모르는 상태에 있다.[109]

모세는 출애굽기 33:12-13에서 하나님께 "이 족속이 주의 백성"이라는 사실을 상기시키면서 다시 한번 탄원한다. 마침내 하나님은 일찍이 경고하셨던 것을 철회하시고 이스라엘 백성에게 그분의 임재가 계속될 것을 약속하신다. "내가 친히 가리라"(출 33:14). "임재"로 번역된 히브리어는 "얼굴"을 뜻하는 단어인 פָּנַי(파나이)다. 앞에서 언급했듯이, 이 단어는 누군가의 물리적 현존을 가리키는 관용어로 자주 사용된다.

이 문맥에서 모세가 출애굽기 33:18에서 하나님께 그분의 "영광"을 보여주시기를 구한 것은 하나님이 방금 약속하신 것, 즉 그분의 임재가 모세 및 백성들과 함께 갈 것을 능동적으로 보여달라는 요청으로 보인다. 이 문맥에서 "영광"과 "얼굴"이라는 두 단어는 모두 하나님의 임재를 가리키며, 따라서 가까운 동의어들이다.[110] 모세는 이전에 산꼭대기의 구름 속에서 하나님의 영광을 대면했지만(출 24:17-18), 분명히 구름에 의해 충만한 하나님의 모든 영광을 보지 못하도록 보호되었다. 출애굽기 33:18에서 모세는 하나님께 그분의 영광(즉 그분의 임재)을 더 친근하고 충만히 계시해주시기를 부탁하고 있었을 것이다. 하지만 하나님은 그분의 "얼굴"(임재)을 보고 살 수 있는 사람이 아무도 없다고 설명하신다(출 33:20).[111] 그래서 하

---

109 Brueggemann, "The Crisis and Promise of Presence," 49.
110 Durham, *Exodus*, 452.
111 본문은 틀림없이 "회막"에서 벌어지고 있는 하나님과 모세 간의 이 대화에서(출 33:7-11), "사람이 자기의 친구와 이야기함 같이 여호와께서는 모세와 대면하여[פָּנִים אֶל־פָּנִים, 파님 엘-파님] 말씀하"셨다고 진술한다(33:11). "대면하여"라는 관용어는 모세와 하나님이 직접 대면하고 중재자 없이 "개인 대 개인으로" 대화를 나누었음을 의미한다. 이것은 모세가 하나님의 "얼굴/영광"을 똑바로 쳐다볼 수 있었음을 암시하지 않는다. 출 33:9-10의 구름에 대한 언급은 모세가 회막에서 하나님을 대면한 것이 출 24:15-18의 시내산 꼭대기에서

나님은 (1) 그분의 "선하심"만 지나가게 하시고,[112] (2) 모세 앞에서 그분의 이름을 선포하시며, (3) 모세를 바위틈에 숨기시고 그분의 영광이 지나갈 때까지 그분의 손으로 그를 가리셨다. 그러고 나서 하나님은 모세가 그분의 등을 보는 것만 허락하신다. 이것은 하나님의 내재성(그분의 관계성)과 그분의 초월성(그분의 타자성) 간의 지속적인 긴장을 강조한다. 이스라엘 백성은 하나님을 알 수 있고, 그분의 임재와 대면할 수 있으며, 그분과 "개인 대 개인으로" 대화를 나눌 수 있다. 하지만 하나님은 계속해서 심지어 모세에게조차도 "인간의 손과 지식이 닿지 않는 저 멀리에" 계신다.[113] 하나님은 (이스라엘이 받아 마땅한 심판 대신에) 그분의 "선하심"이라는 개념을 확장하시며 33:19에서 이렇게 선언하신다. "내가 내 모든 선한 것을 네 앞으로 지나가게 하고 여호와의 이름을 네 앞에 선포하리라. 나는 은혜 베풀 자에게 은혜를 베풀고 긍휼히 여길 자에게 긍휼을 베푸느니라." 이 말씀은 하나님이 이스라엘의 죄에 대해 그들을 멸하지 않으시는 대신 성막에서 그들과 함께

그가 하나님을 대면한 것과 비슷함을 암시하는 것으로 보인다. Stuart, *Exodus*, 699을 보라. Wessner는 모세가 하나님과 "대면하여" 대화한 것(33:11)과 하나님이 그분의 얼굴을 보고 살 사람이 아무도 없다고 말씀하신 것(33:20) 사이의 긴장은 여기에 사용된 동사들을 면밀히 살펴보고, 능동적으로 보는 개념과 수동적으로 보이는 개념의 차이를 인정함으로써 해결될 수 있다고 주장한다. 즉 야웨의 "얼굴"은 그분이 주도권을 가지고 "능동적으로" 그것을 드러내실 때 보일 수 있다(33:11). 하지만 그 밖의 다른 누군가가 주도권을 가지고 하나님의 얼굴을 보고 하나님은 수동적이실 때 야웨의 "얼굴"은 보이지 않는다(33:20)(Wessner, "Moses and the LORD 'Face to Face'").

112 Moberly는 이렇게 논평한다. "이스라엘의 실존에서 가장 중요한 순간에 심판이 아니라 야웨의 '선하심'이 전면에 부각된다는 사실은 신학적으로 매우 중요하다"(Moberly, *At the Mountain of God*, 77).

113 Moberly, *At the Mountain of God*, 65-66. Hundley는 "성막에 하나님의 임재의 세 층이 있는 것으로 보인다"는 점을 관찰한다. 즉 1) 야웨 자신, 2) 하나님의 영광, 3) 구름과 불"이다(Hundley, *Keeping Heaven on Earth*, 47). Hundley의 주장에 따르면, 하나님의 임재에 대한 이런 다른 묘사들의 요점은 성막에서는 야웨의 임재가 보장되는 반면에 그 임재는 여전히 약간의 수수께끼처럼 모호하여 초월성과 내재성 간의 긴장을 유지한다는 것이다.

거하기로 작정하셨다는 사실을 확실히 언급하고 있다.

흥미롭게도 하나님은 바로 몇 절 뒤에 다음과 같이 선포하신다. "여호와께서 구름 가운데에 강림하사 그와 함께 거기 서서 여호와의 이름을 선포하실새, 여호와께서 그의 앞으로 지나시며 선포하시되, '여호와라. 여호와라. 자비롭고 은혜롭고 노하기를 더디하고 인자와 진실이 많은 하나님이라. 인자를 천대까지 베풀며 악과 과실과 죄를 용서하리라. 그러나 벌을 면제하지는 아니하고 아버지의 악행을 자손 삼사 대까지 보응하리라'"(출 34:5-7). 이 본문은 (구름에 가려진) 하나님의 거룩하심과 야웨라는 그분의 이름의 의미, 그리고 (임재하시는 하나님, 은혜로우시며 용서하시지만 의로우신 하나님이라는) 그분의 성품의 교차를 강조한다. 하나님에 대해 그분의 가까운 물리적 임재를 강조하는 강한 신인동형론적 용어들이 사용된 점을 주목하라. 즉 하나님이 내려오셨다(וַיֵּרֶד, 바예레드), 그분은 그와 함께 서셨다(וַיִּתְיַצֵּב עִמּוֹ, 바이트야체브 이모[동사 יָצַב {야차브}에는 굳게 혹은 결연히 서는 것의 의미가 함축되어 있음을 주목하라], 그리고 그분은 그의 앞을 지나셨다(וַיַּעֲבֹר עַל־פָּנָיו, 바야아보르 알-파나이우) 등이다.

이 사건을 마무리하는 은혜롭고 복된 소식은 금송아지의 파국과 반복적인 모세의 간구 이후에 하나님의 영광스럽고 거룩한 임재가 다시 한번 모세와 함께한다는 것이다. 하나님은 성막을 건축하는 방법에 대한 지시를 계속하실 수 있다. 왜냐하면 그분은 그 계획을 계속하고 이스라엘이 약속의 땅으로 갈 때 그들 가운데 와서 거하기로 정하셨기 때문이다. 하나님의 은혜로 말미암아 이스라엘은 불행한 종말을 피하게 되었다. 하나님의 영광스러운 임재는 성막에서 그들과 함께 계속 머물 것이다.

레위기-민수기

레위기와 민수기는 출애굽기와 밀접하게 연결된다.[114] 출애굽기 19장에서 하나님은 새롭게 구속하신 백성을 시내산으로 인도하신다. 그곳에서 하나님은 그들에게 나타나시고, 그들과 언약 관계에 들어가시며, 그 후 그들 가운데 실제로 거하기 위해 성막에 오신다. 출애굽기의 나머지 이야기와 레위기 전체 그리고 민수기 10장까지 이스라엘은 시내산에 머문다. 민수기 10장에서 이스라엘은 마침내 시내산을 떠나며, 성막에 계신 하나님의 임재가 그들과 함께한다. 그러므로 이 "시내산 페리코프"는 전부 58장에 이르고, 모세 오경의 거의 40퍼센트에 달하며, 모세 오경의 이야기 및 신학에 대한 이 대면의 절대적인 중요성을 강조한다.[115]

레위기-민수기는 출애굽기 25-40장의 성막 내러티브에 이어지는 자연스러운 속편이다.[116] 출애굽기에서 모세가 하나님이 그에게 주신 지침을 엄격하게 따라서 성막을 건축하고 난 후(출 25-40장), 하나님은 친히 성막에 거처를 마련하시기 위해 화려하고 극적인 방식으로 오신다. 이제 영광 중에 계신 하나님은 불타는 떨기나무나 시내산 꼭대기에 거하시는 것이 아니라 친밀한 언약 관계를 맺을 목적으로 이스라엘 가운데 있는 성막에 거하신다. 죄 있는 이스라엘 백성이 지금 그들에게 가까이 계시고 그들 가운데 사시는 시내산의 거룩하고 두려운 하나님과 어떻게 관계를 맺을 수 있을까? 그들이 어떻게 하나님을 예배하며 그분께 나아갈 수 있을까? 그분의

---

114 Waltke with Yu, *Old Testament Theology*, 56-57.
115 Balentine, *The Torah's Vision of Worship*, 120.
116 레 1장-민 10장에서는 성막이 그곳에 있고 그 안에 하나님이 거하신다고 가정된다. Fretheim, *The Pentateuch*, 123; T. D. Alexander, *From Paradise to the Promised Land*, 237-38; Wenham, *The Book of Leviticus*(『NICOT 레위기』, 부흥과개혁사 역간), 16을 보라.

거룩하심은 어떻게 되었는가? 하나님의 거룩하심이 그들을 삼키지는 않을까? 레위기와 민수기 1-10장은 이런 문제를 다루며, 이스라엘이 살 수 있고 지금 그들 가까이 성막에 거하시는 영광스럽고 거룩하신 하나님과 관계를 맺을 수 있는, 하나님이 주신 방법들을 제시한다. 그러고 나서 민수기 10장에서 이스라엘 백성은 시내산을 떠나며, 하나님의 임재와 동행하여 약속의 땅으로 출발한다.

하나님의 임재에서의 제사 용어

레위기에서는 시작하는 구절부터 하나님의 임재가 중심이다. 실제로 레위기 1:1-3에 그 어조가 제시된다. 이름 자체에 임재를 함축하고 있는(출 3장에 대한 논의를 보라) "야웨"가 "회막"(레위기에서는 회막이 성막을 지칭한다. 1:5에 제단이 회막 가까이에 있다고 한 것을 주목하라)에서 모세에게 말씀하신다. 하나님은 모세에게 이스라엘 백성이 어떻게 하나님의 임재 "가까이에" 그들의 제물을 가져와야 할지를 지시하신다. "가까이 있음"과 "임재"를 암시하는 용어들이 이 본문에 풍부하다. 레위기 1:2-3에서는 카라브(קרב, 가까이 가다, 가까이 가게 하다)라는 용어가 네 번 사용된다. 이 용어는 "가까이 있다, 또는 근접해 있다"라는 강한 어감을 전달한다.[117] 마찬가지로 일반적으로 "예물"로 번역되는 파생 명사 코르반(קרבן, 가까이 데려간 것, 고르반)은 세 번 등장한다. 마지막으로 앞에서 논의했듯이 하나님의 임재 안에 있음을 강하게 암시하는 어구 리프네 야웨(לפני יהוה, 야웨 앞에, 즉 주의 임재 안에)는 1:3에

---

117 B. T. Arnold, "קרב," *NIDOTTE* 3:976. Waltke와 Yu는 이 용어가 보통 "볼 수 있는 대상에게 아주 가까이 가다, 그 대상에게 말하다, 또는 심지어 그 대상을 만지다"를 의미한다고 설명한다(Waltke with Yu, *Old Testament Theology*, 452).

서 제사의 목적지를 지칭하기 위해 사용된다. 레위기 1:2-3은 다음과 같다.

> 이스라엘 자손에게 말하여 이르라. "너희 중에 누구든지 여호와께 예물[קָרְבָּן, 코르반, 즉 '가까이 데려간 것']을 드리려거든[יַקְרִיב, 야크리브, 카라브의 히필형], 가축 중에서 소나 양으로 예물[קָרְבַּנְכֶם, 코르반켐]을 드릴지니라[תַּקְרִיבוּ, 타크리부, 카라브의 히필형]. 그 예물[קָרְבָּנוֹ, 코르바노]이 소의 번제이면 흠 없는 수컷으로 회막 문에서 여호와 앞에[לִפְנֵי יְהוָה, 리프네 야웨, 문자적으로 '야웨 앞에', 또는 '주의 임재 안에'] 기쁘게 받으시도록 드릴지니라[יַקְרִיבֶנּוּ, 야크리베누, 카라브의 히필형, 이 단어에 종결형 접미사인 '그것'이 첨가됨]."

이 용어들은 레위기 전체에서 계속 등장하는데, 동사 "카라브"는 102회, 명사 "코르반"은 80회 등장한다. 더 중요한 것은 "리프네 야웨"라는 어구가 레위기에서 60회 이상(예. 1:5, 11; 3:1, 7, 12), 민수기에서 30회 이상(예. 3:5; 5:16; 6:16; 14:37) 등장한다는 것인데, 이는 제사와 그 밖에 다른 제의들이 성막에서 하나님의 임재 가까이 또는 그 앞에서 수행되었음을 가리킨다.[118] 이는 레위기나 민수기에 명기된 예배/제의와 관련된 모든 행위는 "야웨 앞에서"(즉 성막에 거하시는 그분의 관계적 임재 앞에서) 일어나야 한다는 뜻이다. 레위기와 민수기 전체에서 하나님의 임재는 계속해서 성막에 거하는 것으로 묘사되며, 제사 제도 전체는 이런 현실에 비추어 구성된다.[119] 레위기나

---

118 Hartley는 이렇게 진술한다. "성막의 모든 행위는 야웨의 임재 안에서 일어났다. 제사 제도 전체를 관통하는 '야웨 앞에서'라는 어구는 회막 앞에 있는 영역을 구체적으로 언급할 뿐만 아니라 다양한 의식이 야웨의 임재 안에서 행해졌음을 인정한다"(Hartley, *Leviticus*[『레위기』, 솔로몬 역간], lxiv).

119 Fowler는 이렇게 쓴다. "하나님의 지속적인 임재는 레위기에 스며 있는 신학적 전제다. 여기

민수기에는 하나님이 하늘 위에 계시고 성막에 그분의 발등상만 있다는 언급이 없다. "하늘"을 지칭하는 히브리어는 레위기나 민수기에 등장하지도 않는다. 예배 및 관계와 관련하여 하나님은 성막에 거하신다.

하나님의 임재 안에서 드리는 예배와 제사

레위기에서 모든 것은 하나님의 내주, 관계적 임재와 관련이 있다. 마크 루커(Mark Rooker)는 다음과 같이 지적한다. 즉 레위기 1-16장은 제사장의 역할과 제사 제도의 시행에 초점을 맞추면서 "죄를 범한 민족 가운데 하나님의 임재가 계속되는" 것에 주요 관심 또는 목적이 있는 반면에, 레위기 17-27장은 "그 민족에 대한 거룩함의 요구들"을 구체적으로 언급하며 하나님이 그들 가운데 거하시는 그분의 임재가 백성에게 미치는 영향에 주요 관심을 두고 있다고 말이다.[120]

다시 말해서 제사 제도 전체는 개인이든 민족이든 죄를 범한 이스라엘이 성소에서 그들 가운데 거하시는 하나님께 나아가고 예배하며 그분과 교제할 수 있도록 하나님에 의해 계획되었다는 것이다.[121] 많은 학자가 이 점을 잘 간파했다.

서 '리프네 야웨'라는 히브리어 관용어는 62번 등장하며 **매번** 성막에서의 하나님의 임재를 가리킨다.…하나님이 회막에 거하셨으므로, 회막 앞 제단 위에서 행해진 제사는 '야웨 앞에서' 행해지는 것으로 묘사된다"(Fowler, "The Meaning of *lipnê* YHWH," 387). H. Simian-Yofre, "פָּנָם," *TDOT* 11:609-10; A. S. van der Woude, "פָּנִים," *TLOT* 2:1012도 보라. van der Woude는 레위기에서 이 어구가 "하나님이 임재하는 장소 '앞'"을 가리키는 제의상의 전문 용어라는 점에 주목한다.

120 Rooker, *Leviticus*, 42. Hundley, *Keeping Heaven on Earth*, 173-74도 보라.
121 J. Walton은 제사 제도 전체의 핵심은 "그것이 개인과 공동체의 죄로 말미암아 더럽혀진 성소의 오염을 제거하고, 그렇게 함으로써 하나님의 임재 안에서 평형을 지키는 방법을 제공했다"는 점이라고 주장한다(J. Walton, "Equilibrium and the Sacred Compass," 298).

레위기는 새로 건립된 거룩한 공간과 제사장 나라의 거룩한 삶 안에서 살아가기 위한 하나님의 교훈에 관한 이야기다.…이제 하나님께서 그들 가운데 거하기 위해 오셨기에, 레위기는 제사장과 백성들에게 주시는 그들의 책임에 대한 교훈으로 이루어진다.[122]

레위기 법의 기저에 놓인 첫 번째로 가장 중요한 신앙은 하나님이 실제로 그분의 백성과 함께 거하신다는 것이다. 예배와 특히 제물을 드리는 것에 대한 규율은 성막에서 만날 수 있는 하나님의 임재 안에서 성취되어야 할 명령으로서 제시된다.[123]

거룩하신 하나님의 임재는 레위기 법의 중심이다.…그러므로 모든 생명은 야웨의 내재적 임재를 의식하며 살아야 했다.[124]

하나님의 지속적인 임재는 전체 레위기 책을 망라하는 신학적 전제 가운데 하나다.…하나님은 예배 가운데 임재하실 뿐만 아니라 모든 시간에, 심지어 삶의 하찮은 의무에도 임재하신다.…사람의 전체 삶은 반드시 하나님의 임재 안에서 살아내는 것이어야 한다.[125]

레위기에 만연한 주요 신학적 개념은 하나님의 임재다.[126]

---

122 Schnittjer, *The Torah Story*, 289. Balentine은 이렇게 쓴다. "성막을 건축하고(출 40장) 난 이후의 속편이 레위기다"(Balentine, *The Torah's Vision of Worship*, 148).
123 Clements, "Leviticus," 5.
124 Hartley, *Leviticus*, lxiii.
125 Wenham, *Leviticus*, 16-17.
126 Bellinger, *Leviticus, Numbers*(『UBC 레위기, 민수기』, 성서유니온선교회 역간), 7.

성서 전체뿐만 아니라 레위기의 주요 관심사는 하나님의 백성들이 거룩하신 하나님께서 함께 거하시는 그들의 삶을 이제 어떻게 정돈해야 하는지, 그리고 그들이 하나님을 예배하기 위해 그분의 임재에 들어갈 수 있도록 하나님과의 관계를 어떻게 유지할 수 있는가에 있다.[127]

마찬가지로 하나님의 임재라는 주제는 계속해서 민수기 전체의 핵심적인 주제가 된다.[128]

하나님의 임재와 거룩함

출애굽기, 레위기, 민수기, 신명기 전체에서 하나님의 임재는 늘 거룩함과 밀접한 관련이 있다. 즉 땅 위 이곳에서 이스라엘 가운데 거하시는 하나님의 임재는 거룩함에 둘러싸여 있으며, 밖으로 거룩함을 발산한다. 출애굽기 19장에서 이스라엘이 시내산에서 하나님을 대면한 것을 회상해보라. 하나님께서 그들에게 말씀하신 첫 번째 내용 가운데 하나는 그들이 "제사장 나라와 거룩한 백성"이 되리라는 것이었다(출 19:6). 하나님께서 성막에

127　Ross, *Holiness to the Lord*(『거룩과 동행』, 디모데 역간), 20. 이와 비슷하게 Morales는 이렇게 주장한다. "레위기(와 모세 오경 전체)의 주요 주제와 신학은 **야웨께서 인간이 신적 임재 안에 거하는 길을 여신 것이다**"(Morales, *Who Shall Ascend the Mountain of the Lord?*[『레위기의 성경신학: 여호와의 산에 오를 자가 누구인가?』, 부흥과개혁사 역간], 23). Sommer는 이렇게 쓴다. "P(즉 출애굽기의 마지막, 레위기 전체, 그리고 민수기의 전반부)가 묘사하고 있는 시내산 사건들의 목표는 하나님의 내재성이며, 율법은 그 목표에 도달하기 위한 수단에 불과하다.…P의 주된 관심사는 율법이 아니라 율법을 지킴으로써 가능하게 되는 하나님의 임재다"(Sommer, *Revelation and Authority*, 57). 그 외에 레위기에서 하나님의 임재의 중심성을 강조하는 학자들과 저서는 다음과 같다. Gane, *Leviticus, Numbers*, 32; Rooker, *Leviticus*, 42; F. Gorman, *Divine Presence and Community*, 10-14.

128　Ashley, *The Book of Numbers*, 8.

거하기 위해 오시면, 그분의 거룩하심이 거룩함의 단계에 따라 밖으로 나타난다. 즉 지성소, 성소, 성막의 뜰, 그다음에 성막을 둘러싸고 있는 이스라엘의 진영 순으로 말이다. 이와 마찬가지로 이스라엘 백성들(과 그들을 대표하는 제사장들)은 하나님께 나아감에 있어서 진영에서부터 성막 뜰로, 성소로, 그리고 지성소에 이르기까지 하나님을 향해 안으로 들어갈 때마다 거룩함을 증진시켜야 할 필요에 직면한다. 게다가 거룩하신 하나님은 죄가 있고 부정한 백성 가운데서는 계속 거하실 수가 없다. 따라서 하나님은 백성들에게 거듭 교훈하신다. "내가 거룩하니, 너희도 거룩하라"고 말이다(레 11:44-45; 19:2; 20:26). 다시 말해 그들은 하나님께서 그들과 함께 계속 거하실 수 있도록 거룩해야 한다. 이런 의미에서 레위기와 민수기의 상당 부분은 하나님의 거룩하심이 이스라엘에 미치는 영향과 하나님이 그들 가운데 거하실 때 그들에게 거룩함을 요구하시는 것에 대해 다룬다.[129]

제사 제도의 중심에는 레위기 16장의 속죄일이 있다.[130] 레위기

---

[129] Bellinger, *Leviticus, Numbers*, 7; House, *Old Testament Theology*, 127; T. D. Alexander, *From Paradise to the Promised Land*, 246; Wenham, *Leviticus*, 18-28. Ross는 이렇게 쓴다. "주 하나님께서 그분의 백성 가운데 거하시고 그들에게 거룩한 백성이 되라고 촉구하신다는 것은 모든 사람에게 이 책이 가르칠 내용이 무엇인지를 알려준다. 즉 언약 백성이 거룩하신 주님께 어떻게 나아가야 할지, 그들이 하나님의 임재에 비추어 그들의 삶을 어떻게 규정해야 할지, 그리고 그들이 제사장으로 부름을 받은 것을 실현하기 위해 그들의 삶의 모든 측면에서 거룩함을 어떻게 따라야 할지를 가르친다"(Ross, *Holiness to the Lord*, 21). 이와 비슷하게 Rooker는 이렇게 설명한다. "하나님의 임재가 이스라엘 진영에 머무르기 위해서는 백성들 사이에 겉으로 드러나는 거룩함이 요구되었다. 이것이 이 책(레위기)의 주된 관심사이며 제사 의식들의 정당화다"(Rooker, *Leviticus*, 47). Ashley는 거룩함과 하나님의 임재라는 주제가 민수기에서도 중심이 된다는 사실에 주목한다. 하지만 그는 하나님의 임재와 거룩함의 맥락에서 백성의 불순종과 순종 역시 중심이 되며 관련 있는 주제라고 지적한다(Ashley, *Numbers*, 8).

[130] 많은 학자가 레 16장이 레위기의 문학적 중심이고, 레위기가 모세 오경의 문학적 중심이라는 점에 주목한다. 따라서 그들은 레 16장과 속죄일을 특히 중요한 것으로 여겨야 한다고 주장한다. Morales, *Who Shall Ascend the Mountain of the Lord?*, 23-34; Hartley, *Leviticus*, 217을 보라.

16:30에 따르면, 속죄일은 "야웨 앞에서"(לִפְנֵי יְהוָה, 리프네 야웨) 백성과 성소를 정결하게 하여 하나님께서 그들 가운데 계속 거하실 수 있게 하는 매우 중요한 행위다.[131] 속죄일에 대제사장은 지성소까지 들어가는 것이 허락되는데, 이 지성소는 거룩함의 다양한 단계를 통해 들어가는 것이 허용되는 가장 깊은 장소로서 하나님의 임재가 거하는 곳이다.[132]

하지만 성막의 지성소에서 발산되는 하나님의 거룩함은 정중히 취급되지 않거나 하나님의 구체적인 지침대로 다뤄지지 않으면 매우 위험하다. 이것은 백성들뿐만 아니라 제사장들에게도 해당한다. 따라서 아론은 레위기 9장에서 이런 지침에 순종하여 제사 제도를 시작하며, 불이 나와 번제물을 태울 때 모든 백성에게 야웨의 영광이 나타난다(레 9:23-24). 그러나 바로 다음 장에서(10:1-3) 아론의 아들들인 나답과 아비후는 누가 보더라도 적절하지 않게 하나님의 임재에 가까이 나아갔으며(참조. 16:1), 그래서 하나님의 임재에서 나온 이 동일한 불에 의해 죽임을 당했다. 실제로 이스라엘 백성이 회개하고 정결해지고 거룩해지기를 거절하는 반항적인 태도와 결부되는 불순종, 죄, 부정함은 하나님의 지속적인 임재에 긴장을 불어 넣는다. 어떤 점에서 이와 같은 부정한 죄는 성소의 구역들을 오염시켜서 하나님의 임재를 떠나게 할 수 있는데,[133] 나중에 에스겔 8-11장에서 이런

---

131 Morales, *Who Shall Ascend the Mountain of the Lord?*, 31; Milgrom, *Leviticus 1-16*, 51.
132 Morales, *Who Shall Ascend the Mountain of the Lord?*, 32. 레 16장을 여는 구절인 16:1은 앞서 10:1-2에서 발생한 나답과 아비후의 죽음을 언급한다는 점을 주목하라. G. Anderson은 16:1이 두 사람의 죽음을 그들이 승인되지 않은 방법으로 하나님께 너무 가까이 갔다는 사실에 기인하는 사건으로 다루는 것처럼 보인다고 지적한다(G. Anderson, *Christian Doctrine and the Old Testament*, 13). 레 16:1은 이렇게 기록한다. "아론의 두 아들이 여호와 앞에 나아가다가[בְּקָרְבָתָם לִפְנֵי־יְהוָה, 베카레바탐 리프네-야웨] 죽은 후에 여호와께서 모세에게 말씀하시니라."
133 Milgrom, *Leviticus 1-16*, 43.

일이 실제로 벌어진다.

하나님의 임재와 언약

창세기의 족장 내러티브 전체에서 하나님의 임재는 하나님께서 족장들과 맺으신 언약의 약속들과 밀접하게 관련된다. 출애굽기에서도 마찬가지로 이와 같은 단단한 연결이 강조된다. 자신의 백성 가운데 거하시는 하나님의 임재는 하나님이 시내산에서 이스라엘과 맺으신 언약의 중심을 차지한다. 실제로 출애굽기에서 언약 관계는 세 부분으로 된 형식의 진술로 요약된다. "나는 너희의 하나님이 될 것이다, 너희는 내 백성이 될 것이다, 나는 너희 가운데 거할 것이다."

레위기에서는 하나님의 임재와 하나님과 이스라엘의 언약 관계 간의 동일하고 긴밀한 연결이 계속된다. 레위기 26:9에서 하나님은 이스라엘에 이렇게 말씀하신다. "내가 너희와 함께한 내 언약을 이행하리라." 그다음에 26:11-13에서 하나님은 세 부분으로 된 공식의 요소들을 다 인용하시면서 이렇게 선언하신다. "내가 내 성막을 너희 중에 세우리니…나는 너희 중에 행하여 너희의 하나님이 되고 너희는 내 백성이 될 것이니라. 나는…너희의 하나님 여호와이니라." 언약 관계의 중심에는 이스라엘이 하나님의 임재로 인해 받게 될 복이 있다. 레위기의 여러 규율은 법적 지침을 세우려는 목적을 위한 것이 아니다. 오히려 그 규율들은 이스라엘 백성이 그들과의 언약 관계에 들어오신 관계적인 하나님께 반응할 수 있는 수단이다.[134] 레위기의 제의 규정은 성막에서 하나님의 임재에 기초한 하나님과

---

134 Bellinger, *Leviticus, Numbers*, 12.

이스라엘의 언약 관계를 강화하려는 목적을 위해 존재한다.[135]

역으로 말하자면, 하나님은 만일 이스라엘이 그분의 명령을 무시함으로써 언약을 파기한다면, 그분의 임재가 그들을 축복하는 대신 심판하는 힘이 될 것이라고 경고하신다(레 26:17, 24-26). 궁극적으로 하나님은 이스라엘에 그분의 명령을 위반하고 언약을 파기한 결과들에 대해 경고하신다. "내가 너희를 여러 민족 중에 흩을 것이요, 내가 칼을 빼어 너희를 따르게 하리니, 너희의 땅이 황무하며 너희의 성읍이 황폐하리라"(레 26:33).

"제사장의 축복"에 나타난 하나님의 임재

문학적으로 민수기 6:22-27은 레위기 1장에서 민수기 6장에 이르는 대단위 지시적 자료에 대한 결론적인 축복 역할을 담당한다.[136] 이 축복은 "하나님께서 그분의 백성에게 자신의 은혜로운 임재와 돌보심을 부여하실 것이라는 기도"다.[137] 이 구절에서 하나님의 임재에 대한 암시는 몇 가지 요인으로부터 얻을 수 있다. 먼저 출애굽기 3장과 6장에 계시된 야웨("주님")라는 이름이 하나님의 임재에 대한 강한 암시를 전달했다는 점을 기억하라. 민수기 6:24-26에서 야웨라는 이름은 각각의 주요 절과 축복에 언급되어 나란히 세 번씩 등장한다. 그리고 나서 6:27에서 하나님은 그분의 이름(야웨)을 축복과 밀접하게 연결시키면서 이렇게 말씀하신다. "그들[아론과 그의 아들들]은 이같이 내 이름으로 이스라엘 자손에게 축복할지니, 내가 그

---

135 Wenham, *Leviticus*, 29.
136 Ashley, *Numbers*, 149.
137 Ashley, *Numbers*, 149. Beale은 "그때 선포된 축복이 하나님의 영광스러운 임재였다"고 진술한다(Beale, *The Temple and the Church's Mission*, 403).

들에게 복을 주리라." 그다음에 이 축복에서 "파님"("얼굴")이라는 용어가 하나님에 대해 두 번 사용되는 것을 주목하라. 이 용어는 하나님의 임재를 나타내기 위해 모세 오경 전체에서 빈번하게 사용된다(예. 출 33:14-15; 신 4:37). 민수기 6:25은 "여호와는 그의 **얼굴**을 네게 비추사"라고, 6:26은 "여호와는 그 **얼굴**을 네게로 향하여 드사"라고 진술한다.[138] "그의 얼굴을 드사"와 "그 얼굴을 향하여 드사"라는 어구는 수용, 축복, 은총을 가리키는 관용적 표현들이지만, 출애굽기-신명기 전반에 걸쳐 다양한 문법적 형태의 "파님"이라는 용어와 성막에 계신 하나님의 임재를 자주 언급하는 표현 사이의 반복적 연결은 그 용법이 여기서도 그런 주제를 함축함을 시사한다. 바로 전후 문맥 전체를 통해 성막에 계신 하나님의 임재를 강조하고 있음을 주목하라(민 6:16, 20; 7:3의 "야웨 앞에"와 민 6:21의 "야웨께").

게다가 아론이 레위기 9:22에서 구체적으로 밝혀지지 않은 내용의 축복을 백성들에게 선언한다는 점에 주목한 학자들이 많이 있다. 일부는 이 본문에서 아론이 민수기 6:22-27과 동일한 축복을 선언했거나 아니면 적어도 비슷한 것을 선포했다고 제안한다.[139] 레위기 9:21은 아론이 방금 "야웨 앞에서" 요제를 드렸다는 것을 나타내고, 9:23-24은 "여호와의 영광이 온 백성에게 나타나며, 불이 여호와 앞에서 나와 제단 위의 번제물과 기름을 사른지라. 온 백성이 이를 보고 소리 지르며 엎드렸더라"고 진술하기 때문에, 레위기 9:22은 성막에 계신 하나님의 임재를 강조하는 문맥에 놓여 있는 것이 분명하다. 그러므로 민수기 6:22-27의 축복은 하나님의 복에 관해 일반적으로 선언되는 포괄적인 축복이 아니다. 이 축복은 성막에 계신

---

138 성서를 인용할 때 강조를 위해 진한 글씨체를 가끔 첨가했다.
139 Levine, *Numbers 1-20*, 215-16; Budd, *Numbers*(『민수기』, 솔로몬 역간), 75; Ashley, *Numbers*, 149.

하나님의 임재와 밀접하게 연결된다.

최근에 제레미 스모크(Jeremy Smoak)와 푸타군타 사티아바니(Puttagunta Satyavani)는 이 축복이 성막/성전에 거하는 하나님의 임재와 매우 관련이 있다고 주장했다. 스모크는 이렇게 말한다. "'야웨는 그의 얼굴을 비추사'라는 표현은 야웨의 임재가 성소에서 나와서 하나님의 도움을 구하는 사람들을 보호하고 구원하는 빛을 비추시기를 바라는 소망을 전달했다."[140] 사티아바니는 레위기 9:22-23과의 개연성 있는 연결을 주목하면서 아론이 백성에게 축복을 전달한 직후 "야웨의 영광"이 모든 백성에게 나타났다는 점을 강조한다. 따라서 사티아바니는 이와 같은 제사장의 축복이 하나님의 계시된 임재를 예배/경험하는 것을 암시한다는 점에 주목한다. 그녀는 이렇게 결론을 내린다. "이 제사장의 축복 자체는 야웨/하나님이 그분의 은혜로운 임재를 허락하시고 그분의 백성을 살펴주시기를 구하는 기도로 보인다."[141] 이것은 하나님께 그분의 성소에서 은혜로 살피시고 복을 주시며 보호해주시기를 구하는 기도다.[142]

---

140 Smoak, *The Priestly Blessing*, 91.
141 Satyavani, *Seeing the Face of God*, 208. 이와 비슷하게 Ashley는 이 축복이 "야웨께서 그분의 신실한 백성에게 그분의 자애로운 임재를 보여주시고…하나님의 은혜로운 임재가 마침내 평안으로 인도하기를" 구하는 것이라고 주장한다(Ashley, *Numbers*, 152-53).
142 Patrick Miller는 이와 비슷하게 민 6장의 축복을 레 9:22-23의 아론의 축복과 연결한다. Miller는 민 6장의 축복의 전체적 상황이 다음과 같은 내용을 포함한다는 점에 주목한다. "하나님의 백성 가운데 하나님의 임재를 위한 성소 만들기(출 25-40장), 죄를 지은 백성이 거룩하신 하나님의 임재 안에 살 수 있게 해주는 제사 제도 제공하기(레 1-8장), 그리고 하나님께 드리는 예배에서 백성을 인도하기 위한 제사장직을 세우고 제사장을 임명하기." 그는 다음과 같은 결론을 내린다. "야웨의 얼굴은 하나님의 임재를 가리키지만, 빛나는 얼굴은 도움과 은총을 위한 긍정적 임재를 강조하는 것이며, 하나님께서 친밀하고 은혜로운 태도로 가까이 계신다는 표시다"(Miller, "The Blessing of God," 245-46).

언약궤에 나타난 하나님의 임재

민수기 10:33-36은 이스라엘 백성이 시내산을 떠나 여정을 계속하는 동안 하나님이 그들을 인도하시는 것에서 언약궤의 역할을 서술한다. 언약궤는 백성 앞에서 진행했으며, "야웨의 구름"이 그들 위에 있었다. 하나님의 임재는 언약궤와 밀접히 연결된다. 모세가 야웨께 언약궤와 "함께" 계시기를 얼마나 간절히 부탁하는지를 눈여겨보라. "궤가 떠날 때에는 모세가 말하되, '여호와여, 일어나사 주의 대적들을 흩으시고 주를 미워하는 자가 주 앞에서 도망하게 하소서' 하였고, 궤가 쉴 때에는 말하되, '여호와여, 이스라엘 종족들에게로 돌아오소서' 하였더라"(민 10:35-36).[143]

정복의 성공을 위해 힘을 주시는 능력으로서 하나님의 임재

민수기 13-14장에서 열두 명의 정탐꾼 중 열 명은 가나안 땅의 백성이 너무 강해서 이스라엘 백성이 이기기 어렵다고 보고한다. 그러자 이스라엘 백성은 모세와 아론을 향해 원망을 퍼붓기 시작한다. 그러나 여호수아와 갈렙은 백성의 패배주의적 태도를 반박하며 즉시 그 땅에 들어가 정복하자고 설득한다. 여호수아와 갈렙은 이런 확신의 근거를 힘을 주시는 하나님의 임재에 둔다. 그들은 이렇게 주장한다. "여호와께서 우리를 기뻐하시면 우리를 그 땅으로 인도하여 들이시고 그 땅을 우리에게 주시리라.…그 땅 백성을 두려워하지 말라. 그들은 우리의 먹이라.…여호와는 우리와 함께하시느니라"(민 14:8-9). 위기가 강렬해지자, "야웨의 영광"이 회막에 나타나

---

143 G. Anderson, "Theology of the Tabernacle," 164.

고 하나님은 이스라엘을 멸하겠다고 경고하신다. 다시 한번(참조. 출 32장) 모세가 하나님께 이스라엘을 멸하실 것을 철회해달라고 아뢴다. 모세의 주요 주장은 이스라엘을 구원하시고 인도하시는 하나님의 임재가 이스라엘과 함께한다는 것은 익히 알려진 사실이라는 것이다("주 여호와께서 이 백성 중에 계심을 그들도 들었으니, 곧 주 여호와께서 대면하여 보이시며 주의 구름이 그들 위에 섰으며 주께서 낮에는 구름 기둥 가운데에서, 밤에는 불 기둥 가운데에서 그들 앞에 행하시는 것이니이다"[민 14:14]). 따라서 모세는 만일 하나님께서 이 백성을 멸하시면, 애굽 사람들과 다른 민족들이 하나님에 대해 오해하게 될 것이라고 설득한다. 하나님은 이스라엘을 멸하시려는 마음을 한 번 더 철회하신다. 하지만 하나님은 이 불순종하는 세대가 광야에서 방황하게 될 것이며 약속의 땅을 결코 보지 못할 것이라고 선언하신다. 다음 날 이스라엘 백성은 회개하는 듯 보인다. 하지만 그들은 이제 일이 다 잘되었다고 생각하고는 서둘러 들어가서 정복하길 원한다. 모세는 그들에게 죽음을 촉발할 수 있는 이런 행동이 어리석은 짓이라고 알린다. 왜냐하면 "야웨가 그들과 함께하지 않으시기" 때문이다. 그들의 죄로 인해 하나님은 그분의 임재를 통해 그들을 가나안으로 인도하지 않으시고 지금 그들에게 승리할 힘을 주지 않으실 것이다. 하지만 어리석은 백성은 모세와 언약궤(하나님의 임재의 표) 없이 자신들의 힘만으로 전쟁에 나가 철저히 패배한다(민 14:44-45). 이스라엘이 승리를 거두고 약속의 땅을 차지하느냐 그러지 못하느냐에서 하나님의 임재가 중요한 요소라는 점은 분명하다.[144]

---

144 Bellinger는 다음과 같이 요약한다. "13장과 14장은 민수기를 읽는 공동체에 고대 이스라엘의 실제적인 문제는 군사적 준비나 땅의 풍성함이 아니라 그들과 함께하시는 하나님의 임재라는 점을 생생하게 상기시킨다"(Bellinger, *Leviticus, Numbers*, 232).

신명기

하나님의 임재가 출애굽기, 레위기, 민수기에서 중심적인 역할을 담당하고 있으므로, 이 중심 주제를 신명기에서도 계속 보는 것은 놀라운 일이 아니다.[145] 실제로 신명기를 언약의 용어로 요약할 수 있는데, 이 언약에 의해 하나님의 임재로 힘을 얻은 이스라엘은 약속의 땅을 정복할 수 있었고, 그 후에 그들 가운데 함께하시는 거룩하고 경외심을 불러일으키는 하나님으로 인해 복된 삶을 살 수 있었다.[146] 성막에 거하는 하나님의 임재에 아주 가까이 나아가는 것을 지칭하기 위해 레위기에서 두루 빈번하게 사용되는 "야웨 앞에서"(לִפְנֵי יְהוָה, 리프네 야웨)라는 표현은 동일한 의미로 신명기에서 25회 사용된다. 이 표현은 거의 매 경우 레위기에서와 동일한 의미를 전달하며, 하나님의 현실적이고 공간적인 임재를 강조한다.[147]

---

145   I. Wilson은 호렙/시내를 회고하여 언급하는 본문들에서, 비율로 나타내자면, "임재"가 언급된 사례가 출애굽기보다 신명기에서 더 높다는 점을 지적한다(I. Wilson, *Out of the Midst of the Fire*, 98).

146   그러므로 Vogt는 다음과 같이 쓴다. "신명기 역시 야웨를 자신의 백성과 함께하시는 하나님으로 묘사한다. 우리는 신명기가 당신의 백성 이스라엘과 함께하시는 야웨의 임재를 강조하는 동시에 그분의 초월성을 지키고 있음을 보았다. 백성은 호렙에서 심오한 방식으로 야웨를 경험했지만, 신명기의 또 다른 관심사는 그분의 임재가 백성이 약속의 땅에 들어갈 때 끝나지 않을 것이라는 점을 강조하는 것이다. 그들은 그 땅에서 계속 야웨와의 관계 속에서 살아갈 것이다. 그들은 토라에 순종함으로써 야웨의 임재를 경험하고 실현할 수 있을 것이다"(Vogt, *Deuteronomic Theology*, 228).

147   I. Wilson, *Out of the Midst of the Fire*, 131. Knafl은 이렇게 주장한다. "그것은 (단지 그의 이름을 언급하는 것이 아니라) 구체적인 장소에서 하나님의 근접한 임재를 가리킨다"(Knafl, *Forming God*, 208-13).

이스라엘 역사에 나타난 하나님의 임재

신명기의 처음 몇 장에서 모세는 하나님과 함께한 이스라엘의 최근 역사를 다시 설명하면서 하나님의 임재가 핵심적인 역할을 했다고 반복해서 강조한다.[148] 신명기 1장에서 모세는 백성들이 일찍이 하나님의 임재를 믿지 않아 그 땅에 들어가지 못하게 되었다고 그들을 꾸짖는다(민 14장). 모세는 다음과 같이 선포한다. "내가 너희에게 말하기를, '그들을 무서워하지 말라. 두려워하지 말라. 너희보다 먼저 가시는 너희의 하나님 여호와께서 애굽에서 너희를 위하여 너희 목전에서 모든 일을 행하신 것 같이 이제도 너희를 위하여 싸우실 것이며…이 일에 너희가 너희의 하나님 여호와를 믿지 아니하였도다. 그는 너희보다 먼저 그 길을 가시며 장막 칠 곳을 찾으시고 밤에는 불로, 낮에는 구름으로 너희가 갈 길을 지시하신 자이시니라'"(신 1:29-33). 민수기 14장에서 그들이 불순종한 이후, 모세는 하나님이 백성들에게 그분의 임재 없이는 그들이 원수들을 이길 수 없을 것임을 강조하셨다고 이야기한다(신 1:42). 하지만 그 불순종에도 불구하고 하나님은 그들에게 줄곧 복을 내리셨으며 어찌 되었든지 간에 그들과 함께하셨다. 모세는 "네 하나님 여호와께서 이 사십 년 동안을 너와 함께하셨"음을 주지시킨다(신 2:7).

자금 모세는 이스라엘 백성들에게 하나님의 모든 계명에 순종하고 그 땅에 들어가 그곳을 차지하라고 촉구한다. 그는 백성들에게 하나님이 그들 가운데 거하실 때 그들이 특권을 누린다는 점을 일깨운다.[149] 그리고 나

---

148 McConville은 다음과 같이 강조한다. "출애굽, 하나님의 임재, 그리고 율법 간의 연결이 신명기의 핵심에 놓여 있다"(McConville, *Deuteronomy*[『신명기』, 부흥과개혁사 역간], 105).
149 Nelson은 다른 신들과의 비교가 "참이냐 거짓이냐"보다는 "가까이 계심과 멀리 계심"과 관

서 모세는 이스라엘이 시내산(호렙)에서 하나님의 임재를 대면한 것을 상기시킨다. "네가 호렙산에서 네 하나님 여호와 앞에[יהוה לִפְנֵי, 리프네 야웨] 섰던 날에…너희가 가까이 나아와서 산 아래에 서니 그 산에 불이 붙어 불길이 충천하고…여호와께서 불길 중에서 너희에게 말씀하시되…여호와께서…큰 권능으로 친히 인도하여 애굽에서 나오게 하시며"(신 4:10-12, 32-33, 37).

이와 비슷하게 신명기 9장에서 모세는 금송아지 일화를 반추하면서 위험할 수 있는 하나님의 임재를 다시 강조한다. 그는 산에 "불이 붙었"다는 것(15절)과 그가 "야웨 앞에서"(18, 25절) 백성을 위해 중재했다는 사실을 주지시킨다. 신명기 10장에서 모세는 이스라엘 백성들에게 위험할 수 있고 경외심을 불러일으키는 하나님의 임재를 강조하면서, 하나님이 십계명을 기록하셨을 뿐만 아니라 "산 위 불 가운데에서"(4절) 그들에게 그 계명을 처음 선포하셨음을 상기시킨다.

약속의 땅을 정복하기 위해 힘을 주시는 능력으로서 하나님의 임재

신명기의 시작에서 모세가 강력하고 관계적인 하나님의 임재가 이스라엘 백성의 가까운 과거에 얼마나 개입되었는지를 반복적으로 강조한 이유 가운데 하나는, 약속의 땅에 그들보다 먼저 가셔서 원수들을 물리치실 하나님의 임재를 이스라엘 백성이 깨닫기를(그리고 믿기를) 모세가 원했다는 점이다. 그래서 모세는 신명기 4:37에서 하나님의 임재가 가까운 과거에 애굽에서 그들을 구원해냈음을 재천명한다. 그러고 나서 모세는 즉시 하나님

련된다고 설명한다(Nelson, *Deuteronomy*, 65).

의 구원하시는 임재라는 현재적 목적을 강조한다. "너보다 강대한 여러 민족을 네 앞에서 쫓아내고 너를 그들의 땅으로 인도하여 들여서 그것을 네게 기업으로 주려 하심이 오늘과 같으니라"(신 4:38).[150] 모세가 이스라엘 백성에게 두려워하지 말라고 거듭 말했듯이, 이것이 신명기 전체의 핵심적인 주제다. 왜냐하면 하나님이 바로 그들 가운데 계시며 약속의 땅에서 민족들을 쫓아내실 그분이시기 때문이다. 그러므로 신명기 7:21-22은 이렇게 교훈한다. "너는 그들을 두려워하지 말라. 너희의 하나님 여호와 곧 크고 두려운 하나님이 너희 중에 계심이니라. 네 하나님 여호와께서 이 민족들을 네 앞에서 조금씩 쫓아내시리라." 하나님의 능력 주시는 임재에 대한 이와 비슷한 진술은 신명기 9:3, 20:1-4, 31:6, 8에도 제시된다.

초월성과 내재성: 하나님은 위로 하늘과 아래로 땅에 계신다

신명기는 이스라엘 백성 가운데 자리한 성막에 거하시는 하나님의 내재적 임재를 강조한다. 하지만 신명기는 하늘에 거하시는 주권적인 하나님이라는 개념을 간과하지 않는다. 신명기 4:39이 선포하듯이, "위로 하늘에나 아래로 땅에 오직 여호와는 하나님"이시다. 그런데 심지어 이런 진술조차도 호렙/시내산에서 하나님의 친근하고 두려운 임재를 강조하는 문맥(4:10-38)에 등장한다. 여기서 하나님은 불 가운데서 그들에게 말씀하신다.[151] 페

---

150 MacDonald는 다음과 같이 언급한다. "출애굽에서 야웨의 임재를 언급한 것은 정복이라는 현재의 과제에서 야웨의 지속적인 임재에 대한 확신으로 작용한다"(MacDonald, *Deuteronomy and the Meaning of "Monotheism,"* 201).
151 Nelson은 신 4장에서 이스라엘을 향한 심각한 경고의 문맥에 주목하고, 4:36과 4:39의 "하늘과 땅"이 "야웨의 심판의 포괄적인 영역"을 강조하면서 4:26의 경고를 상기시킨다고 주장한다(Nelson, *Deuteronomy*, 70).

테르 포크트(Peter Vogt)는 신명기 4장이 하나님을 "호렙에서 실제로 그분의 백성과 함께 계시는 분"으로 묘사하고, "가까운 미래와 먼 미래에 그분이 계속 그들과 함께하실 수단을 설명한다"고 지적한다.[152] 즉 이 본문은 하늘에서의 하나님의 임재를 강조하느라고 땅에서의 하나님의 임재를 결코 축소하지 않는다. 오히려 본문은 하늘에서 통치하시는 경외의 하나님께서 시내/호렙산에서 이스라엘을 만나기 위해 실제로 땅에 내려오셨고 지금 그들 가운데 거하시며 그들과 함께 약속의 땅으로 가신다는 놀라운 사실을 강조하고 있다.[153] 이와 동일하게 신명기 26:15("주의 거룩한 처소 하늘에서 보시고")은 4:39에 비춰 이해되어야 하는데, 여기서 하나님은 하늘과 땅에 모두 거하시는 분으로 묘사된다.[154] 쉽게 말해서 본문은 초월성과 내재성의 현실을 동시에 유지한다.[155] 그러므로 신명기가 창조주로서 온 땅을 다스리는 하나님의 주권적 통치를 찬양하는 한편 하나님의 관계적 측면과 그분이 이스라엘과 맺은 관계적 언약을 선포할 때, 그 본문은 하나님의 내재성에 초점을 맞추며, 그들과 함께 약속의 땅으로 가시고 성막에 거하시는 하나

---

152 Vogt, *Deuteronomic Theology*, 135. Vogt는 4:10("네가 호렙산에서 네 하나님 여호와 앞에 섰던 날")이 실제 상황을 언급한다고 지적한다(121). 이와 비슷하게 신 4-5장 전체에 등장하는 "불 가운데에서"라는 반복적인 언급(4:12, 15, 33, 36; 5:4, 22, 24, 26))은 하나님이 그곳에 계신 것으로 여겨졌음을 강하게 암시한다. I. Wilson, *Out of the Midst of the Fire*, 57-60도 보라.
153 McConville은 신 4장이 하나님의 초월성과 내재성의 관계에 관심을 두고 있음을 주목한다. 하지만 그는 4:7("우리에게 가까이"), 4:10("야웨 앞에 섰던"), 그리고 4:11("너희가 가까이 나아가서 산 아래에 서니 그 산에 불이 붙어 불길이 충천하고")에서 보듯이, 하나님의 내재성이 "강하게 진술되었다"는 점을 강조한다(McConville, "Time, Place and the Deuteronomic Altar-Law," 134-35).
154 McConville, "Time, Place and the Deuteronomic Altar-Law," 115.
155 Knafl은 신 26:15은 하나님이 성소에 임재하지 않으신다거나 하나님이 하늘에만 거하신다는 내용을 진술하지 않았는데, 이는 "야웨가 하늘과 땅에 동시에 계신다"는 믿음을 반영할 것이라고 지적한다(Knafl, *Forming God*, 213).

님의 임재에 중심을 둔다.

예배와 하나님의 이름/임재를 위해 하나님이 선택하실 장소

신명기 12:5-7에서 모세는 이렇게 선포한다. "오직 너희의 하나님 여호와께서 자기의 이름을 두시려고 너희 모든 지파 중에서 택하신 곳인 그 계실 곳으로 찾아 나아가서…너희는 그리로 가져다가 드리고, 거기 곧 너희의 하나님 여호와 앞에서[לִפְנֵי יְהוָה, 리프네 야웨] 먹고…너희와 너희의 가족이 즐거워할지니라." 신명기에는 하나님께서 자기의 이름을 두시려고 선택하신 장소(와 이런 어구의 변형)에 대한 언급이 20회 등장한다.[156]

게르하르트 폰 라트(Gerhard von Rad)의 영향을 받은 구약학자들은 20세기 전반에 걸쳐 이 본문을 진화론적 유형의 비신화화 전환(또는 교정)을 나타내는 것으로 이해했는데, 이는 "후대의" 신명기 역사가가 성소에 거하시는 하나님에 대한 초기의 "원시적인" 내재성 개념(과 "그분의 영광")을 좀 더 정교한 초월적 이해, 즉 하나님이 실제로 하늘에 거하시며 단지 하나님의 덜 "실재적인" 본질만이 지상의 성소에서 표현되었다는 이해로 대체하려고 했다고 본 것이다.[157] 이 견해는 종종 "이름 신학"(name theology, 하나님이 실제로 성전에 거하시는 것이 아니라 가상적으로 거하신다는, 하나님의 임재의

---

156 Block은 다음과 같은 본문을 인용한다. 신 12:5, 11, 14, 18, 21, 26; 14:23, 24, 25; 15:20; 16:2, 6, 7, 11, 15, 16; 17:8, 10; 26:2; 31:11(Block, "'A Place for My Name,'" 234).
157 이런 견해는 "신명기 역사가"가 성전 파괴에 비추어 하나님의 임재를 설명하려고 포로 이후 공동체에 썼다는 자료비평의 가정에서 상당히 많은 자극을 받았다. "이름 신학"(name theology)의 옹호자인 Clements는 신 12:5-12에 대한 그의 주석에서 이런 연결을 분명히 한다. "이런 신명기적 전개는 외국 군대의 손에 예루살렘 성전이 위협당하고 결국 파괴됨으로 인해 초래된 이스라엘의 신학에 대한 해로운 영향을 분명히 의식하고 있었다"(Clements, "The Book of Deuteronomy," 385-86).

추상적·비신화적·초월적 이해를 주창하는 이론 — 역주)으로 명명되곤 했다.[158] 이 신학은 20세기 전반에 걸쳐 대중적 인기를 누렸지만,[159] 1990년대에는 진지하고 효과적인 반증들이 나타나기 시작하여 21세기까지 계속되었다.[160] 따라서 이런 견해는 이제 많은 학자에 의해 거부되거나[161] 적어도 초월성과 내재성을 혼합하면서 하나님이 하늘과 땅에 동시에 계심을 강조하기 위해 진지하게 수정되었다.[162]

성막(과 미래의 성전)에서의 하나님의 임재가 신명기에서도 출애굽기 및 레위기에서와 마찬가지로 동일하다는 점은 신명기 전체에서 "야웨 앞에서/야웨의 임재 안에서"(לִפְנֵי יְהוָה, 리프네 야웨)라는 동일한 어구의 반복적 사용에 의해 강조된다.[163] 더욱이 이 어구는 신명기 12장에서 강조되

---

158 이 견해와 그것이 어떻게 발전되었는지를 추적한 역사에 대해서는 Richter, *The Deuteronomistic History*, 7-36을 보라.
159 "이름 신학"에 대해 일찍이 이의를 제기한 것으로는 다음을 보라. Wenham, "Deuteronomy and the Central Sanctuary."
160 McConville and Millar, *Time and Place in Deuteronomy*; I. Wilson, *Out of the Midst of the Fire*; A. S. van der Woude, "שׁם," *TLOT* 3:1360-62; Richter, *The Deuteronomistic History*; Vogt, *Deuteronomic Theology*; Cook, "God's Real Absence and Real Presence," 121-50.
161 Nelson, *Deuteronomy*, 152-53; Knafl, *Forming God*, 99-109; MacDonald, *Deuteronomy and the Meaning of "Monotheism,"* 193-95; Soulen, *Distinguishing the Voices*, 152-53; Waltke with Yu, *Old Testament Theology*, 474; McConville, *Deuteronomy*, 221-22; Goldingay, *Old Testament Theology*, 2:106; C. Wright, *Deuteronomy*(『신명기』, 성서유니온선교회 역간), 162-65; Mayes, *Deuteronomy*, 58-60; W. Kaiser, *The Promise-Plan of God*, 99-100; Kamp, "The Conceptualization of God's Dwelling Place."
162 Hundley는 이렇게 쓴다. "땅에 계신 하나님은 저 위에 있는 보좌에도 앉아 계신다. 그래서 지상에서의 하나님의 임재는 그와 아울러 하늘에서의 하나님의 임재에 대한 모든 함의를 전달한다"(Hundley, "To Be or Not to Be," 539-40). 마찬가지로 Block은 이렇게 설명한다. "'장소'에 대한 강조는 실제로 하늘에 거하시지만(4:39), 자기 백성과 교제할 목적으로 땅에도 거하기 위해 강림하시는 분의 임재와 접근 가능성을 부각한다"(Block, "'A Place for My Name,'" 234-35).
163 이것은 I. Wilson(*Out of the Midst of the Fire*, 131)과 McConville("Time, Place and the Deuteronomic Altar-Law," 114-16)이 "이름 신학"을 반대하는 핵심적인 주장들 가운데 하나다.

는데, 하나님께서 그분의 이름을 위한 장소를 선택하셨다는 본문과 관련될 때 특히 그렇다. 예를 들어 신명기 12:5의 "오직 너희의 하나님 여호와께서 자기의 이름을 두시려고…택하신 곳인 그 계실 곳"이라는 진술 다음에 12:7의 "거기 곧 너희의 하나님 여호와 앞에서(לִפְנֵי יְהוָה, 리프네 야웨) 먹고…너희와 너희의 가족이 즐거워할지니라"가 이어진다. 그러고 나서 다시 12:11의 "너희는 너희의 하나님 여호와께서 자기 이름을 두시려고 택하실 그곳"이라는 진술 다음에 곧바로 12:12의 "너희의 하나님 여호와 앞에서(לִפְנֵי יְהוָה, 리프네 야웨) 즐거워할 것이요"가 이어진다.

신명기가 출애굽기, 레위기, 민수기와 비슷하게 (하나님의 초월성과 하늘에서의 그분의 임재를 부정하지 않으면서) 하나님을 성막에 강력하게 실제로 거하시는 분으로 제시한다면, 성막/성전과 연결되어 하나님의 **이름**이 신명기에서 반복되는 까닭은 무엇일까? 다시 말해서 하나님이 자신의 **이름**을 그분이 선택하신 곳에 두실 것이라고 반복해서 강조하는 의미는 무엇일까?

샌드라 리히터(Sandra Richter)는 하나님께서 "그분의 이름을 그곳에 거하게 하신다"는 것과 관련한 어구를 고대 근동 문헌의 다른 비슷한 용례와 비교하고, 신명기의 용례가 소유를 강조하는 아카드어의 관용어를 채택한 차용어라고 주장한다. 리히터는 이 관용어의 근본적인 의미는 누군가 자기 이름을 자신의 소유물에 붙임으로써 어떤 것의 소유권을 요구하는 것이라고 주장한다. 그러므로 하나님은 정복한 약속의 땅을 자신의 것으로 주장하고 있다는 것이다.[164] 리히터는 계속해서 하나님이 그분의 백성 가운데

---

164 Richter, *The Deuteronomistic History*, 211, 217. Richter는 좀 더 최근에 발표한 논문에서 이 어구는 좀 더 구체적으로 이름을 새긴 기념물의 건립과 연결된다고 주장했다. 그녀는 에발산에 제단을 세운 것(신 27장)이 이름을 새긴 이런 기념물이며, 따라서 에발산을 첫 번

실제로 거하신다는 근본적인 사상을 천명한다.¹⁶⁵ 하지만 그녀는 신명기에서 "이름" 본문들은 실제로 어떤 식으로든 "임재"와는 거의 관련이 없다고 주장한다(초월성도 내재성도 아니고 단지 소유다).

이와 다르게 마이클 헌들리(Michael Hundley)는 다음과 같이 결론 내린다. 신명기는 하나님의 가까운 임재를 유지하지만, "그 임재를 신비로 가린다.…신명기 역사가의 주요 공헌은 하나님을 하늘로 이동시킨 데 있는 것이 아니라 정의되지 않은 하나님의 임재를 지상에 남겨둔 점에 있다.…이름은 야웨의 실제적 임재를 보장하는 동시에 그 임재의 특성을 추상화하는 역할을 한다."¹⁶⁶

실제로 신명기에서 하나님의 이름의 의미를 결정하기 위한 최상의 접근은—특히 우리가 상호 관련되는 정경적 "성서신학"에 관심이 있다면—정경적 이해와 맥락 안에서 작업하고, 그럼으로써 하나님의 이름(야웨)이 이전의 이야기, 특히 출애굽기와 레위기 전체에서 어떻게 사용되었는지를 고려하는 것이다. 만일 우리가 (신명기를 포로기 이후 상황의 맥락에서 이해하려는) 자료비평적 전제들을 벗어나 신명기를 정경적으로 즉 이스라엘이 약속의 땅에 들어가기 직전 모압 평지에서 모세가 해준 말로 이해하고자 한다면, 출애굽기 3, 6, 33장에서 모세가 하나님의 **이름**(즉 야웨)에 대해 하나님과 직접 나눈 극적인 토론을 신명기에서 하나님이 모세에게 주

째 중앙 성소인 "그곳"과 동일시해야 한다고 제안한다(Richter, "The Place of the Name in Deuteronomy").
165 Richter는 이렇게 쓴다. "하나님의 임재 신학(야웨가 그분의 백성 가운데 거하실 것이라는 사상)은 히브리 성서에서 전하는 믿음에 절대적으로 근본적이다. 에덴에 있었던 낙원, 지금 지성소에 있는 낙원, 그리고 예언자들이 묘사하는 장차 올 낙원은 모두 다음의 한 개념으로 특징지어진다. 즉 야웨가 임재하신다"(Richter, *The Deuteronomistic History*, 11).
166 Hundley, "To Be or Not to Be," 552.

신 말씀에서 하나님의 **이름**을 이해하기 위한 출발점으로 삼아야 할 것이다. 출애굽기 3, 6, 33장에 나오는 하나님의 이름에 대한 논의에서 우리는 이렇게 결론을 내렸다. 즉 하나님께서 계시하신 이름(야웨)은 출애굽에서 행하신 하나님의 구원 행위와, 모세가 불타는 떨기나무에서 대면한 하나님의 친밀하고 강렬하며 거룩하고 위험한 언약적·관계적 임재와 밀접한 관련이 있다고 말이다. 이런 임재는 모세와 이스라엘이 시내산에서 대면한 것이며, 출애굽기의 끝에서는 성막으로 옮겨갔다. 이와 비슷하게 레위기에서의 강조점은 하나님의 이름이 거룩하다는 것이다(레 20:3; 22:2, 32). 하나님은 신명기에서 동일하게 극적이고 관계적이면서도 거룩하고 위험한 이런 임재가 약속의 땅에서 이스라엘과 함께할 것이지만, 하나님이 친히 지정한 한 장소에만 거할 것이라고 약속하신다. 이런 이해는 확실히 신명기 12장의 맥락에 잘 들어맞는다. 앞에서 주목했듯이, 여기서는 하나님의 이름이 한 장소에 있도록 하실 것이라는 하나님의 말씀 바로 다음에 하나님의 임재를 강조하는 본문들(즉 신 12:5과 12:7; 12:11; 12:12)이 이어진다.[167] 스티븐 쿡(Stephen Cook)의 결론에 의하면, 신명기 12:5은 "그 이름을 하나님의 임재를 기념하고 소통하는 수단으로 이해한다.…그 이름은 하나님의 명성, 정체성, 관계에 대한 바람을 영속시키고 진척시키기 위해 이스라엘 안에 자리를 잡는다."[168] 이 결론으로 인해 "하나님의 이름이 거할 장소"가 소유권을 암시한다는 리히터의 제안이 반드시 무효가 되는 것은 아니다. 신명기 전체에서 하나님은 그 땅이 하나님이 거하시고 그의 봉신인 이스라엘

---

167 이런 연결은 신명기의 여러 곳에서 빈번하게 등장한다. 예를 들어 14:23의 "네 하나님 여호와 앞 곧 여호와께서 그의 이름을 두시려고 택하신 곳에서…먹으며", 16:11의 "네 하나님 여호와께서 자기의 이름을 두시려고 택하신 곳에서 네 하나님 여호와 앞에서 즐거워할지니라"에 주목하라. 참조. 15:20; 16:2, 15-16.
168 Cook, "God's Real Absence and Real Presence," 142.

에 주시는 그분의 소유임을 명확히 말씀하실 것이다.[169] 그 땅에서 하나님의 거룩한 임재는 그분의 소유권에 대한 논박할 수 없는 표지다.

예배, 의식, 제사, 하나님의 임재

신명기 12장에 나오는 하나님의 "이름"의 의미에 대해 앞서 논의한 것과 밀접하게 관련지어 강조되어야 하는 것은 신명기 12장이 주로 제사 및 예배에 관심을 두고 있다는 점이다. 하나님을 예배하는 "한 장소"에 대한 강조는 하나님께서 바라시는 종류의 예배에서 그분의 임재의 중요성을 돋보이게 한다. 다시 말해 하나님이 그분의 백성 가운데 거하시려고 강림하셨으므로, 그들은 하나님과 관계를 맺을 수 있다. 하나님과의 인격적인 대면은 얼마나 하나님이 그분의 백성과 관계를 맺기를 원하시는지를 보여주는 매우 중요한 측면으로 보인다. 대니얼 블록(Daniel Block)은 예배로의 이런 부르심을 이해하는 데 있어 하나님의 임재의 중요성을 강조한다. "이 본문은 하나님의 임재 안에서 야웨를 예배하라는 영광스러운 초대로 여겨져야 한다. 그것은 야웨께서 친히 그의 백성을 불러 그곳에서 기뻐하도록 초대하신 시내산에서 일어난 특별한 사건을 영속시키기 위한 경이로운 공급을 나타낸다."[170] 더욱이 블록은 출애굽기 24:10-11과의 연결을 주목한다. 이 본문에 따르면, 모세와 이스라엘의 장로들은 하나님 바로 앞에서 먹고 마셨다. 블록은 여기 신명기 12장에서 하나님은 이스라엘이 약속의 땅에 도

---

169 Goldingay, *Old Testament Theology*, 1:517-18.
170 Block, *How I Love Your Torah, O LORD!*, 101. Block은 신명기에서 하나님이 그분의 이름을 거하게 하실 "그곳"을 언급하는 다른 본문들의 문맥이 대부분 야웨의 임재 안에서의 예배 행위들과 관련된다는 점에 주목한다(111).

착할 때 이런 놀라운 복을 무한정 반복하기 위한 공급을 제시하고 계시지만, 이번에는 과거 출애굽기 24:10-11에서와 같이 모세와 장로들만이 아니라 **모든** 백성이 식사에 초대받는다고 주장한다.[171] 마지막으로 레위기에서처럼 신명기에서도 제사장들은 하나님 앞에서 섬기는 사람들로 묘사된다(신 17:12; 18:7).

신명기 12장의 또 다른 중요한 강조점은 하나님 앞에서 예배자의 기쁨이다. 이 장은 예배자들과 그들의 가족이 그들의 하나님 야웨 앞에서 즐거워할 것이라고 세 번이나 선언한다(신 12:7, 12, 18). 하나님의 지시에 따라 올바르게 시행할 때, 처음에 성막에서 그 후에는 성전에서 자기 백성 가운데 거하시는 하나님의 임재에 나아가는 것은 짐이 되거나 두려운 경험이 아니라 오히려 즐겁고 기쁜 대면이었다.

하나님의 임재, 언약, 땅에 대한 약속

신명기는 하나님께서 이스라엘과 시내/호렙산에서 맺으신 언약의 조항들을 재서술하고, 이스라엘이 언약에 신실할 것을 촉구한다. 언약의 중심에는 하나님께서 그분의 백성 가운데 거하신다는 약속이 있으며, 따라서 하나님의 임재는 언약 조항을 논의하는 본문에 자주 등장한다. 이것은 모세가 시내/호렙산에서 체결된 언약을 반추할 때 나타난다. 신명기 4:15-40에서 언약 관계는 하나님의 강력한 임재와 밀접하게 얽혀 있다. 하나님은 이스라엘을 애굽에서 구원하셨으며, 시내/호렙산의 불 가운데서 이스라엘에 말씀하셨다. 그때 언약의 중심이 되는 십계명의 도입부(신 5:1-5)에

---

171 Block, *How I Love Your Torah, O LORD!*, 113-14.

서는 이스라엘이 시내/호렙산 꼭대기에서 경외감을 불러일으키는 하나님의 임재와 대면한 것이 강조되었다("여호와께서 산 위 불 가운데에서 너희와 대면하여 말씀하시매"[4절]). 그러고 나서 순종의 복과 불순종의 저주를 동반하는 언약 갱신이 제시된 신명기 28-30장에서 하나님의 임재는 다시 한번 중요한 배경이 된다. 이스라엘 백성이 언약의 조항들을 따르라는 명령을 받을 때 모세는 백성들이 "야웨 앞에 서 있다"고 두 번 언급한다(신 29:10, 15). 마지막으로 세 부분으로 된 언약의 측면들이 29:12-15에 포함된다("너를 세워 자기 백성을 삼으시고, 그는 친히 네 하나님이 되시려 함이니라"; "오늘 우리 하나님 여호와 앞에서 우리와 함께 여기 서 있는 자").

마찬가지로 경고 또는 "저주" 단락에서는 하나님의 임재의 상실과 관련하여 가장 심각한 몇 가지 심판이 묘사된다. 그 저주 가운데 하나는 이스라엘이 약속의 땅에서, 사실상 하나님에게서 쫓겨난다는 것이다(신 28:36, 64-68; 29:28). 이 경고의 절정은 신명기 31:15-18이다. 여기서 하나님은 구름 기둥 가운데서 모세에게 다시 한번 나타나신다. 하나님은 모세에게 백성들이 곧 다른 신들에게 돌아가 언약을 파기할 것이라고 말씀하신다(31:15-16). 하나님은 이렇게 파기된 언약의 심각한 결과가 그들에게서 "자신의 얼굴을 감추시는" 것이라고 선언하시는데, 이는 하나님께서 두 번이나 언급하신 형벌이다(31:17-18). (우리가 구약성서의 다른 많은 본문에서도 접하게 될) "하나님의 얼굴을 감추는 것"은 관계의 단절과 하나님의 임재의 상실을 묘사한다. 이런 일은 신명기 28-30장에 묘사된 모든 끔찍한 저주의 결과를 초래할 것이다(32:20도 보라).[172] 이런 연결은 31:17에 분명하게 묘사

---

172 Balentine은 구약성서에서 "얼굴을 감추다"라는 어구는 심판 본문에서 가장 자주 등장한다고 결론을 내린다. "중요한 결과는 하나님으로부터의 분리로 묘사된다"(Balentine, *The Hidden God*, 77). Burnett은 구약성서에서 하나님의 부재는 "하나님과 인간의 관계에 대해

된다. "이 재앙이 우리에게 내림은 우리 하나님이 우리 가운데에 계시지 않은 까닭이 아니냐?"

땅에 대한 약속 역시 언약 및 하나님의 임재와 연결된다.[173] 하나님은 이스라엘 백성과 언약 관계에 들어가셨으므로 그들 가운데 거하실 것이며, 그들이 거하는 "공간" 역시 중요해질 것이다. 따라서 신명기 전체에는 땅에 관한 주제가 곳곳에 퍼져 있다. 월터 브루그만(Walter Brueggemann)은 이렇게 쓴다. "야웨와 그분의 백성에 관해서는 더 이상 이야기하지 않겠지만, 우리는 야웨와 그분의 백성 **그리고 그분의 땅**에 대해 이야기해야 한다."[174] 신명기의 "토라" 또는 가르침은 이스라엘이 약속의 땅에서 그들 가운데 계신 하나님과 함께 살고 그분으로부터 복을 받을 수 있는 언약의 틀을 제공한다.[175] 리히터는 그들을 향한 하나님의 완전한 계획은 "하나님의 **거처** 안에 있는 하나님의 **백성**이 하나님의 **임재** 안에 거하는 것"이었다고 쓴다.[176] 고든 맥콘빌은 이렇게 설명한다. "땅이라는 선물은 그것 자체로 중요한 것이 아니라 한 백성이 언약에 충실함으로써 그들의 하나님 앞에서 사는 시나리오를 시작한다."[177] 이와 비슷하게 브루그만은 이렇게 결론을 내린다. "이스라엘이 갈망하고 기억하는 땅은 주인이 없는 공간이 아니라 늘 **야웨**

본질적으로 공간적인 개념을 상정하고" 관계의 위기를 암시한다는 점에 주목한다(Burnett, *Where Is God?*, 5, 56, 176).

173 McConville은 이렇게 진술한다. "신명기에서 땅은 단순한 장소가 아니라 삶의 무대, 즉 하나님과 언약 관계에 있는 이스라엘의 삶의 무대다"(McConville, "Time, Place and the Deuteronomic Altar-Law," 128-29).

174 Brueggemann, *The Land*(『성경이 말하는 땅』, 기독교문서선교회 역간), 5.

175 Barth는 하나님의 임재와 땅의 밀접한 연결을 강조한다. C. Barth, *God with Us*, 176-78. Vogt는 신명기의 관심사들 가운데 하나는 하나님의 백성이 땅에 들어갔을 때 하나님의 임재가 끝나는 것이 아니라 그 땅에서 그들과 함께 계속될 것이라는 점을 백성들에게 확신시키는 데 있다고 주장한다(Vogt, *Deuteronomic Theology*, 228).

176 Richter, *The Epic of Eden*, 104.

177 McConville, *Grace in the End*, 132-33.

와 함께하는 곳이다."¹⁷⁸

더욱이 신명기의 "땅"과 창세기의 "에덴동산" 사이에는 수많은 유사점이 있는 것으로 보인다.¹⁷⁹ 다시 말해 많은 학자들은 이스라엘이 풍요로운 약속의 땅으로 들어가 그들 가운데 계시는 하나님과 함께 사는 것이 마치 에덴으로 돌아가는 것과 같다는 점에 주목한다.¹⁸⁰

결론

하나님의 관계적 임재는 모세 오경에서 이야기의 중심이며, 신학적 플롯을 주도하고 모세 오경의 모든 주요 신학적 주제들에 일관성과 상호 연결성을 제공하는 거미줄로서 기능한다. 창세기에서 이야기는 세상을 창조하시고 지상낙원인 동산에서 사람들과 관계를 맺으시는 인격적이고 관계적인 하나님으로 시작한다. 사람들은 불순종으로 인해 동산과 하나님의 임재에서 쫓겨났으며, 따라서 하나님의 임재의 혜택들(예컨대 생명)로부터도 쫓겨났다. (하나님이 거하시는 장소인) "동산"으로 돌아가 하나님과의 친밀한 인격적 관계를 다시 세워야 할 필요는 구약성서의 나머지 부분 전체와 신약성서에 이르기까지 계속해서 되울리게 될 주제다. 이 내용은 하나님과 그분의 백

---

178 Brueggemann, *The Land*, 5.
179 O. Martin은 신명기에서 다음과 같은 내용에 주목한다. 즉 땅이 새로운 낙원, 에덴동산과 같은 복으로의 회복으로 묘사되고, 아담에게 주신 창조 명령이 이제는 이스라엘에 넘어갔다는 것을 상기시키는 수많은 언급이 있으며, "생명"과 "날이 길 것이라"는 주제가 반복되고, 땅이 "안식" 및 하나님의 임재와 연결된다는 점이다(O. Martin, *Bound for the Promised Land*, 83-86).
180 Block, "A Place for My Name," 244; Lister, *The Presence of God*, 201; O. Martin, *Bound for the Promised Land*, 83-86.

성이 다시 관계를 회복하고 동산에서 함께 사는 것을 묘사하는 요한계시록의 마지막 장들에서 절정에 이를 것이다.

창세기의 족장 내러티브 전체는 "내가 너와 함께할 것이다"라는 하나님의 임재가 중심이다. 마찬가지로 땅에 대한 약속을 비롯하여 하나님의 임재에 대한 개념과 하나님의 언약적 약속은 불가분의 관계로 서로 연결되어 있다.

출애굽기는 족장들에게 하신 하나님의 약속에서 첫 번째 단계의 성취, 특히 백성들이 동산에서의 하나님의 임재에서 추방됨으로 인해 야기된 상실된 관계의 회복을 위한 하나님의 행위에 해당한다. 하나님은 모세에게 야웨라는 이름의 본질 자체가 그분이 자기 백성과 함께하시고 그들을 위해 임재하실 것임을 의미한다고 계시해주신다. 그다음으로 구원에 대한 핵심적인 구약 패러다임이 되는 것은 하나님께서 그분의 백성을 애굽에서 구원하시고, 그들을 시내산으로 친히 인도하시며, 그곳에서 그들과 언약 관계에 들어가신다는 것이다. 이 언약의 중심에는 세 부분으로 된 형식이 있다. "나는 너희의 하나님이 될 것이다, 너희는 내 백성이 될 것이다, 나는 너희 가운데 거할 것이다." 언약을 통해 자기 백성과 관계를 맺으시고 그들에게 복을 주시는 하나님의 계획에 근본적인 것은 친근하지만 강렬하고 영광스럽게 내주하시는 그분의 임재다. 그런데 하나님이 정말로 그들 가운데 거하시려고 한다면, 그분이 머무실 곳이 필요하다. 그래서 출애굽기의 후반부 전체는 대부분 하나님의 거처인 성막에 대해 서술한다. 절정이 되는 사건은 출애굽기 40장에 나오는데, 강력하며 극적인 장관을 이루는 "야웨의 영광"(하나님의 인격적 임재)이 성막에 실제로 거하기 위해 온다.

이제 이스라엘 백성 가운데 거하시는 거룩하고 능력 있는 하나님과 더불어 그들이 생명을 얻는 방법은 전부 바뀔 필요가 있다. 실제로 레위기와 민수기 1-10장은 죄를 범한 이스라엘 백성이 그들 가운데 살아 계시는 거룩한 하나님께 어떻게 나아갈 수 있는지, 그리고 어떻게 그들이 예배 중에 하나님과 관계를 맺을 수 있는지를 서술한다. 거룩함, 가까이 계심, 임재가 강조된다. 모든 것이 "야웨 앞에서", 즉 하나님의 임재 안에서 이루어진다. 예배는 멀리 하늘에 계시는 하나님이 아니라 성막에 실제로 그들 가운데 살아 계시는 아주 가까이 계신 하나님께로 향한다. 이는 하나님의 임재와 관계 사이의 중요한 상호 연결을 강조한다.

신명기에서도 하나님의 관계적 임재는 계속 핵심적이고 상호 연결되는 주제다. 신명기를 시작하는 앞의 몇 장에서 모세는 이스라엘의 역사를 회고하면서 이스라엘 백성을 애굽에서 인도하시고 광야를 거쳐 시내산에 이르게 하시는 하나님의 강력한 임재를 거듭 강조한다. 신명기는 하나님을 향한 예배가 반드시 그분의 임재 안에서, 그분이 거하기로 선택하신 지상의 구체적인 장소(즉 성막과 이후의 성전)에서 수행되어야 함을 강조한다. 하나님의 내주하시는 임재는 언약 관계에 근본적이며, 땅에 대한 약속과 복을 결합한다. 한마디로 신명기는 이스라엘이 하나님과의 관계를 통해 그들에게 힘을 주시고 그들을 보호하시며 축복하시기 위해 그들 가운데 실제로 살아 계시는 하나님의 거룩하고 장엄한 임재와 함께 약속의 땅에서 놀라운 복과 생명을 발견할 수 있는 언약 조항들을 제시한다.

제2장

역사서, 시편, 지혜서에 나타난
하나님의 관계적 임재

역사서

여호수아

출애굽기에서 이스라엘과 함께하시는 하나님의 관계적 언약의 중요한 부분으로서 하나님의 강력하고 거룩한 임재는 하나님의 백성 가운데 실제로 거하기 위해 성막으로 내려온다. 애굽에서부터 약속의 땅에 이르는 이스라엘의 여정 내내 이스라엘을 인도하고 보호한 것은 하나님의 친밀한 임재였다. 하나님은 출애굽기, 민수기, 신명기에서 그분의 강력한 임재가 이스라엘을 인도하고, 그들이 모든 원수를 정복할 수 있도록 해주며, 성공리에 약속의 땅에 들어가게 할 것이라고 반복적으로 약속하신다. 여호수아서에서 이 약속은 하나님의 강력한 임재가 이스라엘을 극적인 방식으로 그 땅에 들어가도록 인도하고, 이스라엘에 힘을 주어 그들로 하여금 거주민들을 정복하는 눈부신 승리를 쟁취하게 할 때 성취된다.

여호수아 1장에서는 모세가 죽고 여호수아가 요단을 건너 약속의 땅으로 이스라엘 백성을 인도할 준비를 하고 있다. 하나님은 여호수아에게 곧 있을 정복에 대해 말씀하실 때 그분의 교훈을 능력 주시는 자신의 임재에 대한 약속으로 시작하고 마치신다(수 1:5, 9). 그러므로 하나님은 모세 시대부터 여호수아의 지도와 정복에 이르기까지 그분의 능력 주시는 관계적 임재의 연속성을 재천명하신다. 사실 여호수아 1:5의 "내가 너와 함께 있을 것이다"(אֶהְיֶה עִמָּךְ, 에흐예 이마크)라는 약속은 하나님이 출애굽기 3:12에서 모세에게 하셨던 말씀과 동일하다. 이스라엘 백성이 하나님의 임재의 절대적인 중요성을 인식했음이 분명하다. 왜냐하면 그들은 1:17에서 여호수아를 따르겠다고 맹세함으로써 하나님의 임재의 현실성을 재확인하기 때문이다. "우리는 범사에 모세에게 순종한 것 같이 당신에게 순종하려니와 오직 당신의 하나님 여호와께서 모세와 함께 계시던 것 같이 당신과 함께 계시기를 원하나이다." 그러므로 여호수아서를 여는 장에서 핵심적인 주제는 하나님의 능력 주시는 임재의 재천명이다.[1]

여호수아 3장에서 이스라엘 백성이 요단을 건너 약속의 땅으로 들어갈 때, 하나님의 임재를 대표하는 언약궤가 약속의 땅으로 그들을 인도하면서 앞서갔다. 여호수아는 요단의 물을 멈추게 하시는 강력하고 기적적인 하나님의 개입이야말로 그들 가운데 계신 하나님의 능력 주시는 임재를 재

---

1   Hubbard는 수 1장에서 하나님의 임재라는 주제의 중요성을 다음과 같이 강조한다. "이스라엘의 특징적인 표지는 그분[야웨]이 그들 가운데서만 사신다는 것이다. 이것은 하나님의 임재이며, 이스라엘 백성의 누구라도 실행 가능한 하나님의 능력에의 접근이다. 하나님의 임재만이 두려움을 몰아낸다"(Hubbard, *Joshua*, 94-95). Butler는 이곳 수 1장에서 강조된 하나님의 임재라는 주제에 주목하면서 이에 동의한다. 이 주제는 "이스라엘 신앙의 근본적인 뿌리들 가운데 하나를 표현하는데, 이는 야웨가 자신의 사역을 위해 선택하신 사람들과 함께하시고 그들을 인도하시며 보호하시고 그들을 위해 싸우시며 그들과 함께 가시는 이스라엘의 하나님이라는 신앙이다"(Butler, *Joshua*[『여호수아』, 솔로몬 역간], 12).

천명하고 고무하는 표징이라고 지적한다.² 실제로 여호수아서 전체의 여러 곳에서 하나님의 임재는 그분이 이스라엘을 위해 싸우실 때 암시된다(수 10:14; 23:3, 10). 여호수아서 전체에서 이스라엘의 성공은 하나님의 강력한 임재와 완전히 묶여 있다.

이와 비슷하게 이스라엘이 하나님의 명령을 무시하거나 마치 하나님이 그곳에 계시지 않은 듯 그분을 하찮게 여길 때 하나님은 전쟁에서 능력 주시는 그분의 임재를 중단하시고 이스라엘로 하여금 패배하게 하신다. 이것은 아이를 정벌하기 위한 첫 전투의 패배에서 분명히 드러난다(수 7장).³ 하나님은 여호수아 7:12에서 그들이 패배한 까닭을 설명하시면서 이것을 임재를 중단하신 것에 대한 그분의 경고와 연결하신다. "그 온전히 바친 물건을 너희 중에서 멸하지 아니하면 내가 다시는 너희와 함께 있지 아니하리라."

그러므로 여호수아서에서 이스라엘이 하나님의 뜻을 이루고 약속의 땅을 정복할 수 있게 해주는 것은 하나님의 임재와 하나님의 관계적 임재가 제공하는 능력이다. 이것이 여호수아서의 이야기를 몰고 가는 핵심 주제다.

---

2   Ringgren은 "살아 계신 하나님"이라는 어구의 의미가 하나님의 능동적인 개입 또는 "분명한 임재"를 함축한다고 제안한다(H. Ringgren, "הָיָה," *TDOT* 4:339). Nelson, *Joshua*, 61도 보라.
3   Lister, *The Presence of God*, 205.

사사기

여호수아서에 묘사된 것처럼 이스라엘 백성은 하나님의 임재에 힘입어 정복을 성공리에 시작했지만, 그 후에 사사기에서 하나님을 떠나 우상을 섬긴다. 그래서 하나님의 은총과 능력을 잃고 만다. 결과적으로 사사기는 이스라엘 백성이 "가나안 원주민화되는" 과정에서 어떻게 나선형으로 내려가는지를 연대순으로 기록한다.[4] 여호수아서에서 사사기로 넘어가는 전환의 장인 사사기 1장에서 내레이터는 "여호와께서" 유다 사람들(삿 1:19) 및 요셉 가문(1:22)과 "함께하신다"고 진술한다. 따라서 그들은 승리했고 블레셋 도시들을 함락하기까지 했다. 그러나 그들에게 승리할 수 있는 능력을 주시는 하나님의 임재에도 불구하고 그들은 하나님이 지시하신 대로 정복을 완수하지 못하고 중요한 지역을 정복하지 못한 채 남겨둔다. 첫 세대가 다 죽고 난 후, 이후 세대는 하나님을 떠났다. 이로써 사사기의 대부분에서 계속되는 순환이 시작된다. 즉 백성이 우상을 섬긴다. 이방 세력이 습격하여 이스라엘을 압제한다. 하나님이 이스라엘을 구원하시기 위해 사사를 일으키시며, 그 사사에게 야웨의 영을 통해 힘을 주신다. 그 후에 백성은 또다시 이방의 신들에게로 돌아간다. 라이언 리스터는 이를 "임재와 분리"의 순환이라고 부른다.[5]

---

4 Block, *Judges, Ruth*, 58.
5 Lister, *The Presence of God*, 206.

이스라엘 백성은 "야웨의 목전에서 악을 행했다"

사사기 2:10에서 내레이터는 완전히 새로운 세대가 "여호와를 알지 못하며 여호와께서 이스라엘을 위하여 행하신 일도 알지 못하였더라"고 진술한다. 이것은 그들이 하나님("야웨/주")에 대해 들어본 적이 없다는 말이 아니라, 하나님과 관계를 맺지도 않고 하나님을 예배하지도 않았다는 뜻이다.

"이스라엘 자손이 여호와의 목전에 악을 행하여"라는 사사기 2:11의 기소는 신명기에서도 미래에 있을 배교에 대한 경고로 여러 번 사용되었다(신 4:25; 9:18; 17:2-3; 31:29). 사사기 2:11에서 이 어구의 사용은 신명기와 다시 연결되며, 그 경고를 사사기에서 앞으로 일어날 재앙의 장들과 이어주는 역할을 한다. "이스라엘 자손이 여호와의 목전에 악을 행하여"라는 진술은 하나님 앞에서 저지른 이스라엘의 반역과 범죄의 행위들을 반복적으로 요약하는 말이 된다(삿 3:7, 12; 4:1; 6:1; 10:6; 13:1).[6]

"~의 목전에서"(בְּעֵינֵי, 베에네)로 번역되는 히브리어 구문은 구약성서에서 흔한 표현이며, 두 가지 주요 의미를 담고 있다. 즉 (1) 관점, 의견, 평가 또는 (2) 임재, 목격자적 지위, 눈으로 봄이다.[7] 그래서 "이스라엘 자손이 여호와의 목전에 악을 행하여"라는 어구는 (1) 그들이 행한 것이 하나님의 의견에 악했다는 의미이거나, (2) 그들이 하나님의 임재의 관점에서 그리고 바로 그 임재 안에서 악을 행했다는 의미일 수 있다. 둘 중 어느 것이든 사사기의 문맥(과 신명기와 열왕기상하의 용례)에서 의미가 통한다. 하지만 "내가 너희 가운데 거할 것이다"라는 언약적 강조를 배경으로 하고 우상숭배의 눈에 보이는 가까운 장소를 문제로서 강조하는 수많은 다른 본문에 비

6　Block, *Judges, Ruth*, 123.
7　E. Jenni, "עַיִן," *TLOT* 2:878; A. M. Harman, "עַיִן," *NIDOTTE* 3:386. Harman은 "목전에"라는 어구가 "사람들 바로 앞에서 이루어진 행동"을 가리킬 수 있다고 말한다.

취볼 때, 이는 하나님 아주 가까이에서 그리고 하나님이 "보시는" 바로 거기서 그들이 죄를 지었다는 어감이 더 좋은 이해인 것 같다.

사사기에서 "야웨의 영"

성막에서 하나님의 강력한 임재에 좀 더 초점을 맞추는 "야웨의 영" 또는 "하나님의 영"이 모세 오경에서는 거의 등장하지 않지만, 이 어구는 사사기(와 사무엘상하)에서 일반적으로 지도자의 위치에 있는 누군가의 소명과 결합하여 여러 번 등장한다.[8] 대니얼 블록은 일반적으로 구약성서에서 "야웨의 영"("주의 영")이라는 어구의 사용이 지상에서 하나님의 임재를 강하게 암시한다는 점에 주목한다.[9] 또한 블록은 특히 구약 역사서의 저자들이 이스라엘 백성 가운데 거하시는 하나님의 임재를 가리키기 위해 "야웨/하나님의 영"을 언급한다고 지적한다.[10] 사사기에서 "야웨의 영"은 옷니엘(삿 3:10), 기드온(6:34), 입다(11:29), 그리고 삼손에게(13:25; 14:6, 19; 15:14) 임하거나 힘을 주었다. 사사기에서 이 이야기들은 하나님의 영이 능력이나 하나님의 뜻을 실행하는 것과 밀접한 관련이 있음을 계속해서 보여준다. 하지만 이 이야기들은 백성이 하나님의 영을 통제하거나 조종할 수 없음을 강조한다. 하나님의 영은 사람이 예측할 수도 통제할 수도 없다.[11] 하나님의 영이 능력을 주는 것은 사사들을 지도자로 부르셨음을 인증하지만, 사사들의 성품을 바꾸지는 않는다. 하나님의 영은, 사사들이 동의하든지 않든지 간에, 그들이 하나님의 뜻을 수행할 수 있도록 힘을 부여할 뿐이다.[12]

---

8   Firth, "The Spirit and Leadership," 268-69.
9   Block, "The View from the Top," 206. MacDonald, "The Spirit of YHWH," 98-99도 보라.
10 Block, "Empowered by the Spirit of God," 53.
11 MacDonald, "The Spirit of YHWH," 99-100.
12 Firth, "The Spirit and Leadership," 269, 271, 276-77.

비록 성막이나 시내산에서의 하나님의 임재만큼 강렬하거나 극적이지 않을지라도, 사사들 위에 임한 하나님의 영은 지도자들을 승인하고 하나님의 백성을 구원하기 위해 그들에게 힘을 부여하는 하나님의 임재를 반영한다.

룻기

룻기의 주요 이야기 흐름은 상당히 직설적이고 따라가기 쉽지만, 룻기가 전하는 신학은 그리 분명하지 않다. 게다가 이 책의 신학적 요지를 밝히는 것에 대해서는 구약학자들 사이에 의견이 일치하지 않는다. 이런 논쟁은 대부분 룻기가 기록된 시기(포로기 이전인가 이후인가)를 정하는 것의 어려움, 이 책의 장르를 밝히는 것에 대한 의견 불일치, 룻기가 등장한 이래 역사적으로 정경 내에서 차지한 다양한 위치(사사기 다음, 잠언 다음, 성문서/다섯 두루마리 어딘가, 또는 시편의 서론 등)에서 유래하는 해석상의 이의 제기에서 나온다.[13] 하지만 피터 라우(Peter Lau)와 그레고리 고스웰(Gregory Goswell)은 다양한 정경 내 위치에서 파생된 룻기의 몇 가지 주요한 신학적 주제가 각각 다른 것을 반드시 배제하지는 않는다고 제안한다(그들은 룻기를 에스라-느헤미야와 비교 및 대조하여 포로 이후의 배경에서 기록된 것으로 보기를 선호한다).[14] 우리는 룻기의 신학적 의미를 어떤 고정된 시기와 상황(예컨대 에스라-느헤미야에 기록된 이방인과의 결혼 금지를 반박하는 포로 이후의 상황)에 좁게 그리고 구체적으로 묶는 것보다 전체 정경의 성서신학적 맥락 내에서 룻기를 연구하는 것이 (상호 텍스트적 암시와 다른 책들과의 연결을 포함하는) 더 나은 접근 방식

---

13 Lau and Goswell, *Unceasing Kindness*, 159-65; Hawk, *Ruth*, 17-43에서 논의된 여러 견해의 범위를 보라.
14 Lau and Goswell, *Unceasing Kindness*, 157-65.

이라고 주장한다.[15] 우리는 기독교 정경에서 룻기의 위치를 가정할 것이다. 여기서 룻기는 사사기의 혼란 및 비극과 다윗의 도래를 연결하는 가교 역할을 한다,

가나안 땅과 하나님의 임재를 떠난 결과들

룻기는 사사기 다음에 그리고 사무엘상하 앞에 놓인 정경 내 위치에서 신명기 역사가의 신학적 흐름 안에 있다. 따라서 사사기 마지막 몇 장에 묘사된 냉혹하고 심각한 언약 불순종에 비춰볼 때, 기근과 같은 신명기 역사가의 경고/저주(신 28:15-24)가 발생하게 되리라는 것은 예기치 못한 일로 보이지 않는다(룻 1:1). 더욱이 우리가 신명기와 관련하여 논의했던 것처럼, 그 땅에서 이스라엘 가운데 거하시는 하나님의 임재와 그 땅에서 이스라엘이 누릴 수 있는 복된 삶은 서로 매우 밀접하게 연결되어 있다. 다시 말해서 신명기의 메시지는 하나님이 그들 가운데 거하고 계시기 때문에 그 땅에서의 삶이 이스라엘 백성에게 매우 복된 삶이 되리라는 것이었다. 그러므로 이스라엘 백성은 그 땅을 떠나서는 안 되었다! 실제로 그 땅을 떠난다는 것(과 그래서 하나님의 임재의 강력한 축복에서 제거되는 것)은 신명기에서 경고한 저주들 가운데 하나였다. 그러므로 룻기 1:1-5에서 엘리멜렉의 가족이 그 땅을 떠났을 때 그 가족의 모든 남자가 죽고 과부가 된 나오미가 굶주림에 직면한 것은—신명기에 나오는 언약적 약속 및 경고들과 부합한다—놀랄 일이 아니다.[16] 나오미는 이 상황을 "여호와의 손이 나를 치셨"다고 정확하

15　McKeown은 룻기가 단 하나의 목적이 아니라 다양한 목적을 지녔을 수 있다고 진술하면서 "룻기의 시기는 불확실하다. 하지만 감사하게도 이것은 룻기의 신학적 중요성에 영향을 미치지 않는다"고 결론 내린다(McKeown, *Ruth*, 4).
16　Lau and Goswell, *Unceasing Kindness*, 74-82; Block, *Judges, Ruth*, 609.

게 평가한다(룻 1:13).

하나님의 임재와 가나안 땅에서 다시 축복을 찾음

룻기 1:6에서 내레이터는 야웨께서 그분의 백성에게 도움(פָּקַד, 파카드)[17]을 주시려고 찾아오셨다는 말을 나오미가 들었다고 설명한다. 룻기가 꾸준하게 언약적 이름인 야웨를 사용한다는 점에 주목하는 것이 중요한데,[18] 이 첫 번째 용례(룻 1:6)에서 "그의 백성"이라는 용어가 첨가됨으로써 언약적·관계적 측면이 더욱 강조된다.[19] 나오미는 유다 땅에 식량이 있다는 소식을 들은 후, 그 땅으로 다시 돌아가기로 결심한다. 이 단락 내내 שׁוּב(슈브, 회개하다, 돌아가다, 돌이키다)라는 용어가 자주 반복된다는 점에 주목하면서, 라우와 고스웰은 나오미가 그 땅으로 돌아간 것이 회개의 행위라고 제안한다. 다시 말해 나오미는 하나님의 복의 영역으로, 그리고 "하나님과의 바른 관계와 그 관계에 따라오는 축복"으로 돌아가고 있다는 것이다.[20] 요컨대 룻기의 이야기는 애통에서 찬양으로 이동한다.[21]

---

17 동사 פָּקַד는 의미 범위가 넓지만, 이 절에서 하나님을 주어로 하고 목적어 표시인 אֵת(에트)와 함께 사용될 때 유익하고 개인적인 관심의 개념을 전달하면서 하나님의 은총을 가리킨다. W. Schottroff, "פקד," *TLOT* 2:1024-25; T. F. Williams, "פקד," *NIDOTTE* 3:661을 보라.

18 Hubbard, *The Book of Ruth*, 67. "샤다이"("전능자")라는 이름 역시 두 번 사용된다(룻 1:20, 21).

19 Lau와 Goswell은 등장인물들이 하나님의 이름을 빈번하게 언급하는 반면에, 내레이터는 하나님의 이름을 단지 두 번만 언급한다는 점에 주목한다. 즉 룻기가 시작되는 이곳(룻 1:6)과 룻기의 끝부분(4:13, "여호와께서 그에게 임신하게 하시므로")에 나온다. 그리고 Lau와 Goswell은 야웨에 대한 이 두 진술이 이야기의 북엔드(여러 권의 책을 세워 놓은 것이 쓰러지지 않게 양쪽 끝에 받치는 것)로 기능한다고 말한다(Lau and Goswell, *Unceasing Kindness*, 102).

20 Lau and Goswell, *Unceasing Kindness*, 81-82, 103-4, 161-62. "회개"를 가리키는 용어로서 שׁוּב에 대한 논의에 대해서는 Boda, "Return to Me," 24-28을 보라.

21 Lau and Goswell, *Unceasing Kindness*, 64-65.

룻기 1:22은 그 땅에서의 복에 관한 주제와 일치하여, 나오미와 룻이 보리 추수를 막 시작하는 시기에 베들레헴("빵집")에 도착한 것에 주목한다. 따라서 보아스는 추수(하나님의 임재에서 나오는 신명기의 복 가운데 하나)의 상황에서 그의 일꾼들에게 인사하며 소개된다. "여호와께서 너희와 함께하시기를(יְהוָה עִמָּכֶם, 야웨 이마켐) 원하노라." 이 인사에 일꾼들은 "여호와께서 당신에게 복 주시기를 원하나이다"(יְבָרֶכְךָ יְהוָה, 예바레케카 야웨)라고 대답한다(룻 2:4).[22] 이것은 흥미로운 인사의 나눔이다. 소수의 주석은 이것이 단순히 "안녕하세요!"(Hello!)를 의미하는 보통의 인사일 뿐이라고 추정한다. 하지만 이 어구는 구약성서의 다른 어느 곳에서도 단순한 인사로서 입증되지 않는다.[23] 보통의 인사는 "샬롬!"이었을 것이다. 제임스 매컨(James McKeown)은 이 인사가 단순히 "안녕하세요!"를 의미했다면, 내레이터가 그 어구를 언급했을지 의심스럽다고 지적한다.[24] 이와 동일하게 캐서린 자켄펠드(Katharine Sakenfeld)는 이렇게 말한다. "하지만 이 경우에는 등장인물들이 서로에게 하나님의 복을 기원하는 내용으로 가득한 인사가 내러티브 안에 통합되었다(룻 1:8; 2:12; 2:19, 20; 3:10; 4:11). 이런 상황에서 보아스의 인사는 충만한 신학적 의미를 지닌 것으로 읽어야 한다."[25] 이와 비슷한 어구들은 다른 곳에 나타나지만, 단순한 인사로 등장하지 않는다. 일례로 여호수아 1:17에서는 여호수아가 모세로부터 지도권을 넘겨받아 정복할 채비를 하고 있을 때, 백성들이 이렇게 말한다. "여호와께서 당신과 함께 계시기를 원하나이다"(יְהִי יְהוָה אֱלֹהֶיךָ עִמָּךְ, 이흐예 야웨 엘로헤카 이마

---

22 Hubbard는 두 인사(יְבָרֶכְךָ יְהוָה/יְהוָה עִמָּכֶם)의 교차대구적 구조에 주목하고, 이 교차대구가 "이 장면에서 야웨의 임재를 단언했다"라고 주장한다(Hubbard, *The Book of Ruth*, 144).
23 Morris, *Ruth*, 271.
24 McKeown, *Ruth*, 41.
25 Sakenfeld, *Ruth*(『룻기』, 한국장로교출판사 역간), 40–41.

크). 어쩌면 이보다 더 우리의 상황에 잘 어울리는 것은 사사기 6:12일 것이다. 그곳에서는 천사가 기드온에게 이렇게 말한다. "여호와께서 너와 함께 계시도다"(יהוה עִמְּךָ, 야웨 이메카).²⁶

마찬가지로 룻기 2:4에서 "여호와께서 당신에게 복 주시기를 원하나이다"(יְבָרֶכְךָ יהוה)라는 일꾼들의 대답은 우리가 앞 장에서 논의한 민수기 6:24의 "제사장의 축복"을 시작하는 첫 행인 "여호와는 네게 복을 주시기를 원하며"(יְבָרֶכְךָ יהוה)와 놀라울 정도로 일치한다. 신명기 역사가적 맥락에서 나온 그 땅에서의 풍성한 추수는 자기 백성 가운데 거하시는 하나님의 임재로 말미암아 공급되는 복들과 바로 연결되는데, 이것은 나오미가 모압에 있는 동안 맞이했던 고통의 상황과 현저히 대조된다.²⁷ 나오미는 룻과 함께 하나님의 임재의 땅으로 돌아왔으며, 바로 이곳에서 나오미(와 룻)는 복을 발견할 것이다.

실제로 보아스는 룻기 2:4에서 하나님의 임재와 복을 인사/천명하고 얼마 지나지 않아 하나님께 쉴 곳과 하나님의 임재의 보호를 구하는 룻에게 복을 내려주시기를 간구한다. 2:12에서 보아스는 룻에게 이렇게 선언한다. "여호와께서 네가 행한 일에 보답하시기를 원하며, 이스라엘의 하나님 여호와께서 그의 날개 아래에 보호를 받으러 온 네게 온전한 상 주시기를 원하노라." 보아스는 그 자신이 하나님의 임재의 복을 받은 사람으로서 (룻 2:4) 이제 룻에게 하나님의 복을 부여한다. 이 문맥에서 히브리어 כָּנָף(카

---

26 Hubbard는 룻 2장과 삿 6장 모두의 맥락이 추수 상황임을 주목하면서 이 인사가 혹시 특별한 "추수" 인사였을까를 궁금해한다(Hubbard, *The Book of Ruth*, 144).
27 Hawk는 이렇게 결론을 내린다. "야웨의 임재와 복이 베들레헴 사람들 가운데 있기를 바라는 선언들은 나오미가 일찍이 야웨가 자기를 괴롭게 하였고 빈손으로 돌아오게 하셨다고 선언한 것과 대칭을 이룬다(1:21). 야웨는 그분의 백성과 함께 계시고 그들에게 복을 주신다"(Hawk, *Ruth*, 78-79).

나프, 날개)를 사용한 것은 "자기 새끼를 다정하게 보호하는 새의 이미지"를 함축한다.[28] 룻기 2:12에서 보아스의 진술은 새의 돌봄을 분명하게 그리는 시편 91:4의 "네가 그의 날개 아래에 피하리로다"와 매우 유사하다(시 91:4a의 본문은 이렇다. "그가 너를 그의 깃으로 덮으시리니"). 또한 시편과 관련하여 아래에서 논의하겠지만, "피난처"로 번역된 이 용어는 하나님의 강력한 보호의 임재를 확신하면서 하나님을 신뢰한다는 개념을 끌어낸다.

이제 나오미와 룻이 안전하게 그 땅으로 돌아와서 하나님의 임재의 복을 누리는 룻기 마지막에서 내레이터는 룻(과 나오미)이 신학적 역사라는 큰 그림에 어떻게 연결되는지를 보여준다. 즉 룻과 보아스에게서 출생한 아들이 다윗의 조부가 된다는 것이다. 다윗은 하나님의 임재 안에서 법궤와 참된 예배를 회복하고, 하나님께서 그와 영원한 언약의 약속을 맺으실 왕이 될 것이다.

사무엘상하

사무엘상하는 사무엘, 사울, 다윗의 생애를 통해 사사 시대에서 왕정 시대로의 이행을 기술한다. 하나님의 임재는 각 사람의 생애에서 핵심적인 역할을 담당하며, 실제로 이야기를 앞으로 추진한다.

---

[28] Younger, *Judges, Ruth*, 445. 몇몇 학자는 날개를 언급한 것은 성막/성전에 있는 그룹들, 날개를 가진 용사로서의 하나님, 또는 날개를 가진 다른 신적 존재들을 가리킨다고 제안한다. 하지만 이곳 룻기에서는 성막이나 성전에 대한 언급이 없다. 그러므로 룻기에서 날개에 대한 언급은 어미 새를 가리킬 가능성이 더 많은 것 같다. 또한 "날개"(כָּנָף, 카나프)로 번역된 히브리어가 날개 같은 겉옷을 가리킬 수도 있다는 점에 주목하라. 이 단어는 룻 3:9에서 그런 의미로 사용된다. 따라서 이곳 룻 2:12의 용례는 3:9의 언어유희를 준비한다.

사무엘과 성막에서의 하나님의 임재

사무엘상하를 시작하는 사건들의 배경은 지금 실로에 자리 잡은 성막이다. 출애굽기와 레위기에서 묘사되었듯이, 하나님의 임재는 지금 성막에 거하며, 이런 현실을 묘사하기 위해 사무엘상 1-3장에서 사용된 언어는 출애굽기와 레위기에서 사용된 그것과 매우 비슷하다.

성막에서의 하나님의 임재는 사무엘을 소개하는 이야기에서 중요한 역할을 담당한다. 그러므로 사무엘상 2:17-18에서 동일한 히브리어 어구 אֶת־פְּנֵי יְהוָה(에트-페네 야웨)의 반복으로 인해 2:17의 "야웨 앞에서" 범한 엘리의 아들들의 죄는 2:18에서 사무엘이 "야웨 앞에서" 사역한 것과 대조된다. 사무엘상 3장에 나오는 사무엘의 소명 이야기는 가장 거룩한 장소(지성소)와 가장 가까운 성막에서 발생한다. 소년 사무엘은 "하나님의 궤 있는 여호와의 전 안에 누웠던"(삼상 3:3). 이것은 아마도 사무엘이 성막의 거룩한 곳, 지성소 바로 앞에 누워 있었을 것임을 암시한다. 그의 일은 아마도 등잔에 기름을 채워 밤새 불이 켜 있도록 하는 일이었을 것이다(참조. 출 27:20-21).[29] 하나님의 강렬한 임재는 궤와 밀접하게 연결되므로, 여기서 하나님의 궤가 언급된 것은 하나님께서 지성소에 실제로 거하셨음을 상기시키며, 사무엘이 하나님과 곧 나누게 될 대화를 위해 독자들을 준비시킨다. 실제로 하나님은 사무엘을 두 번 부르신다. 그리고 매번 사무엘은 그것이 (성막 바로 바깥의 천막에서 잠자고 있던) 엘리라고 생각했다. 하지만 세 번째는 다음과 같다. "여호와께서 임하여 서서(וַיָּבֹא יְהוָה וַיִּתְיַצַּב, 바야보 야웨 바이트야차브) 전과 같이…부르시는지라"(3:10). "임하여"로 번역된 단어는 이동을 암시하며, "그곳에 서서"로 번역된 단어는 "굳게 서다"를 함축한다. 하나님

---

[29] Firth, *1 & 2 Samuel*, 76.

께서 사무엘을 세 번째로 부르시기 전에 오셔서 사무엘과 성막 입구 사이에 자리를 잡으셨음이 분명하다. 이 일화는 다음과 같은 선언으로 마무리된다. "여호와께서 그와 함께 계셔서…여호와께서 실로에서 다시 나타나시되, 여호와께서 실로에서 여호와의 말씀으로 사무엘에게 자기를 나타내시니라. 사무엘의 말이 온 이스라엘에 전파되니라"(3:19-4:1).

하나님의 영은 하나님이 택하신 왕 위에 임한다

사무엘상 10장에서 하나님의 영은 사울에게 임한다. 사사기에서처럼 하나님의 영의 이런 강림은 하나님이 택하신 지도자에 대한 공식적인 확인이다. 하나님의 영은 사울에게 힘을 주었고, 그를 인도하여 암몬 사람들에 대한 극적인 승리로 이끌었다(삼상 11장). 하지만 사울은 사무엘과 하나님께 거듭 불순종한다. 그래서 하나님은 결국 사울에게서 그분의 영을 거두시고 대신 그 영을 다윗에게 부으신다(삼상 16:13-14). 하지만 다윗의 생애에서 하나님의 영은 사울과 사사들에게 주어진 것과는 다르다. 다윗에게 하나님의 영이 임한 것은 구원이나 용맹의 강력한 행위들과 연결되지 않는다. 16:13은 이렇게 선언한다. 사무엘이 다윗에게 기름을 부을 때, "이날 이후로 다윗이 여호와의 영에게 크게 감동되니라." "이날 이후로"라는 어구는 하나님의 영이 다윗의 생애 내내 그와 함께 머물렀고 사울에게서 떠났던 것과 달리 다윗을 떠나지 않았음을 암시한다.[30] 그 후 몇 장에 걸쳐 다윗에 대해 "여호와께서 그와 함께 계셨다"고 여러 번 언급된다(삼상 16:18; 18:12, 14, 28). 다윗의 생애에서 하나님의 임재는 심각한 개인적 위기의 시간 동안

---

30 Block, "Empowered by the Spirit of God," 52; Firth, *1 & 2 Samuel*, 184. Firth는 다윗과 관련하여 이렇게 주장한다. "하나님의 영이 담당한 역할의 핵심적인 측면은 야웨의 임재를 가리키는 것이었다"(Firth, "The Spirit and Leadership," 279).

그를 보호하고 번성하게 한다.[31]

다윗과 진설병

다윗의 초기 시절을 묘사하는 사무엘상의 여러 장에서 내레이터나 이야기의 등장인물들은 하나님(또는 하나님의 영)이 다윗과 함께하셨다는 사실을 반복해서 언급한다(삼상 16:13; 17:37, 45; 18:12, 28). 그러므로 다윗이 놉 땅의 제사장들에게 가서 성막의 성소에 있던 "임재의 상"에서 먹었을 것이 분명한(출 25:23-30; 레 24:5-9) "진설병" 즉 "임재의 떡"(bread of the Presence)을 먹은 것은 사무엘상 21:1-9의 이야기 저변에 있는 매우 흥미롭고 역동적인 사건이다. 사무엘상 21:6은 그 떡을 "야웨 앞에서"(מִלִּפְנֵי יְהוָה, 밀리프네 야웨) 물려낸 "임재의 떡"(לֶחֶם הַפָּנִים, 레헴 하파님)으로 묘사함으로써 하나님의 임재를 강조한다. 성막에서 "진설병" 즉 "임재의 떡"의 의미와 다윗의 생애에서 그것이 암시하는 함축적 의미를 놓치지 않는 것이 중요하다. 마이클 헌들리는 성소의 이 상 위에 떡을 놓은 행위가 하나님의 임재를 강조했다는 점에 주목한다.[32] "진설병", 즉 임재의 떡을 보유한 성소의 상은 하나님의 임재의 교제하고 지속시키는 측면을 상징했다(출 25:23-30; 레 24:5-9). 사무엘상 21장에서 다윗은 목숨을 위해 도망가야 했다. 그는 자신의 좋은 친구인 요나단과도 헤어져야 했다. 다윗과 동행한 부하들이 있었던 것 같지만, 내레이터는 그들을 배경에 있도록 둔다. 그러므로 다윗이 "혼자" 먹을 것을 얻으러 놉 땅에 있는 제사장들을 찾아갔을 때, 하나님의 임재로부터 나온 "진설병"을 먹으라는 초청은 하나님과 교제하고 하나님의 임재

---

31   Bergen, *1, 2 Samuel*, 180-81.
32   Hundley, *Keeping Heaven on Earth*, 103. Longman, *Immanuel in Our Place*, 59도 보라.

안에서 힘과 보호를 찾으라는 함축적 의미를 제시해준다.

하나님의 임재와 법궤 내러티브

구약성서에서 하나님의 관계적 임재는 종종 언약궤에 초점을 맞추거나 중심을 둔다. 클레멘츠는 이렇게 쓴다. "이 궤는 하나님의 임재와 밀접한 관계가 있다. 궤가 있는 곳에 야웨가 있다."[33] 사무엘상하에는 사무엘하 11:11에서 우리아가 궤를 언급한 것 외에도 언약궤에 초점을 맞춘 세 가지 중요한 내러티브가 있다(삼상 4:1-7:17; 삼하 6:1-23; 15:24-29). 세 가지의 궤 내러티브가 있고 이 세 가지 기사가 사무엘상하에서 엄청난 분량의 내러티브 공간을 차지한다는 사실은 하나님의 임재와 연결된 언약궤가 사무엘상하에서 수행하는 중요한 역할을 강조한다.[34] 사실 패트릭 밀러(Patrick Miller)와 로버츠(J. J. M. Roberts)는 첫 번째 일화를 분석하면서 이 장들을 "궤 내러티브"라고 명명한 것은 핵심을 놓친 것이라고 지적한다. 그 이유는 "내러티브의 주체가 **야웨**이지 궤가 아니기 때문이다. 쟁점은 궤에 무슨 일이 발생했느냐가 아니라 야웨가 그분의 백성 가운데서 무슨 일을 하고 계시느냐다."[35]

첫 번째 일화(삼상 4:1-7:17)에서 이스라엘 백성은 하나님께 묻지 않고 궤를 실로에서 전쟁터로 가져간다. 내레이터는 그것을 "그룹들 가운데 좌정하신 전능하신 여호와의 언약궤"라고 지칭함으로써 궤와 연결된 하나님의 임재를 독자들에게 상기시킨다(4:4). 추측하건대 이스라엘 백성들은 여

---

33 Clements, *God and Temple*, 29. Rendtorff, *The Canonical Hebrew Bible*, 523; A. Campbell, *2 Samuel*, 69; G. Anderson, "Theology of the Tabernacle," 165도 보라.
34 Gitay는 "사무엘상하의 이야기가 궤를 중심으로 전개된다"는 것을 사실로 받아들인다 (Gitay, "Poetics of the Samuel Narrative," 225).
35 P. Miller and Roberts, *The Hand of the Lord*, 79.

호수아가 승리한 전투에서 궤가 얼마나 그에게 힘을 주었는지를 기억하고, 그들이 하나님을 조정하여 그들에게 다시 한번 비슷한 승리를 주시도록 할 수 있으리라고 생각했을 것이다. 하지만 이스라엘은 블레셋에 패한다. 블레셋은 궤를 빼앗고, 포획의 전리품으로서 그것을 이스라엘에서 블레셋으로 가져간다(5:1-2). 이제 이스라엘에 신학적 위기가 생긴다. 가장 먼저, 블레셋과 그들의 신들이 이스라엘과 하나님보다 더 강력한 것으로 보인다. 둘째로, 하나님이 이스라엘과 맺은 언약의 중심에는 하나님께서 이스라엘 가운데 그들과 함께 거할 것이라는 약속이 있었다. 하지만 지금 하나님은 약속의 땅 밖으로 나가게 되었다.[36]

그러나 하나님은 패배하신 것이 아니었다. 하나님은 다채로운 방식으로 블레셋의 신 다곤을 "처형하시고"(삼상 5:3-5), 그 후 도시를 옮겨 다니시며 마치 정복하는 왕처럼 각 도시의 항복을 받아내시고 친히 블레셋을 습격하셔서 "정복하신다"(5:6-12).[37] 결국 블레셋 사람들은 하나님께 금으로 조공을 바치며, 하나님은 승리하여 다시 이스라엘로 돌아오신다(6:1-21).

이 내러티브의 요지는 하나님의 강력한 임재는 어떤 식으로든 사람들에 의해 조종되거나 통제될 수 없다는 것이다. 하나님의 임재는 이스라엘에 평화와 번영의 놀라운 복을 가져온다. 하지만 그것은 오직 하나님의 조

---

36 하나님이 그 땅에서 떠나신 것은 엘리의 며느리와 관련된 일화에서 강조된다(삼상 4:19-22). 엘리의 며느리는 "영광이 이스라엘을 떠났다"고 두 번 진술한다(4:21-22). "영광"이란 용어는 궤와 연결된 하나님의 임재를 가리키는 것이 분명하다.

37 "야웨의 손"은 이 본문에서 중심 주제이며, 가깝고도 개인적인 심판을 가리킨다. 그것은 하나님의 임재가 얼마나 능력이 있고 위험한지, 그리고 하나님께서 홀로 그분의 원수들을 얼마나 쉽게 멸하시는지를 강조한다. Brueggemann, *First and Second Samuel*(『사무엘상·하』, 한국장로교출판사 역간), 28-33을 보라. P. Miller와 Roberts는 이렇게 결론을 내린다. "여기서는 야웨의 능력과 임재의 가시적인 상징이 궤이지만, 그것과 동일한 능력과 임재의 비가시적인 현현은 **야웨의 손**이다"(P. Miller and Roberts, *The Hand of the Lord*, 86).

건에 의해서만 이루어진다. 하나님의 임재의 능력은 부적절하게 사용될 수 없고, 이스라엘의 어느 누구에 의해서도 통제될 수 없다.

두 번째 궤 일화는 사무엘하 6장에 있다. 다윗은 하나님의 백성 가운데 실제로 거하시는 하나님의 임재의 상징인 궤를 그가 새로 건설한 수도 예루살렘으로 가지고 와서 이스라엘 예배의 중심인 그곳에 세우고자 결정한다. 이야기의 서두에 궤의 신학적 중요성이 다시 한번 분명하게 진술된다. 즉 전능하신 주님이 "궤의 그룹들 사이에" 좌정하신다고 말이다(삼하 6:2). 다윗의 동기는 선하다고 할 수 있다. 하지만 그가 궤를 움직인 방법은 민수기 4장에 규정된(궤는 반드시 레위 지파의 고핫 자손이 메어 옮겨야 했다; 참조. 대상 15:11-15) 궤를 옮기는 방법에 대한 하나님의 엄격한 지침을 위반한 것이다. 다윗은 사무엘상 6:7에서 블레셋 사람들이 궤를 돌려줄 때 사용했던 패턴을 따라 아효와 웃사가 모는 수레에 궤를 실었다. 소들이 비틀거리자, 웃사가 손을 뻗어 궤를 붙들었다. 이것은 궤의 거룩함과 관련한 하나님의 엄격한 지침을 위반한 것이다. 하나님은 웃사를 쳐서 죽게 하신다. 석 달을 지체한 후 다윗은 다시 시도한다. 이번에 다윗은 궤를 다루는 하나님의 지침을 따랐기에 그것을 옮기는 데 성공한다.[38] 다윗은 궤와 하나님의 임재를 예루살렘으로 모실 때 제사장으로 지명된 사람이 입는 고운 베로 만든 에봇을 입고 기쁨과 예배의 표로 하나님 앞에서(לִפְנֵי יְהוָה, 리프네 야웨) 춤을 춘다. "야웨 앞에서"라는 어구는 이 일화에서 다섯 번이나 등장하여 강조된다(6:14, 16, 17, 21[두 번]). 이야기의 요지는 궤와 관련된 하나님의 임재가 다윗에게 복을 가져오고 그로 하여금 기쁨으로 하나님께 예배하게 했지만,

---

38 Firth는 이렇게 쓴다. "이번에 궤는 사람들이 메어 옮겼다. 다윗은 궤를 이동시키는 블레셋의 모델을 버리고 토라에 부합하는 모델로 바꾸었다. 비록 이것이 대상 15:1-15에서 더욱 강조되지만 말이다"(Firth, *1 & 2 Samuel*, 377).

다윗 역시 하나님의 거룩하심에서 나오는 그분의 지침에 따라 하나님을 대해야 했다는 것이다. 이스라엘에 주는 메시지는 다음과 같다. 즉 하나님은 그들 가운데 거하기를 바라시지만, 그들이 그분의 거룩함을 존경하고 경외하며 그분의 계율에 따라 그분을 예배하고 그분께 나아오기를 기대하신다는 것이다. 발터 아이히로트(Walther Eichrodt)는 이렇게 쓴다. "따라서 하나님의 임재의 자리인 법궤는 파괴적인 신성한 거룩함에 대한 두려움의 대상일 뿐만 아니라 하나님의 능력과 그분이 가까이 계셔서 도와주신다는 약속에 대한 기쁨의 대상이기도 하다."[39]

사무엘하에서 궤에 대한 마지막 두 언급(삼하 11:11; 15:24-26)은 미묘한 역설 관계가 있다. 사무엘하 11장에서 우리는 사무엘상하의 대부분에서 영웅이었던 다윗이 최악의 죄를 짓는 것을 보게 된다. 사무엘하 11:11에서 다윗이 밧세바를 범한 일을 덮기 위해 우리아에게 밤에 집에 가서 지금 임신 중인 밧세바와 동침하라고 권하자, 우리아는 "언약궤와 이스라엘과 유다가 야영 중에 있다[즉 랍바에 포위되어 있다]"고 말한다. 이 무심한 언급은 다윗이 예루살렘에 남아 있는 동안 하나님의 임재를 동반하는 언약궤를 랍바에서 벌어지고 있는 전쟁터에 보냈음을 암시한다. 말하자면 다윗은 자발적으로 (아마도 불순종하여) 하나님의 임재로부터 멀어져 있었다는 것이다. 다윗이 그의 생애에서 가장 심각한 죄에 떨어진 것이 바로 이 시기라는 점에 주목하는 것이 중요하다. 이것은 오랫동안 지속될 부정적 결과를 낳은 죄다.

하지만 몇 장 뒤인 사무엘하 15장에서 다윗은 그가 저지른 죄의 처참한 결과로 인해 그의 왕국이 흐트러지면서 예루살렘을 떠날 수밖에 없었

---

39   Eichrodt, *Theology of the Old Testament*, 2:270.

다. 사무엘하 15:24-26에서 제사장 사독은 궤를 예루살렘 밖으로 가지고 나가서 예루살렘을 떠나는 다윗과 함께 궤를 가져갈 준비를 했다. 하지만 다윗은 사독에게 이렇게 말한다. "하나님의 궤를 성읍으로 도로 메어 가라. 만일 내가 여호와 앞에서 은혜를 입으면 도로 나를 인도하사 내게 그 궤와 그 계신 데를 보이시리라"(삼하 15:25). 따라서 다윗이 우리아와 밧세바에게 저지른 죄의 혹독한 결과들 가운데 하나는 그가 하나님의 임재와 더불어 그런 친밀한 교제와 임재가 가져다준 복을 떠나야 한다는 것이다. 다윗은 사무엘하 6장에서 궤와 함께 예루살렘에 들어올 때 누렸던 기쁨과 축하와는 대조적으로, 지금 궤 안에 거하시는 하나님의 강력한 보호의 임재 없이 예루살렘을 떠나면서 운다(15:30). 그는 언젠가 하나님의 임재의 즐거움과 예배를 다시 회복할 수 있기를 소망하며 기도한다. 그러므로 다윗에게 있어 왕으로서의 삶의 여정에서의 부침은 그가 언약궤와 연관되는 하나님의 임재와 맺는 관계와 나란히 간다. 다윗은 그의 통치의 정점에서 기쁜 마음과 예배하는 심정으로 하나님의 궤를 예루살렘으로 가져왔다. 그다음에 곧바로 그에게 영원한 왕조에 대한 하나님의 언약적 약속이 이어진다. 다윗은 그의 통치의 최악의 상황에서 밧세바를 겁탈하고 그녀의 남편을 살해한 죄에 묶여, 이제는 궤와 하나님의 임재로부터 분리된다. 그러나 사울과 달리 회개한 다윗은 사무엘하 7:14-15에 언급된 하나님의 언약적 약속에 따라 왕으로서 영원히 버림받지는 않았다. 이야기가 마무리되어가면서 비록 모든 것이 밧세바와의 관계 이전의 상태로 되돌아가지는 않겠지만, 다윗은 예루살렘에서 그의 보좌를 회복할 것이다.

열왕기상하

열왕기상하는 다윗의 죽음과, 왕위가 그의 아들 솔로몬으로 이양되는 것으로 시작한다. 솔로몬은 권력을 강화하고 나서 하나님을 위해 아름다운 성전을 건축한다. 하나님은 성막에서 거하신 것과 동일하게 극적이고 화려하게 성전에 거하시기 위해 거주지를 옮기신다. 하지만 하나님은 처음부터 성전에서 지속될 그분의 강력하고 거룩한 임재가 왕과 그 백성의 언약적 순종 여하에 달려 있다는 것을 분명히 밝히신다. 불행하게도 솔로몬을 필두로 백성뿐만 아니라 많은 왕들이 하나님에게서 돌아서서 우상과 다른 신들을 섬긴다. 그러므로 하나님은 먼저 북왕국 이스라엘을 그 땅에서 쫓아내시고, 그다음에 마찬가지로 남왕국 유다를 그 땅에서 쫓아내어 포로로 보내신다. 열왕기하는 바빌로니아의 성전 파괴와 약탈, 그리고 유다가 하나님의 임재에서 쫓겨나는 것으로 끝난다(왕하 24-25장).

하나님의 거처인 성전

열왕기상 5-8장에서 솔로몬은 하나님을 위해 장엄하고 아름다운 성전을 건축한다. 성전에는 기본적으로 성막과 동일한 배치와 동일한 기본 기구들이 있다. 다만 솔로몬 성전의 모든 것은 성막보다 더 크다. 성막과 마찬가지로 성전의 기구들과 내부 장식의 상징은 에덴동산과의 연결을 보여준다(그룹들, 벽과 문에 새겨진 식물 모티프 등).[40] 성막과 마찬가지로 사람이 뜰에서부

---

40 Hurowitz, "YHWH's Exalted House," 87. Merrill은 이런 장식 모티프들이 "주님께서 처음으로 자신의 임재를 알리시고, 그분의 형상으로 창조하신 사람들에게 그분과 교제를 누리도록 가까이 나아가는 방안을 제공하신 첫 번째 거룩한 장소인 낙원과 같은 상황, 즉 에덴동산을 상기시킨다"는 점에 주목한다(Merrill, *Everlasting Dominion*, 433).

터 성소를 지나 지성소로 이동할 때 재료의 단계와 등급이 높아지는 것은 (청동에서 은을 거쳐 금으로) 지성소의 하나님의 임재에 초점을 맞추었다. 마찬가지로 "진설병"(임재의 떡)의 상은 성전에 실제로 거하시는 하나님의 관계적 임재가 가져다주는 복을 부각시켰다. 월터 브루그만은 이렇게 말한다. "하지만 예술성을 넘어 우리의 관심을 끄는 것은 예술적 작업에 부여된 현실적 임재의 신학이다. 솔로몬 성전은 실제로 야웨의 현실적 임재를 상당히 감지할 수 있는 형태로 중재했다."[41]

솔로몬은 성전을 완성한 후 제사장과 레위인들이 야웨의 언약궤를 성전의 지성소로 들이도록 한다(왕상 8:1-9).[42] 내레이터는 즉시 하나님의 임재가 성전을 가득 채웠다고 선언한다. "제사장이 성소에서 나올 때에 구름이 여호와의 성전에 가득하매, 제사장이 그 구름으로 말미암아 능히 서서 섬기지 못하였으니, 이는 여호와의 영광이 여호와의 성전에 가득함이었더라"(8:10-11). "구름"과 "야웨의 영광"에 대한 언급은 하나님의 임재를 가리키는 동일한 용어를 사용하는 출애굽기 40:34과의 연결을 분명히 한다. 시내산에서 계시된 하나님의 강력한 임재가 성막에 거하기 위해 임했듯이, 지금 하나님의 동일하고 강력한 임재가 성전에 거하기 위해 임한다.[43] 하나님은 성전에 거처를 마련하셨다.[44] 백성들 가운데 있는 성전에 거하시는 하

---

41 Brueggemann, *Theology of the Old Testament*, 671.
42 삼하 6:12-22에서는 다윗이 야웨의 궤를 예루살렘으로 옮겨올 때 춤을 추거나 "야웨 앞에서" 제사를 드렸다고 자주 언급되는데, 이는 다윗이 하나님과 매우 가까이 있으며 그분과 관계를 맺고 있음을 강조한다. 하지만 왕상 8-9장에서 솔로몬이 "야웨 앞에" 있다고 전혀 언급되지 않는 것은 그가 하나님과 맺은 관계의 친밀함에 의문을 제기하게 만든다.
43 Brueggemann, *Solomon*, 93; Kamp, "The Conceptualization of God's Dwelling Place," 431-32.
44 Merrill, *Everlasting Dominion*, 443. Leithart는 이 사건의 중요성을 강조하면서, 그 사건을 "세계 역사상 중요한 사건"으로 부른다. 그는 다음과 같이 설명한다. "천지의 창조자이신 야웨는 예루살렘에 정착하신다.…성전은 야웨가 즉위하는 장소이며, 성부 하나님의 나라에서

나님의 이 강렬한 임재는 하나님께서 시내산에서 하신 언약적 약속의 연속성을 강조한다("나는 너희의 하나님이 될 것이다, 너희는 내 백성이 될 것이다, 나는 너희 가운데 거할 것이다").

실제로 시편 전체(와 포로기 이전 예언자들의 글)에 나타나듯이, 이후 수백 년간 하나님의 임재는 성전과 밀접하게 연결될 것이며, 하나님에 대한 예배는 성전에 계신 그분의 임재를 향할 것이다.

솔로몬과 하나님의 임재의 관계

앞에서 논의했듯이, 열왕기상 8:10-11에서 하나님은 성전을 가득 채우기 위해 극적인 방식으로 오신다. 열왕기상 8:12-13에서 솔로몬은 이 의미심장한 사건을 확인한다. 하지만 열왕기상 8:22-53에서 솔로몬은 하나님께 기도함으로써 성전을 봉헌할 때 그의 기도를 하늘에 계신 하나님께 드린다고 반복해서 말한다. 가끔 그는 하늘이 하나님께서 실제로 거하시는 곳이라는 말을 덧붙인다. 내레이터가 하나님의 임재가 성전에 거하기 위해 임했다고 방금 분명하게 진술했고(왕상 8:10-11), 솔로몬 자신이 8:12-13에서 이를 재확인했다는 사실에 비춰볼 때, 이것은 극히 역설적이며 이상하기까지 하다.

구약학자들 내에서는 이 이례적인 표현을 설명하는 일치된 의견이 없다. 문제를 복잡하게 만드는 것은 가정된 구성의 문제(최종 편집자의 영향)와 더불어 내레이터가 표현하는 솔로몬에 대한 전반적인 평가에 관한 결론들이다. 즉 솔로몬을 하나님에 관한 진리와 하나님을 어떻게 예배할 것인지에 대해 청중에게 알려주는, 참된 예배의 모델로 여겨야 하는가? 아니면 솔

중심에 있는 인간의 성전을 다시 가리킨다"(Leithart, *1 & 2 Kings*, 70-71).

로몬을 다른 신들을 예배하면서 "야웨의 목전에 악을 행한"(11:6) 사람으로 여겨서 그와 하나님의 관계 그리고 하나님을 예배한 것에 관한 그의 진술들을 걸러서 들어야 하는가?

몇몇 해석자는 하늘에 거하시는 하나님에 대한 솔로몬의 진술을 "이름 신학"으로의 신명기적 전환의 일부로 여기는데, 이는 "제사장 문서 저자"가 옹호한 성전에서의 하나님의 임재라는 초기 개념에 대한 교정으로 추정된다.[45] 우리가 신명기와 관련하여 앞에서 논의했듯이, 신명기 전체에서 "야웨 앞에서"라는 어구의 빈번한 사용과 같은 증거로 인해 이 이론은 신명기에 적용될 가능성이 거의 없다. 그러므로 이 이론은 이곳에서도 해당되지 않는다.

이와 관련된 견해는 열왕기상하의 결론에 암시된 포로기/포로기 이후의 상황(포로기 이후에 이어진 예루살렘과 성전의 파괴)을 주목하며, 솔로몬의 기도가 포로기의 독자들을 대상으로 하고 있다고 상정한다. 왜냐하면 그들에게는 하나님이 더 이상 성전에 계시지 않기 때문이다. 만일 그렇다면, 이 본문은 유배지에 있는 사람들에게 그들이 가나안 땅 바깥으로 유배되었다 할지라도 하나님은 여전히 하늘에서 통치하시며 여전히 그들의 기도를 들으신다고 확신시킴으로써 그들에게 용기를 북돋아주었다는 것이다. 이 견해는 기도 내내 솔로몬이 규칙적으로 성전이 여전히 지금 거기에 **존재하며** 역할을 수행하고 있음을 상정한다는 사실로 인해 어려움에 직면한다. 즉 솔로몬은 단지 하늘에 계신 하나님께 기도하라고만 말하지 않는다. 오히려

---

45 이와 관련되는 견해는 이 본문이 매우 많고 복잡한 편집층들로 구성되었으며 편집자들이 본문의 초기 형태와의 긴장을 늘 부드럽게 만들지는 않았다는 것이다. 예를 들어 Römer는 이 장을 구성하기 위해 다섯 개의 다른 시기로부터 나온 다섯 개의 다른 편집층을 관찰한다 (Römer, "Redaction Criticism," 63-76).

솔로몬은 예루살렘에 있는 성전을 향해 기도하라고, 하늘에 계신 하나님께서 들으실 것이라고 말한다(왕상 8:29-30, 31-32, 33-34, 38-39, 42-43, 48-49). 또한 열왕기상 8:8이 언약궤를 메는 채가 "오늘까지" 그곳에서 보인다고 언급한다는 점에도 주목하라. 이것은 전체 내러티브의 관점을 엄격하게 포로기나 포로기 이후의 상황에 두는 것을 어렵게 만든다. 하지만 솔로몬의 진술이 그가 말하는 성전의 실재를 암시하는 반면에, 내레이터는 유배지에 있는 사람들을 암시적 청중으로 염두에 두면서 좀 더 예언적인 의미로 솔로몬의 말을 인용하고 있을 수도 있다.

세 번째 견해는 솔로몬의 기도를 구약성서에서 자주 관찰되는 하나님의 내재성과 초월성 간의 지속적인 긴장으로 이해한다. 구약성서는 종종 하나님의 초월성(하나님은 하늘에 계시며 온 땅에 대한 절대적인 주권을 가지고 계신다)과 하나님의 내재성(하나님은 그분의 백성과 관계를 맺기 위해 성막이나 성전에 거하신다) 간의 긴장을 유지하며, 때로는 두 성품을 동시에 천명하기도 한다. 마찬가지로 고대의 독자들이 하나님을 하늘과 땅에 동시에 거하시는 분으로 이해하는 것은 얼마든지 가능했을 수 있다. 즉 하나님이 하늘 보좌가 있는 방과 지상의 보좌가 있는 방 두 곳에 동시에 친히 임재하신다고 말이다. 이와 관련된 것으로서 몇몇 학자는 지상의 보좌가 있는 방이 하늘 보좌가 있는 방의 연장이었다고(즉 땅에 있는 언약궤가 하늘 보좌의 발등상이었다고) 주장한다. 클레멘츠는 자신의 지상 거처를 성전에 두시는 하나님의 임재가 그분이 하늘에도 거하신다는 사실을 배제하지 않으며, 오히려 그것을 전제한다고 설명한다. 성막과 마찬가지로 "예루살렘에 있는 야웨의 집은 그분이 자신의 거처로 삼으신 우주적 '집'의 복사판 또는 상징으로 의도되

었다."⁴⁶

하나님의 하늘 거처와 지상 거처 간의 관계에 대한 이런 이해가 정확하기는 하지만, 그것이 이런 구체적인 본문에서 긴장 또는 모순을 완전히 제거하지는 않는다. 하나님의 지상 거처의 요지는 하나님과 자기 백성의 관계를 강화하는 것이다. 만일 하나님의 임재가 구체적으로 그분의 백성과 관계를 맺고 그들이 그곳에서 그분을 예배하도록 성전에 임하시는 것이라면, 솔로몬은 왜 땅에 있는 거처로부터 관심을 돌려 하늘에 계신 하나님께 말씀을 드리는가? 시내산에 나타나셨고 그 후 성막에 거하셨던 불같고 위험한 하나님이 지금은 성전에 분명하게 계시고, 몇 미터 떨어진 뜰에 가까이 서 있는 솔로몬에게 하나님의 임재가 너무 강렬하여 제사장들이 성전에서 그들의 사역을 지속할 수 없을 정도인데(왕상 8:10-11), 솔로몬은 왜 하늘을 향해 그의 손을 펴고(8:22) 위로 하늘에 계신 하나님께 말씀을 드리는가? 언약의 중심에 "내가 너희 가운데 거할 것이라"는 약속이 있고, 이 언약 관계의 중요한 요소로서 여전히 강력하게 새로운 지성소에 하나님이 극적으로 들어오시는데("여호와의 영광이 여호와의 성전에 가득함이었더라"), 솔로몬은 왜 "하나님이 참으로 땅에 거하시리이까?"(8:27)라고 말하는가? 그러고 나서도 솔로몬은 하나님이 실제로 하늘에 거하신다는 사실을 반복해서 강조한다. 출애굽기에는 이와 같은 표현이 없으며, 레위기에는 "하늘"이라는 단어조차 등장하지 않는다. 레위기에서 예배와 하나님의 관계는 늘 "야웨 앞에서" 이루어졌으며, 늘 성막의 지성소에 거하는 하나님의 임재를 향했다. 출애굽기에서 성막에 실제로 임하는 하나님의 강력한 관계적 임재는 언약 관계의 확인이자 보증이다. 더욱이 모세는 하늘에 계신 하나님께 기

---

46 Clements, *God and Temple*, 65-68.

도하려고 하늘을 향해 손을 들어 올리기 위해 성막(또는 불붙는 떨기나무 혹은 시내산)에 계신 하나님의 강력한 임재에서 눈을 돌린 적이 전혀 없다.

열왕기상 8장의 솔로몬의 기도를 이해하는 또 다른 대안은 그 기도를 솔로몬 내러티브들의 전체적인 맥락에 넣는 것으로 시작한다. 최근 몇 년 동안 열왕기상 1-11장의 내레이터가 솔로몬을 칭송하는 대신 그를 자주 비난하고 있다는, 심지어 표면상 그를 칭송하는 듯 보이는 본문에서조차 그를 비난하고 있다는 점에 주목하는 학자들이 점점 더 많아지고 있다. 그들은 솔로몬의 인격과 행위들에 대해 부정적인 많은 특징이 내러티브 전체에 제시되고 있다는 것과,[47] 내레이터의 관점에서 솔로몬은 이스라엘이 우상숭배의 길로 타락하게 되는 출발점이고 열왕기하의 처참한 종말로 나아가게 한 장본인이라는 점에 주목한다. 이런 견해의 중심에는 솔로몬이 신명기 17:14-17에 나오는 왕이 행해야 할 금령(왕은 말, 은과 금, 아내를 많이 두지 말아야 한다)을 심각하게 위반했다는 관찰이 있다.[48]

이와 비슷하게 솔로몬에 대한 최종적 판결인 열왕기상 11:6은 다음과 같이 말한다. "솔로몬이 여호와의 눈앞에서 악을 행하여 그의 아버지 다윗

---

[47] 전용호는 이 견해 안에 몇 가지 다양한 견해가 있음을 인정하면서도 이것이 아마도 다수의 견해일 것이라고 결론을 내린다(Jeon, "The Retroactive Re-evaluation Technique," 20). 전용호는 "부정적인 평가"를 옹호하는 다음과 같은 자료들을 열거한다. Provan, *1 and 2 Kings*(『열왕기』, 성서유니온 선교회 역간); Walsh, "The Characterization of Solomon"; Bimson, "1 and 2 Kings"; Eslinger, *Into the Hands of the Living God*, 123-82; Wiseman, *1 and 2 Kings*, 82; Gray, *I & II Kings*(『열왕기상·하』, 한국신학연구소 역간), 114; Nelson, *First and Second Kings*(『열왕기상·하』, 한국장로교출판사 역간), 30; Brueggemann, *The Land*, 85-86; Gunn and Fewell, *Narrative in the Hebrew Bible*, 169; Olley, "Pharaoh's Daughter, Solomon's Palace, and the Temple," 368; J. D. Hays, "Has the Narrator Come to Praise Solomon or to Bury Him?"

[48] J. D. Hays, "Has the Narrator Come to Praise Solomon or to Bury Him?," 169. 약간의 다른 설명을 덧붙이지만 일반적으로 이 결론에 동의하는 Seibert, *Subversive Scribes and the Solomonic Narrative*, 38-40도 보라.

이 여호와를 온전히 따름 같이 따르지 아니하"였다고 말이다. 솔로몬이 저지른 상상할 수 없고 불경스러운 우상숭배를 강조하면서 11:7-8은 그가 성전 동쪽, 예루살렘 근처(앞산)에 (아마도 동쪽으로 열리는 문이 있는 성전이 뚜렷이 보이는, 기드론 계곡 바로 건너편인 감람산에) 이방 예배를 위한 수많은 산당을 지었다고 말한다.[49]

따라서 솔로몬의 마음이 하나님에게서 돌아선 것으로 인해 열왕기상 11장에서 그에 대해 내린 최종적 평결이 부정적이라면, 우리는 열왕기상 8장에서 솔로몬이 한 말을 조심해서 취급해야 한다. 하나님과 친밀하게 동행하지 않은 인물이 신학적으로 의심을 살 만한 말을 한 것으로 말이다.[50] 솔로몬이 근처에 그모스 신과 몰렉 신을 위한 산당을 짓고 있었고(또는 그렇게 할 계획을 세우고 있었고), 마찬가지로 근처에서 아스돗과 다른 신들을 예배하고 있었다면(왕상 11:4-8), 그는 왕이 건축하고 있는 이방의 예배 장소가 보이는 범위 안에 실제로 거하지 않으시고 하늘에 거하시는 이스라엘의 하나님 야웨로 인해 더욱 편안해했을지도 모른다. 어쩌면 솔로몬이 하나님께서 성전에 계시기보다 하늘 위에 계신다는 것을 강조한 것은 단순히 그가 하나님과의 친밀한 관계가 부족함을 반영한 것일 수도 있다. 지상에서

---

49 하나님의 "눈"에 대한 언어유희가 계속되고 있음에 주목하라. 솔로몬은 왕상 8:29에서 "이 성전을 향하여 주의 눈이 주야로 보시오며"라고 기도하며, 9:3에서 하나님은 "나는 네가 건축한 이 성전을 거룩하게 구별하여…내 눈길과 내 마음이 항상 거기에 있으리니"라고 선언하신다. 그 후 11:6에서 내레이터는 "솔로몬이 여호와의 눈앞에서 악을 행하여"라고 선포한다. 여기서 말하는 "악"이 무엇을 가리키는지는 이어지는 몇몇 구절에서 분명하게 묘사되었다. 즉 솔로몬이 예루살렘 동쪽 바로 건너편에 이방 신들을 예배하기 위한 산당을 지었다고 말이다.

50 Japhet은 왕상 8:22-53에서 솔로몬의 기도를 논하면서 "성전에서의 하나님의 임재가 언급된 곳은 한 군데도 없다!"고 피력한다. 그녀는 계속해서 이렇게 말한다. "명시적이지는 않지만, 오히려 생략을 통해 이 기도는 하나님의 임재를 성전으로부터 멀어지게 하는 데 성공한다"(Japhet, *The Ideology of the Book of Chronicles*, 53).

하나님의 임재의 요지는 하나님과 그의 백성의 관계를 용이하게 하려는 데 있었다. 흥미로운 것은 열왕기상 8:28에 짧게 언급된 것과 성전 봉헌 의식의 말미인 8:62-66의 간략한 언급들(과 대하 7:4의 병행 본문) 외에는 솔로몬이 "야웨 앞에서" 섬겼다거나 예배했다거나 기도했다고 언급된 적이 없다는 점이다. 이 말은 모세, 레위기의 제사장과 레위인들, 그리고 다윗이 규칙적으로 하나님을 예배한 것과 달리, 솔로몬은 하나님의 친밀한 임재 안에서 섬기고 예배하고 기도하지 않았다는 의미다.

결론적으로 성막에서와 마찬가지로 극적인 방식으로 성전을 가득 채우기 위해 임하는 "구름"과 하나님의 "영광"에 대한 내레이터의 묘사(왕상 8:10-11)와 8:22-53에서 성전에 계신 하나님의 실제적이고 강력하며 영광스러운 임재를 경시하고 대신에 하나님의 임재를 하늘 위에 있다고 말하는 솔로몬의 되풀이되는 진술 간의 긴장을 해결하는 최선의 방법이 완전히 분명한 것은 아니다. 이것을 하나님의 내재성과 초월성 간의 긴장에 대한 또 다른 예로 이해할 수도 있지만, 솔로몬이 별을 섬기는 것보다도 못하게 하나님께 순종하고 예배하면서, 성전의 내재적이고 유일신론적인 하나님의 관계적 임재에서 초점을 돌려 (성전 근처에 그가 세운 수많은 이방 예배의 장소로 인해) 하나님을 좀 더 편안한 거리인 하늘 위에 멀리 두려고 했다는 증거들이 더 강력한 것으로 보인다. 이처럼 왕이 하나님의 관계적 임재를 떠나 이방 예배로 향한 결과는 열왕기상하의 나머지 부분 전체에서 비극적으로 마무리되어 성전 파괴와 유배로 끝나게 된다.

히스기야, 요시야, 하나님의 임재

솔로몬과 대조적으로 열왕기상하 나머지 부분 전체에서 하나님과 친밀한 관계를 맺은 후대의 왕들은 성전에 계시는 하나님께 나아와 기도했다고 언급된다("야웨 앞에서"라는 뜻의 לִפְנֵי יְהוָה, "리프네 야웨"라는 어구를 사용한다). 예를 들어 열왕기하 19:14에서 히스기야는 위협하는 아시리아 왕의 편지를 받고 "여호와의 성전에 올라가서 그 편지를 여호와 앞에[לִפְנֵי יְהוָה], 즉 하나님의 임재 앞에 펴 놓"았다. 마찬가지로 히스기야는 하나님을 성전의 지성소에 임하는 하나님의 임재에 대한 분명하고 직접적인 언급인 "그룹들 위에 계신 이스라엘의 하나님 여호와여"라고 부른다(왕하 19:15). 이와 비슷하게 하나님과 좋은 관계를 맺고, 하늘 높은 곳에 계신 하나님이 아니라 성전에 거하시는 하나님과 관계를 맺은 또 다른 왕 요시야에 대해서도 "야웨 앞에서"라는 어구가 사용된다(왕하 22:19; 23:2-3).[51]

하나님의 임재에서 추방된 이스라엘과 유다

하나님은 솔로몬이 성전 건축을 끝내기 전에도 그에게 하나님의 내주하시는 임재가 신실한 순종에 달려 있다고 경고하신다(왕상 6:11-13). 그 후 열왕기상 9:6-7에서 하나님은 다음과 같이 말씀하신다. "만일 너희나 너희의 자손이 아주 돌아서서 나를 따르지 아니하며…가서 다른 신을 섬겨 그것을 경배하면, 내가 이스라엘을 내가 그들에게 준 땅에서 끊어 버릴 것이요, 내 이름을 위하여 내가 거룩하게 구별한 이 성전이라도 내 앞에서 던져버리리니…."[52] 물론 솔로몬이 이방 신들을 예배했을 뿐만 아니라 그 신들을 위해

---

51 요시야와 솔로몬을 비교하는 이 문맥에서 요시야 개혁의 일부가 구체적으로 솔로몬이 멸망의 산(즉 성전 맞은편 기드론 골짜기 바로 건너편인 감람산)에 아스돗, 그모스, 몰렉을 위해 지은 산당들을 제거하는 것이었음을 주목하는 것은 흥미롭다(왕하 23:13).

52 왕상 9:7에서 "내가 이 성전을 던져버릴 것이다"(NIV와 CSB, "I will reject this temple")라고 번역된 히브리어 어구(אֲשַׁלַּח מֵעַל פָּנָי, 아샬라흐 메알 파나이)는 흔히 사용되는 표현이 아니다. 문자적으로 이 구절은 "내가 내 이름을 위하여 거룩하게 구별한 이 집을 내 임재로부터 멀리 보낼(שָׁלַח, 샬라흐) 것이다"라고 읽을 수 있다. 영어 성경 ESV, NRSV, NASB는 이 어구를 "내 눈앞에서 쫓아낼 것이다"라고 번역한다. 히브리어 שָׁלַח는 통상적으로 "멀리

예배의 중심지들을 건축하기까지 한 열왕기상 11:1-8에 비춰볼 때, 하나님의 경고는 불길하다. 실제로 열왕기상 5-8장의 성전 건축에 대한 훌륭한 묘사와 대조적으로, 열왕기상하의 나머지 부분은 그 동일한 성전의 붕괴를 기록한다(왕상 14:26; 왕하 16:17; 18:16; 24:13; 25:9, 13-17).[53]

하지만 열왕기하 13:23의 본문은 이스라엘의 죄에도 불구하고 하나님은 그분의 긍휼과 아브라함, 이삭, 야곱과 맺은 언약에 대한 그분의 관심으로 인해 그들을 멸하거나 "그분의 임재에서 그들을 쫓아내기를 [מֵעַל־פָּנָיו, וְלֹא־הִשְׁלִיכָם, 벨로-히슐리캄 메알-파나브] 즐겨하지 않으실 것"이라고 말한다. 이 구절은 하나님의 관계적 언약의 약속들과 그분의 임재 간의 밀접한 연결을 다시 한번 강조한다.

하지만 이스라엘 백성의 죄는 계속된다. 그들에 대한 하나님의 인내도 바닥이 났다. 열왕기하 17장에서 내레이터는 하나님이 이스라엘(북왕국) 백성을 "그 앞에서" 옮기셨다고 세 번 언급한다(17:18, 20, 23). 하나님과 내레이터는 나중에 남왕국 유다의 옮김에 대해서도 비슷한 용어를 사용한다(왕하 23:26-27; 24:3). 그 후 내레이터는 열왕기하 24:20의 절정이 되는 진술에서 동일한 용어를 사용하여 유다의 결말을 이렇게 요약한다. "여호와께서 예루살렘과 유다를 진노하심이 그들을 그 앞에서 쫓아내실 때까지 이르렀더라." 따라서 열왕기하에서 유배는 하나님의 임재에서의 추방("멀리 보

보내다"라는 개념을 전한다(이것은 왕하 13:23; 24:20에서처럼 이스라엘 백성이 포로로 가는 것에 사용될 때 의미가 잘 통한다). 하지만 이 단어는 관계를 끝내거나 이혼으로 멀리 보내는 것을 언급할 수도 있다. 본문에서 암시하는 의미는 이것인 것 같다. 하나님의 임재로 인해 성전은 거룩하게 되었다. 하지만 하나님께서는 그 관계를 끝내시며 성전을 그분의 임재에서 분리시키고, 파괴되도록 용인하실 것이다. Burnett은 빈정대는 투로 이렇게 말한다. "바빌로니아의 파괴는 예루살렘과 그 성전을 하나님의 임재가 아니라 하나님의 부재의 중심지로 만든다"(Burnett, *Where is God?*, 177).

53 Nelson, *First and Second Kings*, 47.

냄")의 측면에서 규칙적으로 묘사된다.

역대상하

역대상하는 사무엘상하와 열왕기상하에서 다루는 동일한 역사의 기간을 대부분 다룬다. 하지만 역대상하의 초점과 강조는 앞의 책들과 약간 다르다. 내레이터는 여호수아서부터 열왕기하에 이르는 신명기 역사서에서 하나님께서 은혜로 그분의 언약을 체결하셨고 그분의 백성에게 복을 주시고 그들과 관계를 맺기 위해 그들 가운데 거하기 위해 오셨지만, 이스라엘과 유다는 모두 하나님을 저버리고 언약을 지키지 않았으며 하나님만을 예배하지 않았음을 입증하고 있다. 그러므로 이스라엘 백성은 가나안 땅과 하나님의 임재로부터 추방되었다. 역대상하의 내레이터는 독자들이 이 자료를 알고 있다고 상정한다. 하지만 포로기 이후에 기록된 역대상하는 유배의 이유를 설명하려는 뒤늦은 깨달음이 아니라 미래를 기대하는 전망을 강조한다.

    역대상하에는 중요한 주제가 몇 가지 있다. 하지만 가장 중심적이며 서로 관련되는 주제 세 가지는 하나님의 임재에 의해 주도된다. (1) 언약궤 그리고 그곳에서 발생하는 관계적 예배와 연결되는 하나님의 임재를 포함하는 성전(역대상하에서 175번 이상 언급됨), (2) 특히 성전과 하나님의 언약적 약속들과 관련이 있는 다윗 왕조(언약적 약속들과 왕조 개념은 하나님의 임재와 밀접하게 연결됨),[54] (3) 백성들이 회개하고 돌이켜 하나님을 신실하게 예배

---

54 Tuell은 다음과 같이 지적한다. "역대기 서사의 **진정한** 관심은 성전과 성전 예배에 있다. 그러므로 성전 제의의 창시자인 다윗과 성전 건축자인 솔로몬은 첫째로 중요한 인물이다. 나중 왕들은 성전과 관련하여 행한 그들의 행위들로 인해 칭찬 혹은 책망을 받는다. 따라서 히

하지 않는다면 하나님의 임재에서 쫓겨난다는 경고와 그에 따른 징벌이다.

다윗과 하나님의 임재

다윗은 역대상에서 내러티브 대부분을 주도한다. 역대상 11장에서 역대기 저자는 이야기를 예루살렘으로 옮겨 다윗이 그 도시를 함락한 것을 서술한다(4-9절). 예루살렘 함락의 요점은 그곳이 다윗의 통치를 위한 수도가 될 것이라는 데 있는 것이 아니라 하나님의 성전과 그분이 거할 장소가 될 것이라는 데 있다.[55] 이 기사의 결론에서 다윗이 성공한 기본적인 원인을 요약하면서 역대기 저자는 이렇게 말한다. "만군의 여호와께서 함께 계시니 다윗이 점점 강성하여 가니라"(대상 11:9). 이렇게 힘을 주시는 하나님의 임재를 묘사하기 위해 사용된 용어들은 다윗과 이전의 모세 및 여호수아를 연결한다. 그들에게도 이와 비슷한 용어가 사용되었다. "내가 모세와 함께 있었던 것 같이 너[여호수아]와 함께 있을 것임이니라"(수 1:5).

그 후 이야기 뒷부분에서 하나님은 예언자 나단에게 다윗에게 하신 약속과 관련된 내용을 설명하시면서 "네가 어디로 가든지 내가 너와 함께 있"을 것을 상기시키심으로써 그분과 다윗의 관계를 다시 논의하신다(대상 17:7-8). 나단은 하나님에게서 이 말씀을 받아 다윗에게 전해준다. 다윗 왕은 즉시 "야웨 앞에[לִפְנֵי יְהוָה, 리프네 야웨] 들어가 앉아서" 기도했다

스기야(대하 29-32장)와 요시야(대하 34-35장)에게 특별히 관심이 집중된다. 다윗 계열의 왕들은 성전을 세우고 보존하는 그들의 역할에서 중요하다. 하지만 역대기 저자의 주된 관심사는 성전과 성전 제의에 있다"(Tuell, *First and Second Chronicles*, 5). Selman은 역대상하에서 이스라엘이 하나님과 맺은 언약적 관계에서 흘러나오는 핵심적인 두 가지 복이 강조된다는 점에 주목한다. 그것은 이스라엘이 약속의 땅에 있다는 것과 하나님이 그분의 백성과 함께 계신다는 것이다(Selman, *1 Chronicles*[『역대상』, 기독교문서선교회 역간], 57-58).

55 Selman, *1 Chronicles*, 48.

(17:16). 다윗은 지속적으로 하나님의 임재 안에 있는 사람으로 묘사된다.

언약궤와 하나님의 임재

언약궤는 다윗과 솔로몬에 대한 역대기 저자의 기사에서 중요한 역할을 한다. 역대상하에서 궤에 대한 46회의 언급 중 대부분은 다윗이 궤를 예루살렘으로 옮겨온 이야기(대상 13-16장)나, 솔로몬이 완성된 성전에 궤를 안치하는 이야기(대하 5-6장)에 등장한다.[56] 두 이야기 모두에서 궤의 중요성은 그것이 하나님의 임재 자체를 대표한다는 데 있다.[57] 역대상 13:6에서 내레이터는 하나님의 임재를 분명히 언급한다. "다윗이 온 이스라엘을 거느리고…올라가서 여호와 하나님의 궤를 메어오려 하니, 이는 여호와께서 두 그룹 사이에 계시므로 그러한 이름으로 일컬음을 받았더라." 그러고 나서 13:8에서 다윗과 백성은 "하나님 앞에서"(לִפְנֵי הָאֱלֹהִים, 리프네 하엘로힘) 음악을 연주하고 축하한 것으로 묘사된다. 사실 궤를 옮기는 방식을 이처럼 중요하게 만든 것은 궤와 관련이 있는 하나님의 거룩한 임재다. 다윗 왕조차 하나님의 임재의 거룩함을 높이고 존경해야 했으며 하나님께서 지시하신 것과 정확히 일치하게 궤를 옮겨야 했다.[58]

궤(와 하나님의 임재)를 예루살렘으로 옮겨오는 것은 정확히 말해서 그 도시에 의미를 부여한다.[59] 이는 하나님의 임재를 통한 축복의 주제,[60] 하나

---

56 Begg, "The Ark in Chronicles," 134.
57 Japhet, *The Ideology of the Book of Chronicles*, 59.
58 Tuell, *First and Second Chronicles*, 59.
59 Klein은 다음을 강조한다. "예루살렘이 다윗 계열 왕의 본거지였던 것처럼, 다윗은 야웨의 기치도 그곳에 있을 것을 확실히 했다"(Klein, *1 Chronicles*, 330).
60 가드 사람 오벳에돔의 집이 궤가 그들과 함께 있었던 세 달 동안 복을 받은 것에 주목하라(대상 13:12-14). 이는 궤 안에 계신 하나님의 임재와 함께하는 축복의 관계를 강조한다.

님의 능력에 의한 다윗 왕조의 건립, 그리고 다윗과 이스라엘 백성이 하나님과 맺을 예배의 관계를 서로 연결한다(대상 16장).

마찬가지로 솔로몬이 성전 건축을 마친 후, 성전 내러티브 전체의 절정은 바로 성전의 지성소에 궤를 공식적으로 그리고 의식적으로 재안치하는 것이었다(대하 5:2-14). 이것은 성전을 가득 채우기 위해 임한 구름과 하나님의 영광으로 강조된다. 랄프 클라인(Ralph Klein)은 궤가 분명히 "성전에서 자신의 백성과 함께하시는 야웨의 임재를 상징한다"는 점에 주목한다.[61]

다윗, 솔로몬, 성전 예배

언약궤와 밀접한 관계가 있는 것은 미래의 성전을 세우고자 한 다윗의 계획과 그것을 실현한 솔로몬의 성전 건축에 대한 내러티브다. 실제로 역대기 저자가 유다의 왕들을 평가하면서 사용하는 핵심적인 범주 가운데 하나는 그들이 얼마나 성전과 상호 작용을 하느냐에 있다.[62] 그러므로 역대기에서 다윗의 중요한 공헌 가운데 하나는 성전을 건축하려는 그의 계획이다(대상 22; 28-29장). 마찬가지로 솔로몬의 중요한 공헌은 실제로 성전을 건축한 것이다(대하 2-5장).

하나님의 임재는 자기 백성과의 관계를 원하시는 하나님의 바람과 밀접하게 연결된다. 다시 말해서 하나님은 자기 백성과 관계를 맺기 위해 그의 백성 가운데 거하신다. 이 관계에서 결정적으로 중요한 요소가 바로 예배다. 흥미로운 것은 성전 건축이 중요한 만큼 역대기 저자가 성전에서 행

---

61 Klein, *2 Chronicles*, 80.
62 Cudworth, *War in Chronicles*, 3-4.

해져야 하는 하나님께 대한 **예배**에 더욱 많은 관심을 두고 있다는 점이다. 사라 예펫(Sara Japhet)은 이렇게 쓴다. "역대기는 성전 의식이 거행되는 형식과 그것의 조직 및 실행에 관심을 두지, 예배할 거처를 제공하는 구조에 관심을 두지 않는다."63 그러므로 역대기에 따르면, 다윗의 주요 공헌은 그가 성전에 임하는 하나님의 임재를 위해 고안된 예배를 구성하고 실행한 것이다. 역대상하 전체에서 수많은 본문이 예배를 어떻게 행해야 하는지에 대한 방침을 기술한다(대상 9:29-32; 23:28-32; 대하 5:12-13; 7:5-6; 8:12-13; 13:10-11; 23:18). 마찬가지로 역대상하의 많은 분량이 예배를 인도하는 레위인과 제사장들의 정체성과 위계질서에 집중된다(대상 23-26장; 대하 8:14-15).64 하나님께 대한 예배를 기술하는 본문들 전체에는 궤와 함께하는 곳에서나 성전에서나 하나님의 임재에 대한 언급이 자주 등장한다.65

예배와 관련된 좀 더 넓은 문맥에서 역대기 저자는 구체적으로 음악, 특히 합창 음악에 관심을 둔다.66 존 클라이닉(John Kleinig)은 궤 근처 또는 성전 구역 안에서 연주된 이 합창 음악의 핵심적인 특징들 가운데 하나는 하나님의 임재와 밀접한 연관성이 있다는 것이라고 설득력 있게 주장한다.67 클라이닉은 다음과 같이 결론 내린다. "노래하는 사람들은 야웨의 이

---

63 Japhet, *The Ideology of the Book of Chronicles*, 177.
64 Japhet, *The Ideology of the Book of Chronicles*, 175.
65 Hill은 역대기에서 "예배하라는 요청은 믿음이 있는 사람들의 모임을 하나님의 임재 안으로 소환하는 초대다"라고 논평한다(Hill, *1 & 2 Chronicles*, 40-41). 역대기에서 제사장들의 중요한 역할에 대해 Lynch는 이렇게 결론 내린다. "야웨 앞에서 거행하는 제사 행위와 궤 앞과 전쟁에서 부르는 찬송을 통해 제사장들은 이스라엘의 원수들에 대한 야웨의 임재와 힘을 증언한다"(Lynch, *Monotheism and Institutions in the Book of Chronicles*, 207).
66 Kleinig은 역대기에서 제의 음악과 관련이 있는 다음과 같은 본문들에 주목한다. 대상 6:31-47; 9:14-16, 33; 15:1-16, 43; 23:2-5, 24-32; 25:1-31; 대하 5:11-14; 7:1-6; 8:12-15; 20:18-30; 23:12-13, 18; 29:25-30; 30:21-22; 31:2; 34:12-13; 35:15(Kleinig, *The Lord's Song*, 14).
67 Kleinig은 *The Lord's Song* 전체에서 이 점을 강조한다(예. 133, 144-47, 157, 187).

름을 선포함으로써 성전의 구름에 감추어진 야웨의 영광을 불러냈으며, 베일에 싸인 하나님의 임재를 그곳에서 부르는 그들의 찬양을 통해 그분의 백성들에게 언어로 계시했다. 그들은 백성들이 야웨께서 그들과 하나님께 드리는 그들의 제사를 열납하셨다는 것에 경외와 감사 그리고 기쁨으로 반응하게 했다."[68]

더욱이 역대기 저자는 그가 서술하는 주된 종교적 축제의 결론에서 예배자들의 기쁨을 자주 강조한다.[69] 예배자들의 기쁨을 언급하는 본문에는 역대상 15:16, 25, 16:10, 27, 33, 29:9, 17, 22, 역대하 7:10, 15:15, 20:27, 23:18, 29:36, 30:21-26이 포함된다. 분명한 것은 역대기 저자가 성전에 임하는 하나님의 임재를 강조할 뿐만 아니라 그 임재의 관계적 함의도 강조한다는 점이다. 출애굽기와 레위기에서처럼 하나님에 대한 기쁨의 예배는 자신의 백성 가운데 임하는 하나님의 임재와 그 임재가 그들에게 주는 놀라운 복과 불가분하게 서로 연결된다.

하나님의 임재는 성전에 거하기 위해 임한다

솔로몬은 성전 건축을 완료한 후, 그 절정의 행사로서 언약궤를 성전의 지성소에 안치한다(대하 5:2-10). 이 시점에 하나님의 임재는 성전에서 눈으로 볼 수 있는 극적인 방식으로 제사장들과 백성들 모두에게 그 모습을 드러냈다. 다시 말해서 하나님은 새로이 건립된 성전에 거하기 위해 오신다. 역대기 저자는 이를 두 번 언급하는데(대하 5:13-14; 7:1-3), 이것은 역대하 6장에서 솔로몬의 긴 기도의 전주와 결론에 해당하는 수미상관을 형성한다.[70]

---

68   Kleinig, *The Lord's Song*, 190.
69   Williamson, *1 and 2 Chronicles*, 31; Dirksen, *1 Chronicles*, 20-21도 보라.
70   솔로몬의 이 기도는 앞에서 왕상 8장에 대해 논의할 때 분석되었다. 두 기도는 비슷하며 두

하나님의 임재에 대한 이런 묘사는 출애굽기의 비슷한 사건들을 분명히 암시한다. 그때 하나님의 임재는 시내산에 처음으로 강림했고 그 후에 다시 성막에 거하기 위해 임했다(대하 5:13b-14과 7:1-3을 출 19:17-18 및 40:34-38과 비교하라).[71] 예펫은 이렇게 기록한다. "시내산에서의 경험은 그 임재의 물리적·심리학적 친근함, 그리고 온 백성에 미치는 영향에 있어서 비교할 수 없다. 역대기 저자가 솔로몬의 성전 봉헌에 덧붙이는 것이 바로 이 경험이다. 이런 관점에서 볼 때 성전에 계신 하나님의 임재는 매우 실제적이며, 이스라엘의 모든 백성은 야웨가 그분의 집에 들어오신 것에 대한 목격자들이

본문의 쟁점 역시 비슷하다. 하나님의 강력한 임재가 최근에 지성소에 내려오는데, 솔로몬은 하늘 위에 계신 하나님께 반복해서 기도한다. 하지만 이곳 역대기에서는 두 가지 중요한 차이가 있다. 첫째, 앞에서 언급했듯이 하나님의 강력한 임재가 성전에 극적으로 강림한 것은 솔로몬의 기도 전후에서 각각 강조되면서 수미상관의 기능을 한다. 둘째, 역대기 기사에서 솔로몬은 하늘 위에 계신 하나님께 다음과 같이 말함으로써 그의 기도를 포장한다. "여호와 하나님이여, 일어나 들어가사 주의 능력의 궤와 함께 주의 평안한 처소에 계시옵소서"(대하 6:41). 이것은 아마도 솔로몬이 하나님께 궤가 있는 지성소에 들어가시기를 요청함으로써 그의 기도를 마친다는 것을 암시한다. 이 요청에 대해 하나님은 대하 7:1-3에서 실제로 응답하신다. 그러므로 역대기에서 솔로몬은 열왕기상에서 그랬던 것처럼 하나님을 하늘 위에 단호히 남겨두지 않은 것 같다. 또한 전반적으로 솔로몬에 대한 역대기 기사는 그에 대한 평가에 있어 좀 더 긍정적이며, 열왕기상이 강조하는 것과 다르게 그의 우상숭배를 강조하지 않는다. 그러므로 솔로몬의 기도에 대한 이 내러티브의 제시는 열왕기상의 기사가 반영하는 듯한 우상숭배의 불길한 그림자를 전달하지 않는다. 하지만 전용호는 신 17장을 지키지 않은 솔로몬의 불순종이 대하 8장에서 여전히 분명하게 입증된다고 주장한다. 전용호는 역대기 저자가 솔로몬의 실수와 신 17장을 어긴 불순종에도 불구하고 하나님께서 솔로몬을 통해 다윗에게 하신 그분의 언약적 약속을 존중하고 이루실 것을 주장하고 있다고 결론 내린다(Jeon, *Impeccable Solomon?*, 220-21). 솔로몬의 기도(왕상 8장과 대하 6장 모두)와 관련하여 Japhet은 솔로몬이 실제로 성전에 계신 하나님의 임재를 경시하고 있다고 상정한다. 이것은 역대기 저자가 성전에 계신 하나님의 임재를 강조하는(아래 내용을 보라) 대하 20장의 여호사밧의 기도를 통해 전해주는 솔로몬의 결점이다(Japhet, *The Ideology of the Book of Chronicles*, 54-55). 마찬가지로 앞에서 언급했듯이 열왕기상하의 내레이터처럼 역대기 저자가 하나님이 하늘과 땅에 동시에 거하신다는 것을 가리키고 있을 가능성도 있다. 하늘이든 땅에 있는 성전이든 어느 곳도 하나님을 담아둘 수는 없다. 하지만 하나님은 그분의 백성과의 관계를 위해 그들 가운데 거하시기 위해 성전에 내려오신다.

71　Japhet, *The Ideology of the Book of Chronicles*, 58-59.

다."⁷² 하나님의 임재가 성전을 가득 채우기 위해 임한 직후(대하 7:1-3), 역대기 저자는 7:4에서 성전에 임한 하나님의 임재를 다시 강조하면서 왕과 모든 백성이 "야웨 앞에서"(לִפְנֵי יְהוָה, 리프네 야웨) 제사를 드렸다고 언급한다.⁷³ 이제 성전에는 자신의 백성 가운데 임하는 하나님의 임재가 있다.

유다의 왕들, 성전, 하나님의 임재

역대하에서 솔로몬의 뒤를 이은 유다의 왕들은 성전과 성전에서 하나님께 드리는 예배를 존귀하게 여기고 존경하는 방식에 의해 평가를 받는다.⁷⁴ 이것과 밀접한 관련이 있는 것은 하나님의 임재에 대한 지속적인 언급들이다. 즉 긍정적인 평가를 받은 왕들(아사, 여호사밧, 요담, 히스기야)은 모두 하나님의 임재와 긍정적인 관계를 맺는다.⁷⁵

그러므로 하나님의 영은 예언자 아사랴를 통해 아사에게 "너희가 여호와와 함께하면 여호와께서 너희와 함께하실지라"고 말씀하신다(대하 15:2). 역대하 15장의 나머지 부분은 역대기의 공통적 개념인 "야웨를 찾는 것"의 중요성을 강조한다.⁷⁶ 가끔 경건과 하나님에 대한 신실함이라는 광

---

72 Japhet, *The Ideology of the Book of Chronicles*, 59.
73 Selman은 하나님의 이름이 있는 장소인 성전은 의미 면에서 "하나님 자신이 발견되는 장소"와 동일하며, "자신의 백성 가운데 거하시는 하나님의 임재에 대한 표현으로서의 성전과 밀접하게 관련된다"는 점에 주목하면서 성전과 하나님의 임재 간의 중요한 연관성을 강조한다(Selman, "Jerusalem in Chronicles," 49-50).
74 역대하 전체에서 이것은 각 왕이 성전을 수리하거나 올바른 성전 예배를 다시 세우거나 이방 우상들을 제거하는 방식과 종종 관련된다(아사, 15:18; 여호사밧, 17:3-6; 요담, 27:3; 히스기야 29:3-36).
75 마찬가지로 이와 대조되는 것으로서 불순종하고 신실하지 못한 왕들은 성전과 부정적인 관계를 맺는 것으로 묘사된다(예. 대하 24:18, "그들이 여호와의 성전을 버리고"; 대하 26:21, "웃시야 왕이 여호와의 성전에서 끊어져"; 대하 28:24, "아하스가 하나님의 성전의 기구들을 모아 하나님의 성전의 기구들을 부수고 또 여호와의 성전 문들을 닫고").
76 Williamson, *1 and 2 Chronicles*, 95.

의의 개념도 등장하지만, 더 자주 언급되는 것은 성전에서 하나님을 예배하는 것이다.[77]

여호사밧에 대한 기사는 그와 함께하시는 하나님 또는 "야웨 앞에" 있는 그에 대한 언급들로 가득하다(대하 17:3; 20:9, 13, 17, 18). 역대하 20:5-12에서 여호사밧은 하나님께 기도를 드리는데, 이는 역대하 6장에 있는 솔로몬의 기도와 비슷하게 시작한다. "하나님 여호와여, 주는 하늘에서 하나님이 아니시니이까?"(20:6) 하지만 여호사밧은 재빨리 성전에 임하는 하나님의 임재에 다시 초점을 맞추며 이렇게 선언한다. "그들이 이 땅에 살면서 주의 이름을 위하여 한 성소를 주를 위해 건축하고 이르기를, '만일 재앙이나 난리나 견책이나 전염병이나 기근이 우리에게 임하면 주의 이름이 이 성전에 있으니, 우리가 이 성전 앞과 주 앞에 서서 이 환난 가운데에서 주께 부르짖은즉 들으시고 구원하시리라' 하였나이다"(20:8-9). 예펫은 이것이 솔로몬의 기도와 의도적으로 중요한 대조를 이룬다고 주장한다. "성전 앞에 서 있다는 것은 하나님 앞에 서 있다는 것이다. 여기서 우리는 솔로몬의 기도의 몸체에서 **빠**져 있는 요소를 발견한다. 그것은 성전에 임하는 야웨의 임재다.…성전은 하나님이 들으시는 기도가 하늘 위로 올라가며 지나가는 통로로 기능하지 않는다. 오히려 기도는 성전에서 말해지는데, 그 이유는 하나님이 **성전에서** 그 기도를 들으시기 때문이다."[78] 여호사밧 내러티브에서 기도와 예배를 위한 하나님의 거주하시는 임재는 분명히 성전에

---

77 Tuell은 이렇게 쓴다. "야웨를 찾는 것은 역대기에서 지속되는 주제이며, 구체적으로 성전 앞에서 예배하는 것을 가리킨다"(Tuell, *First and Second Chronicles*, 169).
78 Japhet, *The Ideology of the Book of Chronicles*, 54-55. Japhet은 역대기 저자가 "하나님을 위해 집을 건축하는 것과 그분의 이름을 위해 집을 건축하는 것을 실제로 구별하지 않는다"는 점을 강조한다(55). 그녀는 성전에 실제로 임하는 하나님의 임재가 그분의 영광, 그분의 이름, 그분의 궤를 통해 이해된다고 결론을 내린다(54-59).

임하는 것으로 이해되지만, 여호사밧과 그의 군대가 전쟁에 출정하기 위해 나갈 때 하나님의 임재는 그들의 승리를 보장하기 위해 그들과 함께 간다(대하 20:17, 21).[79] 승리 후에 그들은 성전으로 돌아와 하나님을 기뻐하고 예배하며 찬양한다(대하 20:27-28).

요담에 관한 긍정적인 짧은 기사에서 역대기 저자는 "요담이 그의 하나님 여호와 앞에서[לִפְנֵי יְהוָה, 리프네 야웨] 바른길을 걸었으므로 점점 강하여졌더라"라고 언급한다(대하 27:6). 마찬가지로 히스기야의 성공은 하나님의 임재와 분명히 결부된다. 히스기야는 "여호와의 성전 문들을 열고 수리"했다(29:3). 히스기야는 레위인과 제사장들이 인도하는 바른 예배를 회복했으며, 그들에게 "여호와께서 이미 너희를 택하사 그 앞에 서서 수종들어 그를 섬기며 분향하게 하셨"음을 상기시켰다(29:11). 또한 그는 북쪽 지파들이 하나님과의 관계로 돌아오게 하기 위해 노력하면서 성전에서 하나님을 신실하게 예배하도록 그들을 초대한다. "하나님 여호와께로 돌아오라.…여호와께 돌아와 영원히 거룩하게 하신 성전에 들어가서…너희가 그에게로 돌아오면 그의 얼굴을 너희에게서 돌이키지 아니하시리라"(30:6-9). 마찬가지로 역대하 31:20-21에서 히스기야에 대한 긍정적인 평가는 그의 신실한 순종과 하나님의 임재 앞에서 행한 성전 예배를 강조한다. "히스기야가 온 유다에 이같이 행하되 그의 하나님 여호와 보시기에[לִפְנֵי יְהוָה,

---

79 Lynch는 대하 20:21에서 레위 계열의 노래하는 사람들은 "군대의 선두에서 나아갈 때 하나님의 거룩하심의 광채를 찬양하기 위해" 임명받은 것이라고 강조한다. Lynch는 "그분의 거룩하심의 광채(영광)"(참조. 시 29:2, 9)로 번역된 이례적인 어구는 하나님의 신현을 가리키는 말이라고 제안한다. 하나님의 임재를 대표하는 궤가 여호수아의 정복에서 군대의 맨 앞에 있었듯이, 지금 레위 계열의 노래하는 사람들 역시 군대의 맨 앞에서 하나님의 특별한 임재를 표시한다(Lynch, *Monotheism and Institutions in the Book of Chronicles*, 174-79). Kleinig, *The Lord's Song*, 177도 보라.

리프네 야웨] 선과 정의와 진실함으로 행하였으니."

하나님의 임재의 상실인 바빌로니아 포로

역대기의 중심 주제들 가운데 하나는 하나님의 징벌, 경고, 그 후 불순종과 죄의 결과인 하나님의 관계적 임재로부터의 추방이다.[80] 바빌로니아 포로는 하나님의 임재로부터 제거되는 측면에서 묘사된다. 하나님의 임재로부터 백성을 추방한다는 이 주제와 관련되는 것은 하나님의 거처이자 그분의 임재의 중심 장소인 성전의 해체와 파괴라는 주제가 반복되는 것이다. 예를 들어 솔로몬이 성전을 봉헌하고 나서 얼마 안 되어 하나님은 이렇게 경고하신다. "너희가 만일 돌아서서…다른 신들을 섬겨 그들을 경배하면, 내가 너희에게 준 땅에서 그 뿌리를 뽑아내고 내 이름을 위하여 거룩하게 한 이 성전을 내 앞에서 버려 모든 민족 중에 속담거리와 이야깃거리가 되게 하리니"(대하 7:19-20). 우리가 앞에서 열왕기상 9:7을 논의할 때 언급했듯이, 역대하 7:20에서 "내가 이 성전을 버릴 것이다"라고 번역된 비슷한 히브리어 어구(אֲשַׁלַּח מֵעַל פָּנָי, 아샬라흐 메알 파나이)는 하나님의 임재로부터의 추방을 가리키는 말이다. 이것을 좀 더 문자적으로 번역하면 다음과 같다. "나는 내가 내 이름을 위하여 거룩하게 한 이 집을 나의 임재로부터 멀리 보낼 것이다."

---

80 역대기는 회개와 관계의 회복을 촉구하기도 한다. Boda는 역대기에서 회개가 "관계적이며, (하나님의 얼굴을) '찾는다'는 핵심 단어로 표현된다"는 점을 관찰한다((Boda, "Return to Me," 143).

다윗 언약, 성전, 미래에의 소망

앞에서 언급했듯이, 역대상하는 포로기 이후에 기록되었으며 미래를 내다보는 방향성을 반영한다.[81] 이 책의 핵심적인 주제들 가운데 두 가지, 즉 왕조와 관련하여 다윗에게 주신 하나님의 약속과 성전에서의 하나님의 임재는 하나님에 대한 바른 예배와 연결되어 역대상하로부터 나오는 소망의 기초를 이룬다.[82] 다시 말해서 다윗 언약과 성전은 미래의 회복을 위한 하나님의 공급하심에 절대적으로 필요하다.[83] 다윗 언약과 관련된 약속들과 미래 성전에 관한 약속들은 서로 밀접하게 연결되어 있으며, 마찬가지로 하나님의 임재와도 관련이 있다는 것에 주목하라. 다윗 언약에서 하나님은 다윗 왕가의 후손이 다스리게 될 뿐만 아니라 한 후손이 하나님이 거하실 장소인 "하나님의 집"(즉 성전)을 지을 것이라고 약속하셨음을 기억하라.[84]

역대상하의 마지막 몇 절은 이 모든 주제를 연결한다. 역대하의 마지막 장 전체에는 성전과 성전의 종말이 반복해서 언급된다(대하 36:7, 10, 14, 15, 17, 18, 19). 게다가 예언자 예레미야도 여러 번 언급된다(대하 35:25; 36:12, 21, 22). 그다음에 마무리하는 두 절은 다음과 같이 선언한다.

---

81 Kelly, *Retribution and Eschatology in Chronicles*, 236-41. Kelly는 역대기 저자의 미래에 대한 긍정적인 소망에서 다윗 언약이 담당하는 중심적인 역할을 강조한다(156-67). 더욱이 Kelly는 다윗 언약과 성전 사이의 상호 관련성을 주목하면서 다음과 같이 결론을 내린다. "성전은 다윗 언약을 증언하기도 한다. 그리고 신정 국가의 두 '집'은 서로 관련 있음이 드러났다"(185).
82 Tiňo, *King and Temple in Chronicles*, 150-51.
83 Selman, *1 Chronicles*, 62; Waltke with Yu, *Old Testament Theology*, 761.
84 Dempster는 역대기에서 하나님의 임재의 장소인 성전, 성전과 왕조 둘 다를 가리키는 "집"의 이중적 의미, 재건된 성전으로서 장차 올 다윗 계열의 통치자에 대해 강하게 암시된 약속 간의 상호 관련성이 역대기의 마지막에 언급된다는 점에 주목하라. Dempster, *Dominion and Dynasty*(『하나님 나라 관점으로 읽는 구약신학』, 부흥과개혁사 역간), 226-27.

바사의 고레스 왕 원년에 여호와께서 예레미야의 입으로 하신 말씀을 이루시려고 여호와께서 바사의 고레스 왕의 마음을 감동시키시매 그가 온 나라에 공포도 하고 조서도 내려 이르되, "바사 왕 고레스가 이같이 말하노니, 하늘의 신 여호와께서 세상 만국을 내게 주셨고 나에게 명령하여 유다 예루살렘에 성전[문자적으로는 '집']을 건축하라 하셨나니, 너희 중에 그의 백성 된 자는 다 올라갈지어다. 너희 하나님 여호와께서 함께하시기를 원하노라" 하였더라(대하 36:22-23).

(히브리 정경뿐만 아니라) 역대상하를 마무리하는 이 결론은 아주 흥미롭다. 다윗과 다윗 언약이 분명하게 언급되지 않기 때문에, 이 약속들은 역대기 저자의 마무리하는 메시지에 속하지 않는다고 추정하는 사람들이 더러 있다.[85] 반면에 스캇 한(Scott Hahn)은 역대하 36:22의 "여호와께서 예레미야의 입으로 하신 말씀을 이루시려고"라는 진술과 아울러 앞의 몇 절에서(대하 35:25; 36:12, 21) 예레미야가 반복 언급된 것은 예레미야의 70년 예언을 넘어서는 본문과 예언을 염두에 두어야 한다는 것을 강하게 암시한다고 설득력 있게 주장한다. 한은 다윗 언약이 역대기 전체에서 수행하는 중심적인 역할에 비춰볼 때, 여기서 예레미야의 예언을 성취한다는 암시는 미래의 다윗 계열의 왕에 관한 예레미야의 많은 예언(특히 렘 23:3-6; 33:14-16)을 포함한다고 주장한다.[86]

다윗에게 하신 약속을 분명히 염두에 두든지 그렇지 않든지 간에, 역대기를 마무리하는 말들은 희망적이고, 성전의 회복을 분명히 염두에 두고

---

85 예를 들어 Braun, *1 Chronicles*(『역대상』, 솔로몬 역간), xxvii를 보라.
86 Hahn, *The Kingdom of God as Liturgical Empire*, 187-89.

있다. 다시 말해서 역대기 저자의 미래에 대한 소망은 성전 재건에 초점을 맞추고 있다. 마틴 셀만(Martin Selman)은 역대상하 전체에서 성전은 하나님이 거하시는 장소이며, 그분의 임재가 알려지는 곳임을 강조한다. 마찬가지로 성전과 하나님의 임재는 하나님의 약속 및 예언의 성취와 밀접하게 연결된다.[87]

마지막으로 역대하의 마지막 절은 세 부분으로 된 언약의 친숙한 공식을 담고 있다("나는 너희의 하나님이 될 것이다, 너희는 내 백성이 될 것이다, 나는 너희 가운데 거할 것이다"). 이것은 우리가 구약성서 전체에서 발견하는 내용이다. "너희 중에 **그의 백성 된 자**['너희는 내 백성이 될 것이다']는 다 올라갈지어다. **너희 하나님**['나는 너희 하나님이 될 것이다'] 여호와께서 **함께 하시기**['나는 너희 가운데 거할 것이다']를 원하노라"(대하 36:23). 그러므로 역대기는 하나님의 언약적 약속들에 대한 상기, 예루살렘에서 (하나님의 임재의 장소인) 성전을 재건하는 것에 대한 촉구, 자기 백성과 함께하시는 하나님의 관계적 임재에 대한 선포로 마친다.

에스라-느헤미야

에스라서와 느헤미야서가 원래 한 권으로 합쳐져 있었으며, 함께 연구되어야 한다는 점에는 학자들 간에 널리 의견이 일치한다. 에스라-느헤미야서는 페르시아가 통치하는 시기에 예루살렘으로 귀환한 포로들에 대해 이야기하며, 그들이 성전과 예루살렘 도시와 공동체를 재건하기 위해 얼마나 애썼는지를 들려준다. 성전의 재건(스 1-6장)은 중요한 주제이며, 다음과 같

---

87 Selman, "Jerusalem in Chronicles," 49-51.

은 책의 나머지 부분에 대한 적합한 서론으로 기능한다. 즉 공동체 건립(스 7-10장), 예루살렘 성벽의 재건축(느 1-7장), 성벽의 봉헌(느 8-10장)이다.[88]

가나안 땅으로 돌아왔으나…

에스라-느헤미야서에서 다양한 페르시아의 군주들을 통해 역사하시는 하나님의 손과 그분의 주권적 행위들은 하나님께서 포로기에도 그분의 백성을 살펴보시고 그들에게 도움을 베풀어 장애물을 극복하게 하시며 그 땅으로 귀환하게 하신다는 것을 강조한다. 하지만 에스라-느헤미야서에 기술된 포로기 이후의 상황은 예언서를 통해 예언되고 사무엘하 7장의 다윗 언약에 암시된 다윗 계열 왕의 영광스러운 귀환과 회복과는 현저히 다른 것 같다. 실제로 에스라-느헤미야서의 본문은 (학개서와 스가랴서에서처럼) 다윗 계열의 왕들이 아니라 페르시아의 군주들이 유다를 다스린다는 것을 거듭 강조한다.[89] 더글러스 니콜라이센(Douglas Nykolaishen)은 성전이 있는 그 땅으로 돌아왔으나 여전히 페르시아의 통치 아래 있는 이스라엘의 "이상함"에 주목한다. 그는 특히 에스라 1-6장의 요지를 이렇게 설명한다. "하나님이 이 이상한 환경 아래에서조차 그분과 신실한 관계를 맺을 수 있는 길을 그들에게 열어주실 것이다."[90] 따라서 에스라-느헤미야서는 약속된 회복이 (하나님의 주도와 능력 부여로) 시작되었지만, "그 약속된 회복이 아직은 완전하게 이루어지지 않았다"는 점을 보여주고 있다.[91] "아직"의 상황을 강조

---

88 Klein, "The Books of Ezra & Nehemiah," 676.
89 Klein, "The Books of Ezra & Nehemiah," 680.
90 Nykolaishen and Schmutzer, *Ezra, Nehemiah, and Esther*, 73-74.
91 Nykolaishen and Schmutzer, *Ezra, Nehemiah, and Esther*, 8. Williamson은 이것을 "지금, 그러나 아직"(Now, and not yet)으로 묘사한다(Williamson, *Ezra, Nehemiah* [『에스라-느헤미야』, 솔로몬 역간], liii).

하는 예루살렘의 재건된 공동체에서 놓치고 있는 매우 중요한 두 가지가 있다. (1) 보좌에 다윗 계열의 왕이 없다(완전히 대조되게 페르시아의 왕들이 다 스린다), (2) 성전에 하나님의 강렬하고 관계적이며 강력한 임재가 없다.

하나님은 제2성전에 돌아오지 않으신다

에스라 1:2-3은 역대하의 마지막 구절(36:23)과 거의 동일하다. 그 후 이어지는 몇 장(스 1-6장)은 포로 중 일부의 귀환과 성전 재건 및 봉헌을 묘사한다. 이 장면 배후에는 하나님의 주권적인 개입과 능력 부여가 있음이 분명하지만, 이 기사에서 분명히 빠져 있는 것은 하나님이 이전에 성막과 성전에서 하셨던 것처럼 이 재건된 성전에 거하기 위해 실제로 돌아오셨다는 언급이다. 다시 말해서 모세가 성막을 완성했을 때, 그 성소에 하나님이 오셨다는 것이 극적으로 선포되었다(출 40:34, "구름이 회막에 덮이고 여호와의 영광이 성막에 충만하매"). 마찬가지로, 솔로몬이 성전 건축을 완료했을 때, 하나님은 비슷하게 웅장한 방식으로 성전을 채우려 오신다(왕상 8:10-11: "구름이 여호와의 성전에 가득하매…이는 여호와의 영광이 여호와의 성전에 가득함이었더라"; 대하 5:13-14; 7:1-2도 보라). 하지만 이와 대조적으로 에스라 6장에는 재건된 성전이 완성된 이후에 새 성전을 가득 채우기 위해 임하는 하나님의 구름이나 그분의 영광 혹은 임재에 대한 언급이 전혀 없다. 일찍이 성소에서 하나님의 임재의 초점이었던 언약궤에 대한 언급도 없다. 하나님께서 이 성소를 그분의 영광스럽고 거룩한 임재로 가득 채우기 위해 어떻게 오시는지를 다룬 이전의 본문들에서 보았던 반복되는 강한 강조에 비춰볼 때, 에스라 6장의 침묵은 깜짝 놀랄 만한 일이며, 확실히 대조를 강조한다. 하나님의 임재는 포로기 이후, 에스라 6장의 재건된 성전에 돌아오지 않는다.

이것은 에스라 6장을 출애굽기 40장, 열왕기상 8장, 역대상 5, 7장과 비교할 때, 눈에 띄는 부재다.[92] 그뿐 아니라 성전 봉헌의 일부로서 하나님이 성소에 들어오신다는 것에 관한 침묵 역시 이 기사를 고대 근동의 문학적 맥락에 놓을 때 상당히 주목할 만하며 중대한 문제다. 빅터 후로비츠(Victor Hurowitz)는 성서 본문들과 고대 근동을 망라하여 상이한 여러 문화의 신전 건축과 봉헌에 대한 문학적 기사들을 많이 분석했는데, 분석한 자료들이 다 유사한 순서로 비슷한 사건들을 기술하면서 놀라울 정도로 비슷한 문학 패턴을 따르고 있다고 설득력 있게 주장했다.[93] 성막에 대한 출애굽기 기사와 솔로몬 성전에 대한 열왕기상과 역대하의 기사들 역시 이 표준적 패턴을 따른다. 하지만 성전 건축과 봉헌을 기술하는 고대 근동의 이 표준적인 문학 패턴과 비교할 때, 에스라 6장의 기사는 **성전에 임하는 신에 대한 언급을 제외하고는** 모든 면에서 다른 기록들과 일치한다. 리스벳 프리드(Lisbeth Fried)는 이렇게 논평한다. "완성된 성전에 신이 오는 것을 제외하고는, 전형적인 메소포타미아의 건축 이야기에 있는 모든 요소가 에스라 1-6장에 존재한다."[94] 후로비츠는 이렇게 결론을 내린다. "에스라 6:17-22은 재건된 성전의 봉헌을 보도하지만, 하나님이 성전에 들어오시는 중대한 사건, 혹은 성전에서 하나님의 임재를 상징하는 어떤 상징물에 대한

---

92 Blenkinsopp이 스 1-6장의 성전 기사가 겔 40-48장에 나오는 에스겔의 성전 기사의 성취로서 기록되었다고 주장하는 것은(Blenkinsopp, *Judaism*, 132-33) 흥미롭지만 설득력이 없다. 그러나 신기하게도 Blenkinsopp은 겔 44:1-4에서 성전에 거처를 마련하기 위해 임하는 하나님의 임재의 귀환에 대해 논의하기는 하지만, 에스겔서에서와 다르게 에스라-느헤미야서에서 하나님의 영광이 성전에 돌아오지 않는다는 내용을 논의하지 않는다(심지어 언급조차 하지 않는다).
93 Hurowitz, *I Have Built You an Exalted House*.
94 Fried, "Temple Building in Ezra 1-6," 338.

언급도 포함하지 않는다."⁹⁵

에스라 1-6장의 본문이 재건된 성전에 하나님의 현실적인 임재가 돌아온 것에 대해 침묵할 뿐만 아니라, 에스라-느헤미야서의 나머지 부분 전체에서 하나님께 예배하고 기도하는 사람들에 대해 사용되는 용어들 역시 성전에 하나님의 강렬한 임재가 이처럼 부재하다는 것을 암시한다. 비록 에스라-느헤미야서에 성전 구역 안에서 행해지는 수많은 봉헌, 기도, 제사에 대한 묘사가 있긴 하지만, 에스라-느헤미야서 어느 곳에서도 "야웨 앞에서"(לִפְנֵי יְהוָה, 리프네 야웨)라는 어구가 등장하지 않는다.⁹⁶ 예를 들어 에스라가 백성의 죄를 고백할 때, 그는 성전 구역 안에 있다. 하지만 내레이터는 단지 그가 "하나님의 집[성전] 앞에" 있다고 말할 뿐이다(스 10:1, 6).

---

95 Hurowitz, *I Have Built You an Exalted House*, 268. Fried는 이와 동일한 비교를 이용하여 유사하게 자신의 견해를 피력한다. "하지만 완전히 누락되어 있는 것은…신이 이 성전에 거처를 마련한다는 요소다"(Fried, "The Torah of God as God," 288). Fried는 계속해서 느 12장으로부터 토라 두루마리가 하나님의 임재의 물리적 현현이 된다고 주장한다(298). 이와 관련이 있는 내용으로서, Becking은 성전으로 다시 돌아온 성전의 기물들이 하나님의 "상징적 임재"의 역할을 한다고 제안한다(Becking, "Silent Witness," 267-78). Fried의 주장이나 Becking의 제안이 모두 설득력이 없기는 매한가지다. 하지만 두 사람 모두 재건된 성전에 하나님의 임재가 누락되었으며, 이와 같은 부재가 문제가 된다고 한목소리로 말한다. 두 사람의 다른 제안은 재건된 성전에서 하나님의 분명한 부재의 문제를 설명하려는 시도들이다.
96 "야웨 앞에서"(לִפְנֵי יְהוָה, 리프네 야웨)라는 어구는 에스라-느헤미야서에서 내레이터나 등장인물들 중 누구에 의해서도 사용되지 않지만, 엘로힘(하나님)과 관련하여 "앞에서"(לִפְנֵי, 리프네)를 사용하는 세 개의 구절이 있다. 이 구절 중 두 개는 에스라와 느헤미야가 여전히 바빌로니아에 있을 때 나타난다(스 8:21; 느 1:4-6). 이 두 언급은 하나님께서 "동반하는" 임재로써 바빌로니아에 있는 포로들과 여전히 "함께" 계심을 나타내지만(겔 1장에서 예언자가 바빌로니아에 있는 동안 하나님에 관한 환상을 보았듯이 말이다), 일찍이 성막과 성전에서 경험했던 강렬한 임재의 방식으로 재건된 성전에 돌아오셨음을 언급하는 것은 아니다. 이 어구의 세 번째 용례는 스 9:15에서 죄를 고백하는 에스라의 기도에 나온다("주께 범죄하였사오니, 이로 말미암아 당신 앞에 한 사람도 감히 서지 못하겠나이다"). 이 본문을 성전에서의 하나님의 임재에 대한 증거로 취할 수도 있지만, 에스라가 여전히 바빌로니아에 있었을 때 8:21에서 "우리 하나님 앞에"를 사용한 것과 같은 의미로 여기서 "당신 앞에"를 사용했을 가능성이 더 크다.

하나님이 정말로 성전에 임재해 계신다면, 내레이터의 이 언급은 이전의 용례와 비교할 때 매우 이상한 용어의 전환일 것이다. 하지만 만일 하나님이 성전에 계시지 않는다면, 앞에서 논의했듯이 이런 유형의 용어는 얼마든지 예상할 수 있다. 마찬가지로 느헤미야 8장에서 에스라가 백성들에게 모세의 토라를 읽어주기 위해 그들을 한곳에 모았을 때, 본문은 백성들이 "야웨 앞에" 있다고 하지 않고 "수문 앞에" 있다고 한다(1, 3절). 더욱이 느헤미야 10장에서 백성들이 성전에서 쓸 것을 지원하겠다고 기록된 약속을 만들 때, 본문은 그들이 레위기에서 규범이었던 "야웨 앞에"(예. 레 1:5, 11; 3:1, 7, 12; 4:4, 6, 7, 15, 18; 6:7, 14, 25)가 아니라 "우리 하나님의 집[성전]에" 나무, 첫 열매, 처음 난 것, 십일조를 가져올 것이라고 거듭 말한다(34, 35, 36, 38절).

    그러므로 하나님은 이전에 성막과 첫 성전에서 하셨듯이 재건된 성전에 거하기 위해 그곳으로 돌아오지 않으셨다는 것이 분명한 것 같다. 백성들은 그 땅에 다시 돌아왔고, 성전은 재건되었다. 하지만 모든 것이 바빌로니아 포로기 이전으로 돌아가지는 않았다. 약속된 회복은 시작되었지만, 그 회복이 완성에 이르는 것은 요원했다. 구약성서의 역사 이야기가 끝에 이르렀지만, 하나님의 두 가지 중대한 약속은 아직 성취되지 않은 채로 남아 있다. 다윗 계열의 왕이 보좌에 앉는 것과 자기 백성 가운데 거하시는 강렬하고 힘을 주시며 관계적인 하나님의 임재의 귀환 말이다.

에스더

에스더서에 하나님이 전혀 언급되지 않는다는 것은 잘 알려진 사실이다(엘로힘도 야웨도 나타나지 않는다). 하지만 많은 학자가 이 책 전체의 장면들 배후에서 하나님이 섭리적으로 활동하시는 것으로 보인다는 점에 주목한다. 에스더서의 요지는 "하나님께서 그 땅으로 돌아오기를 거절한 유대인들에게도 그분의 섭리적 보호를 은혜롭게 확장하신다"는 것으로 보인다.[97] "하나님의 손"이 (에스라-느헤미야서에서처럼) 여기서도 작용한다. 비록 그 단어가 분명하게 언급되지는 않지만 말이다.[98] 포로지에 남아 있던 불순종하는 이 유대인들조차도 살피시고 보호하시는, "내가 너와 함께 있다"라는 유형의 임재가 강하게 암시된다. 하지만 그들이 선조들이 경험했던(또는 예언자들이 약속했던) 하나님의 강렬하고 관계적인 임재를 경험하지 못한 것은 분명하다. 그리고 에스더서에 하나님에 대한 언급이 완전히 부재하다는 것은 그들이 여전히 포로로 있으며, 하나님의 관계적 임재가 가져다줄 복과 보호에서 분리되어 있다는 것을 상기시킨다.

시편

시편은 하나님께 드리는 이스라엘의 예배와 찬양을 다룬다. 그래서 하나님의 임재가 시편 전체를 관통하는 중심 주제로 떠오르고 있음을 발견하는 것은 그리 놀랍지 않다.[99] 실제로 레위기에서 예배의 사례처럼, 시편에

---

97 Waltke with Yu, *Old Testament Theology*, 549.
98 Schmutzer는 이렇게 쓴다. "비록 4:14처럼 예상된 곳에서조차 아무도 하나님을 언급하지 않지만, 하나님은 임재하시며 일하신다. 더 정확히 말하면 창조적으로 그렇게 하신다"(Nykolaishen and Schmutzer, *Ezra, Nehemiah, and Esther*, 206). Reddit, "Esther," 145-46도 보라.
99 150편의 시편 중에서 90편 이상이 하나님의 임재를 언급한다. Brueggemann과 Bellinger는 그들의 시편 주석에서 야웨의 임재 또는 "하나님의 임재"를 100번 이상 언급한다 (Brueggemann and Bellinger, *Psalms*). 마찬가지로 Terrien은 성서에서의 하나님의 임재라

서 예배의 핵심적인 역동성 가운데 하나는 하나님의 임재와 대면하는 것이다.[100] 게르하르트 폰 라트는 그의 『구약신학』(*Old Testament Theology*)에서 시편의 신학에 관한 장에 "야웨 앞에 있는 이스라엘"이라는 제목을 붙였다.[101] 제롬 크리치(Jerome Creach)는 시편에서 기도자들의 요점, 그들의 소망, "의인들의 운명"은 하나님께(또는 하나님의 임재 안으로) 가까이 나아갈 수 있는 것에 있다고 주장한다.[102] 마찬가지로 시편 전체에서 하나님을 믿고 의지하라는 요청의 중심에는 그분의 신적 임재가 모든 위험에 직면한 이스라엘을 위한 확언이라는 선언이 자리한다.[103]

분명한 것은 시편이 복잡하고 다양하며, 시편을 연구하기 위해 제안된 접근도 마찬가지로 다양하다는 점이다. 최근 수십 년간 수많은 학자가 시편에 대한 세 가지 주요 접근법의 여러 측면을 결합하는(또는 적어도 도움이 된다고 인식하는) 다소 "절충적인" 방법을 채택해왔다. (1) 양식비평적 분석, (2) 정경의 발전적 분석(종종 "편집비평"으로 불림), (3) 주제 분석 등이 그것이

는 주제를 다룬 그의 책에서 가장 긴 장들 가운데 하나에 "임재의 찬송"(The Psalmody of Presence)이라는 제목을 붙였다(Terrien, *The Elusive Presence*, 278-349).
100 Bellinger, *Psalms*, 144. Longman은 많은 시편의 주된 배경이 성소였다는 점에 주목한다. 성소는 특별히 관계(대화)를 목적으로 하나님이 임재하시는 장소였기 때문이다. Longman은 이 시편들 자체가 "하나님과의 인격적 대화에 대한 친밀한 표현"으로서 일종의 문학적 성소라고 주장한다(Longman, "Psalms," 248-49; Longman, "From Weeping to Rejoicing," 224-25).
101 Von Rad, *Old Testament Theology*, 1:355. Kraus는 von Rad가 붙인 제목에 동의하지만, 거기에 약간의 설명을 덧붙인다. 시편이 하나님의 행위들(창조, 구원 등)과 그분의 임재에 대한 이스라엘의 응답을 반영하는 것은 사실이지만, Kraus는 이스라엘이 대화에서 동등한 상대자인 적이 없었고, 하나님의 거룩하심의 "깊은 골"에 의해 분리되었다고 주장한다. 다시 말해서 이스라엘은 단지 크게 놀라워하면서 하나님의 임재의 크신 "인자"(חֶסֶד, 헤세드)를 경험하고 찬양했을 뿐이라는 것이다(Kraus, *Theology of the Psalms*[『시편의 신학』, 비블리카 아카데미아 역간], 11-12).
102 Creach, *The Destiny of the Righteous*, 42-52.
103 Brueggemann and Bellinger, *Psalms*, 71(시편 11편을 주석하는 부분).

다. 다시 말해 많은 학자가 헤르만 궁켈(Hermann Gunkel)의 형식에 따른 시편 분류의 중요성을 여전히 인정하지만, 시편의 두 가지 핵심적인 유형으로서 "애가"와 "찬양시"에 대한 클라우스 베스터만의 초점으로 이동함으로써 궁켈의 기준을 약간 한정한다.[104] 하지만 이 양식비평의 분류를 포기하지 않은 채 많은 학자는 시편 저자의 정경적 발전과 구성이 상당히 의도적이었다는 결론에 도달했다. 이것은 해석학적·신학적 함의를 지니는 결론이다.[105] 게다가 학자들은 형식과 글의 흐름의 맥락에서 시편을 연구하면서 예배, 찬양, 하나님의 통치, 그리고 피난처와 같은 중심적인 주제들을 상당히 폭넓게 인식하게 되었다. 이 주제들은 종종 시편 전체에 걸쳐 서로 얽혀 있으며, 때로는 시편의 다섯 권 중 어느 하나 혹은 그보다 많은 곳에 위치한다.[106]

하나님의 관계적 임재는 이 세 가지 접근법을 모두 관통하는 중요한 역할을 한다. 즉 앞에서 설명한 "절충적" 접근법을 통해 시편에서 성서신학을 발전시키려고 할 때, 하나님의 관계적 임재는 시편 저자가 말하고 있는 거의 모든 신학적 측면에서 중심으로 드러난다. 시편 전체에서 초점을

---

104 Gunkel, *The Psalms*; Westermann, *Praise and Lament in the Psalms*.
105 이 발전에 특별히 영향을 미친 책은 다음과 같다. G. Wilson, *The Editing of the Hebrew Psalter*.
106 시편 연구의 역사를 요약한 후에 이런 접근 방식의 두 가지 혹은 세 가지 모두를 포함하는, 특히 양식비평적 접근법과 정경의 발전적 접근법에 중점을 둔 최근 저술들은 다음과 같다. Bellinger, *Psalms*, 15-36; Bullock, *Psalms*, 1:1-13; deClaissé-Walford, Jacobson, and Tanner, *The Book of Psalms*(『NICOT 시편』, 부흥과개혁사 역간), 13-45; McCann, "The Book of Psalms," 643-65; Limburg, *Psalms*, xiv-xvii; Hossfeld and Zenger, *Die Psalmen I*; Hossfeld and Zenger, *Psalms 2*; Hossfeld and Zenger, *Psalms 3*; Brueggemann and Bellinger, *Psalms*, 1-8. Longman은 정경의 발전적 접근법의 경향을 강하게 반대하고 이에 대해 회의적인 입장을 보인다. Longman, *Psalms*(『시편 I, II』 기독교문서선교회 역간), 34-35. 정경의 발전적 접근을 강조하고 거기에 초점을 맞추는 저술들은 다음과 같다. Robertson, *The Flow of the Psalms*; Snearly, *The Return of the King*.

맞추고 있는 하나님의 강렬한 임재와 성전에서 그분께 접근할 수 있는 가능성은 아래에서 논의되는 바와 같이 실제로 하나님과 그의 백성 사이의 가장 중요한 관계적 측면에서 기초가 된다.

성전에서 하나님께 드리는 예배와 하나님의 임재

시편에 표현된 예배와 찬양에 근본적인 것은 바빌로니아에 의해 예루살렘이 멸망되기 전에 하나님께서 예루살렘 성전에 친히 거하셨다는 이해다. 이것은 시편에서 하나님의 임재에 대한 주도적인 이미지다.[107]

시편에서의 예배는 하늘 위에 있는 모호한 영에게 드리는 것이 아니라 성전에 거하시는 하나님께 직접 향한다는 데 초점이 맞춰져 있다. 한스-요아힘 크라우스(Hans-Joachim Kraus)는 다음과 같이 단언한다. "만일 우리가 감사의 찬송과 노래로 영광을 돌리는 이스라엘의 하나님을 어디서 찾고 발견할 것인지, 애가는 누구에게 탄원하는 것인지, 시편의 모든 노래에 연루된 분이 누구인지 질문하면서 구약의 시편에 접근한다면, 만장일치로 의심의 여지 없이 그리고 끊임없이 표현되는 대답은 이것이다. '야웨 체바오트'(전능하신 야웨)가 예루살렘 성소에 계신다. 시온은 하나님의 임재의 장소다."[108]

더욱이 벨린저(W. H. Bellinger)는 시편 전체에서 예배는 구체적으로 하나님의 임재와 그 임재에서 나오는 복에 대한 하나님의 백성들의 반응이라고 주장한다. 그러므로 찬양시들은 "생명을 주시는 하나님의 임재를 축하

---

107 J. Hamilton, "Divine Presence," 116; Kraus, *Psalms 1-59*, 68.
108 Kraus, *Psalms 1-59*, 68.

한다."¹⁰⁹ 그뿐 아니라 시편에서 예배의 중심에는 예배하는 공동체와 하나님의 임재 간의 만남이 있다. 공동체와 하나님의 임재 간의 이 예배의 만남은 삶을 늘 새롭게 하고 온전하게 해주었으며, 신실하고 순종하는 생활을 위한 지침을 주었다.¹¹⁰ 또한 그것은 예배하는 사람들 편에서의 행동의 변화를 요구했는데, 그 이유는 오직 의인들만이 하나님의 거룩한 임재에 거할 수 있었기 때문이다(시 15:1-2; 11:7). 이와 관련이 있는 것은, 바로 크리치가 관찰한 대로, 시편에서는 하나님의 임재에로 나아가는 것이 의로운 사람들에게 주는 "상"으로 그려진다는 점이다. 악인은 하나님과의 관계가 멀어져 멸망하지만, 의인은 그분의 임재 안에서 산다.¹¹¹

마찬가지로 시편 저자들이 예배에서 표현하는 강력한 감정은 하나님의 임재와의 만남에서 비롯된다. 대니얼 에스테스(Daniel Estes)는 이렇게 쓴다. "눈물 흘리는 애가에서 찬양의 즐거운 외침까지, 시편은 구약의 신자들이 야웨께 가까이 나아갈 때 느끼는 감정들을 반영한다."¹¹² 찬양의 시편들은 하나님의 임재 때문에 경험하는 기쁨을 반영한다.¹¹³ 예를 들어 시편 16:11은 이렇게 선언한다. "주께서 생명의 길을 내게 보이시리니, 주의 앞에는 충만한 기쁨이 있고 주의 오른쪽에는 영원한 즐거움이 있나이다."

---

109 Bellinger, *Psalms*, 108, 144-45.
110 Bellinger, *Psalms*, 89, 108, 144-45.
111 Creach, *The Destiny of the Righteous*, 5, 42-52.
112 Estes, *Handbook on the Wisdom Books and Psalms*, 141. Estes는 시편의 신학을 논하면서 핵심적인 강조점 중 하나가 "시온이 야웨가 성전의 지성소에 거하실 때 임재하시는 곳"이라는 것과, 이스라엘 백성이 "야웨의 임재 안에 살고 있다는 심오한 의식으로 가득 차 있다"는 것이라고 말한다(150-51).
113 Bellinger, *Psalms*, 79.

하나님의 얼굴

앞에서 논의했듯이, 히브리어 "파님"(פָּנִים, "얼굴"을 가리키는 단어의 복수형)은 구약성서에서 하나님의 임재를 가리키기 위해 광범위하게 사용되는 핵심적인 용어다. 시편에서 "파님"의 다양한 형식이 126절에서 133번 등장하는데, 이 구절들의 84곳에서 이 단어는 하나님, 대개는 야웨("주님")를 언급하지만, 때때로 엘로힘("하나님")을 언급하기도 한다.[114] 이 본문들 중 많은 구절이 성전에 계신 하나님을 반영하는 문맥에 있으며, 이 본문들 대부분은 하나님의 강렬한 인격적 임재를 언급하는 곳에 등장한다. 순전히 숫자만 가지고 본다면, 이 본문들은 하나님의 임재가 시편에서 차지하는 중요한 역할을 나타낸다. 예를 들어 크라우스는 시편에서 "야웨의 얼굴"이 성전의 거룩한 곳에 계신 하나님의 임재의 실제에 대한 언급이라는 점에 주목한다. 사실 크라우스는 "야웨의 얼굴"과 관련된 이미지가 이스라엘의 예배 중에 계시는 하나님의 임재에 대한 **매우 중요한** 특징적 표현임을 강조한다.[115]

다른 많은 학자들 역시 시편에서 "파님"의 사용과 하나님의 임재 간의 관계에 주목해왔다. 일례로 월터 브루그만과 벨린저는 시편 11:7("정직한 자는 그의 얼굴을 뵈오리로다")을 설명하면서, 이것이 성전에 계신 "실제 임재"

---

114 MT의 절 표시를 사용하여 여기에 해당하는 본문들은 다음과 같다. 시 4:7; 9:4, 20; 10:11; 11:7; 13:2; 16:11; 17:2, 15; 18:7; 19:15; 21:7, 10; 22:25, 28, 30; 24:6; 27:8, 9; 30:8; 31:17, 21; 34:17; 38:4; 41:13; 42:3; 44:4, 25; 45:13; 50:3; 51:11, 13; 56:14; 61:8; 62:9; 67:2; 68:2, 3, 4, 5, 9; 69:18; 76:8; 79:11; 80:4, 8, 17, 20; 85:14; 86:9; 88:3, 15; 89:16; 90:8; 95:2, 6; 96:6, 9, 13; 97:3, 5; 98:6, 9; 100:2; 102:1, 3, 11, 29; 104:29; 105:4; 114:7; 116:9; 119:58, 135, 169, 170; 139:7; 140:14; 141:2; 142:3; 143:2, 7; 147:17.
115 Kraus, *Theology of the Psalms*, 39.

에 대한 제시임을 강조한다. 그럴 자격이 있는 사람들을 위해, 성전에서 얼굴과 얼굴을 맞대고 만나는 것은 위험으로 가득한 세상에서 안전을 제공하는(11:1의 "피하다") 생명의 선물을 준다.[116] 어니스트 루카스(Ernest Lucas)는 시편의 여러 곳(예. 24:6; 27:4; 42:1-2)에 있는 "야웨의 얼굴을 찾다" 또는 "보다"라는 말이 성전 예배에서 경험하는 하나님의 임재를 가리키는 표현이라고 주장한다.[117] 제임스 해밀턴(James Hamilton)은 하나님의 임재 안에 있는 것은 그분의 얼굴 앞에 있는 것이라고 설명한다.[118]

최근 수십 년간 여러 학자가 민수기 6:24-26의 "제사장의 축복"("여호와는 네게 복을 주시고 너를 지키시며; 여호와는 그의 얼굴을 네게 비추사; 여호와는 그 얼굴을 네게로 향하여 드사")이 시편 전체에서 반복하여 되울리고 있음에 주목해왔다.[119] 팔머 로버트슨(O. Palmer Robertson)은 민수기 6:24-26의 "제사장의 축복"이 시편에서 의식과 관련하여 적어도 열 번 선언된다고 제안한다.[120] 제레미 스모크는 시편에서 "하나님의 얼굴을 구함"과 "하나님의 얼굴을 봄"이라는 모티프들이 성전을 방문하고 그곳에서 하나님의 임재로부터 복을 받는 것을 가리킨다고 결론을 내린다. 마찬가지로 그는 "하나님께서 그의 얼굴을 비추사"라는 표현이 보호와 구원을 제공하기 위해 성소로부터 "빛을 발하는" 하나님의 임재 개념을 전달한다고 주장한다.[121] 이와

---

116 Brueggemann and Bellinger, *Psalms*, 70-71.
117 Lucas, *The Psalms & Wisdom Literature*(『시편과 지혜서』, 성서유니온선교회 역간), 56.
118 J. Hamilton, "Divine Presence," 117.
119 Smoak, *The Priestly Blessing*, 90-110; Robertson, *The Flow of the Psalms*, 43-44; J. Hamilton, "Divine Presence," 117; Satyavani, *Seeing the Face of God*, 229. Chavel은 민 6:22-27의 세 번 반복되는 "여호와는 ~을 원하며"라는 축복이 성전에서 하나님을 예배하기 위해 가는 순례자들의 세 단계에 상응한다고까지 주장한다(Chavel, "The Face of God," 18-19).
120 Robertson은 다음 구절들을 인용한다. 시 4:6; 31:16; 37:6; 67:1; 80:1, 3, 7, 19; 94:1; 104:15; 118:27; 119:135; 139:12(Robertson, *The Flow of the Psalms*, 43).
121 Smoak, *The Priestly Blessing*, 90-91.

비슷하게 브루그만과 벨린저는 "야웨의 얼굴"이 축복과 생명의 원천인 성전에 계신 하나님의 제의적 임재를 가리킨다고 상정한다.¹²²

애가와 찬양시, 부재에서 임재로

학자들은 대부분 시편의 여러 양식비평적 "유형"을 인정하지만, 두 가지 중요하고 일반적인 유형이 "애가"(또는 "불평")와 "찬양시"라는 점에 일반적으로 동의한다.¹²³ 마찬가지로 많은 개인적인 애통의 시편들 내에서 시편 저자가 처음에는 애통으로 시작하여 나중에는 찬양으로 시편을 마치는 경우가 종종 있다는 점이 일반적으로 주목된다. 실제로 클린턴 맥칸(J. Clinton McCann)은 두 개가 서로 너무 자주 병치되어 종종 신학적으로 분리할 수 없다고 진술한다. 즉 애가는 찬양으로 마친다.¹²⁴

하나님의 임재는 애가와 찬양의 이와 같은 상호 관련성을 이해하는 데 있어 무척 중요하다. 왜냐하면 애통의 시편은 하나님의 부재를 말하는 반면, 찬양의 시편은 하나님의 회복된 임재를 즐거워하기 때문이다.¹²⁵ 애통의 시편과 밀접하게 연결되는 것은 "고난 중에 하나님께 부르짖음"이라는 개념이다. 개인적인 재앙은 시편의 중심 주제이며, 고립감, 즉 "가족과 친구로부터 끊어짐, 성전과 공동체로부터 멀어짐, 그리고 하나님으로부터 멀리 떠남"과 자주 관련된다.¹²⁶ 하지만 시편 전체에서 자주 시편 저자가 이런 분리로 인해 고난 중에 하나님께(때때로 성전에 계신 하나님을 향해[예. 시 3:4;

---

122 Brueggemann and Bellinger, *Psalms*, 70.
123 Westermann, *Praise and Lament in the Psalms*; Bullock, *Psalms*, 1:2; Limburg, *Psalms*, xiv.
124 McCann, "The Book of Psalms," 669.
125 Bellinger, *Psalms*, 146; Burnett, *Where Is God?*, 135-49.
126 Johnston, "The Psalms and Distress," 66.

18:6]) 부르짖을 때, 하나님은 부르짖는 자를 구원하시고 다시 임재하심으로써 응답하신다. 그러므로 애통의 시편 내에서 애통으로부터 찬양으로 이동하는 것은 하나님의 부재로부터 하나님의 임재로의 이동이다.[127]

몇몇 학자는 일반적으로 많은 애통의 시편들이 시편의 앞부분에 위치하는 반면에(시편 제1권의 대부분이 애가다), 찬양시의 대부분은 시편 뒷부분(특히 시편 제5권)에 위치한다는 점에도 주목했다. 그러므로 최종적인 정경 모음집에서 그들은 애가에서 찬양시로의 이동을 보는데,[128] 이는 하나님의 부재에서 회복된 임재로의 이동으로 묘사될 수도 있다.[129]

하나님의 임재 안에 있는 피난처

제롬 크리치는 "피난처로서의 야웨"와 "의인의 운명"이라는 모티프들이 시편에서 가장 중심이 되는 두 가지 주제이며, 이 둘이 모두 시편의 순서와 구조에 중요하게 작용한다고 주장했다.[130] NIV가 "피난처를 삼다"라고 종종 번역하는 단어 חסה(하사)는 히브리 성서에 (명사형을 포함하여) 58번 등장하는데, 그중 37번이 시편에 나온다. 이 단어의 기본적인 의미는 "~안에 숨다" 또는 "~와 함께 숨다"이다. 하지만 이 단어에는 "신뢰하다"라는 강한 의미가 함축되어 있다. 애통의 시편들에서 이 단어는 "신뢰의 공식"을 나타내는 진술에 종종 사용된다(시 7:1; 11:1; 16:1; 25:20; 31:1; 57:1; 71:1;

---

127 Burnett, *Where Is God?*, 137.
128 Limburg, *Psalms*, xvii; G. Wilson, "The Structure of the Psalter," 246. Crutchfield는 제1권(4편의 찬양시, 19편의 애가)에서 제5권(13편의 찬양시, 4편의 애가)으로의 전이를 보여주는 유익한 도표를 제시한다(Crutchfield, "Psalms," 347-48).
129 Burnett, *Where Is God?*, 149.
130 Creach, *Yahweh as Refuge*; Creach, *The Destiny of the Righteous*.

141:8).¹³¹ 그러므로 이 단어는 חטב(바타흐, 신뢰하다/의뢰하다)라는 단어와 밀접한 관련이 있다.¹³² 시편 저자는 "피난처"를 언급할 때 하나님의 임재와 더불어 임하는 그분의 보호하시는 힘, 특히 시온에 있는 성전에서 나오는 그분의 강력한 임재를 말하고 있다.¹³³ 크리치는 חסה(하사, ~안에서 피난처를 찾다)가 사실상 시편에서 하나님에 대한 헌신의 모든 측면과 관련이 있다고 지적한다. 즉 하나님의 임재 안에서 피난처를 찾는 것은 하나님을 신뢰하는 것과 동의어다.¹³⁴

시편 18편은 특히 교훈적이다. 이 시편은 왕의 감사시이며, 다윗의 시로 명명된다.¹³⁵ 시편 저자는 1-2절에서 자신의 힘과 피난처이신 하나님을 신뢰한다고 선언하고 나서 그가 찬양하는 까닭을 이야기한다. 4-5절에서 그는 전형적인 애가의 용어를 사용하여 자신이 죽음의 영역인 스올을 아주 가까이 마주하고 있음을 상기한다.¹³⁶ 시편 저자는 "그의 성전에서" 들으시는 하나님께 부르짖는다(6절). 그러자 하나님은 하늘을 드리우고 강림하신다(9절). 출애굽 당시에 시내산에서 행하신 것처럼 말이다(12절). 윌리엄 브라운(William Brown)은 "스올" 및 이와 유사한 개념을 가진 용어들(예. "구덩이")이 "피난처"의 "상징적 반대 또는 상대적 은유"로 작용한다고 제안한다. 즉 하나님의 임재 안에 있는 "피난처"는 생명과 밀접하게 관련이 있는 반면에, 정반대인 하나님의 부재는 사망과 관련이 있다고 말이다. 브라운

---

131 E. Gerstenberger, "חסה," *TLOT* 2:464-65.
132 Creach, *Yahweh as Refuge*, 32.
133 W. Brown은 "시온은 '피난처'의 지리적 구체화"라고 말한다(W. Brown, *Seeing the Psalms*, 19-26).
134 Creach, *Yahweh as Refuge*, 48.
135 이 시편은 삼하 22장에서 반복된다.
136 Brueggemann and Bellinger, *Psalms*, 97.

은 계속해서 애가의 용어가 자주 구덩이와 피난처, 사망과 구원, 하나님의 부재와 하나님의 임재 사이에 놓여 있다고 주장한다. 우리가 앞에서 언급했듯이, 또다시 우리는 하나님의 부재에서 하나님의 임재로의 이동과 병행하는, 애가에서 찬양시로의 이동을 본다.[137] 이 이미지들은 신뢰와 굳게 서는 것에 대한 개념뿐만 아니라 하나님과 기도하는 사람 사이의 관계를 암시한다.[138]

"날개" 은유는 시편에서 하나님과 연결되어 여러 번 사용된다(시 17:8; 36:7; 57:1; 61:4; 63:7; 91:4). 몇몇 학자는 이 용어가 성막이나 성전의 날개를 가진 그룹들의 이미지를 불러일으킨다고 제안한다. 다른 사람들은 날개를 가진 남신과 여신들이 고대 근동의 도상학에 자주 등장한다는 것을 지적하면서, 이것이 아마도 구약성서의 용례를 이해하는 접촉점을 제공해준다고 제안하기도 한다. 또 다른 학자들은 이것이 하나님을 은유적으로 고대 근동에서 흔치 않은 이미지인 날개 가진 용사로서 그리는 것일 수도 있다고 상정한다.[139] 하지만 시편에서 하나님의 날개에 대한 언급은 룻기 2:12에서처럼 새들이 자기 새끼에게 공급하는 피난처와 보호를 은유적으로 가리키는 것 같다. 이것은 시편 91:4에 분명히 나타난다. "그가 너를 그의 깃으로 덮으시리니, 네가 그의 날개 아래에 피하리로다."

---

137 W. Brown, *Seeing the Psalms*, 26-27.
138 W. Brown, *Seeing the Psalms*, 19.
139 Hawk, *Ruth*, 81-82; Kwakkel, "Under YHWH's Wings"의 논의를 보라. Kwakkel은 이 은유에 대해 "자기 새끼를 모으는, 보호하는 새"의 견해 쪽으로 기울지만, 그 증거가 결정적이지 않으며 두 개 또는 더 많은 다른 가능성이 있을 수 있다는 것을, 또는 상호 영향을 주는 배경적 이해의 조합까지도 가능하다는 것을 인정한다(162-63).

출애굽에서 이스라엘을 인도하신 하나님의 강력한 임재를 기억함

시편에는 출애굽 사건을 직접 언급하고 암시하는 본문들이 많이 있다. 크라우스는 이렇게 쓴다. "시편이 이스라엘의 시작 또는 하나님이 이스라엘에 오심의 시작을 말할 때마다 우리는 출애굽의 주제를 발견한다. 족장들도…언급되지만, 시편의 기본적인 사건은 늘 출애굽, 애굽으로부터의 구원이다." 출애굽 동안 하나님은 이스라엘 가운데 거하기 위해 오셨으며, 이스라엘을 하나님의 성소로 바꾸셨다.[140] 예를 들어 시편 68편은 출애굽으로 시작하여 시온에서 자신의 성소를 세우는 것으로 절정에 이르는, 이스라엘과 함께하시는 하나님의 임재의 역사를 추적한다.[141] 마찬가지로 시편 77:14-20은 마치 목자가 양 떼를 인도하듯이, 홍해를 통과하여 이스라엘을 인도하신 하나님의 강력한 임재를 회고한다.[142]

정경적 배치, 하나님의 임재의 장소, 종말론적 소망

성전에 거하시고 시온에 있는 보좌로부터 다스리시는 하나님에 대한 이미지가 시편에서 하나님의 임재에 대한 가장 주도적인 묘사이지만, 하늘에

---

140 Kraus, *Theology of the Psalms*, 51-52.
141 Bullock, *Psalms*, 1:512-13. Brueggemann과 Bellinger는 다음과 같이 쓴다. "시 68편은 하나님을 이스라엘 공동체를 구원하기 위해 오시고 그 후에 시온에서 그들에게 복을 주시기 위해 임재하시는 분으로 묘사한다.…이 시편은 제의에서 생명을 주시는 야웨를 기념한다. 그분은 시내산에서부터 광야를 거쳐 시온의 보좌에 이르기까지 계속되는 놀라운 여정을 인도하셨다"(Brueggemann and Bellinger, *Psalms*, 295, 298).
142 Niehaus는 시편에서 출애굽 사건에 대한 수많은 암시를 논의한다. 그는 이것이 "소위 시내산 신학이며 이른바 시온 신학과 밀접한 관련이 있음"을 나타낸다고 결론을 내린다 (Niehaus, *God at Sinai*, 283-87).

보좌를 두시고 그곳에서 다스리시는 하나님에 대한 묘사 역시 자주 등장한다. 예를 들어 시편 2:4은 "하늘에 계신 이가 웃으심이여"라고 선언하고, 11:4은 "여호와의 보좌는 하늘에 있음이여"라고 진술한다. 그 밖에 시편 14:2, 18:9-10, 20:6, 33:13-14, 53:2, 57:3-5, 68:33-34, 73:25, 80:1, 14, 102:19, 103:19, 113:5, 115:3, 123:1, 144:5, 148:1-2, 150:1이 여기에 포함된다.

하지만 하늘에 보좌를 두시고 하늘에서 다스리시는 하나님의 이미지와 관련하여 염두에 두어야 할 두 가지 중요한 고려 사항이 있다. 첫째는 역사적 상황이다. 바빌로니아가 기원전 587/586년에 예루살렘을 멸망시키고 난 후 성전은 존재하지 않게 되었다. 결과적으로 성전에서의 하나님의 임재도 없다. 아래에서 논의하겠지만, 에스겔 8-10장은 하나님의 임재가 그 사건 직전에 성전을 떠났다고 기술한다. 그래서 포로기와 포로기 이후에 당대의 현실을 기술하는 시편 저자들에게 하나님의 임재는 성전이 아니라 하늘에 있을 뿐이다. 시편의 최초 작성, 정경에서의 위치, 연결, 편집, 그리고 추가 제목 달기 등 복잡한 쟁점들로 인해 많은 시편의 기록 시기에 대한 의견이 분분하지만, 그럼에도 하늘 위에 계신 하나님을 언급하는 앞에 열거한 몇몇 시편은 포로기 또는 포로기 이후의 상황을 반영하는 것 같다. 많은 시편의 역사적 배경이 다면적일 수 있는데, 그 이유는 그 시편들이 처음에 포로기 이전에 작성되었지만, 나중에 포로기 또는 포로기 이후에 편집되었을 수 있기 때문이다. 예를 들어 하젤 블록(C. Hassell Bullock)은 시편 3-41편(제1권의 대부분)이 포로기 이전 시기에 작성되고 편집되었지만, 제2권(시 42-72편), 제3권(시 73-89편), 제4권(시 90-106편)은 포로기에 편집되었다고 제안한다. 블록은 제5권(시 107-150편)은 포로에서 귀환한 후 편집

되었다고 주장한다.[143]

 그러므로 시편 42-150편(제2, 3, 4, 5권)의 최종 편집과 배열은 성전이 파괴된 이후에 행해졌을 가능성이 있으며, 어쩌면 개연성까지도 있다. 시편의 이 덩어리 내부에는 포로기와 포로기 이후에 편집되었을 뿐만 아니라 작성된 것들도 있었다. 예를 들어 하나님을 하늘 높은 곳에 거하시는 분으로 묘사하는 시편들 가운데 하나인 시편 102:19은 "여호와께서 그의 높은 성소에서 굽어보시며 하늘에서 땅을 살펴 보셨"다고 선언한다. 이 시편은 포로기 또는 포로기 이후의 작품이 분명한데, 왜냐하면 102:16의 "여호와께서 시온을 건설하시고 그의 영광 중에 나타나셨음이라"라는 진술을 강조하기 때문이다.[144] 제5권(시 107-150편)의 많은 시편은 포로기 이후에 작성된 것으로 종종 분류된다. 비록 시편의 시기를 정하는 것이 추측에 근거하고 결정적이지 않을 수 있지만, 앞에서 인용한, 하나님을 하늘에서 다스리시는 분으로 묘사하는 제4, 5권에 속하는 여덟 편의 시편 중에서 일곱 편(시 102; 103; 115; 123; 144; 148; 150편)은 종종 포로기나 포로기 이후 시대에 작성된 것으로 여겨진다.[145] (제3권에 속한) 시편 80편의 시기는 분명하지 않으며, 학자들 사이에 의견이 일치하지 않는다. 하지만 이 시편에서 하나님께 "우리에게 돌아오소서"라고 부르짖는 것(80:14)과 더불어 "우리를 회복하여 주시"기를 반복해서 구하는 것(80:3, 7, 19)은 포로기/포로기 이후의 배경을 암시할 수 있다.[146]

 많은 학자가 시편의 정경적 배치와 구조에 대해 예루살렘의 멸망과 바

---

143 Bullock, *Psalms*, 1:7-11.
144 Kraus, *Psalms 60-150*, 284, 286; Limburg, *Psalms*, 345.
145 Kraus, *Psalms 60-150*, 284, 290, 378, 437, 542, 562, 570.
146 Tate, *Psalms 51-100*(『시편 51-100』, 솔로몬 역간), 313; Bullock, *Encountering the Book of Psalms*(『시편의 문학적 신학적 개론』, 크리스챤출판사 역간), 65.

빌로니아 포로의 중요성을 강조한다.[147] 두 개의 매우 다른 역사적 상황(포로기 이전 대 포로기/포로기 이후) 역시 마찬가지로 하나님의 임재를 연구하는 데 있어 인식해야 할 중요한 차이다. 포로기 이전 시기에 하나님은 성전에 거하셨으며, 많은 시편에 반영된 정상적인 예배의 행위들은 그곳에 계신 하나님의 임재에 초점을 맞추었다. 이스라엘은 주로 성전에서 하나님의 임재를 통해 하나님과 관계를 맺었다. 하지만 포로기와 포로기 이후에 이스라엘은 하나님의 거주하시는 임재를 잃어버렸다. 포로기와 포로기 이후의 예언 문학에서처럼, 포로기/포로기 이후 시기에 시편을 쓴(그리고 편집한) 시편 저자들은 그들의 초점을 (황폐해진) 성전으로부터 하나님의 하늘 거처와 보좌가 있는 방으로 옮긴다. 시편 저자들이 고통 중에 하나님께 부르짖으며 하나님의 주권적 통치에 대한 믿음을 재천명할 때, 하나님은 하늘에서 온 땅을 다스리신다. 성전에서의 하나님의 임재뿐만 아니라 하나님이 세우시고 그를 통해 다스리시는 왕과 밀접한 관련이 있는 시온 역시 종말론적인 방향을 지니게 되었다.

하지만 하나님을 하늘에 거하시거나 하늘에서 다스리시는 분으로 묘사하는 본문 중에는 하나님을 땅에 있는 성전에 거하시거나 그 성전에서 다스리시는 분으로도 묘사하는 본문이 더러 있다. 이 모든 내용이 동일한 시편에 등장하기도 한다.[148] 예를 들어 시편 18:9-10은 하나님을 하늘에서

147　McCann, "The Book of Psalms," 660, G. Wilson, *The Editing of the Hebrew Psalter*, 213을 인용한다.
148　Robertson, *The Flow of the Psalms*, 58-59. Robertson은 이 개념이 서론인 시 2편에 제시된다고 말한다. "시 2편은 하나님의 보좌가 하늘에 있음을 인정하면서도, 시온을 그분의 거처로 언급함으로써 시편을 관통하는 매우 중요한 주제를 예상한다. 이 시편에서 발전되는 다윗 언약의 기본적인 요소에 없어서는 안 되는 것은 야웨가 자기 백성 가운데 거하신다는 것이다. 하지만 그분이 하늘의 가장 높은 곳에서 주권적 통치를 중단하신 적은 전혀 없다."

내려오시는 분으로 그린다. "그가 또 하늘을 드리우시고 강림하시니 그의 발아래는 어둑캄캄하도다. 그룹을 타고 다니심이여, 바람 날개를 타고 높이 솟아오르셨도다." 그런데 이런 하늘의 반응이 나온 것은 하나님이 시편 저자가 "성전에서"(18:6), 즉 예루살렘에 있는 땅의 성전에서 부르짖는 소리를 들으셨기 때문이다. 따라서 여기서 묘사하는 것은 하나님이 예루살렘에 있는 그분의 처소에서 시편 저자의 부르짖음을 들으셨고, 그다음에 하늘에서 내려오심으로써 응답하셨다는 것이다.

이와 비슷한 방식으로 시편 68:33-34은 "하늘들의 하늘을 타신" 하나님을 찬송하고, 그다음 절에서 "하나님이여, 위엄을 성소에서 나타내시나이다"라고 선포한다(68:35). 이것은 성전에 계신 하나님에 대한 언급이다. 그래서 이 시편은 하나님을 하늘에도 계시고 성전에도 계신 분으로 묘사한다. 블록은 이 시편이 하나님의 강력한 임재로 말미암아 애굽에서 이스라엘을 이끌어내어 극적으로 구원하시고 예루살렘의 시온산 성소에 거처를 정하시기까지 이스라엘과 함께하신 하나님의 임재에 대한 압축된 역사를 제시한다는 점에 주목한다.[149] 이와 비슷하게 시편 11, 14, 18편은 하나님이 (성전에 현존하시는) 내재적인 분이자 (하늘에 현존하시는) 초월적인 분임을 동시에 제시하는 것으로 보인다.[150]

일찍이 논의했듯이, 이 두 가지 동시적 현실을 이해하기 위해 상호 관련되는 몇 가지 개념적 방식이 있다. 그중 하나는 땅에 있는 성막과 성전을

---

149 Bullock, *Psalms*, 1:512-13.
150 Craigie는 내재성과 초월성의 결합이 시 11:4의 요점이라고 주장한다. 야웨는 시편 저자와 언제나 함께하신다. 그분은 시편 저자의 위기 상황에 함께하실 뿐만 아니라 일반적으로 초월해 계시기도 하신다. 이렇게 함으로써 하나님은 어디에서나 그분의 능력을 발휘하실 수 있다. 그러므로 하나님은 시편 저자의 위기의 혼돈을 제어하신다(Craigie, *Psalms 1-50*[『시편 1-50』, 솔로몬 역간], 133).

하나님이 거하시는 하늘의 "우주적인" 집의 모형으로 이해하는 견해다.[151] 이것은 출애굽기 25:9, 40, 26:30에 대한 암시로 보인다.[152] 히브리서 9:23-24은 성막(과 확대하면 성전)이 하늘 왕궁의 모형이라고 설명한다. 히브리서 8:5은 성막이 하늘 왕궁의 모형이었을 뿐만 아니라 그림자이기도 했다는 점을 강조한다. 이와 관련된 견해는 "성전을 하늘에 있는 실재가 땅에 나타난 것"으로 보는 것이다.[153] 이런 관점에서 성전의 지성소는 하늘 보좌가 있는 방과 관련되며, 그 방의 확장으로 작용한다. 이 개념에 해당하는 이미지는 때때로 지성소 또는 언약궤를 하나님의 하늘 보좌를 위한 땅의 발등상으로 묘사한다(시 99:5; 132:7; 또한 대하 28:2).[154] 많은 학자가 이 이미지(하늘에 있는 하나님의 보좌와 그분의 발등상인 언약궤)를 하나님을 상상했던 주된 방식으로 제시한다.[155] 그런데 이 이미지는 단지 몇 번만 사용되었고, 하나님이 성전에도 하늘에도 계신다는 그분의 이중적 임재를 어떻게 이해해야 하는지에 대한 은유적 이미지는 유동적이며 특정 한도 내에서 사용되었다는 점에 주목하라. 그러므로 하나님의 보좌는 땅의 발등상과 더불어 하늘 보좌 이미지 외에 언약궤 자체로도 묘사된다.[156] 따라서 하나님을 "그룹들 사이에 좌정하신 분"으로 묘사하는 진술(시 80:1)은 그분을 성전의 지성소에 계시는 분으로, 궤의 일부를 이루는 두 그룹 사이에 앉아 계시거나, 아마도 지성소에서 양옆에 단독으로 서 있는 두 개의 거대한 그룹 사이의 궤 위에

---

151 Clements, *God and Temple*, 65.
152 Kraus, *Theology of the Psalms*, 26.
153 Longman, *Psalms*, 91.
154 이사야가 성전에서 야웨를 대면했을 때 "성전에 가득한 그분의 옷자락"을 보았다고 보고한 것을 주목하라(사 6:1). 이것은 성전을 하나님의 발등상으로 묘사한 이미지에 적합할 것이다.
155 J. Hamilton, "Divine Presence," 116.
156 Von Rad, *Old Testament Theology*, 1:237.

앉아 계신 분으로 그리는 것이었을 수 있다.

"발등상"을 언급하는 구절들 중 한 곳에서는(시 132:7) 본문이 하늘이 아닌 성전에서의 하나님의 임재를 실제로 강조하고 있다는 점에도 주목하라. 이 구절은 다음과 같다. "우리가 그의 계신 곳[לְמִשְׁכְּנוֹתָיו, 레미쉬케노타브]으로 들어가서 그의 발등상 앞에서[לַהֲדֹם, 라하돔] 엎드려 예배하리로다." "거하시는 곳"(מִשְׁכָּן, 미쉬칸)은 하나님이 거하고 계시는 성전을 가리키는 것이 분명하다. 시편 132:13-14은 이 사실을 분명하게 묘사한다. "여호와께서 시온을 택하시고 자기 거처[לְמוֹשָׁב, 레모샤브]를 삼고자 하여 이르시기를, '이는 내가 영원히 쉴 곳이라. 내가 여기 거주할[אֵשֵׁב, 에셰브] 것은 이를 원하였음이로다.'" 따라서 "발등상"이라는 용어는 언약궤를 가리키는데, 이 본문에서는 하나님의 임재의 장소를 분명히 나타낸다.[157] "발등상"이라는 용어의 사용은 하늘 보좌를 암시할 수 있다. 하지만 이 본문에서 하나님의 임재는 하늘에 있는 것으로 그려지지 않으며 오히려 궤와 함께 지성소에 있는 것으로 제시된다.

이 이슈와 관련하여 우리가 안고 있는 문제는 현대 사상가들인 우리가 하늘 보좌가 있는 방을 "장소", 특히 성전과 구별되는 "장소"로 이해하려는 경향이 있다는 것이다. 하지만 존 레벤슨(Jon Levenson)은 하늘에 있는 성전이 "지정학적인 장소 너머에" 있다고 지적한다.[158] 마찬가지로 한스-요아힘 크라우스도 성전에서는 "공간적 차원이 파괴되고 초월된다"는 점에 주목한다.[159] 그러므로 성전과 하늘 보좌가 있는 방을 별개의 "장소들"로 이해하는 것은 옳지 않다.

---

157 Kraus, *Psalms 60-150*, 480-81.
158 Levenson, *Sinai and Zion*(『시내산과 시온』, 대한기독교서회 역간), 140.
159 Kraus, *Theology of the Psalms*, 76.

예루살렘의 시온산에 있는 성전이 하나님이 거하시는 장소(즉 거처)로 이해되었다는 점을 염두에 두는 것이 중요하다. 출애굽기와 열왕기상에서 분명히 확립되었듯이, 하나님께서 성막에 그 후에는 성전에 거하기 위해 오실 때, 이것은 단순한 상징적 이미지가 아니라 성전에서 실제로 거하시고 다스리시는 하나님의 현실적이고 강력하며 경외감을 자아내는 임재다. 하나님과 그분의 백성의 관계에서 매우 중요한 것이 바로 이 하나님의 임재다. 다시 말해서 하나님은 그분의 백성에게 자신을 알리시며, 그분의 임재는 그런 계시의 매우 중요한 부분이다.[160] 언약에 필수적이며, 보호, 피난처, 양식, 기쁨과 같은 언약의 복을 제공하는 것이 바로 "내가 너희 가운데 거할 것이라"고 하신 그분의 임재다.[161] 크라우스는 이렇게 쓴다. "시편의 기본적인 경험은 야웨가 성소에서 말씀하신다는 것이다"(시 60:6; 108:7).[162] 시편 저자들은 성전에 계신 하나님의 임재 안에서 고백하고 애통하며 기도하고 기뻐하는데, 그 이유는 성전이 하나님께서 그들 가운데 거하시는 곳이기 때문이다.

하지만 시편 저자들은 하나님을 땅에 있는 성전에 제한하지 않는데, 특히 그들이 온 땅을 다스리시는 그분의 주권적 통치를 반추할 때 그렇다. 그들은 하나님이 성전에만 계시는 것이 아니라고 거듭 천명한다. 하나님은 장소에 제한이 없으시며, 땅에 묶여 계시는 분이 아니다.[163] 하나님은 세상의 창조자이시며, 온 땅과 온 민족을 다스리는 왕이시다. 그러므로 이런

---

160 Kraus, *Theology of the Psalms*, 32.
161 J. Hamilton은 이렇게 쓴다. "이스라엘 백성은 하나님과 언약 관계에 있으므로, 그들 가운데 거하시는 야웨의 임재의 혜택을 누린다. 여기서 당연한 귀결은 만일 그 언약이 파기되면, 야웨의 임재는 철회될 것이라는 점이다"(J. Hamilton, "Divine Presence," 118).
162 Kraus, *Theology of the Psalms*, 33.
163 Clements, *God and Temple*, 67.

의미에서 하나님은 하늘에서 다스리신다. 시편 저자들(과 이스라엘)은 찬송, 기도, 간구, 또는 제사로 하나님과 관계를 맺을 때 성전에 계신 하나님의 관계적 임재와 소통한다.

하나님의 통치, 언약, 메시아적 소망, 시편의 흐름

시편의 다섯 권을 가로지르는 신학적 이동을 추적하려는 사람들 사이에 일치되는 의견은 없지만, 대부분의 학문적 연구는 하나님의 통치와, 특히 다윗 언약에 표현된 대로 그분이 임명한 대표자인 왕의 통치의 중요성을 인정한다. 그래서 학자들 중에는 시편 89편의 중요성과 그 시편이 제3권과 제4권 사이의 이음새인 제3권(시 73-89편)의 끝에 배치된 것의 중요성을 인정하는 사람들이 많이 있다. 시편 89편에서 시편 저자는 예루살렘의 멸망과 파괴를 (인간적으로 말해서) 다윗 언약의 분명한 종말 및 실패와 연결한다(특히 89:38-51을 보라).[164] 그다음에 제4권은 시편 90편으로 시작하여 "야웨께서 다스리신다"고 말하는 시편들(시 93-100편)에 반영된 것을 통해 이제 예루살렘과 다윗 왕조의 상실에 대한 답을 제시한다.[165] 제4권은 모든 민족을 다스리시는 하나님의 주권적 통치에 대한 확신을 강조하며, "실패한 다

---

164 Bullock, *Psalms*, 1:8-10; McCann, "The Book of Psalms," 659-61; Tate, *Psalms 51-100*, xxv-xxvii; Robertson, *The Flow of the Psalms*, 142-46; Snearly, *The Return of the King*, 99-101.
165 일부 학자들은 제3권의 전반적인 목적도 이와 비슷하다고 생각한다. 예를 들어 Burnett은 다음과 같이 제안한다. "엘로힘 문서에 속한 시편[시 42-83편]은 예루살렘 성전의 재건과 회복을 갈망하는 관점으로 만들어졌을 가능성이 크다.…두 부분으로 구성된 다윗 시편 책의 필수적인 구성 요소로서 시 2-89편으로 이루어진 이 시편집은 주로 애가로 구성되었으며 다윗 왕조의 회복에 대한 요청에서(시 89편) 절정에 이른다. 엘로힘 문서에 속한 이 시편은 하나님께 드리는 다윗과 시온의 재건에 대한 간구를 제시한다"(Burnett, "A Plea for David and Zion," 113).

윗 왕조와 대조되는 야웨의 왕권을 신학적으로 단언한다."[166] 제5권은 이스라엘 자체와 이스라엘의 왕이신 하나님에 대한 그들의 예배, 둘 다의 회복을 강조한다.[167] 더욱이 제5권에서 회복은 메시아 대망과 밀접하게 연결된다. 즉 하나님의 통치의 회복은 그분이 택하신 다윗 계열의 (메시아적) 왕을 통해 이루어질 것이다.[168]

사무엘하 6장에서 다윗이 하나님의 임재(와 통치)의 중심점인 언약궤를 예루살렘(시온)으로 옮겨온 것과 사무엘하 7장에서 하나님께서 다윗 언약을 약속하신 것을 기억하라. 이후에 다윗의 아들 솔로몬은 여전히 궤와 결부되는 하나님의 임재가 거할 성전을 지을 것이다. 다윗 언약, 시온, 그리고 성전의 궤와 함께 거하는 하나님의 임재 간의 이런 밀접한 연결이 시편에서 반복적으로 반영된다.[169]

로버트슨은 흥미롭고 설득력 있는 종합을 통해 시온에서의 하나님의

---

166 Bullock, *Psalms*, 1:10. 몇몇 학자는 붕괴된 다윗 왕조의 상황에서 제4권은 출애굽과 관련되는 왕조 이전의 모세 전통에 대한 이스라엘의 신앙을 재천명하는 터를 다지려고 한다고 말한다(Tate, *Psalms 51-100*, xxvii; McCann, "The Book of Psalms," 662; Creach, *The Destiny of the Righteous*, 70-71). 출애굽 전통의 중심에는 하나님의 강력하며 경외심을 자아내는 임재(영광)가 있었다는 점을 상기하라. 하나님은 이스라엘을 구원하셨고, 성막에서 그들 가운데 거하기 위해 내려오셨으며, 그 후 그들과 여정을 함께하셨고, 광야에서 그들을 보호하고 위험을 막아주셨다.
167 약간 잠정적이긴 하지만, Ross는 주제의 흐름을 다음과 같이 설명한다. "제1, 2권은 다윗 왕조에서 하나님의 계획의 기초를 제공한다. 제3권은 왕조의 실패를 반추하며 포로를 염두에 둔다. 제4, 5권은 회복과 왕이신 야웨와 함께하는 미래에 대한 소망을 제시한다(Ross, *A Commentary on the Psalms*, 54). 시편의 다섯 권에 대해 이와 유사하게 이해하는 것으로는 deClaissé-Walford, Jacobson, and Tanner, *The Book of Psalms*, 38을 보라.
168 Snearly는 다음과 같이 쓴다. "본질적으로 시편은 통어하기 어려운 왕들의 세계에서 자신의 나라를 세우기 위해 지상의 부섭정을 지명하신 하늘의 왕이 계신다고 가르친다. 종종 추측하듯이, 이런 프로그램은 시 89편에서도 포기되지 않는다. 다윗 혈통의 유감스러운 상태를 애통해하지만, 야웨의 지상의 부섭정에 대한 소망을 저버리지 않는다"(Snearly, *The Return of the King*, 4).
169 Murphy, *The Gift of the Psalms*, 54-55; Lucas, *The Psalms & Wisdom Literature*, 55-56; Mays, *Psalms*(『시편』, 한국장로교출판사 역간), 31.

통치와 그분의 기름 부음 받은 자(메시아)의 통치가 시편에서 종말론적으로 하나의 나라로 통합된다고 주장한다. 실제로 그는 이것이 시편의 구조에 매우 중요하다고 상정한다. 로버트슨은 이렇게 쓴다. "시온에서 통합된 그들의 보좌로부터 다스리는 하나님의 통치와 그분의 기름 부음 받은 자에 대한 포괄적인 이 칙령은 시편의 완전한 발전을 위한 무대를 놓는다.…결국 메시아의 왕권은 틀림없이 하나님의 왕권과 합쳐져서 땅과 하늘 및 시간과 영원의 나라들이 하나가 된다. 두 왕과 두 나라가 이처럼 합쳐지는 것은 시편의 신학에 편만하다."[170] 로버트슨은 이것이 단지 관념적이거나 영적인 나라가 아니라 (과거의 출애굽과 연결하여) 하나님께서 자신의 이름을 두시려고 택하신 "곳"에 대한 사상에 여전히 근거를 두고 있는 나라라고 주장한다. 그곳은 시온인 동시에 하늘 보좌가 있는 방이기도 하다. 시편에서 확대되는 다윗 언약에 담긴 약속의 핵심적 현실인 "왕조"와 "거할 곳"에 대한 이중적 주제는 시편에 편만하며, 시편의 신학적 발전에서 핵심적인 역할을 수행한다.[171] "거할 곳"이라는 주제의 중심에는 하나님의 임재 또는 그분의 기름 부음 받은 메시아가 있다. 그러므로 시편에서 메시아적 소망은 단지 회복된 왕과 통치가 아니라 하나님의 회복된 임재에 대한 소망이다. 이 회복된 관계적 임재는 통치를 분명히 포함할 뿐만 아니라 회복된 예배와 기쁨의 관계는 물론이고 회복된 피난처(안전, 보안, 구원, **샬롬**)까지도 포함한다.

이것과 관련되는 것은 포로기 이후의 시편 제4-5권 모음집에서, 기원전 587/586년에 예루살렘에서 하나님의 임재를 상실한 후에도 시편 저자

---

170 Robertson, *The Flow of the Psalms*, 15.
171 Robertson, *The Flow of the Psalms*, 48-49.

가 그의 성소에서 그의 백성 가운데 거하시는 하나님에 대한 초점을 버리지 않았다는 관찰이다. 즉 시편 저자는 결코 하나님을 하늘(또는 사람들의 마음)에 계시는 것으로만 시각화하는 영적 개념으로 전환하지 않고, 오히려 "포로기 이전의" 유형인 성전에서 하나님의 임재를 경배하고 누리는 것을 계속 묘사하면서 종말론적 전망을 유지한다는 것이다. 예를 들어 시편의 끝에 이르면서 성전에 올라가는 시편들(시 120-134편)은 예루살렘 성전에 계신 하나님의 임재를 강조한다(시 122:9; 125:1-2; 128:5; 132:5-14; 133:3; 134:2-3). 마치 포로기 이전 상황에 있는 것처럼 말이다. 그리고 나서 시편의 마지막 시(시 150편)에서는 하늘과 그분의 지상 성소 두 곳에 모두 계시는 하나님의 임재를 언급하지만, 하나님을 어떻게 찬양할지에 대한 묘사는 땅에서 행해지는 성전의 제의 상황을 반영하는 것 같다.[172] 그러므로 시편은 성전 임재와 왕적 통치를 통합하는 하나님의 새롭고 향상된 임재의 종말론적 시기를 고대하는 것으로 보인다.

지혜서: 잠언, 욥기, 전도서, 아가

지혜서에 속하는 책들은 단순히 실천적인 삶에 대한 지침들이 아니다. 그 책들은 특성상 신학적이며, 구약성서의 나머지 부분들에 대한 성서신학을 보완해준다. 지혜서들은 이스라엘의 구속 이야기에 초점을 맞추지는 않지만, 분명히 그것을 상정한다. 지혜서들은 하나님의 백성이 하나님의 임재

---

172 Brueggemann and Bellinger, *Psalms*, 618-19. 두 저자는 시편이 예배하는 전체 공동체에 "하나님의 임재와 관련하여 큰 소리로 찬양하라"고 요청함으로써 마무리된다는 점에 주목한다.

에 어떻게 관련될 수 있는지에 대해 약간은 다른 관점을 설명함으로써 우리가 지금까지 연구해온 임재의 성서신학에 도움을 준다. 어떤 의미에서 지혜는 하나님과 인간 사이의 중재자로서 역할을 수행한다. 지혜의 관심은 단지 삶의 실천적 지식을 전하는 데 있는 것이 아니라 하나님과 친밀한 관계를 세우도록 하나님의 백성을 돕는 데 있다.[173] 지혜는 하나님과 맺은 관계의 결과이기도 하고 그 관계를 구축하기 위한 수단이기도 하다.[174]

잠언

지혜, 관계, "야웨를 경외함"

잠언 1:7은 "여호와를 경외하는 것이 지식의 근본"이라고 선언한다. 그리고 잠언 9:10은 "여호와를 경외하는 것이 지혜의 근본"이라고 메아리친다. 이 두 구절은 잠언 1-9장에서 주제와 관련한 수미상관을 이룬다. 그리고 사실상 지혜의 시작인 야웨를 경외하는 것은 잠언 전체뿐만 아니라[175] 성서의 일반적인 지혜 교훈에서도 좌우명이 된다.[176] "야웨를 경외하는 것"이 전달하는 개념은 단지 "존경" 또는 "경외감" 그 이상이며, 아마도 "존재 자

---

173 Von Rad는 이렇게 쓴다. "가장 중요한 것은 지혜가 '그것', 즉 교훈, 지침, 구원 등의 형태로 사람을 향하는 것이 아니라, '나'를 부르는 한 인격으로 사람을 향한다는 것이다. 그래서 지혜는 참으로 야웨께서 자신을 나타내시고 사람이 찾기를 바라시는 형태다"(von Rad, *Old Testament Theology*, 1:444).
174 Longman, *The Fear of the Lord Is Wisdom*, 62. Melton은 다음과 같이 쓴다. "지혜자들은 하나님의 임재를 경험하고 응답보다 호의를 베풀거나 단순히 지혜를 위해 지혜를 얻는 수단으로 지혜를 구했다. 그 결과 때로는 하나님과 지혜가 교대로 언급되기도 한다"(Melton, "'O, That I Knew Where I Might Find Him,'" 206).
175 Van Leeuwen, "Proverbs," 173; Ansberry, "Wisdom and Biblical Theology," 185-86.
176 Birch et al., *Theological Introduction to the Old Testament*(『신학의 렌즈로 본 구약개관』, 새물결플러스 역간), 376.

체가 하나님께 의존하는 인간을 포함하여 모든 것을 창조하신 하나님 앞에 서 있다는 의식"으로 이해하는 것이 최선일 것이다.[177] 따라서 "지혜는 그 근저에 신학적 범주가 있다.…지혜는 야웨와의 관계를 요구한다."[178]

창조, 지혜, 하나님의 임재

지혜, 특히 잠언은 일반적으로 창조자이신 하나님과 창조의 이적과 장관을 강하게 강조한다. 창조는 "지혜의 세계관을 지배하는 시야"가 된다.[179] 하지만 창조가 종종 하나님의 주권적인 초월성을 강조하는 반면에, 때때로 잠언에서는 (창 1-2장에서처럼) 창조를 서술할 때 하나님의 내재성과 그분의 인격적인 나타남과 개입을 강조한다.[180] 예를 들어 창세기 1-2장에서처럼 잠언 8:22-31은 하나님을 창조에 친밀하고 인격적으로 임재하고 관여하시는 분으로 제시한다.[181] 차이가 있다면, 창세기 1:2에서는 하나님의 영이 수면 위에 운행하면서 관여하셨다면, 잠언 8:22-31에서는 인격화된 지혜가 하나님 곁에서 모든 것을 목격하면서 관여한다는 점이다. 그리고 잠언

---

177 Longman, *The Fear of the Lord Is Wisdom*, 12. Lucas는 "야웨를 경외하는 것"이 시내산에서처럼 이스라엘이 하나님과 함께했던 극적인 대면에 기원을 둔다고 제안한다. 예를 들어 비슷한 용어가 출 14:10, 31; 20:18-20에 사용된다. 마찬가지로 "야웨를 경외하는 것"이란 어구는 신 10:12-13, 20에서 경외감을 불러일으키며 헌신적인 순종을 촉구하기 위해 사용된다(Lucas, *The Psalms & Wisdom Literature*, 109-10).
178 Longman, *The Fear of the Lord Is Wisdom*, 14.
179 Ansberry, "Wisdom and Biblical Theology," 176. Boström, *The God of the Sages*, 48-89의 논의도 보라.
180 잠언과 관련하여 Waltke, *The Book of Proverbs*, 69-72에 있는 하나님의 초월성과 내재성에 대한 논의를 보라.
181 Boström, *The God of the Sages*, 89. Boström은 잠언에서 하나님의 초월성과 주권을 분석하는 데 장 전체를 사용하고, 잠언에서 하나님의 내재성(인격적·관계적 측면들)을 분석하는 데 또 다른 장을 사용하고 나서, 잠언에서의 하나님은 주권적/초월적이기도 하시고 인격적 관계에 있어서는 세상 및 개인들과 친밀하게 관계를 맺기도 하시는 분이라고 주장함으로써 마무리한다(240-41).

8:30-31에서 지혜는 "그 앞에서 즐거워하였으며"(מְשַׂחֶקֶת לְפָנָיו, 메사헤케트 레파나브) 세상과 사람을 보고 기뻐했다.

지혜 여성과 하나님의 임재

잠언 1-9장의 아주 흥미로운 특징들 가운데 하나는 지혜를 여성으로 의인화한 것을 광범위하게 사용한다는 점이다(잠 1:20-33; 3:13-20; 4:1-9; 7:4; 8:1-36; 9:1-6). 많은 학자가 이것을 지혜 여성(Woman Wisdom)으로 지칭한다.[182] 실제로 지혜 여성은 잠언 1-9장의 신학에서 중심적인 역할을 수행한다. 잠언 8:22-24은 지혜 여성이 심지어 창조 이전에 "생겨났고", "형성되었고", "출생했다"고 선언한다. 그리고 그 지혜는 창조 때 하나님을 돕고 마지막에는 피조물로 인해 즐거워하는 것으로 나타난다(잠 8:30-31). 잠언 8장에는 지혜가 어떤 방식으로든 하나님 자신과 밀접하게 연결된다는 강한 증거가 있다. 존 골딩게이는 지혜가 때로는 하나님과 함께 있지만, 때로는 하나님과 떨어져 있다고, 마치 "하나님의 딸처럼" 하나님과 밀접하게 관련된다고 말한다.[183] 게르하르트 폰 라트는 지혜 여성이 "나를 얻는 자는 생명을 얻"을 것이라고 선언하는 잠언 8:35을 주석하면서, "야웨만이 이런 방식으로 말씀하실 수 있다. 하지만 지혜는 야웨 자신이 아니다. 지혜는 때때로 그

---

182 Longman, *The Fear of the Lord Is Wisdom*, 14-24; Waltke, *The Book of Proverbs*, 83-86; Perdue, *Proverbs*(『잠언』, 한국장로교출판사 역간), 8-9을 보라. Goldingay는 이 지혜를 창의적으로 "명철 양"(Ms. Insight)이라고 지칭한다(Goldingay, *Old Testament Theology*, 1:48-49).

183 Goldingay, *Old Testament Theology*, 1:48-49. Goldingay는 잠 8:30에서 지혜가 "내가 그 곁에 **있어서** 창조자가 되어 날마다 그의 기뻐하신 바가 **되었으며**"라고 말할 때, אֶהְיֶה(에흐예, 내가 있다)라는 용어가 두 번 사용되었다고 지적한다. 그는 이것이 하나님께서 출 3:12-14에서 모세에게 말씀하실 때, "나는 ~이다"와 "내가 너와 함께 있을 것이다"라는 어구를 반복해서 사용하신 것과의 미묘한 연결이라고 제안한다.

와 구별된다"고 진술한다.[184] 테렌스 프레타임은 지혜 여성이 "창조에 신성하게 깊이 박혀 있으며 그것의 구조와 생명을 가득 채우는 실제의 의인화"로 규명될 수 있다.…지혜는 의인화된 창조 내부에 있는 역동적이고 관계적인 실재"라고 설명한다.[185] 트렘퍼 롱맨(Tremper Longman)은 여기서 훨씬 더 나아가 "지혜 여성은 단순히 하나님의 지혜의 의인화가 아니라 실제로 야웨 자신을 대표한다"고 주장한다. 더욱이 롱맨은 지혜 여성의 의인화에서 요지는 하나님께서 지혜를 통해 그분의 백성과 함께 있기를 원하시는 인격적 관계를 강조하는 것이라고 주장한다. 즉 잠언이 요청하는 하나님과의 관계는 지혜 여성에 의해 그려진다는 것이다. 잠언의 요지는 단지 실천적인 충고를 하는 데 있지 않고, 백성들을 하나님과의 친밀하고 바른 관계로 인도하는 데 있다.[186] 지혜 여성은 이 친밀한 관계를 나타내는 은유다. 실제로 지혜 여성이 그 인격적인 관계를 위한 중재인이며, 백성들을 인격적인 관계로 하나님의 임재와 연결해준다고 주장하는 학자들도 있다.[187] 마찬가지로 롱맨은 "야웨와 바른 관계를 맺지 않으면, 누구도 지혜로운 사람으로 불릴 수 없다"고 지적한다.[188]

지혜 여성의 독특한 지위/신분, 지혜가 사람들과 하나님 사이의 관계

---

184 Von Rad, *Old Testament Theology*, 1:444.
185 Fretheim, *God and World*, 207.
186 Longman, *The Fear of the Lord Is Wisdom*, 21-25. Waltke와 Yu는 이렇게 쓴다. "지혜자는 지혜를 묘사할 때 예언자의 옷을 입고, 지혜로운 사람들의 두루마리들을 전달하며, 여신처럼 왕관을 쓰고 있는 독특한 여인으로 제시한다. 지혜의 특성을 묘사하는 예언적이고 지혜롭고 신적인 요소들은 서로 아주 깊이 배어 있어서 지혜는 독특한 인격체로 등장한다. 이에 필적할 만한 유일한 분은 예수 그리스도뿐이다"(Waltke with Yu, *Old Testament Theology*, 85). 실제로 Waltke와 Yu는 지혜 여성이 그리스도의 전조가 된다고 제안한다(85, 127-33).
187 Perdue는 "지혜 여성이 하나님과 인간 사이를 중재하는 신적 교사"라고 주장한다(Perdue, *Wisdom Literature*, 52). Melton, "'O, That I Knew Where I Might Find Him,'" 214도 보라.
188 Longman, *The Fear of the Lord Is Wisdom*, 25.

를 중재하면서 수행하는 역할, 그리고 지혜와 창조의 강한 관련성에 비춰 볼 때, 잠언 3:13-18은 특히 우리의 연구에 적절하다. 이 단락은 지혜를 찾은/얻은 사람과 관련하여 "복이 있다"(אַשְׁרֵי, 아쉬레)라는 용어를 사용하는 수미상관으로 시작하고 마친다. 그러나 이 단락의 절정에서 본문은 지혜 여성에 대해 이렇게 진술한다. "그의 지름길은 다 평강이니라. 지혜는 그 얻은 자에게 생명나무라"(잠 3:17b-18a). "생명나무"에 대한 언급은 창세기 2-3장의 생명나무를 가리키는 것이 분명해 보인다.[189] 역설적인 것은 창세기 2-3장에서는 아담과 하와가 에덴동산, 생명나무, 하나님의 임재에서 쫓겨난 원인이 지식을 얻으려는 공인되지 않고 불순종하는 갈망에 있었던 반면에, 잠언에서는 하나님께서 지혜 여성을 통해 동산으로, 그분의 임재로, 그리고 생명나무로 다시 돌아가는 길을 제시하신다는 점이다.[190] 다시 한번 우리는 사람과 하나님의 임재 사이의 관계를 중재하고 촉진시키는 지혜 여성의 중요한 역할을 본다.

욥기

욥기에서는 신정론이 분명히 핵심적인 쟁점이지만, 이 책에는 잠언에서처럼 창조 신학도 존재한다. 그런데 이 모든 것 저변에 깔려 있고 그것을 함께

189　Waltke, *The Book of Proverbs*, 259-60; Garrett, *Proverbs, Ecclesiastes, Song of Songs*(『잠언, 전도서, 아가서』, 부흥과개혁사 역간), 82; Hurowitz, "Paradise Regained." Hurowitz는 "생명나무"라는 용어 이외에 본문이 "아담"(אָדָם)이라는 용어를 반복해서 사용하고 있음에 주목한다(56-61). 마찬가지로 그는 3:17에서 דֶּרֶךְ(데레크, 길, 도로)가 두 번 사용된 것은 3:18의 생명나무에 대한 언급의 서론으로서 그룹들이 "생명나무로 가는 길(דֶּרֶךְ)을 지키고 있다"는 창 3:24의 마지막 용어들을 암시한다고 주장한다.

190　Hurowitz, "Paradise Regained," 60-61.

묶어주는 것은 지혜의 기본 개념과 지혜를 통한 하나님과의 관계다. 트렘퍼 롱맨은 욥기로부터 얻을 수 있는 기본적인 세 가지 교훈을 강조한다. (1) "지혜의 원천은 하나님이다", (2) "하나님의 지혜에 대한 인간의 올바른 반응은 순종이다", (3) "야웨를 경외하는 것이 하나님의 지혜에 대한 올바른 반응이라는 사상에 대한 욥기의 강조는 지혜가 근본적으로 하나님과의 관계의 결과임을 다시 보여준다."[191] 하나님과 욥의 관계가 욥기에서 핵심적이며 욥기를 주도하는 여러 주제 가운데 하나이므로, 하나님의 임재가 특히 욥기의 극적인 결론과 절정에서 매우 중요한 역할을 수행하는 것을 발견하는 일은 그리 놀랍지 않다.

제임스 크렌쇼(James Crenshaw)는 『구약 지혜문학의 이해』(*Old Testament Wisdom*, 한국장로교출판사 역간)에서 욥기를 다룬 그의 장의 제목을 "하나님의 임재를 찾아서"라고 붙였다.[192] 실제로 이야기가 전개되면서 욥과 그의 친구들 간에 나눈 대화의 중간인 몇 장에서 욥은 하나님의 말씀을 듣고 싶다고, 그래서 하나님과 대면하여 자신의 문제를 제시하겠다고 거듭 당당하게 이야기한다(욥 13:1-28; 23:1-17). 욥은 하나님의 부재/침묵을 자신이 겪고 있는 징계의 한 부분으로 여긴다("주께서 어찌하여 얼굴을 가리시고 나를 주의 원수로 여기시나이까?"[욥 13:24]). 욥은 하나님을 대면하지 못하자 좌절하여, 하나님께서 때를 정해놓지 않으신 것을 한탄한다(24:1). 그는 하나님과 개인적으로 만날 기회를 얻을 수만 있다면, 이치에 맞는 강렬한 논쟁을 통해 내막을 자세히 설명할 수 있으리라고 생각한다.

---

191 Longman, *The Fear of the Lord Is Wisdom*, 61-62. Longman은 욥기가 고난에 관한 책이 아니라 지혜에 관한 책임을 강조한다. Longman, *Job*(『욥기 주석』, 기독교문서선교회 역간), 31-32를 보라.
192 Crenshaw, *Old Testament Wisdom*, 88-115.

욥기 38:1에서 하나님은 욥과 만나기 위해 친히 강렬하게 모습을 드러내신다("그때에 여호와께서 폭풍우 가운데에서 욥에게 말씀하여 이르시되"). 이것은 신현이다. 즉 인격적이고 강력하며 경외감을 자아내는 하나님의 등장이다. 하나님을 설명하기 위해 사용된 용어의 전이도 눈여겨보라. 욥기 1-2장에서 내레이터는 야웨("주님")라는 이름을 사용하는 반면, 등장인물들(욥과 그의 친구들)은 하나님을 주로 엘로힘("하나님")과 엘 샤다이("전능하신 이")로 언급한다. 3-37장에서 야웨라는 이름은 한 번밖에 등장하지 않는다(12:9). 하지만 하나님이 38-41장에서 모습을 드러내실 때, 내레이터는 정상적으로 그분을 야웨로 지칭한다. 앞에서 우리가 언급했듯이, 야웨는 언약과 출애굽에서 행하신 하나님의 큰 구원과 관련될 뿐만 아니라 특히 하나님의 인격적·관계적 임재와 관련되는 이름이다.[193] 그러므로 하나님의 강력한 임재가 욥기의 결말을 장악하고, 욥에게 하시는 그분의 말씀은 그 이야기에서 절정의 대단원을 제공할 것이다.

물론 38-41장에서 욥과 하나님의 대면은 욥이 예상했던 것이 아니다. 이야기는 욥이 자신의 의로움에 대해 구체적으로 질문한 것에 답하는데 하나님이 관심이 없는 것으로 보인다는 점에서 흥미로운 비틀기를 취하기도 한다. 하지만 "하나님이 임재하신다는 사실은 욥의 깊은 갈망을 완전히 충족시킨다. 하나님은 의로움에 대한 인간의 이해에 매이지 않으신다는 것을 상기시키는 것이 욥의 소송 제기에 효과적인 대답이 되었지만 말이다."[194] 트렘퍼 롱맨은 회복된 관계의 중요성을 강조한다. "야웨의 말씀의

---

193 상당히 많은 학자가 욥 38장에서 하나님을 가리키기 위해 사용된 용어의 전환에 주목한다. 예를 들어 Murphy, *The Tree of Life*(『생명의 나무』, 성바오로출판사 역간), 33; Alden, *Job*, 38; L. Wilson, *Job*, 4을 보라.
194 L. Wilson, *Job*, 16.

의도는 고난의 까닭을 묻는 욥의 물음에 대답을 주려는 것이 아니라 하나님과 그분의 인간 피조물 사이의 올바른 관계를 다시 세우려는 데 있다. 욥은…'회개한다.'…그는 더 이상 자신의 고난의 문제에 대한 대답을 구하지 않는다. 그는 하나님께 무릎을 굽혀 순종할 뿐이다."[195]

욥의 마지막 말은 그가 하나님의 임재를 대면한 충격과 함께 반향을 불러일으킨다. "내가 주께 대하여 귀로 듣기만 하였사오나 이제는 눈으로 주를 뵈옵나이다"(욥 42:5). 욥이 (하나님의 정의에 이의를 제기한 것에 대해) 회개하고, 피조물에 대한 하나님의 통치에 굴복하며 순종한 것은 그와 하나님의 관계를 다시 확립하는 길을 마련했다. 롱맨은 이렇게 결론을 내린다. "욥과 하나님의 관계는 불꽃을 통과했으며 더 강한 것이 되어 나타났다."[196] 하지만 하나님과 욥의 관계를 다시 확립하고 욥을 회복시킨 것은 욥과 대면하신 하나님의 인격적인 임재였다.

전도서와 아가

전도서를 어떻게 읽고 해석해야 하는지는 의견이 분분하지만, 트렘퍼 롱맨(과 다른 학자들)을 따라 전도서에서 두 개의 목소리를 찾아 이해하는 것이 최상인 것 같다. 그중 하나는 코헬레트의 목소리다(전 1:12-12:7). 코헬레트

---

195 Longman, *Job*, 65. Hartley는 이렇게 논평한다. "하나님의 임재로 인해 욥의 참됨이 입증된다. 욥은 자기애를 벗어나 하나님에 대한 열정에 초점을 맞추게 된다"(Hartley, *The Book of Job*, 50).

196 Longman, *The Fear of the Lord Is Wisdom*, 60-61. Janzen은 욥기가 궁극적으로 "빛이 가득하고 복으로 채워지는 목가적인 창조 이야기로 시작하여(창 1-2장) 파국으로 진행되며…마침내 그 시작의 변형된 버전으로서 상상할 수 있는 끝에 도달하는(계 21-22장) 기독교 정경의 형태에 부합한다"고 제안한다(Janzen, *Job*, 4).

의 목소리는 다른 목소리, 즉 "틀 내레이터" 또는 아버지의 목소리에 의해 평가되고 비평된다. 그는 서론(전 1:1-11)과 결론(12:8-14)을 제공하며, "이스라엘에서 사변적이고 의심스러운 지혜의 위험들에 관하여" 그의 아들에게 훈계하면서 코헬레트를 비평한다.[197] 이 틀 내레이터(또는 아버지)의 결론은 다음과 같다. (1) 코헬레트의 지혜는 (분별력을 준다는 점에서) 도움이 될 수 있다. 하지만 그것은 특히 삶의 큰 문제들과 관련하여 심각한 한계가 있다. (2) 대답은 "하나님을 경외하는 것"이다. 이것은 잠언에서처럼 지혜의 근본이며 하나님과의 관계에 매우 중요하다.

실제로 전도서의 전체 요지는 마지막 장에서 요약되고 종합된다. 거기서 틀 내레이터는 "일의 결국을 다 들었으니 하나님을 경외하고 그의 명령들을 지킬지어다"라고 결론을 내린다(전 12:13). 전도서에 하나님의 임재를 직접 언급하는 말은 없다. 하지만 하나님의 임재는 관계의 함축으로 암시되었을 것이다. 앞에서 잠언을 논의하면서 언급한 것처럼, "야웨를 경외하라"(또는 전 12:13의 "하나님을 경외하라")는 권고는 야웨를 경외하는 것이 지혜의 근본이라는 잠언의 이해를 떠오르게 하고, 하나님과 바른 관계를 세우는 것을 암시한다.[198]

비록 많은 학자가 지혜서를 잠언, 욥기, 전도서에 한정하지만, 아가는

---

197 Longman, *The Book of Ecclesiastes*, 38; Longman, *The Fear of the Lord Is Wisdom*, 27-30. Daniel Fredericks는 "두 개의 목소리" 이론에 동의하지 않고, 코헬레트의 통일된 목소리를 옹호한다. Fredericks and Estes, *Ecclesiastes & The Song of Songs*, 36-41.

198 Longman, *The Fear of the Lord Is Wisdom*, 40. Bartholomew는 12:13의 "하나님을 경외하고 그의 명령들을 지킬지어다"를 12:1의 "너의 창조자를 기억하라"와 연결하고, 전도서의 결론적인 요점이 "자신의 창조자를 기억하고 믿음과 순종으로 시작하는 접근과 반대되는, 이성과 경험에만 의존하는 앎의 방식에 대한 역설적 폭로"라고 주장한다(Bartholomew, "Ecclesiastes"[『전도서 주석』, 기독교문서선교회 역간], 184).

지혜서에 종종 포함된다.[199] 역사 내내 그리스도인들과 유대인들은 광범위하고 다양한 방식으로 아가를 해석했다. 알레고리적으로 해석한 경우도 종종 있었다. 알레고리적 해석 중에는 아가의 사랑 문제를 이스라엘을 향한 하나님의 사랑, 또는 교회에 대한 예수의 사랑을 반영하는 것으로 보는 경우가 많았다.[200] 이 경우에, 하나님의 친밀하고 관계적인 임재는 중요한 주제가 되며, 아가의 핵심적인 신학에 속한다. 하지만 최근 구약학자들은 대부분 아가를 결혼의 영역 안에서 나누는 남성과 여성의 친밀한 사랑에 대한 축하와 기쁨으로 해석한다. 이런 이해에 따라 선호되는 아가의 주제는 하나님의 임재와 직접적으로 관련되지 않는다.

---

199 Clarke는 아가가 이스라엘의 지혜 전통과 연결된 지혜서라고 주장한다. 그녀는 아가의 여성과 잠언의 두 여성(지혜 여성과 어리석은 여성) 사이의 수많은 "공통 특징"을 지적한다. 그녀는 아가의 지혜를 다음과 같이 요약한다. "지혜로운 여성을 찾아 그녀를 당신의 신부로 삼음으로써 이상적인 솔로몬의 지혜를 구하는 자의 모범을 따르라"(Clarke, "Seeking Wisdom in the Song of Songs," 112).

200 아가에 대한 해석사와 해석학적 접근들을 논의한 것은 다음 책에서 Daniel Estes의 글을 보라. Fredericks and Estes, *Ecclesiastes & The Song of Songs*, 275-86. 알레고리적 접근에는 아우구스티누스, 칼뱅, 루터를 포함하는 긴 내력이 있다. 흥미롭게도 좀 더 근래에 J. Hamilton은 아가에서 다윗 왕조와 에덴동산에 대한 암시들에 주목했으며, 아가가 알레고리적이지는 않지만 결정적으로 메시아를 예언하는 책이라고 결론을 내렸다. 하지만 이것은 설득력이 떨어진다. 그는 이렇게 마무리한다. "아가의 노래에서 이스라엘의 메시아적인 남은 자들은 에덴으로 그들을 회복시키기 위해 일어나기를 소망했던 분을 엿볼 수 있었다"(J. Hamilton, "The Messianic Music of the Song of Songs," 345).

결론

역사서

하나님의 임재는 모세와 함께했듯이, 여호수아와도 함께한다. 언약궤에 초점을 맞춘 하나님의 임재는 이스라엘에 힘을 주어 약속의 땅으로 건너가고 거주민들을 물리치도록 해준다. 하지만 사사 시대 동안 이스라엘은 하나님의 임재에서 오는 복을 잃어버린다. 그들은 우상에게 마음을 빼앗기고 하나님의 임재 앞에서 악을 행한다. 그래서 하나님은 그분의 강력한 복을 제한하시고, 이스라엘이 이방의 압제자들에게 괴로움을 받게 하신다. 하지만 하나님은 은혜로 그분의 영을 보내 사사들에게 힘을 불어넣으시고 고집 센 백성을 구원하신다. 룻기는 하나님의 임재의 복이 있는 땅을 떠난 충격적인 결과를 묘사한다. 마찬가지로 룻과 나오미가 하나님의 임재의 장소인 그 땅으로 다시 돌아왔을 때, 두 사람은 복을 발견하고 미래에 대한 소망을 얻는다.

사무엘상하에서 사무엘의 소명은 전능하신 하나님이 친히 성막에 거하신다는 중요한 현실을 강조한다. 마찬가지로 하나님의 임재는 언약궤와 결합되며, 사무엘상 4-6장의 언약궤 내러티브에서 하나님은 그분의 강력하고 거룩한 임재가 누구에 의해서도 조종될 수 없음을 실증하신다. 언약궤 안에 내재하시는 하나님은 완전히 주권적이시며, 어느 누구의 관리도 받지 않으신다. 사무엘상하를 지배하는 다윗 이야기는 다윗과 하나님의 관계, 특히 언약궤와 연결되고 성막 안에 계신 하나님의 강렬한 임재에 의해 주도된다. 다윗은 자기 생애의 최고점에서 기쁘게 예배하는 마음으로 궤(와 하나님의 임재)를 예루살렘으로 옮겨온다. 다윗은 이 도시를 하나님의 거처로 확정한다. 다윗은 자기 생애의 최저점에서 하나님의 임재에서 분리된다.

열왕기상하와 역대상하에서 솔로몬은 성전을 건축한다. 하나님의 영광스럽고 거룩한 임재는 성전에 거하기 위해 극적이고 화려한 모습으로 온다. 이로 인해 이스라엘과 유다는 하나님을 올바르게 예배하는 동안 믿을 수 없는 복을 공급받는다. 그러나 그들은 마음을 돌이켜 우상을 섬기고 하나님의 임재 바로 앞에서 우상에게 예배한다. 하나님은 그분의 임재와 그 땅으로부터 그들을 쫓아내겠다고 경고하신다. 실제로 그들은 계속 불순종하고 우상을 섬긴다. 그래서 이스라엘과 유다는 모두 하나님의 임재에서 쫓겨나고, 그 땅과 예루살렘에 심판이 임한다. 성전마저 파괴된다. 이제 이스라엘은 그 땅에서 떨어져 먼 곳에 있으며, 여기서는 넌지시 암시되지만 에스겔 8-11장에서 분명하게 언급되는 것처럼 하나님으로부터도 떨어져 있다.

역대상하는 이스라엘의 예배가 성전에 내주하시는 하나님의 임재를 향해야 한다고 강조한다. 제사 이외에, 하나님의 임재가 예배를 통해 그분의 백성과 맺는 관계에서 중요한 요소는 음악이다. 역대상하의 또 다른 특징은 이 두 책이 (성전과 관련된) 하나님의 임재, 다윗 언약, 그리고 미래의 회복에 대한 소망 간의 긴밀한 상호 연관성을 강조한다는 것이다.

에스라-느헤미야서에서는 포로민들 중 일부가 그 땅으로 돌아와 성전과 예루살렘 도시를 재건한다. 이것은 회복을 향한 좋은 출발점으로 보이지만, 매우 중요한 두 가지가 아직 부족하다. 다윗 계열의 왕 대신 페르시아가 다스리고 있다. 동일하게 심각한 것은 하나님의 강렬하고 강력한 임재가 성전에 돌아오지 않은 것이다. 그러므로 미래 지향적인 두 가지 주요한 약속, 즉 의로운 다윗 계열의 왕에 대한 약속과 하나님께서 성전으로 돌아오시는 일이 성취되지 않은 채 남아 있다.

시편

하나님의 임재는 시편에서 매우 중요하고 핵심적인 역할을 분명히 수행한다. 이는 다음과 같이 요약될 수 있다. (1) 하나님을 예배하는 것은 하나님의 백성과 하나님의 임재 간의 대면으로 묘사된다. 시편에서 신자의 기쁨은 그런 특권적 대면의 결과다. (2) "하나님의 얼굴"과 관련된 용어들은 성전에서 하나님의 임재를 대면하는 것과, 보호, 구원, 복을 제공하기 위해 성전으로부터 발산되는 하나님의 임재를 요청하는 데 모두 사용된다. (3) 애통/불평은 하나님의 임재의 상실, 특히 하나님의 임재의 보호하고 피난처를 제공하며 복을 주시는 측면의 상실에 근거한다. 애가에서 찬양으로의 이동은 하나님의 관계적 임재의 회복을 반영한다. (4) 의인들은 하나님의 임재 안에서 피난처를 얻는다. 먼저 하나님께 부르짖음으로써 하나님의 임재 안에서 피난처를 얻는 것은 하나님을 신뢰하는 것과 동의어다. (5) 시편 저자들은 과거의 출애굽을 돌이켜 암시하기도 한다. 이 암시의 요지는 하나님의 강력하고 극적인 임재가 어떻게 그분의 백성을 직접 애굽에서 구원하여 시내산에서 언약 관계로 들어가게 했으며, 광야를 거쳐 그 땅에 들어가게 했는지를 상기시킴으로써 믿음을 재천명하는 것이다. (6) 시편에서 하나님의 통치, 다윗 언약, 메시아적 소망은 모두 시온 및 하나님의 임재와 필수적으로 연결된다. 하나님은 그분의 하늘 보좌가 있는 방에서 온 세상을 다스리시지만, 시편 저자들(과 이스라엘)은 시온에 있는 그분의 성소를 통해 하나님께 나아가고 그분과 관계를 맺는다. (7) 하나님의 원수들과 하나님의 백성들에게, 하나님의 임재는 두려워해야 하는 것이다. 왜냐하면 하나님은 악을 행하고 그분을 대적하는 사람들에게 친히 심판을 내리시기 때문이다. (8) 시편의 정경적 배치가 이스라엘 역사의 맥락 내에, 특히 기원전 587/586년의 예루살렘 멸망과 유다의 다윗 왕조 말기에 위치할 경우, 시온에서 하나님의 부재와 회복된 하나님의 임재는 시편에서 나오는 종말론적이고 메시아적인 소망의 중요한 부분이 된다.

지혜 문학

일단 우리가 지혜 문학에 반영된 사람들과 하나님의 관계의 중요한 역할을 알게 되면, 하나님의 임재와 관련된 개념들을 이해하는 것은 전혀 놀랍지 않은 일이 된다. 하나님과 그분의 백성의 관계와 하나님의 백성 가운데 거하시는 하나님의 임재는 서로 밀접히 연결된다. 마찬가지로 지혜 문학 역시 하나님의 초월성과 그분의 내재성 모두의 어감을 반영한다. 우리는 이것을 구약성서의 나머지 전체에서 자주 주목해왔다. 지혜 문학은 하나님을 만물의 창조자이자 섭리적 심판자로서 묘사할 때 하나님의 초월성을 제시한다. 하지만 하나님의 내재성, 다시 말해 그분의 임재 역시 강조되는데, 이는 특히 잠언에서 "지혜 여성"이라는 핵심적인 은유를 통해, 욥기의 절정이 되는 결론에서는 하나님과 욥이 나눈 개인적인 대화에서 나타난다. 그러므로 지혜 문학에서도 하나님의 임재는 핵심적이고 매우 중요한 역할을 수행한다.

제3장

예언서에 나타난
하나님의 관계적 임재

이사야

하나님의 임재와 하나님께서 그분의 임재를 통해 어떻게 자기 백성과 관계를 맺으시는지가 이사야서의 "이야기"를 몰고 간다. 먼저 "이스라엘의 거룩하신 이"이신 하나님은 성전에 거하신다. 하지만 하나님의 임재 바로 앞에서 범한 이스라엘의 죄로 인해 언약 관계가 결렬될 조짐이 보인다. 하나님은 백성들이 회개하지 않으면 그들을 그분의 임재에서 쫓아낼 것이라고 경고하신다. 하지만 하나님은 미래에 자기 백성들 가운데 또다시 거하기 위해 다시 오실 것이라고 약속하신다. 하나님은 자신과 밀접하게 관련이 있는 메시아적인 다윗 계열의 왕을 통해 새로운 출애굽 상황에서 그들을 회복시키시고 하나님과 그들의 관계를 원래 위치로 되돌리실 것이다.

이스라엘의 거룩하신 이는 성전에 거하신다

이사야서는 하나님의 편재(사 6:3)와, 하늘에 있는 지극히 높은 보좌에서 모든 피조물을 다스리시는 그분의 주권적 통치를 천명하지만, 웃시야의 통치부터 히스기야의 통치에 이르는 이사야서의 역사적 시기 동안(1:1) 하나님이 실제로 성전에 거하시는 것으로 제시한다.[1] 이것은 하나님께서 처음에는 성막에 거하기 위해 오시고 그 후에는 성전에 거하기 위해 오신다는 성서 이야기의 연속이다. 이사야서에서 이런 현실은 임재, 거룩함, 능력에 대한 주제들이 교차하면서 다양한 방식으로 반영된다.

그러므로 이사야 1-39장 전체에서 하나님이 성전(또는 예루살렘 혹은 시온산)에 거하신다는 현실은 여러 번 상정되고 암시된다.[2] 이사야 8:18과 31:9이 좋은 예가 된다. "나와 및 여호와께서 내게 주신 자녀들이 이스라엘 중에 징조와 예표가 되었나니, 이는 시온산에 계신[הַשֹּׁכֵן, 하쇼켄] 만군의 여호와께로 말미암은 것이니라"(사 8:18).[3] "그의 반석은 두려움으로 말미암아 물러가겠고…이는 여호와의 말씀이라. 여호와의 불은 시온에 있고 여호와의 풀무는 예루살렘에 있느니라"(31:9). 이와 비슷하게 아시리아 왕 산헤립이 히스기야에게 협박 편지를 보냈을 때, 히스기야 왕은 이사야

---

1 Vriezen은 다음과 같이 쓴다. "예루살렘에 있는 하나님의 성전은 실제로 큰 특권이지만, 더 큰 책임이 따르는 이유가 되기도 한다. 왜냐하면 이는 살아 계시고 거룩하신 하나님이 예루살렘에 거하신다는 의미이기 때문이다. 이것은 시온이 중요한 이유다. 시온의 가치는 하나님 안에서만 발견된다. 이사야서에서 이것은 정치적인 상황도 그의 영적인 삶을 주관하는 제의의 허세도 아니라 하나님의 실제적인 임재에 대한 확신이다"(Vriezen, "The Theology of Isaiah," 130-31).
2 J. Hamilton, "God with Men in the Prophets," 181.
3 Blenkinsopp은 사 8:18에서 하나님이 시온산에 거하신다는 언급이 사 6장(이사야가 성전에서 하나님을 대면한 것)과 수미상관으로 연결된다는 것을 발견한다(Blenkinsopp, *Isaiah 1-39*, 223-24).

37:14에서 "그 사자들의 손에서 글을 받아 보고 여호와의 전에 올라가서 그 글을 여호와 앞에[לִפְנֵי יְהוָה, 리프네 야웨, 야웨의 임재 안에] 펴 놓고"[4] 기도했다.

마찬가지로 이사야서의 핵심적인 관심사들 가운데 하나는 하나님의 거룩함이다. 이것은 이사야가 그의 책 전체에서 "이스라엘의 거룩하신 이"라는 어구를 반복해서 사용한 것에서 나타난다(1-39장에서 10회, 40-66장에서 12회).[5] "**이스라엘의 거룩하신 이**"라는 구문은 하나님과 이스라엘의 관계[6]뿐만 아니라 어쩌면 이스라엘 안에 거하시는 하나님의 임재도 암시할 것이다.[7]

하나님의 거룩함에 대한 이사야의 이해와 선포에 근본적인 것은 그가 성전에서 하나님을 대면했다는 것이다(사 6장).[8] 이사야가 예루살렘의 물

---

4 Mettinger는 이 본문을 "예루살렘 성전의 그룹이 있는 보좌 위에 계신 하나님의 왕적 임재에 대한 개념"이 특징적이고 규범적이었다는 사실의 예로서 인용한다(Mettinger, *The Dethronement of Sabaoth*, 24-25). 이와 비슷하게 뒤이어 나오는 하나님의 대답과 "야웨의 천사"가 취한 행동은 마치 하나님이 예루살렘에 계시고 아시리아 사람들의 모욕을 들으시는 것처럼 제시된다("네가 나를 거슬러 분노함과 네 오만함이 내 귀에 들렸으므로"[사 37:29]). 그러고 나서 하나님은 연속되는 세 절(37:33, 34, 35)에서 마치 예루살렘을 직접 염두에 두신 듯이 "이 성"(אֶל־הָעִיר הַזֹּאת, 엘-하이르 하조트)을 언급하신다. 그 후 역설적인 심판에서 산헤립이 예루살렘에 그의 사자들(הַמַּלְאָכִים, 하말르아킴)을 보내 협박했으므로 하나님은 이제 그의 사자(מַלְאַךְ יְהוָה, 말르아크 야웨)를 내보내어(וַיֵּצֵא, 바예체) 아시리아 사람 185,000명을 죽이신다(37:36). "나가서"(וַיֵּצֵא)에 암시된 이미지는 "야웨의 사자"가 예루살렘 밖으로, 즉 하나님으로부터 아시리아 사람들에게 나갔다는 것이다. Tull, *Isaiah 1-39*, 536을 보라.

5 House, *Old Testament Theology*, 274; Roberts, "Isaiah in Old Testament Theology," 131-33; Gammie, *Holiness in Israel*, 74-101; B. Anderson, "The Holy One of Israel"; Goldingay, *Isaiah*, 7-8.

6 Goldingay, *Isaiah*, 15.

7 Roberts, "Isaiah in Old Testament Theology," 132-33. Blenkinsopp은 "이스라엘의 거룩하신 이"라는 어구가 하나님께서 보좌에 앉아 다스리시는 성소 및 "거룩한 성"과 연결된다는 점에 주목한다(Blenkinsopp, *Isaiah 1-39*, 108-9).

8 Oswalt는 다음과 같이 쓴다. "사 6:1-8의 환상은 이사야의 사역과 이사야서 형성의 전 과정

리적인 성전에 실제로 있었는지 아니면 하늘 환상을 본 것인지에 대해 약간의 모호함이 있을 수 있지만, 문지방과 특별히 제단(מִזְבֵּחַ, 미즈베아흐[사 6:6])을 언급하는 것과 더불어 성전(הֵיכָל, 헤칼[6:1]; בַּיִת, 바이트[6:4])[9]을 가리키는 일반적인 용어가 사용된 것은 이사야의 환상이 적어도 예루살렘 성전에서 시작되었거나 예루살렘 성전에 부분적으로 "기초하고" 있음을 강하게 암시한다.[10] 즉 환상이 시작될 때 이사야는 성전에 있었던 것 같다. 하지만 그는 바로 이어서 하나님의 임재가 성전을 완전히 채우는 한편 물리적인 성전보다 훨씬 더 넓게 실제로 온 땅을 채우고 있음을 본다. 브레바드 차일즈는 "그 이미지가 처음에는 예루살렘 성전—문지방, 연기, 제단—에 대한 환상이었지만, 이것들은 금세 하늘 장면으로 변형되었다"고 결론을 내린다.[11] 한스 빌트버거(Hans Wildberger)는 지상의 성소와 하늘의 성소를

에서 근본이다. 하나님의 영광, 엄위, 거룩함, 의로움은 그분의 사역의 지배적인 개념이 되었다"(Oswalt, *The Book of Isaiah: Chapters 1-39*[『이사야 1』, 부흥과개혁사 역간], 176).

9 הֵיכָל(헤칼, 문자적인 뜻은 "왕궁")이라는 단어는 구약성서에 80번 등장한다. 이 용례들 중에서 대다수는 예루살렘에 있는 지상 성전을 가리킨다(59회). 그 단어가 분명히 "하늘의 성전"을 언급하는 예는 세 곳에 불과하다. 다른 세 본문에서는 그것이 하늘 성전을 염두에 두었는지 아니면 지상 성전을 염두에 두었는지 불분명하다. 다른 용례들은 인간 왕들의 왕궁(13회)과 성막(2회)을 가리킨다. Ottosson은 이 단어를 논의하면서 "하늘의 성전"에 대해서는 언급조차 하지 않는다(M. Ottosson, "הֵיכָל," *TDOT* 3:382-88). 마찬가지로 בַּיִת(바이트, 문자적인 뜻은 "집")는 예루살렘 성전을 언급하기 위해 수백 번 사용된다. Jenni는 בַּיִת가 "어쩌면" 하늘의 성전을 가리키는 데 사용되었다고 볼 수 있는 경우가 한 번 있다(시 36:9)는 점에 주목한다(E. Jenni, "בַּיִת," *TLOT* 1:236).

10 이사야의 환상이 예루살렘 성전에서 완전히 혹은 적어도 처음에 발생했다고 주장하는 학자들은 다음과 같다. Goldingay, *Isaiah*, 58; G. Tucker, "The Book of Isaiah 1-39," 102; Tull, *Isaiah 1-39*, 139; B. Anderson, "The Holy One of Israel," 7; Gentry, "The Meaning of 'Holy,'" 409-10; Beuken, "The Manifestation of Yahweh," 76; Childs, *Isaiah*, 55; Wildberger, *Isaiah 1-12*, 263; Seitz, *Isaiah 1-39*, 54; Levenson, *Sinai and Zion*, 122-23; O. Kaiser, *Isaiah 1-12*, 74-75. 그 환상이 주로 하늘 환상이라는 견해를 선호하는 사람들은 다음과 같다. G. Smith, *Isaiah 1-39*, 187; Brueggemann, *Isaiah 1-39*, 58; Chisholm, *Handbook on the Prophets*, 25.

11 Childs, *Isaiah*, 55.

너무 날카롭게 구별하는 것을 경고한다. "지상의 성소와 하늘의 성소를 구별하려고 하는 것은 고대 사람들이 전혀 하지 않았을 구별을 시도하는 것이다. 하나님은 하늘에 거하시지만, 성소에도 임재하신다."[12]

이 환상이 진행되는 동안 하나님께서 이사야에게 선언하신 심판은 רָחַק(라하크, 멀리 있다, 거리감이 있다[사 6:12])를 이용함으로써 가까운/먼 이미지를 사용한다는 점도 주목하라. 이 용어는 일반적으로 공간적인 거리를 함축한다. 이사야는 "어느 때까지니이까?"라고 묻는다. 하나님은 "야웨가 사람들을 멀리 옮길 때까지"(וְרִחַק יְהוָה אֶת־הָאָדָם, 베리하크 야웨 에트-하아담)라고 대답하신다.

이스라엘 백성은 그들 가운데 거하시는 하나님을 버렸다

이사야가 성전에서 거룩하신 분이신 하나님의 임재를 대면한 것은(사 6장) 이스라엘에 내린 경고와 심판에 관한 이사야의 광대한 메시지의 배경을 이룬다. 하나님과 그분의 은혜로운 율법을 버리고 우상숭배를 행하며 사회적 불의를 범한, 그것도 하나님의 거룩하고 관계적인 임재와 아주 가까운 곳에서 행한 이스라엘의 죄는 시온산 성전에 실제로 거하시는 하나님께 특별

12　Wildberger, *Isaiah 1-12*, 263. 삼하 6:2("그 궤는 그룹들 사이에 좌정하신 만군의 여호와의 이름으로 불리는 것이라")과 같은 본문들에서 유추하여, 언약, 그룹들, 하나님의 보좌 사이의 연결과 관련된 다양한 견해가 제시되었다. 몇몇 학자는 궤가 하나님의 보좌로서 기능하고, 지성소가 하나님의 왕적 법정으로 기능한다고 주장한다. 다른 사람들은 그 이미지가 궤를 그분의 발등상으로 삼아 하늘 보좌에 좌정하신 하나님을 묘사하는 것이라고 상정한다(대하 28:2; 시 99:1-5). Clements, *God and Temple*, 28-39; Haran, *Temples and Temple-Service*, 246-59의 논의를 보라. Wildberger에 동의하면서 Mettinger는 이렇게 쓴다. "하늘에 속한 것과 땅에 속한 것이 긴장의 영역에서 두 개의 상극점으로 여겨지면 안 된다. 오히려 하늘과 땅은 성소의 신성한 공간에서 하나가 된다"(Mettinger, *Dethronement of Sabaoth*, 31).

히 모욕적이고 치욕적이며 분노를 자아내는 것으로 제시된다.

이 주제는 이사야 1장에 제시된 공개적인 기소를 관통한다. 이사야 1:3에서 "내 백성"이라는 용어의 사용은 "나는 너희의 하나님이 될 것이다, 너희는 내 백성이 될 것이다, 나는 너희 가운데 거할 것이다"라는 언약 공식을 상기시킨다. 가족에 대한 암시들 역시 이 본문을 관통하는데, 그 이미지는 백성 가까이에 계시면서 치욕을 받고 버림을 당하신 하나님에 대한 것이다. 이스라엘 백성은 "여호와를 버리며[עָזַב, 아즈브] 이스라엘의 거룩하신 이를 만홀히 여겨[נָאַץ, 니아츠] 멀리하고 물러갔도다"[נָזֹרוּ אָחוֹר, 나조루 아호르](사 1:4). 이 세 용어는 모두 그들이 전에 하나님과 맺은 밀접한 관계를 의도적으로 저버린 것을 암시한다. 그리고 이 용어들은 개념상 이스라엘 백성이 하나님과 맺은 기본적인 언약 관계를 깨뜨렸다는 함의뿐만 아니라 공간적인 함의도 전달한다. עָזַב(아자브)라는 단어는 "버리다, 떠나다"를 의미한다. נָאַץ(나아츠)는 "업신여기다, 멸시하다, 불경스럽게 대하다"를 함의하며, 그들이 특별히 하나님을 멸시함으로써 하나님의 거룩하심을 범했음을 암시한다. נָזֹרוּ אָחוֹר(나조루 아호르)는 "관계를 끝내고 낯선 사람이 되다"를 의미한다(참조. 영어 성경 ESV와 NRSV는 이 용어를 "철저히 멀어진 사람"으로 번역했다). "이스라엘은 고향이라고 불렀던 곳과 보호받는 돌봄 아래 살았던 곳의 경계를 벗어났다."[13]

그리고 나서 하나님은 이사야 1:10-17에서 이스라엘 백성이 성전에 있는 그분의 임재 앞으로 가져온 제물이 의미가 없고 심지어 그분을 짜증나게 한다고 설명하신다. 그 이유는 그들의 예배가 성실하지 않으며, 그들이 심각하고 지속적인 사회적 불의로 특징지어지기 때문이다. 하나님께서

---

13   Mettinger, *Dethronement of Sabaoth*, 26.

사용하시는 이미지는 성전에 거하시는 하나님에 대한 이미지다. 성전에서 하나님은 위선적인 제사나 외형적인 축제 혹은 절기를 듣거나 보실 수 있는데, 이는 하나님을 불쾌하게 한다. "너희가 내 앞에[לִרְאוֹת פָּנָי, 레라오트 파나이, '내 얼굴을 보다'] 보이러 오니 이것을 누가 너희에게 요구하였느냐? 내 마당만 밟을 뿐이니라"(사 1:12). 1:13-16에서 하나님은 자신 바로 앞에서 행해지는 이런 모든 제사에 싫증이 나고 "한 방 맞으신" 것 같다(예. "성회와 아울러 악을 행하는 것을 내가 견디지 못하겠노라"[1:13]).[14] 이와 비슷한 다른 예에는 3:8과 29:13도 포함된다. 이 구절들은 하나님의 임재의 거룩함에 대한 범죄를 요약하는데, 이는 결국 하나님이 떠나서서 계시지 않게 만드는 범죄다.[15]

하나님의 임재로부터의 분리인 심판

하나님과의 언약 관계 안에 있는 복 가운데 하나가 이스라엘 가운데 계신 하나님의 신성한 임재였듯이("나는 너희 가운데 거할 것이다"), 하나님께 불순종하고 그들 가운데 계신 하나님의 거룩한 임재를 모독하는 이스라엘에 떨어진 심판의 핵심적 측면 가운데 하나는 성전에 나타났던 하나님의 강력한 임재의 상실이다. 즉 이사야가 선포하는 심판의 중심에는 이스라엘이 하나님의 임재에서 쫓겨나는 것이 자리한다. 이것이 표현되는 방법들 가운데 하나는 버림, 추방, 그리고 포로와 관련되는 용어를 통하는 것이다. 심판에 사용되는 수많은 용어가 생성하는 개념적 세계는 공간적 분리(즉 하나님의 임재

---

14 하나님께 짐이 되고 그분을 피곤하게 하는 것에 대해서는 Fretheim, *The Suffering of God*, 127-48을 보라.
15 Brueggemann, "Presence of God," 682.

로부터 멀어짐)에 대한 강하고 빈번한 함축이 있는 곳이다.[16] 확실한 것은 포로에 대한 개념이 "이스라엘 땅"으로부터 멀리 있는 것과 관련된다는 점이다. 하지만 그 땅은 일반적으로 예루살렘과 시온산, 즉 하나님이 거하시는 장소와 매우 밀접하게 연결된다. 분리의 두 가지 측면은 이 용어의 사용과 관련된다. 첫째, 이스라엘은 그 땅, 즉 하나님께서 그들에게 선물로 주신 곳으로부터 추방된다. 그곳은 이스라엘이 그들 가운데 사시는 하나님과 함께 복을 받을 수 있는 곳이다. 둘째, 하나님은 이스라엘의 땅을 버리신다. 하나님은 예루살렘 성전을 떠나시고, 불순종한 이스라엘을 심판하실 때 친히 오신 다음 다시 하늘로 돌아가시며, 성전에 "그들 가운데" 더 이상 거하지 않으신다.[17] 이런 분리와 버림은 모세 언약("나는 너희의 하나님이 될 것이다, 너희는 내 백성이 될 것이다, 나는 너희 가운데 거할 것이다")의 끝을 강하게 암시한다.

하나님은 심판하실 때 이스라엘에게서 그분의 얼굴을 숨기신다

하나님은 이스라엘을 그 땅에서 쫓아내시고 그들이 하나님의 임재로부터 멀어지도록 하실 뿐만 아니라, 실제로 그들로부터 멀리 떠나시고 그분의 임재를 옮기신다. 이것은 하나님께서 그분의 얼굴을 숨기시거나(סתר, 사타르) 자신을 그들로부터 숨기신다는 관용어를 통해 여러 번 표현된다(사

---

16 예를 들어 נדח(나다흐)라는 용어는 "압박하다, 찌르다, 몰아내다, 추방하다"를 의미한다(사 8:22; 11:12; 27:13; 56:8). 마찬가지로 נטשׁ(나타쉬)라는 단어는 "버리다, 지켜보는 사람 없이/보호하지 않은 채 남겨두다"라는 뜻이며(사 2:6), 근본적으로 분리의 개념을 전달한다.

17 Goldingay는 이렇게 쓴다. "야웨는 기원전 587년에 유다를 버리셨다. 누구라도 그 백성이 야웨의 땅에서 쫓겨나거나 야웨가 그 땅을 떠나는 관점에서 그림을 그릴 수 있었다. 하지만 어느 쪽이든 자녀와 부모는 더 이상 같은 집에서 살지 않는다"(Goldingay, *Old Testament Theology*, 2:363).

8:17; 54:8; 59:2; 64:7).

구약성서에서의 하나님의 부재 또는 숨으심을 다룬 유용한 저술이 여럿 기록되었다.[18] 새뮤얼 발렌틴(Samuel Balentine)은 일반적으로 예언서, 특히 이사야서에서 하나님의 숨으심이 이스라엘 공동체의 죄와 반역에 대한 직접적인 반응이었음을 강조한다. 발렌틴은 예언적 자료 안에서 하나님이 숨으신 것의 결과는 분리, 즉 "하나님이 듣지 않으시고 보지 않으시며 응답하지 않으시는 결과로 빚어진 분리, 죽음의 위협에 암시된 분리, 하나님께서 예루살렘을 버리심으로 나타나는 분리"를 초래한다고 결론을 내린다. 아마도 하나님이 숨으신 것에서 가장 강조되는 결과는 예루살렘의 파괴와 바빌로니아 포로일 것이다.[19]

조엘 버넷(Joel Burnett)은 하나님의 부재에 대한 이런 언급들이 "하나님과 사람의 관계에서 본질적인 공간적 개념화를 가정한다"고 쓴다.[20] 즉 하나님께서 이스라엘 가운데 예루살렘 성전에 거하실 때는 하나님과 이스라엘 사이에 밀접한 관계가 있었다. 하지만 포로지에서 이스라엘과 (지금은 하늘에 돌아가 거하시는) 하나님 사이의 먼 거리는 지금의 닳고 먼 관계를 강조

---

18   고전적인 책은 Balentine, *The Hidden God*이다. 광범위한 고대 근동의 배경과 자료를 포함하는 좀 더 최근의 논의는 다음과 같다. Burnett, *Where Is God?*. Goldingay는 사 45:15을 논의하면서 하나님의 "부재" 또는 "숨으심"을 길게 논의한다(Goldingay, *The Message of Isaiah 40-55*, 85-88).

19   Balentine, *The Hidden God*, 68. Burnett은 여기에 다음과 같은 내용을 첨가한다. "하나님의 부재에 대한 성서적 성찰은 아마도 바빌로니아에 멸망을 당함으로 인해 예루살렘과 그 성전이 하나님의 임재 대신 하나님의 부재의 중심이 된 유배를 고려할 때 가장 큰 비중을 차지할 것이다"(Burnett, *Where Is God?*, 177).

20   Burnett, *Where Is God?*, 176. Burnett은 하나님의 임재/부재에 대한 이스라엘의 이해는 그들이 출애굽에서 하나님을 대면한 것에 뿌리를 두고 있다고 주장한다. 그는 이렇게 쓴다. "히브리 성서 전체에서 이스라엘의 정체성은 그들이 하나님을 처음 대면했던 기억과 지속적인 하나님의 임재를 위한 다양한 관계적 근거들에 대한 이해와 긴밀히 결합된다"(5).

한다.[21] 이는 특히 이사야 63:7-64:12에서 분명히 나타난다. 이 예언자적 시편(또는 애가)은 먼저 하나님의 임재가 이스라엘을 애굽에서 구원하고(사 63:9) 광야에서 인도한(63:11-14) 출애굽의 놀라운 시절을 상기시킨다.[22] 이 시는 출애굽에서 이스라엘과 함께하신 하나님의 친밀한 인격적 임재를 강조하고 나서("그분의 임재의 사자가 그들을 구원하셨다"; "그들 가운데에 성령을 두신 이"; "그들에게 야웨의 영으로 말미암아 안식을 주셨도다"), 현재 상태의 다름을 인정한다.[23] 하나님은 지금 이스라엘 백성과 함께 계시지 않으며 하늘 위에 거하신다. 그분은 이스라엘을 그들의 원수에게서 무방비 상태로 버려두셨다. 이 시는 하나님이 하늘에서 돌아오셔서 모세 당시에 하신 것처럼 그분의 백성 가운데 그분의 강력한 임재를 회복해달라고 요청한다.[24] "주여, 하늘에서 굽어살피시며 주의 거룩하고 영화로운 처소에서 보옵소서. 주의 열성과 주의 능하신 행동이 이제 어디 있나이까?"(63:15) "여호와여, 어찌하여 우리로 주의 길에서 떠나게 하시며 우리의 마음을 완고하게 하사 주

---

21 Simian-Yofre는 다음과 같이 쓴다. "야웨가 그분의 얼굴([*panim*]은 종종 *min*[히브리어의 전치사, 영어의 from에 해당] + 인격적인 대상과 결합함)을 숨기시는 것은 단순히 벌이 아니다. 그것은 하나님과의 관계의 철저한 단절을 상징한다"(H. Simian-Yofre, "פָּנִים," *TDOT* 11:603).
22 하나님의 인격적 임재가 강조된다. "자기 앞의 사자[מַלְאַךְ פָּנָיו, 말르아크 파나브, '그분의 임재의 사자']로 하여금 그들을 구원하시며"; "그들을 바다를 통과하도록 이끄신 이"; "그들 가운데에 성령을 두시고,…야웨의 영이 그들을…편히 쉬게 하셨도다"; "주께서 이와 같이 주의 백성을 인도하사 이름을 영화롭게 하셨나이다"(사 63:9-14). Oswalt는 "[그분의 임재의] 사자가 가시적으로 현존하시는 야웨 자신"이라는 점에 주목한다(Oswalt, *The Book of Isaiah: Chapters 40-66*[『이사야 2』, 부흥과개혁사 역간], 607). Childs는 사 63:11과 63:14의 "영"이 구체적으로 하나님의 거룩한 임재를 가리킨다고 주장한다(Childs, *Isaiah*, 524). 마찬가지로 Block은 사 63:7-14의 "영"(רוּחַ, 루아흐)이 하나님 자신을 가리키는 제유법의 표현이라고 결론을 내린다(Block, "The View from the Top," 180-81).
23 Williamson은 이 본문이 포로기의 애가로 여겨져야 한다고 주장한다. Williamson, "Isaiah 63,7-64,11."
24 "조상", "구속자"의 사용을 주목하라. 이 용어들은 언약적 함의를 지니는 가족 용어들이다. Niskanen, "Yhwh as Father, Redeemer, and Potter"를 보라.

를 경외하지 않게 하시나이까? 원하건대 주의 종들 곧 주의 기업인 지파들을 위하사 돌아오시옵소서"(63:17). "주의 거룩한 백성이 땅을 차지한 지 오래지 아니하여서 우리의 원수가 주의 성소를 유린하였사오니"(63:18). "원하건대 주는 하늘을 가르고 강림하시고…주의 원수들이 주의 이름을 알게 하시며"(64:1-2).[25] "주의 이름을 부르는 자가 없으며 스스로 분발하여 주를 붙잡는 자가 없사오니, 이는 주께서 우리에게 얼굴을 숨기시며…"(64:7). "여호와여, 구하오니, 보시옵소서. 보시옵소서. 우리는 다 주의 백성이니이다"(64:9). "우리 조상들이 주를 찬송하던 우리의 거룩하고 아름다운 성전이 불에 탔으며 우리가 즐거워하던 곳이 다 황폐하였나이다"(64:11). "여호와여, 일이 이러하거늘 주께서 아직도 가만히 계시려 하시나이까?"(64:12)

이것은 단지 하나님이 개입해달라는 요청이 아니다. 이는 하나님이 시내산에서 그리하셨듯이 다시 강림하셔서 그분의 강력한 임재를 통해 이스라엘과의 친밀한 언약 관계를 다시 세워주시기를 요청하는 것이다.

심판에 나타난 하나님의 임재

결국 하나님의 인내는 한계에 도달한다. 성전 안에 거하시고 이스라엘 백성 가운데 계시는 하나님의 거룩함에 대한 불경과 노골적인 침해는 마치 하나님의 임재가 성전 밖으로 나와 실제로 공격하고 그들을 원수로 삼아 사냥하는 것처럼 상황에 무서운 변화를 가져온다.[26] 버나드 앤더슨(Bernhard

---

25   Seitz는 하나님께 하늘을 찢으시고 내려오시라는 요청이 시내산에서 일어난 하나님의 자기 계시를 가리킨다는 점에 주목한다(Seitz, "The Book of Isaiah 40-66," 529).
26   특히 구약의 다른 성서 본문들에서 이런 현상을 논의한 Longman and Reid, *God Is a Warrior*(『거룩한 용사』, 솔로몬 역간) 3장, "God Is an Enemy: The Wars against Unfaithful Israel"을 보라(48-60).

Anderson)은 "거룩하신 하나님의 임재 안에 사는 것은 피할 곳이 없는 하나님의 심판에 노출되는 것을 의미한다"고 말한다.²⁷ 존 골딩게이는 하나님과 이스라엘의 관계가 긴밀하고 인격적인 것처럼, 그 관계를 경멸하고 치욕거리로 만든 이스라엘에 대한 그분의 진노 역시 긴밀하고 인격적이라고 강조한다.²⁸ 이사야 1:24-31에서 하나님은 그 관계의 엄청난 전이를 선언하시는데, "내가 내 손을 네게 돌려"라고 선언하시면서 보호자에서 원수로 움직이신다.²⁹ 이스라엘을 심판하기 위해 하나님의 손을 펼치신다는 주제는 이사야 9:12-10:4에서 "여호와의 진노가 돌아서지 아니하며, 그의 손이 여전히 펴져 있으리라"는 말을 네 번이나 반복하면서 특히 강조된다(사 9:12, 17, 21; 10:4). 이제 하나님의 임재는 이스라엘에 두려운 것이 된다. 그들이 경험하는 "타는 불"(9:19)은 "야웨의 분노의 불"이다.³⁰ 이사야 2:6-22, 8:13-15, 26:17, 29:1-4의 다른 본문들도 심판에 나타난 하나님의 인격적 임재를 강조한다.

---

27 B. Anderson, "The Holy One of Israel," 19.
28 Goldingay, *Old Testament Theology*, 2:288-92. Goldingay는 구약성서에서 하나님의 진노는 "세상 및 이스라엘과 함께하시는 하나님의 열정적인 개입에서 나오는 강한 감정"을 반영한다고 말한다(288). 그는 이스라엘에 내린 심판과 관련하여 "따라서 이 가운데 야웨의 인격적 개입 없이 실제로 일어나는 것은 아무것도 없다"고 주석한다(290).
29 B. Anderson, "'God with Us,'" 242-43.
30 B. Anderson, "'God with Us,'" 242-43. Brueggemann은 사 9:12-10:4에서 이스라엘을 심판하시면서 "그분의 손이 여전히 들려 있다"는 어구의 사용과 출 6:6에서 하나님이 손을 이스라엘을 구원하기 위해 펼치셨다는 이미지의 유사한 사용 사이의 역설적 대조를 주목한다(Brueggemann, *Isaiah 1-39*, 87-88). B. Anderson은 사 6-8장의 "임마누엘"(우리와 함께 계시는 하나님) 약속을 주로 회개하지 않는 백성에 대한 하나님의 심판을 다루는 신탁들 바로 중간에 놓은 것의 중요성을 언급한다. Anderson은 하나님("이스라엘의 거룩하신 이")의 임재는 회개하지 않은 사람에 대한 심판과 회복될 사람들에 대한 구속을 동시에 가져온다고 결론짓는다(B. Anderson, "'God with Us'").

새로운 출애굽, 회복된 임재, 회복된 언약 관계

심판 이후 미래의 회복에 대한 약속은 이사야 40-66장에 집중된다. 하지만 이는 이사야서 전체를 관통하는 주제다. 이 미래의 회복의 중심에는 하나님의 임재의 회복이 있다. 이스라엘의 죄가 하나님을 예루살렘에서 떠나시게 하고 그들을 가나안 땅에서 추방하는 결과를 초래했듯이, 이제 다가올 회복의 메시아 시대에 하나님이 친히 오셔서 이스라엘의 원수를 멸하시고, 그분의 백성을 사랑스럽게 다시 모아 그 땅으로 돌아가게 하시며, 시온산 위에서 그들 가운데 그분의 임재를 재확립하실 것이다. 시온산에서는 이스라엘뿐만 아니라 세상의 모든 민족이 그분의 임재를 인정하고 그분을 예배할 것이다.[31] 이 회복이 함축하는 것은 "나는 너희의 하나님이 될 것이다, 너희는 내 백성이 될 것이다, 나는 너희 가운데 거할 것이다"라는 세 부분으로 이루어진 언약 공식에서 보듯이 언약 관계의 재확립이다. 하지만 회복을 다루는 본문 전체에는, 특히 하나님의 임재 및 하나님과 그 백성의 관계와 관련하여, 옛 언약 관계와 다르며 심지어 더 나은 새롭고 장차 올 회복된 언약 관계에 대한 암시와 조짐이 자주 등장한다.

이런 의미에서 이사야 2:2-3은 하나님을 예루살렘의 시온산 위에 있는 그분의 성전에 다시 거하시는 분으로 묘사한다. 하지만 이번에는 모든 민족과 많은 백성이 그분을 예배하기 위해 성전으로 몰려올 것이다. 마찬

---

31 Merrill은 이사야가 "두 번째 출애굽"의 주제를 순례 및 행진의 주제와 결합한다고 설득력 있게 주장한다(Merrill, "Pilgrimage and Procession," 268-69). 즉 회복의 시대에 이스라엘 백성들—실제로 온 세상의 백성들—이 예루살렘에 계시는 하나님께로 올 것이다. 이 여정은 하나님께서 그분의 백성을 보호하고 구원하시는 또 다른 출애굽의 큰 구원일 뿐만 아니라 이스라엘 백성과 온 세상이 하나님을 예배하기 위해 그분께로 몰려드는 거대한 순례로 이해된다.

가지로 이사야 4:2-6은 미래("그날에")를 내다보며 시온산에 다시 임재하시는 하나님에 대한 그림을 제시한다. 이 본문은 이스라엘이 출애굽 기간에 시내산에서 하나님의 임재를 대면한 것과 분명하게 관련되는 용어를 사용한다. 그러나 연기와 불의 이미지는 하나님의 임재에 대한 이전의 경험과 비슷하지만, 미래의 회복은 단순히 옛 언약의 현상으로 되돌아가는 것이 아니라 더 크고 더 좋은 어떤 것의 시작을 가리킨다는 중대한 차이가 있다. 시온산 **전부**와 그곳에 모인 **모든** 사람이 구름과 불로 덮인다. 브레바드 차일즈는 다음과 같이 쓴다. "하나님의 은혜로운 임재의 표시는 더 이상 대제사장만이 접근 가능했던 지성소에 한정되지 않는다. 산 전체가 거룩한 성소로 드리우게 된다."[32] 도널드 고원(Donald Gowan)은 이와 비슷한 결론을 도출하면서 이렇게 진술한다. "이사야 4장에서 언급되는 낮에는 구름, 밤에는 불이라는 약속은 하나님의 임재가 그분의 백성 가운데 영원히 있을 것이라는 약속이 분명하다.…따라서 그 약속은 확실하고 절대 실패하지 않으며 충분하여 부족한 것이 없고 배려하며 보호하는 하나님의 임재다."[33]

이사야 12:6에서 예언자는 1-12장을 마무리하고 미래의 회복을 내다보면서("그날에"[12:1, 4]), "시온의 주민아, 소리 높여 부르라. 이스라엘의 거룩하신 이가 너희 중에서[또는 '너희 가운데에서', בְּקִרְבֵּךְ, 베키르베크] 크

---

32 Childs, *Isaiah*, 37. Childs는 사 60:19-20에 이르기까지 이사야서 전체에서 이 종말론적 주제의 궤적을 계속 주시하는데, 이는 계 21:22-27에서 절정을 이룬다. 요한계시록 본문에서 "하나님의 임재는 이제 성전을 대체하며, 해와 달보다 더 밝은 빛을 비춘다." 마찬가지로 사 6:4-6과 계 21장을 연결하는 것은 다음을 보라. O. Kaiser, *Isaiah 1-12*, 57; G. Smith, *Isaiah 1-39*, 158.

33 Gowan, *Eschatology in the Old Testament*(『구약성경의 종말론』, 기독교문서선교회 역간), 12-13. 본문에 사용된 용어가 하나님의 돌아온 임재를 강조한다는 점에 주목한 다른 학자들은 다음과 같다. Brueggemann, *Isaiah 1-39*, 43; Williamson, *Isaiah 1-27*, 1:313-14; Seitz, *Isaiah 1-39*, 41-42; O. Kaiser, *Isaiah 1-12*, 56-57; G. Smith, *Isaiah 1-39*, 158.

심이니라 할 것이니라"고 선언한다.[34] "너희 사이에" 또는 "너희 가운데"라는 어구는 그들 가운데 다시 거하시는 하나님의 임재를 가리키는 것이 분명하다. 오토 카이저(Otto Kaiser)는 이렇게 쓴다. "따라서 모든 심판이 그 절정을 향해 움직이고 있는 역사의 목표는 하나님의 임재다."[35] 미래에 하나님은 그분의 백성들 가운데 다시 거하실 것이다. 이는 세 부분으로 이루어진 언약의 재확립을 시사한다("나는 너희의 하나님이 될 것이다. 너희는 내 백성이 될 것이다. 나는 너희 가운데 거할 것이다").

이사야 40:1-11은 포로지에 있는 사람들에게 위로를 선포하는 말로 이사야서의 후반부(40-66장)를 여는데, 그 이유는 하나님께서 예루살렘에 돌아오시고 그들을 데려오실 것이기 때문이다. 본문은 출애굽과 관련하여 반향을 불러일으킨다. 물론 출애굽과의 유사성이 있긴 하지만, 그럼에도 하나님이 여기서 "새로운 출애굽"을 통해 의도하시는 것은 "질적으로 새로운 사건", 훨씬 더 놀라운 사건이다.[36] 이 "복음"의 중심에는 하나님의 임재의 귀환이 있다.

하나님이 출애굽 동안 시내산에서 체결하신 하나님과 이스라엘의 언약 관계를 가리키는 세 부분으로 이루어진 공식은 "나는 너희의 하나님이 될 것이다, 너희는 내 백성이 될 것이다, 나는 너희 가운데 거할 것이다"였다. 이사야 40:1은 이 언약 공식과 연결함으로써 운을 뗀다. "위로하라. 내

---

34 "이스라엘의 거룩하신 이"라는 어구가 사용된 것은 사 12:6이 1:4과 병행을 이루는 수미상 관임을 제시해준다. 이 시작과 끝의 대조는 극명하다. 1:4에서 이 어구는 이스라엘을 심판하시는 이스라엘의 거룩한 이시다. 이곳 12:6에서 이스라엘의 거룩하신 이는 그들이 찬송을 터트릴 정도로 그들을 축복하신다. O. Kaiser, *Isaiah 1-12*, 169를 보라.
35 O. Kaiser, *Isaiah 1-12*, 169.
36 Goldingay, *Isaiah 40-55*, 21.

백성을 위로하라. **너희** 하나님이 말하느니라."[37] 그러고 나서 이어지는 구절들은 하나님께서 그들 가운데 다시 거하기 위해 오시는 것을 묘사한다.

이사야 40:5은 이렇게 선언한다. "여호와의 영광이 나타나고 모든 육체가 그것을 함께 보리라." 앞에서 언급했듯이, "야웨의 영광"은 종종 하나님 자신의 임재를 가리키거나, 차일즈가 잘 묘사했듯이, "사람의 인식으로 알아볼 수 있는 신적 이미지의 측면"을 가리킨다.[38] 40:5에서 하나님의 영광이 나타남을 언급한 것은 일찍이 6장에 나온 이사야의 환상을 암시할 수도 있고,[39] 출애굽 기간에 동반된 하나님의 영광이 나타남을 가리킬 수도 있으며,[40] 혹은 이 둘을 다 지칭할 수도 있다. 이 본문에서 특히 새롭고 독특한 것은 하나님의 영광이 모든 사람에게 나타날 것이라는 점이다. 하나님의 영광(임재)은 모세나 이사야 혹은 포로지에서 귀환한 이스라엘 백성에게만 나타나는 것이 아니라 세상에 있는 모든 사람에게 나타날 것이다. 이것은 "구원의 새 시대의 도래",[41] "온 세상에 대한 하나님의 구원 목적의 실현"[42]을 가리킨다. "너희의 하나님을 보라"는 말은 시온에 선포되어야 할 "아름다운 소식"이다(사 40:9). 왜냐하면 하나님이 그분의 모든 영광과 능력 가운데서 왕의 대로를 이용하여 예루살렘에 도착하셨기 때문이다. 하나님

---

37 Childs, *Isaiah*, 297; Goldingay, *Isaiah 40-55*, 12; Oswalt, *The Book of Isaiah: Chapters 40-66*, 49; North, *The Second Isaiah*, 72-73.
38 Childs, *Isaiah*, 299.
39 Childs, *Isaiah*, 299-300.
40 Goldingay, *Isaiah 40-55*, 21.
41 Childs, *Isaiah*, 299.
42 Oswalt, *The Book of Isaiah: Chapters 40-66*, 52. Goldingay는 이렇게 쓴다. "이 사건은 궁극적으로 중요한 사건 중 하나다. 그것은 온 세상에 중요하다. 포로들과 예루살렘의 회복은 야웨의 우주적인 자기 계시의 사건이자 수단이다"(Goldingay, *Isaiah 40-55*, 22). North는 이에 동의하면서 이렇게 말한다. "분명히 예상되는 것은 하나님 자신의 오심, 즉 그 강림의 엄위 가운데 강력히 나타나는 신현이다. 이는 온 인류에게 새로운 시대의 시작을 표시한다"(North, *The Second Isaiah*, 77).

은 빼앗은 탈취물처럼 그분의 백성을 데리고 오실 것이다. 하지만 그분은 목자가 그의 양 떼에서 어린양들을 인도하듯이 자기 백성을 온순히 인도하실 것이다(40:10-11).

이사야서에서 몇몇 본문은 하나님이 시온으로 돌아오신다고 묘사한다(사 35:1-10; 40:1-11; 52:7-12).[43] 골딩게이는 이렇게 쓴다. "가장 끔찍한 악몽은 야웨가 이스라엘을 버리셨다는 것이다. 미래에 대한 어떤 환상이든지 중대한 핵심은 틀림없이 야웨의 귀환일 것이다."[44] 그러므로 하나님께서 이처럼 시온에 다시 오시는 것은 하나님과 이스라엘 사이의 언약 관계의 회복에서 매우 중요한 발전이며, (아래에서 다룰) 에스겔서에 묘사된 하나님께서 성전을 떠나신 것을 되돌리는 중대한 사건이다.[45]

이사야 35:2에서 "야웨의 영광"과 "우리 하나님의 아름다움"이라는 유사한 두 어구는 모두 인격적인 하나님의 임재를 제시한다.[46] 35:1-2에서 하나님이 다시 오시는 것은 그 땅에 영향을 미쳐서 황폐한 광야 같은 땅을 아름답고 비옥한 정원으로 회복시킨다. 여기에 함의된 내용은 하나님의 임재의 귀환이 자연의 회복(과 새 창조)에 직결된다는 것이다.[47] 35:3-10에 묘

43　사 35:1-10과 40:1-11 사이에는 비슷한 점이 많이 있다. 두 본문 모두 하나님의 귀환을 말하고, 하나님의 영광의 나타남을 언급하며, 그분의 귀환을 준비하는 특별한 대로를 묘사하고 (하나님과 함께) 노래하거나 기뻐 소리를 지르는 시온의 백성들에게 소식을 전한다. 마찬가지로 사 52:7-12도 하나님께서 시온에 다시 오심을 선포하며, 예루살렘(사람들을 암시함)에 기뻐 노래하라고 요청한다. Goldingay는 52:7-12이 40:3-11과 더불어 하나님께서 시온에 다시 오심이라는 주제를 둘러싸고 수미상관을 이룬다고 주장한다(Goldingay, *Isaiah 40-55*, 456). 마찬가지로 Childs도 52:7-12과 40:1-21의 유사성에 주목한다(Childs, *Isaiah*, 406).

44　Goldingay, *Old Testament Theology*, 2:361. Moltmann, *The Coming of God*, 24도 보라.

45　Goldingay, *Isaiah 40-55*, 20; North, *The Second Isaiah*, 74.

46　Goldingay, *Isaiah 40-55*, 20.

47　Fretheim, *God and World*, 194-98. 구약성서에서 미래에 일어날 자연의 변화에 관한 주제에 대해서는 Gowan, *Eschatology in the Old Testament*, 97-120을 보라. 하나님의 임재와 자연의

사된 하나님의 임재의 귀환 역시 그 백성에게 직접 영향을 미쳐서, 하나님께서 구속하시고 고치신 모든 사람이 (지금 하나님이 다시 거하시는) 시온에 들어와 찬송하며 기뻐할 수 있도록 대로가 세워질 것이다.[48]

이사야 52:8은 하나님께서 시온에 오실 때 시온의 "파수꾼들"이 그들의 눈으로 하나님을 볼 것이라고 선포한다. NIV에 "그들 자신의 눈으로"(with their own eyes, 문자적으로 "눈을 맞대고", עַיִן בְּעַיִן, 아인 베아인)로 번역된 관용어는 "아주 가까이 보다"를 함의할 개연성이 크다.[49] 에스겔이 하나님이 떠나시는 것을 보았듯이, 예루살렘의 파수꾼들은 하나님의 귀환을 직접 목격할 것이다. 다른 본문들에서처럼, 하나님께서 예루살렘으로 돌아오신다는 것은 포로들이 예루살렘으로 돌아온다는 신호이기도 하다. 이사야 52:12은 귀환하는 포로들이 하나님의 임재의 엄중한 호위와 보호 아래 있는 것으로 그린다. 하나님은 그들 앞에서 가시며 뒤에서 호위하신다. 마치 불 기둥, 구름 기둥, 그리고 하나님의 사자가 출애굽에서 그랬던 것처럼 말이다(출 13:21-22; 14:19-20; 민 14:14; 신 1:33).

이사야서의 맨 앞에 있는 몇 장에서처럼 58장 역시 미래에 대한 이스

변화의 관련성에 대해서는 Middleton, *A New Heaven and a New Earth*, 105-7을 보라.
48 Goldingay, *Old Testament Theology*, 2:363.
49 North, *The Second Isaiah*, 222. 현대 번역본들은 이 어구를 다양하게 "바로 그들의 눈앞에서"(NLT), "가리는 것이 없이 잘 보이게"(NRSV), "눈을 맞대고"(ESV), "모든 눈"(HCSB) 등으로 번역한다. 사 52:12에서 하나님이 앞에서 행하시며 뒤에서 호위하신다는 언급에 비춰볼 때, 이 동일한 관용어가 민 14:14에서 사용됨에 주목하는 것은 흥미롭다. "이 땅 거주민에게 전하리이다. 주 여호와께서 이 백성 중에 계심을 그들도 들었으니, 곧 주 여호와께서 대면하여[문자적으로는 '눈을 맞대고'] 보이시며 주의 구름이 그들 위에 섰으며 주께서 낮에는 구름 기둥 가운데서, 밤에는 불기둥 가운데에서 그들 앞에 행하시는 것이니이다." Goldingay와 Payne은 이 관용어가 보는 것을 암시하고 그다음에 "하나님의 실제적인 인격적 나타나심에 근거하여 서둘러 목격하다"를 암시한다고 제안한다(Goldingay and Payne, *Isaiah 40-55*, 2:267).

라엘의 소망을 하나님의 임재의 회복에 맞춘다.⁵⁰ 또다시 하나님은 출애굽의 이미지를 사용하셔서 "여호와의 영광이 네 뒤에 호위하리니…여호와가 너를 항상 인도하여…"라고 선언하신다(사 58:8, 11). 이와 비슷하게 하나님의 심판과 그에 상응하는 하나님의 부재와는 대조적으로, 이 미래에는 하나님의 보호하시는 임재가 그들과 함께할 것이다. "네가 부를 때에는 나 여호와가 응답하겠고, 네가 부르짖을 때에는 '내가 여기 있다' 하리라"(58:9).

메시아적인 다윗 계열의 왕과 하나님의 임재

하나님의 임재의 회복과 귀환에서 핵심적인 역할을 수행하는 것은 다윗 가문에 속한 메시아적 왕의 도래다. 이사야서는 메시아를 하나님의 임재와 매우 단단히 연결할 것이다. 그래서 이사야 7-9장은 장차 태어날 "아이"에 대한 주제로 연결된다. 그 아이는 시리아-에브라임 전쟁의 상황에서 아하스에게 임할 아이의 징조였고(7장), 이사야에게서 태어난 아이에 의해 "가까운 시일에" 분명히 성취되었으며(8장), 미래에 메시아적인 다윗 계열의 왕으로 병합된다(9장).⁵¹ 이 세 장 간의 상호 관계와 그 장들에 대한 해석은 복잡하지만, 신약성서(마 1:22-23)는 이 예언들의 궁극적 성취를 메시아이신 예수 그리스도와 연결한다. 우리의 연구에서 중요한 것은 하나님의 임재와 장차 오실 메시아 간의 밀접한 관련성이다. "임마누엘"("우리와 함께 계시는 하나님")이라는 용어는 장차 올 아이의 이름으로 제시될 뿐만 아니라

---

50 Childs, *Isaiah*, 479-80. Childs는 사 58:1-7이 하나님의 구원이 왜 늦어지는지에 관한 질문에 답하고 있지만, 58:8-14은 그 구원을 실제로 묘사한다고 말한다(475).
51 이 세 장이 "아이" 및 장차 오실 다윗 계열의 왕과 어떻게 연결되는지에 대한 개괄적 논의는 J. D. Hays, *The Message of the Prophets*, 110-12; Chisholm, *Handbook on the Prophets*, 32-34; Seitz, *Isaiah 1-39*, 60-75; G. Smith, *Isaiah 1-39*, 201-5, 235-43을 보라.

(사 7:14), 이사야 8장에서는 두 번 반복된다(8, 10절). 이사야 8:10은 이방의 적대 국가들이 산산이 흩어질 것이라고 선포한다. 왜냐하면 "하나님이 우리와 함께 계시기"(עִמָּנוּ אֵל, 임마누 엘) 때문이다. 즉 하나님의 임재가 이스라엘의 원수들을 다시금 무찌를 것이다(하나님께서 출애굽 때 그러셨듯이 말이다). 그리고 나서 9:6에서 "그 아이"(7:14과의 연결이 암시된다)는 "기묘자라, 모사라, 전능하신 하나님이라, 영존하시는 아버지라, 평강의 왕이라"고 불린다. 10:21에서 하나님 자신을 가리키기 위해 사용된 것이 분명한 "전능하신 하나님"이라는 용어는 장차 오실 이 메시아적인 다윗 계열의 왕이 하나님과 동일시될 것임을 강하게 제시한다.[52]

이와 비슷하게 이사야 11장에 기술된 장차 올 다윗 계열의 왕은 이사야 9장의 "다윗 계열의" 아이 예언의 연속이자 확장으로 보인다.[53] 다시 말하면 이 예언은 장차 올 메시아적인 다윗 계열의 왕을 가리키지만, 틀림없이 하나님의 임재와 관련하여 이 왕에 대해 매우 특별한 어떤 것이 있다. 그 이유는 "야웨의 영"(רוּחַ יְהוָה, 루아흐 야웨)이 그에게 임할 것이기 때문이다(사 11:2). "야웨의 영"이 가리키는 것과 정확히 일치하지는 않지만,[54] 이 구

---

52 G. Smith는 이렇게 쓴다. "이 이름 자체는 이 아들이 신적인 인물임을 자동적으로 의미하지 않는다. 왜냐하면 그 자체에 하나님의 이름을 담고 있는 이름이 많이 있기 때문이다. 하지만 나중에 사 10:21에서 하나님 자신을 묘사하기 위해 이 동일한 이름이 사용된 것은 이 아들이 하나님과 아주 밀접한 방식으로 동일시되어야 함을 요구한다. 지금까지 하나님의 이름을 가진 다른 인물은 없었다. 하나님이 모세, 아브람, 다윗, 또는 예레미야로 불린 적은 없다. 그러므로 이 아들이 하나님의 이름을 지니게 된 것에 대해 매우 특별한 무엇인가가 있을 것이다"(G. Smith, *Isaiah 1-39*, 241).
53 G. Smith, *Isaiah 1-39*, 268; Seitz, *Isaiah 1-39*, 96-104; Childs, *Isaiah*, 102.
54 Marlow는 사 11:2의 "야웨의 영"은 마치 "야웨의 영"의 임재와 부재가 삼상 16장에서 다윗의 등극과 사울의 몰락을 표시했던 것처럼, 장차 올 다윗 계열의 통치자를 인증하는 것이라고 결론 내린다. 더욱이 "야웨의 영"은 모세, 엘리야, 엘리사에게 능력을 부여했듯이, 장차 올 통치자에게 능력을 부여하는 역할을 한다(Marlow, "The Spirit of Yahweh," 225-26). 사 11:2과 비슷한 구절들에서 지혜와 관련된 용어들이 "영"과 결부되어 사용된 것을 주목하라.

절은 하나님의 임재에 대한 언급일 개연성이 크다.[55] 그런데 "야웨의 영"과 함께 오시는 이 다윗 계열의 왕은 포로들과 민족들을 자신에게로 모으신다(11:10-16). 이것은 일반적으로 하나님과 관련되는 행위다. 그리고 나서 그는 시온산에 거하기 위해 나타나신다. "그가 거한 곳이 영화로우리라"(11:10)는 진술은 시온산에 다시 모인 백성의 거처에 대한 암시일 가능성이 크다. 그곳이 "영화로운" 까닭은 4:2-6에 묘사되었듯이, 하나님이 그들 가운데 거하고 계시기 때문이다.[56]

하나님의 임재와 하나님의 영

이사야 11:2에서 "야웨의 영"이라는 어구의 사용이 하나님의 실제 임재를 가리키는지 아닌지는 명확하지 않지만, 32:15과 44:3에서 "영"(רוּחַ, 루아흐)이라는 단어의 사용은 붓는다는(עָרָה, 아라[32:15], יָצַק, 야차크[44:3]) 개념들과 더불어 하나님의 실제 임재를 가리키는 것 같다.[57] 하나님의 영의 "부음"은 모든 백성에게 임하는 것이지, 선택된 능력 있는 지도자들에게만 한

---

55 Block, "The View from the Top," 180, 206-7. 이 본문에서 "하나님의 영"은 좀 더 일반적으로 특별한 능력 부음 또는 "하나님이 택하신 그릇에 부여된 초인적인 요소"로 이해된다(Ma, *Until the Spirit Comes*, 68).
56 Childs, *Isaiah*, 106.
57 하지만 Chisholm은 사 32:15에서 루아흐(רוּחַ)를 "영"(spirit)으로 번역해서는 안 되고 "활력" 또는 "생명"으로 번역해야 한다고 주장한다(Chisholm, *Handbook on the Prophets*, 78). 따라서 그는 이것이 하나님의 임재에 대한 언급이라는 점에 동의하지 않을 것이다. 하지만 대부분의 학자들은 사 32:15의 "영"을 하나님의 영을 가리키는 것으로 이해한다. Beyer, *Encountering the Book of Isaiah*(『이사야서의 역사적 신학적 강해』, 크리스찬출판사 역간), 129; Oswalt, *The Book of Isaiah: Chapters 1-39*, 587; Childs, *Isaiah*, 241; Brueggemann, *Isaiah 1-39*, 258; Blenkinsopp, *Isaiah 1-39*, 434; Waltke with Yu, *Old Testament Theology*, 620-21; Hildebrandt, "Spirit of Yahweh," 753; Routledge, "The Spirit and the Future," 353; VanGemeren and Abernethy, "The Spirit and the Future," 333을 보라.

정되지 않는다는 것도 주목하라. 그래서 이사야는 과거에 일어난 것과는 다른 어떤 것을 예언해야 했던 것 같다.[58] 마찬가지로 이 각각의 구절 다음에 이어지는 절들에 묘사된 내용을 고려해볼 때, 하나님의 영의 부음으로 인해 백성의 완전한 변화가 일어난 것이 분명하다. 그것은 이스라엘이 지금까지 경험해온 언약적 저주의 전복을 암시하는 변화다.[59] 실제로 대니얼 블록은 하나님의 영이 부어진다는 구약의 네 본문(사 32:15; 44:3-4; 겔 39:29; 욜 2:28)이 모두 언약적 문맥에 있으며, 하나님의 영의 부음이 하나님과 그분의 백성 간의 세 부분으로 된 언약 관계("나는 너희의 하나님이 될 것이다, 너희는 내 백성이 될 것이다, 나는 너희 가운데 거할 것이다")를 회복하는 역할을 한다는 점을 설득력 있게 주장한다.[60] 그러므로 하나님의 영의 이런 부음은 회복의 시작이다.[61] 블록은 여기서 한 걸음 더 나아가 하나님의 영의 부음이 하나님께서 회복된 이스라엘을 그분 소유의 백성이라고 천명하시고 인 치시는 결정적인 행위라는 점에 주목한다.[62]

---

58 Ma, *Until the Spirit Comes*, 101.
59 H. M. Wolff, "Covenant Curse Reversals," 323.
60 Block, "The View from the Top," 202-3. 사 32:18에서 "내 백성"이란 언급을 주목하라. Brueggemann은 이렇게 쓴다. "내 백성의 뜻이 이제 고려될 것이다. 경쟁적이고 위험한 정치적 장소가 아니라 샬롬이 거하는 곳, 평화로운 확신과 고요한 신뢰의 장소에서 말이다. 하나님께서 복의 새로운 시대를 반포하자 옛 언약의 모든 복이 이제 제공된다"(Brueggemann, *Isaiah 1-39*, 258).
61 Ma, *Until the Spirit Comes*, 102. Blenkinsopp은 사 32:15에서 "하나님의 영"이 자연 질서를 변화시키는 주체라고 주장한다. 이것은 "새 하늘과 새 땅에 대한 묵시적 환상(65:17; 66:22)"에서 확장되고 우주적 상황이 제시될 주제다(Blenkinsopp, *Isaiah 1-39*, 434).
62 Block, "The Prophet of the Spirit," 47; M. V. Van Pelt, W. C. Kaiser, and D. I. Block, "רוּחַ," *NIDOTTE* 3:1077. 하나님의 영의 부음과 언약의 회복 간의 관련성에 주목한 것은 Hilldebrandt, "Spirit of Yahweh," 753-54; Routledge, "The Spirit and the Future," 353-56도 보라.

"내가 너와 함께함이라"라는 말로 표현되는 하나님의 임재

이사야서 전체에서 미래의 회복에 대한 이미지 중 하나는 하나님께서 이스라엘 가운데 거하기 위해 다시 돌아오신다는 것이다. 그런데 그 이미지의 대부분은 하나님께서 그분의 백성을 자신의 임재 안에 있게 하시려고 방어하시고 보호하시며 시온으로 돌아오도록 부드럽게 인도하시는 여정, 이동, "새로운 출애굽"을 묘사한다. 그러므로 여기서 하나님의 임재는 하나님이 시온에 그분의 거처를 다시 마련하려고 돌아오시기 전에도 그분의 백성을 도우시고 보호하시며 방어하신다는 의미를 포함한다. 바로 이런 맥락에서 "내가 너와 함께함이라"라는 어구가 반복해서 등장하는 것이다(사 41:10; 43:2, 5). 하나님은 포로들을 회복시키실 "때" 혹은 그들을 회복시키기 "위하여" 그들과 함께하신다는 점을 지적하고 계신다. 즉 "내가 너와 함께함이라"는 하나님의 임재는 이스라엘이 회복되고 하나님이 시온에 다시 오신 이후에만 경험할 수 있는 어떤 것이 아니다. 그것은 오히려 하나님이 이스라엘과 동행하시는 임재가 지금 포로지에서도 그들을 보호하시고, 회복이 펼쳐질 때도 그들과 함께할 것이기 때문에 그로부터 용기를 얻을 수 있는 어떤 것이다. 이와 같이 동행하시고 보호하시는 임재의 약속은 시온산 성전에 거하시는 하나님의 "강렬한" 임재와는 다른 것으로 보인다. "내가 너와 함께함이라"라고 표현되는 이 임재는 보호 및 능력과 관련하여 출애굽 경험의 본을 따른다. 하지만 이 표현은 일반적으로 하나님의 영광의 나타남과 함께 나오는 이미지인 구름과 불의 이미지는 포함하지 않는 것으로 보인다. 그것은 나중에 하나님께서 시온으로 돌아오시는 때에 나올 것이다.

예레미야

예레미야서에서 하나님의 임재라는 주제는, 세부적인 내용과 몇몇 강조점이 다르긴 하지만, 이사야서의 주제와 비슷하다.

하나님의 임재는 그분의 목전에서 행한 죄로 인해 멸시를 당한다

예레미야서는 이사야서에서처럼 예루살렘이 바빌로니아에 멸망당하기 전에 하나님의 임재가 성전에 거하며 그곳에 있는 그분의 보좌에서 다스린다는 것을 전제한다. 또한 예레미야서는 이사야서에서처럼 유다의 죄, 특히 그들의 우상숭배, 불의, 위선적인 예배가 하나님의 특별한 분노를 샀음을 강조하는데, 그 이유는 하나님께서 실제로 성전에 거하시기 때문이다. 즉 예레미야(와 종종 1인칭을 사용하시는 하나님)는 이런 죄와 하나님의 임재에 대한 멸시가 하나님의 목전에 또는 하나님의 임재 앞에서(לִפְנֵי, 리프네) 행해졌다는 사실을 강조할 것이다. 이를 묘사하는 본문이 많이 있지만(예. 렘 2:22; 4:1; 23:11; 32:33-34), 이것은 특히 예레미야 7장의 성전 설교에서 강조되는 것으로 보인다. 하나님의 목전인 성전에서 행해졌으며 위선적인 "예배"가 동반된 유다 백성의 노골적으로 죄악된 행위는 특히 하나님의 분노를 자아내는 것들 가운데 하나다. 하나님은 이렇게 선언하신다. "너희가 도둑질하며 살인하며 간음하며 거짓 맹세하며 바알에게 분향하며 너희가 알지 못하는 다른 신들을 따르면서 내 이름으로 일컬음을 받는 이 집에 들어와서 내 앞에 서서[לִפְנַי בַּבַּיִת הַזֶּה, 레파나이 바바이트 하제] 말하기를 '우리가 구원을 얻었나이다' 하느냐? 이는 이 모든 가증한 일을 행하려 함이로다. 내 이름으로 일컬음을 받는 이 집이 너희 눈에는 도둑의 소굴로 보이느냐? 보라, 나 곧 내가 그것을 보았노라!"(렘 7:9-11)[63] 도둑들이 당국자들의 눈을 피해 굴에 몸을 숨기듯이, 유다 사람들이 하나님 앞에서 노골적으로 죄를 지었으면서도 성전에 와서 안전하다고 생각한다는 사실에 하나님이 특히 노를 발하셨음에 주목하라. 하나님은 그들이 두려워해야 할 것은 하나님이 친히 성전에 거하신다는 사실임을 강조하신다. 따라서 클레멘츠가 언급하듯이, "예루살렘이 정복되고 성전이 파괴된 것은 이스라엘 가운데 거하시는 하나님의 임재에 대한 부정이 아니라 그것의 확증이었다. 왜냐하면 발생한 사건들은 하나님의 진노의 결과였기 때문이다."[64]

하나님의 임재로부터의 추방인 심판

예레미야서의 심판 용어는 하나님으로부터의 분리를 함의하는 용어와 개념들로 가득한 이사야서의 그것과 비슷하다.[65] 예레미야는 다가오는 분리

---

[63] 예레미야가 이 본문들에서 "이름"을 사용한 것이 초기의 보다 내재적인 "카보드(영광) 신학"을 대체한 후기의 보다 초월적인 "이름 신학"을 암시할 개연성은 그리 크지 않다. 무엇보다도 신명기 역사서에서 초월성을 강조하는 "이름 신학"이 내재성을 강조하는 좀 더 초기의 "영광 신학"을 대체했다는 주장은 심각하게(그리고 설득력 있게) 다음과 같은 학자들의 도전을 받아왔다. I. Wilson, *Out of the Midst of the Fire*; Vogt, *Deuteronomic Theology*; Richter, *The Deuteronomistic History*; 그리고 좀 더 최근에 Cook, "God's Real Absence and Real Presence." 렘 7장과 관련하여 Mettinger는 이렇게 쓴다. "예레미야는 그의 성전 설교에서(렘 7:1-15) 하나님의 임재에 이의를 제기하지 않는다. 그는 그것을 다른 종류의 이름 신학으로 대체하지 않는다.…예레미야가 행하고 있는 것은 하나님의 임재에 **조건**을 부가하는 것이다. 즉 하나님의 뜻에 대한 백성의 순종 말이다"(렘 7:9)(Mettinger, *Dethronement of Sabaoth*, 65). Terrien은 이에 동의하면서 이렇게 말한다. "문제는 이제 하나님이 거룩한 곳(*hagios topos*)에 계속 거하실 것인지(*shaken*)가 아니라, 그분이 도덕성이 결여된 예배자들을 그곳에 머물도록 허락하실 것인가에 있다"(Terrien, *The Elusive Presence*, 205).

[64] Clements, *God and Temple*, 101.

[65] 앞에서 논의한 עזב(아자브, 버리다) 이외에, 예레미야가 공간적 분리를 뜻하기 위해 자주 사용하는 다른 단어들에는 נטשׁ(나타쉬, 끊어버리다, 던지다, 버리다, 떠나다[예. 렘 7:29; 23:39]), נדח(나다흐, ~하게 만들다, 자극하다, 몰고 가다, 추방하다[예. 8:3; 24:9; 27:10, 15;

에 대한 두 가지 주요 개념을 강조한다. 첫째, 하나님은 유다 백성과 예루살 렘을 그분의 임재와 그 땅으로부터 쫓아내셔서 포로로 보내실 것이다. 둘째, 하나님 자신이 떠나실 것이다.

사용된 용어들 가운데서 특히 역설적인 것은(예레미야는 역설과 언어유희를 좋아한다) עזב(아자브)다. NIV는 이 단어를 종종 "버리다"로 번역하지만, 이 단어는 "떠나다, 뒤에 남겨두다, 버리다"의 강한 어감을 전달할 수도 있다.[66] 하나님은 유다가 특히 다른 신들을 예배하러 가기 위해 자신을 먼저 버렸거나 떠났다(עזב)고 선언하신다. 그래서 하나님은 그들을 버리거나 떠나실(עזב) 것이다. 많은 본문은 유다와 예루살렘에 있는 백성들이 하나님을 떠나거나 버린(עזב) 것을 고발한다(렘 1:16; 2:13, 17, 19; 5:7, 19; 9:13; 16:11; 17:13; 19:4; 22:9). 예레미야 5:19에서 하나님은 그들이 자신을 버린 것을 그들이 포로된 것과 직접 그리고 역설적으로 연결하신다. "그들이 만일 이르기를 '우리 하나님 여호와께서 어찌하여 이 모든 일을 우리에게 행하셨느냐?' 하거든 너는 그들에게 이르기를, '너희가 여호와를 버리고[עזבתם אותי, 아자브템 오티] 너희 땅에서 이방 신들을 섬겼은즉, 이와 같이 너희 것이 아닌 땅에서 이방인들을 섬기리라' 하라." 올던(R. L. Alden)은 아자브(עזב)가 "언약을 파기하는 행위를 뜻하는 데 사용되는 언약적 용어"라는 점에 주목한다.[67]

29:18]), 그리고 שלח(샬라흐, 보내다, 멀리 보내다, 이혼하다[예. 3:1, 8; 9:16; 15:1])가 포함된다.

66   이 의미는 예레미야서에서 아자브(עזב)의 신학과 상관없는 몇몇 용례에서 분명히 볼 수 있다. "각 성읍이 **버림을 당하여** 거기 사는 사람이 없나니"(렘 4:29), "들의 암사슴은 새끼를 낳아도 풀이 없으므로 **내버리며**"(14:5), "레바논의 눈이 어찌 들의 바위를 **떠나겠느냐?**"(18:14) Gerstenberger는 무생물 목적어와 함께 사용될 때 이 단어의 기본적인 의미는 "떠나다"라고 말한다. 사람들(또는 하나님)과 관련하여, "이런 종류의 돌아섬이나 분리 역시 사법적·경제적·정치적·감정적 고려를 만들어낸다"(E. Gerstenberger, "עזב," *TDOT* 10:586).

67   R. L. Alden, "עזב," *NIDOTTE* 3:365. Stähli 역시 하나님이나 그분의 언약을 버린 것을 제

결렬된 언약 관계를 가리키기 위해 공간적 의미에서 "떠나다"라는 기본적인 의미를 지닌 용어가 신학적으로 (그리고 약간은 비유적으로) 사용되었다는 점에 주목할 필요가 있다. 하나님은 12:7에서 "내가 내 집을 버리며[עָזַבְתִּי, 아자브티] 내 소유를 내던져[נָטַשְׁתִּי, 나타쉬티; 아래에서 נטשׁ, 나타쉬에 관한 논의를 보라] 내 마음으로 사랑하는 것을 그 원수의 손에 넘겼나니"라고 선언하시면서 이 용어를 다시 사용하신다.[68] 따라서 토머스 레이트(Thomas Raitt)는 이렇게 결론을 내린다. "포로라는 징계의 완전한 파괴력이 시작될 때, 하나님은 그분의 백성과의 관계를 끝내시고 그들을 떠나신 것으로 이해되었다."[69]

한편 예레미야서는 심판 어휘가 풍부하며, 하나님의 임재에서 강제로 분리되어 포로가 된다는 사상을 전달하는 데 사용되는 다른 단어 및 개념들도 많이 있다. 예를 들어 예레미야 10:18에서 하나님은 이렇게 말씀하신다. "보라, 내가 이 땅에 사는 자를 이번에는 내던질 것이라[הִנְנִי קוֹלֵעַ, 히네니 콜레아]. 그들을 괴롭게 하여 깨닫게 하리라." קָלַע(칼라)라는 단어는 무기로서 "돌팔매"를 가리키는 데도 사용된다(삿 20:16; 삼상 17:49). 16:13에서 하나님은 창을 "던지다"는 뜻으로 사용되기도 하는 용어인 טוּל(툴, 던지다, 내던지다)을 사용하신다(삼상 18:11; 20:33). "내가 너희를 이 땅에서 쫓아내어

시하면서 עזב가 언약의 맥락에서 매우 자주 사용된다는 점에 주목한다. 그는 예레미야가 "언약 관계의 포기와 언약의 파기를 특징짓기 위해" 이 용어를 사용한다는 점에 주목한다 (H.-P. Stähli, "עזב," *TLOT* 2:868).

68 "집"이란 단어는 백성을 가리킬 수 있다(J. Thompson, *The Book of Jeremiah*, 357). 또는 좀 더 가능성이 높은 것으로서 성전을 가리킬 수 있다. Lundbom, *Jeremiah 1-20*, 653; J. D. Hays, *Jeremiah and Lamentations*, 82을 보라. 이 절에서 "기업"(inheritance, 개역개정에서는 "소유"로 번역되었음)은 땅과 백성을 다 가리키는 것 같다. "내 마음으로 사랑하는 것"은 백성을 가리킨다. Lundbom, *Jeremiah 1-20*, 654을 보라.
69 Raitt, *A Theology of the Exile*, 66.

[וַהֲטַלְתִּי, 베헤탈티] 너희와 너희 조상들이 알지 못하던 땅에 이르게 할 것이라." 18:17에 사용된 פוץ(푸츠)라는 단어는 "흩어버리다"라는 어감을 전달한다. "내가 그들을 그들의 원수 앞에서 흩어버리기[אֲפִיצֵם, 아피쳄]를 동풍으로 함같이 할 것이며 그들의 재난의 날에는 내가 그들에게 등을 보이고 얼굴을 보이지 아니하리라."[70] 하나님은 9:16, 13:24, 30:11에서 포로를 언급하기 위해서도 פוץ(푸츠)를 사용하신다. 마지막으로 하나님은 32:31에서 סור(수르, 깨끗이 정리하다, 제거하다, 옮기다)를 사용하신다. "이 성이 건설된 날부터 오늘까지 나의 노여움과 분을 일으키므로 내가 내 앞에서[מֵעַל פָּנַי, לְהָסִירָהּ, 라하시라 메알 파나이] 그것을 옮기려 하노니." NIV에서 "내 시야"(my sight)로 번역된 단어가 하나님의 임재를 가리키는 데 종종 사용되는 용어인 פָּנַי(파나이, 내 얼굴)라는 점에 주목하라. CSB는 이 어감을 다음과 같이 잘 포착했다. "그러므로 내가 그것을 내 임재에서 제거하리라."[71]

---

70 지금 백성에게 당신의 얼굴이 아니라 등을 보여주시는 하나님에 관한 관용어에 주목하라. Lundbom은 이것을 눈에 띄고 역설적인 신인동형론적 표현으로 이해한다. 즉 백성들이 하나님께 그들의 등을 돌려왔으며(렘 2:27; 7:24; 32:33), 지금은 하나님이 적합한 징계로써 그들에게 그분의 등을 돌리신다는 것이다(Lundbom, *Jeremiah 1-20*, 823). 하지만 이 연구 내내 우리가 "얼굴"(פָּנִים, 파님)을 가리키는 용어와 하나님의 임재 간의 밀접한 관계를 살펴보았음에 주목하라. 하나님께서 그들에게 그분의 얼굴이 아니라 등을 돌리셨을 때, 그것은 그분의 강력하며 보호하시는 임재의 상실을 표시한다. Longman은 이 이미지를 다음과 같이 포착한다. "심판이 임하여 이스라엘 백성이 재앙을 받는 동안 하나님은 이스라엘 백성에게 그분의 얼굴이 아니라 등을 보이심으로써 그들에게서 떠나실 것을 나타내신다. 하나님이 그들을 떠나셔서 그들이 하나님이 부재하신다는 것의 결과를 겪게 될 때, 그들은 하나님의 등을 보게 될 것이다"(Longman, *Jeremiah, Lamentations*[예레미야, 예레미야 애가』, 성서유니온선교회 역간], 141).
71 동일한 관용어구가 포로를 언급하는 것이 분명한 왕하 23:27(הָסִיר מֵעַל פָּנַי, 아시르 메알 파나이)과 24:3(לְהָסִיר מֵעַל פָּנָיו, 레하시르 메알 파나브)에서 사용된다.

하나님은 예루살렘과 직접 싸우신다

이사야서처럼, 예레미야서에서 예언자가 다가오는 심판을 경고할 때 사용한 가장 끔찍한 이미지들 가운데 하나는 하나님이 예루살렘과 유다를 대적하여 직접 싸우신다는 것이다. 그래서 하나님은 그분이 유다의 백성들을 보호하고 계셨던 성전에서 그분의 임재를 거두어들이실 것이다. 그뿐 아니라 그분의 임재가 그들을 대적하여 실제로 싸우기도 할 것이다. 이처럼 무시무시한 심판을 제시하는 본문들은 예레미야 4:26,[72] 9:16, 21:5,[73] 10, 33:5,[74] 44:11을 포함한다.

하나님은 법궤가 없는 보좌, 시온에 있는 그분의 보좌로 다시 오실 것이다

예레미야서의 처음 스물아홉 장이 심판에 초점을 맞추고 있지만, 회복의 장관을 이루는 미래의 때를 묘사하는 중요한 본문들이 더러 있다. 예레미야 3:16-18이 이 중요한 본문들 가운데 하나다.

---

[72] McKane은 이렇게 주석한다. "마을은 폐허에 놓여 있으며, 이는 단순한 자연적 또는 역사적 재앙의 맹목적인 잔인함이 아니다. 이것은 야웨의 의도적인 행위다"(McKane, *Jeremiah*, 1:107). Longman은 이 이미지가 벌을 주기 위해 오시는 용사로서의 하나님이라는 주제와 연결된다고 말한다(Longman, *Jeremiah, Lamentations*, 51).

[73] 대명사 "나"는 강조적 의미로 사용된다(וְנִלְחַמְתִּי אֲנִי אִתְּכֶם, 베닐함티 아니 이트켐). Lundbom은 이렇게 진술한다. "자신의 언약 백성을 대적하여 싸움을 벌이고 계시는 이는 바로 야웨 자신이다"(Lundbom, *Jeremiah 21-36*, 102). Longman은 이것을 "역전된 거룩한 전쟁"으로 칭한다(Longman, *Jeremiah, Lamentations*, 154).

[74] 이 구절과 관련하여 Goldingay는 이렇게 쓴다. "예루살렘의 구조와 백성들을 강타하고 있는 것은 단지 바빌로니아의 무기만이 아니다. 야웨가 그들을 치고 있다"(Goldingay, *Old Testament Theology*, 2:359).

여호와의 말씀이니라. "너희가 이 땅에서 번성하여 많아질 때에는 사람들이 여호와의 언약궤를 다시는 말하지 아니할 것이요, 생각하지 아니할 것이요, 기억하지 아니할 것이요, 찾지 아니할 것이요, 다시는 만들지 아니할 것이며, 그때에 예루살렘이 그들에게 여호와의 보좌라 일컬음이 되며 모든 백성이 그리로 모이리니, 곧 여호와의 이름으로 말미암아 예루살렘에 모이고 다시는 그들의 악한 마음의 완악한 대로 그들이 행하지 아니할 것이며, 그때에 유다 족속이 이스라엘 족속과 동행하여 북에서부터 나와서 내가 너희 조상들에게 기업으로 준 땅에 그들이 함께 이르리라."

"그때에"라는 어구는 미래가 과거와 다를 것이며, 중요한 불연속성이 있을 것임을 암시한다.[75] "너희가 이 땅에서 번성하여 많아질 때에는"이라는 어구는 하나님의 백성들이 그 땅으로 돌아와 숫자가 많아지는 미래의 회복을 그린다. 미래에 대한 이 환상과 관련하여 오히려 충격적인 것은 예루살렘에 언약궤가 없다는 점이다.[76] 출애굽 동안 성막이 건립된 이래, 그리고 계속해서 예루살렘에 성전이 있던 기간에, 언약궤는 이스라엘 가운데 거하시는 하나님의 임재를 가리키는 중심적인 초점이 되었다. 또한 언약궤는 종종 하나님의 보좌와 연결되었으며, 보좌 그 자체로 여겨지거나 그분의 보좌의 발등상으로 이해되었다(왕하 19:15; 대상 28:2; 시 99:1). 훨씬 더 충격적인 것은 언약궤를 그리워하거나 그것을 대체하려고 하는 사람이 아무도 없

---

75 Lundbom, *Jeremiah 1-20*, 314.
76 "사람들이 여호와의 언약궤를 다시는 말하지 아니할 것이요"라는 진술은 "여호와의 언약궤"라는 어구가 맹세로 사용되고 있음을 암시하는 것으로 보인다. 7:14의 "이것은 여호와의 성전이다"라는 맹세처럼 말이다. McKane, *Jeremiah*, 1:73; Lundbom, *Jeremiah 1-20*, 314을 보라.

다는 사실이다.[77] 언약궤를 그리워하거나 대체하려는 사람이 한 사람도 없는 이유는 예레미야 3:17에서 다음과 같이 제시된다. "그때에 예루살렘이 그들에게 여호와의 보좌라 일컬음이 되며." 따라서 도시 예루살렘이 하나님의 보좌인 언약궤를 대체할 것이다.[78] 예레미야는 하나님의 임재가 귀환할 때를 기술하지만, 그의 이미지는 과거처럼 언약궤 위에 보좌를 둔 지성소에 거하기 위해 성전에 다시 오시는 하나님의 이미지가 아니다. 미래에는 예루살렘의 전체 도시가 하나님이 지금 그 성에 거하시는 것으로 보이는 하나님의 보좌가 될 것이다.

NIV는 예레미야 3:17의 후반부를 "그리고 모든 민족이 야웨의 이름을 높이기 위해 예루살렘에 모일/또는 모이게 될 것이다"라고 번역한다. 더욱이 NIV는 "높이기 위해"라는 함의를 상정하지만, 본문은 실제로 그들이 "야웨의 이름에, 예루살렘에" 모이게 될 것이다(לְשֵׁם יְהוָה לִירוּשָׁלָ͏ִם, 레쉠 야웨 리루샬라임)라고만 말할 뿐이다.[79] 하지만 우리가 앞에서 논의했듯이, "야웨의 이름"은 그분의 임재를 가리키는 또 다른 방법이며, 이것이 아마도 여기서 말하고자 하는 의미일 것이다. NRSV와 ESV가 번역했듯이 말이다("그리고 모든 민족이 그리로, 즉 예루살렘에 있는 야웨의 임재로 모일 것이다").[80] 하나님의 임재가 예루살렘 도시 전체에 스며들고,[81] 세상의 민족들이 그 주

---

77 언약궤가 매우 중요한 몇 가지 신학적 실재를 상징했음을 상기하라. 언약궤는 야웨의 보좌로 기능했을 뿐만 아니라 속죄일의 "시은좌"로 기능하기도 했다. 그리고 언약궤에는 하나님의 율법인 "토라"가 들어 있었다. 언약궤는 하나님의 거룩하심과 죄를 지은 사람들이 거룩하신 하나님께 가까이 나아가지 못함을 강조했다.
78 Lundbom, *Jeremiah 1-20*, 314; McKane, *Jeremiah*, 1:73.
79 Lundbom, *Jeremiah 1-20*, 315. 하지만 "야웨의 이름에, 예루살렘에"라는 전체 어구는 70인역에서는 빠져 있으며, 대신 단순히 "그녀에게"(to her)로 대체된다.
80 Terrien은 많은 주석가들이 이 어구를 "예루살렘에 있는 야웨의 **임재**로"로 번역한다는 점에 주목한다(Terrien, *The Elusive Presence*, 207).
81 Allen, *Jeremiah*, 58; Longman, *Jeremiah, Lamentations*, 43. Weinfeld는 이렇게 쓴다. "예

위에 모일 것으로 보인다.[82] 따라서 예레미야 3:16-18은 하나님의 임재가 예루살렘 도시에 임하여 그분의 보좌에서 통치할 미래의 때를 묘사한다. 하지만 그 보좌는 언약궤와 결합되지 않는다. 실제로 예루살렘 도시 전체가 그분의 보좌로 여겨질 것이다.

하나님은 목자가 그의 양 떼를 모으듯이 그분의 백성을 다시 모으신다

이사야서처럼, 예레미야서에서 하나님은 목자가 그의 양들을 모으듯이 그분의 백성을 다시 모아 그들을 회복시키는 일에 직접 관여할 것이라고 약속하신다(렘 23:3). 마찬가지로 이사야서(와 특히 에스겔서)처럼, 사랑이 많은 목자로서의 하나님에 대한 이미지와 목자로서 그분이 일으키시는 장차 올 메시아적 인물에 대한 이미지는 때때로 중첩되거나 합쳐진다. 따라서 예레미야 23:3-6에서 하나님은 친히 양 떼를 다시 모으실 것이라고, 그러나 또한 목자들을 그들 위에 세우고 그들을 다스릴 의롭고 공의로운 다윗 계열의 왕을 세우실 것이라고 말씀하신다.

루살렘 전체가 과거에 그랬듯이 하나님의 거처다"(Weinfeld, "Jeremiah and the Spiritual Metamorphosis," 20). Harrison은 이렇게 설명한다. "시온에서 하나님의 임재는 그 엄위로 말미암아 언약궤와 그 밖의 다른 제의 대상들을 무색하게 할 것이며, 하나님의 실재에 대한 그런 상징들의 사용을 불필요하게 만들 것이다"(Harrison, *Jeremiah and Lamentations*, 66).

82 렘 16:19-21은 미래에 하나님께 나아오는 민족들을 이와 비슷하게 묘사한다. "여호와여, 민족들이 땅끝에서 주께 이르러…여호와께서 이르시되, '보라, 이번에 그들에게 내 손과 내 능력을 알려서 그들로 내 이름이 여호와인 줄 알게 하리라.'"

새 언약의 중심에는 하나님의 회복된 임재가 있다

예레미야 30-33장은 하나님께서 어떻게 친히 그분의 흩어진 백성들을 다시 모으고 회복시키실지에 대한 반복되는 언어로 가득 차 있다. 이렇게 다시 모으시는 것은 하나님의 강력하며 의도적인 임재로 말미암아 이루어지며, 새 언약으로 이어진다. 예를 들어 예레미야 30:11은 이렇게 말한다. "이는 여호와의 말씀이라. 내가 너와 함께 있어 너를 구원할 것이라 (כִּי־אִתְּךָ אֲנִי נְאֻם־יְהוָה לְהוֹשִׁיעֶךָ, 키-이트카 아니 네움-야웨 레호쉬에카)."[83] 트렘퍼 롱맨은 이 선언("내가 너와 함께 있다")이 하나님의 임재의 회복과 그 결과로 따라오는, 백성의 죄로 인해 파기되었던 언약의 회복을 시사한다고 진술한다.[84] 언약이 회복되고 있다는 것은 30:22에 의해 확증된다. 여기서 하나님은 세 부분으로 이루어진 언약 공식의 나머지 내용을 선언하신다. "너희는 내 백성이 되겠고, 나는 너희의 하나님이 되리라."[85] 세 부분으로 이루어진 이 언약 공식의 세 측면("나는 너희의 하나님이 될 것이다, 너희는 내 백성이 될 것이다, 나는 너희 가운데 거할 것이다")을 진술하는 것은 하나님의 회복된 임재와 함께 "새" 언약이 약속되고 있음을 보여준다. 실제로 예레미야는 다음 장(렘 31장)에서 새 언약의 상세한 내용을 말할 것이다.

---

83 "내가 너를 구원하기 위해 너와 함께 있다"(NRSV, ESV, NASB)가 NIV의 "내가 너와 함께 있을 것이며, 너를 구원할 것이다"보다 히브리어의 문법적 의미를 더 잘 간파했다. 렘 30:11-12이 70인역에는 생략되었지만, 렘 46:27-28에 거의 동일하게 다시 등장한다는 점을 주목하라. 하나님은 예레미야에게 "내가 너와 함께 있다"라고 여러 번 약속하실 것이다 (렘 1:8, 19; 15:20). 렘 15:20의 구문(כִּי־אִתְּךָ אֲנִי לְהוֹשִׁיעֶךָ, 키-이트카 아니 레호쉬아카)은 30:11과 46:27-28의 구문과 매우 비슷하다.

84 Longman, *Jeremiah, Lamentations*, 200.

85 Longman, *Jeremiah, Lamentations*, 203; J. D. Hays, *Jeremiah and Lamentations*, 220; Allen, *Jeremiah*, 339.

이런 까닭에 예레미야 31장의 첫 절은 "그때에 내가 이스라엘 모든 종족의 하나님이 되고 그들은 내 백성이 되리라"는 서술로 장을 연다. 그러고 나서 31:6은 하나님의 임재의 회복이 다시 시온으로 돌아온 장면을 기술한다. "너희는 일어나라. 우리가 시온에 올라가서 우리 하나님 여호와께로 나아가자." 그 후 이어지는 몇 절(렘 31:7-14)에서 하나님은 다시 목자처럼 그분의 양 떼를 친히 다시 모으시고 그들을 그들의 땅으로 회복시키시는 분으로 묘사된다. 31:23의 "거룩한 산"은 시온(참조. 31:6), 즉 성전산을 가리킨다. 이곳은 포로에서 귀환한 사람들에게 부여되는 축복의 중심이 될 것이다.[86] 이는 다시 하나님의 임재가 그곳에서 이 복을 가져온다는 사실을 암시한다.

예레미야 31:31-33에서 하나님은 이스라엘 및 유다와 "새 언약"을 맺겠다고 분명하게 선언하시는데, 그 이유는 그들이 시내산에서 맺은 옛 언약을 깨뜨렸기 때문이다. 출애굽과 그 기간에 체결된 옛 언약에 대한 암시들이 강하게 나타난다. 16:14-15에서 새로운 출애굽이 약속되었듯이, 지금은 새로운 출애굽에 동반되는 새 언약이 약속된다.[87] 31:33에서는 세 부분으로 이루어진 언약 공식과의 분명한 연결이 이루어진다. 예레미야 31:33은 그 공식의 전형적인 내용 중에 두 가지 요소가 반복된다. "나는 그들의 하나님이 되고 그들은 내 백성이 될 것이라." 세 번째 측면인 하나님의 임재("나는 그들 가운데 거할 것이다")는 깜짝 놀랄 만큼 수정되는데, 그 이유는 31:33이 "내가 나의 법[תּוֹרָתִי, 토라티]을 그들의 속에[בְּקִרְבָּם, 베키르밤] 두며 그들의 마음에 기록하여"라고 선언하기 때문이다.

---

86 Longman, *Jeremiah, Lamentations*, 209.
87 Allen, *Jeremiah*, 355.

"토라"는 "율법"만을 의미하는 것이 아니라 "가르침" 또는 "교훈"도 의미한다는 점을 기억하라. 토라는 종종 하나님의 뜻에 관한 계시와 연결되며, 예레미야서에서는 일반적으로 "계명, 규정, 반드시 주의해야 할 말"을 지칭한다.[88] 둘째로 이 본문은 (파기된 언약을 논의한) 예레미야 7장과 11장[89]은 물론이고 3:16-18과도 연결된다. 3:16-18에서는 (새 언약의 때인) 미래의 회복이 서술되며, 옛 언약의 핵심적 특징인 언약궤가 없지만 그리워하지 않는다고 분명히 말한다.[90] 하나님의 토라가 궤 안에 또는 궤 앞에 놓였다는 강한 전통이 있었다(신 31:26; 출 25:16). 하나님께서 그분의 보좌이자 그분의 임재의 한정된 자리인 언약궤로 돌아오지 않으시듯이(렘 3:16-18), 하나님은 토라의 자리(그들 가운데 놓음, 그들의 마음에 기록함)와 토라에 순종할 수 있는 그들의 능력을 극적으로 갱신하실 것이다. 그들 가운데 있는 이 토라(가르침)의 결과는 31:34에서 제시된다. "그들은 작은 자로부터 큰 자까지 다 나를 알리라." 이는 하나님과 그분의 백성 사이의 광범위하게 회복된 관계를 나타낸다.[91]

---

88 Keown, Scalise, and Smothers, *Jeremiah 26-52*, 134.
89 Allen, *Jeremiah*, 355.
90 Keown, Scalise, and Smothers, *Jeremiah 26-52*, 133.
91 Leene은 렘 31:31-33과 렘 24:5-7의 유사성을 지적한다. 렘 24:5-7에서 하나님은 "그들은 내 백성이 되겠고 나는 그들의 하나님이 되리라"(24:7)는 언약 공식을 사용하여 이스라엘의 회복을 말씀하신다. 그러고 나서 그들에게 야웨이신 그분을 아는 "마음"을 주겠다고 약속하신다(Leene, "Ezekiel and Jeremiah," 161-62).

에스겔

에스겔의 중요한 세 가지 환상을 통해 에스겔서의 핵심적인 신학적 이동을 추적할 수 있다고 설명하는 학자들이 많이 있다. 세 가지 환상은 모두 하나님의 임재와 관련이 있다. (1) 에스겔은 움직이는 보좌에 앉으신 하나님이 바빌로니아의 포로들과 함께 계신 것을 본다(겔 1:1-3:15). (2) 에스겔은 하나님께서 예루살렘의 성전을 떠나시는 것을 본다(8:1-11:25). (3) 에스겔은 하나님께서 미래의 새로운 성전으로 다시 오시는 것을 본다(40:1-48:35).[92] 이 세 단위는 "야웨의 영광"(כְּבוֹד־יהוה, 케보드-야웨)이라는 어구의 사용으로 단단히 연결되는데, 이 어구는 하나님의 임재를 가리키며 이들 본문에서 여러 번 등장한다.[93] 또한 에스겔서 전체에는 פָּנֶה(파네, 얼굴, 임재)라는 단어가 (다양한 문법적 형태로) 150번 이상 등장한다. 마찬가지로 에스겔서는 하나님의 임재에 대한 환상으로 시작하고 다음과 같은 진술로 마무리된다. "그날 후로는 그 성읍의 이름을 여호와 삼마['여호와가 거기 계시다']라 하리라"(48:35). 하나님의 임재(그분의 떠남과 돌아옴)가 에스겔서에서 유일한 중심 주제는 아닐지라도 하나의 중심 주제라는 점은 의심의 여지가 없다.[94]

92　McConville, *A Guide to the Prophets*, 87, 99-100; Blenkinsopp, *A History of Prophecy in Israel*, 168-69; Petersen, *The Prophetic Literature*, 140. 몇몇 학자는 겔 37:1-14에 있는 네 번째 환상(마른 뼈의 골짜기)을 환상에 의한 이런 와해에 첨가한다. 예를 들어 Darr, "The Book of Ezekiel," 1089을 보라. Kutsko는 에스겔서가 구조적으로 예루살렘 성전과 하나님의 כָּבוֹד(카보드, 영광=임재)를 중심으로 전개된다고 제안한다. 그는 교차대구 형식으로 이런 사상의 흐름을 조직한다. A-하나님의 임재에서 하나님의 부재로(1:1-11:25), B-멸망의 준비(12:1-24:27), C-열국에 대한 계시들(25:1-32:32), B′-회복의 준비(33:1-39:29), A′-하나님의 부재에서 하나님의 임재로(40:1-48:35) (Kutsko, *Between Heaven and Earth*, 1-2, 9).

93　Tooman, "Covenant and Presence," 156.

94　House, *Old Testament Theology*, 327-29. House는 에스겔서에 관한 장의 제목을 "임재하시는 하나님"으로 붙인다.

에스겔은 포로로 있는 동안 하나님의 임재를 대면한다

에스겔이 하나님의 임재를 처음으로 대면하는 사건은 에스겔 1:1-3:15에서 발생한다.[95] 이사야가 이사야 6장에서 하나님을 대면한 것처럼, 에스겔이 하나님을 대면한 것은 예언자의 특별한 예언자적 "소명" 또는 "사명"으로 작용한다. 에스겔이 하나님을 만난 경험과 이사야가 하나님을 만난 경험 사이에는 몇 가지 유사점이 있지만, 중요한 차이점들도 있다.[96] 물론 가장 명확한 차이는 장소다. 이사야는 하나님을 그분이 일반적으로 거하시는 성전에서 대면한다. 에스겔은 바빌로니아에서 포로로 있는 동안 하나님의 임재를 대면한다. 그래서 이사야의 대면이 그의 소명에 대한 출발점으로서 하나님의 거룩함을 강조하는 반면, 에스겔의 대면은 바빌로니아에 있는 동안에도 포로들 사이에서 그를 예언자로 부르시고 그에게 힘을 불어넣으시는 것을 보여주기 위해 하나님의 이동성과 그분의 주권적인 능력을 강조한다. 또한 이사야서의 장면이 성전에서 자신의 보좌에 평화롭게 좌정하고 계시는 하나님을 예배하는 모습인 반면, 에스겔서에서는 하나님의 영광(겔 1:28)이 번갯불을 동반한 불붙은 전차(바퀴)를 타고 "폭풍" 속에서 온다. 이는 하나님께서 출애굽 때 나타나셨던 모습과 더 일치한다.[97]

"야웨의 영광"이란 어구는 에스겔서에서 자주 사용된다.[98] 이는 하나

---

[95] Kutsko는 다음과 같이 말한다. "실제로 겔 1:1-3:15과 8:1-11:25에는 히브리 성서에서 하나님의 임재에 대한 가장 극적인 묘사들이 들어 있다"(Kutsko, *Between Heaven and Earth*, 88).

[96] Zimmerli, *Ezekiel 1*, 108-10에 제시된 두 환상의 비교를 보라.

[97] Zimmerli, *Ezekiel 1*, 109. 불타는 숯불을 동반하고 불붙은 폭풍 전차(바퀴)를 타신 하나님에 대한 그림은 에스겔의 사역 초기를 지배한 주제인 심판과 진노를 함축하는 두려운 환상이다. C. Wright, *The Message of Ezekiel*(『에스겔 강해』, IVP 역간), 53; Block, *The Book of Ezekiel: Chapters 1-24*(『에스겔 I (1-24장)』, 부흥과개혁사 역간), 108-9을 보라.

[98] "야웨의 영광" 또는 "이스라엘의 하나님의 영광"은 겔 1:28; 3:12, 23; 8:4; 9:3; 10:4, 18, 19;

님의 임재를 분명히 가리킨다.⁹⁹ 발터 침멀리(Walther Zimmerli)는 다음과 같이 쓴다. "신의 어렴풋한 임재가 그(에스겔)를 지나간 것이 아니다. 이스라엘의 하나님이신 야웨께서 כְּבוֹד־יְהוָה(케보드-야웨)의 영광 중에 그를 만났다. 그분이 광야 기간의 거대한 사건들에서 이스라엘을 만나셨듯이 말이다."¹⁰⁰

이사야의 환상과 구별되는 에스겔의 환상에서 매우 중요한 또 다른 특징은 "성령/영"이 수행하는 중요하고도 널리 퍼져 있는 역할이다. 실제로 소명 내러티브를 여는 이 단락에서 רוּחַ(루아흐, 영, 바람, 호흡)라는 단어는 여덟 번 나온다(겔 1:4, 12, 20, 21; 2:2; 3:12, 14, 24). 이런 도입의 용례는 에스겔서 전체에서 רוּחַ(루아흐)가 빈번하게 사용되는 무대를 마련하는 중요한 역할을 수행한다. 대니얼 블록은 실제로 에스겔을 "성령의 예언자"라고 부른다.¹⁰¹

에스겔 1:4에서 רוּחַ(루아흐)라는 용어는 폭풍을 가리킨다. 하지만 비록 NIV가 소문자 s로 번역하지만("그 영[the spirit]이 어디로 가든지 그 생물들도 그대로 간다"), 1:12에서 רוּחַ(루아흐)의 용례는 보좌 위에 계신 분, 즉 하나님 자신에게서 나오는 "성령"으로 이해하는 것이 가장 좋다.¹⁰² 마찬가지로 1:20에서 רוּחַ(루아흐)의 첫 번째 언급("성령이 어느 쪽으로 가시든지")도 하나님

11:22, 23; 43:2, 4, 5; 44:4에 등장한다.
99 Eichrodt, *Ezekiel*(『에제키엘』, 한국신학연구소 역간), 58; Zimmerli, *Ezekiel 1*, 124; Block, *The Book of Ezekiel: Chapters 1-24*, 105; Kutsko, *Between Heaven and Earth*, 12.
100 Zimmerli, *Ezekiel 1*, 124.
101 Block, "The Prophet of the Spirit," 27-49.
102 Zimmerli, *Ezekiel 1*, 130; Block, "The Prophet of the Spirit," 36; Cooper, *Ezekiel*, 67; Allen, *Ezekiel 1-19*(『에스겔 1-19』, 솔로몬 역간), 32; Greenberg, *Ezekiel 1-20*, 45-46; Eichrodt, *Ezekiel*, 57; C. Wright, *The Message of Ezekiel*, 50; R. Alexander, "Ezekiel," 757; Schuele, "The Spirit of YHWH," 21-22. 따라서 CSB는 이렇게 번역한다 "그들은 성령[the Spirit]이 가고 싶어 하는 곳은 어디든지 갔다."

에게서 나오는 רוּחַ(루아흐, 성령)로 이해해야 한다. 덜 분명한 것은 1:20에 나오고 1:21에서도 반복되는 רוּחַ הַחַיָּה(루아흐 하하야)다. NIV는 이것을 "생물들의 영"으로 번역했다. 이는 바퀴들에게 생명을 공급하고 그 바퀴들이 움직이고 진행하게 하는 "영"이다. NIV가 단수형 הַחַיָּה(하하야, "생명" 또는 "살아 있는 것")를 네 생물 모두를 가리키는 집합 명사로 취했지만, 많은 학자들은 이 단어를 단지 "생명"으로 번역해야 하며, 그래서 이 어구를 "생명의 성령"으로 옮겨야 한다고 주장해왔다. 이것은 생물들, 바퀴들, 보좌의 모든 움직임을 통솔하시는 보좌에 앉으신 하나님에게서 나오는 1:12과 1:20의 동일한 성령을 가리킨다.[103]

에스겔 1:28에서 예언자는 하나님의 영광 앞에 엎드린다. 2:1에서 하나님은 에스겔에게 일어서라고 말씀하시고, 2:2에서 에스겔은 "그 영(성령)이 내게 임하사 나를 일으켜 내 발로 세우"셨다고 진술한다. 바로 이 시점에 하나님은 에스겔에게 그의 앞에 놓인 과제를 설명하신다. 하나님이 에스겔에게 말씀을 마치신 후, 성령이 에스겔을 들어 올리시고(겔 3:12), 그를 데리고 가신다(3:14). 3:22-24에서 에스겔은 2:1-2과 비슷한 경험을 한다. 즉 그는 하나님의 영광을 보고 엎드리며, 성령이 그를 들어 올리시고, 하나님이 그에게 교훈하신다.

이사야서가 רוּחַ(루아흐)라는 용어를 51회나 사용하지만, 이사야가 성전에서 본 하나님에 대한 환상(사 6장)에 성령이 전혀 언급되지 않는다는 점은 흥미롭다. 이사야가 하나님과 연결하여 성령을 말할 때, 그것은 일반적으로 미래의 회복을 묘사하는 본문에서다. 반면에 에스겔은 자신이 하나

---

103 Block, *The Book of Ezekiel: Chapters 1-24*, 101; Block, "The Prophet of the Spirit," 36-37; Zimmerli, *Ezekiel 1*, 130; C. Wright, *The Message of Ezekiel*, 50; Allen, *Ezekiel 1-19*, 34; Cooper, *Ezekiel*, 69; Levison, *Filled with the Spirit*, 97-98.

님을 대면한 것을 묘사할 때만 רוּחַ(루아흐)라는 용어를 사용한다. 에스겔의 소명 기사 전체(겔 1:4-3:27)에서 성령(רוּחַ, 루아흐)은 하나님 자신과 분명하게 밀접히 연결되고 하나님에게서 나오며, 전차를 이동시키고 에스겔을 움직이는 데 있어 중요한 역할을 수행한다.

따라서 에스겔의 소명 내러티브를 여는 단락에서 רוּחַ(루아흐)가 반복 사용되는 것은 특별한 무엇을 전달하거나 우리에게 어떤 서론적인 신학적 요지를 일깨우는 것이 아닐까? 대니얼 블록은 이 용어의 복잡성과 광범위한 의미론적 범위와 용례를 인정하면서도 에스겔에서 이 용어에 관한 일반적인 결론에 이른다. 그는 하나님의 רוּחַ(루아흐)를 이해함에 있어서 이렇게 결론짓는다. "우리는 제일 먼저 땅에서의 하나님의 임재를 생각해야 한다.…루아흐(רוּחַ)는 사람들 사이에서 일하시는 하나님의 능력이다. 그것은 창조하시고, 생명을 불어넣으시며, 에너지를 공급하는 힘이다. 루아흐(רוּחַ)는 하나님 외에 다른 어떤 것과 동일시될 수 없다."[104]

최근에 안드레아스 슐레(Andreas Schuele)는 에스겔서에서 רוּחַ(루아흐)는 "하나님의 임재의 나타남에 대한 또 다른 막"으로 기능한다고 제안했다. 즉 רוּחַ(루아흐)는 "야웨의 영광"의 강렬한 임재를 둘러싸고 있는 강력하고 유동적인 바람 같은 힘이라고 말이다. 슐레의 주장에 따르면, "야웨의 영광"과 달리 "자유롭게 흐르는 '루아흐'는 인간을 하나님의 임재의 아우라로 인도한다. 비록 이것이 여전히 강력하고 하나님과의 완전히 '안전한' 만남은 아니지만, 루아흐는 인간 세계와 연결되고 변형과 변화의 힘이 되는 신적 아우라의 일부로 이해된다."[105]

---

104 Block, "The Prophet of the Spirit," 48-49.
105 Schuele, "The Spirit of YHWH," 21-22. 또한 Schuele는 카보드(영광)와 루아흐(성령)가 성전 및 성막과 관련이 있는 성화의 단계(즉 지성소, 성소, 뜰, 진영/도시)를 반영하는 것으로

하나님은 성전에 거하시며 그곳에서 우상숭배로 인해 상처를 입으신다

이사야서와 예레미야서처럼, 그리고 에스겔 8-11장에서 하나님이 성전을 떠나시기 전의 상황과 마찬가지로, 하나님은 예루살렘 성전에 거하시는 것으로 묘사된다. 그곳에서 하나님은 성전 바로 안에서 그리고 성전 주변에서 백성들이 행한 우상숭배로 인해 특히 더럽힘을 당하신다. 에스겔서는 하나님의 거룩하신 임재를 거슬러 행하는 이 구체적인 더럽힘을 자주 지적한다.[106] 존 쿠츠코(John Kutsko)에 따르면, 그 까닭은 우상숭배가 "하나님의 임재에 대한 불법적인 표현"이라는 데 있다.[107] 그러므로 하나님의 임재와 부재에 초점을 맞추는 책에서 이방 신들의 거짓 임재를 믿는 이스라엘의 신앙을 부(部)주제 중 하나로 삼고 있다는 것은 그리 놀랍지 않다.[108]

에스겔 8장에서 하나님은 에스겔을 데리고 (하나님이 거하시는) 예루살렘으로 다시 오셔서 성전 구석구석을 보여주신다. 하나님은 우상숭배가 벌어지고 있는 여러 장소를 가리키시면서 그것이 바로 성전 문들 안에서 그리고 성전 뜰 안에서 일어나고 있음을 알려주신다. 하나님은 8:6에서 에스

보인다고 제안한다. Levison은 에스겔서에서 "영"(spirit)이 수행하는 독특하고 중심적인 역할과 관련하여 영은 생명을 줄 뿐만 아니라 그 생명에 이동과 활력을 주기도 한다고 주장한다(Levison, *Filled with the Spirit*, 97-98). McDonald는 이와 비슷하게 에스겔이 하나님을 대면한 것에서, 특히 예언자로서 그의 소명에서 "영"의 중심성을 관찰한다(MacDonald, "The Spirit of YHWH").

106 Kutsko, *Between Heaven and Earth*, 25-29. 에스겔서는 우상들을 지칭하기 위해 אֱלֹהִים(엘로힘)이라는 용어를 사용하지 않는 대신에 "대변" 또는 "똥 덩어리"라는 의미를 전달하는 경멸적인 말인 גִּלּוּלִים(길룰림)이라는 용어를 사용한다는 점에서 독특하다. Kutsko, *Between Heaven and Earth*, 32-35; Barrett, "Idols, Idolatry, Gods," 354의 논의를 보라.
107 Kutsko, *Between Heaven and Earth*, 25-76.
108 Kutsko는 이렇게 쓴다. "에스겔은 포로들에게 신학적 전제를 제시하고자 의도적으로 우상숭배를 조롱한다. 즉 우상의 물리적인 존재는 그들의 무력함을 나타내지만, 하나님의 임재의 부재는 하나님의 능력을 나타낸다"(Kutsko, *Between Heaven and Earth*, 75).

겔에게 물으신다. "인자야, 이스라엘 족속이 행하는 일을 보느냐? 그들이 여기에서 크게 가증한 일을 행하여 나로 내 성소를 멀리 떠나게 하느니라. 너는 다시 다른 큰 가증한 일을 보리라." 성전 땅만 더럽혀진 것이 아니었다. 성전 안의 하나님의 거룩한 임재도 더럽혀졌으며, 이 노골적인 더럽힘은 위험천만한 지경까지 이르렀다.[109] 이 주제는 23:36-39에서 약간 변형되어 반복된다.

하나님의 임재로부터의 분리인 심판

이사야서와 예레미야서처럼, 에스겔서에서 이스라엘/유다에 임하는 심판은 종종 하나님으로부터의 분리와 관련되는 용어와, 그 결과 나타나는 예루살렘에서 보호하시고 복을 주시는 하나님의 임재의 상실과 관련되는 용어로 서술된다. 예를 들어 에스겔 7:22에서 하나님은 이렇게 말씀하신다. "내가 또 내 얼굴을 그들에게서 돌이키리니, 그들이 내 은밀한 처소를 더럽히고 포악한 자도 거기 들어와서 더럽히리라." "내가 내 얼굴을 돌이키리니"라는 말은 하나님과 백성의 분리를 묘사한다. 이는 하나님께서 예루살렘을 버리신 것과 그 결과로 벌어진 예루살렘의 멸망에 종종 사용되는데,[110] 이것이 바로 이 구절에서 전달하려는 의미인 것 같다. "내 은밀한 처소"(또는 내가 소중히 여기는 처소)는 온 땅이나 예루살렘 도시를 지칭할 수도 있겠지만, 아마도 성전을 가리킬 것이다. 하나님은 성전을 버리실 것이며,

---

109 Block은 이런 행위가 하나님을 그분의 소유인 성소에서 멀어지게 했다고 진술한다. 이런 행위들은 "야웨의 임재에 대한 직접적인 도전"이다. "야웨만이 홀로 이스라엘의 하나님이시든지(참조. 4절), 아니면 그들의 하나님이 전혀 아니시든지 둘 중 하나다"(Block, *The Book of Ezekiel: Chapters 1-24*, 287-88).
110 Balentine, *The Hidden God*, 17, 68.

침략하는 바빌로니아 사람들은 그곳을 더럽힐 것이다.¹¹¹ 39:23-24에서는 동일한 의미인 "내 얼굴을 그들에게 가리고"라는 말이 두 번 사용된다. 앞에서 언급했듯이, 이 어구는 하나님의 임재가 제거될 것이며, 하나님께서 그들을 버려 하나님과 백성의 분리로 이어질 것을 암시한다.¹¹²

마찬가지로 이사야서와 예레미야서에서 발견되는 패턴과 비슷하게, 에스겔서에서도 하나님은 심판으로 자신을 예루살렘과 유다로부터 분리하실 뿐만 아니라 백성들을 포로로 보내심으로써 그분과 그 땅에서 분리하신다. 일례로 에스겔 22:15에서 하나님은 이렇게 선언하신다. "내가 너를 뭇 나라 가운데에 흩으며 각 나라에 헤치고 너의 더러운 것을 네 가운데에서 멸하리라."

하나님은 마침내 성전에서 떠나신다

에스겔서에서 가장 중요한 사건 가운데 하나이면서 하나님의 임재에 대한 에스겔의 신학에서 핵심적인 것은 에스겔 8:1-11:25에서 에스겔이 본 하나님께서 성전을 떠나시는 환상이다.¹¹³ 8:3에서 성령은 에스겔을 들어 올리셔서 그에게 예루살렘의 성전 환상을 보여주신다. 앞에서 언급했듯이, 그 환상에서 에스겔은 이스라엘이 성전 구역 안의 하나님 앞에서 우상숭배

---

111 Eichrodt, *Ezekiel*, 104; Zimmerli, *Ezekiel 1*, 212.
112 Balentine, *The Hidden God*, 68.
113 Block은 자신의 백성을 떠나시는 하나님에 대한 주제가 이사야서와 예레미야서 두 곳에서 모두 나타나는 반면에, 에스겔서는 "야웨께서 그분의 성전과 그분의 도시를 완전히 버리신 것에 대한 주제"를 발전시킨다고 주장한다(Block, *The Book of Ezekiel: Chapters 1-24*, 274-75). Clements는 이렇게 진술한다. "이 환상 드라마가 에스겔서의 전체 예언을 이해하는 중심이다"(Clements, *Ezekiel*, 34).

를 행하고 있는 끔찍한 장면을 목격한다. 실제로 하나님은 에스겔에게 이런 일들로 인해 하나님이 그분의 성소에서 떠나실 것이라고 말씀하신다(겔 8:6). 에스겔 9장에서 예언자는 "야웨의 영광"이 성전 문지방으로 이동하는 것을 본다. 거기서 하나님은 성전에서 일어나고 있는 가증한 일에 대해 통곡하지 않는 예루살렘 도시의 모든 주민에게 (사망의) 심판을 명하신다. 이 심판은 성소 바로 그곳에서 시작될 것이다(9:6). 그러므로 그 도시에 내려진 심판은 하나님께서 그분의 성전을 버리신 바로 그 순간, 그분의 선동으로 시작된다.[114] 이 환상에서 예루살렘을 공격하는 자는 바빌로니아 사람들이 아니다. 공격자는 바로 예루살렘의 원수가 되신 하나님 자신이다.[115] 그러고 나서 에스겔 10장에서 예언자는 에스겔 1장에서처럼 다시 네 "생물"의 호위를 받으며 전차 보좌에 앉으신 "야웨의 영광"을 본다. 예루살렘 성전에서 일어나는 이런 환상과 생물들을 보는 지금, 에스겔은 그 생물들을 하나님의 임재의 수호자이자 보호자의 역할을 하는 하늘의 피조물인 그룹들로 밝힐 수 있다.[116] 에스겔 10장에서 예언자는 하나님과 그분의 전차 보좌가 성전에서 나와 동쪽 문에서 멈춘 것을 본다. 11:1에서 성령은 다시 한 번 에스겔을 들어 올려 그를 동쪽 문으로 데려간다. 그곳에서 에스겔은 하나님의 임재인 "야웨의 영광"이 성전을 떠나 동쪽 감람산으로 이동하는 것을 본다(11:22-23).[117] 그 후 성령은 에스겔을 다시 들어 올려 바빌로니아로 데려간다. 이 문맥에서 암시된 것은 하나님이 이스라엘 백성들의 축적되고

---

114 Allen, *Ezekiel 1-19*, 167.
115 Clements, *Ezekiel*, 41.
116 J. D. Hays, *The Temple and the Tabernacle*, 106을 보라.
117 하나님의 이동은 성전 맞은편 동쪽의 감람산 위에서 끝난다. 하나님께서 바빌로니아에도 계속 계시는지 아닌지에 대한 암시는 없다. House, *Old Testament Theology*, 333을 보라. 겔 43:1-5에서 하나님의 임재는 "동쪽으로부터" 성전으로 다시 오실 것이라는 점에 주목하라.

지속되는 죄, 특히 우상숭배로 인해 성전을 떠나신다는 것이다. 폴 하우스는 "백성들이 야웨의 임재를 합당한 방식으로 인정하지 않음으로써 보호의 임재를 무서운 처벌의 힘으로 바꾸었다"는 역설에 주목한다.[118] 하나님이 떠나시는 것은 성전과 예루살렘을 버리는 것이기에, 그곳에 사는 주민들은 다가오는 바빌로니아 사람들에게 멸망을 당할 수밖에 없다.[119]

그러므로 실제로 하나님의 임재가 예루살렘 성전을 떠난다.[120] 이 시점에서 누구나 이것이 "나는 너희의 하나님이 될 것이다, 너희는 내 백성이 될 것이다, **나는 너희 가운데 거할 것이다**"라는 세 부분으로 이루어진 공식으로 표현된 옛 언약이 끝난 것임을 의미하는지 의아할 것이다.[121] 확실한 것은 신명기 28:1-12에 있는 언약적 순종에 대한 복이 하나님과 함께 떠났고, 이미 진행 중인 언약적 불순종에 대한 저주(신 28:15-68)가 확대되기 시작했다는 점이다.[122]

---

118 House, *Old Testament Theology*, 333.
119 Zimmerli, *Ezekiel 1*, 253.
120 Raitt는 다음과 같이 요약한다. "하나님은 그분의 백성과 자신을 분리하시고, 이전에 그분께 가까이 갈 수 있게 해주었던 성전 제도를 거부하시며, 그분의 진노를 붓는 것으로 이해되는 전멸시키는 심판을 시작하신다"(Raitt, *A Theology of Exile*, 74).
121 Raitt는 이렇게 진술한다. "에스겔은 출애굽과 시내산 전통의 틀 안에서 유다의 선택받은 지위의 중단을 선포한다는 점에서 호세아 및 예레미야와 본질적인 연속성 안에 있다"(Raitt, *A Theology of Exile*, 74).
122 Block은 이렇게 쓴다. "하나님께서 그분의 백성을 버리실 때 그들은 그분의 은총과 보호의 모든 권리를 잃는다. 에스겔의 관점에서 볼 때, 이스라엘 역사에서 전환점은 시드기야의 즉위나 바빌로니아에 의해 예루살렘이 함락된 것과 함께 온 것이 아니라 하늘의 왕의 영광이 그분의 성전에서 떠난 것과 함께 왔다"(Block, *The Book of Ezekiel: Chapters 1-24*, 360).

하나님은 예루살렘과 직접 싸우신다

이사야서와 예레미야서처럼, 에스겔서에서 하나님은 보호하시고 복을 주시는 그분의 언약적 임재를 예루살렘에서 철회하실 뿐만 아니라 그들의 원수가 되신다. 하나님은 자신을 이스라엘과 직접 싸우는 분으로 묘사하는 회화적인 언어를 사용하신다. 그분의 임재는 더 이상 위로와 복이 아니다. 이제 하나님의 임재는 심판으로 공포에 떨게 한다.[123] 예를 들어 여러 본문에서 하나님은 이스라엘(또는 종종 예루살렘)을 대항하여 검을 휘두르시는 분으로 묘사된다(겔 5:17; 6:3; 11:8; 12:14; 14:17; 21:3-5; 33:2).[124]

이와 비슷하게 하나님이 적대하시는 상대인 예루살렘이나 이방 나라들에 대한 "내가 너를 치며"(הִנְנִי עָלַיִךְ, 히네니 알라이크)라는 어구는 에스겔서에 여러 번 등장한다(겔 5:8; 13:8, 20; 26:3; 28:22; 29:3, 10; 30:22; 34:10; 35:3; 38:3; 39:1). "내가 너를 치며"라는 어구를 "일대일 전투에서 한 사람이 상대방에게 도전하는 외침을 구성하는" 공식으로 이해하기를 옹호하는 매우 강한 주장이 있다.[125] 그래서 이 어구는 하나님이 예루살렘의 원수가 되셨으며 예루살렘과 친히 싸우시겠다는 뜻을 갖고 계심을 내포한다. 더욱이

---

123 Terrien은 "예레미야와 에스겔이 대파국에서 야웨의 부재를 본 것이 아니라 정반대로 그분의 임재가 심판으로 나타났음을 '보았다'"는 점에 주목한다(Terrien, *The Elusive Presence*, 262).

124 우리는 칼을 빼신 하나님에 대한 이미지를 분명히 신인동형론적 표현(아마도 환유)으로 이해하지만, O. Kaiser는 "우리가 추상적인 일반화를 감지하는 곳에서 고대 이스라엘 사람은 적어도 표현 형식에 있어서는 분명하고 구체적인 것을 결부시킨다"는 점을 우리에게 상기시킨다(O. Kaiser, "חֶרֶב," *TDOT* 5:162). 마찬가지로 원수인 이스라엘과 대항하여 싸우시는 용사로서의 하나님 이미지는 문서를 통해 충분히 입증된다. Longman and Reid, *God Is a Warrior*, 48-60; P. Miller, *The Divine Warrior*, 170-75를 보라.

125 Block, *The Book of Ezekiel: Chapters 1-24*, 201-2; Zimmerli, *Ezekiel 1*, 175. 이 견해를 지지하는 원래의 사례는 Humbert, "Die Herausforderungsformel *'hinnenî êlékâ*'"에 의해 발전되었다.

"내가 너를 치며"라는 말은 "내가 너와 함께하며"라는 보호하시는 임재에 관한 언약적 진술과 정반대다.[126]

두렵게도 심판하시는 하나님과 직접 개인적으로 대면하는 것은 에스겔 20:35에서 "대면하여"(פָּנִים אֶל־פָּנִים, 파님 엘-파님)라는 어구로도 표현된다. "너희를 인도하여 여러 나라 광야에 이르러 거기에서 너희를 대면하여 심판하되." "대면하여"는 모세가 하나님을 어떻게 만났는지를 상기시킨다(출 33:11; 신 34:10). 하지만 이번에 그와 같이 대면하여 만나는 것은 (모세처럼) 친근한 관계가 아니라, 반대로 두려운 심판의 만남이다. 하나님의 강렬하고 위험한 임재로부터 이스라엘을 보호해줄 구름이나 중재자가 없을 것이다.[127] 사실 에스겔서의 이 본문은 출애굽을 암시하면서 "원형"(antitype)을 만들기 위해 하나님의 구원에 대한 위대한 이야기를 뒤집고 있는 것으로 보인다. 광야에서 구원과 언약 관계를 통해 하나님의 강력하고 두려운 임재를 대면하는 것이 아니라, 이제 광야에서 이스라엘은 직접 심판하시는 하나님의 두려운 임재를 대면할 것이다. 완전한 반전이다.[128]

미래의 회복에서 언약, 임재, 성령

에스겔 36:24-28에서 하나님은 미래의 회복을 말씀하신다(하나님은 겔 11:17-20에서와 비슷하게 말씀하신다). 첫째로, 하나님은 모든 나라에서 그분의 백성을 다시 모으시겠다고 말씀하신다(겔 36:24). 그리고 나서 다음과 같

---

126 Block, *The Book of Ezekiel: Chapters 1-24*, 202; C. Wright, *The Message of Ezekiel*, 90.
127 Block, *The Book of Ezekiel: Chapters 1-24*, 651.
128 Allen, *Ezekiel 20-48*(『에스겔 20-48』, 솔로몬 역간), 15-16; Kutsko, *Between Heaven and Earth*, 94-95; Zimmerli, *Ezekiel 1*, 416.

이 선포하신다. "또 새 영을 너희 속에 두고 새 마음을 너희에게 주되, 너희 육신에서 굳은 마음을 제거하고 부드러운 마음을 줄 것이며, 또 내 영을 너희 속에 두어 너희로 내 율례를 행하게 하리니, 너희가 내 규례를 지켜 행할지라. 내가 너희 조상들에게 준 땅에서 너희가 거주하면서 내 백성이 되고 나는 너희 하나님이 되리라"(36:26-28). 하나님의 영을 주시겠다는 약속("내가 내 영을 너희 속에 둘 것이라")은 단순히 사람의 마음에서 일어나는 내적 변화와는 다르다.[129] 다시 말해 "새 마음"과 "새 영"에 대한 변화의 원인은 자신의 백성 가운데 살아 계시는 하나님의 영이다.[130] 즉 백성의 마음이 변화될 것이다. 하지만 그들은 하나님께서 그들 안에 두실 하나님의 영의 임재로 말미암아 변화될 것이다. 그러므로 블록은 36:26에 언급된 "새 영"이 하나님의 רוח(루아흐, 하나님의 영),[131] 즉 "땅에서의 하나님의 임재"라고 주장한다.[132]

에스겔 37:1-14에서 에스겔이 본 마른 뼈의 골짜기에 대한 환상은

---

129 Leene은 겔 36장의 "내적 갱신"과 렘 31장의 그것을 비교하고 나서 에스겔이 예레미야를 의존했다기보다는 예레미야가 에스겔을 의존했다고 주장한다. 하지만 Leene은 "내적 갱신"이란 용어를 고수하며 그들 안에 있는 "새 마음"과 "새 영"뿐만 아니라 하나님의 영에 대한 함의도 다루지 않는다(Leene, "Ezekiel and Jeremiah," 150-75).
130 이것이 겔 1-39의 결론에서 어떻게 분명히 재서술되는지도 주목하라. "내가 다시는 내 얼굴을 그들에게 가리지 아니하리니, 이는 내가 내 영을 이스라엘 족속에게 쏟았음이라"(겔 39:29).
131 Block, *The Book of Ezekiel: Chapters 25-48*, 356; Block, "The Prophet of the Spirit," 39; Tooman, "Covenant and Presence," 178.
132 Block, "The Prophet of the Spirit," 48; Robson, *Word and Spirit in Ezekiel*, 270. Eichrodt는 영의 이런 행위가 "새 시대에 하나님께서 그분의 백성을 새롭게 하시는 핵심"이라고 지적한다. 계속해서 그는 이렇게 말한다. "하나님의 영은 하나님의 백성 한 사람 한 사람에게 스며들어 내적인 변화를 수행하게 하신다.…사람의 뜻은 하나님의 영의 능력과 영원히 접촉하게 됨으로써 그분의 뜻과 완전히 하나가 될 것이다. 하나님의 영의 능력은 사람에게 그분의 계명에 부합하여 자신의 삶을 형성할 수 있는 능력을 준다"(Eichrodt, *Ezekiel*, 500). Tooman은 36:23c-38이 "하나님의 임재가 영원한 언약적 순종에 대한 해결책이며 완전한 민족적 회복에 이르는 길"이라는 사상을 소개한다고 주장한다(Tooman, "Covenant and Presence," 178).

36:26과 관련이 있으며, 그 본문의 확장이다.[133] 이는 하나님의 영이 이스라엘의 생명을 다시 살리는 데 있어 중요한 역할을 수행할 것임을 나타낸다. 나단 맥도널드(Nathan MacDonald)는 에스겔 37장이 이스라엘의 소생과 하나님의 은혜로운 임재의 귀환에 관한 내용임을 주시한다.[134] 그리고 나서 하나님은 에스겔 37장의 끝부분에서 "화평의 언약" 즉 "영원한 언약"을 체결하시겠다고 말씀하신다(겔 37:26). 이 "회복된" 또는 "새로운" 언약의 중요한 부분은 하나님의 임재다. 왜냐하면 하나님께서 이렇게 선언하시기 때문이다. "내가 그들과 화평의 언약을 세워서 영원한 언약이 되게 하고, 또 그들을 견고하고 번성하게 하며, 내 성소를 그 가운데에 세워서 영원히 이르게 하리니, 내 처소가 그들 가운데에 있을 것이며, 나는 그들의 하나님이 되고, 그들은 내 백성이 되리라"(37:26-27).

이 본문들(겔 11:17-20; 36:24-28; 37:14, 24-28)은 회복, 임재로서의 하나님의 영, "새로운" 또는 "회복된" 언약 체결 등의 관련 주제들을 중심으로 서로 밀접하게 연결된다. 마찬가지로 에스겔서에서 사용된 용어와 어휘들은 예레미야 31:31-33과도 밀접한 관계가 있음을 나타낸다.[135] 이 본문들에서 "나는 너희의 하나님이 될 것이다, 너희는 내 백성이 될 것이다, 나는 너희 가운데 거할 것이다"라는 세 부분으로 된 언약 공식이 빈번하게 언급된다는 점에 주목하라. 특히 세 번째 범주를 묘사하는 데 다양한 방식이 사용된다.

---

133 Block, *The Book of Ezekiel: Chapters 25-48*, 356, 373, 382.
134 MacDonald, "The Spirit of YHWH," 115.
135 Blenkinsopp, *Ezekiel*(『에스겔』, 한국장로교출판사 역간), 168-69; Tooman, "Covenant and Presence," 175-79; Block, "The Prophet of the Spirit," 39; Waltke with Yu, *Old Testament Theology*, 621; House, *Old Testament Theology*, 341.

> 내가 이스라엘 집과 유다 집에 새 언약을 맺으리라.…내가 나의 법을 그들의 속에 두며, 그들의 마음에 기록하여, 나는 그들의 하나님이 되고 그들은 내 백성이 될 것이라(렘 31:31-33).

> 내가 그들에게 한마음을 주고 그 속에 새 영을 주며…그들은 내 백성이 되고 나는 그들의 하나님이 되리라(겔 11:19-20).

> 또 새 영을 너희 속에 두고 새 마음을 너희에게 주되…또 내 영을 너희 속에 두어 너희로 내 율례를 행하게 하리니, 너희가…내 백성이 되고 나는 너희 하나님이 되리라(겔 36:26-28).

> 내 백성들아,…너희는 내가 여호와인 줄을 알리라. 내가 또 내 영을 너희 속에 두어(겔 37:13-14).

> 내가 그들과 화평의 언약을 세워서 영원한 언약이 되게 하고, 또 그들을 견고하고 번성하게 하며, 내 성소를 그 가운데에 세워서 영원히 이르게 하리니, 내 처소가 그들 가운데 있을 것이며, 나는 그들의 하나님이 되고 그들은 내 백성이 되리라(겔 37:26-27).

예레미야가 하나님의 토라의 주입에 초점을 맞추고, 에스겔이 하나님의 영의 부으심에 초점을 맞추지만, 예레미야와 에스겔은 분명히 동일한 사건, 즉 언약 관계의 갱신을 언급하는 것처럼 보인다.[136] 이 언약 갱신, 하나님의

---

136 Block, "The Prophet of the Spirit," 39.

백성이 순종하도록 하는 것, 친밀한 관계를 고조시키는 것의 중심에는 하나님께서 그들 가운데 거하실 새로운 방법이 있다.

윌리엄 투먼(William Tooman)은 이 본문들의 관계를 통찰력 있게 다음과 같이 요약한다.

> 에스겔의 환상의 핵심적인 관심은 성전과 하나님의 임재의 회복이다. 구원 신탁들의 핵심적인 관심은 언약의 회복이다. 그렇지만 두 주제는 전적으로 별개의 주제가 아니다.…이 신탁들은 하나님의 임재의 회복을 새 언약, 곧 화평의 언약을 주신 것과 연결하여, 언약의 회복을 위한 조건을 하나님의 임재의 회복을 위한 조건과 동일하게 만든다.…미래에 백성들 안에 거하는 하나님의 영의 임재는 그들의 재난에 대한 치료제이자 영원한 용납에 대한 보증이 될 것이다. 그러므로 언약과 임재는 함께 간다.[137]

에스겔 1-39장에는 "성령"과 임재에 대한 언급이 한 번 더 있다. 에스겔 1-39장을 마무리하는(그리고 40-48장의 도입구로 기능하는) 본문에서[138] 하나님은 이렇게 선언하신다. "내가 다시는 내 얼굴을 그들에게 가리지 아니하리니, 이는 내가 내 영을 이스라엘 족속에게 쏟았음이라"(29절). 앞에서 언급했듯이, 하나님의 얼굴을 숨기는 것은 하나님이 이스라엘로부터 분리된다는 것, 특히 하나님이 예루살렘을 버려 그 도시를 멸망에 이르게 하는 것

---

137 Tooman, "Covenant and Presence," 175, 179.
138 겔 39:25-29은 (곡에 대해 다루는) 겔 38-39장의 결론으로 수로 기능하지만, 40-48장으로의 전환 또는 도입으로도 기능한다. C. Wright는 이렇게 주석한다. "마침내 하나님께서 갱신된 예배와 영원한 교제 안에서 그의 백성들 가운데 거하시는 길이 분명해졌다. 이는 40-48장에서 이어지는 내용이다"(C. Wright, *The Message of Ezekiel*, 324).

과 관련된다(참조. 39:23).¹³⁹ 이 본문은 하나님께서 자기 얼굴을 숨기시는 것의 역전이 자기 백성에게 그분의 성령을 부어주시고, 그럼으로써 그들에게 특별한 방법으로 그분의 임재를 주시는 것임을 암시한다.¹⁴⁰

하나님의 임재, 장차 오실 목자, 언약

이사야서와 예레미야서처럼, 에스겔서에서 하나님은 자신을 그분의 백성을 다시 모으시고 회복시키시는 일에 직접 그리고 긴밀하게 개입하시는 분으로 묘사하신다. 이사야서와 예레미야서와 마찬가지로, 이와 관련하여 하나님이 즐겨 사용하시는 이미지 가운데 하나는 목자의 이미지다(특히 겔 34장을 보라).¹⁴¹ 이사야서처럼, 위대한 구원자이자 목자로서 하나님에 대한 이미지는 다윗 계열의 인물에 대한 이미지와 중첩되거나 합쳐진다. 그 인물은 에스겔서에서 "나의 종 다윗"으로 불리며 목자로도 묘사된다(겔 34:23-24).¹⁴² 에스겔 34:24에서 하나님은 이렇게 선언하신다. "나 여호와

---

139 Balentine, *The Hidden God*, 68-69.
140 이 구절에서 "내가 내 영을 부어주리니"의 의미가 무엇인지에 대한 다양한 견해를 논의한 것으로는 Robson, *Word and Spirit in Ezekiel*, 93, 252-53을 보라. Block은 39:29에서 성령을 "부어주는" 것이 겔 36:27의 "성령을 주는" 것과 다르다고 주장한다. 그는 39:29의 "성령을 부어주는" 것이 언약의 표지와 보증으로 작용한다고 주장한다(Block, *The Book of Ezekiel: Chapters 25-48*, 488). Robson은 Block의 견해에 반대하면서 두 절은 본질적으로 동일한 것을 말하고 있으며 하나님의 임재의 부여를 언급한다고 주장한다(Robson, *Word and Spirit in Ezekiel*, 93, 252-53). 두 견해 모두 장점이 있는데, 그 이유는 하나님께서 그분의 갱신된 임재를 통해 언약 관계에 있는 백성을 표시하고 보증하시며, 그럼으로써 세 부분으로 된 공식을 통해 언약이 다시 체결되었음을 나타내시기 때문이다.
141 Zimmerli는 겔 34장과 렘 23의 유사성에 주목한다(Zimmerli, *Ezekiel 2*, 218).
142 C. Wright는 다음과 같이 주석한다. "여기서 확실한 것은 에스겔이 둘을 대조하지 않고, 그것을 동일한 전반적인 통치의 두 차원으로 결합하고 있다는 점이다. 장차 올 통치자는 하나님의 통치가 함축하는 모든 것을 구현할 것이다. 동일하게 신비로운 임마누엘의 인물처럼, 그의 임재는 하나님의 임재와 그와 함께 오는 모든 것을 구현할 것이다"(C. Wright, *The*

는 그들의 하나님이 되고 내 종 다윗은 그들 중에[בְּתוֹכָם, 베토캄, 그들 가운데] 왕이 되리라." 블록은 이 절에서 언약 공식과의 연결("내가 그들의 하나님이 되고…בְּתוֹכָם")을 지적하고, 다윗 계열의 메시아가 그 백성 가운데 계신 하나님의 임재를 상징하는 것으로 묘사된다고 제안한다.[143] 하나님은 이처럼 양들을 다시 모으시는 것을 "화평의 언약"에 대한 약속으로 절정에 이르게 하시고(34:25), 세 부분으로 이루어진 언약 공식을 다시 진술하심으로써 말씀을 마치신다. "그들이 내가 여호와 그들의 하나님이며, 그들과 함께 있는 줄을 알고, 그들 곧 이스라엘 족속이 내 백성인 줄 알리라. 주 여호와의 말씀이라. 내 양 곧 내 초장의 양 너희는 사람이요, 나는 너희 하나님이라. 주 여호와의 말씀이니라"(34:30-31). 블록은 이렇게 쓴다. "에스겔은 야웨의 구원 행위에서 그분의 진정한 목표를 선언한다. 즉 이스라엘의 가족이 그들 사이에 계신 하나님의 임재와 그들과 그들의 하나님 간의 언약 관계의 재수립을 깨닫게 하는 것이다."[144]

하나님은 그분의 미래의 성전에 다시 오시며 그곳에 거하신다

에스겔의 마지막 환상(겔 40-48장)은 그의 이전 환상들보다 더 길고 더 복잡하지만, 앞의 환상들과 직접 연결된다. 에스겔 8-11장에서 예언자는 하나님께서 성전을 버리시는 것을 보는데, 이것은 예루살렘에 대해서뿐만 아

Message of Ezekiel, 280).
143 Block, *The Book of Ezekiel: Chapters 1-24*, 301.
144 Block, *The Book of Ezekiel: Chapters 1-24*, 306. Tooman은 이렇게 진술한다. "하나님의 임재의 회복은 언약의 회복과 분명하게 연결된다"(Tooman, "Covenant and Presence," 168). Block(303-5)과 Tooman(166-67)은 모두 겔 34:25-31과 레 26장 사이에 밀접 연결이 많이 있다고 지적한다.

니라 하나님과 그분의 백성의 관계에서도 격동의 함의를 지니는 사건이다.[145] 이제 하나님은 이스라엘 가운데 더 이상 거하지 않으시며, 이스라엘은 그 땅에 더 이상 거하지 않고 포로로 가 있다. 하지만 에스겔의 영광스러운 최종 환상에서 이 분리는 모두 역전된다. 왜냐하면 하나님께서 그분의 성전에, 그분의 백성 가운데 거하러 다시 오실 것이기 때문이다.[146] 에스겔 40-48장은 몇 가지 주제(새 성전, 제사 제도, 땅 분할 등)를 포함하고 있지만, 우리는 에스겔이 본 환상의 "최고점"에 초점을 맞추려고 한다. 즉 하나님께서 성전에 다시 오심 말이다.[147]

에스겔 40-42장에서 예언자는 새 성전을 둘러보게 된다. 하지만 그 성전에는 여전히 하나님의 임재가 비어 있다(에스겔과 그의 안내자는 심지어 "지성소"를 측량한다[겔 41:4]).[148] 그리고 나서 43:1-7에서 에스겔은 하나님께서 이 성전에 다시 오심을 기술한다. 43:2-3에서 예언자는 이 환상에서 본 "하나님의 영광"을 그가 일찍이 에스겔 1장과 8-11장에서 보았던 "하나님의 영광"과 동일시한다. 43:4-5에서 에스겔은 이렇게 진술한다. "여호와의 영광이 동문을 통하여 성전으로 들어가고 영이 나를 들어 데리고 안뜰에 들어가시기로 내가 보니 여호와의 영광이 성전에 가득하더라." 일찍이 언급했듯이, "하나님의 영광"이라는 어구는 하나님의 임재를 가리키는 분명

---

145 C. Wright는 하나님의 임재와 관련하여 출 33장에서 모세가 하나님과 대화를 나누는 문맥을 주석하면서 다음과 같이 진술한다. "이스라엘 백성은 그들 가운데 거하시는 야웨의 임재 없이는 당연히 광야에 머물렀을 것이다. 이제 수 세기가 지나, 끔찍한 전망이 현실이 되었다. 즉 이스라엘은 포로의 광야에 있으며, 야웨는 그분의 거처를 버리셨다"(C. Wright, *The Message of Ezekiel*, 327).
146 Block, *The Book of Ezekiel: Chapters 25-48*, 494; Joyce, "Temple and Worship in Ezekiel 40-48," 154-55.
147 C. Wright, *The Message of Ezekiel*, 328.
148 Joyce는 "나무 제단…하나님 앞에 있는 상"(41:22) 이외에 기구가 전혀 언급되지 않는 것에 주목한다(Joyce, "Temple and Worship in Ezekiel 40-48," 150).

한 언급이다.¹⁴⁹ 에스겔 10-11장에서 하나님께서 떠나셨던 방식과 역순으로, 하나님은 이제 동쪽에서 오시며 그분이 떠나셨던 바로 그 문을 통과하시고 나서(10:19; 11:1, 23) 성전에 들어가신다. 성막과 솔로몬의 성전은 모두 동쪽을 향한 문들과 뜰로 들어가는 입구, 성소, 지성소가 있다는 것을 기억하라.¹⁵⁰

일찍이 에스겔이 본 하나님의 임재에 대한 환상처럼, 43:5에서 성령은 에스겔을 물리적으로 옮겨 그 환상을 보고 이해하게 하는 역할을 수행한다(겔 2:2; 3:12-14, 24; 8:3; 11:1, 5, 24). 따라서 특히 하나님의 임재가 백성과 만나게 될 때, 성령은 다시 한번 "하나님의 영광"과 밀접하게 연결된다. 이사야 6장에서 이사야가 하나님을 대면했던 것과 비슷한 방식으로, 에스겔 43:5에서 예언자는 성전 입구 바로 앞에 있는 뜰에 서서 하나님의 영광이 성전을 가득 채웠다고 진술한다. 성전 내부로부터 하나님은 에스겔에게 말씀하신다. 하나님과 에스겔이 성전에서 마지막으로 나눈 대화, 즉 하나님께서 예루살렘 백성에게 심판을 선언하시고 성전 바로 안에서 저지른 그들의 끔찍한 죄가 그분을 몰아냈다고 말씀하신 것과 대조적으로(8:6, 17-18; 9:1, 4-7), 이제 하나님은 에스겔에게 이렇게 말씀하신다. "인자야, 이는 내 보좌의 처소, 내 발을 두는 처소, 내가 이스라엘 족속 가운데에 영원히 있을 곳이라. 이스라엘 족속 곧 그들과 그들의 왕들이 음행하며 그 죽은 왕들의 시체로 다시는 내 거룩한 이름을 더럽히지 아니하리라"(43:7).¹⁵¹ 종종 하나

---

149 Block, *The Book of Ezekiel: Chapters 25-48*, 578.
150 Block, *The Book of Ezekiel: Chapters 25-48*, 578-79.
151 "내 보좌의 처소, 내 발을 두는 처소"라는 어구는 고대 근동에서 흔한, 발등상이 있는 왕의 보좌를 그린다. 발등상은 보좌의 확장이고, 왕권과 통치에 대한 함의를 전달한다. 이 병행 어구인 "내 보좌의 처소"(מְקוֹם כִּסְאִי, 메콤 키시)와 "내 발을 두는 처소"(מְקוֹם כַּפּוֹת רַגְלַי, 메콤 카포트 라글라이)는 "내 성소의 처소"(מְקוֹם מִקְדָּשִׁי, 메콤 미크다쉬)와 "내 발의 처소"(רַגְלַי)

님의 보좌와 연결되는 언약궤에 대한 언급은 없다. 이것은 언약궤가 없어지고 예루살렘이 하나님의 보좌로서 기능할, 예레미야 3:16-17에 묘사된 상황과 비슷하다.[152] 발터 침멀리는 43:7의 하나님의 말씀("내가 이스라엘 족속 가운데에 영원히 있을 곳이라")은 하나님께서 성전에 거하시기보다 이스라엘 가운데 거하신다는 것에 더 초점이 맞춰져 있다고 주장한다. 하나님은 43:9에서 비슷한 진술로써 이 짧은 말씀을 마무리하신다. "내가 그들 가운데에 영원히 살리라."[153]

더욱이 성막 및 솔로몬 성전과 결부된 거룩함의 단계의 경계들과 범위가 극적으로 바뀐 것으로 보인다. 에스겔 43:12은 이렇게 선언한다. "산꼭대기 지점의 주위는 지극히 거룩하리라." 폴 조이스(Paul Joyce)는 이것이 하나님의 거룩한 임재의 장소로서 성전의 내실(지성소)을 강조하던 것을 떠나 임재의 거룩성의 범위와 영향을 확대하는 것이라고 제안한다.[154]

에스겔 47장에서 예언자는 한 번 더 성전에 들어간다. 그곳에서 이제 그는 (하나님의 임재가 지금 거하는) 성전에서 흘러나와 사해로 내려가는 생명수의 강을 본다. 사해는 이 강으로 말미암아 신선하게 되고 풍성한 열매를 맺는 곳이 된다. 이 생명을 주는 신선한 물의 흐름은 성전에 있는 하나님의 영광의 임재로부터 비롯된 것이 분명하다.[155] 이 이미지는 창세기 2:10-

---

מקום, 메콤 라글라이)가 나란히 언급되는 사 60:13과 매우 비슷하다. Block, *The Book of Ezekiel: Chapters 25-48*, 580-81; Zimmerli, *Ezekiel 2*, 415-16의 논의를 보라.

152 Block, *The Book of Ezekiel: Chapters 25-48*, 581; Zimmerli, *Ezekiel 2*, 415; C. Wright, *The Message of Ezekiel*, 334. Joyce는 겔 43장과 렘 3:15-18 사이의 연결에 대한 많은 요점을 나열한다(Joyce, "Temple and Worship in Ezekiel 40-48," 150-54).

153 Zimmerli, *Ezekiel 2*, 416. 하지만 40-48장의 나머지 환상은 분명히 성전에 초점을 맞추고 있는 것으로 보인다.

154 Joyce, "Temple and Worship in Ezekiel 40-48," 156-57.

155 Blenkinsopp, *Ezekiel*, 230.

14에서 에덴동산을 적신 강에 대한 강한 암시를 전달하는데, 에덴동산은 하나님의 임재가 비슷하게 나타난 장소다(창 3:8).[156] 그러므로 동산 이미지와 더불어 이 환상은 동산에서의 하나님의 복과 임재라는 에덴과 같은 상황에 대한 회복을 암시하는 것 같다.

마지막으로 에스겔서는 도시(이름을 다시 지은 새 예루살렘)와 그 문들에 대한 묘사로 마무리되면서(겔 48:15-35), "그날 후로는 그 성읍의 이름을 여호와 삼마, 즉 여호와가 거기 계시다고 하리라"고 결론을 맺는다(35절). 이것은 이 새로운 도시에서 그분의 백성과 함께 거하시는 하나님의 거주하시는 임재를 강조한다. 새 이름은 그 도시의 특성이 성전에서 나와 전체 도시에 만연한 하나님의 임재와 관련이 있음을 암시한다.[157]

다니엘

하나님의 강력하고, 거룩하며, 관계적인 임재는 에스겔 8-11장에서 예루살렘을 떠났다. 바빌로니아 사람들은 성전을 파괴했으며, 유다 백성은 하나님의 임재에서 쫓겨나 바빌로니아에 포로로 끌려갔고, 그 후에는 페르시아의 지배 아래 있게 되었다. 다니엘서는 이 백성들(과 이후에 온 사람들)에게

---

156 Blenkinsopp, *Ezekiel*, 358; Fishbane, *Text and Texture*, 118-19; Zimmerli, *Ezekiel 2*, 510; Clements, *Ezekiel*, 204; Clements, *God and Temple*, 71-72, 107; Blenkinsopp, *Ezekiel*, 231; C. Wright, *The Message of Ezekiel*, 358; Beale and Kim, *God Dwells among Us*, 20-21. Clements는 그 땅을 축복하기 위해 하나님의 임재와, 시온을 통과하거나 시온에서 흘러나오는 비옥한 강 사이에 연관성이 있다는 믿음이 널리 퍼져 있었다고 말한다(Clements, *God and Temple*, 71). 그는 한 예로 시 46:4을 인용한다. "한 시내가 있어 나뉘어 흘러 하나님의 성 곧 지존하신 이의 성소를 기쁘게 하도다."
157 Block, *The Book of Ezekiel: Chapters 25-48*, 739-40.

주는 위로다. 다니엘 1-6장에서는 하나님이 바빌로니아와 페르시아의 왕들보다 더 능력이 있다고 선포하며, 7-12장에서는 하나님이 악한 나라를 심판하시고 그분의 영원한 세상 나라를 세우실 것이라고 선언한다. 어느 인간 나라들보다 더 위대한 나라 말이다. 하나님께서 세상 나라를 세우시는 절정의 사건은 옛적부터 계신 이에게서 권세와 영광과 능력을 받기 위해 인자가 오는 것이다(단 7장).

바빌로니아 포로, 천사들, 하나님의 초월성

다니엘서의 흥미로운 특징은 (예레미야와 이사야에게 그랬던 것처럼) "야웨의 말씀이 다니엘에게 임하니라"라는 언급이 없다는 점이다. 그 대신에 하나님은 묵시적 환상의 규범인 천사들의 중재를 통해 정기적으로 다니엘에게 말씀하신다. 그런데 다니엘서의 내러티브들에서 하나님은 개입하고 구원하기 위해 천사들을 사용하기도 하신다. 예를 들어 다니엘은 사자 굴에서 그가 구원받은 것을 설명하면서 "나의 하나님이 이미 그의 천사를 보내어 사자들의 입을 봉하셨"다고 진술한다(단 6:22). 마찬가지로 같은 절에서 진술한 다니엘의 설명에 비춰볼 때, 불타는 용광로에 있는 넷째 사람을 이해하는 강력한 사례가 있다. 즉 그는 천사로서, "신들의 아들과 같다"(3:25).[158] 사실 다니엘서는 구약성서에서 가장 발전된 천사론을 가지고 있다.[159] 이것은 하나님께서 성전을 떠나신 것과(겔 8-11장) 그분의 백성들 가운데 더 이

---

158 용광로에 있는 넷째 인물을 성육신 이전의 그리스도로 해석하는 학자는 거의 없다. 단 6:22을 고려하여 대다수 학자가 이 인물을 천사로 이해한다. Lucas, *Daniel*(『다니엘』, 부흥과 개혁사 역간), 92; J. Hamilton, *With the Clouds of Heaven*, 142을 보라.

159 Lucas, "Daniel: Book of," 122.

상 거하지 않으신다는 사실과 관련이 있는 것 같다. 그러므로 하나님의 "멀리 계심"이 있다. 하나님은 성전에 계시던 그분의 강렬한 관계적 임재에서 하늘에 계시는 그분의 좀 더 먼 (하지만 여전히 전능하신) 초월성으로 옮기셨다. 이제 하나님은 천사의 중재를 통해 그분의 백성들과 관계를 맺으시고, 간섭하고 보호하기 위해 천사들을 사용하신다.[160]

이런 현상은 하나님께서 모세에게 천사(사자)를 보내어 모세 및 백성들과 함께 있게 하시고 그들에게 힘을 주어 가나안 땅을 정복하게 하시겠지만 그분("야웨") 자신은 그들과 함께 가지 않으시겠다고 말씀하신(출 32:33-33:3) 출애굽기 32-33장의 상황과 비슷한 것 같다. 그래서 백성들에게는 능력 있는 천사의 중재가 있겠지만, 강렬하고 언약적인 하나님의 관계적 임재는 없을 것이다. 하나님은 금송아지를 만든 그들의 죄로 인해 그들을 떠나겠다고 경고하셨다. 물론 모세는 강렬하게 반대했고, 결국 하나님이 오셔서 성막에서 백성들 가운데 거하시고 그분의 능력 있고 거주하는 관계적 임재로 그들과 동행하겠다고 동의하신다.

이와 비슷하게 하나님의 임재와 종종 관련이 있는 야웨("주님")라는 관계적 이름은 오직 다니엘서에서 9장의 회개 기도에서만 사용되는데, 이곳에서 그 이름이 사용된 것은 다니엘서의 나머지 부분에서 하나님의 언약적-관계적 이름이 나오지 않는 것과 극명하게 대조된다.[161] 그 밖에 다른

---

160 Meier, "Angels, Messengers, Heavenly Beings," 29; Schöpflin, "God's Interpreter," 201. Newsom은 천사들의 역할이 포로기와 포로기 이후 초기의 성서 문헌에서 결정적으로 증가했음을 관찰한다. 천사들을 언급하는 것은 제2성전기 유대교 문헌에서 상당히 일반화된다. Newsom은 천사에 대한 언급이 이처럼 증가한 것이 예루살렘의 멸망과 관련된 것으로 보인다고 말하지만, 그렇게 된 까닭은 분명하지 않다고 결론 내린다(Newsom, "Angels," 250-52).

161 Goldingay, "Daniel in the Context of Old Testament Theology," 643, 647.

곳에서는 엘로힘("하나님")이 사용되며, 하나님은 "하늘의 하나님"으로 몇 번 언급된다(단 2:18, 19, 28, 37, 44). 이것은 아마도 하나님의 주권을 강조하면서도 동시에 그분이 포로 된 이스라엘 백성들 가운데 거하지 않으신다는 것을 강조할 것이다.

옛적부터 계신 이와 장차 오실 인자

다니엘 7장은 다니엘서에서 절정의 장이라고 주장할 수 있다.[162] 다니엘은 네 짐승 환상(단 7:1-8)을 본 후에 (의심의 여지 없이 하나님 자신인) 옛적부터 계신 이가 오셔서 그분의 보좌에 앉아 심판하시는 환상을 받는다. 많은 학자가 이 장면이 정기적인 "천상 회의"로서 하늘에서 벌어지고 있다고 추정하지만, 존 골딩게이는 이 장면이 땅에서 벌어지고 있다고 상당히 설득력 있게 주장한다.[163] 골딩게이의 논증에 힘을 실어주는 몇 가지 추가적인 관찰이 있다. 환상은 진행 중인 하늘 법정으로 시작하지 않고 법정의 설립으로 시작한다. 말하자면, 장면을 여는 본문(7:9)은 이미 그분의 보좌에 앉아 계신 하나님의 모습이 아니라 그분의 보좌에 앉으시는 하나님의 모습이다. 더욱이 다니엘 7:9은 "왕좌가 놓이고"라고 진술한다.[164] 이것은 이 사건이

---

162 W. S. Towner, *Daniel*, 91.
163 Goldingay, *Daniel*(『다니엘』, 솔로몬 역간), 164-65. Goldingay는 이렇게 주장한다. (1) 구약성서의 여러 곳에서 하나님은 일반적으로 이곳 땅에서 심판을 수행하시지, 하늘에서 수행하지 않으신다. (2) 이 본문에는 단 7:1-8(땅 위에서 벌어지는 것이 분명함)과 7:9에서 장면이 바뀐다는 암시가 없다. (3) 7:22에서 7:9의 보좌가 있는 방 장면을 언급할 때, 본문은 "옛적부터 항상 계신 이가 **와서** 심판을 선언하실 때까지"라고 하는데, 이는 땅의 관점을 나타낸다.
164 여기에 사용된 아람어 רְמָא(레마)는 "설치하다", "세우다"를 가리킬 수 있지만, "밑으로 던지다" 또는 "던지다"를 의미할 수도 있다. 이 단어는 단 3장과 6장에서 다니엘을 사자 굴에 던져 넣거나, 그의 친구들을 불타는 용광로에 던질 때, "어떤 것을 아래로 던지다"를 가리키기

영원한 공식 알현실에서 일어난 것이 아니라 왕이 거둔 승리의 정복에 대한 증거로서 침입한 영토 안에 자신의 보좌를 세우는 정복 왕의 사건과 비슷함을 암시한다.[165] 또한 7:9에서 보좌를 "바퀴"가 있는 "불꽃"과 "타오르는 불"로 묘사한 것은 이 신현을 에스겔 1장과 10장의 신현과 직접 연결한다.[166] 그러므로 이것은 에스겔서처럼 하나님의 전차와 같은 보좌의 이동성을 강조하는 것으로 보인다. 에스겔이 에스겔 10장에서 성전을 떠나는 바퀴 달린 불타는 전차 보좌에 앉으신 하나님을 보는 것을 상기하라. 다니엘 7:9-14과 에스겔 1, 10장의 많은 연결점은 다니엘의 환상이 비슷하다는 것을 제시해준다. 하지만 대조적으로 다니엘의 환상은 땅에 있는 그분의 보좌에 앉아 이곳 땅에서 심판을 수행하시기 위해 땅으로 다시 오시는 하나님을 묘사한다.[167]

마찬가지로 하늘 구름을 타고 오시는 메시아적 인자에 대한 묘사는 하늘로 올라가는 그림이 아니라, 오히려 하늘에서 내려와 지상의 풍경을 거쳐 옛적부터 계신 이의 움직이는 알현실로 오는 그림이다.[168] 비슬리-머리

위해 자주 사용된다(단 3:6, 11, 15, 20, 21, 24; 6:7, 12, 16, 24)(BDB, s.v. "רְמָא"). 이렇게 보면 7:9의 용례는 보좌들을 땅으로 던지고 그 보좌들 위에 앉는 것을 가리킬 수 있다.

165 이것은 아시리아가 라기스를 포위하고 성벽을 허물고 함락시킨 유명한 사건과 비슷할 것이다. 이 사건에서 아시리아 왕 산헤립은 성 바깥에 있는 그의 보좌에 앉아서 그의 수행원들의 부채질을 받으며 포획한 금품을 살펴보면서, 앞에 무릎을 꿇고 고개를 숙인 패배한 백성에게 심판을 행한다. 하나님이 에돔에게 심판을 선언하시면서 "내가 나의 보좌를 엘람에 주고 왕과 고관들을 그곳에서 멸하리라"고 선언하시는 렘 49:38도 보라.

166 몇몇 학자는 다니엘의 환상이 미가야가 왕상 22:19에서 묘사한 것과 동일한 "천상 회의" 장면이라고 주장한다. 하지만 미가야는 다니엘이 7:9-10에서 묘사하는 것처럼 "모든 바퀴가 불에 타고" 있고 보좌로부터 흘러나오는 "불의 강"이 있는 "불붙은" 보좌를 언급하지 않는다. 두 환상은 상당히 다른 것으로 보인다.

167 Lacocque는 겔 1장과 8-11장의 암시/연결에 주목하는 것의 중요성을 강조한다. 그는 이런 연결이 단 9:20-27의 성전에 대한 언급과 관련하여 단 7:9-14의 성전 상황을 암시한다고 주장한다(Lacocque, *The Book of Daniel*, 125, 143).

168 Goldingay는 사 19:1("여호와께서 빠른 구름을 타고 애굽에 임하시리니")과 시 18:10-13을

(G. R. Beasley-Murray)는 구약성서(또는 유대 문헌 또는 탈무드)에서 구름이 "하늘" 장면을 묘사하는 데 사용된 예가 없고, 일반적으로 천상적 존재가 숨김에서 나타남으로, 초월성에서 내재성으로 움직이고 있을 때 사용된다는 점을 강조한다.[169] 에스겔서에서 구름은 하나님에 대한 예언자의 환상과 연결된다는 점에 주목하라. 에스겔 1:4에서 하나님은 구름을 타고 바빌로니아에 있는 에스겔에게 오시며, 10:3-4에서 구름은 하나님의 영광을 가리기 위해 성전을 가득 채운다. 그래서 다니엘 7장에 묘사된 장면은 하나님의 임재(먼저 옛적부터 계신 이, 그다음에는 그분과 밀접하게 연결된 신적/인간적 인자)를 가리킬 개연성이 있다. 그분은 "지극히 높으신 이의 성도들(거룩한 백성)"을 구원하기 위해(단 7:21-22), 악한 제국들을 멸하기 위해(7:15-27), 그리고 그분의 백성이 소유하고 누릴 하나님의 영원한 나라를 세우기 위해(7:18, 22, 27) 땅으로 다시 오신다.[170] 이 장면에서 다니엘 7장의 묵시적 환상은 에

심판하기 위해 권능을 가지고 땅에 오시는 하나님에 관한 비슷한 예들이라고 지적하고, 단 7:13이 하늘에서 땅으로의 이동을 묘사한 것이라는 결론을 내린다(Goldingay, *Daniel*, 167). 마찬가지로 S. Miller는 본문을 하늘에서 땅으로 오시는 인자를 묘사하는 것으로 해석한다(S. Miller, *Daniel*, 207). Longman은 "구름" 이미지가 출애굽에서 구름 기둥(출 13:21), 시내산을 덮은 구름(출 19:6), 그리고 성막을 가득 채운 구름처럼(레 16:2), 종종 하나님께서 이곳 땅 위에 모습을 드러내시는 데 동반된다고 지적한다(Longman, *Daniel*, 187). Lacocque는 구약성서에서 구름을 언급하는 100회가 넘는 예 중에서 70퍼센트 이상이 시내산 대면이나 성전/성막과 연결된다고 지적한다(Lacocque, *The Book of Daniel*, 146).

169 Beasley-Murray, "The Interpretation of Daniel 7," 48-49. Lucas는 그것을 땅과 동일시하는 것에 의문을 제기하고 우리가 말할 수 있는 최선은 그것이 "신비로운 공간"이라고 말하는 것이라고 결론을 내린다(Lucas, *Daniel*, 181). 하지만 Pate는 묵시문학의 특징들 가운데 하나는 하늘과 땅이 "아무도 보지 못하게 밀폐되거나 봉인된 공간이 아니라는 것"이라고 지적한다. 두 이미지 사이에는 많은 유사성과 병합이 있다. 왜냐하면 "이스라엘의 역사적 이야기에 천상적인 대응이 있고,…하늘에서 이스라엘의 이야기는 땅 위의 이스라엘 이야기와 중첩되기" 때문이다(Pate, *Interpreting Revelation and Other Apocalyptic Literature*, 102-3).

170 인자와 "지극히 높으신 이의 성도들"이 모두 나라를 소유하는 것으로 보인다는 점에 주목하라. "성도들"(거룩한 백성)의 정체를 밝히는 것에 대한 다른 선택들과 그들이 어떻게 인자와 관련되는지에 대한 논의는 Lucas, *Daniel*, 191-92; Goldingay, *Daniel*, 176-78을 보라.

스겔서의 끝에 묘사된 하나님의 다시 오심(겔 43-48장)과 비슷한(그러나 아마도 그보다 앞선) 것으로 보인다.[171] 역사의 절정에서 하나님의 임재는 땅으로 돌아올 것이다. 이 절정이 되는 사건의 중심에는 땅에 오시는 인자의 강림이 있다. 그분은 신약성서에서 예수 그리스도로 분명히 밝혀진다. 하나님의 임재의 귀환은 다니엘서의 메시지에서 중심에 있다.

12예언서

20세기 내내 학자들은 일반적으로 "소예언서"를 개별 책으로 분석했으며, 종종 역사적 순서로 "대예언서"와 함께 그룹화하고 논의하곤 했다(즉 아시리아 시대의 예언자들: 요나, 아모스, 호세아, 미가, 이사야 등). 하지만 최근에는 12예언서 전체(호세아부터 말라기까지)를 하나의 문학적 단위로 인식하는 추세다(물론 아직도 예레미야서와 같은 책에서 발견되는 다양성을 인정하기도 하지만 말이다).[172] 아주 일반화하여 말하자면, 12예언서의 정경적 배열을 가로지르는 강조점의 이동 또는 전이가 있다. 그래서 이 예언서들은 호세아부터 미가까지(하나님에 대한 경고), 나훔부터 스바냐까지(하나님의 심판), 학개부터 말라기까지(하나님의 회복), 이와 같은 세 개의 주요 부분으로 나뉜다.[173] 포

---

171 겔 43:3은 성전에 다시 오시는 하나님에 대한 에스겔의 환상이 겔 1, 10장에서 에스겔이 본 환상과 비슷하다는 점을 강조한다. 즉 (단 7:9에 보좌, 불, 바퀴가 언급된 것처럼) 겔 43:3에는 바퀴 달린 불타는 이동형 보좌가 포함된다. 단 7:10에서는 불이 (심판의) 보좌 앞에서부터 강처럼 흐른다. 그리고 겔 47:1-12에서는 신선한 물이 (회복의) 성전으로부터 강처럼 흐른다.
172 Nogalski and Sweeney, *Reading and Hearing the Book of the Twelve*; Seitz, *Prophecy and Hermeneutics*; J. D. Hays, *The Message of the Prophets*, 260-63.
173 House, "The Character of God in the Book of the Twelve"; J. D. Hays, *The Message of the*

로기 이후의 상황을 다루는 마지막 부분(학개부터 말라기까지)이 특별히 독특한 점을 지니고 있기에, 우리는 12예언서를 (1) 호세아부터 스바냐까지, (2) 학개부터 말라기까지 두 부분으로 나누어 논의할 것이다.

호세아부터 스바냐까지

하나님의 임재라는 주제가 이사야, 예레미야, 에스겔과 매우 동일한 방식과 강조로써 호세아부터 스바냐까지 등장한다는 것은 전혀 이상하지 않다.

요나와 하나님의 임재

요나서는 대부분의 다른 예언서들과 상당히 다르다. 그래서 우리는 요나서를 12예언서의 다른 책들과 별도로 다루려고 한다. 요나는 다른 대부분의 예언자들과 달리 예루살렘에 있는 사람들이나 이스라엘 백성이 아니라 니느웨에 있는 사람들에게 설교한다.[174] 하지만 요나서 전체에서 요나와 하나님의 상호작용은 하나님의 임재가 능동적이며 요나의 특이한 이야기에서 핵심적인 역할을 수행하고 있음을 드러낸다. 요나 1:2에서 하나님은 요나에게 니느웨에 가서 그 도시를 대항하여 설교하라고 말씀하신다. "그 악독이 내 앞에 [לְפָנַי, 레파나이] 상달되었음이니라." 모호함이 없는 것은 아니지만, 이 진술은 하나님을 그분의 높은 하늘 보좌에 앉아 모든 민족 위에 그분의 주권을 행사하고 계신 분으로 그리고 있는 것 같다. 이것은 요나가 하

Prophets, 262.
174 최소한 요나서의 이야기 내에서 요나는 니느웨 사람들에게 설교한다. 대체적인 문학적 메시지는 이스라엘 안에 있는 사람들에게 향한다. J. D. Hays, *The Message of the Prophets*, 301을 보라.

나님의 임재에서 도망가려고 하는 1:3과 강한(더 정확히 말하면 역설적인) 대조를 이룬다. "하나님의 임재에서"(מִלִּפְנֵי יְהוָה, 밀리프네 야웨)라는 어구가 이야기의 중요성을 강조하면서 이 한 절에서 두 번(교차대구로) 진술된다.[175] 이 어구가 함축하고 있는 내용은 이것이다. 즉 요나는 하나님을 예루살렘에 있는 성전에 자신의 거처를 제한하시는 분으로 이해했으며,[176] 그래서 만일 그가 하나님의 손이 닿지 않을 정도로 충분히 멀리 갈 수만 있다면, 하나님이 더 이상 그에게 니느웨로 가라고 요구하지 않으실 것이라고 여겼다는 것이다. 요나의 행동에서 문제가 되는 함의들을 논의한 학자들이 많이 있는데, 그들 중 일부는 구약 시대에 하나님의 편재에 대한 믿음이 매우 널리 퍼져 있어서 요나가 하나님의 임재를 벗어날 수 있으리라고 실제로 믿었을 것 같지 않다고 주장한다.[177] 하지만 앞에서 관찰했듯이, 이스라엘에서 하나님에 관해 가장 널리 퍼져 있고 핵심적인 이해는 그분이 예루살렘 성전에 거하신다는 것이었다. 요나가 나중에 고기 뱃속에서 드린 기도에서 하나님의 거룩한 성전(הֵיכַל קָדְשֶׁךָ, 헤칼 코드쉐카)을 두 번이나 언급한 것에 비춰볼 때(욘 2:4, 7), 요나 자신은 이런 이해, 즉 하나님이 성전에 계신다는 이해를 반영하는 것 같다. 마찬가지로 우리가 앞에서 주목했듯이, 예언서들(과 다른 여러 곳)에는[178] 하나님께서 그 백성을 그분의 임재에서 쫓아내신

---

175 많은 학자가 이 구절의 교차대구를 인정한다. 예를 들어 Trible, "The Book of Jonah," 494; B. Smith and Page, *Amos, Obadiah, Jonah*, 226; Youngblood, *Jonah*, 51을 보라. 일반적으로 Lohfink가 이 점을 제일 먼저 주목한 사람으로 인정받고 있다. Lohfink, "Jona ging zur Stadt hinaus (Jona 4,5)," 200-201.
176 이와 비슷하게 이 어구에 암시된 성전을 주목한 것은 Bruckner, *Jonah, Nahum, Habakkuk, Zephaniah*, 42을 보라.
177 요나는 1:9에서 "나는 바다와 육지를 지으신 하늘의 하나님 여호와를 경외하는 자로라"고 말함으로써 이를 인정하는 것으로 보인다.
178 Youngblood는 창 4:16에서 가인이 하나님의 임재에서 쫓겨난 것과, 제의적으로 부정한 것을 거룩한 예물로 드리려는 사람들을 그분의 임재에서 쫓아낸 예를 인용한다(Youngblood,

다는 언급이 자주 등장한다. 그래서 하나님의 임재를 피하여 멀리 이동한 다는 개념은 구약성서에서 낯설지 않다. 비록 죄에 대한 벌로서 그분의 임재에서 이처럼 쫓아내는 일을 수행하는 것은 일반적으로 하나님 자신이지만 말이다. 이것은 요나가 도망한 것의 역설을 강조한다. 예언 문학의 대부분은 하나님이 불순종한 이스라엘 백성이나 유다 백성을 그들의 언약 파기로 인해 그분의 임재로부터 추방하시는 것에 대해 이야기한다. 하지만 요나는 자원하여 하나님의 임재를 떠나려고 한다. 하나님의 명령을 수행하는 일을 피하기 위해서 말이다. 하지만 하나님은 요나를 끝까지 추적하여 그를 억지로 그분의 임재 안으로 들어오게 하시고, 니느웨 사람들이 회개하기를 요구하시는 하나님의 뜻을 요나가 실제로 수행하도록 하신다.

더욱이 요나 1:3에 묘사된 요나의 행동들과 1:2에 암시된 하나님의 우주적 주권 사이의 긴장은 이 이야기에서 플롯의 발전에 매우 중요하다. 빌리 스미스(Billy Smith)와 프랭크 페이지(Frank Page)는 לִפְנֵי(리프네)가 단지 물리적인 장소적 임재만이 아니라 임재의 관계적 측면을 강조할 수 있다고 지적한다. 그러므로 스미스와 페이지는 요나가 하나님의 임재(מִלִּפְנֵי יְהוָה, 밀리프네 야웨)를 피해 도망할 때 의도한 것은 배은망덕하게 하나님을 섬기기를 거절하면서 예언자로서 하나님과의 관계를 끝내려고 한 것이라고 제안한다.[179]

Jonah, 62-63.
179 B. Smith and F. Page, *Amos, Obadiah, Jonah*, 226-27. Youngblood는 요나가 "야웨께서 그분의 이름을 두려고 택하신 특정한 장소에서 경험되는 하나님의 계시를 피하려고" 했다고 진술하면서 Smith와 Page의 입장에 동의한다. Youngblood는 계속해서 이렇게 쓴다. "하지만 요나는 신성한 회의에서 신의 임재 안에 서 있는 예언자적 구별을 포기하기를 바라면서 자신의 위치를 버렸다"(Youngblood, *Jonah*, 57-58). 이와 유사한 이해에 대해서는 Fretheim, *The Message of Jonah*, 80-81을 보라.

어쨌든 내레이터가 분명히 말하듯이, 하나님의 능력과 임재는 예루살렘에 국한되지 않는다. 그 결과 하나님은 예언자를 태운 배에 폭풍을 직접 불게 하신다. 계속해서 아이러니하게도 선원들은 요나를 바다에 던지기 직전에 폭풍 속에서 하나님께 부르짖는다. 마치 하나님이 바다에서 그들의 수호신이시며 폭풍우가 몰아치는 바로 그곳에 계시는 것처럼 말이다. 하나님은 그들이 요나를 바다에 던진 직후에 폭풍을 멈추게 하심으로써 그들의 부르짖음에 응답하신다. 그러자 선원들은 하나님께 제물을 드리고 서원하는데, 그들이 바다 한가운데 있을 때 배에서 그렇게 한 것이 분명하다. 고대 근동에서 제사와 서원은 둘 다 일반적으로 성전에서 또는 성전 근처에서(즉 거룩한 공간) 행해졌다. 왜냐하면 그곳이 신들이 거주하는 곳이라고 생각되었기 때문이다. 선원들의 이 행위는 하나님의 능력뿐만 아니라 바다의 신으로서 바로 그곳에 계신 하나님의 임재를 인정하는 것임을 역설적으로 암시해준다.[180]

역설적인 것은 요나 역시 고난 속에서 그가 피해 달아났던 하나님께 결국 부르짖는다는 점이다. 그는 "스올[שְׁאוֹל, 셰올]의 뱃속에서" 즉 "죽음의 영역"에서 부르짖는다(욘 2:2). 요나는 하나님과 그분의 말씀으로부터 달아나려고 했지만, 요나에게 다행스럽게도 그렇게 할 수 없었다. 그래서 하나님은 요나에게 응답하시고 그를 구원하신다.

----

180   Brody는 가나안 선원들과 페니키아 선원들이 일반적으로 항해 전과 항해 후에 신전에서 제사를 드렸다는 점에 주목한다. 그러나 Brody는 그들이 바다의 신들에게 봉헌한 육지의 성스러운 곳 근처를 지날 때 종종 바다에서 제사를 드렸다는 점도 지적한다. 종종 이런 곳에는 제단이 세워지기도 한다. 그리고 나서 Brody는 선원들이 바다에 있는 동안 만일 폭풍이나 전투를 맞이하게 된다면 그들의 신들에게 도움을 요청하기 위해 부르짖었을 것이라고 설명한다. 그래서 Brody는 욘 1:16에서 선원들이 바다에 있는 동안 하나님을 그들의 바다의 "새로운" 수호신으로 인정하면서 제물도 드리고 서원도 한 것이라고 결론을 내린다(Brody, "Each Man Cried Out to His God," 78-82).

요나는 고기 뱃속에 있는 동안, "내가 주의 목전에서[מִנֶּגֶד עֵינֶיךָ, 미네게드 에네카] 쫓겨났"다고 말함으로써 (욘 2:4) 자신이 죽음을 향해 내려갔다고 묘사한다. 이 어구는 하나님의 임재의 상실을 의미한다. 즉 죽음을 경험하는 것은 하나님의 임재에서 멀어진 이동으로 묘사된다. 뒤늦게야 요나는 하나님께 부르짖는다. 흥미로운 것은, 앞에서 관찰했듯이, 요나가 바다에 있었고 심지어 물고기 뱃속에 있었지만, 교차대구적 표현으로 하나님의 "거룩한 성전"을 두 번 언급하면서 성전에 계신 하나님을 향해 여전히 기도한다는 점이다(2:4, 7). 요나의 간구가 성전에 계신 하나님께 도달한다는 강한 암시가 있다.[181] 한스 발터 볼프(Hans Walter Wolff)는 이 기도를 하나님의 임재의 장소인 그분의 거룩한 성전에 "들어가기를 구하는" 것으로 해석한다. 볼프는 이렇게 결론을 내린다. "성소에 계신 야웨의 임재의 능력으로 말미암아 심지어 바다의 저 깊은 바닥에서 외치는 부르짖음조차도 그 목표에 도달하게 된다."[182] 하나님은 예루살렘에 있는 그분의 거룩한 성전에 거하시지만, 이스라엘의 경계 바깥, 심지어 바다 깊은 곳에서도 (또한 욘 3-4장에서 강조하듯이 니느웨에서도) 말씀하시고 벌하시고 구원하실 능력이 있다는 것이 요나서가 전하려는 메시지의 요지인 것 같다.[183]

하나님은 성전에 거하시며, 그분 바로 앞에서 행한 죄로 말미암아 상처를 입으신다

이사야, 예레미야, 에스겔에서처럼, 성전에 거하시는 하나님의 임재는 포로기 이전 12예언서에서 추정되는 현실이다(예. 호 11:9; 욜 1:14; 미 6:6). 심지어 거짓 예언자들과 배교하는 지도자들조차도 하나님이 성전에 거하신다

---

181 Youngblood, *Jonah*, 108.
182 H. W. Wolff, *Obadiah and Jonah*, 137.
183 Timmer, *A Gracious and Compassionate God*, 86-87.

고 상정한다. 사실 예레미야서처럼 그들은 성전에 계시는 하나님의 임재가 그들을 보호하리라고 생각했다(미 3:11). 하지만 예레미야서처럼, 지도자들이 성전에 계시는 하나님의 임재가 그들을 원수들에게서 보호해주리라고 추정하면서도, 하나님의 토라를 소홀히 대하고 우상숭배를 통해 하나님께 노골적으로 범죄를 저지른 것은 엄청나게 아이러니한 잘못이다. 미가 3:12은 이 점을 회화적으로 지적한다. 실제로 미가서는 하나님께서 친히 성전에서 유다와 사마리아에 대항하여 증언하시는 선포로 시작한다. "백성들아, 너희는 다 들을지어다. 땅과 거기에 있는 모든 것들아, 자세히 들을지어다. 주 여호와께서 너희에게 대하여 증언하시되, 곧 주께서 성전에서 그리하실 것이니라"(1:2).[184] 마찬가지로 호세아 7:2에서 하나님은 그 백성의 죄를 그분 바로 앞에서 저지른 것으로 언급하신다.

하늘에서 통치하시는 하나님에 대한 묘사가 소예언서에 없는 것은 아니다. 이 이미지는 특히 땅의 모든 나라를 다스리시는 하나님의 주권적 통치가 강조될 때 사용된다. 그래서 아모스 9:6은 이렇게 선언한다. "그의 궁전을 하늘에 세우시며, 그 궁창의 기초를 땅에 두시며, 바닷물을 불러 지면에 쏟으시는 이니, 그 이름은 여호와시니라." 하지만 여기서도 본문은 하나님의 궁전을 땅에 기초를 둔 것으로 묘사한다는 점에 주목하라. 즉 그분의 임재와 다스림은 하늘 아니면 성전에 있는 것이 아니라 두 곳에 동시에 있다.[185]

---

184 왕이신 하나님의 처소는 "거룩하다"고 불리는데, 그 이유는 그 처소가 그분의 임재로 말미암아 거룩하게 되었기 때문이다. "그분의 거룩한 성전/왕궁"이 때때로 하나님의 하늘 처소를 언급할 수도 있지만(시 11:4), 여기서는 그분이 예루살렘에 거하심을 언급할 것이다. Mays, *Micah*, 40을 보라.
185 사 6장과 관련하여 우리가 Wildberger의 글을 인용한 것을 상기하라. "지상의 성소와 하늘의 성소를 구별하려고 하는 것은 고대 사람들이 결코 하지 않았을 구별을 시도하려는 것

하나님은 이스라엘 백성 및 유다 백성과 친히 싸우신다

이사야, 예레미야, 에스겔에서처럼 하나님은 그분의 심판을 통해, 복을 주시고 보호하기 위한 임재로부터 이스라엘과 유다에 대항하여 싸우는 두려운 용사로서의 임재로 전환하신다. 요엘 2:10-11에서 하나님은 그분의 군대, 즉 이스라엘을 공격하러 온 적군의 선두에 있는 용사/왕으로 묘사된다.[186] 아모스서에서는 원수인 용사/왕으로서 자신의 "이전 백성"에 대항하여 직접 싸우시는 하나님의 이미지가 여러 번 등장한다(암 4:12-13;[187] 5:16-17;[188] 9:1-4). 마찬가지로 미가 1:3-7에서 하나님은 그분의 언약을 파기한 백성을 벌하기 위해 친히 오시는 신적 용사/왕으로 묘사된다.[189]

스바냐서는 비슷한 이미지를 사용하여 하나님을 불순종하고 신실하지 못한 유다와 예루살렘을 심판하기 위해 직접 오시는 분으로 묘사한다. "내가 유다와 예루살렘의 모든 주민들 위에 손을 펴서"(습 1:4). "그때에 내가 예루살렘에서 찌꺼기 같이 가라앉아서…하는 자를 등불로 두루 찾아 벌하리니"(1:12). 실제로 예루살렘에 내린 심판은 스바냐 1장 전체에서 묘사되지만, 1:7에서는 하나님의 임재가 강조된다. "주 여호와 앞에서 잠잠할지어다. 이는 여호와의 날이 가까웠음이니라."

이다. 하나님은 하늘에 거하신다. 하지만 그분은 성소에도 임재하신다(Wildberger, *Isaiah 1-12*, 263).

186 H. W. Wolff, *Joel and Amos*, 47-48. Stuart는 "동시에 상상되는 두 차원의 침공, 즉 상징적으로는 메뚜기, 문자적으로는 하나님의 군대"가 있다고 설명한다(Stuart, *Hosea-Jonah*[『호세아-요나』, 솔로몬 역간], 251).

187 Stuart, *Hosea-Jonah*, 339-40.

188 Stuart는 그 땅을 관통하는 김을 묘사하는 레 26:6을 언어학적 배경으로 제시한다(Stuart, *Hosea-Jonah*, 350).

189 Barker and Bailey, *Micah, Nahum, Habakkuk, Zephaniah*, 50.

하나님은 그분의 백성을 다시 모으시고 그들 가운데 다시 거하실 것이다

이사야, 예레미야, 에스겔에서처럼 소예언서 중에는 하나님께서 그분의 흩어진 백성들을 모으고 그들 가운데 다시 거하실 미래의 어느 때를 예언하는 책이 여럿 있다. 예를 들어 שָׁכַן(샤칸, 거하다, 텐트를 치다)이라는 용어를 사용하여 하나님이 출애굽 전통에서 이스라엘 가운데 거하기 위해 성막에 어떻게 오셨는지를 회상하게 하는 강한 함의를 지닌,[190] 요엘의 마지막 단락(욜 3:17-21[4:17-21 MT])은 시온에 거하시는 하나님에 대한 미래의 장면으로 시작하고 마친다. "너희가 나는 내 성산 시온에 사는 너희 하나님 여호와인 줄 알 것이라"(3:17). "여호와께서 시온에 거하심이니라"(3:21).[191] 시온 산에 거하시는 하나님의 임재로 말미암아 예루살렘 자체뿐만 아니라 산 전체가 "거룩하게" 될 것이다(3:17). 세 부분으로 이루어진 언약 공식의 측면들이 존재한다. 요엘 3:16에서는 하나님의 백성인 이스라엘에 대한 전통적 명칭인 "이스라엘 자손"이 사용되고,[192] 3:17에서 하나님은 "너희 하나님"으로 언급된다. 이 외에 3:21에서 하나님이 그들 가운데 "거하신다"(שָׁכַן, 쇼켄)는 결론적인 강조는 하나님의 회복된 임재에 초점을 맞춘 언약 공식을 완성시키고, 미래에 있을 언약의 회복에 대한 강한 약속으로 요엘서를 마무리한다.[193] 마찬가지로 하나님의 회복된 임재는 땅 자체의 갱신(3:18)과, 에스겔 47:1-12에서처럼 하나님의 성전에서 흘러나오는 샘물과 밀접히 연결된다.[194]

---

190 Garrett, *Hosea, Joel*, 394.
191 하나님의 임재를 강조하는 요엘의 결론과 에스겔의 결론의 유사성을 주목하라.
192 Crenshaw, *Joel*, 196-97.
193 본문의 다양한 언약적 요소에 주목한 것으로는 Allen, *The Books of Joel, Obadiah, Jonah, and Micah*, 121; H. W. Wolff, *Joel and Amos*, 81; Stuart, *Hosea-Jonah*, 270을 참조하라.
194 Allen, *The Books of Joel, Obadiah, Jonah, and Micah*, 122-24. Allen은 이렇게 쓴다. "시온에

스바냐 3:14-20은 이와 비슷하게 하나님의 임재에 초점을 맞추는 미래의 회복에 대한 묘사로 스바냐서를 마무리한다. 하지만 강조는 회복된 땅에 있는 것이 아니라 하나님과 그분의 백성 사이의 회복된 관계에 있다. 세 부분으로 이루어진 언약 공식의 세 요소가 마찬가지로 모두 존재한다. "내 백성"이라는 측면은 스바냐 3:14에서 하나님과 관련하여 사용된 친밀한 용어들("시온의 딸"과 "예루살렘 딸")에 반영된다. "**너희 하나님** 여호와"는 3:17에 언급된다. 하나님이 "너희 가운데"(בְּקִרְבֵּךְ, 베키르베크) 계신다고 서술된 회복된 임재는 두 번 진술된다(습 3:15, 17). 마찬가지로 3:17에 언급된 하나님의 사랑(אַהֲבָה, 아하바)은 언약과의 강력한 연결을 전달한다.[195] 하나님은 더 이상 적으로서 그들을 대항하여 친히 싸우시는 용사/왕이 아니시다. 이제 그분은 그들을 구원하고, 보호하며, 그들로 인해 기뻐하는 왕이자 용사이시다(3:15, 17).

언약, 임재, 성령

요엘 2:18-32(2:18-3:5 MT)은 이사야 및 에스겔과 비슷한 방식으로 회복된(또는 갱신된) 언약, 회복된 하나님의 임재, 그리고 하나님의 영을 부음에 대한 주제들을 결합한다. 먼저 세 부분으로 이루어진 언약의 세 가지 요소가 모두 2:18-27에 존재함을 눈여겨보라. 요엘 2:18에서 하나님은 "그의 백성"을 불쌍히 여기시며, 2:26에서 그들을 "내 백성"으로 지칭하신다. 그분은 시온의 백성에게 "**너희 하나님** 여호와로 말미암아 기뻐하며 즐거워" 하라고 말씀하시며(욜 2:23), 그들이 "**너희 하나님** 여호와의 이름을 찬송할

거하시는 야웨의 임재는 온 땅의 복을 이해하는 열쇠였다"(122).
195 P. J. J. S. Els, "אהב," *NIDOTTE* 1:279.

것"이라고 말씀하신다(2:26). 그리고 나서 2:27은 세 요소("나는 너희 하나님이 될 것이다, 너희는 내 백성이 될 것이다, 나는 너희 가운데 거할 것이다")를 다 담는다. "그런즉 **내가 이스라엘 가운데에 있어[**בְּקֶרֶב יִשְׂרָאֵל אָנִי, 베케레브 이스라엘 아니] **너희 하나님** 여호와가 되고 다른 이가 없는 줄을 너희가 알 것이라. **내 백성**이 영원히 수치를 당하지 아니하리로다."[196] 실제로 하나님의 임재는 언약 관계에 필수적이다.[197]

그런데 요엘 2:19-26에서 하나님의 갱신된 언약적 임재에 속한 복은 그 땅의 회복된 농산물의 풍성함으로 묘사되는 반면에, 2:28-32에서 복은 하나님의 영을 부음으로 제시된다. 이사야와 에스겔에서처럼 하나님이 모든 백성에게 그분의 성령을 부으실 것이라는 약속은 관계에 있어 새로운 시대를 반영한다. 레슬리 알렌(Leslie Allen)은 2:28-32에 언급된 하나님의 영을 부음은 2:27의 임재에 대한 약속이 한층 더 풍성하게 채워지리라는 것을 드러낸다고 설명한다.[198]

일찍이 우리가 이사야서와 에스겔서를 논의하면서 주목했듯이, 하나님께서 그분의 성령을 부으신다는 문맥에서 רוּחַ(루아흐, 성령/영)라는 용어는 땅에서의 하나님의 임재를 대표하는 하나님 자신을 가리키는 제유법으로 사용된다.[199] 에스겔 39:29뿐만 아니라 이사야 32:15과 44:3-4에서처럼, 요엘 2:18-32에서 하나님의 영을 부어주심은 하나님과 그분의 백성 간

196　이 본문에서 강한 언약적 요소들에 주목한 학자들은 다음과 같다. Allen, *The Book of Joel, Obadiah, Jonah, and Micah*, 96; Crenshaw, *Joel*, 159; Stuart, *Hosea-Jonah*, 260. 이와 비슷하게 VanGemeren은 욜 2:27이 "야웨의 언약적 임재에 대한 절정의 천명"이라고 주장한다 (VanGemeren, "The Spirit of Restoration," 83).

197　Crenshaw, *Joel*, 159.

198　Allen, *The Books of Joel, Obadiah, Jonah, and Micah*, 98-99.

199　Block, "The View from the Top," 180, 206-7.

의 언약을 "더 크고 더 좋은" 방식으로 회복시키는 역할을 한다.[200] 큰 자로부터 작은 자까지 모든 사람이 하나님을 알 것이라는 예레미야의 "새 언약"(렘 31:34)에서처럼, 이곳 요엘 2:28-29에서 하나님의 영은 남자와 여자를 막론하고 모든 사람에게 부어질 것이다.

학개부터 말라기까지

학개와 스가랴는 모두 페르시아의 다리우스 왕의 두 번째 해(기원전 520년)에 시작한다. 에스라-느헤미야서에서 기술했듯이, 포로 중에서 적은 집단만이 유다와 예루살렘으로 귀환했다. 하지만 그들의 상황은 여전히 숫자도 적고, 분투하며, 페르시아의 통치 아래 있기에 이전의 예언자들이 묘사한 영광스러운 회복에 어울리지 않은 듯 보인다.[201] 일단의 집단이 그 땅으로 돌아왔다. 그러므로 어떤 의미에서는 다시 모으겠다는 약속이 시작된 것으로 보인다. 하지만 페르시아 사람들이 여전히 다스리고 있고, 하나님의 강력한 임재는 돌아오지 않았다. 회복은 여전히 미래에 있는 것으로 보인다. 실제로 그 땅에 돌아온 백성은 하나님의 임재의 상실을 비롯하여 아직도 어느 정도 언약적 저주를 겪고 있는 것으로 보인다.[202]

---

200 Routledge는 하나님의 영을 부어주심은 하나님과의 새로운 친밀감을 의미한다고 제안한다 (Routledge, "The Spirit and the Future," 356).

201 Albertz, "The Thwarted Restoration"은 페르시아의 지정학적 통치의 상황 안에서 "회복의 실패"를 탐구한다.

202 Patrick, "Time and Tradition in the Book of Haggai," 51. Tollington은 다음과 같이 쓴다. "전체적으로 볼 때, 슥 1:12은 공동체가 현재의 경험을 포로와 성전 파괴로 시작된 야웨의 심판과 징벌이 계속되는 기간의 일부분으로 여겨야 함을 나타낸다"(Tollington, *Tradition and Innovation in Haggai and Zechariah*, 187-88).

하나님은 제2성전에 거하기 위해 다시 오지 않으신다

포로기 이전의 예언서들에서 하나님은 성전에 이스라엘 "가운데" 거하는 것을 중단하겠다고 거듭 경고하시며, 실제로 에스겔 11장에서 바빌로니아에 의한 함락과 예루살렘의 멸망 직전에 떠나신다. 포로기 이후 시대에 포로 중에서 적은 수의 집단이 돌아와 비록 아주 작은 규모이기는 해도 성전을 재건했다(학 1:12-2:5). 일찍이 이스라엘 역사에서 성막이 완공되고(출 40:34-38), 다시 첫 성전이 완공된 이후(왕상 8:10-11), 하나님의 영광이 극적이고 장관을 이루는 방식으로 거룩한 성소를 가득 채웠다. 이는 성막과 성전의 모든 시설이 하나님 자신이 거하신 곳이었음을 강조한다. 하지만 포로기 이후 제2성전이 건축된 이후에는 본문들(학개, 스가랴, 에스라-느헤미야)에 하나님의 영광이 성전을 채우기 위해 온다는 묘사가 없다.[203] 하나님의 영광이 성전으로 돌아오지 않았다는 것은 대단히 의미심장한 사건이다. 클레멘츠는 "성전이 재건되었다. 그런데 기적적인 귀환은 발생하지 않았다"고 쓴다. 포로기 이후의 삶은 유다에서 회복되었다. 하지만 "하나님의 임재

---

[203] 에스라-느헤미야서에 대해 앞에서 언급했듯이, Fried는 스 6장의 성전 건축 기사가 기본적으로 신전 건축에 대한 고대 근동의 표준적인 문학 패턴을 따른다고 지적한다. 그녀는 눈에 띄게 생략된 것은 거처를 마련하기 위해 성전에 들어오시는 신에 대한 묘사와 같은 핵심적인 요소라고 강조한다(Fried, "The Torah of God as God," 287-88). Kessler 역시 제2성전의 건축을 논하면서 학개서에서 "제의적인 취임" 또는 "신적 임재의 신선한 출현"을 묘사하는 어떤 본문도 없는 특이한 생략에 주목한다. Kessler는 그 이유가 고대의 다른 신적 재건에서는 신의 귀환이 확실하지 않았지만, 학개서의 경우에는 하나님이 성전으로 말미암아 "기뻐하겠다"(학 1:8)고 이미 약속하셨다는 데 있다고 주장하지만, 이는 설득력이 떨어진다. 그래서 Kessler는 신의 귀환에 대해 의심하지 않았기 때문에, 그것을 기록할 필요가 있는 사건이라고 생각하지 않았을 것이라고 암시한다(Kessler, "Temple Building in Haggai," 378-79). 하지만 하나님께서 출애굽기의 성막과 열왕기상의 성전에 둘 다 들어오신다는 것의 엄청난 중요성에 비춰볼 때, 이와 같은 들어오심을 단순히 학 1:8에 나오는 하나님의 승인에 대한 약속에서 추론할 수는 없을 것 같다. 마찬가지로 만약 하나님의 임재가 재건된 성전에 다시 오셨다면, 학 2:3에서 제기한 질문은 모욕적으로 이상한 것이 될 것이다. "이것[재건된 성전]이 너희 눈에 보잘것없지 아니하냐?"

가 이스라엘 가운데 있을 것이라는 최고의 약속은 종말론적 소망의 영역으로 남았다."[204] 하나님께서 성전에 다시 오심은 여전히 미래에 속했다.[205]

하나님의 임재의 가능성은 포로기 이후 공동체와 함께 있다

그럼에도 포로기 이전 예언자들이 미래를 대망한 것처럼, 그들은 포로들이 유다로 귀환하는 데 도움을 주었을 "내가 너희와 함께 있다"라는 하나님의 임재의 가능성을 자주 그렸다. 학개 1:12에서 남은 자들은 그 땅으로 돌아와 "하나님의 목소리에 순종하고", "예언자 학개의 메시지를 귀담아들었다." 이 본문 바로 다음에 1:13-14이 이어지는데, 여기서 하나님은 그분의 임재의 가능성을 선포하신다. "내가 너희와 함께하노라." 학개는 지도자들과 백성들의 영을 고무하고, 그들은 성전 재건을 시작한다. 실제로 포로기와 포로기 이후 기간 내내 하나님의 강력하고 거룩한 임재는 그분의 언약을 다시 세우기 위해 성전으로 다시 오지 않는다. 하지만 하나님은 포로 기간 중에도 그분의 백성을 위로하고 보호하기 위해 "내가 너희와 함께하노라"라는 하나님의 임재를 계속 제공하신다. "내가 너희와 함께하노라"의 임재는 창세기에서 족장들이 하나님의 임재를 경험한 것과 비슷하다. 그것

---

204 Clements, *God and Temple*, 125-26. Clements는 재건된 성전에 하나님이 다시 오신다는 약속이 성취되지 않았다는 의식이 랍비 문헌에 잘 반영되었다는 점에 주목한다. 처음 성전에 있었던 다섯 가지가 제2성전에서 결여되었다는 것이 랍비 문헌에서 발전된 교리다. 그중에서 매우 중요한 측면이라고 주장되는 두 가지는 세키나(하나님의 임재에 대한 랍비적 개념)와 성령(랍비적 사고에서 정경적 예언과 연결됨)이다. Abelson, *The Immanence of God*, 261-67; Fried, "The Torah of God as God," 284을 보라. 또한 요세푸스와 미쉬나는 제2성전의 많은 부분에 대해 광범위하고 상세한 설명을 제공하지만, 이 출처 중 어느 것도 언약궤나 하나님의 임재가 지성소에 있다고 언급하지 않는다는 점도 주목하라.
205 Patrick은 다음과 같이 쓴다. "왕도 없고, 경제적 번영도 없다. 외국인이 통치하고, 인구도 부족하다. 따라서 당시 유대인들의 곤경은 포로 시대의 심판 저주가 계속되는 것과 같다.…야웨는 그분의 백성에게 아직 돌아오지 않으셨다"(Patrick, "Time and Tradition in the Book of Haggai," 55).

은 힘을 주시고 보호하시는 임재였다. 하지만 출애굽에서 이스라엘과 함께 거하기 위해 오신 강렬하고, 영광스러우며, 불타는 듯하고, 거룩함을 방출하는 임재는 아니었다.

미래에 하나님은 예루살렘의 성전에 다시 거하실 것이다

학개와 스가랴는 모두 포로를 과거 사건으로 회상하며 지금은 하나님께서 구원의 새 시대에 행하실 일을 내다본다. 하나님의 회복된 임재는 구원의 새 시대에 중심 역할을 담당할 것이다. 학개서와 스가랴서를 요약하면서, 마크 보다(Mark Boda)는 다음과 같이 쓴다. "학개와 스가랴에게 회복은 다양한 차원의 회복이었다. 근본적으로 회복에는 하나님의 임재의 귀환이 포함되어 있다.…이 두 예언자는 서로를 보완한다. 두 예언자는 모두 하나님의 귀환으로 말미암아 시작되는 즉각적인 회복이 백성의 회개에 달려 있다고 선언한다.…두 예언자 모두에게 궁극적인 목표는 우주를 변화시키기 위해 하나님의 임재와 복이 그분의 백성에게 다시 오는 것이다."[206] 학개는 하나님의 귀환의 선결 조건으로 성전 재건에 초점을 맞춘다. 스가랴는 하나님의 귀환의 선결 조건으로 백성의 회개와 윤리적 개선에 초점을 맞춘다. 이 요인들이 다 필요한 것 같다. 그리고 학개와 스가랴는 하나님의 귀환을 즉각 이루어질 것으로 제시하지만, 포로에서 돌아온 백성들이 완전히 하나님을 의지하고 순종하지 못한 것으로 인해 하나님이 장차 다시 오시는 것은 여전히 사람들의 손을 벗어나 미래의 지평에 속해 있다.[207]

---

206   Boda, *Haggai, Zechariah*, 47-48.
207   Ackroyd, *Exile and Restoration*(『이스라엘의 포로와 회복』, 기독교문서선교회 역간), 200-217; Delkurt, "Sin and Atonement in Zechariah's Night Visions," 251; Kashlow, "Zechariah 1-8 as a Theological Explanation," 402; Boda, "From Fasts to Feasts," 405; Gowan, *Theology of the Prophetic Books*, 168을 보라

학개 2장에서 방금 재건한 규모도 작고 엉성한 성전에 백성들이 느꼈을 실망에 대한 답변으로 하나님은 다음과 같이 선언하신다. "조금 있으면 내가 하늘과 땅과 바다와 육지를 진동시킬 것이요,…내가 이 성전[집]에 영광이 충만하게 하리라.…이 성전의 나중 영광이 이전 (성전의) 영광보다 크리라"(학 2:6-9). 학개 2:5에서 출애굽이 분명하게 암시된 것에 비춰볼 때, 2:6의 "다시 한번"(개역개정에는 빠져 있음)이라는 어구가 하나님께서 시내산에 강림하셨을 때 발생한 극적이고 두려운 "진동"(출 19:16-19)과 연결된다는 것은 의심의 여지가 없다.[208] 은과 금이 구체적으로 언급된 맥락에서(학 2:8), 일부 학자들은 그 집(즉 성전)을 "영광"(כָּבוֹד, 카보드)으로 채운다는 약속을 여러 민족으로부터 성전으로 흘러 들어갈 물질적인 부요를 언급하는 것으로 이해한다.[209] 하지만 시내산으로부터 이어지는 신현 전통 역시 이 문맥에서 필수적이다. 그리고 כָּבוֹד(카보드)는 구약성서(와 특히 출애굽 전통)에서 성막과 성전에 계신 하나님의 임재를 가리키는 것으로 빈번하게 사용된다. 그러므로 다른 학자들은 성전을 가득 채우는 "영광"에 대한 언급을 하나님께서 친히 성전에 다시 오심을 가리키는 것으로 이해한다.[210]

성전을 영광으로 가득 채우는 것과 아울러 하나님은 학개 2:9에서 שָׁלוֹם(샬롬, 화평)을 주겠다고 약속하신다는 점에 주목하라. 존 더럼은 שָׁלוֹם이 종종 하나님의 임재와 연결된다고 설득력 있게 주장한다. 그는 구약성

---

208 Boda, *Haggai, Zechariah*, 123. Boda는 2:5에 출애굽에 대한 분명한 암시가 있다고 주장한다 (122-23).
209 Kessler, "Tradition, Continuity and Covenant," 27; Petersen, *Haggai and Zechariah 1-8*, 68-70.
210 Boda, *Haggai, Zechariah*, 124-27. Boda는 둘 다를 포함하는 견해를 주장한다. "영광"이라는 단어는 하나님의 임재뿐만 아니라 부유함도 가리킬 수 있다. 아마도 미래에 성전이 하나님의 임재를 나타내는 더 중요한 "영광"을 상징하는 열방의 물질적 부유함으로 장식될 것임을 암시하는 언어유희가 사용되었을 것이다.

서에서 שָׁלוֹם의 용례 중 약 65퍼센트가 언급하는 것이 "성취"가 아니라 "화평"이라고 주장한다. 이 사례들에서 שָׁלוֹם은 "완성, 성공, 성숙, 번영과 안전이 있는 상황, 여기에 더하여 하나님의 자비로운 **임재**의 직접적 결과인 안녕의 상태를 묘사한다. 이 자비로운 **임재**는 שָׁלוֹם의 이런 이미지들에 대한 각각의 맥락에 최소한 가정되거나 암시된다. 그리고 이 단어는 거의 50개의 독립된 본문에 어느 정도 구체적인 방법으로 언급된다."[211] 이와 유사하게 게르하르트 폰 라트는 שָׁלוֹם이 자주 "상태보다는 관계를 의미한다"고 강조한다. 계속해서 폰 라트는 관계 개념과 밀접하게 연결된 것은 שָׁלוֹם과 언약 간의 밀접한 연결이라고 주장한다.[212] 학개 2장에서는 (하나님께서 처음 모세 언약을 체결하신) 시내산에 나타나신 신현의 상황에 대한 암시와 함께 그분의 "성령"(2:5), 그분의 "영광", 그리고 그분의 집을 언급한 것에서, 하나님의 임재 및 그분의 언약과 결합된 שָׁלוֹם이 문맥에 잘 어울린다는 것을 관찰할 수 있다. 성전에 거하기 위한 하나님의 다시 오심은 언약을 회복하고 שָׁלוֹם을 가져온다.

스가랴 1:7-6:8의 여덟 가지 "밤 환상" 안에서 하나님은 예루살렘의 성전에 다시 오셔서 거하실 것이라고 여러 번 약속하신다. 하지만 이런 사건이 벌어질 구체적인 시간은 전혀 분명하지 않다. 데이비드 피터슨(David Petersen)은 스가랴 1:16의 동사들이 모호하며, 여덟 가지 밤 환상의 전체 단락에서 시간에 관한 모호성과 다소 일치한다고 결론을 내린다.[213] 피터슨은 스가랴의 환상들이 "순전히 세상적인 관심과 갱신에 대한 유토피아적 환

---

211 Durham, "שָׁלוֹם and the Presence of God," 276-77. 마찬가지로 G. L. Carr, "שָׁלוֹם," *TWOT* 2:931은 שָׁלוֹם이 하나님의 임재의 결과로서 성취의 상태를 묘사하는 빈번한 발생(3분의 2)에 주목한다.
212 G. von Rad, "שָׁלוֹם: B. שָׁלוֹם in the OT," *TDNT* 2:402-3.
213 Petersen, *Haggai and Zechariah 1-8*, 156.

상 사이 어디엔가 있으며", 그래서 둘 사이의 "중간" 또는 "중간 어느 지점"의 의미를 전달한다고 제안한다.[214] 스가랴 1-8장에서 회복의 성취를 "중간 어느 지점"으로 보는 피터슨의 유익한 제안은 많은 점에서 하나님의 나라를 이해하는 신약의 "이미 그러나 아직"과 비슷하다.

약속된 회복의 미래적 특성은 스가랴의 세 번째 환상(슥 2:1-13[2:5-17 MT])에 더욱 뚜렷이 드러난다. 스가랴 2:4에서 천사는 스가랴에게 예루살렘이 성벽이 없는 도시가 될 것이라고 말한다. 그러고 나서 하나님은 왜 성벽이 필요 없는지를 설명하신다. "내가 불로 둘러싼 성곽이 되며 그 가운데에서 (그 성의) 영광이 되리라"(2:5). 여기에 제시된 예루살렘에 대한 관점은 분명히 종말론적이다.[215] 만약 하나님이 친히 도시를 보호하기 위해 그곳에 계신다면, 방어를 위한 돌 성벽은 전혀 필요 없게 될 것이다. "불"은 하나님의 임재와 종종 결합되며(예. 출 3:2-4의 불타는 떨기나무; 출 13:21-22의 불기둥), "영광"은 하나님의 임재를 가리키는 주요 지칭어.

마찬가지로 하나님의 임재의 회복은 스가랴 2:10-13(2:14-17 MT)에서 약속된다. "내가 와서 네 가운데에 머물 것임이라"(슥 2:10)는 약속은 하나님의 회복된 임재에 대한 표준적인 용어를 반영한다. 이곳에 사용된 반복적인 언약 용어는 하나님이 다시 오셔서 그분의 임재가 회복될 때, 많은 민족이 언약 관계에 들어올 것을 암시한다.[216] 이 본문은 하나님이 그분의 임재 안에서 모든 것을 심오한 거룩함에 이르게 하신다는 것을 강조한다. 피터 아크로이드(Peter Ackroyd)는 이렇게 주석한다. "하나님이 친히 시온의

---

214 Petersen, "Zechariah's Visions," 198-202. Kashlow, "Zechariah 1-8 as a Theological Explanation," 393도 보라.
215 Meyers and Meyers, *Haggai, Zechariah 1-8*, 155.
216 Boda, *Haggai, Zechariah*, 238.

성전에 계시고, 온 땅—실제적인 땅 자체—이 거룩하게 된다는 암시가 있다."[217]

스가랴 1:16과 2:10-11에 나오는 하나님의 임재의 귀환에 대한 약속을 되울리는 본문은 스가랴 8:2-8이다. 관계적·언약적 측면들은 세 부분으로 이루어진 언약 공식의 세 요소가 다 진술됨으로써 본문을 관통한다. "내가 시온에 돌아와 예루살렘 가운데에 거하리니…내가 내 백성을…인도하여다가 예루살렘 가운데에 거주하게 하리니, 그들은 내 백성이 되고 나는 진리와 공의로 그들의 하나님이 되리라."[218]

비록 학자들 사이에 스가랴 1-8장의 일부 본문들의 시간적 틀에 대한 의견이 다를지라도, 스가랴 1-8장의 신탁/신탁들을 마무리하는 스가랴 8:18-23이나 적어도 8:20-23의 미래 종말론적 지향성이 특히 "그날에는"(8:23)이라는 어구에 의해 표시된다는 점에 대해서는 의견이 일치하는

---

217 Ackroyd, *Exile and Restoration*, 181.
218 슥 1:16에서처럼 슥 8:3에 사용된 동사들(NIV: "내가 돌아와…거하리라")은 완료 시제(카탈형)다(שַׁבְתִּי, 샤브티, 그리고 שָׁכַנְתִּי, 샤칸티). 슥 1:16에서처럼 이곳 8:3에서 하나님의 다시 오심이 이미 발생한 것인지(Meyers and Meyers, *Haggai, Zechariah 1-8*, 413) 아니면 미래의 사건인지(Boda, *Haggai, Zechariah*, 380)를 두고 학자들은 서로 다른 견해를 취한다. Boda는 이렇게 쓴다. "스가랴에게 야웨의 임재의 귀환은 여전히 미래에 놓여 있다.…그 귀환의 지연은 회복된 공동체들 사이에 여전히 계속되고 있는 죄에 기인한다"(Boda, *The Book of Zechariah*, 480). Gowan은 성전이 재건됨과 아울러 하나님의 귀환을 위한 상황이 무르익었고, 슥 8장은 "구약 종말론의 완전한 예를 나타낸다"는 점에 주목한다. 하지만 Gowan은 계속해서 "완전한 성취는 여전히 손 닿는 곳 밖에 있다"고 말한다(Gowan, *Theology of Prophetic Books*, 168). Meyers와 Meyers는 슥 8:2-8을 다섯 개의 다른 신탁으로 나눈다. 그들은 8:3을 이미 발생한 것으로 이해하지만, 8:7-8은 틀림없이 종말론적인 미래에 속한다고 결론을 내린다(Meyers and Meyers, *Haggai, Zechariah 1-8*, 428-30). 하지만 8:3과 8:8의 유사성에 주목하라. 8:3에서 하나님은 "내가 시온에 돌아와 예루살렘 가운데에 거하리니[וְשָׁכַנְתִּי בְּתוֹךְ יְרוּשָׁלָםִ, 베샤칸티 베토크 예루샬라임]라고 말씀하신다. 8:8에서 하나님은 "내가 그들을 인도하여다가 예루살렘 가운데에 거주하게 하리니[וְשָׁכְנוּ בְּתוֹךְ יְרוּשָׁלָםִ, 베샤크누 베토크 예루샬라임]"라고 진술하신다.

것 같다.²¹⁹ 스가랴 1-8장의 이 마지막 단락은 많은 백성과 나라들이 하나님을 찾으러 예루살렘으로 모여든다는 것을 묘사한다. 실제로 이 사람들을 예루살렘으로 이끄는 것은 하나님의 거주하시는 임재다. 여기서 제시된 강력한 비유적 표현은 외국인들이 유대인들의 옷자락을 잡고 이렇게 간청하는 것으로 그려진다. "하나님이 너희와 함께하심을 들었나니, 우리가 너희와 함께 [예루살렘으로] 가려 하노라"(슥 8:23).

마찬가지로 스가랴 9-14장의 종말론적 지향성은, 심지어 묵시적 지향성까지도 널리 인정된다. 이 단락에서 핵심적인 것은 하나님께서 그분의 나라의 왕으로서 다스리기 위해 예루살렘으로 다시 오신다는 것이다. 그분의 나라는 이제 모든 민족을 포함하는 우주적인 나라다.²²⁰ 하지만 포로기 이전 예언자들의 글에 묘사된 하나님의 귀환에 대한 환상들에서와는 다르게, 스가랴 11:4-17에서 백성들은 하나님(또는 그분이 임명한 목자)의 귀환과 통치를 거절하는 것 같다. 그래서 하나님께서 그분의 통치를 최종적으로 세우시기 전에 또 다른 심판의 때가 있게 된다.²²¹

스가랴 9:1-8에서 하나님은 예루살렘에 있는 그분의 성전에 거하고 그 성전을 보호하시기 위해 다시 오시기 전에 이스라엘의 전통적인 원수들을 물리치는 신적 용사로 모습을 드러내신다.²²² 포로기 이전의 몇몇 본문에서처럼, 스가랴 9:9-10에서 하나님의 귀환은 다윗 계열의 메시아적 왕을 세움으로써 흐려진다.²²³ 스가랴서의 결론 부분에서(슥 12:9-14:21), 예

---

219 예를 들어 Meyers and Meyers, *Haggai, Zechariah 1-8*, 435-45; Petersen, *Haggai and Zechariah 1-8*, 117-20을 보라.
220 Chisholm, *Handbook on the Prophets*, 468.
221 Chisholm, *Handbook on the Prophets*, 468; Boda, *Haggai, Zechariah*, 458.
222 Boda, *Haggai, Zechariah*, 409-10.
223 Boda, *Haggai, Zechariah*, 414-17. Boda, *Zechariah*, 564-65도 보라.

루살렘에 왕으로서 통치하기 위해 다시 오시는 하나님의 귀환이라는 주제는 심판, 죄 용서, 정결케 함, 거룩함, 언약 갱신의 주제들과 밀접하게 연결된다("나는 말하기를, '이는 내 백성이라' 할 것이요, 그들은 말하기를, '여호와는 내 하나님이시라' 하리라"[슥 13:9]). 결론 단락(14:16-21)은 예루살렘에서 하나님을 예배하기 위해 그리로 몰려오는 민족들을 묘사한다. 이 마지막 장면에서는 일반적으로 성전 안에 있는 기물들과 관련되는 거룩함이 이제 확장된다. 이를테면 거룩함은 예루살렘과 유다 전역에 있는 그릇들뿐만 아니라 전통적으로 부정한 짐승으로 알려진(레 11:1-8) 말의 목에 다는 방울에까지 확장된다. 따라서 예루살렘에 거하시는 하나님의 임재로 인해 부정한 것이 정하고 거룩한 것이 되며, 유대인과 이방인의 구별을 비롯하여 성속(聖俗)의 모든 구별이 제거된다.[224]

마찬가지로 말라기는 하나님께서 친히 성전에 다시 오실 미래의 때를 기술한다(말 3:1). 말라기 2:17에서 사람들의 불순종하는 질문("정의의 하나님이 어디 계시냐?")에 응답하면서, 말라기는 "그가 오시는 미래의 날"을 가리키며(3:2), 하나님이 친히 성전에 다시 오시고(3:1) 공의를 가져오실 것(3:5)이라고 선언한다. 3:1에서 하나님은 먼저 당신이 사자(메신저)를 보내어 "내 앞에[לְפָנַי, 레파나이] 길을 예비할 것"이라고 말씀하신다. 이 어구는 임재를 함의할 개연성이 크다. 그다음에 언급된 "너희가 구하는 바 주가 갑자기 그의 성전에 임하시리니"라는 표현은 의심의 여지 없이 하나님 자신에 대한 언급이다.[225] 하나님께서 성전에 오신다는 이 약속/선언은 그분이

---

224 R. Smith, *Micah-Malachi*(『미가-말라기』, 솔로몬 역간), 293; Boda, *Haggai, Zechariah*, 528.
225 성전에 오시는 이를 하나님과 동일시하는 학자들은 다음과 같다. Clements, *God and Temple*, 125-26; R. Smith, *Micah-Malachi*, 328; Chisholm, *Handbook on the Prophets*, 481-82; Verhoef, *The Books of Haggai and Malachi*, 288-89; Baker, *Joel, Obadiah, Malachi*, 268-69; Malone, "Is the Messiah Announced in Malachi 3:1?," 218-19; Goswell, "The Eschatology

이미 성전에 계신 것이 아니라는 것과 그분이 성전에 다시 오시는 것이 미래의 "주의 날"에 속한다는 것을 강하게 암시한다.

결론

다니엘서를 비롯하여 예언서에서 하나님의 임재는 역사적인 이야기와 신학적인 이야기 모두의 중심에 있다. 예를 들어 하나님의 임재는 언약 개념 전체 및 하나님과 그 백성의 관계와 긴밀히 그리고 불가분하게 연결된다. "나는 너희의 하나님이 될 것이다, 너희는 내 백성이 될 것이다, 나는 너희 가운데 거할 것이다"라는 세 부분으로 이루어진 공식은 예언서 전체에서 반복적으로 인용되거나 암시되며, 이런 임재(또는 부재)의 현실이 이야기를 몰고 간다. 게다가 하나님의 이 관계적 임재는 거룩, 영광, 이름, 능력, 예배, 구원, 죄와 분리, 포로, 회복, 나라, 심판, 복, 샬롬, 그리고 영과 같은 예언서들의 주요 주제들을 연결하는 망이다.

예언서들에서는 하나님의 임재가 구약의 이야기를 지배한다. 이스라엘 가운데 거하기 위해 오시는 하나님을 시내산에서 대면했다는 출애굽 전통은 예언자들에 의해 기정사실로 받아들여진다. 그래서 포로기 이전의 예언서 전체에서 하나님은 예루살렘 성전에 거하시는 분으로 묘사된다. 하나님께서 온 민족과 온 땅에 두루 그분의 주권을 행사하시는 것처럼, 그분이

---

of Malachi," 635. Malchow는 여기서 한 걸음 더 나아가 이렇게 선언한다. "이것이 사자를 가리킬 수 있다는 것을 일부 학자들이 인식하고 있음에도 불구하고, 사실상 현대의 모든 주석가들은 '주'가 야웨라는 점에 동의한다"(Malchow, "The Messenger of the Covenant," 253).

하늘에서 통치하신다는 것도 인정된다. 하지만 하나님과 그분의 백성의 관계를 다룬 이야기와 관련하여, 문자적으로든지 비유적으로든지 거의 지속적으로 평가되는 기준은 하나님이 성전에 거하시는지의 문제다. 성전에서 나오는 하나님의 거룩성 때문에, 그리고 그분이 예루살렘과 유다에 있는 모든 사람과 아주 가까이 계시는 까닭에, (하나님을 버리고 우상을 향하는) 죄와 배교는 특히 하나님께 대항하는 범죄다. 하나님은 이런 죄를 반복해서 경고하신다. 하나님은 너무 늦기 전에 회개하고 그분의 거룩한 임재에 합당한 참된 예배로 돌아오라고 백성들에게 애원하시거나 경고하신다. 하나님은 만일 그들이 그분의 임재의 거룩한 명령을 무시하고 계속해서 그분의 명예를 더럽히고 그분을 거슬러 죄를 짓는다면, 친히 성전을 떠나시고 강력하며 격분한 용사로서 그들과 대항하여 싸우심으로써 그분의 인격적 임재의 복이 공포로 바뀔 것이라고 그들에게 경고하신다. 심판은 결국 하나님의 임재의 상실로 이어질 것이다. 백성과 하나님의 분리는 그분이 성전을 떠나시는 것과 관련될 뿐만 아니라 그들을 그 땅에서 쫓아내시는 것을 포함한다.

하지만 하나님은 미래에 그분의 백성을 그 땅으로 다시 들어가게 하시고, 그들을 직접 돌보시며, "내가 너희와 함께하리라"는 그분의 동행하는 임재를 통해 그들이 귀환할 수 있도록 하겠다고 약속하신다. 이것은 하나님의 "영광"이 그분의 성전에 다시 오는 극적인 귀환으로 이어진다. 그곳에서 하나님께서 다시 모으신 백성들은 모든 민족과 함께 하나님을 신실하게 예배하게 될 것이다. 그들이 성전에서 누리는 (그리고 예루살렘과 유다 전체에서 나오는) 하나님의 임재에 대한 경험은 그들에게 하나님의 영을 부어주는 것으로 강화될 것이다. 강화된 임재의 이런 다양한 흐름은 모두 하나님이 다시 그들 가운데 거하시는, 하나님과 그분의 백성 사이의 새롭고 놀라운 언약 관계의 확립에 대한 신호가 될 것이다.

역사적으로 하나님의 많은 경고 이후에 슬프고도 비극적인 현실이 이어진다. 이스라엘과 유다는 회개하지 않고 하나님께 돌아가지 않는다. 그분의 경고는 무시된다. 유다의 죄와 우상숭배가 너무도 커서 하나님은 실제로 그분의 성전을 떠나신다. 이는 "나는 너희 가운데 거할 것이라"는 말로 규정된 언약의 끝(또는 적어도 심각한 중단)을 뜻한다. 하나님은 성전을 떠나시고, 백성들은 그 땅에서 쫓겨나 하나님의 임재에서 멀어진 포로의 상황에 몰리게 된다.

하지만 하나님은 일단의 사람들이 그 땅으로 돌아오게 하신다. "내가 너희와 함께하리라"는 그분의 임재에서 힘을 얻은 그들은 성전을 재건한다. 아주 규모가 축소되었지만 말이다. 그러나 이 포로기 이후의 상황에서 하나님의 강력하고 극적인 임재("영광")는 이전에 성막과 첫 성전에 하나님이 들어가신 것처럼 재건된 성전에 들어가지 않는다. 하나님은 포로기 이전 예언자들이 약속한 것처럼, 오셔서 성전에 초점을 맞춘 새로운 다윗 왕국을 다시 세우지 않으신다. 백성들의 일부가 그 땅에 다시 돌아오고, 성전은 재건된다. 이것은 회복을 위한 상황이 무르익었고, 적어도 시작되었음을 나타낸다. 하지만 하나님의 "영광"이 지성소에 거하신다는 암시는 없다. 실제로 유다는 여전히 외국(페르시아)의 지배하에 있으며, 백성들은 계속해서 죄와 불순종으로 갈등한다. 예언자들이 약속한 하나님의 놀라운 회복과 강력한 임재는 여전히 미래에 있으며, 하나님이 장차 다시 오실 것이라는 이 약속은 구약과 신약을 이어준다. 실제로 (임마누엘이신) 예수 그리스도가 오실 때까지 성전은 하나님의 임재가 없고 다윗 계열의 왕이 없는 채로 건물로만 남아 있게 된다.

제4장

마태복음, 마가복음, 누가-사도행전에 나타난 하나님의 관계적 임재

공관복음과 사도행전의 주요 초점은 예수 그리스도께서 하나님의 관계적 임재를 독특하고 강력한 방식으로 나타내는 분으로서 우리에게 오셨다는 데 있다. 여기서 우리는 하나님의 관계적 임재 안에서 우리가 성서신학의 중심, 즉 전체 성서 이야기의 추진력 및 궁극적인 목표와 대면하게 되는 우리의 사례를 계속 제시할 것이다. 이 장에서는 예수의 종말론적·지속적 임재뿐만 아니라 그의 정체성, 그의 사명, 그의 공동체의 측면에서(결과적인 갈등과 함께) 하나님의 관계적 임재에 대한 마가와 마태의 묘사를 개관한다. 그 다음에 우리는 하나님의 계획, 예수 자신, 성령, 하나님의 백성, 약속된 그리스도의 재림을 제시하는 누가의 글에서 임재라는 주제가 어떻게 등장하는지를 살펴보기 위해 누가-사도행전의 더 발전된 이야기에 주의를 돌릴 것이다.

공관복음과 사도행전은 예수가 성육신한 하나님의 아들로서 하나님의 인격적 임재를 나타낸다는 것, 하나님 나라가 하나님의 관계적 임재의 현실에 근거하고 있다는 것, 그리고 임재가 하나님 나라의 의와 예수에 대한 제자도에서 중심에 있음을 보여준다. 게다가 우리는 임재가 하나님께서 사람들을 다시 하나님과 건강한 관계에 이르도록 하여 그들이 하나님의 임재를 영원히 경험할 수 있게 하는 십자가와 부활의 목표라고 이해한다. 사도행전에 자세히 설명되었듯이, 예수는 복음서에 기록된 그의 지상 사역 동안 행하기 시작한 일을 그의 성령을 통해 계속해서 행하신다. 임재로 충만한 오순절 경험은 하나님의 백성의 선교뿐만 아니라 장차 올 하나님의 종말론적 임재에 대한 약속을 위해서도 기초와 동기를 제공한다.

마태복음과 마가복음

예수의 정체성

마가복음: "예수는 그리스도시며, 하나님의 아들이시다"

마가는 예수의 정체성에 대한 당당한 선포로 그의 복음서를 시작한다. "하나님의 아들 예수 그리스도의 복음의 시작이라"(막 1:1). 그는 세례 요한의 역할이 하나님의 인격적 임재를 알게 하는 분이신 예수를 예비하는 것임을 보여주기 위해 이사야 40:3과 (출 23:20을 고쳐 쓴) 말라기 3:1의 복합 인용으로 이 선언을 옹호한다.[1] 그러므로 메신저나 백성이 아니라 "주의 길"에 초점이 맞춰져 있다. 따라서 릭 왓츠(Rikk Watts)가 "다른 무엇이든, 마가

---

1   Watts, "Mark," 113-20을 보라. 70인역에서 사 40:3은 "우리 하나님을 위하여"(τοῦ θεοῦ ἡμῶν, 투 테우 헤몬)로 끝난다. 하지만 마가는 1:3c에서 이 어구를 "그를 위하여"(αὐτοῦ, 이 우투)로 대체하여 그리스도인 독자가 1:3b의 "주"(κυρίου, 퀴리우)를 예수를 가리키는 것으로 이해하게 한다. France, *Mark*(『NIGTC 마가복음』, 새물결플러스 역간), 64을 보라.

에게 이스라엘의 주님은 신비롭고 유례가 없다는 의미에서 예수 안에 임재하신다"라고 결론을 내린 것은 옳다.[2] 예수 안에 나타난 하나님의 임재를 강조한 마가복음의 서론은 마가복음 1:8에서 계속된다. 여기서 세례 요한은 뒤에 오시는 더 강한 분이 "성령으로 세례를 주실 것"이라고 약속한다(막 1:8). 이것은 참으로 놀라운 선포다. 왜냐하면 야웨("주님") 자신이 마지막 날에 그분의 성령을 부으신다는 것은 구약의 분명한 기대였기 때문이다(예. 사 32:15; 44:3; 겔 36:26-27; 39:29). 따라서 마가가 이해하기에, "예수의 오심은 하나님의 종말론적 오심이다."[3]

예수는 삼위일체 하나님이 함께하시는 상황에서 세례를 받으신다(막 1:10-11). 하늘이 "갈라져 열리고"(σχιζομένους, 스키조메누스), 성령이 비둘기처럼 "그 위에"(εἰς αὐτόν, 에이스 아우톤) 내려오신다. 이것은 예언자가 하나님께서 하늘을 가르고 그분의 임재를 알게 해주시기를 기도한 이사야 64:1의 반향일 것이다. 벤 위더링턴(Ben Witherington)은 병행구를 주목하고 다음과 같이 언급한다. "예수는 하나님의 임재와 능력으로 말미암아 기름 부음을 받으신다. 예수가 어디를 가시든지, 무엇을 하시든지, 하나님의 임재와 능력이 그 안에 거하며 그의 말과 행위에 능력을 준다."[4] 그다음에 마가복음 1:11에서 하늘로부터 들리는 하나님의 음성은 다음과 같이 선언한다. "너는 내 사랑하는 아들이라. 내가 너를 기뻐하노라"(참조. 창 22:2; 시 2:7; 사 42:1). 구약 인용은 마가의 고기독론을 강조하며, 예수를 사랑받고 성령의 능력을 부여받은 아들이자 종으로 나타낸다. 그분은 하나님 나라의 복음을 개시하고 선언하실 것이다. 우리는 공관복음에서 마가복음 1:11과

---

2 Watts, "Mark," 120.
3 France, *Mark*, 70.
4 Witherington, *Mark*, 75.

9:7(과 병행구)에서만 하나님의 직접적인 말씀을 대면한다. 두 경우에 하나님은 예수를 "나의 아들"로 언급하신다. 세례를 받을 때의 이 선언은 "예수의 생애와 사역에서 **쐐기돌**"의 역할을 수행하며, 예수가 "하나님을 **위해서**뿐만 아니라 하나님**으로서** 말하고 행동할 수 있도록 해준다." 이것은 죄 용서, 병자 치유, 축귀, 제자들을 부르는 것, 권위 있게 가르치는 것을 비롯하여 그분의 이후 사역으로 입증된다.[5] 제임스 에드워즈(James Edwards)는 "예수가 하나님의 종으로서 하는 일은 궁극적으로 그가 하나님의 아들이기 때문에 의미가 있다"라고 통찰력 있게 말한다.[6] 예수가 행하는 모든 일은 하나님의 임재를 계시하는 자로서 행하는 것이다.

서론에서 고기독론적인 어조를 제시하는 것에 덧붙여(막 1:1-13), 마가는 하나님의 관계적 임재의 계시로서의 예수를 강조하기 위해 마가복음 곳곳에서 중요한 몇 가지 칭호를 사용한다. 가장 두드러지는 칭호는 "하나님의 아들"인데, 그 이유는 우리가 앞에서 보았듯이 이것이 하나님께서 시작부터 예수의 정체로 밝히신 것이기 때문이다(1:11; 참조. 또 다른 칭호인 "내 아들"은 예수의 변용 때인 막 9:7에 나온다). 마가복음 12:1-12의 악한 농부 비유는 동일한 언어를 사용하여 하나님의 아들인 예수의 정체성을 되울린다. 이 이야기에서 하나님을 대표하는 포도원 주인에게는 "그가 사랑하는 아들 한 사람이" 남았을 뿐이다(6절). 종들에서 사랑하는 아들로의 전환은 일찍이 성부 하나님께서 예수의 진정한 정체를 하나님의 아들로 밝히고 강조한 것을 떠올리게 한다.

마가복음 14:53-65에 나오는, 산헤드린 앞에서 일어난 예수의 재판

---

5 Edwards, *Mark*(『마가복음』, 부흥과개혁사 역간), 38.
6 Edwards, *Mark*, 38.

에서 대제사장이 예수에게 혹시 그가 "메시아, 축복받은 이의 아들"인지를 질문할 때(61절; 참조. 1:1), 프란스(R. T. France)에 따르면, 예수는 "복음의 기독론적 절정"을 나타내는 방법으로 대답하신다.[7] 예수는 출애굽기 3:14에 나오는 하나님의 자기 계시를 되울리며 "내가 그니라"('Εγώ είμι, 에고 에이미)라고 대답하신다. 그러고 나서 그는 "인자가 권능자의 우편에 앉은 것과 하늘 구름을 타고 오는 것을 너희가 보리라"는 말을 덧붙인다(62절; 참조. 시 110:1; 단 7:13). 이것은 그들의 종말론적 심판자로서 예수가 수행할 미래의 역할을 나타낸다. 대제사장의 반응과 이어지는 사건들은 예수가 지금이나 마지막 날에나 그들 가운데 계신 하나님의 임재라고 주장한다는 이유로 죽임을 당했음을 보여준다.

마가복음 1:1의 "하나님의 아들"은 15:39의 "이 사람은 진실로 하나님의 아들이었도다!"라는 백부장의 진술과 수미상관을 이룬다.[8] 이 복음서에서 예수가 하나님의 아들이라고 고백한 첫 번째 사람은 그가 십자가에서 고난받고 죽는 것을 본 후에 그렇게 고백한다. 역설적인 것은 종교 지도자들이 예수 안에 임한 하나님의 임재를 거부하고 예수의 제자들이 아직도 그것을 완전히 인정하지 못하지만, 로마 군인이 이를 단언한다는 점이다. 마가복음 1:10에서 하늘이 갈라진 것은 마가복음이 고기독론적인 결론에

---

7 France, *Mark*, 610.
8 Garland는 막 1:11과 9:7 두 곳에 나오는 "내 아들"이라는 선언이 1:1과 15:39의 "하나님의 아들"이라는 더 넓은 수미상관에 의해 묶여 있다고 언급한다(Garland, *A Theology of Mark's Gospel*[『마가신학』, 부흥과개혁사 역간], 228). 문법적으로 말하자면, 15:39의 그리스어 어구에 정관사가 생략되었지만, 마가는 하나님의 **한** 아들(a Son of God)보다는 하나님의 **그** 아들(the Son of God)을 여전히 의도하는데, 그 이유는 서술적 용법의 결정적인 주격은 동사 앞에 올 때 정관사를 생략하기 때문이다. 따라서 Edwards가 말하는 것처럼, "마가가 15:39에서 '하나님의 아들'을 사용한 것은 완전한 기독교적 의미에서 의도된 것이다"(Edwards, *Mark*, 480).

이르는 15:38에서 성전 휘장이 찢어진 것과 짝을 이룬다.⁹

"메시아"("그리스도")라는 칭호는 다른 사람들이 예수에게 붙여준 것인데, 가장 유명한 것은 마가복음 8:29에 나오는 시몬 베드로의 신앙고백이다.¹⁰ 전환점이 되는 이 일화에서 베드로는 예수를 "하나님의 임명을 받은 대리인"으로 고백한다. "그분의 오심은 하나님의 약속의 성취와 이스라엘의 소망의 실현을 표시한다."¹¹ 예수는 이 칭호를 거절하지 않지만, 그것을 선호한 것도 아니다. 그래서 심지어 마가조차도 마가복음 1:1에서 "하나님의 아들, 메시아 예수"라고 덧붙임으로써 "메시아" 칭호를 재빠르게 설명한다(참조. 14:61).

예수는 종종 자신을 "인자"로 지칭하는데,¹² 이는 주로 다니엘 7장을 배경으로 한다.¹³ 이 표현은 예수가 자신의 말과 행동을 통해 의미를 부여할 수 있는 유연성을 허용한다. 즉 인자에게는 죄를 사하고(2:1-12), 안식일에 대해 권위를 행사하며(2:23-28), 고난 받고 죽임을 당하고 다시 살아나고(8:31; 9:9, 12, 31; 10:33-34, 45; 14:21, 41), 높임을 받고 영광 중에 다시 올 권세가 있다고 말이다(8:38; 13:26-27; 14:62). 사이먼 개더콜(Simon Gathercole)이 언급한 것처럼, 마가복음의 내러티브 패턴은 계시되고, 거부당하고, 신

---

9   마가복음에서 "찢다"(σχίζω, 스키조)의 유일한 두 용례는 1:10과 15:38에 등장한다. 15:38에서 성전 휘장이 꼭대기에서 바닥까지 둘로 찢어진다. 휘장의 찢어짐이 하나님의 임재의 장소인 성전에 대한 하나님의 심판을 의미하든지, 아니면 그리스도의 사역으로 지금 하나님께 직접 나아갈 수 있게 된 것을 상징하든지, 두 해석은 모두 하나님의 임재를 강조한다.
10 관련된 칭호인 "다윗의 자손(아들)"은 그 용어가 지닌 정치적 무게 때문에 마가복음에서 거의 사용되지 않지만, 등장하기는 한다(막 10:47-48; 12:35; 참조. 11:10).
11 Lane, *Mark*(『마가복음』, 생명의말씀사 역간), 291.
12 "인자"라는 칭호의 배경은 정확히 정의하기가 어렵기로 악명이 높다. Hurtado and Owens, "Who Is This Son of Man?"을 보라.
13 Gathercole, "The Son of Man in Mark's Gospel."

원되는 권위 있는 인물을 전하기 위해 인자 어록을 함께 엮는다.[14] 성육신, 십자가 처형(참조. 막 10:45: 미래의 관계를 위한 많은 사람의 대속물), 부활, 그리고 재림 등 그리스도의 사역의 모든 국면은 궁극적인 목표와 결과인 하나님의 관계적 임재를 가리킨다.

마지막으로 마가는 예수를 이스라엘의 하나님과 연결하기 위해 "주"(κύριος, 퀴리오스)라는 칭호를 여러 번 사용한다. 이런 사례 중 다수는 하나님과 예수가 "주"라는 정체성을 공유하고 있음을 보여주기 위해 의도적으로 모호하게 나타난다.[15] 예를 들어 마가복음 1:2-3의 인용문(인용된 이사야서의 "주"는 하나님을 가리키는 것이 확실함)은 1:9에서 이야기에 진입할 때 초점을 예수에게로 옮긴다(5:19; 11:3; 12:11; 13:20도 보라; 예수가 하나님의 이름을 공유하는 11:9도 보라). 마가는 12:29에서 유일신론을 강조하면서 쉐마(신 6:4)를 인용한 후, "주"가 두 번 나오는 시편 110:1을 사용하여(κύριος가 막 12:36에서 두 번 사용됨) 하나님과 예수가 이 칭호를 어떻게 공유하는지를 강조한다. 그러므로 마가는 그의 복음서 전체에서 예수를 하나님의 방법, 하나님의 사역, 하나님의 인격에 권위 있게 연합된 인물로 특징짓는다.[16] 다시 말해서 예수는 하나님의 관계적 임재를 사람들에게 독특하게 나타낸다.

---

14 Gathercole, "The Son of Man in Mark's Gospel," 372. R. Hays는 "마가가 실제로 인간 예수를 **이스라엘의 하나님의 체현된 임재**로서 묘사한다는 제안은 거의 고려되지 않았다"는 점을 주목한다. 하지만 그는 계속해서 "**예수는 이스라엘의 하나님과 동일시된다**"고 주장한다 (R. Hays, *Echoes of Scripture*[『바울서신에 나타난 구약의 반향』, 여수룬 역간], 46, 62).

15 Johansson, "*Kyrios* in the Gospel of Mark"을 보라. *Kyrios*는 막 1:3; 2:28; 5:19; 7:28; 11:3, 9; 12:9, 11, 29[2x], 30, 36[2x], 37; 13:20, 35에 등장한다. 마가의 기독론에 대한 더 자세한 내용은 다음을 보라. Hurtado, *Lord Jesus Christ*(『주 예수 그리스도』, 새물결플러스 역간); Bauckham, *Jesus and the God of Israel*(『예수와 이스라엘의 하나님』, 새물결플러스 역간).

16 Edwards, *Mark*, 28.

마태복음: "임마누엘…우리와 함께 계시는 하나님"

마태는 "아브라함과 다윗의 자손 예수 그리스도"에게 직접 초점을 맞추면서 그의 복음서를 시작한다(마 1:1). 시작하는 어구인 "이는 계보다"(βίβλος γενέσεως, 비블로스 게네세오스)라는 말은 독자로 하여금 창세기 1:1의 창조 이야기와의 연결을 떠올리게 하고, "하늘과 땅의 시작에 있었던 하나님의 임재를 예수 안에서 실현된 새로운 시작에서의 하나님의 임재와" 하나가 되게 한다.[17] 하지만 마태복음은 단지 시작일 뿐이다. 상세한 계보를 포함한 것은 예수를 유대 백성과, 그리고 하나님과 그들의 관계와 단단히 연결한다. 크레이그 키너(Craig Keener)는 이렇게 말한다. "예수는 유대교에 덧붙여진 것이 아니었고, 오히려 이스라엘이 애정을 가지고 기억하고 있던 역사가 가리키는 목표였다."[18]

마태는 1:18-25에서 그의 탄생 내러티브를 시작할 때 예수의 정체성과 사명이 하나님의 임재와 어떻게 결합되는지를 강조한다. 데이비드 쿱(David Kupp)은 성령의 행위를 통해서든지, 아니면 천사, 꿈, 천상적 메시지, 하나님의 예언적 음성을 통해서든지 간에, "이 일화들에 등장하는 **모든 인물과 사건**은 어떤 면에서 야웨를 비범하게 의식하게 한다"는 점에 주목한다.[19]

그 아이의 이름은 "예수"라고 불리는데, 이는 "그가 자기 백성을 그들의 죄에서 구원하실 것이기 때문이다"(마 1:21).[20] 예수의 구원적 사명은 이사야 7:14의 예언적 말씀을 성취할 것이다. 인용문의 첫 부분에 언급된

---

17 Kupp, *Matthew's Emmanuel*, 54.
18 Keener, *Matthew*, 77.
19 Kupp, *Matthew's Emmanuel*, 54.
20 마태복음에서 1:21의 중요성에 대한 최근의 논의는 Greer, "A Key to Matthew's Gospel"을 보라.

"처녀"의 의미에 대해 수많은 학자가 많은 글을 썼지만, 마태의 주요 목적은 1:23b에 초점을 맞춘다. "그리고 그들이 그를 임마누엘('우리와 함께 계시는 하나님'을 의미함)이라고 부를 것이다."[21] 리처드 헤이즈(Richard Hays)는 1:23(과 사 7:14의 인용)을 "마태의 복음의 주요 기조, 즉 이스라엘의 하나님이 지금 예수의 인격 안에서 그의 백성에게 임재하시는 것"으로 언급한다.[22] 마태복음 1:23의 "우리와 함께 계시는 하나님"은 28:20의 "내가 너희와 항상 함께 있으리라"와 수미상관을 이루는데, 이는 하나님의 임재라는 주제가 마태의 복음서 전체를 안내하는 틀로서 둘러싸고 있음을 보여준다. 이 안내하는 수미상관의 전반부는 1:21의 예수의 사명(구원자)을 1:23의 그의 핵심적인 정체성(우리와 함께 계시는 하나님)과 연결한다. 언어적 모음을 눈여겨보라.

1:21: "그리고 너는 그의 이름을 예수라 하리라" —καὶ καλέσεις τὸ ὄνομα αὐτοῦ Ἰησοῦν(카이 칼레세이스 토 오노마 아우투 이에순)

1:23: "그리고 그들이 그의 이름을 임마누엘이라 하리라" —καὶ καλέσουσιν τὸ ὄνομα αὐτοῦ Ἐμμανουήλ(카이 칼레수신 토 오노마 아우투 엠마누엘)

1:25: "그리고 그가 그의 이름을 예수라 하니라" —καὶ ἐκάλεσεν τὸ ὄνομα αὐτοῦ Ἰησοῦν(카이 에칼레센 토 오노마 이에순)

---

21 마태는 예언자 이사야의 단수를 다음과 같이 복수로 바꾼다. "그들이 부를 것이다." 아마도 구원받은 공동체가 궁극적으로 예수에 대해 무엇이라고 말하게 될 것인지를 내다보고 있을 것이다. 즉 예수 안에서 하나님은 우리와 함께 계신다. France, *Matthew*(『마태복음』, 부흥과개혁사 역간), 58을 보라.
22 R. Hays, *Echoes of Scripture*, 165.

쿱은 이 연결을 "불가분하게 상호 의존적"으로 설명한다. 따라서 독자는 마태복음 전체에서 "예수"가 언급될 때마다 "우리와 함께 계시는 하나님"을 상기하게 될 것이다. 이는 특히 주로 유대-그리스도인 청중을 안심시키는 생각이다.[23]

이 복음서 전체에 걸쳐 있는 수미상관적 틀과 고기독론에 비춰볼 때, 마태는 그의 독자들이 예수를 완전한 의미에서 "우리와 함께 계시는 하나님"으로 생각하기를 의도한다. 즉 "하나님의 아들이신 예수는 그분의 백성과 함께 계시는 하나님 자신이며, 그들의 구원에 영향을 미친다. 이것이야말로 하나님의 임재의 궁극적인 나타남이다."[24] 따라서 쿱이 구원받은 공동체가 이런 맥락에서 예수 자신을 "야웨의 임재에 대한 궁극적인 인격적 방식"으로 인정했다고 이해한 것은 옳다.[25] 마태복음 1:23의 임마누엘 선언은 마태가 그의 복음서 전체에서 하나님의 임재에 대한 주제를 추구하는 무대를 마련한다.

예수의 사명

마가복음: 하나님 나라의 가르침, 제자도, 기적

하나님 나라의 가르침. 마가의 초점이 정확히 예수의 정체성과 기적에 맞춰져 있지만, 그는 가르침을 집중적으로 다루는 단락 안에서 하나님의 임재를 강조한다. 마가는 1:14-15에서 "하나님의 복음"을 선포하는 예수로

---

23 Kupp, *Matthew's Emmanuel*, 57.
24 D. Turner, *Matthew*(『마태복음』, 부흥과개혁사 역간), 73.
25 Kupp, *Matthew's Emmanuel*, 58. Osborne은 요 1:14에서 요한이 예수를 하나님의 셰기나 임재로 묘사한 것과의 병행을 발견한다. 따라서 예수 안에서 하나님은 다시 지구를 산책하신다(Osborne, *Matthew*[『강해로 푸는 마태복음』, 디모데 역간], 79).

시작한다. 그는 1:15에서 이 복음의 특성을 이렇게 정의한다. "때가 찼고 하나님의 나라가 가까이 왔으니 회개하고 복음을 믿으라!" 하나님의 나라는 예수의 인격 안에서 시간적으로나 공간적으로 "가까이 왔다." 하나님의 인격적 임재가 역사에 침입했다. 가장 중요한 것은 나사렛 예수 안에서 성육신한 하나님의 임재의 도래가 하나님 나라의 도래를 이루고 구현한다는 사실이다(막 1:1, 10-11). 신학적 의미에서 하나님의 관계적 임재는 하나님 나라보다 선행하고, 그 나라를 창조하고 의미한다. 임재가 없다면 하나님 나라도 없다.

마가복음 4장의 비유들은 (하나님의 임재의 확장인) 하나님의 말씀을 받아들이는 것을 하나님 나라와 연결한다. 4:1-20의 씨 뿌리는 자 비유에서 비유 자체(3-9절)와 비유의 설명(14-20절) 사이에 끼워 넣은 마가의 샌드위치는 핵심 단락(10-13절), 특히 "하나님의 나라의 비밀을 너희[그의 제자들]에게 주었다"(11절)는 예수의 진술에 주의를 환기시킨다. 하나님 나라의 진리는 예수의 임재와의 관계 안에서만 의미가 있다. 4:21-34에 있는 비교적 짧은 세 가지 비유는 이와 동일한 들음이라는 주제를 계속한다. 또한 이 이야기들 가운데 첫 번째 이야기(21-25절)에서 그리스어 문법은 "등불"(21절)이 대상보다는 주체로 이해되어야 함을 나타낸다(즉 "**등불**이 말이나 평상 아래에 놓이기 위해 **오느냐**?"). 이것은 예수가 이 세상에 하나님의 임재의 빛을 비추는 등불임을 나타낸다.[26] 등불 비유는 구약성서에서 종종 하나님의 임재를 가리키는 은유(예. 삼상 3:3; 삼하 22:29), 또는 다윗 계열의 메시

---

26 Lane, *Mark*, 165-66; Edwards, *Mark*, 139. Stein은 "'오다'(ἔρχεται, 에르케타이)라는 용어가 마가복음에서 예수의 오심, 하나님 나라의 도래 및 재림과 자주 연결된다는 것을 강조한다(막 1:7, 14, 24, 29, 39; 2:17; 3:20; 8:38; 10:45; 11:9-10; 13:26, 35, 36; 14:62"(Stein, *Mark*[『마가복음』, 부흥과개혁사 역간], 224).

아에 대한 은유(예. 왕하 8:19; 시 132:17)로 사용되었다. 신약성서 여러 곳에서 하나님의 등불로서의 예수는 훨씬 더 분명하게 나타난다(예. 요 8:12; 계 21:23).[27]

마가복음 12장의 악한 농부 비유에서 이스라엘은 하나님의 포도원에 비유되고(사 5:1-7을 보라), 사랑하는 아들은 아버지가 보내신 자(참조. 막 1:11; 9:7), 즉 하나님의 아들인 예수와 암묵적으로 동일시된다. 버림받은 돌은 하나님의 살아 있는 새 성전에서 가장 중요한 돌이 될 것이다(시 118:22을 보라).[28] 첫 어구인 "이것은 주로 말미암아 된 것이요"(막 12:11; 참조. 시 118:23)는 자신의 임재를 예수 안에서 알게 하신 분으로서 하나님을 가리킨다.

제자도. 마가복음 1장에서 예수가 어부 네 명에게 자신을 따르라고 요청한 것은 임재에 대한 문제로서 제자도의 본질을 포착한다(막 1:17; 참조. 2:14).[29] 본질적으로 제자도는 예수의 인격적 임재를 경험하는 것이다(참조. 1:18; 2:14; 8:34; 10:21, 28). 랍비의 제자들의 일차적 헌신이 토라에 있었던 반면, 예수는 그의 추종자들을 가장 먼저 자신에게로 부르신다.[30] 로버트 건드리(Robert Gundry)는 예수의 부르심이 예언자적 패턴, 즉 예언자가 전형적으로 백성들에게 하나님을 따르라고 부르는 패턴과 다르다는 점을 주목한다. 건드리는 이렇게 결론을 내린다. "예수는 단지 율법[혹은 예언자들]

27　Ryken, Wilhoit, and Longman, *Dictionary of Biblical Imagery*(『성경 이미지 사전』, 기독교문서선교회 역간), 486.
28　참조. 눅 20:17; 행 4:11; 롬 9:33; 고전 3:10-17; 고후 6:16; 엡 2:19-22; 벧전 2:6-8.
29　막 1:17의 δεῦτε ὀπίσω μου(듀테 오피소 무)라는 표현은 "와서 나를 따르라"라고 번역하는 것이 가장 좋다. ἀκολουθέω(아콜루테오, 따르다)라는 단어는 막 1:18; 2:14-15; 8:34; 10:21, 28에 들어 있다.
30　Edwards(*Mark*, 49-50)는 "예수와 함께 있는 것"을 "이후에 이어지는 능동적 사역을 위한 필수적인 선결 조건"으로 특징짓는다(참조. 눅 10:38-42; 행 1:21).

을 대신하는 것이 아니라 하나님을 대신한다."[31]

마찬가지로 예수가 열두 명을 선택했을 때, 제일 먼저 표현된 목적은 그들이 "그와 함께 있는 것"이었다(막 3:14). 이것은 단순히 그의 여정에 동행하라는 부름을 의미할 수도 있지만(예. 3:7; 5:24; 10:52), 여기서는 동지애, 충성, 선교에 참여하라는 부름으로서 좀 더 신학적인 무게를 지닌다.[32] 에드워즈는 이렇게 쓴다. "'그와 함께 있다'라는 단순한 전치사구는 마가복음에서 가장 기본적이고 핵심적인 의미를 지닌다. 제자도는 과제이기 이전에 관계다. '무엇' 이전에 '누구'다."[33] 심지어 제자들은 사람들을 낚으라고, 또는 그들에게 선포하라고, 또는 귀신을 내쫓으라고 보냄을 받기 전에도, 예수와 함께 있으라는 부름을 받는다. 임재는 제자도의 중심에 있으며, 예수를 따르는 사람들을 통해 그의 사역의 확장을 이루기 위한 토대를 제공한다.

우리는 제자도에서 임재의 결정적인 역할을 마가복음에서 절정이 되는 중심인 마가복음 8:27-9:1에서도 본다. 여기서 예수는 관계적 임재의 중심성을 강조하는 방식으로 제자도의 요구를 제시하신다. "누구든지 **내** 제자가 되기를 원하거든…**나를** 따를 것이니라. 누구든지 **나를** 위하여 자기 목숨을 잃으면…**나와 내** 말을 부끄러워하면…"(막 8:34-38). 예수의 인격에 대한 다양한 언급은 제자도가 예수의 인격적 임재에 중심을 맞추고 있음을 강조한다. 제자도로의 부르심은 근본적으로 예수 안에 나타난 하나님의 임재와의 관계 안으로의 부르심이다.

제자도를 예수의 관계적 임재에 대한 경험 및 헌신으로 이해하는 이런

---

31   Gundry, *Mark*, 70.
32   France, *Mark*, 159.
33   Edwards, *Mark*, 113.

배경에서, 우리는 제자도의 실패가 어떻게 주로 임재의 파기로서 여겨져야 하는지를 알 수 있다. 제자들에 대한 마가의 묘사가 썩 호의적이지 않다는 것은 많은 글에서 지적된 사실이다. 그리고 마가가 왜 이런 과정의 플롯을 구성했는지를 설명하는 글도 많이 있다.[34] 하지만 이런 실패의 관계적 특성과 그 실패가 어떻게 예수의 임재에 대한 거부를 구성하는지는 종종 간과된다.

예수는 풍랑을 잠잠하게 하신 후에 제자들에게 이렇게 질문하신다. "어찌하여 이렇게 무서워하느냐? 너희가 어찌 믿음이[즉 **나**에 대한 믿음이] 없느냐?"(막 4:40) 이어지는 "이분이 누구신가?"(4:41)라는 제자들의 질문은 그들이 바다를 잔잔하게 하시는 분으로서 예수의 존재를 파악하지 못했음을 암시한다. 베드로의 신앙고백에 이어, 예수는 베드로가 하나님처럼 생각하지 않고 사탄처럼 생각한 것에 대해 그를 책망해야 할 필요를 느끼셨다(8:31-33). 베드로의 도발은 단지 구속의 계획만이 아니라 구속자의 존재를 저버릴 정도였다. 그 후에 이어지는 예수의 훈계는 방금 발생한 임재의 파기를 확증한다(8:34-38에 등장하는 다양한 1인칭 단수 대명사를 눈여겨보라). 예수는 제자도를 저버림으로써 임재를 파기하는 종말론적 결과들에 관해 강력한 경고로 마무리하신다. "누구든지 이 음란하고 죄 많은 세대에서 **나와 내 말을** 부끄러워하면 **인자도** 아버지의 영광으로 거룩한 천사들과 함께 올 때에 **그 사람을** 부끄러워하리라"(38절).

마가복음 9장에서 열두 제자 중 다수가 한 소년에게서 귀신을 쫓아내지 못하자, 예수는 그들에게 이렇게 말씀하신다. "기도 외에 다른 것으로는

---

34 도움이 되는 논의의 요약은 Witherington, *Mark*, 54-56과, 특히 부록인 "제자도에 대한 마가의 관점"을 보라(421-42). "제자"라는 용어가 주로 열두 제자를 가리키지만, 우리는 그 집단을 넘어 다른 사람들도 포함한다는 Witherington의 견해에 동의한다.

이런 종류가 나갈 수 없느니라"(막 9:29). 이것은 그들이 하나님의 능력 주시는 임재에 의존하지 않고 귀신을 쫓아내려 했음을 암시한다. 예수는 계속해서 어린아이 하나를 교훈의 대상으로 삼으시고 하나님 나라에서 누가 큰가의 문제를 규명하신다(9:36-37). 여기서 어린아이들은 제자들을 위한 상징으로 기능하기에, 예수는 그의 임재("내 이름")를 할 수 있는 한 가장 강하게 자신을 따르는 사람들과 연결한다(참조. 9:41-42의 비슷한 진술).

우리는 제자들의 실패가 어떻게 임재의 파기가 되는지를 유다의 배반과 베드로의 부인에서 가장 분명히 알 수 있다. 유다의 배반은 그 본질에 있어서 한 사람을 포기하거나 넘겨주는 것이며, 임재의 궁극적인 파기를 입증하는 것이다. 베드로의 부인은 관계적 임재의 거절로 이해된다. 예수의 "네가 세 번 **나를** 부인하리라"와 베드로의 "내가 **주와 함께** 죽을지언정 주를 부인하지 않겠나이다"를 대조해보라(14:30-31). 나중에 대제사장의 집 뜰에서 베드로가 예수를 부인한 것은 구체적으로 예수의 인격을 부인하는 것과 관계가 있다. "나는 너희가 말하는 이 사람을 알지 못하노라"(14:71).

하지만 제자도 및 임재와 관련이 있는 최종적 발언은 실패가 아니라 충성과 회복이다.[35] 마가의 여성 제자들은 일반적으로 훨씬 더 긍정적인 관점으로 묘사되는데, 그 주된 이유는 그들이 이와 같은 관계적 임재의 문제에서 충성스러운 사람으로 입증되기 때문이다. 그들은 예수와 열두 제자를 섬기고(막 1:29-31; 16:1-7), 믿음과 겸손을 실천하며(5:25-34; 7:24-30), 부끄럽지 않은 헌신을 표현하는데(14:3-9), 특히 십자가와 무덤에서 눈에 띄게 그렇게 한다(15:40-41, 47; 16:1-8). 이 여성들은 성서적 인정을 구하는 방식으로 관계적 임재의 우선성에 주의를 기울이지만, 마가복음 16:8은 그들이

---

35   Garland, *A Theology of Mark's Gospel*, 433-36을 보라.

두려움으로 인해 (아마도 일시적으로) 아무 말도 하지 못하고 있었음을 나타낸다.

회복과 관련하여, 천사들은 여자들에게 예수께서 다시 살아나셨으니 "가서 그의 제자들과 베드로에게 이르기를 '예수께서 너희보다 먼저 갈릴리로 가시나니, 전에 너희에게 말씀하신 대로 너희가 거기서 뵈오리라' 하라"는 메시지를 전한다(16:7; 참조. 14:28). 다른 말로 표현하자면, 부활로 말미암아 죄 사함과 관계적 임재의 회복이 가능해진 것이다. 베드로가 아직 다른 사람들과 다시 합류하지 않았기 때문에 특별히 언급되기는 하지만, 우리는 공동체를 회복시키는 일에서 임재의 역할을 여전히 본다.

기적. 마가는 하나님의 임재를 이 세상에 나타내시는 분으로서 예수의 정체성을 드러낼 목적으로 그의 기적을 기록한다. 임재라는 주제는 마가복음에서 치유와 자연 기적들을 강하게 관통한다. 예수는 가버나움에서 중풍병자를 고칠 때 그의 죄가 사함을 받았다고 선언한다(막 2:1-12). 프랑스는 이렇게 결론을 내린다. "오직 하나님만이 하실 수 있는 일을 행한다고 선언하고 죄 사함을 받았다고 선포함으로써 그 자신을 하나님의 대변인으로 여기는 것은 하나님의 대권을 침해하는 것이었다."[36] 그리고 예수는 단지 죄 사함을 받았다고 선언하거나 선포하기만 한 것이 아니라 실제로 마치 그가 하나님인 것처럼 죄를 용서했다는 점에 주목하라.[37]

마찬가지로 예수는 안식일에 병을 고침으로써 하나님의 임재를 알린다(막 3:1-6). 그럼으로써 자신이 "안식일의 주인"임을 입증한다(2:28). 안식일이 야훼("주님")께 속한다는 구약성서의 반복되는 언급을 배경으로(예. 출

---

36 France, *Mark*, 126.
37 France, *Mark*, 129. 이것은 하나님의 임재가 치유와 죄 사함을 가져온다는 구약의 일반적인 대망과 부합한다(예. 출 15:26; 신 32:39; 대하 7:14; 시 130:3-4).

16:25; 20:10; 31:13; 레 19:3, 30; 신 5:14; 겔 20:12-13), 이제 예수는 율법의 주로서 하나님의 임재를 알리고 있다고 주장한다.[38] 결과적으로 "토라에 계시된 하나님의 의로운 목적은 토라의 주로서 예수와 관련해서만 회복되고 성취될 수 있다."[39]

야이로의 딸을 다시 살리고 혈루증으로 고생하던 여인을 고친 마가복음 5:21-43의 일화에서 강조되는 것은 예수의 임재가 어떻게 믿음을 촉구하고(5:34, 36), 신체적 치유뿐만 아니라 관계적 치유를 추구하며(5:32-34), 죽음을 일시적인 잠으로 바꾸는지다(5:39). 예수가 하나님께 호소하지 않고 직접 기적을 행하는 것은 그가 하나님의 강력한 임재를 구현하고 있음을 나타낸다.

예수가 데가볼리 지방을 방문하여 듣지 못하는 사람을 고친 사건에서(막 7:31-37), 특히 두 가지 사실에 주의를 기울일 필요가 있다. 첫째, 32절에 사용된 "말을 할 수 없었다"(μογιλάλος, 모길랄로스)라고 번역된 용어는 그리스어 성서 다른 곳에서는 이사야 35:6에만 등장하는 매우 드문 용어다. 이 이사야서 구절은 하나님을 듣지 못하는 사람을 고치기 위해 오실 분으로서 찬양한다. 마가는 "하나님의 약속된 개입이 예수의 사역에서 발생했음"을 보여주기 위해 이사야 35장의 문맥을 암시하는 것 같다.[40] 둘째, 37절에서 예수가 모든 것을 잘하였다는 논평은 창세기 1:31("하나님이 지으신 그 모든 것을 보시니 보시기에 심히 좋았더라")을 되울리며, 창조에서 하나님이 행하신 좋은 일을 예수의 치유 기적과 동일시한다. 예수가 여리고를 다니실 때,

---

38 Stein, *Mark*, 150. Garland는 마가복음 내내 예수는 그 자신을 "율법의 의도에 대한 최종 결정권자"로서 제시한다는 것을 보여주었다(Garland, *A Theology of Mark's Gospel*, 308-12). 성육신하신 하나님으로서 예수는 율법에 대한 하나님의 뜻을 선포한다.
39 Edwards, *Mark*, 97.
40 Lane, *Mark*, 266.

맹인 바디매오는 "다윗의 자손 예수"로부터 고침을 받기 위해 부르짖는다(막 10:47, 48). "다윗의 자손"이라는 칭호는 메시아적인 어조를 전달할 가능성이 크며, 사람이 그를 통해 하나님의 치유하시는 임재를 경험하게 되는 분으로서 예수를 가리키는 것이 확실하다.[41]

마가복음의 자연 기적들 역시 특별히 설득력 있는 방식으로 임재의 주제를 보여준다. 예수는 마가복음 4:35-41에서 풍랑을 잔잔하게 할 때 이스라엘의 하나님만이 자연을 통제하실 수 있다는 유대교의 믿음(예. 시 65:7; 89:9; 93:3-4; 107:29)을 이용한다. 이는 하나님이 출애굽에서 홍해를 길들이심으로써 극적으로 입증하신 능력이다(출 14:21). 제자들이 두려움과 경외감으로 반응한 것(참조. 막 4:41과 출 14:31의 비교; 욘 1:10도 보라)은 예수가 오직 하나님만이 하실 수 있는 일을 할 수 있음을 보여준다. 예수가 바다를 잔잔하게 한 일에서 제자들은 바로 하나님의 임재를 대면한다. "그들이 심히 두려워하여 서로 말하되 '그가 누구이기에 바람과 바다도 순종하는가!' 하였더라"(막 4:41).

우리는 마가복음 6:30-44의 오천 명을 먹인 기적과 8:1-9의 사천 명을 먹인 기적에서 하나님의 임재와의 비슷한 연결을 본다. 마가복음 6장에서 사람들을 먹인 일화 바로 전에 우리는 예수께서 "큰 무리를 보시고 그 목자 없는 양 같음으로 인하여 불쌍히 여기"셨다는 기사를 읽는다(막 6:34). 민수기 27:17에 대한 이 암시는 "마가가 이해하기에 위대한 목자이신 야웨가 신비로운 방식으로 예수 안에 친히 임재하신다"는 것을 보여준다.[42] 광야에서 음식을 공급하는 기적은 예수를 광야에서 만나를 공급하신 하나님

---

41 "다윗의 자손"이라는 칭호와 이것이 메시아적 의미를 지닌 것으로 이해되어야 하는지에 대해 더 알아보려면, Hurtado, *Mark*(『마가복음』, 성서유니온선교회 역간), 174-75을 보라.
42 Watts, "Mark," 161.

과 연결한다. 이 일화들에서 우리는 성육신한 하나님의 임재로서 예수가 하나님만이 하실 수 있는 일을 행할 수 있음을 다시 확인한다.[43]

마가복음 6:45-52에서 물 위를 걷는 기적은 하나님의 임재에 대한 몇 가지 중요한 암시를 제공한다. 첫째, 48절에서 "호수 위를 걸어"라는 표현은 하나님만이 하실 수 있는, 물 위를 걸으시는 초자연적 행위를 가리킨다.[44] 둘째, 우리는 예수께서 "그들을 지나가려고 하신다"는 내용을 읽는데(48절), 이는 모세(출 33:19, 22), 엘리야(왕상 19:11), 특히 욥기 9장의 병행구("그가 홀로 하늘을 펴시며 바다 물결을 밟으시며…그가 내 앞으로 지나시나 내가 보지 못하며 그가 내 앞에서 움직이시나 내가 깨닫지 못하느니라"; 8, 11절)에서 욥을 지나가시는, 하나님의 자기 계시를 표시하는 어구다.[45] 셋째, 바다 위를 걸으시는 분은 지금 두려워하는 제자들에게 자신을 알리신다. "안심하라! 내니[ἐγώ εἰμι, 에고 에이미], 두려워하지 말라"(막 6:50). "나다" 또는 "나는"은 단순히 정체성에 대한 진술일 수도 있지만, 문맥은 하나님께서 모세에게 "나는 스스로 있는 자니라"라고 말씀하신 하나님의 자기 계시와 연결되는 신현적 이해를 선호한다(출 3:14; 참조. 신 32:39; 사 41:4; 43:10; 46:4; 51:12). 대체로 예수는 이 대면에서 하나님의 임재를 그를 가장 가까이 따르는 사람들에게 알릴 수 있었을 것이다.

십자가와 부활을 통한 예수의 사역은 모든 일 가운데 가장 위대한 기적이다. 십자가를 지기 전에 예수는 자신을 신랑으로 언급하고, 손님들이

---

43 게다가 Stein은 두 급식 기사와 최후의 만찬 간의 언어적 유사성에 주목하면서 이 세 사건이 모두 장차 올 메시아 잔치의 전조가 된다고 제안한다(Stein, *Mark*, 370).
44 욥 9:8; 38:16; 시 77:19; 사 43:16; 51:10; 합 3:15; Sir. 24:5-6; *Odes of Solomon* 39:10을 보라.
45 Edwards, *Mark*, 198-99. "지나가다"(παρέρχομαι, 파레르코마이)라는 용어는 70인역에서 종종 하나님의 신현을 가리키는 전문용어로 사용된다. 출 12:23; 33:19, 22; 34:6; 왕상 19:11; 욥 9:11; 사 26:20 (하나님의 진노).

신랑을 "빼앗길"(ἀπαρθῇ, 아파르테) 때를 예언한다(막 2:20). "빼앗기다"와 밀접하게 관련이 있는 동사는 이사야 53:8에서 고난 받는 종의 죽음을 말하는 데 사용된다. 예수는 여기서 그의 성육신적 임재가 끝날 날을 언급한다. 하지만 예수가 구약성서에서 종종 야웨("주님")를 이스라엘의 신랑으로 언급하는 데 자주 사용되는(예. 사 54:5-6; 62:4-5; 호 2:14-20) 신랑의 이미지를 사용한 것은 죽음을 넘어 미래의 종말론적 임재까지 확장되는 지속적인 임재를 가리킨다.

십자가 사건 자체는 여러 가지 실질적인 방식으로 임재라는 주제를 집중적으로 조명한다. 첫째, 예수가 성전을 헐고 사흘 만에 다시 지을 수 없다는 역설적인 비난(막 15:29-30; 참조. 14:58)은 그의 죽음, 뒤이은 부활, 그리고 거룩한 성전의 건축을 구성하는 그의 백성들 가운데 지속적으로 거하는 그의 임재에 의해 반박된다(예. 고후 6:16; 엡 2:21-22; 벧전 2:5). 둘째, 우리는 십자가에서 예수가 "나의 하나님, 나의 하나님"이라고 부르짖은 것에서(막 15:34) 그를 따르는 자들이 동일한 하나님의 임재를 영원히 경험하도록 보장하려는 목적으로 관계적 임재를 궁극적으로 깨뜨리는 것을 본다. 셋째, 예수가 죽을 때 성전 휘장이 찢어진 것은 그가 성전을 대신하심으로써 하나님의 임재의 장소로서 예루살렘 성전이 끝남을 알린다. 마지막으로, 로마의 백부장이 예수를 "하나님의 아들"로 고백한 것은 마가복음의 고기독론적 절정 가운데 하나를 나타낸다(막 15:39; 참조. 1:1; 8:29). 그 백부장이 자신이 한 말의 의미를 인식했는지는 분명하지 않다. 하지만 마가가 그의 독자들로 하여금 예수를 성육신한 하나님의 아들로 이해하도록 의도한 것은 확실한데, 그 이유는 특히 "하나님의 아들"이라는 명칭이 마가복음 전체를 괄호로 둘러싸고 있기 때문이다(막 1:1; 15:39; 참조. 1:11).

심지어 마가복음에서 중심적인 역할을 하는 세 번에 걸친 예수의 수난 예고조차도(막 8:31; 9:31; 10:34) 장차 그의 부활 때에 있을 임재의 회복을 강조한다. 장차 십자가 처형이 있듯이, 부활 때에는 상황의 역전과 예수와 그의 제자들의 암시된 재결합이 있을 것이다. 예수의 부활의 임재는 재결합을 보장하는데, 이는 심지어 베드로에게까지 미친다(16:7). 마가의 짧은 부활 내러티브는 임재가 공동체를 만들어냄을 상기시키는 역할을 한다.

마태복음: 성취, 제자도, 의

야웨의 임재에 대한 약속의 성취인 예수. 마태가 성취라는 주제에 초점을 맞춘다는 것은 잘 알려진 사실이다.[46] 하지만 하나님의 임재에 대한 약속의 인격적 성취이신 예수에 대한 강조는 적절히 평가되지 않았다. 마태는 장차 발생할 일에 대한 예언, 혹은 다양한 역사적 패턴의 성취, 또는 상호 텍스트적 연결을 강조하는 데 만족하지 않는다. 우리가 이미 마태복음 1:22-23의 임마누엘 고지에서 살펴보았듯이, 마태는 하나님의 관계적 임재의 성육신으로서 예수에게 우리의 주의를 환기시키는 데 열심이다.[47]

자기 백성 가운데 거하시는 하나님의 임재의 성취는 예수에게 집중되는데, 그 안에서 천국이 "가까이 왔다"(ἤγγικεν, 엥기켄)(마 3:2; 4:17). 하나님의 다스리심과 통치는 정확히 말해서 나사렛 예수의 인격과 사역 안에서 도래했다. 자기 백성 가운데 거하겠다는 야웨의 오랜 약속은 "하나님 자신의 초월적이고 초자연적인 사역을 통해서"만 실현될 것이다. 이 일은 임마누엘 메시아이시며 하나님의 아들이신 예수 안에서 그리고 그를 통해 발생

---

46 예를 들어 T. Schreiner, *The King in His Beauty*, 433-41을 보라. Schreiner는 성취 주제의 기독론적 함의들에 특히 주의를 기울이면서 그 주제를 추적한다.
47 성취 주제는 성취 형식이 사용된 열 가지 혹은 그런 구체적인 사례들에 한정되지 말아야 하며, 신학적 개념들을 포함하는 좀 더 넓은 필치로 그려져야 한다.

한다.⁴⁸ 예수가 복음을 선포하고, 병자들을 고치며, 귀신들을 내쫓고, 죽은 자들까지 다시 살리는, 이 모든 기적을 행하실 때 사람들은 하나님의 관계적 임재와 통치를 경험한다(4:23-25). 마태복음 10:1, 7-8에서 예수가 그의 제자들이 하나님 나라의 도래를 선포하면서 자신이 행한 것과 같은 기적을 행하도록 그들에게 권세를 부여했을 때 작용한 동일한 패턴에 주목하라.

마태 역시 마가와 마찬가지로 예수의 기적을 하나님의 임재의 자명한 성취로서 강조한다. 마태복음 8:23-27의 풍랑을 잔잔케 한 일화에서 예수는 하나님만이 하실 수 있는 일을 행한다(예. 시 89:8-9; 107:29). 바다와 관련된 또 다른 사건으로서 예수는 물 위를 걷고, 두려워하는 자기 제자들에게 자신을 "나다"(마 14:27; ἐγώ εἰμι, 에고 에이미)라고 밝히신다. 이것은 일찍이 야웨("주님")가 모세에게 하신 약속을 상기시키는 말씀이다(출 3:14 LXX). 제자들의 반응은 확실히 그런 인상을 남긴다. "배에 있는 사람들이 예수께 절하며 이르되, '진실로 하나님의 아들이로소이다' 하더라"(14:33; 참조. 욥 9:8). 옥에 갇힌 세례 요한이 자기 제자들을 예수에게 보내 그가 정말로 기대했던 메시아인지를 질문하게 했을 때, 예수는 메시아적인 자신의 말씀과 기적들을 그가 하나님의 기름 부음을 받은 자라는 증거로서 제시한다(마 11:4-6). 예수의 대답은 이사야 35:5-6과 61:1 같은 예언을 되울리는데, 이 본문들은 "심판하고 구원하기 위해 하나님이 친히 오실 때 동반할 복"을 묘사한다.⁴⁹

마태복음 12:22-29에서 우리는 더 강한 자인 예수가 와서, 하나님의 영으로 강한 자를 결박하고 귀신들을 내쫓으며 하나님의 적법한 소유를 되

48　T. Schreiner, *The King in His Beauty*, 443.
49　France, *Matthew*, 424.

찾으시는 것을 본다. 이 모든 것은 야웨의 임재와 하나님 나라가 예수 안에서 나타나고 있음을 보여주는 확실한 증거들이다. 예수는 성령의 능력으로 잉태되었고(마 1:18, 20), 세례를 받을 때 하나님의 영으로 능력을 받았으며(3:16-17), 나중에 자기 백성에게 "성령과 불로" 또는 하나님의 불타는 임재로 세례를 베풀 것이다(3:11; 참조. 슥 13:9; 말 3:2-3). 그러므로 예수가 기적을 행하기 위해(마 12:28) 성령의 능력을 받은 것은(마 12:18-21; 참조. 사 42:1-4) 하나님께서 약속하신 임재를 예수 안에서 알려주신다는 또 다른 표시다. 블레인 샤렛(Blaine Charette)은 "성령이 이런 능력을 주심으로 말미암아 임마누엘로 임명되신 예수는 땅에서 하나님의 임재의 특별한 자리가 되신다"고 바르게 결론을 내린다.[50]

마태는 예수가 자기 백성 가운데 거하시는 야웨의 임재에 대한 약속을 어떻게 성취하시는지를 적어도 세 가지 추가적인 방식으로 보여준다. 즉 예수는 목자로서, 모세보다 더 위대한 분으로서, 그리고 (우리가 나중에 다룰) 새 성전으로서 그 약속을 성취하신다. 이 각각의 주제에 대해 여러 권의 책이 쓰였지만, 우리는 마태가 하나님의 관계적 임재를 제시하는 데 있어 이런 주제들이 수행하는 역할을 강조하기 위해 간단히 언급하겠다.

마태는 예수를 목자로 묘사한다(예. 마 2:4-6; 9:35-36; 14:14; 15:32; 18:12-14; 26:31). 마태는 2:6에서 미가 5:2의 전반부를 사무엘하 5:2과 결합하여 예수를 궁극적인 다윗 계열의 왕의 역할을 성취하는 분으로, 즉 이스라엘의 왕들이 행하지 못한 일을 행하실 분으로 선포한다. 예수는 자기 백성 가운데 거하시는 하나님의 목양적 임재를 완벽하게 구현한다. 그랜트 오스본(Grant Osborne)은 이 본문에서 "하나님께서 친히 자기 백성의 목자가 되실

---

50   Charette, *Restoring Presence*, 125.

것이라"는 에스겔 34:11-16의 메아리를 바르게 듣는다.[51]

또한 학자들은 마태가 예수를 새로운 모세로 이해했음을 강조한다.[52] 하지만 마태가 주로 지적하는 것은 예수가 모세보다 훨씬 위대한 분이라는 점이다. 그는 하나님의 인격적 임재와 능력을 본질적으로 나타내는 분이시다. 예수는 율법을 주권적으로 해석하고 성취하며(예. 마 5:17-20; 19:3-12), 기적을 베풀어 많은 사람을 먹이고(14:13-21; 15:32-39), 모세가 등장하는 변화 사건에서 하나님의 영광스러운 임재를 미리 보여주는 중심인물이다(17:1-8).[53] 히브리서 저자는 예수의 탁월성을 분명히 보여준다(히 3:3, 6; 8:6; 9:24-26). 예수는 모세에게서 본 것을 훨씬 능가하는 방식으로 하나님의 임재를 알게 하신다.

제자도에 대한 예수의 부르심과 의. 마이클 윌킨스(Michael Wilkins)는 마태복음의 제자도에 대한 그의 중요한 연구를 임재의 중요성에 대한 언급으로 마무리한다. "마태의 복음은 바로 이것이다. 즉 메시아가 자기 백성과 함께 있기 위해 오셨고 그들과 항상 함께 있을 것이라는 '복음'이다. 베드로와 다른 제자들은 예수가 그의 백성과 함께 이룰 수 있는 것에 대한 역사적 본보기들이다."[54] 자기 백성들 가운데 거하시는 하나님의 관계적 임재는 이 복음서에서 제자가 되라는 예수의 부르심과 의에 대한 주제 아래 다양한 방식으로 발생한다.[55] 우리는 우리의 관점에서 매우 중요한 것만을 다

51　Osborne, *Matthew*, 89. Baxter, *Israel's Only Shepherd*도 보라.
52　Allison, *The New Moses*.
53　T. Schreiner, *New Testament Theology*(『신약신학』, 부흥과개혁사 역간), 173-75.
54　Wilkins, *Discipleship in the Ancient World*, 224.
55　눅 1:75의 찬양시에서 누가가 "의"(δικαιοσύνη, 디카이오쉬네)라는 용어를 사용한 것을 제외하고는, 마태복음만이 공관복음서 가운데 이 용어를 사용한다. 마태는 이 용어로써 윤리적 행위에 대한 개념을 강조하는데, 이는 제자도에 대한 마태의 강조에 잘 들어맞는다. "제자"(μαθητής, 마테테스)를 가리키는 명사는 마태복음에 70번 이상 등장하는데, 이는 다른

룰 계획이다.

우선, 제자도는 근본적으로 한 사람을 따르라는 부름이다. "나를 따르라"(마 4:19; 8:22; 9:9; 10:38; 16:24; 19:21, 27-28). 윌킨스는 "그의 인격에 충성하는 것이 결정적인 행위"라고 바르게 추정한다.[56] 예수가 생각한 것처럼, 관계적 임재를 배제하고는 제자도나 의를 상상할 수도 없다. 마태는 그의 복음서 전체에서 "나의"(ἐμοῦ, 에무)라는 대명사를 사용하여 예수와의 인격적 관계의 필요성을 강조한다(예. "나로 인하여", "나로 말미암아", "나를 시인하다", "내게 합당하다" 등).[57] 이와 같은 제자도의 요구들은 신실함을 촉구하고 예수를 따르는 자들이 고난 받을 준비를 하게 한다. 마태복음 5:10-11에서 예수는 이렇게 말씀하신다. "**의를 위하여** 박해를 받은 자는 복이 있나니… **나로 말미암아** 너희를 욕하고 박해하고…너희에게 복이 있나니"(마 5:10-11). 이것은 예수의 제자가 된다는 것이 어떻게 하나님 나라에서 의의 중심에 있는지, 그리고 그 임재가 어떻게 제자도와 의의 중심에 있는지를 보여준다. 제자들이 예수로 인해 통치자들 앞에 끌려갈 때, 예수는 그들이 그들을 통해 말씀하시는 아버지의 성령을 의지할 수 있으리라고 그들을 확신시켜주신다(10:20; 참조. 3:11). 여기서 예수는 자신이 부활한 후에 떠나갈 것과 장차 성령이 오셔서 그의 공동체 안에 거하실 것을 예상하며, 요한복음 13-16장에 더욱 분명하게 설명된 삼위일체적 사고방식에 대한 창을 제공

공관복음서의 용례보다 많다. 동사 μαθητεύω(마테튜오)는 사복음서 전체에서 마 13:52; 27:57; 28:19에만 등장한다. 이 모든 것은 마태복음에서 이 주제의 중요성을 나타낸다. Hagner, "Matthew," 266을 보라.

56　Wilkins, *Matthew*(『NIV 적용주석 마태복음』, 솔로몬 역간), 179.
57　마 5:11; 10:18, 22, 39; 19:29; 16:25; 24:9의 "나로 인하여", 10:32, 33의 "나를 시인하다", 10:37(두 번)의 "내게 합당하다", 12:30(두 번)의 "나와 함께", 15:8; 25:41의 "내게서", 18:5; 24:5의 "내 이름으로"를 주목하라. 이 외에도 마태복음에는 이 인칭대명사가 신학적인 표시로 사용된 예가 많이 있다.

하신다(참조. 마 28:19).⁵⁸

산상설교는 마태복음에서 제자도와 의에 관한 예수의 교훈의 가장 명확한 요약을 제공한다. 산상설교는 친숙한 복들로 시작하며, 두 가지 요소가 즉시 부각된다. (1) 팔복의 시작과 끝에서 하나님 나라는 현재 제자들의 것이다(마 5:3, 10). 하지만 (2) 하나님이 약속하신 복의 대부분은 종말론적인 복이다. 제자들은 지금 하나님 나라의 일원들이자 참여자들이다. 그 나라는 예수의 인격 안에서 도래했다. 하지만 그들이 주님과 함께 있을 날에야 비로소 그들의 복이 절정에 이를 것이다. 하나님 나라의 제자도에서 이렇게 "이미, 그러나 완성되지는 않은" 측면은 윤리와 종말론이 예수 안에서 어떻게 연결되는지를 알려준다. 로버트 굴리히(Robert Guelich)는 이렇게 표현한다. "마태복음에서는 윤리가 종말론을 삼키는 대신에, 우리는 그 정반대다. 마태복음 5:20-48의 요구들과 팔복에 암시된 태도와 행위는 예수의 인격과 사역으로 확립된 하나님과 인간 사이의 새로운 종말론적 순간에 비춰보아야만 이해될 수 있다."⁵⁹

산상설교에는 하나님의 관계적 임재에 주의를 환기시키는 또 다른 요소들이 있다. 마태복음 5:14에서 예수는 그의 제자들에게 "너희는 세상의 빛이라"고 말씀하신다. 예수 자신이 세상에 오신 큰 빛이며(마 4:16, 사 9:2을 인용함), 지금 예수의 백성들은 그 빛이 된다(참조. 사 42:6). 데이비드 터너(David Turner)는 마태복음 5:14의 "도시/동네"라는 언급이 예루살렘을 암시하는 것이라면(그럴 가능성이 높음), 이것은 "세상을 밝히는 하나님의 빛나

---

58 France, *Matthew*, 393을 보라. France는 이 본문에 공식적인 삼위일체 신학이 없다는 점을 인정한다. 하지만 그는 "이렇게 명백하게 계획되지 않은 말의 배열이 나중에 삼위일체 신학이 만들어진 재료"라는 점에 주목한다.
59 Guelich, *The Sermon on the Mount*(『산상설교』, 솔로몬 역간), 111.

는 임재가 어떤 특정한 곳이 아니라 예수의 제자들로부터 흘러나온다"는 것을 암시한다고 말한다.[60]

마태복음 5:17에서 우리는 예수가 율법이나 예언자를 폐하려고 오신 것이 아니라 완전케 하려고 또는 그 의도한 목표에 이르게 하려고 오셨다는 내용을 읽는다. 자기 백성들 가운데 거하시는 하나님의 임재의 성육신으로서 예수는 자신에 대한 하나님의 의사소통을 구체화하신다. 예수 안에서 성서의 진정한 의도가 지금 알려진다.

산상설교의 중심에는 구조적으로나 신학적으로 기도의 모델이 있다. 그 기도에서 예수는 제자들이 어떻게 그들의 아버지와 교감을 나누어야 하는지를 가르치신다(마 6:9-13). 하나님을 부르는 형식("우리 아버지")과 그 기도 안에 들어 있는 개별적인 요소들은 분명히 관계적 어조를 지닌다. "이름"은 하나님의 임재 자체를 떠올린다. "나라"와 "뜻"은 하나님의 통치하시는 임재의 도래를 암시한다. "양식", "용서", "구원"은 하나님께서 사랑하는 아버지로서 자기 자녀들의 물리적·관계적·영적 필요를 채워주시는지에 우리의 관심을 집중시킨다. 제자도와 의에 대한 예수의 가르침에서 가장 중심에는 주기도로 정겹게 알려진 것을 통해 살아 계신 하나님의 친근한 임재를 경험하라는 따뜻한 초대가 있다.

산상설교에 대한 우리의 간략한 여정은 마태복음 7:21-23에 있는 예수의 결론으로 마무리된다. 막연히 "주여, 주여"라고 말하는 사람이 하나님 나라에 들어가는 것이 아니라 아버지의 뜻에 순종하는 사람이 들어간다(7:21). 이와 같은 순종은 7:22-23에서 단순히 종교적인 행위를 수행하는 것보다 예수가 알려주는 것으로 더 자세히 설명된다(참조. 마 25:12). 자

---

60   D. Turner, *Matthew*, 155.

신의 참제자들에 대한 예수의 앎은 관계적 지식이다. 예수가 모르는 사람들은 그의 임재에서 쫓겨난다(7:23).[61] 하나님 나라에 들어가는 것, 참제자로서 사는 것, 그리고 유대인 종교 지도자들의 의를 능가하는 의를 지니는 것, 이 모든 것은 한마디로 하나님의 관계적 임재에 대한 진정한 경험으로 요약된다.

공동체와 갈등

마태복음: 예수와 그의 백성의 동일시

우리는 마태가 공동체를 강조한 것으로 시작한다. 마태복음은 "교회"(ἐκκλησία, 에클레시아[마 16:18; 18:17])라는 단어를 사용하는 유일한 복음서다. 이 단어는 함께 모인 언약 공동체를 함의한다. 예수가 세우겠다고 말씀하신 것은 바로 "내 교회"다. 이는 그들이 예수와 인격적으로 관계를 맺고 있으므로 형성되는 언약 공동체다.[62] 마태는 몇 가지 의미심장한 방식으로 자기 백성들 사이에 계신 예수의 임재에 관한 이 주제를 발전시킨다. 즉 결혼 유비의 사용, 교회를 영적인 가족으로 묘사하는 것, 그의 이름으로 모인 제자들에 대한 중요한 말씀(18:20), 그리고 (우리가 나중에 다룰) 주의 만찬의 제정을 통해서다. 먼저 결혼 유비로부터 시작하겠다.

요한의 제자들이 예수에게 왜 자기들과 바리새인들은 금식하는데 반

---

61 하나님이 아신다는 의미가 무엇인지에 대한 통찰력 있는 성서신학적 탐구는 Rosner, *Known by God*을 보라.

62 마 16:18에서 "내가 내 교회를 세우리라"(οἰκοδομήσω μου τὴν ἐκκλησίαν, 오이코도메소 무 텐 에클레시안)는 어구에서, "나의"(μου, 무)라는 인칭대명사는 강조의 용법으로 사용되었다. "내 교회"는 예수를 따르고 그에게 속한 사람들의 모임이다. 하지만 이것은 하나님께서 자기 백성들 사이에 거하시는 그분의 관계적 임재를 가리키는 또 다른 절묘한 표지판이다.

해 예수의 제자들은 금식하지 않는지 묻자, 예수는 자신을 신랑과 동일시함으로써 대답하신다(마 9:14-15; 참조. 25:1-10). 신랑(예수)이 "그들과 함께" 있을 때 결혼식 손님들(즉 예수의 제자들)이 어떻게 슬퍼할 수 있겠는가?(9:15) 슬퍼할 수 없다! 지금은 기뻐할 때다. 신랑은 구약성서에서 하나님을 가리키는 중요한 은유의 역할을 수행한다(예. 사 54:5-6; 62:4-5; 호 2:16-23; 참조. 요 3:29).[63] 그러므로 예수의 제자들은 "그들로부터" 신랑을 빼앗길(다가오는 예수의 십자가 처형을 언급할 가능성이 큼) 때 금식할 것이다. 하지만 그들 가운데 계시는 예수의 임재는 부활 이후에도 계속될 것이다(마 28:20). 결혼 유비는 신약의 다른 책들에서 더 완전하게 발전되는, 그리스도의 신부로서 하나님의 백성이라는 주제를 예상한다(예. 고후 11:2; 엡 5:25-32; 계 19:7; 21:1-2, 9; 22:17).

또한 마태는 예수가 가족 이미지를 사용하여 자기 백성 가운데 거하는 그의 임재를 묘사하는 것을 포함한다. 마태복음 12:48-50에서 예수는 그를 따르는 자들이 그의 진정한 가족이라고(즉 그의 "형제요 자매요 모친") 밝힌다. "형제"(또는 "형제자매")라는 용어는 마태복음에서 중요한 무게를 지니는데, 마태는 이 단어를 (생물학적인 친족을 언급하지 않을 경우) 예수의 공동체에 속한 구성원들로 정의한다(마 5:22-24, 47; 7:3-5; 12:48-50; 18:15, 21, 35; 23:8; 25:40; 28:10을 보라).[64] 특히 이 점에 대해서는 마태복음 25:31-46의 양과 염소 비유가 적절하다.[65] 이 이야기에서 왕(예수, 인자; 25:31, 34을 보라)은 그들이 "내 형제와 자매 중에서 지극히 작은 자들"을 어떻게 대우했는지

---

63 Blomberg, *Matthew*, 158; D. Turner, *Matthew*, 255; Hagner, *Matthew 1-13*(『마태복음 1-13』, 솔로몬 역간), 243.
64 Blomberg, *Matthew*, 107.
65 Ladd, "The Parable of the Sheep and the Goats"를 보라.

에 근거하여 영생을 받을 만한 의인을 판정한다(25:40). 그 이유는 그것이 사실상 그들이 예수를 어떻게 대우했는지 말해주기 때문이다("너희가 내게 한 것이라"). 불의한 자들은 동일한 근거로 정죄를 받는다. "이 지극히 작은 자 하나에게 하지 아니한 것이 곧 내게 하지 아니한 것이니라"(25:45). 사람들이 예수, 즉 그의 임재가 그의 공동체와 묶여 있는 예수를 어떻게 대하느냐가 최후 심판의 근거가 된다. 이것은 마태가 예수의 제자들의 공동체를 의미하는 "작은 자들"이라는 용어를 사용한 것에서 강화된다(10:42; 11:11; 18:6, 10, 14의 μικρός[미크로스]를 보라). 25:40에는 μικρός의 최상급인 "가장 작은 자"(τῶν ἐλαχίστων, 톤 엘라키스톤)가 사용된다.[66] 이 모든 것은 예수가 그의 임재를 그를 따르는 자들의 공동체와 직접 연결한다고 말하는 것이다.

자기 백성 가운데 거하는 예수의 임재라는 현실은 마태복음 18:20에서 특히 분명히 드러난다. 이 본문은 1:23 및 28:20과 아울러 마태복음에서 하나님의 임재라는 주제의 핵심적인 기둥들 가운데 하나다.[67] 사실 18:20과 28:20 및 신적 임재를 강조하는 다른 본문들은 자기 백성 가운데 살아 계시는 하나님에 대한 구약의 주제를 되울리며(예. 겔 43:7; 욜 2:27; 슥 2:10-11), (정경적 관점에서 볼 때) 성령의 강림과 새 창조에서 하나님과 함께 거하는 그분의 백성을 예상한다.[68]

마태복음 18:20에서 예수는 이렇게 말씀하신다. "두세 사람이 내 이름으로 모인 곳에는 나도 그들 중에 있느니라." 마태복음에서 유대 지도자들이 "모일"(συνάγω, 쉬나고) 때, 그들의 모임은 하나님의 뜻을 대적하는 것이

---

66 BDAG 314.
67 Kupp, *Matthew's Emmanuel*, 85-88.
68 Hagner, *Matthew 14-28*(『마태복음 14-28』, 솔로몬 역간), 533. Hagner는 이렇게 쓴다. "바울이나 히브리서 저자의 기독론은 하나님의 임재에 대한 이런 의미와 가깝다(참조. 욜 2:27; 슥 2:10-11)."

었다.[69] 하지만 예수의 제자들이 모일 때, 그들은 예수의 임재를 경험한다. 바로 앞의 문맥은 제자도 관계와 하나님 아버지의 적극적인 반응에 대한 확신으로 드리는 기도 중 하나이며(19절), 이어지는 내용은 그 설명이다("왜 냐하면"[20절]). 즉 자기 백성 가운데 거하는 예수의 임재가 기도를 가능하게 하고 열매를 맺게 한다는 것이다. "내가 너희와 함께 있다"와 "내 아버지가 그들을 위해 행하실 것이다"의 병행에 비춰볼 때, 이 임재는 자기 백성 가운데 거하시는 하나님 자신의 임재다.[70] 신성에 대한 예수의 선언과 자기 백성 가운데 계속 임재하는 것에 대한 확신은 두세 사람이 함께 율법을 연구할 때 셰키나(하나님의 영광스러운 임재)가 그들 가운데 있다는 랍비의 말에 비춰보면 의미심장하다.[71] 신약의 나머지 책들은 그리스도의 성령을 통해 자기 백성과 함께하는 예수의 이런 지속적인 임재를 증언한다(예. 행 16:7; 롬 8:9; 갈 4:6; 빌 1:19).

마가복음: 귀신 및 종교 지도자들과의 갈등

자기 백성과 함께하시는 하나님의 임재에 대한 마태의 강조는 이제 갈등에 대한 마가의 강조와 정경적인 대조를 이룬다. 놀랄지도 모르겠지만, 하나

---

69 Kupp, *Matthew's Emmanuel*, 86. 예를 들어 마 2:4; 22:34, 41; 26:3, 57; 27:17, 62; 28:12을 보라.
70 Blomberg, *Matthew*, 281. Blomberg는 다음과 같이 쓴다. "예수는 암시적으로 자신을 하나님과 동등시하며, 죽음 이후에도 교회 안에서 계속 영적으로 임재하실 것을 약속하신다. 마 1:23(우리와 함께 계시는 하나님)의 임마누엘 주제의 메아리가 울려 퍼진다."
71 France, *Matthew*, 699; Osborne, *Matthew*, 688. Keener는 이렇게 쓴다. "고대 유대교 속담은 열 명의 남성(회당을 위한 최소한의 요구조건 - b. Ber. 6ab; Meg. 23b; p. Meg. 4:4, §5; … 1QS 6.3, 6; CD 13.2-3)뿐만 아니라, 그분의 율법을 연구하기 위해 모인 두세 명을 위해서도 하나님의 임재를 약속했다(m. 'Abot 3:2, 6; Mek. Bah. 11.48.; cf. m. Ber. 7:3). 여기서 예수는 (랍비들이 기독교 자료에서 이 속담을 빌려오지 않았을 것이므로, 예수의 이 말씀보다 앞선 시대의 것이 분명한) 전통적인 유대교 속담에 언급된 하나님의 임재인 셰키나의 역할을 친히 완성하신다"(Keener, *Matthew*, 455-56).

님의 임재라는 주제는 마가복음에서 하나님의 심판, 좀 더 구체적으로 말해서 예수가 귀신 및 종교 지도자들과 빚은 갈등을 매개로 강력히 수면 위로 올라온다. 귀신들은 마가복음에서 처음으로 예수의 참된 정체를 인정한다. 마가복음 1:21-28에서 부정한 영들은 두려움 가운데 던지는 질문과 강제적인 고백으로 예수께 반응한다. "나사렛 예수여, 우리가 당신과 무슨 상관이 있나이까? 우리를 멸하러 왔나이까? 나는 당신이 누구인 줄 아노니, 하나님의 거룩한 자니이다"(24절). 정확한 칭호는 아니지만, 구약성서 전체에서 야웨를 언급하기 위해 사용되는 표현인 "거룩한 자"와의 연결을 지나치기가 쉽지 않다. 마가는 예수와 하나님의 특별한 관계를 암시하고, 예수를 하나님의 인격적 임재의 성육신으로 지칭하기 위해 "하나님의 아들"과 거의 같은 "하나님의 거룩한 자"를 사용하는 것 같다(참조. "당신은 하나님의 아들이니이다"[막 3:11]; "지극히 높은 하나님의 아들 예수여"[5:7]). 이 문맥에서 귀신들은 예수 안에서 하나님의 강력한 임재를 알아보고, 하나님의 거룩한 자(참조. 막 5:7; 눅 4:34; 요 6:69), 즉 자신을 멸하러 오신 더 강한 자의 손에 있는 임박한 심판을 두려워한다(참조. 막 1:7; 3:27).[72]

마가복음 4:35-41의 풍랑을 잔잔케 한 일화 역시 예수 안에서 하나님의 임재가 어떻게 심판을 가져오는지를 강조한다. 여러 요소를 잠잠하게 만드는 데 사용된 구체적인 명령들은 자연 기적이라기보다 축귀와 더 비슷하다(즉 σιωπάω[시오파오, "잠잠하라"]와 φιμόω[피모오, "가만히 있으라!"]; 참조. 막 1:25; 3:12; 8:30, 33; 9:25). 구약성서에서는 오직 하나님만이 험난한 파도와

---

72 Lane은 귀신들이 사용한 호칭의 형식들(예. 1:24의 "하나님의 거룩한 자"; 3:11의 "하나님의 아들"; 5:7의 "지극히 높으신 하나님의 아들")과 질병에 걸린 평범한 사람들이 사용한 호칭들(예. 7:8의 "주"; 9:17의 "선생님"[Teacher]; 10:47-48의 "다윗의 자손"; 10:51의 "선생님"[Master]) 간의 뚜렷한 차이에 주목한다(Lane, *Mark*, 74).

광풍을 제어하실 수 있다.[73] 제자들은 예수 안에서 하나님의 임재를 대면한다. 4:41에 언급된 "이분이 누구신가?"라는 결론적인 질문은, 잠시 분명하게 대답하지 못하더라도, 반응을 요구한다. 즉 이분은 바로 그들 가운데 계신 하나님이시다.

율법 교사들이 예수가 바알세불의 힘을 입고 있다고 비난했을 때(막 3:22-30), 예수는 귀신을 쫓아내는 그의 사역이 하나님의 소유를 그분께 돌려드리고 고통 받는 이 사람들을 하나님의 관계적 임재와 재결합시키는 것이라고 주장하신다. 예수는 "더 강한 자"(ὁ ἰσχυρότερος[호 이스퀴로테로스], 1:7)로서 "강한 자"(ὁ ἰσχυρός[호 이스퀴로스], 3:27)의 집에 들어가서 그를 결박하고 그의 소유(귀신 들린 사람들)를 빼앗아 그들의 창조자와 바른 관계로 되돌리실 수 있다(참조. 사 49:24-26).[74]

마가복음 5:1-20에서는 예수가 귀신 들린 사람을 구원하실 때 비슷한 일이 발생한다. 예수는 부정한 지역으로 가시고, 거기서 부정한 무덤 사이에 사는 한 사람을 장악하고 있던 부정한 영들을 만나신다. 예수는 그 귀신들을 쫓아내 부정한 짐승들에게 들어가게 하셨는데, 그 후에 그 짐승들은 바다에(사탄이 풍랑의 근원일까?) 빠진다. 예수의 강력한 임재로 인해 죽음이 있었던 곳에 생명이, 압제가 있었던 곳에 자유가, 혼돈과 폭력이 있었던 곳에 고요가, 정신 이상이 있었던 곳에 온전한 정신이, 비참함과 절망이 있었던 곳에 목적이 생긴다. 마가는 예수 안에서 우리가 하나님의 임재를 만난

---

73 예를 들어 시 33:7; 65:7; 89:9; 104:7; 107:29; 잠 30:4; 욥 26:12; 28:25; 38:8; 나 1:4과 주로 출애굽 사건을 보라.
74 Edwards(*Mark*, 122)와 반대되는 견해인데, Edwards는 "소유"를 귀신의 영들로 이해한다. France는 다음과 같이 바른 결론을 내린다. "우리는 강한 자의 σκεύη[스큐에, 소유]를 여기서 (축귀를 통해) 사탄의 압제로부터 구원받은 사람들을 나타내는 것으로서 이해해야 할 것이다"(France, *Mark*, 173).

다는 또 다른 단서로 이야기를 매듭짓는다. 예수는 그 사람에게 이렇게 말씀하신다. "집으로 돌아가 **주**[κύριος, 퀴리오스—70인역에서 야웨를 지칭하는 데 사용되는 단어]께서 네게 어떻게 큰일을 행하사 너를 불쌍히 여기신 것을 네 가족에게 알리라"(막 5:19; 참조. 눅 8:39: "**하나님**이 네게 어떻게 큰일을 행하셨는지를 말하라"). 그러자 그 사람은 가서 "**예수**께서 자기에게 어떻게 큰일 행하셨는지를 데가볼리에 전파하"기 시작한다(막 5:20).

흥미롭게도 우리는 예수가 하나님의 소유를 그분께 돌려드리고 하나님의 관계적 임재를 회복하기 위해 귀신을 쫓아내는 자신의 사역을 확장하려고 열두 제자에게 권세를 주는 것을 본다. 예수는 열두 제자를 임명하시거나 "만드신다"(ἐποίησεν, 에포이에센; 참조. 창 1:1 LXX). "이는 자기와 함께 있게 하시고 또 보내사 전도도 하며 귀신을 내쫓는 권능도 가지게 하려 하심이러라"(막 3:14-15). 마가복음 6:6-13에서 예수는 열두 제자를 둘씩 짝을 지어 보내시며, 그들에게 "더러운 귀신을 제어하는 권능을 주"신다(6:7). 제자들은 회개를 선포하고 병자를 고침으로써 예수의 자유롭게 하는 임재를 확장한다(6:12-13).

예수와 종교 지도자들의 갈등 역시 하나님의 관계적 임재의 심판 차원에 대한 마가의 묘사를 강조한다. 마가복음 2:6-12에서 종교 지도자들은 예수가 죄 사함을 주장하는 것을 두고 그를 신성모독으로 비난한다. 그들은 오직 하나님만이 죄를 사하실 수 있다고 말한다(2:7). 이 단락의 수미상관 구조는 인자와 죄를 사하실 수 있는 분이신 하나님을 동일시한다.

2:7: "오직 **하나님** 한 분 외에는 누가 능히 죄를 사하겠느냐?"

2:10: "**인자**가 땅에서 죄를 사하는 권세가 있는 줄을 너희로 알게 하려 하노라."

2:12: "그들이 다 놀라 **하나님**께 영광을 돌리며 이르되, '우리가 이런 일을 도무지 보지 못하였다!' 하더라."

"그러나 인자가 땅에서 죄를 사하는 권세가 있는 줄을 너희로 알게 하려 하노라"(막 2:10)라고 선언할 때, 예수는 하나님의 임재가 하나님을 위해 말하고 행동하는 인자, 즉 예수로서 그들 가운데 있다고 당당하게 선포하신다.[75]

예수를 하나님의 임재를 나타내는 분으로 선언하는 또 다른 신적 권한은 안식일에 대한 그의 주권이다(참조. 요 5장). 마가복음 2장에서 제자들이 밀 이삭을 자름으로써 안식일을 범했다고 비난받을 때, 예수는 다윗 및 그와 함께한 사람들의 이야기로 대답하시며 이렇게 결론을 내리신다. "안식일이 사람을 위하여 있는 것이요, 사람이 안식일을 위하여 있는 것이 아니니, 이러므로 인자[즉 예수]는 안식일에도 주인이니라"(27-28절). 토라의 바른 회복과 성취의 권한을 부여하는 것은 주님이신 예수의 임재다.[76] 비슷한 일화가 예수가 안식일에 한쪽 손이 마른 사람을 고친 마가복음 3:1-6에서 발생한다.

마가복음 11장에서 종교 지도자들은 예수의 권위에 대해 의문을 제기한다. "무슨 권위로 이런 일을 하느냐? 누가 이런 일 할 권위를 주었느냐?"(막 11:28) 예수는 자신의 권위가 하나님에게서 온 것이라고 주장하지만, 요한의 세례의 기원에 대해 그 세례가 하늘로부터인지 아니면 땅으로부터인지를 질문함으로써 간접적으로 주장한다. 예수가 요한에게 세례를

---

75 Edwards, *Mark*, 79-81에서 통찰력 있는 추기인 "인자"를 보라.
76 Stein은 구약에서 하나님이 안식일을 제정하고 성별하셨기에 오직 하나님만이 안식일의 주인이라는 점에 주의를 환기시킨다(예. 창 2:3; 출. 20:8-11; 31:12-17; 레 23:3)(Stein, *Mark*, 149).

받으셨을 때 성부 하나님의 음성과 성령의 강림을 비롯하여 하나님의 임재가 완전히 나타났다는 것을 상기하는 것이 중요하다. 누가 예수에게 죄를 사하고, 병을 고치며, 귀신을 내쫓고, 안식일을 회복하며, 죄인들과 식탁 교제를 즐기고, 성전을 정죄하는 등의 일을 할 수 있는 권한을 주었는가? 그의 권위는 성육신하신 하나님으로서의 정체성과 지금 하나님의 관계적 임재를 드러내는 자로서의 말과 행동에서 나온다.

예수와 종교 지도자들의 갈등은 마가복음 14장에서 예수가 산헤드린 앞에서 심문받을 때 절정에 달한다. 대제사장은 "네가 찬송받을 이의 아들 그리스도냐?"라고 묻는다(61절). 예수가 "내가 그니라"(ἐγώ εἰμι, 에고 에이미)라고 대답하자, 대제사장은 자기 옷을 찢으며 "그 신성모독 하는 말을 너희가 들었도다. 너희는 어떻게 생각하느냐?"라고 말하고, "그들이 다 예수를 사형에 해당한 자로 정죄"한다(64절). 종교 지도자들은 예수가 자신을 하나님과 동등하게 여기고 있다고 분명히 이해했다. 결국 예수는 그들 가운데 계신 하나님의 임재라고 주장했다는 이유로 십자가에 달린다.

종말론적 임재

공관복음서에서 하나님의 관계적 임재는 예수의 성육신적 임재를 넘어 자기 백성들과 함께하시는 하나님의 미래와 최후 임재의 약속으로까지 확장된다. 이 단락에서 다루는 내용에 어느 정도 중첩되는 것이 있기에, 우리는 몇 가지 제목으로 마태복음과 마가복음을 다 다룰 것이다.

새 성전이신 예수

마가는 예수를 통한 하나님의 관계적 임재를 11-16장에서 강하게 보여준다. 이 본문에서는 래리 허타도(Larry Hurtado)가 관찰했듯이, "예수가 어떤 면에서 하나님이 자신을 나타내시는 중심지로서의 성전을 대체한다는 주장이 [그의 직접적인 가르침, 논쟁에 대한 답변, 그리고 그의 예언적 행위들을 통해] 거듭 표면으로 떠오르고 있다."[77] 예수의 말씀과 행위들은 "이스라엘의 핵심"에 문제를 제기하는데, 그 이유는 "그들 가운데 거하시는 하나님의 임재가 위태롭기 때문이다. 예수를 저버리는 것은 하나님의 임재를 저버리는 것이다." 예수는 성전 대신 "하나님과 인간의 참된 만남의 수단이며, 따라서 하나님의 임재에로 나아가는 수단"이 되셨다.[78] 우리는 예수가 성전을 "성취하신다"는 의미에서 성전을 대체한다고 말해야 할 것이다.[79]

마가복음 11장에서 무화과나무에 대한 저주(12-14, 20-21절)는 예수의 성전 정화를 중심으로(15-19절) 샌드위치로 배치된다. 이는 예수가 실제로 무화과나무와 성전 둘 다를 저주하고 있음을 보여준다.[80] 성전은 저주받을 뿐만 아니라 예수 자신에 의해 대체/성취되는데, 그 이유는 예수가 자기를 따르는 사람들에게 "하나님을 믿으라"(막 11:22)고 말하면서 기도와 죄 사

---

77 Hurtado, *Mark*, 202. 마가는 "성전"을 지칭하기 위해 두 개의 다른 용어를 사용한다. 수난 내러티브 이전에 그는 성전의 전체 영역을 지칭하는 ἱερόν(히에론)을 사용한다. 수난 기사 내에서 그는 성전의 내부 성소를 지칭하는 ναός(나오스)를 선호한다. 이 의미론적 차이는 우리가 이 책 전체에서 말하는 신학적 요지에 중차대한 영향을 주지는 않는다.
78 Witherington, *Mark*, 311.
79 우리는 P. Schreiner, *The Body of Jesus*에 많은 빚을 지고 있다. 이 책은 이 점을 반복해서 언급한다(예. 15).
80 예수가 성전을 (재건하기보다) 정죄한 것은 성전과 무화과나무 이야기 간의 구조적인 연결에 의해서뿐만 아니라 구약에서 하나님의 심판과 관련하여 무화과나무의 이미지를 사용한 것에 의해서도 지지를 받는다(예. 사 34:4; 렘 5:17; 호 2:12; 욜 1:7, 12; 암 4:9; 합 3:17).

함을 포함하는 믿음을 상기시키고 있기 때문이다(11:24-25). 이런 실제들은 현 성전의 기만적이고 공허한 제의들과 대조되는 하나님의 진정한 임재를 동반한다(11:15-17).[81]

마가복음 11:27-12:44에 나오는 예수와 종교 지도자들의 대면에서 논쟁은 예루살렘 성전 및 그 지도자들에 대한 예수의 권위와 양자의 관계에 초점을 맞춘다. 이 본문에서 임재라는 주제는 여러 가지 측면에서 표면으로 떠오른다. 예수는 자신의 권위를 요한의 준비 사역 배후에 암시된 권위인 하나님과 연결한다(막 11:29-33). 앞에서 언급했듯이, 예수는 악한 농부 비유에서 자신을 "[아버지가] 사랑하는 아들"(12:6; 참조. 1:11; 9:7) 및 새 성전의 모퉁잇돌(12:10; 시 118:22; 참조. 눅 20:17; 행 4:11; 롬 9:33; 벧전 2:6-8)과 암시적으로 동일시하신다. 이 첫 번째 일화는 "이것은 주로 말미암아 된 것이요"로 마치는데(막 12:11; 시 118:23), 이는 하나님을 자신의 임재를 예수 안에서 알리시는 분이라고 지칭한다. 마가복음 12:13-17에서 예수는 사람들이 하나님의 형상을 지니고 있으므로(창 1:26) 하나님께 속한 자들이라고 밝히신다. 다른 말로 표현하면, 카이사르에게 세금을 바치고 너희 자신을 하나님께 드리라고 하신 것이다. 왜냐하면 너희는 하나님의 관계적 임재를 누리기 위해 지음을 받았기 때문이다. 12:18-27에서 예수는 부활 때의 결혼에 대해 가르치며, 하나님과 그분의 백성(족장들과 예언자들을 포함하여)의 관계가 미래의 부활을 보증한다고 주장하신다. 그들은 살아 계신 하나님과의 관계 안에 있는 까닭에(27절), 마지막 원수인 죽음을 이기는 임재, 즉 하나님의 임재 안에서 틀림없이 다시 살아날 것이다. 마가복음 12:28-34에

---

81 Hurtado가 언급하듯이, 마가의 독자들은 부활하신 예수의 몸과 교회가 지금 하나님의 새 성전으로서 서 있다는 기독교적 가르침을 통해 이 극적인 행위의 의미를 이해했을 가능성이 크다(예. 막 14:58; 15:29; 고전 3:16-17; 12:27)(Hurtado, *Mark*, 183).

서 예수는 관계적 임재와 관련하여 서로 연관되는 두 계명, 즉 하나님을 사랑하는 것과 자기 이웃을 사랑하는 것을 강조하며, 이것이 성전과 관련이 있는 번제, 희생제사, 제의들보다도 더 중요하다고 주장하신다. 12:35-37에서 예수는 시편 110:1을 사용하여 자신을 성전과 그 지도자들에 대한 권위를 지닌 메시아, 하나님의 아들, 다윗의 주로 밝히신다(참조. 14:61-62).

마가복음 13장에서 예수는 하나님의 심판의 결과로서 다가올 예루살렘 성전의 멸망을 예언하신다. 백성들이 하나님의 거처, 이름, 임재를 훼손했기 때문에 예레미야가 느부갓네살에 의한 성전의 파괴를 예언했듯이, 예수는 성전에 대한 심판을 선언하신다(렘 7:12-14; 참조. 막 11:17에 인용된 렘 7:11). 켄트 브라우어(Kent Brower)가 언급하듯이, "성전 파괴는 하나님의 선한 목적이 지금 예수와 하나님의 새로운 백성 안에 집중된다는 확증이다."[82] 예수 안에서, 그리고 예루살렘 성전이 아니라 예수가 창조하시는 새로운 성전 안에서 우리는 이제 하나님의 임재를 본다.

여기서 특히 관심을 가져야 할 것은 예수가 "손으로 지은 이 성전을 헐고 손으로 짓지 아니한 다른 성전을 사흘 동안에 지으리라"고 주장하셨다는 거듭되는 고발들이다(막 14:58; 15:29; 참조. 요 2:19-22; 히 9:11, 24). 헐고 다시 짓는다는 것은 그와 동일한 실재, 즉 예수의 죽음과 부활을 가리킨다(8:31; 9:31; 10:34).[83] 예수의 부활은 성령으로 자기 백성 가운데 거하는 그의 임재의 성전을 개시했다. 예수를 통해 하나님의 영원한 임재에 참여하는 것은 역설적으로 십자가에서 내려오기를 거부한 예수로 인해 가능해졌다.

마가복음 15:38에서 정확히 예수가 죽는 그 순간에 그리고 15:39에서

---

82 Brower, "'Let the Reader Understand,'" 142.
83 짝으로 등장하는 "내가 허물 것이다"와 "내가 다시 지을 것이다"에 대해서는 Perrin, *Jesus the Temple*(『예수와 성전』 새물결플러스 역간), 104-13을 보라.

백부장이 고백하기 직전에 성전 휘장이 찢어진 것은 예수의 사역이 하나님의 관계적 임재의 장소인 성전을 대체했음을 분명히 보여준다. 내부 성소는 예수의 죽음(과 다가올 부활)으로 이제 발가벗겨졌다. 이는 "예수가 하나님께 새로이 가까이 나아가는 길이 되셨음"을 극적으로 나타낸다.[84]

마태복음에서 예수는 하나님의 임재와 관련하여 유대교의 가장 신성한 기관인 예루살렘 성전을 대체함으로써 야웨의 임재에 대한 약속을 확실히 성취하신다.[85] 예수는 마태복음 12장에서 그의 제자들이 안식일에 밀 이삭을 잘라 먹는 것으로 인해 바리새인들의 비난을 마주했을 때, 성전과 연관하여 안식일을 "위반한" 다른 사람들(다윗과 제사장들)을 지적함으로써 자신의 행동을 변호하신다(1-5절). 그리고 나서 예수는 "내가 너희에게 이르노니 성전보다 더 큰 이가 여기 있느니라"고 당당히 선언하신다(6절). 이것은 충격적인 선언이었을 것이다. 왜냐하면 예루살렘 성전은 하나님의 임재를 백성들에게 중재하는 기능으로 인해 이스라엘의 중심에 서 있었기 때문이다.

예수의 승리의 입성(마 21:1-11), 성전 정화(21:12-17), 무화과나무에 대한 저주(21:18-22) 등 이 모든 것은 포도원(또 다른 국가적 상징) 농부 비유를 비롯하여 이어지는 예수의 교훈에 대한 배경으로 작용한다. 예수는 시편 118:22-23을 인용하고 지금은 모퉁잇돌이 된 버림받은 돌을 언급함으로써(마 21:42) 이 비유를 마무리하신다. 모퉁잇돌이든지 머릿돌이든지 간에, 예수는 버림을 당했다가 부활 때 신원을 받음으로써 새 성전에서 핵심 요소가 되신다(참조. 사 28:16; 행 4:11; 벧전 2:6). 마태복음의 단락 배치와 이 복음

---

84 Hurtado, *Mark*, 184.
85 공관복음에서 새 성전으로서의 예수에 관한 주제에 대해서는 Beale, *The Temple and the Church's Mission*(『성전 신학』, 새물결플러스 역간), 171-92을 보라.

서의 전반적인 내용에 비춰볼 때 여기서 성전 이미지를 놓치기는 어렵다.

예수가 새 성전이시라는 주장은 예수의 원수들이 끝까지 그를 대적하면서 물고 늘어진 주제이기도 하다(예. 마 26:60-61의 심판의 "증인들"과 27:40의 지나가는 사람들의 비난). 또한 마태는 성전의 휘장이 꼭대기에서부터 아래까지 찢어지는 것을 강조한다(마 27:51). 이 사건은 "성전 질서의 끝을 선언하고…그곳에 거하신 하나님의 임재가 이제 갑자기 그곳에서 영원히 떠났음을 암시하는 것 같다."[86] 데이비드 쿱은 "마태복음에서 예수는 하나님의 임재와 구원의 초점인 예루살렘과 성전을 대체하셨다"고 결론을 내리면서 정곡을 찌른다.[87]

메시아 잔치

예수의 사역 전체에서 그가 죄인들과 식탁 교제를 나누고 급식 기적을 베푼 것은 장차 올 메시아 잔치를 종종 예시한다.[88] 예수는 장차 올 천국 잔치를 예상하며 죄인들과 빵을 나누고 그들의 죄를 사해주셨다(참조. 사 25:6-9; 55:1-2; 마 8:10-11; 계 3:20; 19:6-9). 예수는 죄인들이 하나님 나라의 완성 때 제약을 받지 않는 그의 임재에 참여할 것을 소망하며 지금 그들과 함께 은혜와 용서의 임재를 나누신다. 예를 들어 마가복음 2장에서 중풍에 걸린 사람을 치유하시고 용서하신 일화에 이어, 예수는 레위를 부르시고, 죄

---

86 Charette, *Restoring Presence*, 102.
87 Kupp, *Matthew's Emmanuel*, 240. Beale은 새 성전이 "모든 신자가 옛 창조에서는 이용되지 않았던 방식으로 하나님의 거룩한 임재에 나아갈 수 있는 길을 소개한다"고 말한다(Beale, *The Temple and the Church's Mission*, 190).
88 예를 들어 Lane, *Mark*, 106-7을 보라. Stein은 이렇게 말한다. "5천 명과 4천 명을 먹인 것은 복음서 저자들에 의해 최후의 만찬과 종말론적 잔치의 참여를 예상하는 것으로서 이해되었을 것이다"(Stein, "Last Supper," 449).

인 및 세리들과 식탁 교제를 즐기신다(15-17절). 그러고 나서 다음 단락(18-20절)에 등장하는 신랑 이미지는 그가 없는 동안 잠시 금식의 시간을 가진 후에 신랑과 결혼식 손님들이 함께하는 미래의 잔치를 상정한다.

최후의 만찬에서는 메시아 잔치 주제가 가장 전면에 등장하고 중심을 차지한다. 식사하는 동안 예수는 그의 관계적 임재에 대한 새 언약을 제정하신다. 윌리엄 레인(William Lane)이 관찰하듯이, "예수는 식탁 교제의 빵과 포도주가 재림과 하나님 나라가 온전하게 세워지기 이전의 기간 내내 그분의 구원하시는 임재의 보증이 되는 새로운 것을 제정하셨다."[89] 다르게 말하면, 성만찬으로 제정된 교제는 "단지 예수의 과거 임재에 대한 기념에 불과한 것이 아니라 그분이 그들과 함께하시는 지속적인 임재의 경험"이었다.[90] 성만찬은 적어도 부분적으로는 예수가 메시아 잔치에서 그의 제자들과 함께하는 미래의 임재를 예상하는 중간기 잔치로 이해될 수도 있다.

이는 예수가 최후의 만찬을 마무리하는 방식에서 분명해진다. 예수는 매우 강한 용어로 자신의 미래의 임재를 약속하신다. "내가 포도나무에서 난 것을 이제부터 내 아버지의 나라에서 새것으로 **너희와 함께** 마시는 날까지 마시지 아니하리라"(마 26:29; 참조. 막 14:25; 눅 22:18).[91] "그날"이라는 표현은 재림과 그 이후에 하나님과 그분의 백성 간의 결혼을 큰 혼인 잔치로 축하하는 것을 가리킨다. 또다시 마태는 "우리와 함께 계시는 하나님"

---

89 Lane, *Mark*, 507-8.
90 Hurtado, *Mark*, 236.
91 학자들은 대부분 이것을 마태복음에 많이 암시된 다가오는 메시아 잔치를 가리키는 것으로서 바르게 이해한다(예. 마 5:6; 8:11; 14:20; 15:37; 25:10, 21, 23). Osborne은 "'너희와 함께'(메트 휘몬)가 어떻게 1:23(임마누엘, '우리와 함께 계시는 하나님')을 가리키는지, 그리고 제자들이 최후의 종말론적 복에 참여하는 것을 의미하는지"에 주목한다(Osborne, *Matthew*, 969).

이 됨으로써(1:23) 예수가 자기 백성을 그들의 죄에서 구원하신다는 것을 강조하고 있다(마 1:21; 26:28). 마태가 26:29에서 "너희와 함께"라는 어구를 덧붙인 것은 "함께"(μετά, 메타) + 소유격 대명사의 사용을 통해 임재 주제를 예리하지만 강력하게 표현하는 것이다.[92] 마태는 제자들에게 예수의 다가오는 수난(26:18, 20), 그들이 미래에 새 창조에서 함께 축하함(26:29), 그리고 그들이 고난에 동참함(26:36, 38, 40, 51, 69, 71)을 상기시키기 위해 "함께함"(withness)을 나타내는 구문을 26장에서 아홉 번이나 사용한다. 그러므로 마태복음의 독자는 예수의 "인격, 가르침, 고난"에 완전히 헌신하라고 요구하는 인격적 실재로서 하나님의 임재를 직면한다.[93]

마이클 윌킨스는 이 상황이 유월절의 네 번째 잔과 연결된다고 이해한다. 그것은 "나는 너희를 내 백성으로 삼을 것이라"는 출애굽기 6:7의 하나님의 약속과 관련이 있다.[94] 예수는 안심시키는 말로 자기 백성이 이 세상에서 그들의 환난을 잘 견디고 하늘의 혼인 잔치에서 그와 함께할 때 비로소 종말론적 식사에 참여하여 즐거워하리라고 약속하신다. 임재는 구속의 완성을 나타낸다. 사실 자기 백성과 함께하시는 하나님의 관계적 임재는 십자가와 부활의 목표다. 잔치는 종말에야 비로소 끝날 것이며, 최후의 만찬에 대한 신약성서의 기사는 바로 이 미래의 성취를 가리킨다(막 14:25; 마 26:29; 눅 22:16; 고전 11:26).[95]

---

92 Kupp, *Matthew's Emmanuel*, 96-100을 보라.
93 Kupp, *Matthew's Emmanuel*, 97.
94 Wilkins, *Matthew*, 837-38. Lane, *Mark*, 508-9도 보라.
95 Stein, *Mark*, 653. 미래의 메시아 잔치는 성서에서 지속적인 주제다(예. 사 25:6-9; 55:1-2; 마 8:11-12; 눅 13:29; 계 19:9).

예수의 미래 재림

예수 안에서 하나님의 종말론적 임재는 예수가 악을 단번에 멸하고, 자기 백성을 구속하며, 새 창조를 시작하기 위해 영광 중에 다시 오실 때, 그리고 그렇게 오시는 곳에서 절정에 이른다. 이 주제는 마가복음의 주요 가르침 단락(4장과 12장의 비유들과 13장의 감람산 강화)뿐만 아니라 중요한 사건들과 관련해서도 중대한 역할을 수행한다.

씨 뿌리는 자 비유(막 4:1-20)와 이어지는 세 가지 짧은 비유(4:21-34)에서 예수는 하나님 나라의 절정을 나타내는 일반적 은유인 추수 이미지를 사용함으로써 그의 재림을 넌지시 알리신다(4:8, 20, 29, 그리고 4:22, 25에서 재림에 대한 암시를 보라).[96] 게다가 마가복음 12장의 악한 농부 비유 전체는 종말론적 추수의 이미지를 중심으로 통합된다(12:9; 참조. 8:38; 14:62).

마가복음 8:34-9:1에서 예수는 신실한 제자도를 그의 종말론적 임재와 묶는다. 아주 자연스러운 것은 예수가 8:38에서 자신의 승천/높아짐이 아니라 오히려 세상 끝에 심판자이자 구속자로 오시는 그의 영광스러운 재림을 언급하고 있다는 점이다(참조. 막 13:26-27; 14:62; 살전 4:13-5:11; 살후 1:6-10).[97] 예수는 자기를 따르는 사람들을 안심시키기 위해 "여기 서 있는 사람 중에는 죽기 전에 하나님의 나라가 권능으로 임하는 것을 볼 자들도 있느니라"고 약속하신다(9:1). 이것은 이 사건에 바로 이어지는 변용을 가리킬 것이다. 각 공관복음에서는 "몇몇" 제자 앞에서 용모가 변화된 것에 대한 기사와 더불어 예수의 약속이 이어진다(마 17:1-13; 막 9:2-13; 눅 9:28-

---

96 Ryken, Wilhoit, and Longman, *Dictionary of Biblical Imagery*, 365-67.
97 Stein, *Mark*, 409; Hurtado, *Mark*, 142; Garland, *A Theology of Mark's Gospel*, 257-58; France, *Mark*, 342-43과는 반대된다.

36).⁹⁸ 안심시키는 말은 이런 식으로 나온다. 즉 지금 예수의 고난에 참여하는 사람들은 마지막 날에 그의 영광스러운 임재에 참여할 것이라고 말이다. 예수의 관계적 임재에 충성하는 것은 하나님 나라의 제자도에서 가장 우선순위에 있다.

다른 모든 것 중에서도 예수의 변용은 그분의 부활에 대한, 궁극적으로는 그의 영광스러운 재림에 대한 예시다. (시내산에서 모세에게 나타나신 하나님의 현현을 상기시키는) 높은 산 위라는 배경, 성서 전체에서 하나님의 영광스러운 임재를 상징하는 구름, 변용 그 자체, 그리고 "그(즉 하나님의 임재의 성육신이신 예수)의 말을 들으라"는 성부 하나님의 명령 등 이 모든 것이 예수의 임재를 강조한다. 제자들 앞에서 예수의 몸은 "변형되었고"(μετεμορφώθη, 메테모르포테, 9:2), 신적인 영광의 옷을 입었으며(9:3; 참조. 옛적부터 계신 이를 언급하는 단 7:9), 그분의 미래의 종말론적 영광을 극적으로 미리 보여주었다.⁹⁹ 9:7의 셰키나 구름과 음성은 둘 다 하나님의 영광스러운 임재를 나타낸다(참조. 출 16:10; 19:9; 24:16; 33:1). 신현은 제자들에게 영광에 이르는 예수의 구원의 여정이 그를 이끌어 십자가의 골짜기를 통과하게 할 것이라고 확신시켜준다. 그렇지만 고난은 최종적 결정이 아닐 것이다. 왜냐하면 변용에서 하나님의 임재가 나타난 것은 예수의 부활에서, 최종적으로는 그분의 재림에서 드러날 하나님의 강력한 임재를 예시하기 때문이다.

마가는 13장에서 기원후 70년 로마인들에 의한 예루살렘과 그 성전의 파괴를 세상 끝에 있을 인자의 재림과 짜맞춘다.¹⁰⁰ 성전에 대한 하나님의

---

98 베드로는 벧후 1:16에서 이 변용을 "우리 주 예수 그리스도의 능력과 강림"(τὴν τοῦ κυρίου ἡμῶν Ἰησοῦ Χριστοῦ δύναμιν καὶ παρουσίαν, 텐 투 퀴리우 헤몬 이에수 크리스투 뒤나민 카이 파루시안)으로 언급한다.
99 Lane, *Mark*, 318; Stein, *Mark*, 417.
100 Stein, *Jesus, the Temple, and the Coming of the Son of Man*(『예수, 성전, 인자의 재림』, 새물결

심판이라는 가까운 미래의 사건은 세상 끝에 완전히 실현될 그분의 종말론적 심판의 일부를 이룬다.[101] 마가복음 13:24-27은 확실히 재림 및 이 최후의 심판과 관계가 있다. "새로운 중심을 구성하여 하나님이 거하실 새롭게 회복된 성전-백성"을 준비하는,[102] 24-25절에 묘사된 우주의 흔들림은 (참조. 사 13:10; 34:4) 26-27절에서 예수가 자신의 재림을 말씀하시는 배경이 된다. "구름을 타신" 예수는 다니엘 7:13에 대한 암시이며, 그를 하나님 자신의 임재 및 영광과 연결한다.[103] 예수는 재림하실 때 "그의 택한 자들을 모으실" 것이다. 믿는 자들에게 그들이 그분의 구원의 임재를 경험할 것이라고 확신을 주시면서 말이다. 하나님의 흩어진 백성들은 예수가 다시 오실 때 모으시고 위로하시는 하나님의 임재를 마침내 알게 될 것이다. 구약성서에서 하나님은 자기 백성을 모으시는 분이다. 그리고 재림 때 예수가 이 과제를 행하실 것이다. 이것은 예수가 마지막 날에 하나님의 영광스러운 임재를 친히 나타내실 것임을 상징한다.[104]

8:38 및 13:26-27과 함께 마가는 14:62에서 예수가 산헤드린 앞에 섰

플러스 역간)을 보라
101 Witherington, *Mark*, 342.
102 Watts, "Mark," 227.
103 Adams는 구약성서에서 얼마나 일반적으로 "하나님이 구름을 타고 여행하시는지"에 주목한다(예. 출 19:9; 34:5; 민 11:25; 12:5; 삼하 22:12; 시 18:11-12; 97:2; 사 19:1; 나 1:3) (Adams, "The Coming of the Son of Man," 60). 좀 더 일반적으로 말하면, 구약성서에서 "구름"은 종종 하나님의 임재와 영광을 상징한다(예. 출 14:20; 16:10; 24:15-16; 33:9; 레 16:2; 민 10:34; 시 104:3).
104 Bock는 "모으는 것이 종말론적 구원을 가리키는 일반적인 이미지였다"고 말한다(사 11:12; 27:12-13; 43:5; 49:5; 56:8; 60:1-9; 슥 2:6; *1 Enoch* 62:13-14; *Psalms of Solomon* 8:28; 11:2-5; 17:26; *4 Ezra*[= *2 Esdras*] 13:39-40)"(Bock, *Jesus according to Scripture*[『복음서를 통해 본 예수』, 솔로몬 역간], 346). Lane은 구약성서에서 모으는 것이 신 30:3-4; 시 50:3-5; 사 43:6; 66:8; 렘 32:37; 겔 34:13; 36:24; 슥 2:6, 10과 같은 본문에서 얼마나 하나님이 하시는 일로 표현되는지에 주목한다(Lane, *Mark*, 476).

을 때 미래에 인자가 오신다는 것을 분명하게 언급한다. 예수는 그가 "축복받은 이의 아들 메시아"인지를 묻는 대제사장의 질문에 "내가 그니라"라고 대답하시고, "인자가 권능자의 우편에 앉은 것과 하늘 구름을 타고 오는 것을 너희가 보리라"고 말씀하신다(막 14:62; 참조. 시 110:1; 단 7:13). 예수는 여기서 자신을 인자로 밝히실 뿐만 아니라 자신이 보좌에 앉으실 것과 다시 오실 것을 선포하신다. 그날에 역할은 역전될 것이며, 예수는 그를 고소하는 자들의 종말론적 심판자로서 오실 것이다.

마태 역시 예수의 종말론적 임재를 강조한다. 마크 앨런 포웰(Mark Allan Powell)이 말하듯이, "마태복음에서 예수의 사명은 근본적으로 종말론적이다."[105] 하나님 나라의 "아직 아님"을 개시하는 사건인 예수의 부활에 근거하여, 마태는 예수가 약속하신 재림을 강조하고, 심판을 하나님의 임재로부터의 분리로서 이해하며, 영원한 상급을 그 동일한 임재의 영원한 경험으로서 단언한다. 우리는 다음 단락에서 심판과 상급을 다룰 것이다.

예수는 마태복음에서 다양한 방식으로 자신이 미래에 올 것을 약속하신다. 예수는 동사 ἔρχομαι(에르코마이, 오다)를 사용하여 그의 제자들에게 자신의 재림을 확신시키신다(마 10:23; 16:27-28[이 말씀 다음에 그의 재림과 어쩌면 그의 부활까지도 미리 보여주는 변용이 이어진다]; 24:30, 42, 44, 46; 25:10[신랑의 도착]; 25:27[주인의 도착]; 25:31). 예수는 예루살렘을 향해 애통해할 때도 같은 동사를 사용하여 이렇게 약속하신다. "이제부터 너희는 '찬송하리로다 주의 이름으로 오시는 이여' 할 때까지 나를 보지 못하리라"(23:39; 참조. 시 118:26). 이것은 그의 재림에 대한 언급일 가능성이 크다. 심판받는 장면에서 예수는 그가 "하나님의 아들 메시아"인지를 묻는 대제사장의 질문에

---

105 Powell, *God with Us*, 8. Hagner, "Matthew's Eschatology"도 보라.

(26:63) 대답하면서, "권능의 우편에 앉아 있는" 그의 높아짐(26:64; 참조. 시 110:1)과 "하늘 구름을 타고 오는"[ἔρχομαι] 그의 미래의 재림을 언급함으로써(26:64; 참조. 단 7:13) 임재의 중요성을 강조하신다. 마태는 친숙한 용어인 παρουσία(파루시아, 도래/옴)를 사용하여 미래에 있을 예수의 종말론적 임재의 현실을 강화하는데, 이는 그의 재림에 대한 제자들의 질문(24:3)과 예수의 긴 대답(24:27, 37, 39)에서 나타난다.[106] 앞에서 논의했듯이, 장차 있을 메시아 잔치에서 제자들과 다시 하나가 될 것이라는 마태복음 26:29의 예수의 발언 역시 그의 종말론적 임재, 즉 심판과 상급을 모두 뜻하는 임재를 강조한다.

장차 임할 심판과 상급

마태복음 전체에서 하나님의 심판은 주로 하나님의 임재의 부재로서 이해된다(예. 마 5:29-30; 7:23; 8:12; 10:28, 33; 13:41-42; 25:30, 41, 46).[107] 역설적이게도 심판이 임재를 파기하는 측면은 버림받음에 대한 예수의 부르짖음이 있었던 십자가 위에서 절정에 이른다. "나의 하나님, 나의 하나님, 어찌하여 나를 버리셨나이까?"(27:46) 예수는 이미 그의 제자들에게(26:56), 백성의 지도자들과 일부 백성들에게(26:57-68; 27:39-43), 그를 십자가에 매단 사람들에게(27:27-31), 그리고 함께 십자가에 못 박힌 사람들에게(27:44) 버림받으셨다. 이제 예수는 하나님에게 버림받은 느낌을 고백하신다(참조. 시

---

106 예수의 감람산 강화에 관한 완전한 탐구는 이 연구의 범위를 넘어서지만, 여기서 지적하는 주요 요지를 확실하게 강화해줄 것이다.

107 P. Schreiner는 마태복음에서 "지옥"(γέεννα, 게엔나)을 "하나님 나라의 반의어"라고 말하며, 이 둘을 서로 배타적인 장소로서 이해한다(P. Schreiner, *The Body of Jesus*, 33-34). 이 대조의 중심에는 하나님의 관계적 임재의 상급 대 상실이 있다. 심판에 대한 마가의 내용은 앞에서 갈등을 논의하는 중에 요약했다.

22:1). 물론 예수가 성부 하나님으로부터 잠시 분리된 것은 이야기의 끝이 아니지만, 그 분리는 우리가 하나님의 관계적 임재를 경험하는 것을 죄가 얼마나 방해하는지에 대한 최고의 신학적 모델이다.

아주 놀라운 대조로서 의인들에게 주는 상급은 하나님의 임재에 초점을 맞춘다. 임재의 상급이라는 생각은 마태복음 5장의 팔복에서 표면으로 떠오르기 시작한다. 5:3, 10의 틀을 이루는 복("천국이 그들의 것임이니라", εἰμί의 현재형)은 별도로 하더라도, 팔복의 나머지 부분은 주로 종말론적인 복을 묘사하는 것으로 보인다("그들이 ~하게 될 것임이니라", 미래형). 미래를 나타내는 (신적) 수동태(5:4, 6, 7, 9)가 우세한 것은 하나님이 친히 이 복들을 제공하실 것임을 나타낸다(즉 그들은 하나님께 위로를 받으며, 하나님으로 말미암아 배부르게 될 것이다 등등). 하지만 마태복음에서 하늘/하나님 나라는 예수의 인격 안에서 도래했다. 그래서 제자들이 받는 복은 그들의 현재 경험으로 들어왔다. 크레이그 키너는 이 복을 "**영적** 보증금"에, 도널드 해그너(Donald Hagner)는 "실현된 종말론의 나타남"에 비유한다.[108] 이 복은 모두 새 창조에서 하나님의 제한받지 않는 임재를 경험하는 것과 관련이 있다. 위로받고, 배부르게 되며, 하나님의 긍휼을 받고, 시민권을 기업으로 받으며, 아이가 부모의 얼굴을 보는 것처럼 하나님의 얼굴을 직접 보는 특권 등이 그것이다. 만일 하나님의 관계적 임재가 이런 복에서 제거된다면, 이 복은 의미 없고 상투적인 말로 증발하고 말 것이다. 하나님의 가장 큰 복은 하나님 자신이며, 이것이 바로 예수가 풍부한 관계적 용어를 사용하여 약속하시는 것이다.

상급의 실현은 "상급"을 가리키는 용어들이 등장하는 마태복음 6장에

---

108 Keener, *Matthew*, 167; Hagner, *Matthew 1-13*, 96.

서 분명히 볼 수 있다. 예를 들어 명사 μισθός(미스토스)는 6:1, 2, 5, 16에, 동사 ἀποδίδωμι(아포디도미)는 6:4, 6, 18에 등장한다. 이 개념이 성부 하나님으로부터 자신의 상을 이미 받은 사람들이나 상을 받지 못할 사람들을 묘사하기 위해 때때로 부정적으로 사용되기도 하지만(6:1, 2, 5, 16), 예수는 이것을 6:4(구제)과 6:6(기도), 그리고 6:18(금식)에서 긍정적으로 사용하신다. 그때마다 예수는 자신을 따르는 사람들에게 "너희 천부께서…너희에게 상을 주실 것이다"라고 확신시키신다. 현재 실현되든지 아니면 미래에 하나님 나라에서 받게 되든지 간에, 상급은 하나님의 임재와 불가분하게 연결되어 있다. 이와 같은 상을 완전히 누리기 위해서는 예수의 재림 때까지 기다려야 한다(16:27).

마태복음 19:16-24에서 부자 청년과 대화를 나누고 19:25-30에서 제자들에게 자신을 따르는 것에 대해 가르치는 상황에서 예수는 상급을 다음과 같이 종말론적 용어로 설명하신다. 즉 예수의 미래의 통치(참조. 마 25:23; 계 2:26-27; 3:21; 20:6)와 영생(참조. 마 25:46)에 참여하는 것이라고 말이다. 특히 영생은 하나님의 임재 안에서 누리는 생명을 의미하는 것이 확실하다.[109] 이런 방식으로 예수는 19:16에서 영생을 얻기 위해 무엇을 해야 하는지를 질문한 그 사람의 처음 질문에 대답하신다. 예수의 대답은 결국 "와서 나를 따르라"(마 19:21)는 말로 요약된다. 이는 예수와 함께 영원을 보내기 위해 그를 따르는 것이다.

마태복음 24:30에서 우리는 "인자가 하늘 구름을 타고 오실 것"이라는 내용을 접한다. 이 구름은 종종 하나님의 영광스러운 임재를 가리키는 성서적 상징이다(예. 출 13:21-22; 40:34-38; 시 68:4; 렘 4:13; 단 7:13; 계 1:7). 인

109　마 19:28의 공간적인 중요성에 대해서는 P. Schreiner, *The Body of Jesus*, 139-44을 보라.

자는 땅끝에서 "그의 택한 자들을 모으실" 것이며, 이것이 바로 상급의 시작이다. 즉 주님의 임재 안에서 영생을 얻기 위해 그분께로 모이는 것이다. 그다음에 예수는 그의 청중에게 징조가 되는 사건들에 유의하라고 경고하신다. 왜냐하면 그들은 그때라야 "그것(it)이 가까이 곧 문 앞에 이른 줄" 알 것이기 때문이다(마 24:33). 이것은 "그(he)가 가까이"라고 번역하는 것이 더 낫다(NRSV, CSB, NET, ESV; 개역개정에서는 "인자가 가까이"라고 번역됨).

마태복음 25장은 열 명의 신부 들러리(25:1-13), 달란트(25:14-30), 양과 염소(25:31-46), 즉 종말론적인 쟁점들을 다루는 상대적으로 긴 세 개의 비유로 구성된다. 각각의 비유에서 종말론적인 상급의 본질은 하나님의 관계적 임재를 경험하는 것에 초점을 맞춘다. 첫 번째 이야기에서 신랑이 도착하고, 신랑이 오기를 준비하고 있던 신부 들러리들이 "그를" 데리고 "혼인 잔치까지" 함께 온다(25:10). 준비하지 못한 신부 들러리들은 외면당하고, "내가 너희를 알지 못한다"는 신랑의 말을 듣는다(25:12).

두 번째 이야기에서, 주인이 그의 종들과 결산하기 위해 돌아왔을 때, 지혜롭게 투자한 사람들은 "잘하였도다. 착하고 충성된 종아! 네가 적은 일에 충성하였으매 내가 많은 것을 네게 맡기리니 네 주인의 즐거움에 참여할지어다"라는 말을 듣는다(마 25:21, 23). 이것은 메시아 잔치와 풍성함, 기쁨, 그리고 무엇보다도 그 잔치가 가져올 친밀한 교제에 대한 암시다(참조. 마 8:11; 22:2; 25:10; 26:29; 계 21:7). 이와 대조되는 악하고 게으른 종에 대한 징벌은 주인(예수)의 기쁜 임재로부터의 분리다("바깥 어두운 데 내쫓으라"[25:30]).

마태복음 25장의 결론적인 이야기에서 인자가 그의 천사들과 함께 영광 중에 오실 때, 모든 민족은 심판받기 위해 모이고, 양(의로운 자)과 염소(불의한 자)라는 대조되는 두 집단으로 분리된다. 의로운 자들에게 왕은 이렇게 말한다. "내 아버지께 복 받을 자들이여, 나아와 창세로부터 너희를 위하여 예비된 나라를 상속받으라"(34절). 이 "영생"(46절)은 하나님의 임재에 대한 친밀한 경험과 관련된다. 공동체와 더불어 그리스도와 먹을 것과 마실 것, 쉴 것과 입을 것, 치료와 구속의 임재를 이미 나눈 사람들은 새 창조에서 그리스도의 임재를 상으로 받을 것이다. 이는 그들이 이 세상에서 빼앗겼던 것들이 풍성한 임재다. 그리스도는 "내 형제 중에 지극히 작은 자"(마 25:40)를 무시함으로써 그를 대접하지 않은 사람들에게 "나를 떠나 영원한 형벌에" 들어가라고 말씀하신다(41, 46절).

지속적인 임재

공관복음서 중에서 마태복음은 현재 자기 백성 가운데 거하시는 예수의 지속적인 임재를 특히 강조한다.[110] 마태는 두 가지 중요한 방법으로 이것을 강조한다. 이는 마태복음 1-2장과 27-28장에 나오는 임재의 수미상관과 그들의 공동 사명, 즉 부활하신 예수의 성령과 그의 백성의 공동 노력에 함께하겠다는 예수의 임재에 대한 약속이다(마 28:20).

마태복음에서 임재의 수미상관

마태복음의 내러티브 구조는 하나님의 임재라는 주제를 지지한다. 울리히 루츠(Ulrich Luz)는 통찰력 있게 다음과 같이 말한다. "임마누엘 모티프는

---

110 마태복음의 독특한 공헌에 대한 통찰로는 P. Schreiner, *The Body of Jesus*의 중요한 연구를 보라. 우리는 Schreiner의 결론에 대부분 동의하지만, 그의 책은 마태복음에 제한된다. 이는 Schreiner가 다른 신약성서, 특히 요한복음과 누가-사도행전의 탄탄한 성령론을 다루지 않았다는 의미다(예. 행 16:7, 롬 8:9, 빌 1:19, 벧전 1:11 의 "예수/그리스도의 성령").

마태의 기독론이 특성상 내러티브라는 점을 보여준다. 하나님의 임재는 단지 관련되고 입증될 수 있을 뿐, 개념으로 포착될 수 없다. 마태복음에서 칭호와 관련된 기독론적 범주들은 내러티브 범주들에 종속된다."[111] 따라서 데이비드 쿱이 관찰한 마태복음 1-2장과 27:51-28:20의 거대한 수미상관은 마태의 내러티브 구조에서 임재 주제의 중요성을 보여준다.[112]

ἰδού(이두, 보다)(1:20, 23; 2:1, 9, 13, 19)	ἰδού(27:51; 28:2, 7[2x], 9, 11, 20)
주의 천사(1:20-2:20)	주의 천사(28:2-7)
크게 기뻐함(탄생)(2:10)	크게 기뻐함(부활)(28:8)
여자들의 특별한 역할(1:5-20)	여자들의 특별한 역할(27:55-28:10)
예루살렘의 거절(2:3-23)	예루살렘의 거절(27:61-66; 28:11-15)
갈릴리로 가심(2:22)	갈릴리로 가심(27:55, 28:7, 10, 16)
ὁράω + προσκυνέω(호라오, 보다 + 프로스퀴네오, 예배하다)(2:2, 8, 11)	ὁράω + προσκυνέω(28:17)
네 여자와 동방박사(1:1-2)	모든 족속(28:19-20)
주, 성령, 아들(1:18-25)	성부, 성자, 성령(27:54; 28:19)
하나님이 명령하심, 지시하심(1:18-2:23)	예수가 지시하심, 명령하심(28:16-20)
μεθ' ἡμῶν ὁ θεός(메스 헤몬 호 테오스, 우리와 함께 계시는 하나님)(1:23)	ἐγὼ μεθ' ὑμῶν εἰμι(에고 메스 휘몬 에이미, "내가 너희와 함께 있으리라")(28:20)

이런 식으로 마태의 이야기는 예수의 신적 지위와, 백성 가운데 거하시는 하나님의 임재로서 백성 가운데 거하는 예수의 임재를 강조한다. 마태복음의 북엔드는 1:23과 28:20이다. 이 두 본문에서 우리는 "우리와 함께 계시는 하나님"이라는 임마누엘의 임재가 이제 분명하게 확증되는 것을 본다.

---

111 Luz, *The Theology of the Gospel of Matthew*, 32.
112 Kupp, *Matthew's Emmanuel*, 101. 일부 수정함.

이는 예수가 자기 백성과 함께 거하게 하려고 성령을 보내실 때 부활하신 예수의 임재가 우리와 함께함으로써 성취된다(참조. 요 14:16-17, 25-26; 16:7; 행 16:7; 빌 1:19). 이것은 마태복음 28:16-20에서 하나님의 임재에 대한 절정의 표현을 좀 더 세심하게 살펴볼 것을 요구한다.

교회의 사명에서 예수의 임재에 대한 약속

부활 후 예수는 신실한 여성 예배자들에게 열한 제자를 갈릴리로 소집하라고 말씀하신다. "가서 내 형제들에게 갈릴리로 가라 하라. 거기서 나를 보리라"(마 28:10). 열한 제자는 거기서 예수를 만난다. 흥미로운 것은 그들이 "산에서" 예수를 만났다는 사실이다.[113] 제자들의 첫 번째 반응은 예수께 경배하는(προσκυνέω, 프로스퀴네오; 참조. 14:31, 33) 것을 주저(또는 혼란스러워)했다는 점이다. 어쩌면 그들은 나사렛 예수를 임마누엘로서 경배하라는 이 새로운 초대에 어리둥절했는지도 모른다.[114] 그리고 나서 예수가 "그들에게 오셨다." 마태의 전체적인 주제에 비춰볼 때, 이것은 확실히 덧붙여진 신학적 의미를 지니는 공간적 정렬이다. 예수는 다음과 같은 말씀으로 시작하신다. "하늘과 땅의 모든 권세를 내게 주셨으니"(마 28:18). 이것은 인자가 하늘 구름을 타고 오시며 옛적부터 계신 이로부터 권세와 영광과 주권과 능력을 받고 모든 나라와 백성에게 경배받으신다는 다니엘 7:13-14의

---

113 마태복음에서 산(또는 "그 산")의 중요성을 주목하라. 마 4:8; 5:1, 14; 8:1; 14:23; 15:29; 17:1, 9, 20; 21:1, 21; 24:3; 26:30; 28:16.
114 마태복음에서 προσκυνέω의 사용에 대해서는 Kupp, *Matthew's Emmanuel*, 225-28을 보라. 만일 예수의 신적 임재에 대한 Kupp의 **부드러운** 의미를 Gathercole(*The Preexistent Son*, 75-76)이 제안한 신성의 **강한** 의미로 이해한다면, Kupp의 주장은 훨씬 더 강해질 것이다. 이상하게도, Kupp의 책 전체는 예수의 완전한 신성에 대한 논리적 결론을 지적하는 것으로 보인다.

반향이다. 예수는 그의 제자들에게 신적인 권세를 부여하지 않으시지만, 곧 "자신이 그들 가운데서 하나님의 권세를 구현하겠다고" 약속하실 것이다. 그 결과 교회의 사명은 계속해서 "그분의 지속적인 임재"에 의존할 것이다.[115]

사명 자체는 마태복음 28:19-20a에 등장한다. 이것은 하나님의 임재가 언제나 핵심적인 역할을 수행하는 구약성서의 사명 부여 장면과 비슷하다. 하나님은 종종 자신의 무능한 백성에게 그분의 지속적인 임재가 힘을 주어 할당된 임무를 완수하게 할 것이라고 안심시키신다(예. 창 28:15; 출 3:12; 4:12; 수 1:5, 9; 삿 6:16; 사 41:10; 렘 1:5).[116] 이제 지속적인 힘을 부여하는 임재를 약속하는 분은 자신을 성부 및 성령과 동일시하는 부활하신 예수다. 종속절을 이루는 세 개의 그리스어 분사들("가다", "세례를 주다", "가르치다")은 예수를 따르는 사람들에게 그의 재림 때까지 그들의 중요한 사명, 즉 예수에 대한 제자도를 제시하는 중심적인 명령형 동사("제자를 삼으라")를 뒷받침한다.

마태는 임마누엘이신 예수가 자기를 따르는 사람들과 함께하는 지속적인 임재를 약속하는 것으로 "우리와 함께 계시는 하나님"에 대한 그의 복음서를 마무리한다. "볼지어다. 내가 세상 끝날까지 너희와 항상 함께 있으리라"(마 28:20b). 루츠에 의하면, 마태의 기독론에 가장 근본적인 범주는 자기 백성과 함께하시는 하나님에 관한 이야기다.[117] 쿱은 예수의 선언이

---

115 Kupp, *Matthew's Emmanuel*, 105.
116 France, *Matthew*, 1119; Hagner, *Matthew 14-28*, 888을 보라.
117 Luz, *The Theology of the Gospel of Matthew*, 31. Luz는 다음과 같이 쓴다. "지상에 계신 분과 높임을 받으신 분이 한 분이라면, 하나님이 **예수**의 모습으로 그분의 공동체 안에 임재하신다면, 그 공동체가 선포하는 복음이 **예수**의 복음이라면, 지상에서의 예수 이야기는 이미 자신의 공동체 안에 계신 하나님의 **지속적인** 임재의 근본적인 표현이다"(33).

"야웨의 임마누엘의 1인칭 음성"으로 되었다는 점에 주목한다.[118] 예수의 임재는 자기 백성 가운데 거하시는 하나님의 임재다. 이것은 우리와 함께 계시는 하나님이라는 임마누엘의 가장 참되고 가장 완전한 의미다(1:23). 제자들은 부활하신 예수의 성령과 그의 백성이 함께하는 노력인 공동 사명으로서 이것을 경험할 때만 그들에게 부여된 사명을 감히 수행할 수 있다. "우리와 함께 계시는 하나님"/"내가 너희와 함께 있으리라"(1:23; 28:20)의 현실은 하나님의 관계적 임재가 마태복음 메시지의 심장과 영혼을 구성할 때 이 복음서 전체를 단결시킨다. "세상 끝날까지"라는 마지막 어구는 우리에게 마태복음 26:29에서 절정에 이른 하나님 나라의 메시아 잔치에 대해 예수가 말한 맹세/약속을 다시 상기시킨다. "내가 포도나무에서 난 것을 이제부터 내 아버지의 나라에서 새것으로 **너희와 함께** 마시는 날까지 마시지 아니하리라." 그때까지 예수는 친히 이 땅에 거하는 그의 백성과 함께 계실 것이다. 이것이 오순절에 "예수의 영"의 오심을 통해 일차적으로 성취된 약속이라는 점은 의심의 여지가 없다(행 2:1-4; 참조. 요 14:16-17, 25-26; 16:7; 행 16:7; 빌. 1:19).[119]

---

118 Kupp, *Matthew's Emmanuel*, 105, 236.
119 P. Schreiner는 마태복음에 예수의 승천이나 성령의 약속에 대한 어떤 언급도 없다는 점을 바르게 주목하고, 따라서 마태복음은 자기 백성 가운데 거하시는 "**부활하신 예수의 임재를 보여준다**"고 말한다(P. Schreiner, *The Body of Jesus*, 27 [26-28, 147-50을 보라]). Schreiner는 성령을 통한 예수의 임재의 신학적 중요성을 주장하지만, 예수와 그의 백성의 동일시를 강조한다. 그럼에도 불구하고 성서 전체의 성서신학은 예수와 그의 몸인 그의 백성의 하나 됨과 그의 성령을 통해 그들 가운데 거하는 그의 지속적인 임재를 찾는다.

누가-사도행전

마가복음과 마태복음의 여러 본문에 풍성하게 제시된 하나님의 관계적 임재라는 주제는 누가-사도행전에서도 계속된다. 누가가 그의 복음서와 사도행전에서 예수와 초기 교회를 둘 다 포함하는 하나의 신학적인 이야기를 추구하기 때문에, 우리는 누가복음과 사도행전을 함께 다루기로 선택했다. 하나님의 관계적 임재라는 주제에 누가의 두 책이 이바지한 내용을 알아보기 위해 누가복음과 사도행전을 개관하면, 다음과 같은 다섯 가지 핵심적인 강조점이 제일 먼저 눈에 들어온다. (1) 하나님의 목적과 계획, (2) 예수: 구주, 주, 메시아, (3) 성령, (4) 하나님의 백성, (5) 그리스도의 재림이다.

백성을 구속하기 위한 하나님의 목적과 계획

대럴 보크(Darrell Bock)는 "하나님이 누가-사도행전의 주인공이시다"라고 선언하는데, 이는 백번 옳다.[120] 하나님은 자신의 약속을 성취하시고 자신을 위해 백성을 구속하려는 계획을 수행하고 계신다. 존 스콰이어스(John Squires)는 하나님의 계획이 누가-사도행전의 "근본적인 신학적 모티프로 기능한다"고 결론을 내린다.[121] 누가는 구체적이고도 포괄적인 방식으로 하나님의 계획을 언급한다. 그는 그 계획을 수행하시는 하나님의 사역을 밝히기 위해 "계획", "미리 아신", "미리 말한", "택하신", "약속하신", "~해

---

120 Bock, *A Theology of Luke and Acts*(『누가신학』, 부흥과개혁사 역간), 99.
121 Squires, "The Plan of God in the Acts of the Apostles," 23. 자세한 논의는 다음을 보라. Squires, *The Plan of God in Luke-Acts*.

야", 그리고 "이루신"과 같은 특정한 표현을 사용한다.[122] 하지만 하나님의 계획은 개별적인 용어들을 넘어 더 광범위한 내러티브의 움직임과 주제들을 망라한다.[123] 결국 누가는 하나님이 그의 구원받은 백성과의 영원하고 제한받지 않는 관계를 바라시며 그들이 그분의 관계적 임재를 영원히 경험하도록 하신다는 점을 분명히 한다.

먼저, 하나님의 계획은 하나님 나라를 그분의 자녀들에게 주시는(눅 12:22-34) 돌보시고 사랑하시는 아버지이신 하나님의 품성에 근거한다(12:6-7). 누가복음 12:33에서 하나님의 계획은 그분의 너그러운 임재 안에 있는 생명을 의미하는 "하늘의 보화"로 설명된다. 그분은 철저히 선교의 하나님이시다. 하나님의 마음은 잃어버린 자를 찾아 구원하는 일에 단단히 고정되어 있다(눅 15장).[124] 그분의 성품은 화해의 "함께함"을 가능하게 하는 것이다(예. 눅 15장에서 아버지는 둘째 아들을 만나기 위해 달릴 뿐만 아니라 "밖에 나가" 맏아들에게 "간청하기도" 한다). 예수가 삭개오에게 "오늘 구원이 이 집에 이르렀으니, 이 사람도 아브라함의 자손임이로다. 인자가 온 것은 잃어버린 자를 찾아 구원하려 함이니라"(눅 19:9-10)고 말씀하실 때 분명히 밝히셨듯이, 성자 예수는 성부 하나님의 목적을 확장한다.

누가는 하나님의 계획이 어떻게 성서에 계시된 하나님의 언약적 약속의 성취를 의미하는지를 강조한다.[125] 메시아이자 주님이신 예수의 오심

---

122 Bock, *A Theology of Luke and Acts*, 125, 140-41.
123 다음에 이어지는 내용은 Bock, *A Theology of Luke and Acts*, 134-48과 Squires, "The Plan of God in the Acts of the Apostles," 23-36에 제시된 목록을 고려한 것이다.
124 J. Green, " 'Salvation to the End of the Earth'"를 보라. Green은 구원이 누가-사도행전의 지배적인 주제라고 주장하면서 다음과 같이 쓴다. "구원은 다른 나라들을 대체하기 위한 하나님 나라의 도래이며, 하나님께서 예수 주변으로 모으시는 새로운 공동체의 구성원들을 망라한다"(89).
125 하나님의 계획의 이런 측면에 대한 더 자세한 내용은 Bock, "Scripture and the Realisation of

과 마지막 날에 성령을 부어주심을 통해 하나님은 아브라함(눅 1:54-55; 행 3:24-25), 모세(행 3:22; 참조. 눅 9:30, 33), 다윗(눅 1:68-70; 행 2:29-30), 그리고 예언자들(행 3:21)에게 하신 언약적 약속을 지키셨다. 하나님의 백성은 약속대로 이제 하나님의 영의 거주하시는 임재와 지속적인 소망을 경험할 것이다(행 26:6-7).

하나님의 계획은 주님이자 메시아이신 예수에게 집중된다. 누가는 그의 복음서에서 다른 공관복음서 저자들처럼 이것을 강조하지만(예. 눅 4:16-21), 사도행전에서는 이 점을 특별히 강조한다. 예수에게 일어난 일은 하나님의 계획이었다. 즉 예수는 기름 부음을 받았고, 성령의 능력으로 사역했으며, 고난 받고 죽은 자 가운데서 부활하여 높임을 받으셨다(예. 행 2:22-36; 3:14-15; 4:10-11; 5:30-32; 7:55-56; 10:40-43; 13:30-37). 예수가 주님이자 메시아이시므로, 하나님 나라에 대한 복음이 이제 전파될 것이고, (이방인들을 비롯한) 사람들은 하나님의 구원, 즉 치료하고 구원하는 하나님의 임재를 통해 그들을 연합시키는 구원을 경험하라고 초대받을 것이다.

하나님의 백성을 인도하고, 지지하며, 그들에게 능력을 주시는 성령의 오심 역시 그들을 이스라엘과 열방에 대한 분명한 사명을 가진 한 백성으로 결속시킨다(행 1:8). 누가복음 24:49에서 예수가 약속하신 성령은 사도행전 2, 8, 10장에서 권능으로 오시고, 하나님의 백성이 모든 민족에게 복음의 메시지를 말하도록 그들을 준비시키신다. 그 메시지는 종종 기적을 동반한다. 보크는 이 모든 것이 누가가 선호하는 것임을 올바르게 관찰한다. "누가의 신학은 돌보시고 은혜로우신 하나님의 구원에 초점을 맞추는 그림을 그리는데, 하나님은 성령 안에서 구원의 은사를 통하여 사람들

God's Promises"를 보라.

의 삶을 변화시키기 위해 예수를 보내셨다. 하나님께서 궁극적으로 바라시는 것은 사람들을 하나님과의 건강한 관계로 영원히 돌아오게 하는 것, 잃은 자를 찾아 구원하는 것(눅 19:10), 그리고 그들을 불러 약속에 나타난 하나님의 선하심을 증언하게 하는 것이다(눅 24:44-49)."[126]

자기 백성이 하나님의 임재를 경험할 수 있게 하시려고 그들과의 관계를 추구하시는 하나님의 목적은 다양한 측면에서 그분의 계획을 주도한다(예. 약속의 성취, 기독론, 하나님 나라에 관한 복음, 성령의 강림, 하나님의 한 백성, 이스라엘과 모든 민족을 향한 선교). 자기 백성 가운데 거하시는 하나님의 관계적 임재는 마지막 단계, 즉 다양한 측면을 가진 하나님의 계획의 목표다. 이런 이유로 하나님은 누가-사도행전에서 종종 찬양을 받으신다. 사가랴가 하나님을 찬양하는 이유는 하나님이 "그 백성을 돌보사 속량하기 위해 오셨고", "돋는 해가 위로부터 우리에게 임하게" 하셨기 때문이다(눅 1:68, 78; 참조. 말 4:2) 시므온은 아이 예수를 안고, "내 눈이 주의 구원을 보았사오니"라고 하나님을 찬양한다(눅 2:30). 누가복음 7:11-17에서 예수가 과부의 아들을 죽음에서 살리신 후, 사람들은 두려움에 가득 차서 예수를 언급하며 "하나님께서 자기 백성을 돌보셨다"고 하나님을 찬양한다(눅 7:16). 하나님은 성자의 오심과 성령을 주심을 통해 그분의 관계적 임재를 경험하는 데 필요한 일을 행하셨다.

---

126 Bock, *A Theology of Luke and Acts*, 148.

예수: 구주, 부활하신 주님, 메시아

하나님의 관계적 임재라는 주제는 예수에 대한 누가의 초상에도 매우 강하게 등장한다. 하워드 마셜(Howard Marshall)은 "누가가 다른 공관복음서와 동일한 기본적인 기독론을 제시한다"는 점을 바르게 관찰한다.[127] 하지만 우리는 임재라는 주제와 관련하여 몇 가지 측면을 부각시키고자 한다. 누가는 하나님의 아들이자 메시아로서 예수의 정체성을 강조한다. 예수는 하나님과 독특한 부자 관계를 맺고 계신다. 이것은 하나님(눅 1:32, 35; 3:22)과 예수(20:13)와 누가(3:38)에 의해 인정될 뿐만 아니라, 어쩌면 가장 놀랍게도 예수가 치유 및 구원 사역을 수행하실 때 귀신들에 의해서도 인정되는 독특한 관계다(4:3, 9, 34, 41; 8:28; 4:41에서는 메시아로도 인정된다). 누가가 메시아이신 예수의 정체성을 강조할 때, 이 칭호는 하나님의 구원적 임재에 대한 사상을 전달한다.[128] "주의 영광"을 동반하여 "주의 천사"가(두 어구는 모두 구약성서에서 임재의 상징이다) "너희를 위하여 구주가 나셨으니"라고 알릴 때, 이 구주는 "메시아, 주"로 밝혀진다(2:9-11). "메시아-주"라는 독특한 구성은 예수가 구약성서에서 배타적으로 하나님께만 사용되던 칭호인 "주님", 즉 메시아라는 사상을 전달한다.[129] 하나님이 그분의 백성에게 실제로 오셨다. "주의 메시아" 또는 "하나님의 메시아"라는 어구는 동일한 효과를 내면서 2:26과 9:20에서 사용된다. 즉 하나님께서 친히 구원을 자기 백성에게 가져오셨다(참조. 24:26, 46).

---

127 Marshall, *New Testament Theology*(『신약성서 신학』, CH북스 역간), 146.
128 누가-사도행전에서 메시아 개념에 관한 포괄적인 연구는 다음을 보라. Strauss, *The Davidic Messiah in Luke-Acts*.
129 Edwards, *Luke*(『누가복음』, 부흥과개혁사 역간), 76.

누가는 예수를 우리 가운데 계신 하나님의 임재로 밝히는데, 이는 특히 예수의 병 고침, 죄 사함, 바다를 잔잔케 함, 귀신을 멸함 등 그의 기적을 통해 이루어진다(예. 눅 4:33-37; 5:8-11, 17-21; 8:22-25; 18:35-43). 이 점은 누가복음 4:16-21의 나사렛 회당에서 행한 예수의 첫 설교에서 가장 분명하게 드러난다. 예수는 이사야 61장을 읽으시고는 곧바로 그것을 자신에게 적용하신다. "이 글이 오늘 너희 귀에 응하였느니라"(21절).[130] 결과적으로 예수는 주의 영을 지닌 분이시며, 가난한 자들에게 복음을, 포로 된 자들에게 자유를, 병든 자들에게 고침을, 그리고 압제당하는 사람들에게 자유를 선포하신다(4:18-19). 예언자들이 약속했던 대로, 하나님의 오심과 동반되는 모든 은혜가 이제 예수의 인격 안에서 활용 가능하게 된다. 그의 인격적 임재 안에서 구원이 모든 사람에게 제공되는 것이다. 실제로 예수는 표적을 구하는 세대에게 이렇게 말씀하신다. "솔로몬보다 더 큰 이가 여기 있으며…요나보다 더 큰 이가 여기 있느니라"(11:31-32). 말하자면, 하나님의 아들-메시아는 구원과 화해의 보다 큰 메시지를 가지고 오셨다.

자기 백성을 돌아보기 위해 예수 안에서 하나님이 오신 것은 누가복음에서 특히 가슴 아픈 주제다. 시므온은 아기 예수를 그의 팔에 안고 그를 통해 구원의 의인화, 이방을 비추는 빛이자 이스라엘의 영광을 보게 해주신 주권자 하나님을 찬양한다(2:28-32; 참조. 19:1-10의 삭개오 일화). 누가는 예수의 오심을 자기 백성을 돕기 위한 하나님의 오심으로 묘사한다(예. 1:68, 78; 7:16). 예수는 8:26-39에서 귀신 들린 사람을 고치실 때 그 사람에게 이렇

---

130 Bock가 주목했듯이, 이 약속된 복들의 현재 활용 가능성이 강조되는데, 그 이유는 "오늘"(σήμερον, 세메론)이 문장의 맨 앞에 놓여 있기 때문이다. "Σήμερον은 누가의 신학에서 핵심 용어이며, 구원의 기회가 바로 이 순간에 있음을 강조한다(Bock, *Luke*, 1:412). 다음을 보라. 눅 2:11; 5:26; 12:28; 13:32-33; 19:5, 9; 22:34, 61; 23:43.

게 말씀하신다. "집으로 돌아가 하나님이 네게 어떻게 큰일을 행하셨는지를 말하라." 그 사람은 가서 온 성내에 "예수께서 자기에게 어떻게 큰일을 행하셨는지"를 전파한다(39절). 예수는 누가복음 19장에서 예루살렘에 가까이 갔을 때 그 도시를 보고 우셨으며, 그 도시가 "하나님이 너에게 오시는(개역개정: 네가 보살핌 받는) 날을 알지 못함"으로 인해 파괴될 것을 슬퍼하셨다(44절). 캐빈 로우(Kavin Rowe)는 이렇게 결론을 내린다. "예수의 오심은 κύριος[퀴리오스, 주]로서 예루살렘에 오시는 하나님의 임재다."[131] 하나님의 임재의 도래를 놓치는 것보다 더 비극적인 일이 있을까?

누가가 하나님 나라를 예수의 임재와 분명하게 동일시하는 것은 놀랍지 않다. 누가복음 9:28-36에서 하나님의 임재의 빛, 영광스러운 광휘, 구름에 대한 변형 경험과 하늘의 음성은 모두 9:27에서 하나님 나라를 보는 경험으로서 소개된다. 예수는 병 고침과 가르침에 대한 자신의 사역을 확장하기 위해 72명을 보내실 때 "하나님의 나라가 가까이 왔다[ἤγγικεν, 엥기켄]"(눅 10:9, 11)고 거듭 그들을 확신시키시는데, 이는 예수의 임재의 구속적 영향을 가리킨다. 예수는 바리새인들에게 응답하시면서 "하나님의 나라가 너희 가운데 있다"고 선언하신다(눅 17:21). 하나님 나라가 예수의 임재 안에서 바로 그들 앞에 있다. 보크는 이 구절을 "하나님 나라에 대한 누가의 이해에서 가장 중요한 부분"으로서 묘사하며, 하나님 나라는 "예수의 인격과 그가 탄생시키고 다스리는 믿음의 공동체에서 용서와 [사도행전을 기대하는 것]에 대한 그의 제안 안에 존재한다"고 결론을 내린다.[132]

사도행전 1:1에서 누가는 "예수께서 행하시며 가르치기를 **시작하신**

---

131 Rowe, *Early Narrative Christology*, 166.
132 Bock, *Luke*(『누가복음』, 부흥과개혁사 역간) 2:1414, 1419.

모든 것에 대해 쓴" 그의 첫 번째 책을 언급한다. 이것은 누가-사도행전이 하나의 이야기임을 말해주며, 우리는 부활하고 높임을 받으신 그리스도께서 그의 백성에게 자신의 강력한 임재를 계속해서 나타내시기를 기대해야 한다.[133] 래리 허타도가 언급했듯이, 사도행전에는 "예수를 하나님과 놀라운 방식으로 연결하는 '주님'이신 예수에 대한 분명한 강조가 있다."[134] 누가가 메시아와 주님으로서 예수의 승천과 높아짐을 강조하는 것(예. 눅 22:69; 24:49-50; 행 1:2, 9-11; 2:33; 5:31; 7:55-56)은 더글라스 벅월터(Douglas Buckwalter)가 말한 것처럼, 다음과 같은 가능성을 제기한다. 즉 "누가는 사도행전에서 높임을 받으신 예수를 구약성서가 초월적인 야웨를 이스라엘과 내재적으로 관련된 것으로 묘사하는 것과 같은 방식으로 교회 안에 임재하시는 분으로서 묘사한다"는 것이다.[135] 공관복음서처럼 사도행전에서도 "모퉁잇돌"이신 예수는 새 성전의 시작이다(행 4:11).[136] 구약성서에서 야웨는 그분의 성령을 통해서뿐만 아니라 주의 천사와 하나님의 얼굴, 영광, 이름과 같은 특별한 자기 계시를 통해서도 자기 백성에게 임재하시는 분으로 묘사된다.[137]

누가는 사도행전에서 성령을 통해, 표적과 기사를 통해, 천사와 같은 메신저들과 환상 경험을 통해, 그리고 "예수의 이름"을 통해 높임을 받으

---

133 Bock는 누가복음과 사도행전을 하나의 이야기로 묶어주는 다섯 가지 요소를 밝힌다. 즉 전에 쓴 책에 대한 누가의 언급(행 1:1), 두 책에서 모두 데오빌로를 지칭하는 것(눅 1:3; 행 1:1), 행 1:4-5에서 (누가복음을 여는 이야기인) 세례 요한과의 연결, 승천 기사의 중첩, 그리고 성령을 기다리고 증언하라는 교훈과 관련하여 눅 24:47, 49과 행 1:2의 직접적인 연결이다(Bock, *Acts*[『사도행전』, 부흥과개혁사 역간], 51-52).
134 Hurtado, *Lord Jesus Christ*, 179.
135 Buckwalter, "The Divine Saviour," 113.
136 새 성전으로서의 예수에 대한 더 자세한 내용은, Beale, *The Temple and the Church's Mission*, 216에서 사도행전을 언급하는 부분을 보라.
137 Buckwalter, "The Divine Saviour," 113-14.

신 예수의 임재를 강조하고자 이런 배경에 기반을 둔다. 예수는 누가복음 24:49에서 그의 제자들에게 아버지께서 약속하신 것을 보내겠다고 약속하셨다. 그것은 사도행전 1:4-5, 8에서 분명히 밝혀지듯이, 성령을 가리키는 "위로부터의 능력"이다. 그리고 나서 예수는 그를 따르는 자들에게 성령을 부으시며(행 2:33), "예수의 영"은 그들의 선교의 방향을 정하신다(행 16:7; 참조. 갈 4:6; 빌 1:19). 우리는 다음과 같은 벅월터의 의견에 동의한다. "성령은 높임을 받으신 예수의 임재와 그의 백성들 사이에서의 지속적인 활동을, 중재하지 못하더라도, 나타낸다.[138] 부활하신 그리스도는 그 밖의 다른 방법으로도 활동하시지만, 성령을 통한 그의 사역이 그의 백성에게 그의 임재를 가장 먼저 나타내는 것으로 보인다.

부활하신 그리스도는 하나님 우편으로 높아지셨지만(행 2:33; 5:31; 7:55-56), 계속해서 그의 임재를 지상에서 알리신다. 누가는 예수를 그의 사도들을 통해 표적과 기사를 행하시는 분으로 묘사한다(4:30과 14:3에는 구체적으로 묘사되고, 2:43; 5:12; 8:13에서는 암시된다). 부활하신 예수는 기적을 행하는 것 외에도 천사 같은 메신저들을 보내시며, 보통 증인이나 선교를 지시하시는 수단으로서 개인적인 환상을 제공하신다. 오툴(R. F. O'Toole)은 "증인"에 대한 누가의 개념이 종종 부활하신 예수의 활동을 묘사하는 것이라고 올바르게 주장한다.[139] 부활하신 예수는 바울에게 여러 번 나타나셨다. 예를 들면 다메섹 도상에서(행 9:3-6, 27; 22:6-10; 26:13-18; 9:10-17에서는 아나니아에게도 나타나심), 바울에게 "내가 너와 함께 있다"고 확신을 주시는 환상에서(행 18:9-10), 바울이 예루살렘 성전에서 기도하고 있는 동안(22:18-

---

138 Buckwalter, "The Divine Saviour," 116.
139 O'Toole, "Activity of the Risen Jesus in Luke-Acts," 479-82.

21), 그리고 바울에게 그의 사명이 끝나지 않았다고 확신을 주면서 "주께서 바울 곁에 서" 계실 때(23:11)에도 나타나셨다. 예수는 베드로에게도 환상으로 나타나셨다. 예수는 이방인 선교에 대해 베드로에게 교훈하셨으며, 그를 옥에서 꺼내기 위해 자신의 구원하는 천사를 보내셨다(10:33; 11:7-9; 12:11, 17). 사도행전 11:21은 사도행전에서 부활하신 예수의 활동을 요약한다. 본문은 안디옥에 파송한 선교사들과 관련하여 이렇게 말한다. "주의 손이 그들과 함께하시매 수많은 사람들이 믿고 주께 돌아오더라."

누가-사도행전에서 부활하신 예수께서 자신의 임재를 그의 백성에게 알게 하시는 가장 강력한 방법들 가운데 하나는 그분의 이름을 통해서다. 벅월터가 말하는 것처럼, "누가가 ὄνομα[오노마, 이름]를 사용하는 것은 하늘에서 최고의 통치자이신 초월적인 주님을 내재적인 존재로 만든다."[140] 야웨의 이름이 야웨 자신을 가리키는 병행 어구와 대체어로 기능하는 구약에서와 마찬가지로, 누가-사도행전에서도 "예수의 이름은 예수의 인격, 본질, 임재, 사역, 그리고 권위와 능력을 의미한다."[141] 이와 같은 예수의 인격과 이름의 강한 상호 관련성은 사람들이 왜 주의 이름을 믿거나 부르면 구원을 받는지(행 2:21; 10:43; 22:16; 참조. 4:12), 그들이 왜 예수의 이름으로 세례를 받는지(2:38; 10:48; 19:5; 22:16), 왜 치유(3:6, 16; 4:7, 10)와 여러 종류의 기적(4:30)과 축귀(16:18; 그리고 19:13-15에서 스게와의 아들들이 모방하려 한 것) 등이 예수의 이름으로 일어나는지, 왜 복음의 능력 있는 선포가 예수의 이름과 연결되는지(8:12; 9:15, 27-28), 그리고 왜 예수의 이름으로 이 복음을 말하는 사람들이(4:17-18; 5:28, 40) 그 동일한 이름을 위해 고난받을 수 있는

---

140 Buckwalter, "The Divine Saviour," 119. Hurtado, *Lord Jesus Christ*, 197-206의 논의도 보라.
141 Kim, "How Did Luke Understand 'the Name of Jesus'?," 107.

지(5:41; 9:16; 15:26; 21:13)를 설명해준다. 사실 사도행전에서 "그의 이름을 부르는 모든 사람"은 전체 기독교 운동의 동의어다(2:21; 9:14, 21; 15:14, 17; 26:9-10). 때때로 그 이름은 분명히 예수 자신의 동의어로 기능한다(4:12; 9:16; 19:17; 26:9).

하나님의 인격적 임재로서의 성령

누가는 그의 복음서에서 하나님의 인격적 임재로서의 성령을 의미심장한 방식으로 강조하지만, 사도행전에서는 한층 더 극적으로 그렇게 한다.[142] 막스 터너(Max Turner)는 "신약성서에서 성령은 하나님의 백성들 가운데 임하고 그들과 함께하는, 첫 번째로 가장 우선되는 하나님의 능력 있는 임재 및 활동이다"라고 바르게 결론을 내린다.[143] 누가의 묘사는 누가복음 1-2장의 탄생 내러티브를 시작으로 이것을 확실히 전해준다. 누가복음 1-2장에서 성령은 하나님의 계획을 실행하려는 목적으로 세례 요한(눅 1:15), 엘리사벳(1:41), 사가랴(1:67), 시므온(2:25-27) 등 여러 사람에게 반복적으로 충만히 임한다. 물론 성령은 예수의 기적적인 잉태에 적극적으로 관여하고(1:35), 세례를 받을 때 그에게 기름을 부으시며(3:21-22; 참조. 4:18; 행 10:36-38), 그의 공적인 사역에 능력을 부으신다(4:18-19). 여기에는 예수가 "하나님의 손가락으로" 귀신을 내쫓으시는 때(11:20; 참조. "하나님의 영으로"라고 말하는 마 12:28)가 포함된다.[144]

---

142 성령은 (마가복음에서 여섯 번, 마태복음에서 열두 번 언급된 것과 비교하여) 누가복음에서 거의 스무 번, 사도행전에서도 거의 스무 번 언급된다.
143 M. Turner, "The Work of the Holy Spirit in Luke-Acts," 146.
144 이 경우에 왜 누가보다 마태가 분명하게 성령을 언급하는지에 대해서는 Bock, *Luke*, 2:1079; Marshall, *Luke*, 475-76을 보라.

우리의 목적에서 가장 중요한 것은 누가가 그의 복음서에서 오순절에 임할 성령의 강림을 기대하고 있다는 점이다(눅 3:15-16; 24:49).[145] 누가복음 3:16에서 요한은 자신은 물로 세례를 베풀지만, 더 강하고 더 합당한 분이신 예수께서는 "성령과 불로" 세례를 베푸실 것이라고 설명한다(참조. 행 1:5과 11:16, 이 본문에는 "불"이라는 언급이 생략되었는데, 아마도 심판 이미지가 듣는 신자들의 상황에 맞지 않았기 때문이었을 것이다).[146] 여기서 누가는 요엘 2:28의 약속을 성취하면서 오순절에 성령을 부어주시는 것을 고대한다. 하나님의 인격적 임재는 이제 구원 역사의 새로운 장(場)인 제자들 한 사람 한 사람 안에 거할 것이다. 누가복음 24:49에서 예수는 그를 따르는 사람들에게 "위로부터 능력으로 입혀질 때까지" 예루살렘에 머물라고 가르치신다. 성부와 성자 두 분이 모두 약속하신 성령을 받을 때까지 말이다. 그다음의 이야기는 사도행전에서 시작된다.

사도행전은 예수가 사도들에게 "성령을 통하여" 예루살렘에 머물면서(행 1:2) "내 아버지가 약속하신 선물", 즉 성령으로 장차 세례를 받게 될 것을 "기다리라"(1:4-5)고 거듭 가르치시는 내용으로 시작한다. 오순절은 이 새로운 장을 시작한다. 이 기념비적인 사건이 발생하기 이전에, 성령은 특정한 사명 혹은 특별한 상황을 위해 택함을 받은 소수의 사람에게 거했다. 하지만 이제 하나님의 인격적 임재는 예수의 진정한 제자들 안에 모두 거하기 위해 임한다. 하워드 마셜이 말하듯이, "성령을 받는 것은 분명히 그리스도인이 되는 필수조건이며, 하나님께서 그분의 백성으로 받아들였

---

145 누가복음에는 이 외에도 신자의 삶에서 성령의 역할에 대한 몇 가지 언급이 있다. 하나님의 자녀들에게 주시는 하나님의 좋은 선물인 성령(눅 11:13), 성령을 모독하는 결과에 대한 예수의 경고(12:10), 협박을 당하는 중에 증언하기 위한 성령의 가르침과 능력 부여(12:11-12) 등이다.
146 Stein, *Luke*, 135.

다는 분명한 표시다(행 15:8)."¹⁴⁷ 사도행전 2장에 묘사된 이런 상황과 관련하여 하나님의 지속적인 임재는 하나님의 백성들 사이에서 개인화되고 보편화된다(2:16-18). "성령으로 세례를 받는다"는 것은 본질적으로 하나님의 임재, 즉 성부 하나님이 약속하셨고 이제 높임을 받으신 예수께서 부어주시는 임재가 내주하신다는 의미다(2:33). 성령이 예수의 공동 사명을 수행하기 위해 신자들에게 능력을 부여하는 데 있어 중요한 역할을 수행하지만(아래의 논의를 보라), 성령의 강림이 순전히 기능적인 것은 아니다. 우리는 다음과 같이 결론을 내리는 마셜의 의견에 동의한다. "성령이 사도행전에서 예언과 선교의 성령일 뿐이라는 일방적인 주장은 정당하지 않다."¹⁴⁸ 오순절은 선교적인 것이기 이전에 하나님의 임재에 대한 관계적 경험이다. 하나님은 자신의 백성들 사이에 사시겠다고 오래전에 하신 그분의 약속을 성취하고 계신다(예. 레 26:11-12; 겔 37:26-28; 슥 2:10-11).

오순절 사건 자체에서 강렬한 바람과 불의 유비들은 구약의 신현에서 그랬듯이 하나님의 임재를 상징한다(예. 출 19:16-19; 삼하 22:16; 왕상 19:9-18; 사 66:15; 겔 13:13). 하지만 비일이 바르게 주장하듯이, "사도행전 2장은 단지 신현만이 아니라 마지막 때 하나님의 임재의 하늘 성전이 땅에 있는 그분의 백성 위에 내려오는 것도 묘사한다. 하나님의 백성은 하나님의 성전의 일부로 구성된다. 이는 물리적인 건물 재료가 아니라 하늘로부터 내려오시는 하나님의 성령의 임재 안에 포함됨으로써 구성되는 것이다."¹⁴⁹ 불

---

147 Marshall, *New Testament Theology*, 201. T. Schreiner는 이렇게 말한다. "그러므로 나는 오순절에, 사마리아 사람들에게, 고넬료와 그의 동료들에게, 그리고 에베소의 열두 사람에게 성령을 주신 일차적인 목적은 성령을 받은 사람들이 하나님의 백성의 구성원들임을 증언하기 위함이라고 결론을 내린다"(T. Schreiner, *New Testament Theology*, 458-59).
148 Marshall, *New Testament Theology*, 201.
149 Beale, "The Descent of the Eschatological Temple, Part 1," 99.

의 혀는 하나님의 임재의 강림을 나타낸다.¹⁵⁰ 생명을 주시는 하나님의 호흡이라는 배경도 고려될 수 있을 것이다(참조. 행 17:25). 예를 들어 창세기 2:7(LXX)에서 하나님의 호흡은 생명을 가져오며,¹⁵¹ 야웨의 호흡 또는 성령은 에스겔의 환상에서 마른 뼈에 생명을 준다(겔 37:9-14). 하지만 벤 위더링턴은 "누가의 신학에서 성령은 단지 힘이나 능력, 또는 바람이 아니라(이것은 그가 바람과 성령을 지칭하는 데 두 개의 다른 단어를 사용하는 확실한 이유다) 강력한 하나님의 살아 있는 임재"라고 지혜롭게 경고한다.¹⁵²

그러고 나서 누가는 "그들이 다 성령의 충만함을 받고"라고 보도한다(행 2:3-4). 누가는 사도행전에서 성령이 임하는 것을 묘사하기 위해 아홉 개의 동사를 사용한다.¹⁵³ 이 단어들과 그 단어들이 반영하고 있는 실제의 정확한 특성은 논란의 대상이 되지만, 이 단어들은 모두 하나님의 관계적 임재의 경험을 가리킨다. 성령이 하나님의 관계적 임재가 거하시는 그리스

---

150 Beale은 "오순절에 '불의 혀'의 형태로 '하늘로부터' 오시는 성령의 강림을 하나님의 하늘 성전으로부터 오시는 하나님의 거주하시는 임재의 강림으로 이해해야" 할 가능성을 보여주기 위해 행 2장과 *1 Enoch* 14:8-25; 71:5의 병행 어구들에 주목한다(Beale, *The Temple and the Church's Mission*, 206). Beale은 "불의 혀"라는 어구와 "성전에 계신 하나님의 신현의 임재"를 확실히 의미하는 사 20:27-30의 연결도 주목한다(205-6).

151 Bock, *Acts*, 97.

152 Witherington, *Acts*, 132n11.

153 J. Hamilton은 다음과 같은 목록을 제시한다. "(1) λαμβάνω[람바노]('받다')/ 2:33, 38; 8:15, 17, 19; 10:47; 19:2. (2) δίδωμι[디도미]('주다') 5:32; 8:18; 11:17; 15:8. (3) ἐκχέω/ἐκχύννω[에크케오/에크퀸노]('붓다') 2:17-18, 33; 10:45-46. (4) βαπτίζω[밥티조]('세례를 주다') 1:5; 11:16 (비교. 눅 3:16). (5) ἐπιπίπτω[에피피프토]('떨어지다/내려오다') 8:16; 10:44; 11:15. (6) ἔρχομαι[에르코마이]('오다') 19:6. (7) ἐπέρχομαι[에페르코마이]('위에 오다') 1:8. (8) πίμπλημι[핌플레미]('충만하다/채우다') 2:4; 4:8, 31; 9:17; 13:9(비교. 눅 1:15, 41, 67). (9) πληρόω[플레로오]('충만하게 하다/이루다') 13:52"(J. Hamilton, *God's Indwelling Presence*, 184). 이 용어들은 성령으로 특징지어지는 그리스도인의 삶이나 영감 받은 선포를 위해 성령으로 충만한 것을 언급할 수 있다. 하지만 이 용어들 대부분은 성령의 종말론적인 선물을 묘사한다. 즉 그리스도인 한 사람 한 사람이 하나님의 인격적 임재를 처음으로 경험하는 것 말이다(이런 구별에 대해서는 J. Hamilton, *God's Indwelling Presence*, 202를 보라).

도의 한 몸인 교회를 연합시키기 위해 서의 극복할 수 없는 사회적 장벽을 넘을 때(참조. 15:8), 유대-그리스도인의 오순절은 사마리아의 신자들(8:14-17)과 이방인 신자들(10:44-48)에게로 확대된다. 여러 가지 표현에서 오순절의 독특성은 두 단계의 패턴을 회심에 덧붙여 성령 세례의 패러다임으로 보는 것을 반대한다. 사도행전 19:1-7도 예외로 보이지 않는다. 왜냐하면 이 사람들은 예수를 따르던 사람들이기보다는 세례 요한의 제자들이었기 때문이다. 그러므로 그들의 회심과 성령 받음은 동시에 발생한 사건이다.[154] 오순절의 본질은 하나님께서 언젠가 그들 가운데 거하시겠다는 약속을 성취하기 위해 이제 당신의 백성에게 자신을 내어주셨다는 것이다.[155]

하나님의 관계적 임재를 개인적으로 경험하는 하나님의 백성의 새로운 장은 사도행전의 나머지 부분에서 발생하는 내용 대부분을 주도한다. 이는 교회의 선교가 오순절 경험에서부터 흘러나온다는 의미다. 이것은 성령이 어떻게 하나님의 백성과 소통하고, 교회 지도자를 준비시키며, 신자들에게 믿음을 증언하고 표현하며 변호할 능력을 주고, 고난을 통해 그들의 선교를 이루는지를 가장 명확하게 보여준다.

성령은 특히 성서와 관련하여 하나님의 백성과 소통하는 중요한 역할을 수행한다. 사도행전 1:16에서 베드로는 다윗을 통해 소통하는 성령의 사역을 본다(참조. 시 69:25[68:26 LXX]; 109:8[108:8 LXX], 행 1:20에 인용됨). 베드로와 요한은 4:25(참조. 시 2:1-2 LXX)에서 비슷하게 주장한다. 게다가 성령과 하나님의 백성의 소통은 하나님께서 예수 안에서 그리고 그분을 통해 이루신 것에도 적용된다(행 5:31-32). 요한복음에서 진리에 대해 소통하

---

154 구원과 성령의 정확한 관계를 더 자세히 논한 것으로는 다음을 보라. Dunn, *Baptism in the Holy Spirit*; M. Turner, "The Spirit and Salvation in Luke-Acts."
155 D. Peterson, "The Pneumatology of Luke-Acts," 203.

시는 보혜사의 역할에 관한 예수의 많은 교훈은 사도행전에서도 발생한다(예. 요 14:25-26; 16:12-15). 사도행전 내러티브의 뒷부분에서 바울은 로마에 있는 유대인 지도자들에게 예언자 이사야(행 28:26-27에 인용된 사 6:9-10)를 통해 "성령이 너희 조상들에게 말씀하신 것이 옳도다"라고 말한다(28:25). 하나님의 임재는 하나님에 대한 지식과 그분의 목적을 알려준다. 이 긍정적인 예들과 대조적으로, 우리는 사람들이 가르치고 인도하는 성령을 거부할 때 발생하는 일도 본다. 성령을 속이고 시험한 아나니아와 삽비라(5:3, 9), "항상 성령을 거스르는" 스데반의 박해자들과 그들의 조상들(7:51)을 예로 들 수 있다.

우리는 성령이 선교사들에게 구체적인 지침과 도움을 주시는 내용도 읽는다. 성령은 빌립을 인도하여 에티오피아의 관리와 대화하게 하시며, 나중에 다른 곳에서 복음을 전하도록 빌립을 옮기신다(행 8:29, 39-40). 베드로가 가이사랴에 도착할 때 고넬료는 베드로에게 이렇게 말한다. "우리는 주께서 당신에게 명하신 모든 것을 듣고자 하여 다 하나님 앞에 있나이다"(10:33). 이것은 하나님의 성령이 이 만남을 주선하셨음을 암시한다. 예루살렘 공의회가 이방인 신자들에게 보내는 편지에서 우리는 "성령과 우리는 이 요긴한 것들 외에는 아무 짐도 너희에게 지우지 아니하는 것이 옳은 줄 알았노니"라는 표현을 읽는다(15:28). 이것은 성령이 어떤 방법으로든지 이 중대한 결정을 지시하셨음을 의미한다. 성령은 바울과 그 일행이 아시아 지역에서 복음을 전하지 못하게 했고(16:6), "예수의 영"은 그들을 비두니아에 들어가지 못하게 했다(16:7).

우리는 사도행전에서 하나님의 인격적 임재가 교회 지도자들을 눈에 띄는 방식으로 준비시키는 것도 본다(참조. 눅 4:1의 "예수께서 성령의 충만함을 입어"). 사도행전 4:8에서 베드로는 "성령이 충만하여" 이스라엘의 통치자들과 장로들에게 연설한다. 사도행전 6장에서는 일곱 사람에 대해 "성령과 지혜가 충만하여"라고 말하며(6:3), 스데반은 "믿음과 성령이 충만한" 사람으로 선정된다(6:5). 그는 성령이 주시는 지혜로 사람들에게 말한다(6:10). 나중에 스데반은 (다시 "성령에 충만하여") 그를 박해하는 사람들의 분노를 견디는 동안 하나님 우편에 서 계시는 높임 받은 예수와 함께 하나님의 영광스러운 임재에 대한 하늘 환상의 상을 받는다(7:55-56; 참조. 2:17). 바나바도 "성령과 믿음이 충만한" 사람으로 언급되며(11:24), 사울/바울은 "성령으로 충만했다"(9:17; 13:9). 또한 바울은 에베소 교회의 장로들에게 성령이 그들을 감독자로 삼았다고 말한다(20:28). 사도행전 전체에서 우리는 경건한 지도자들의 중요한 자질 하나가 진정한 영성이며, 그것이 바로 성령을 따름으로써 특징지어지는 삶임을 본다. 이것은 하나님의 인격적 임재에 대한 순종하는 반응을 의미한다.

성령은, 앞에서 들었던 많은 예에 암시되었듯이, 신자들에게 능력을 주어 예수에 관한 복음을 증언하게 한다.[156] 존 스콰이어스는 사도행전 1:8이 "성령의 계획적 역할"을 강화한다고 말한다. 따라서 스콰이어스에 따르면, 성령이 늘 언급되지는 않는다고 해도, 사도행전 전체에서 "증언"에 대한 언급은 성령과 연결된다.[157] 성령으로 충만한 사람들은 예수에 관해 자주 이야기하거나 하나님의 말씀을 선포한다(예. 행 2:4; 4:8, 31; 5:32; 6:5, 10; 7:55; 11:24; 13:9). 이것 역시 성령이 바울과 바나바와 같은 선교사들을 복음을 전하도록 보내기 위해 따로 세우는 좀 더 큰 범위에서 발생한다(9:17; 13:2, 4). 우리의 목적과 연결하여 사도행전에서는 성령의 임재와 능

156　사도행전에서 성령의 예언적 역할은 확고하다. M. Turner, "The 'Spirit of Prophecy'"를 보라.
157　Squires, "The Plan of God in the Acts of the Apostles," 23.

력이 예수에 대한 신실한 증언과 불가분리로 연결된다는 점에 주목하는 것이 중요하다.

성령의 능력을 입은 증언과 선교가 커다란 희생을 치러야 하는 일이 너무 자주 발생하는데, 그 이유는 그런 일이 영적 전쟁의 곤궁 속에서 발생하기 때문이다. 수많은 투옥, 구타, 재판, 그리고 여러 가지 환난이 이를 증명한다. 게다가 우리는 선교와 관련하여 고난을 통해 그분의 백성과 함께 하시는 하나님의 임재에 대한 구체적인 언급을 가지고 있다. 성령은 스데반에게 지혜를 주셔서 죽음에 이르기까지 믿음을 변호하게 하셨고(행 6:5; 7:54-56), 사울에게는 마술사 엘루마를 책망할 힘을 주셨다(13:8-11). 바울은 성령이 그에게 장차 옥에 갇히고 환난을 받을 것을 경고했음에도 성령에 이끌려 예루살렘으로 갔다(20:22-23). 두로의 제자들은 "성령의 감동으로" 바울에게 예루살렘으로 가지 말라고 간청했으며(21:4), 예언자 아가보는 성령이 말씀하시기를 유대 지도자들이 바울을 결박하여 이방인들에게 넘겨줄 것이라 하셨다고 경고했다(21:10-11).

앞에서 설명한 것을 요약하면 다음과 같다. 누가는 예수를 성령의 능력으로 행하시고, 오순절에 성령의 새로운 시대를 대망하시는 분으로 묘사한다(눅 3:16; 24:49). 자기 백성에게 자신의 임재를 부을 것이라는 하나님의 오래된 약속은 성령이 오셔서 모든 신자 안에 거하실 때 개시된다. 교회가 하나님의 관계적 임재를 가까이 그리고 인격적으로 누린다는 것은 사도행전 내러티브의 남은 부분을 주도한다. 이는 어떻게 하나님이 그분의 백성과 소통하시고, 교회 지도자들을 준비시키시며, 신자들에게 능력을 부여하여 고난을 통해 믿음을 증언하고 표현하며 변호하게 하시고, 선교를 이루시는지를 보면 알 수 있다. 막스 터너는 "성령은 단순한 '실체'가 아니라 이스라엘의 하나님 자신의 임재이고, 능력을 주시고 구원하시는 행위이며,

그분의 인격과 활력을 역사 속으로 확대하는 자기 계시다"라고 정확하게 결론을 내린다.[158]

하나님의 백성: 새 성전과 새 공동체

누가-사도행전에서 자기 백성 가운데 거하시는 하나님의 임재는 보완적인 두 길을 취한다. 즉 새 성전으로서의 교회와 새 공동체로서의 교회가 바로 그것이다. 대부분 우리는 이 단락에서 사도행전에 초점을 맞출 것이다.

하워드 마셜은 신약성서의 교회와 성전에 관한 그의 연구에서 하나님이 세 가지 방법으로 그분의 백성과 함께하신다고 결론을 내린다. 즉 (1) 세상에 계시는 그분의 편재, (2) 개인들과 함께하시는 그분의 임재, (3) 그리스도인의 ἐκκλησία(에클레시아, 교회, 총회)에 계시는 하나님의 임재다. 마셜은 "개인과 공동체는 모두 하나님의 성전으로 묘사될 수 있다"고 말한다.[159] 정경의 관점에서 볼 때, 비록 성전으로서의 교회라는 모티프가 바울 서신, 히브리서, 베드로전서, 요한복음, 요한계시록에서 활짝 꽃피우지만, 우리는 누가복음에서 발생하기 시작하여 사도행전에서 확실히 드러나는 변화를 이미 보고 있다.

성전으로서의 교회라는 주제는 일찍이 누가복음에서 드러나기 시작한다. 이는 아기 예수가 성전에서 예언된 메시아로서 긍정적으로 받아들여지고(예. 사가랴, 엘리사벳, 시므온, 안나와 연결됨), 소년 예수가 성전 뜰에서 이스라엘의 선생들과 대화하고 그들을 놀라게 한 일을 강조함으로써 이루

---

158 M. Turner, "The 'Spirit of Prophecy,'" 328-29.
159 Marshall, "Church and Temple in the New Testament," 217-18.

어진다.¹⁶⁰ 예수가 성전을 대체하기 시작했다. 이런 강조는 다른 복음서들에서와 마찬가지로 누가복음 전체에서 계속되는데, 예를 들어 예수의 성전 정화/저주(눅 19:45-46)와 앞으로 다가올 성전 파괴에 대한 그의 선언(눅 21:5-6) 등에 나타난다.

사도행전은 비일이 "오순절의 신현"이라고 부르는 것으로 시작한다. 이는 "사라지고 있었던 옛 예루살렘 성전 중앙에 새로이 부상하는 성전의 느닷없는 등장"을 알린다.¹⁶¹ 실제적인 이유에서 그랬겠지만, 초기 교회가 기도하고 교제하며 하나님의 기적을 경험하기 위해 계속 성전 뜰에서 만나는 동안, 그 장소는 성전을 대체하는 예수에 관한 설교의 자연스러운 무대를 제공했다. 사도행전이 밝혀주듯이, 누가는 초기 교회의 지도자들과 성전 당국자들 간 갈등의 주요 장소가 되어가고 있는 성전과 관련한 중요한 세부 요소들을 버린다(예. 행 4:1-3; 5:12-18, 21-26; 21:27-36).

새 성전이신 예수로부터 하나님의 성전인 그분의 백성으로의 이동은 사도행전에서 공식적인 것이 된다. 베드로는 사도행전 4:11에서 시편 118:22을 강조하는데, 이것은 예수가 악한 농부 비유의 결론에서 인용한 시편이기도 하다(눅 20:17; 참조. 마 21:42; 막 12:10-11; 벧전 2:6-8도 보라). 비일은 사도행전 4:11이 "사도행전 전체에서 그리스도를 새 성전의 시작으로

---

160 J. D. Hays, *The Temple and the Tabernacle*, 170을 보라.
161 Beale, *The Temple and the Church's Mission*, 204. 누가가 구약의 누적된 사용을 통해 오순절을 "하나님께서 그분의 백성을 성령의 종말론적 성전으로 지으시기 위해 처음 시작하신 결정적인 때"로 기술하는 자세한 논증에 대해서는 Beale, "The Descent of the Eschatological Temple, Part 2," 84을 보라. D. Peterson은 이렇게 주석한다. "이스라엘을 향한 하나님의 계획에서 높임을 받으신 그리스도의 중심성에 대해 설교하는 것은 그분이 성전, 율법, 그리고 그것과 연관된 전체 예배 구조를 대체하셨음을 암시했다"(D. Peterson, "The Worship of the New Community," 377).

밝힌 가장 직접적인 동일시"라고 말한다.[162] 비록 베드로의 요점이 예수를 거부한 지도자들에 대한 하나님의 반응이긴 하지만, "모퉁잇돌"(즉 성전의 중요한 부분)이신 예수가 새로운 건물 전체의 실재(즉 참된 성전으로서 하나님의 백성)를 암시하는 것으로 이해될 때, 이 은유는 의미가 잘 통하게 된다.[163]

우리는 사도행전 15:16-17에서도 성전으로서의 교회에 대한 사상을 본다. 이 본문에서 야고보는 성서(주로 암 9:11-12)에 호소하면서 하나님의 백성은 믿음을 가진 유대인과 이방인들로 구성된다고 주장한다. "다윗의 장막"(16절)은 구원받은 유대인과 이방인들로 이루어진 하나님의 종말론적 백성, 메시아적 성전 또는 그리스도인 공동체를 가리킬 가능성이 크다.[164] 마지막 날에, 예수의 부활과 오순절 성령의 강림으로 시작하여(참조. 행 2:17), 하나님은 당신의 백성으로 형성된 자신의 마지막 때의 성전을 건축하셨다.

또한 누가는 공동체의 풍성함을 다양한 방식으로 강조함으로써 교회와 함께하시는 하나님의 관계적 임재를 묘사한다. 우리는 누가가 사용한 용어인 "교회"(ἐκκλησία, 에클레시아)와 "길"(ἡ ὁδός, 헤 호도스)로 시작한다. 누가가 그리스도인의 모임을 가리키기 위해 사도행전에서 "교회"를 사용할 때, 하나님의 임재의 힘을 공급받는 공동체라는 인상을 쉽게 받을 수 있다. 교회 공동체는 하나님을 향한 거룩한 두려움(행 5:11; 9:31)을 가지고 성장하고 번성하며 배움으로써 하나님께 반응하며(9:31; 11:26; 14:27; 16:5; 참조. 11:26의 "그리스도인"이라는 용어), 기도하고(12:5), 궁핍한 자들의 필요를 채워주며(11:22; 14:27; 15:3-4), 그들의 은사들과 사역의 책임들을 수용하고(13:1;

---

162 Beale, *The Temple and the Church's Mission*, 216.
163 McKelvey, *The New Temple*, 195-204.
164 Bauckham, "James and the Jerusalem Church," 453-58.

14:23; 15:22; 20:17, 28), 혹독한 박해(8:1, 3; 12:1)에 직면할 뿐만 아니라 직간접적으로 성령의 위로를 경험한다(9:31; 15:41; 16:5). "길"이라는 표현은 하나님의 백성을 묘사하는 누가-사도행전의 독특한 표현이다. 누가는 그의 복음서에서 이 단어를 주로 메시아이신 예수를 통한 하나님의 길 또는 "주의 길"을 말하기 위해 사용한다(눅 1:76, 79; 3:4; 7:27; 20:21). 반면에 사도행전에서 이 단어는 기독교 공동체, 특히 박해에 너무나 익숙한 사람들을 가리킨다(행 9:2; 18:25-26; 19:9, 23; 22:4; 24:14).

하나님이 거하시는 공동체라는 개념은 배우고, 성장하며, 예배하고, 관대하며, 신실하고, 기뻐하며, 사랑을 베푸는 사람들을 반영하는 사도행전 2:42-47과 4:32-37의 요약문에 강하게 나타난다. 여기서 우리는 성령의 참된 공동체를 본다. 이것은 표적과 기사, 하나님을 찬양함, 주께서 그들의 수를 더하심, 예수의 부활에 단단히 기반을 둔 믿음, 그리고 그들 가운데 강력하게 작용하는 하나님의 은혜에 의해 입증된다(2:43, 47; 4:33).

사도행전의 나머지 부분 곳곳에는 하나님으로 충만한 이 공동체의 세 가지 측면이 드러난다. 첫째, 앞에서 언급했듯이, 공동체의 본질적인 영적 삶이 모든 사람에게 명백히 드러난다. 그들은 주님을 예배하며, 그분이 그들 가운데서 행하시는 모든 일로 인해 즐거워하는 사람들이다(행 2:47; 5:41; 8:39; 11:18; 13:1-2; 21:20). 그들은 서로 쓸 것을 공급하고 격려하는데, 이는 하나님의 내재적 공급의 또 다른 표시다(14:20, 22; 15:30-31, 33; 16:40; 20:1-2; 28:14-15). 그들은 기도를 통해 주님과 교제하는 데 마음을 쏟는다(1:7-14, 23-26; 2:42; 3:1; 10:9-11; 12:5; 13:2-5). 환대는 풍성하며, 실제적인 필요를 채우는 일도 흔하다. 이는 하나님의 관대한 은혜가 그분의 백성에게 달려 있음을 의미한다(2:41-47; 4:32-37; 6:3; 9:19, 27; 11:29-30; 16:15, 33-34; 21:4-9, 16-18; 27:3). 그리고 공동체는 하나님의 말씀에 집중한다(2:42, 46; 5:42; 6:2,

4; 11:25-26; 15:35; 17:2-3; 18:11; 19:9-10; 20:7-12; 28:30-31).

둘째, 공동체의 사명은 그들 가운데 계신 그들의 선교적 하나님의 임재를 지향한다. 예수는 사도행전의 시작부터 그들이 그의 "증인"이 될 것이라고 말씀하신다(행 1:8; 참조. 사 43:10, 12: "'너희는 나의 증인이요', 여호와의 말씀이니라"). 이는 부활하신 예수의 관계적 임재가 교회의 주요 과제의 중심에 있음을 의미한다. 베드로와 요한은 담대함과 능력을 받아 걷지 못하는 거지를 고치고, 예수의 임재와 관계를 맺음으로써 예수 안에서만 구원이 있음을 선포한다(4:13; 참조. 3:16; 4:10, 12에서 예수의 "이름"). 공동체의 사명은 하나님/주의 말씀을 설교하고 말하는 데 집중된다(예. 4:29, 31; 6:2, 4; 8:4, 25; 11:1, 19; 13:5, 26, 44, 46; 14:3, 25; 15:35, 36; 16:32; 17:13; 18:11; 19:10). 이 메시지의 중심은 예수 그리스도의 삶, 죽음, 부활로 말미암아 그분을 통해 하나님과 화해의 관계가 가능해졌다는 것이다. 임재의 힘을 받은 사명의 결과로, 주께서 제자들의 수를 더하심으로써(2:47; 5:12-13; 6:1, 7; 9:31; 11:25-26; 14:21-23; 16:5, 14-15, 33-34; 17:4, 12, 34; 18:8), 하나님의 말씀 또는 예수에 관한 메시지가 왕성해지고 전파된다(6:7; 12:24; 13:49; 19:20).

사명에 힘을 주시는 하나님의 임재라는 동일한 패턴이 바울의 임무 수행에도 분명히 나타난다. 높임을 받은 예수께서 친히 바울에게 나타나 이 방인들을 비롯하여 세상에 복음을 선포하라고 하신다(행 9:1-19; 22:3-16; 26:9-18). 예수는 바울에게 나타나서 그를 종으로 세우시고 그가 예수를 본 일과 장차 예수에 대해 볼 일에 대한 증인으로 삼으신다(26:16). 아나니아가 바울에게 안수하자, 바울은 성령, 즉 하나님의 내주하시는 임재로 충만하게 된다(9:17). 아나니아는 하나님께서 바울을 택하여 "자기 뜻을 알게 하시며 그 의인을 보게 하시고 그 입에서 나오는 음성을 듣게 하셨으며" 그분의 "증인이 되"게 하셨다고 말한다(22:14-15). 이 모두가 관계적 이미지들이다. 바울의 회심과 사명 수행의 중심에는 하나님의 관계적 임재가 있다. 사도행전 13:1-3에서, 교회 지도자들이 주를 예배하고 있을 때, 성령이 바나바와 사울을 선교 사역을 위해 따로 세우라고 지시하신다. 에크하르트 슈나벨(Eckhard Schnabel)은 다음과 같이 쓴다. "누가가 교회의 예배에 대한 그의 논평(2a-b절)과 교회가 바나바와 사울을 파송하는 것(3절) 사이에 배치함으로써 성령의 말씀을 직접적인 지시로 관련시킨다는 사실은 이 두 사람의 선교 사역의 주도권이 하나님의 영으로부터 나온다는 누가의 강조를 돋보이게 한다."[165] 몇몇 다른 상황에서 하나님은 하늘의 환상이나 천사들을 통해 제자들에게 말씀하시고(9:10, 12; 10:3, 17, 19; 11:15; 16:9, 10; 18:9), 선교의 지침을 제공하신다. 예를 들어 사도행전 10장 기사에서 누가는 환상과 천사들을 사도 베드로와 사로잡힌 이방인 청중을 묶는 하나님의 수단으로서 거듭 언급한다. 브라이언 로스너(Brian Rosner)는 누가-사도행전에 95명의 등장인물이 나오지만, 하나님, 예수, 성령, 베드로, 바울, 이 다섯이 주요 등장인물이라고 말한다.[166] 삼위일체 하나님은 복음을 모든 민족으로 확장하여 더 많은 사람이 그분의 임재를 영원히 누리게 하기 위해 무대의 중앙과 장면의 배후에서 동시에 일하고 계신다.

셋째, 하나님은 그분의 백성이 고난을 받을 때 그들과 함께 계신다. 가말리엘은 산헤드린 공회에 이 새로운 예수 운동을 처벌하는 데 반대하여 일찍이 경고하는데, 그 이유는 이 운동이 "하나님에게서" 나왔을지도 모르고, 만약 그렇다면 그들이 하나님의 메시아적 백성을 박해하는 것은 "하나님을 대적하여 싸우는" 것이 될 수 있기 때문이다(행 5:34-39). 역설적으로

---

165 Schnabel, *Acts*(『강해로 푸는 사도행전』, 디모데 역간), 행 13:2의 "말씀"(Logos)에 대한 주석이다.
166 Rosner, "The Progress of the Word," 223-24.

그들은 사도들을 석방하기 전에 매질하고 "예수의 이름으로" 말하지 말라고 명령한다(5:40). 그러자 사도들은 "그 이름을 위하여 능욕받는 일에 합당한 자로 여기심을" 받은 것을 기뻐한다(5:41). 우리가 살펴보았듯이, "예수의 이름"은 종종 예수의 임재와 강하게 연결되는데, 이는 사도들이 예수의 인격과의 관계로 인해 고난을 받았음을 의미한다(참조. 9:16).

스데반은 산헤드린 공회를 상대로 설교하면서 당신의 백성 가운데 거하시는 하나님의 임재의 역사를 반복한다. 즉 영광의 하나님이 아브라함에게 나타나셨다(행 7:2). 하나님은 애굽에서 요셉과 함께하셨다(7:9). 하나님은 시내산 근처 불타는 떨기나무에서 모세에게 나타나셨다(7:30-33). 주님은 다윗에게 "지극히 높으신 이는 손으로 지은 곳에 계시지 아니하"신다는 점을 상기시키셨다(7:48).[167] 스데반은 순교하기 직전에 성령이 충만하여(6:5; 7:55) 하늘을 우러러보며 "하나님의 영광"(즉 하나님의 영광스러운 임재)과 하나님의 아들 예수가 하나님 우편에 서신 것을 보았다(7:55-56).[168] 수전 부스(Susan Booth)가 주목하듯이, 비록 죽음에 직면했을지라도 "기독교의 첫 순교자는 그와 함께 서 계시는 삼위일체 하나님의 실제적 임재를 경험했다."[169]

바울은 사도로 부름을 받을 때 부활하신 예수를 직접 대면한다. 바울은 세 번이나 공동체에서 하나님의 임재의 역할에 관해 이야기하는 대화를 반복한다(누가가 그 대화를 포함시킨다; 행 9:3-5; 22:6-8; 26:13-15; 참조. 갈 1:16). 바울은 하늘의 빛이 그에게 비춰 땅에 엎드러지고 "사울아! 사울아! 네가

---

167 Booth, *The Tabernacling Presence of God*, 137-38.
168 Bock는 예수가 스데반과 그의 증언을 직접 환영하고 용납한다는 것을 나타내기 위해 서 있으며, 스데반에게 행한 유대인들의 반응을 심판하면서 서 있는 것으로 묘사되고 있다고 주장한다(Bock, *Acts*, 311-12).
169 Booth, *The Tabernacling Presence of God*, 138.

어찌하여 나를 박해하느냐"고 묻는 음성을 들었다고 말한다. 바울은 "주여, 누구시니이까?"라고 반응한다. 주 예수는 "나는 네가 박해하는 예수라"고 대답하신다. 브라이언 랩스키(Brian Rapske)가 말하듯이, "하늘에서 말씀하시는 자의 '나는 ~라'(I am)는 음성은 충격받은 사울에게 하나님의 표현할 수 없는 이름을 상기시켰을 것이다."[170] 게다가 우리는 부활하신 예수가 자신을 그분의 백성과 분명하게 동일시하고 있음을 주목한다. 리처드 롱네커(Richard Longenecker)는 이것을 "그리스도와 그분의 소유인 백성 간에 존재하는 유기적이고 분리할 수 없는 하나 됨"으로 이해한다.[171] 예수의 임재는 그의 백성과 아주 긴밀히 묶여 있어서 바울은 예수를 따르는 사람들을 박해할 때 예수를 박해하고 있었다.

복스러운 소망: 그리스도의 재림

예수의 제자들이 심문을 받든지, 매를 맞든지, 옥에 갇히든지, 심지어 순교를 당하든지 간에, 주님께서 그들과 함께 계셨다. 그리고 그분의 지속적인 임재는 더 적극적인 목적, 즉 자신의 백성들 가운데 거하시는 하나님의 종말론적 임재를 가리킨다.

    누가는 신약성서의 나머지 부분에서 흔한 종말론의 "이미 그러나 아직"의 틀을 수용한다. 누가는 그의 복음서에서 예수가 그의 가르침과 기적을 통해 하나님 나라를 개시했을 때 "이미"의 차원을 강조한다(예. 눅 11:20; 17:21). 예수는 "이미"를 개시했지만, 이 개시는 "성령이 임하시고 그의 백

---

170 Rapske, "Opposition to the Plan of God and Persecution," 239.
171 Longenecker, "The Acts of the Apostles," 371.

성 안에서 하나님의 통치가 가능해질 때까지" 완전히 시작되지 않았다.[172] 이것은 우리가 사도행전을 시작하는 두 장에서 이 틀의 중요성을 주목할 때 분명해진다(덧붙인 강조를 주목하라).

> 1:1: "예수께서 행하시며 가르치시기를 **시작하심부터.**"
>
> 1:4-5: "내게서 들은 바 아버지께서 **약속하신 것**을 기다리라. 요한은 물로 세례를 베풀었으나, 너희는 **몇 날이 못 되어** 성령으로 세례를 받으리라."
>
> 1:6-8: "'주께서 이스라엘에 그 나라를 회복하심이 **이때**니이까?'… '때와 시기는 아버지께서 자기의 권한에 두셨으니 너희가 알 바 아니요, 오직 성령이 너희에게 **임하시면** 너희가 권능을 받고 예루살렘과 온 유대와 사마리아와 땅끝까지 이르러 내 증인이 되리라.'"
>
> 1:11: "너희 가운데서 하늘로 올려지신 이 예수는 하늘로 가심을 **본 그대로 오시리라.**"
>
> 2:17: "하나님이 말씀하시기를, '**말세에** 내가 내 영을 모든 육체에 부어 주리니.'"
>
> 2:18: "**그때에** 내가 내 영을…부어 주리니."
>
> 2:20: "**주의 크고 영화로운 날이 이르기 전에.**"[173]
>
> 2:34-35: "주께서 내 주에게 말씀하시기를, '내가 네 원수로 네 발등상

---

172 Bock, *A Theology of Luke and Acts*, 391.
173 요엘서 인용의 이 부분은 주의 날의 최종적인 종말론적 사건을 예상한다. Witherington이 언급한 것처럼, "성령의 강림은 이후에 더 많은 사건이 따라오는, 실제로 이 마지막 때의 개시인 종말론적 사건이다"(Witherington, *Acts*, 143).

이 **되게 하기까지** 너는 내 우편에 앉아 있으라.'"

2:39: "이 **약속**은 너희와 너희 자녀와 모든 먼 데 사람 곧 주 우리 하나님이 얼마든지 부르시는 자들에게 하신 것이라."

예수께서 오시고 이제 성령을 보내심으로써 약속된 "이미"는 도래했으며, "아직"은 개시되었다. 하지만 누가는 하나님의 계획과 약속들이 절정에 이르게 될 예수의 미래 재림을 예상한다(예. 행 1:11). 하나님은 그분의 백성과 완전하고 방해받지 않는 교제를 영원히 나누는 것 이외에는 어떤 것에도 만족하지 않으신다. 하나님의 관계적 임재의 실재는 종말론적 계획의 최종적 성취를 향해 그 계획을 몰고 간다.

하나님의 "이미 그러나 아직"이라는 계획의 절정에 일어날 핵심적인 사건은 예수 그리스도의 재림이다. 마태와 마가가 그리스도의 재림에 대한 중요한 강화 하나(마 24-25장; 막 13장)를 특별히 그들의 복음서에 포함시킨 반면에, 누가는 두 개를 포함시킨다(눅 17:20-37; 21:5-36). 공관복음서 기사들은 모두 인자의 도래에 집중된다(마 24:29-31; 막 13:24-27; 눅 21:25-28). 그리고 누가는 구체적인 두 가지 방법으로 임재를 강조한다. 첫째, 누가는 21:27에서 예수께서 "구름을 타고", "능력과 큰 영광으로"(두 표현은 모두 임재의 상징이다; 참조. 눅 9:26) 오실 것이라고 말한다. 이것은 나중에 베드로가 (요엘을 인용하면서) "주의 크고 영광스러운 날"로 특징지은 사건이다(행 2:20). 대럴 보크가 강조하듯이, "구름을 타는 이미지는 구약성서에서 하나님 혹은 이교의 신들을 묘사하는 것이며", 예수의 재림 때 하나님의 강력한 임재의 도래를 분명히 나타낸다.[174] 누가는 사도행전 1:11에서 예수께서

---

174 Bock with Simpson, *Jesus according to Scripture*, 447.

"너희가 본 그대로 다시 오실 것이라"는 내용을 추가한다. 이는 가시적이고, 공개적이며, 육체적으로 땅에 다시 오신다는 것을 의미할 뿐만 아니라 "하나님의 임재와 영광의 구름으로 둘러싸인" 재림을 의미한다.[175]

둘째, 누가는 제자들을 위한 재확신의 언급을 추가한다. "이런 일이 되기를 시작하거든, 일어나 머리를 들라. 너희 속량이 가까웠느니라"(눅 21:28; 참조. 21:31, 36). 이 소망의 재확신은 완전한 관계적 의미에서 장차 있을 하나님의 구원, 즉 하나님의 임재 안에서 누리는 영생에 근거한다. 브루스(F. F. Bruce)는 예수의 높아짐과 재림 사이의 기간을 "성령의 임재가 부활하시고 영화롭게 되시고 다시 오실 주님과 그분의 백성의 살아 있는 연합을 유지하게 하실" 때로 이해한다. 하지만 브루스는 예수의 승천이 "그분의 내주하시는 임재와 에너지가 사도행전 전체와 땅에 있는 그분의 백성의 후속 이야기 전체를 채운다"는 것을 의미한다는 점도 강조한다.[176]

또한 그리스도의 재림은 악한 자들을 징벌하고 의로운 자들에게 상을 주는 때인 심판의 도래를 구성한다. 누가는 모든 사람에게 다가올 정의의 현실을 강조한다(눅 18:8; 행 17:31; 24:25; 참조. 행 10:42). 그는 심판을 신실한 자들이 받는 임재의 상급, 행악하는 자들이 받는 임재로부터의 제거라는 형벌과 관련하여 정의한다(눅 17:30-35). 악한 자들은 지옥으로 던져질 것이고, 하나님의 천사들 앞에서 버림을 당하며, 그분의 임재에서 쫓겨날 것이다(12:5, 9; 13:27). 그들은 예수께서 다시 오시고 온 세상이 흔들릴 때 무서워 기절할 것이다(21:26). 이와는 대조적으로, 의인들은 하나님의 천사들 앞에서 인정받을 것이고, 인자 앞에 서게 될 것이며, 하나님 나라의 큰 잔

---

175 Longenecker, "The Acts of the Apostles," 259.
176 Bruce, *Acts*(『사도행전』, 부흥과개혁사 역간), 39.

치 자리에 앉을 것이다(12:8; 21:28, 36; 13:29). 누가복음 16:19-31의 부자와 나사로 이야기는 어떻게 이해되든지 간에 많은 해석학적 문제를 지니지만, 하나님의 심판이 어떻게 임재라는 주제와 관련되는지를 묘사하고 있다는 것만은 확실하다. 결국 나사로는 "아브라함의 품에" 들어가고(22절), 하나님의 임재 안에서 위로를 받는다(25절). 반면에 부자는 고통과 괴로움의 장소인 하데스(음부)에 있다(23, 25절). 그때 의인과 악인은 큰 구렁텅이에 의해 영원히 분리될 것이다(26절).

누가는 메시아의 혼인 잔치 이미지를 사용하여 다채로운 방식으로 완성된 하나님 나라에서 누리는 하나님의 관계적 임재를 강조한다. 교제의 식사나 축하가 명시적이거나 암시적으로 종말론적 식사를 예상하는 곳이 여러 군데 있다. 예수께서 죄인들과 나눈 식탁 교제(예. 눅 5:29-35에서 레위와 함께함), 탕자가 돌아와 아버지와 다시 연합한 축하의 잔치(눅 15:23-24), 예수께서 빵을 떼시고 축사하시자 제자들이 그분을 알아본 엠마오 이야기에서의 식사(눅 24:30-32) 등이다.

하지만 메시아의 혼인 잔치에 대한 확정적인 언급이 있다. 좀 더 일반적으로 말하면, 누가복음 14:15-24의 큰 잔치 비유에서 이야기는 초대를 실제로 받아들여 잔치에 참여할 사람이 누구인지를 중심으로 전개된다(13:29에서 사람들이 동서남북으로부터 와서 잔치에 참여한다는 점도 주목하라). 더 구체적으로 말하면, 우리는 중요한 두 본문에서 이런 강조점을 본다. 첫째, 주인의 귀환을 준비하는 비유(눅 12:35-36) 다음에 충성스럽게 기다린 사람들에게 내린 복이 이어진다(12:37-38). 예수는 그들에게 그들이 받을 상에는 주인과 함께 친근한 식탁 교제를 나누는 특권이 포함될 것이라고 말씀하신다. 놀랍게도 그때에는 주인이 친히 그들을 위해 수종을 들 것이다(37절; 참조. 22:27). 이 이야기에서 혼인 잔치는 종말론적 혼인 잔치를 고대한다.

둘째, 예수는 그의 제자들과 가진 마지막 유월절 식사에서 하늘의 식사를 가리키신다. 예수는 식사 도중에 그들에게 분명하게 말씀하신다. "이 유월절이 하나님의 나라에서 이루기까지 다시 먹지 아니하리라"(눅 22:16). "내가 이제부터 하나님의 나라가 임할 때까지 포도나무에서 난 것을 다시 마시지 아니하리라"(22:18). 예수는 하나님 나라의 사명을 확장하기 위해 그들을 임명하는 순간에 이렇게 말씀하신다. "내 아버지께서 나라를 내게 맡기신 것 같이 나도 너희에게 맡겨 너희로 내 나라에 있어 내 상에서 먹고 마시며 또는 보좌에 앉아 이스라엘 열두 지파를 다스리게 하려 하노라"(22:29-30). 하나님의 관계적 임재(와 그것이 가져오는 모든 특권과 책임)는 완성된 하나님 나라의 중심에 있다. 제임스 에드워즈는 이렇게 쓴다. "그리스도의 구속 사역의 궁극적 목표는 단지 죄인들을 구원하는 것이 아니라 그들을 변화시켜 그리스도의 종이 되게 하는 것이며, 종으로서 그리스도를 위해, 그리고 **그리스도와 함께** 다스리는 형제자매들이 되게 하는 것이다."[177]

그리스도의 재림이라는 복스러운 소망은 하나님의 백성을 위한 부활과 회복을 가져오는데, 두 실제는 모두 하나님의 관계적 임재와 결부된다. 의인의 부활은 주님께서 주시는 상과 관련된다(눅 14:14). 그들은 하나님과의 관계에서 궁극적인 정체성을 발견한다. "그들은…부활의 자녀로서 하나님의 자녀임이라"(눅 20:36; 참조. 6:35). 이 영원한 가족 관계는 죽은 자로부터의 부활로 말미암아 얻은 것이다. 사도행전에서도 누가는 이 소망을 "죽은 자의 부활의 소망"이라고 말한다(행 23:6; 24:15). 메시아가 친히 앞에

---

177 Edwards, *Luke*, 636(강조는 덧붙인 것임).

있는 길을 개척하셨다. 즉 하나님의 임재 안에 있는 생명으로 인도하는 부활의 소망 말이다(행 2:25-28; 참조. 시 16:8-11). 이와 동일한 소망은 하나님께서 이스라엘과 약속하신 것이다(행 26:6-8; 28:20).

그리스도의 재림은 회복을 가져온다. 제자들이 사도행전 1:6에서 "주께서 이스라엘 나라를 회복하심이[ἀποκαθιστάνεις, 아포카티스타네이스] 이때니이까"라고 질문하자, 예수는 그들에게 그들의 과제는 종말론적인 일정표를 정하는 것이 아니라 이스라엘 안에서뿐만 아니라 땅끝까지 그의 증인이 되는 것이라고 말씀하신다(행 1:8). 사도행전 3장의 솔로몬 행각에서 행한 설교에서 베드로는 최종적인 회복을 언급한다. "하나님이 영원 전부터 거룩한 선지자들의 입을 통하여 말씀하신 바 만물을 회복하실[ἀποκαταστάσεως, 아포카타스타세오스] 때까지는 하늘이 마땅히 그를 받아 두리라"(행 3:21). 예수는 재림 때 자기 백성만 다시 살리시는 것이 아니라 자기 백성 가운데 영원히 살기 위해 창조세계도 회복시키실 것이다. 요한계시록 21-22장은 자신의 백성 가운데 거하시는 하나님에 대한 이 최종적인 그림을 훨씬 더 자세히 그린다.

그리스도의 재림과 그 재림에 동반되는 부활과 회복을 기다리는 중에도 예수는 그 중간기에 하나님의 임재를 약속하신다. 예수께서 십자가에 달리셨을 때 그의 곁에 매달렸던, 회개하는 강도는 그가 그의 나라에 임하실 때(재림을 가리키는 말일 수 있다) 자신을 기억해달라고 부탁한다(눅 23:42). 그 강도가 가까운 장래에 예수께서 높임을 받으실 임재의 한 장소를 약속받을 때, 그의 부탁은 충분히 달성된다. 즉 예수는 이렇게 말씀하신다. "내가 진실로 네게 이르노니, 오늘 네가 나와 함께 낙원에 있으리라"(23:43). 데이비드 갈랜드(David Garland)가 언급하듯이, 누가는 예수께서 낙원에 들어간 첫 번째 인물이며, 실제로 낙원의 문을 여신다고 확신한다(계 2:7;

Testament of Levi 18:10). 이는 그 범죄자가 "지극히 높은 하늘에서 예수의 영접을 받을 것"을 암시한다.[178]

스데반이 죽을 때 증언한 것은 같은 방향을 가리킨다. 이는 그의 죽음에 대한 기사가 하나님의 임재의 이미지(예. 성령, 영광, 오른편)를 강조하기 때문이다. 스데반은 순교하기 전에 지극히 높으신 하나님의 초월적 임재가 사람의 손으로 지은 집에 제한될 수 없다고 선언한다(행 7:48; 참조. 왕상 8:27; 대하 2:6). 그다음에 그는 성령이 충만하여 하늘을 우러러보고 하나님의 영광과 예수께서 하나님 우편에 높임을 받으신 것을 본다(7:55-56). 사람들이 스데반을 향해 돌을 던질 때, 그는 예수께서 그의 영혼을 받아주시길 기도한다. 이는 *그가 예수의 임재 안에서 계속 살게 될 것이라는 의미다*(7:59; 참조. 눅 23:46).

결론

하나님의 관계적 임재라는 주제는 공관복음서와 사도행전에서 이야기에 일관성과 상호 관련성을 제공함으로써 신학적인 플롯을 계속 몰고 간다. 또다시 우리는 이 주제가 성서 이야기의 이 장을 위한 성서신학의 응집력 있는 중심으로서 서 있음을 본다. 우리의 주제는 야웨의 인격적 임재를 알게 하시는 분으로서 예수의 정체성에 기초를 둔다. 바로 "임마누엘…우리와 함께 계시는 하나님"이라는 그분의 정체성 말이다. 우리 가운데 계시는

---

178 Garland, *Luke*(『강해로 푸는 누가복음』 디모데 역간), 926-27. Bock는 이렇게 쓴다. "예수의 대답은 그 강도가 부활할 때까지 어느 정도 의식이 있는 중간 상태에 있을 것이라는 점을 암시하지만, 이 결론은 명백한 것이라기보다는 암시적이다.

하나님으로서 예수의 사명은 관계적 임재라는 주제를 다양한 방식으로 강화한다. 그분의 임재와 가르침을 통해 우리는 하나님 나라가 가까이 왔음을 본다. 제자들은 예수를 따르라는 부름을 받는데, 이는 예수와 함께 있고 그분의 동역자가 되어 하나님의 치유하시고 구원하시는 임재를 나타내는 기적을 행하기 위함이다. 예수는 하나님의 임재를 알게 하는 일차적인 장소인 성전을 대체하신다. 이제 예수의 죽음과 부활을 통해 성령으로 말미암아 그분의 백성 가운데 거하시는 하나님의 임재의 성전이 개시된다. 교회는 신자들 한 사람 한 사람 안에 내주하기 위해 오신, 능력을 주시는 하나님의 임재이신 성령의 강림을 통해 태어난다. 심지어 하나님의 백성이 순례의 길에서 고군분투할 때도 그들의 싸움은 어둠의 권세들과 맞서는 하나님의 임재의 더 큰 전쟁을 반영한다. 하나님의 백성은 중간기에 하나님의 임재로 말미암아 유지된다. 이야기는 장엄한 결론을 향해 나아가는데, 공관복음서와 사도행전에는 하나님의 종말론적 임재에 대한 강렬한 강조가 있다. "이미" 도래했으나 "아직 완전하지 않음"은 완전함이 장차 임할 것을 예상한다. 예수의 재림 후에는 신랑이신 예수와 신부인 그분의 백성의 거대한 결혼식이 이어진다. 고대하던 이 하나 됨은 메시아의 혼인 잔치로 축하되고, 하나님의 임재 안에서 영원한 상급이 이어진다. 우리가 공관복음과 사도행전에서 살펴본 내용 대부분은 신약성서의 다른 부분에서 다시 표면 위로 떠오를 것이다.

제5장

바울 서신, 히브리서, 일반 서신에 나타난
하나님의 관계적 임재

이 장에서 우리는 하나님의 관계적 임재라는 주제가 바울 서신에서뿐만 아니라 히브리서와 일반 서신에서도 어떻게 통합적인 중심을 제공하는지를 탐구할 것이다.[1] 임재 주제는 두 문서 그룹의 중첩되는 여러 주요 운동에서 등장한다. 즉 하나님의 계시적 임재, 성육신적 임재, 구원을 얻고 제공하는 임재, 그리스도와의 연합과 성령의 인격 및 사역을 통한 임재, 그분의 백성 안에 그리고 그들 가운데 거하시는 임재, 지속적이며 종말론적인 임재 등이다. 또한 하나님의 관계적 임재는 성서 이야기에 응집력을 부여하는 개념적 열쇠를 제공함으로써 성서 자료의 내러티브 또는 이야기 구조를 존중한다.[2] 이는 하나님께서 그분의 백성과 역동적으로 그리고 관계적으로 함

---

1   우리는 열세 권의 서신서 모두의 바울 저작권을 인정하는 전통적인 입장을 지지한다.
2   이런 방식으로 우리는 우리의 연구를 포로와 회복의 거대 내러티브를 강조하는 N. T. Wright의 엄청난 공헌에 대한 보완으로 이해한다. 특히 N. T. Wright, *Paul and the Faithfulness of God*(『바울과 하나님의 신실하심』, CH북스 역간)을 보라. 신약성서 전체에 대한 Wright의 틀을 간략하게 적용한 Eskola, *A Narrative Theology of the New Testament*(『신약성서의 내러티브 신학』(새물결플러스 역간)도 보라. 하나님의 관계적 임재에 대한 우리의

께하기 위해 어떻게 행동하시는지에 관한 이야기다.

바울 서신

바울 신학을 저술할 수 있다는 낙관적인 견해를 가진 사람들이 많이 있지만, 바울 신학의 중심을 찾을 가능성에 관해서는 열정이 상당히 시들어버린다.[3] 오랫동안 논쟁의 대상이 된 이 질문은 사도 바울의 사상의 통일성과 다양성이라는 보다 큰 맥락에 자리하고 있다. 오래된 질문은 이것이다. 즉 바울의 서신들은 어떻게 다양한 지역의 상황을 다루면서도 동시에 사상의 응집력을 특징으로 삼을 수 있을까? 비록 다양성을 강조하는 경향이 지속되고 있기는 하지만, 통일성에 대한 확고한 쟁점은 단순히 사라지지 않을 것이다.[4] 이런 이유로 지금까지 다음과 같은 많은 중심이 제안되어왔다(예. 하나님, 그리스도, 구원 역사, 이신칭의, 화목, 하나님의 묵시적 승리, 그리스도와의 연합, 하나님의 영광, 십자가, 이스라엘의 이야기, 복음, 언약).

바울 사상의 중심이라고 제안된 것들 대부분은 너무 편협하고 유연성이 없는 것으로 보이며, 바울 서신의 넓이와 깊이를 정당하게 취급하지 못하고 있다. 그 제안들은 중요한 바울의 주제들(예. 화목, 칭의)을 바르게 강조

강조는 성서 내러티브의 핵심과 영혼에 닿는다.

3　Porter, "Is There a Center to Paul's Theology?" Hasel, *New Testament Theology*(『신약신학: 현대 논쟁의 기본 이슈들』, 엠마오 역간), 3장의 역사적 개요도 보라.

4　Thielman은 이렇게 쓴다. "바울의 사상에서 '중심' 또는 '핵심'에 대해 논의하는 것을 유쾌하게 생각하지 않는 학자조차도 종종 자신이 결국은 바울 신학의 체계화를 둘러싼 기본적인 원리를 말하고 있다는 것을 알게 된다"(Thielman, *Theology of the New Testament*[『신약신학』, 기독교문서선교회 역간], 231).

하고 있지만, 그의 편지들에서 종합적인 신학적 응집력을 간과하지는 못한다. 때로는 중심이 너무 광범위해서 사도의 생각을 분명하게 밝히지 못한다(예. 하나님). 우리에게는 바울의 편지들에서 다양한 강조점을 인정하면서도 편지의 상황들을 두루 망라하는 통합적인 중심이 필요하다.[5] 우리는 하나님의 관계적 임재가 바울 신학의 가장 전도유망한 중심을 제공해준다고 믿는다.[6]

우리의 제안은 더글라스 무(Douglas Moo)의 "그리스도 안에서 행하신 하나님의 행위", 토머스 슈라이너(Thomas Schreiner)의 "그리스도 안에 계신 하나님", 리처드 보컴(Richard Bauckham)의 "기독론적 유일신론", 그리고 콘스탄틴 캠벨(Constantine Campbell)의 "그리스도와의 연합"이라는 주제와 아주 가깝다. 하지만 우리는 하나님의 관계적 임재가 좀 더 포괄적이고 통합적인 중심을 제공한다고 주장한다. 데이비드 케이프스(David Capes), 로드니 리브즈(Rodney Reeves), 랜돌프 리처즈(E. Randolph Richards)는 보컴의 기독론적 유일신론을 "모든 바울 신학을 조직화하고 의미 있게 하는 핵심적 개념"으로 선택한다. 하지만 그들은 하나님의 관계적 임재와 매우 유사한 방식으로 그 개념을 정의한다. "따라서 바울 신학의 응집력은 우리가 보기에 기독론적 유일신론인 것 같다.…그것은 원리가 아니라 인격이다. 그것은 거대한 사상이 아니라 그리스도를 통한 하나님과의 관계다."[7]

---

5   응집력-우발성 틀은 중요한 공헌이다. Beker, *Paul the Apostle*(『사도 바울』, 한국신학연구소 역간), 7을 보라.
6   Moo, "Paul," 138; T. Schreiner, *Paul*(『바울신학』, 은성 역간), 1-2장; C. Campbell, *Paul and Union with Christ*, 13장을 보라.
7   Capes, Reeves, and Richards, *Rediscovering Paul*, 357.

하나님의 계시적 임재

하나님의 말씀은 그분의 인격적 임재의 확장이다. 또는 티모시 워드(Timothy Ward)가 표현하듯이, "그러므로 하나님으로부터의 **의사소통**은 하나님과의 **교제**다. 우리로부터 신뢰의 응답을 받았을 때 말이다."[8] 하나님의 **계시적 임재**인 그분의 말씀을 통해 "하나님은 사람들을 그리스도와의 연합과 자신과의 관계로 이끄신다."[9] 하나님은 그분의 말씀을 통해 사람들과의 관계 안으로 들어오려고 하시며, 그럼으로써 그들이 그분의 신적 임재를 경험하도록 하신다. 워드는 계속해서 이렇게 말한다. "우리가 성서를 하나님의 임재의 한 양식이라고 이야기할 때, 우리는 하나님께서 약속하시고, 경고하시며, 책망하시고, 안심시키시는 등 우리에게 의미론적으로 임재하심으로써 성서의 **언어 행위**(speech acts)로 자신을 계시하신다고 주장하는 것이다."[10] 이 단락에서 우리는 자기 백성에게 자신을 계시하시는 하나님에 관한 바울의 분명한 진술을 모으고, 이 진술들이 하나님의 관계적 임재에 관한 우리의 이해에 얼마나 중요한지를 제시할 것이다.

로마서 서론에서 바울은 하나님이 어떻게 말씀하셨는지를 반복해서 강조한다. 과거에 하나님은 그분의 인간 창조를 비롯하여 창조 질서를 통해 자신을 계시하셨다(롬 1:18-20). 좀 더 구체적으로 말해서 하나님은 이스라엘 백성에게 그분의 말씀/율법을 주심으로써 말씀하셨다(3:2, 20; 9:4-6; 10:19-21). 바울은 이스라엘 백성이 "하나님의 말씀을 맡았다"고 말한다 (3:2).

---

8 Ward, *Words of Life*, 32. Ward가 이보다 이른 시기에 저술한 *Word and Supplement*도 보라.
9 Ward, *Words of Life*, 52.
10 Ward, *Words of Life*, 66.

좀 더 최근에 하나님은 그리스도에 관한 복음을 세상에 말씀하셨다. (우리는 바울의 복음에 대해 앞으로 더 많이 이야기할 것이다. 하지만 여기서는 복음이 어떻게 사람들을 하나님과의 관계로 이끄는 하나님의 계시인지를 말하려고 한다.) 바울은 "영세 전부터 감추어졌다가" 지금은 "영원하신 하나님의 명을 따라 선지자들의 글로 말미암아" 계시되고 알려진 "비밀"을 언급한다(롬 16:25-26; 참조. 고전 4:1). 복음은 하나님의 계시의 결과로 온 것이며(갈 1:11-12; 엡 3:3-5; 참조. 고후 12:1-9), 선포된 복음이다(고전 15:1-2, 11; 갈 1:11; 2:2; 딤후 1:11; 딛 1:1-3). 이 복음의 "비밀"이 이방인들에게 전파되어 그들도 이스라엘과 함께 상속자가 되고 한 몸의 지체가 되었으며, 그리스도 예수 안에서 약속에 참여하는 자들이 되었다(엡 3:1-12). 바울은 이와 비슷한 내용을 담고 있는 골로새서에서는 전에 감춰졌다가 이제는 하나님의 백성에게 계시된 비밀을 "너희 안에 [관계적으로] 계신 그리스도, 곧 영광[임재]의 소망"으로 정의한다(골 1:27). 하나님의 복음의 말씀은 믿음의 반응을 일으키고(롬 10:17) 구원과 영생을 줄(살전 2:13-16; 딛 1:1-3) 목적으로 사람들에게 임한다.

하나님의 계시적 임재는 하나님께서 그의 사도와 예언자들을 통해 자기 백성에게 교훈하실 때 실행되고 구체화된다(예. 고전 14:24-33). 하나님의 백성은 "그리스도의 말씀이 [그들] 속에 풍성히 거하여 [그들이] 모든 지혜로 피차 가르치며 권면하고 시와 찬송과 신령한 노래를 부르며 감사하는 마음으로 하나님을 찬양하"게 해야 한다(골 3:16). 바울은 그가 교회에 베푸는 교훈을 궁극적으로 주님으로부터 나오는 것으로 이해한다(살전 4:1-2). 그래서 그의 교훈을 저버리는 사람들은 사람을 저버리는 것이 아니라 "너희에게 그의 성령을 주신 하나님"을 저버리는 것이다(살전 4:7-8). 사도와 예언자들을 통한 하나님의 교훈은 하나님의 인격적 임재와 직접 연결된다.

하나님의 계시적 임재는 성서를 포함한다. 바울은 성서를 언급하면서 로마서를 시작하고 마친다. 바울이 전파한 복음은 "하나님이 선지자들을 통하여 그[하나님]의 아들에 관하여 성경에 미리 약속하신…곧 우리 주 예수 그리스도"다(롬 1:2-4). 바울은 결론에서, 이 복음은 전에는 감춰졌으나 이제는 "나타내신 바 되었으며 영원하신 하나님의 명을 따라 선지자들의 글[성서]로 말미암아 모든 민족이 믿어 순종하게 하시려고 알게 하신 바" 그 비밀을 계시한다고 말한다(롬 16:25-26). 여기서 우리는 성서가 하나님의 관계적 임재와 관련한 그분의 목적을 제공한다고 이해한다. 나중에 바울은 디모데에게 "[그가] 어려서부터 성경을 알았음"을 상기시킨다. 이는 그가 "그리스도 예수를 믿는 믿음으로 말미암아 구원을 얻기에 지혜롭게" 할 수 있는 교훈이다(딤후 3:15; 참조. 벤후 1:20-21). 바울은 "모든 성경은 하나님의 감동[호흡]으로 된 것"이라고 쓴다(딤후 3:16). 이것은 "하나님께서 이 말씀을 통해 이야기하신다"는 뜻이며, "성서 전체에 생명과 의미와 진리를 불어넣으셨다"는 의미다.[11] 하나님은 성서를 통해 디모데 및 다른 사람들이 바울처럼 사역할 수 있도록 준비시키셨다. 이는 하나님께서 그분의 백성에게 의도하신 관계적 총체성을 경험하는 데 초점을 맞춘 사역이다.[12]

---

11   Witherington, *Letters and Homilies for Hellenized Christians*, 1:360.
12   바울이 살전 4:9에서 "하나님의 가르치심을 받아"라고 말하는 것은 데살로니가 그리스도인들의 성서에 대한 지식을 간접적으로 언급하는 것으로 보인다. Fee, *The First and Second Letters to the Thessalonians*, 160을 보라.

하나님의 성육신적 임재

복음서와 아주 유사하게, 예수 안에 나타난 하나님의 성육신적 임재는 바울의 사상에서도 계속 중요한 역할을 수행한다. 하나님의 아들 예수 그리스도는 혈육을 가진 인간으로서 이 세상에 오셨고, 육체적으로 죽으셨으며, 죽은 자 가운데서 몸으로 다시 살아나셨다. 하나님은 그분의 아들의 인격 안에서 그분의 인격적 임재를 우리에게 확장하신다.

바울은 일반적으로 사람이 구원을 얻는 것과 관련하여 예수의 성육신을 반복해서 암시한다. 다윗의 후손 예수(롬 1:3; 딤후 2:8)는 "육체로 나타나셨으며"(딤전 3:16), "본디오 빌라도 앞에서" 증언하셨다(딤전 6:13).[13] 구주이신 그리스도는 구원하고 하나님의 가족으로 입양을 제공하기 위해 "여자에게서 태어나셨으며", "율법 아래 나셨다"(갈 4:4-5). 이 구주 안에서 모든 사람에게 구원을 주시는 하나님의 은혜가 "나타났다"(딤후 1:10; 딛 2:11; 3:4-7).[14]

바울은 고린도 교회의 교우들에게 예수께서 그들을 위해 "부요하신 이로서 가난하게" 되셔서 그들을 영적으로 부요하게 하셨다고 말한다(고후 8:9). 여기서 가난이라는 이미지는 예수의 성육신을 가리킬 것이다.[15] 이 가

---

13 바울과 신약성서의 다른 저자들은 예수의 성육신을 언급하기 위해 φανερόω(파네로오, 나타나다)라는 용어를 사용한다(예. 딤후 1:10; 히 9:26; 벧전 1:20; 요일 1:2; 3:5, 8).
14 목회 서신에서는 예수의 성육신(딤후 1:10; 딛 2:11; 3:4)이나 그의 재림(딤전 6:14; 딤후 4:1, 8; 딛 2:13)을 언급하기 위해 명사 ἐπιφανεία(에피파네이아, 나타남)와 동사 ἐπιφαίνω(에피파이노, 나타나다)가 주로 사용된다. 목회 서신 이외의 용례에 대해서는 눅 1:79; 행 27:20; 살후 2:8을 보라.
15 Harris는 다음과 같이 쓴다. "그리스도는 천상의 영원한 주민으로서 그의 왕적 지위를 땅 위의 임시적인 거주자로서 종의 지위로 바꾸기를 택하셨다.…그는 신적 위엄의 모든 휘장을 포기하시고 연약함과 기복이 있는 인간의 상태를 취하셨다"(Harris, *The Second Epistle to the Corinthians*, 579).

난은 "종의 형체를 가지사 사람들과 같이 되셨고…사람의 모양으로 나타나"신 그리스도를 함의했다(빌 2:7-8).[16] 예수 "한 사람"으로 말미암아 하나님의 은혜의 선물이 세상에 왔다(롬 5:15, 17, 19). "하나님과 사람 사이에 한 분"이신 이 "중보자" 곧 "사람이신 예수 그리스도"(딤전 2:5)는 "죄인들을 구원하기 위해 세상에 오셨다"(딤전 1:15). "중보자"(μεσίτης, 메시테스)라는 용어는 "중재하시는 하나님"이신 예수를 지칭한다.[17] 예수는 하나님과 사람들을 수많은 은유(예. 언약, 화목, 입양)를 사용하여 묘사할 수 있는 새로운 관계 안으로 이끈다.[18] 예수를 통해 중재된 하나님의 임재는 근본적으로 관계적이다.[19]

예수의 몸 안에 하나님의 임재가 거한다. 예수는 "육신의" 죄를 정죄하고(롬 8:3) 자신의 "몸"과 "피"로 구원을 주기 위해(고전 11:23-26) "죄 있는 육신의 모양으로" 보냄을 받으셨다. 우리는 골로새서에서 아들이 "보이지 아니하는 하나님의 형상"이며, "하나님께서 그분의 모든 충만을 예수 안에 거하게" 하기를 기뻐하셨다는 말씀을 읽는다(골 1:15, 19). 그리스도 안에 "신성의 모든 충만이 육체로 거하신다"(골 2:9). 예수 그리스도 안에서 우리는 가시적이며 감지할 수 있는 하나님의 임재가 성육신하셨음을 본다. 에베소서에서 바울은 예수의 육체적인 몸과 그리스도의 몸인 교회 사이에 가교를 놓기 시작한다. 바울은 예수께서 "그의 육체로" 율법의 모든 규

---

16 고후 8장에 사용된 교환 이미지가 바울이 빌 2장에서 말하고 있는 것과 정확히 평행을 이루는 것은 아니지만, 빌 2장에서 "하나님의 형상"은 교환되지 않고 "종의 형상"으로 나타난다. Harris, *The Second Epistle to the Corinthians*, 579을 보라.

17 Fee, *1 and 2 Timothy, Titus*, 65. 히브리서는 예수를 새 언약의 중보자라고 말한다(히 8:6; 9:15; 12:24).

18 P. Towner, *The Letters to Timothy and Titus*, 181.

19 Tilling의 대작, *Paul's Divine Christology*를 보라.

정을 없애버리고, "그분 안에서" 새로운 사람을 창조하셨으며, "하나의 몸 안에서" 유대인과 이방인을 하나님과 화목하게 하셨다고 말한다(엡 2:14-16).[20] 성육신하신 하나님, 곧 예수 그리스도 안에서 우리는 하나님의 관계적 임재를 인격적으로 만난다.

하나님의 성육신적 임재는 예수께서 십자가에 달려 죽으신 것에서도 나타났다. 바울의 십자가 신학은 그의 편지들에 광범위하게 흐른다. 그러므로 여기서 우리의 요약은 성육신적 임재로서의 십자가에 초점을 맞출 것이다. 마이클 고먼(Michael Gorman)은 "메시아 예수의 계시적인 십자가 처형"을 그의 죽음에 대한 가장 의미심장한 차원 가운데 하나로 언급한다. "십자가 위에서 예수의 죽음은 하나님의 신실하심, 사랑, 그리고 (역설적으로) 그분의 능력을 **계시한다**."[21] 바울 서신에는 예수께서 십자가 위에서 육체적으로 죽임을 당하셨음을 입증하는 다양한 언급이 있다. 영광의 주가 십자가에 못 박히셨다(고전 2:8), 유월절 양이신 그리스도께서 희생되셨다(고전 5:7), 주 예수께서 죽임을 당하셨다(살전 2:15), 예수께서 죽기까지 복종하셨으니, 곧 십자가에 죽으심이라(빌 2:8) 등. 예수께서 우리가 사는 세상에 들어오셔서 범죄자처럼 십자가 위에서 육체로 죽임을 당하셨다는 사실은 초기 기독교 전통과 설교에서 중심적인 요소가 되었다. 바울은 이렇게 말한다. "내가 받은 것을 먼저 너희에게 전하였노니, 이는 성경대로 그리스도께서 우리 죄를 위하여 죽으시고 장사 지낸 바 되셨다가 성경대로 사흘 만에 다시 살아나사"(고전 15:3-4).

---

20   Schnackenburg는 이렇게 주장한다. "교회와 그리스도는 아주 밀접하게 연결되어 있어서 교회는 십자가에서 새 창조, 구속받은 자로서 이미 드러난다"(Schnackenburg, *Ephesians*, 117).
21   M. Gorman, *Apostle of the Crucified Lord*, 135. M. Gorman, *Cruciformity*(『삶으로 담아내는 십자가』, 새물결플러스 역간)도 보라.

예수의 육체적 죽음은 하나님과 인간 사이의 영속적인 관계적 변화에 영향을 끼쳤다. 바울은 그리스도의 죽음이 우리의 구원 또는 구속을 보장한다고 말한다(갈 1:4; 골 2:13-15; 딤전 2:5-6). 그리고 이 구속은 하나님의 인격적 임재인 성령의 약속과 더불어 임했다(갈 3:13-14). 십자가는 하나님의 사랑을 보여주었다(롬 5:8). 이는 아무것도 우리 사이를 갈라놓을 수 없는 사랑이다(롬 8:31-39). 예수의 죽음은 새 언약을 세웠다. 그럼으로써 하나님과 그의 백성은 영원한 관계로 하나가 되었다(고전 11:23-26). 십자가의 목적은 "우리로 하여금 하나님의 의가 되게" 하는 데 있다(고후 5:21). 이는 아마도 하나님 앞에 바로 서고 그분과 바른 관계에 있음을 언급할 것이다. 신자들은 이제 십자가로 말미암아 하나님과 화목하게 되었다(엡 2:15-16). 하나님의 백성은 "그리스도의 피로 가까워졌고"(엡 2:13), 지금 "주님께 속한" 사람들이다(롬 14:8-9). 그들은 "하나님의 소유 된" 백성이다(딛 2:14). 이제 그들은 십자가에서 행한 그리스도의 사역으로 말미암아 "아버지께 가까이 나아가게 되었고", 하나님의 거룩한 성전이 되었으며, "하나님께서 그의 영으로 말미암아 사시는 거처"가 되었다(엡 2:18-22). 미래를 내다보면, 예수의 피는 "하나님의 소유"에 대한 최종적인 미래의 구원을 고대하는 구속의 보증이 되었다(엡 1:14). 바울은 데살로니가의 그리스도인들을 확신으로 가득 찬 다음의 말로 위로한다. "예수께서 우리를 위하여 죽으사 우리로 하여금 깨어 있든지 자든지 자기와 함께 살게 하려 하셨느니라"(살전 5:10).

십자가에 못 박힌 예수는 부활한 예수이기도 하다(롬 1:4; 고전 15:4; 고후 5:15; 갈 1:1; 딤후 2:8). 그리고 예수의 몸의 부활은 우리 가운데 거하시는 하나님의 성육신적 임재에 대한 또 다른 증거로서 기능한다. 예수는 죽은 자 가운데서 다시 살아나셨고, 지금은 아버지 우편에 앉아 계시며, 그의 몸인 우리를 위해 간구하신다(롬 8:34; 엡 1:19-20). 예수는 죽은 자와 산 자 모두의 주님이시다(롬 14:8-9). 예수는 부활하시고 얼마 안 되어 그를 따르던 많은 사람에게 나타나셨다(고전 15:5-8). 그리고 그분의 부활은 신자들이 하나님의 임재를 어떻게 경험하는지에 대한 현재 및 미래와 관련한 함의가 있다. 현재 우리는 그리스도와 함께 다시 살아났으며 영적으로 그분의 부활에 참여하고 있다(예. 골 2:12; 3:1; 빌 3:10). 미래에 관해 말하면, 죽었다가 다시 살아난 사람들의 첫 열매이신 예수의 부활은 세상 끝에 우리의 몸의 부활을 보증한다(고전 6:14; 15:20-21; 살전 1:8-10).

하나님께서 이스라엘과 함께하셨듯이, 지금 하나님은 그리스도 안에서 그분의 백성, 즉 교회와 함께하신다. 하나님의 아들인 예수의 성육신에 주안점을 두면서, 그리스도 안에서 자기 백성과 함께하시는 하나님의 임재의 기초가 놓였다. 즉 예수 그리스도는 참사람이 되셨고, 십자가에서 육체로 죽으셨으며, 몸으로 부활하셨다.

복음을 통해 전달된 하나님의 임재

바울은 그의 편지 전체에서 하나님의 관계적 임재가 구원을 제공하는 그분의 사역에서 중심에 있음을 강조한다. 바울은 다메섹 도상에서 부활하신 주 예수를 개인적으로 대면함으로써 극적으로 변화되고 방향을 재정립했다(행 9:1-19; 22:3-16; 26:9-18). 그 결과로 선교사요 신학자요 설교자인 바울은 다양한 은유와 이미지를 사용하여 하나님의 임재에 초점을 맞춘 복음을 선포한다. 바울이 칭의, 화목, 입양, 새 창조 중 무엇을 말하든지 간에, 우리는 자기 백성과 관계를 맺고 그들과 함께 살기 위해 전심을 다하시는 하나님이 표면에 떠오르는 것을 본다.

하나님의 관계적 임재에 대한 복음은 하나님의 사랑 및 긍휼과 함께 시작한다. 바울의 수신자들은 종종 하나님의 사랑을 받는 사람들로 묘사되곤 한다(예. 롬 1:7; 살전 1:4; 살후 2:13; 골 3:12; 엡 1:4-5; 2:4-5; 딛 3:4-5). 하나님은 그분의 사랑과 긍휼로부터 은혜로운 선물인 구원을 주신다. 이 선물의 중심에는 예수 그리스도의 인격과 사역이 있다. 바울은 고린도 교회를 향해 이렇게 쓴다. "말할 수 없는 그의 은사로 말미암아 하나님께 감사하노라"(고후 9:15). 이는 "그리스도의 삶, 죽음, 부활"을 가리킬 가능성이 크다.[22]

하나님께서 예수 그리스도 안에서 주신 은혜로운 선물에 대한 복음은 바울 서신 전체에서 다양한 방식으로 등장한다. 우리는 하나님의 관계적 임재와 연결되는 네 가지 방식과 그것의 연관성을 간략히 논의할 것이다. 첫째, 그리스도의 복음은 하나님의 의를 제시하고 죄인들이 은혜에 의해 믿음으로 말미암아 의로워지도록 해준다(예. 롬 1:17; 3:21-22, 26; 고후 5:21; 갈 2:15-16; 빌 3:9). 바울의 사상에서 "의"와 "칭의"의 의미는 바울 신학에서 가장 열띤 논쟁의 대상이 되는 주제들 가운데 하나다.[23] 라이트(N. T. Wright)는 칭의의 핵심적인 네 가지 측면을 이렇게 말한다. 즉 (1) 이스라엘의 메시아이신 예수의 사역, (2) 하나님께서 세상에 구원을 가져올 목적으로 아브라함과 맺으신 언약, (3) 하나님께서 재판장으로서 예수 그리스도를 믿는 사람들을 무죄 선언하시는 신적 법정, (4) 종말론, 또는 온 세상과 하나님의 백성을 위한 하나님의 미래에 대한 비전이다.[24] 지나치게 단순화시킨다는 위험을 무릅쓰고 다음과 같이 표현해보겠다. 칭의 논쟁은 어느 측면이 일차적이고 어떤 측면이 부차적인지에 중점을 두어야 한다고 말이다. 네 가

22　Barclay, *Paul and the Gift*(『바울과 선물』, 새물결플러스 역간), 1. Barclay는 이렇게 말한다. "은혜는 제2성전기 유대교 어디에나 존재했다. 그러나 바울이 그리스도-사건에서 추적하고 이방인 선교에서 경험하는 비상응적인 은혜는 폭발적 힘을 지닌다"(572).

23　분명하고 유익한 개관에 대해서는 C. Campbell, *Paul and Union with Christ*, 11장을 보라.

24　N. T. Wright, *Justification*(『칭의를 말하다』, 에클레시아북스 역간), ix-x.

지 측면을 모두 관통하는 주제는 관계다.[25] 결과적으로 우리는 "하나님의 의"라는 어구를 하나님의 품성, 즉 주로 당신의 약속을 성취하시는 그분의 언약적 신실함을 가리키는 용어로 취하는 한편, "칭의"를 자신의 믿음을 그리스도께 두는 사람들에게 하나님께서 은혜로 주시는 관계적 지위를 가리키는 것으로 취할 것이다. 신자들은 "옳다고" 또는 하나님과 바른 관계 속에 있다고 선언된다. 회개한 죄인에게 미치는 효과의 측면에서 우리는 칭의를 윤리적이고 종말론적인 함의를 지닌, 주로 관계적인 것으로서 이해한다(예. 롬 3:21-26; 5:1-2, 15-19; 10:4-13; 갈 2:15-21; 엡 2:4-10).

로마서 5:1-4의 바울의 요약적 진술은 로마서 1-4장을 요약하고, 로마서 5-8장을 위한 기초를 제공해준다. 또한 이 짧은 본문은 칭의에 대한 바울의 가르침에서 하나님의 관계적 임재를 들여다보는 창을 제공해준다.

> 그러므로 우리가 믿음으로 의롭다 하심을 받았으니, 우리 주 예수 그리스도로 말미암아 하나님과 화평을 누리자. 또한 그로 말미암아 우리가 믿음으로 서 있는 이 은혜에 들어감을 얻었으며, 하나님의 영광을 바라고 즐거워하느니라. 다만 이뿐 아니라 우리가 환난 중에도 즐거워하나니, 이는 환난은 인내를, 인내는 연단을, 연단은 소망을 이루는 줄 앎이로다.

칭의는 (믿음에 근거하지는 않더라도) 믿음에 의해 작동된다(1절). 그 결과는 예수 그리스도로 말미암는 "하나님과의 화평"이다(1절). 더글러스 무는 하나님과의 화평을 "행복의 내적 의식 또는 '평화로운 느낌'이 아니라…하나

---

25 Tilling, *Paul's Divine Christology*, 256에서 매우 강조되었다. Tilling은 "바울의 그리스도-관계는 관계로 표현된 신적 기독론이다"라고 결론을 내린다.

님과의 화평의 관계 안에 있는 존재의 외적 상황"으로 이해한다.[26] 그러므로 신자들은 믿음으로 말미암아 하나님의 은혜에로 "나아감"을 얻었기에, 지금 이 은혜 안에 "서 있다"(2절). 칭의의 주요 복들 가운데 하나는 하나님의 은혜를 계속 누리는 것이다. 확실한 것은 이 하나님의 은혜는 하나님의 인격과 분리할 수 없다는 점이다. 레온 모리스(Leon Morris)는 이렇게 말한다. "은혜는 하나님에게서 분리된 어떤 것이 아니라 하나님이 그분의 은혜로움 안에서 그 자신을 우리에게 주시는 것이다."[27] 그렇다면 우리의 자랑이나 확신은 하나님의 영광스러운 임재의 종말론적 경험에 대한 소망을 의미하는 "하나님의 영광의 소망"이 된다(참조. 롬 3:23; 8:17-18, 21, 30). 바울의 복음은 하나님께서 그분의 영광스러운 임재를 그리스도의 "얼굴" 혹은 그분의 인격을 통해 자기 백성에게 알리시기를 이미 시작하셨음을 나타낸다(고후 4:6; 딤전 1:11). 하나님은 자기 백성을 그분의 관계적 임재에 대한 경험 안으로 부르기 시작하셨다(살전 2:12; 살후 2:14).

하나님의 은혜로운 선물이 바울 서신에 등장하는 두 번째 방식은 구속/구출/자유 주제에 초점을 맞춘다. 예수께서 십자가에서 자신을 선물로 주심으로써 신자들은 악한 권세로부터 해방되고 죄 사함을 받는다. 이로써 그들은 하나님과의 새로운 관계 안으로 들어갈 수 있다(롬 3:24-25; 고전 1:30; 엡 1:7; 골 1:13-14). 구속은 하나님의 자녀가 되는 입양으로 이어지며(갈 4:5), 구속의 목적은 하나님의 백성이 "아브라함에게 약속된 복"과 "[하나님의 인격적 임재인] 성령의 약속"을 받는 데 있다(갈 3:14).

셋째, 예수 그리스도의 복음은 관계적 화목과 하나님의 가족으로의 입

---

26 Moo, *The Epistle to the Romans*(『로마서』, 솔로몬 역간), 299.
27 Morris, *The Epistle to the Romans*, 219.

양을 가져온다.[28] 그리스도의 사역으로 말미암아 그를 믿는 사람들은 하나님과 화목하게 되거나 하나님과 바른 관계 속에 들어간다(롬 5:10-11; 고후 5:16-21). 그리스도를 통해 하나님은 사람들을 "거룩하고 흠 없고 책망할 것이 없는 자로 그 앞에 세우"려는 목적으로 자신과 화목하게 하신다(골 1:22; 참조. 1:19-20). 골로새서 1:22의 법정 상황이 많은 주석가의 관심을 받아왔지만, 우리는 중심 무대를 차지하는 관계적 재연합을 놓쳐서는 안 된다. 즉 하나님의 백성은 "그 앞에"(κατενώπιον αὐτοῦ, 카테노피온 아우투), 또는 그분의 영광스러운 임재 앞에(참조. 엡 1:4: "그 앞에"; 유 24절: "그의 영광스러운 임재 앞에") 서게 될 것이다. 그리스도의 사역으로 말미암아 신자들은 하나님의 백성과 하나님께 "가까워졌다"(엡 2:13, 16-18). 이제 그들은 "한 성령으로 아버지께 나아감을 얻"었다(엡 2:18). 이것은 그들이 하나님과의 밀접한 관계 안으로 들어갔으며, 예배와 기도를 통해 그분의 임재에 들어갈 수 있게 되었음을 의미한다(참조. 엡 3:12). 신자들은 이제 하나님과 완전한 관계를 맺은 그분의 자녀들이며, 가족의 구성원으로서 하나님의 임재 안으로 들어가 "아빠, 아버지"라고 부를 수 있게 되었다(롬 8:14-16; 갈 3:26; 4:4-6).

넷째, 복음은 성령과 생명에 대한 약속을 가져온다. 회심은 하나님께서 예수의 복음을 통해 빛을 가져오신 영생의 처음 경험이다(딤전 6:12; 딤후 1:1, 10; 딛 1:1-3). 우리는 그리스도와 함께 살아난다(골 2:13). 하나님은 은혜로 자기 자녀들에게 그분의 성령을 주신다(롬 8:9-10; 고후 5:5; 갈 3:14; 엡 1:13-14). 성령은 그들이 하나님과 함께 영생의 최종적인 기업을 받을 것을 보증한다. 그렇다면 자녀들은 영생의 소망을 가진 상속자들이다(롬 8:14-17; 갈 3:29; 4:7; 엡 3:6; 딛 3:4-7). 그리스도 안에 있는 하나님의 구원은 우리가

---

28 화목이라는 주제에 대해서는 다음의 고전적인 저서를 보라. R. Martin, *Reconciliation*.

궁극적으로 그분의 임재 안에서 사는 것을 의미한다. "하나님이 우리를 세우심은 노하심에 이르게 하심이 아니요, 오직 우리 주 예수 그리스도로 말미암아 구원을 받게 하심이라. 예수께서 우리를 위하여 죽으사 우리로 하여금 깨어 있든지 자든지 자기와 함께 살게 하려 하셨느니라"(살전 5:9-10; 참조. 4:7). 성령이 하나님의 영광스러운 임재를 미리 맛보는 것이라면, 우리는 우리의 기업이 주님 자신의 임재 안에 있는 생명이 될 것을 추측할 수 있다.

우리와 그리스도의 연합으로 말미암는 하나님의 임재

바울 서신에서 하나님의 관계적 임재라는 주제는 종종 참여적 언어(예. 그리스도 안에, 그리스도 안으로, 그리스도와 함께, 그리스도로 말미암아)를 특징으로 나타나곤 한다. 이것이 임재를 이해하는 가장 친근한 용어다. 콘스탄틴 캠벨은 그의 종합적 연구서인 『바울이 본 그리스도와의 연합』(*Paul and Union with Christ*)에서 바울이 신자와 그리스도의 연합을 말할 때 의미하는 것이 무엇인지를 요약하기 위해 "연합, 참여, 합일, 통합"이라는 네 가지 용어를 사용한다.[29]

    연합(Union)은 믿음을 통한 그리스도와의 연합, 상호 내주, 삼위일체 및 결혼 등의 개념을 총체적으로 나타낸다. **참여**(Participation)는 그리스도 내러티브에 담긴 여러 사건에 참여하는 것을 표현한다. **합일**(Identification)은 그리스도의 영역 안에서의 신자들의 위치와 그의 주권에 대한 그들의 충성을

---

29   C. Campbell, *Paul and Union with Christ*, 29, 413.

나타낸다. **통합**(Incorporation)은 그리스도의 몸을 이루는 지체들의 집단적 측면을 잘 나타낸다. 이 네 가지 용어는 총체적으로 "그리스도와의 연합"이라는 거대 주제와 관련된 바울의 모든 용어, 사상, 주제 등을 포괄하는 "우산" 개념들이다.[30]

그리스도와의 연합이라는 바울의 용어가 그의 서신 전체에서 광범위하게 등장하고 하나님의 관계적 임재에 관한 그의 생각과 교훈의 기둥을 대표하는 것은 사실이다. 캠벨은 그리스도와의 연합이 "바울 신학을 이해하는 열쇠" 또는 "바울 신학 전체를 지탱하는 그물"일 가능성이 상당히 크다고 서술한다.[31] 우리는 그리스도와의 연합이 적어도 네 가지 주요 방식으로 하나님의 관계적 임재를 강조함을 본다.

첫째, 신자는 그리스도와의 연합을 통해 새 생명을 경험한다. 이 새 생명의 원천은 그리스도와 함께 그의 사망, 매장, 부활에 참여하는 것이다. 신자들은 그리스도와 함께 죽었다(롬 6:8; 골 2:20). 그리고 신자들은 세례를 받을 때 그리스도와의 합일을 통해 그의 죽음에 참여한다(롬 6:3-5). 하지만 죽음은 최종적인 결정이 아니다. 왜냐하면 그들은 그리스도의 부활에도 참여하기 때문이다. "그러므로 우리가 그의 죽으심과 합하여 세례를 받음으로 그와 함께 장사되었나니, 이는 아버지의 영광으로 말미암아 그리스도를 죽은 자 가운데서 살리심과 같이 우리로 또한 새 생명 가운데서 행하게 하려 함이라. 만일 우리가 그의 죽으심과 같은 모양으로 연합한 자가 되었으면 또한 그의 부활과 같은 모양으로 연합한 자도 되리라"(롬 6:4-5; 참조. 엡

---

30 C. Campbell, *Paul and Union with Christ*, 413. 『바울이 본 그리스도와의 연합』, 556.
31 C. Campbell, *Paul and Union with Christ*, 440-42.

2:5; 골 2:12-13).

    그리스도의 죽음과 부활에 참여하는 것 이외에 신자들은 "그와 함께 하늘 영역에" 앉았다(엡 2:6). 그들의 생명은 이제 "그리스도와 함께 하나님 안에 감춰졌"으며, 언젠가 그리스도의 재림 때 그리고 그들의 몸의 부활 때 나타날 것이다(골 3:3-4; 참조. 롬 6:8; 고전 15:22). 이 모든 일이 발생했기 때문에, 바울은 신자를 새로운 피조물로 묘사할 수 있다(고후 5:17). 그리스도는 신자들 안에 사신다(갈 2:20). 그분은 믿음으로 말미암아 신자들의 마음에 거하시며, 그들은 그리스도의 사랑을 알 때 "하나님의 모든 충만하신 것으로 충만해진다"(엡 3:16-19). 신자들은 새 생명으로서 하나님의 임재를 경험한다. 지금 그리스도와의 연합을 통해 얻은 새로운 영적 생명과 그분의 재림 때 누릴 새로운 육체적 생명 말이다. 바울이 고린도 교회에 말한 것처럼, "우리에게는 한 하나님 곧 아버지가 계시니, 만물이 그에게서 났고 우리도 그를 위하여 있고, 또한 한 주 예수 그리스도께서 계시니, 만물이 그로 말미암고 우리도 그로 말미암아 있느니라"(고전 8:6). 그리스도와의 연합은 첫 번째로 새 생명을 의미한다.

    둘째, 신자들은 그리스도로 말미암아 하나님과의 새로운 관계에 참여한다. 우선 바울은 자신과 그의 동역자들을 그리스도의 대사로 이해하며, 하나님이 그리스도를 통해 세상이 그분과 화목하게 되기를 원하신다고 설교한다(고후 5:18-20). 하나님이 죄가 없으신 그리스도를 우리를 대신하여 죄로 삼으신 것은 "우리로 하여금 그 안에서 하나님의 의가 되게 하려 하심이라"(고후 5:21; 참조. 빌 3:8-9). 신자들은 그리스도와의 연합으로 하나님과의 바른 관계에 들어간다. 다시 말해, 그들은 하나님의 의가 된다. 라이트가 결론을 내린 것처럼, 이것은 지위 그 이상을 의미하며, 화해된 관계 영역으로의 이동을 가리킨다. "그것은 한 분이신 참하나님의 언약적 신실함이고, 이제는 바울의 역설적인 그리스도 모양의 사역을 통해 활동하며, 그의 담대한 설교를 듣는 모든 사람에게 화해의 제의로 손을 내민다."³² 그리스도로 말미암아 하나님과 새로운 관계에 들어간 사람들은 그리스도께 속한다(롬 7:4). 그들은 그리스도로 말미암아 하나님의 자녀로 입양되었다(롬 8:14-17; 엡 1:5). 그리고 그들은 자녀로서 그리스도의 고난과 그의 영광에 모두 참여하는 "하나님의 상속자이자 그리스도와 함께한 상속자들"이다 (롬 8:17). 그리스도와의 연합은 하나님과의 새로운 관계와 그 결과로 따라오는 많은 복과 혜택을 가져온다. "너희는 하나님으로부터 나서 그리스도 예수 안에 있고 예수는 하나님으로부터 나와서 우리에게 지혜와 의로움과 거룩함과 구원함이 되셨으니"(고전 1:30). (엡 1:3-14에 자세히 설명된 그리스도 안에 있는 영적인 복들도 보라.)

셋째, 신자들은 그리스도의 몸과 새로운 관계에 참여한다. 이것은 적어도 두 수준, 개인적인 수준과 공동체적 수준에서 발생한다. 개인적인 수준에서 고든 피(Gordon Fee)가 표현하듯이, 바울은 고린도전서 6:15에서 "신자의 육체적인 몸을 죽음에서 부활한 그리스도의 '몸'에 '연결된' 것으로 이해해야 한다"고 주장한다.³³ 직접적인 문맥에서 분명히 드러나듯이(고전 6:17), 이 연결은 성령을 통해 발생한다. 하지만 그럼에도 이것은 그리스도와의 연합으로 말미암은 하나님의 임재에 대한 실제 경험이다. 창녀와 한 몸이 되지 말라는 바울의 전체 논증은 주님과의 이런 연합에 의거한다. 바울은 나중에 신자들이 주의 몸과 피에 참여하는 성만찬 동안에 발생하는 그리스도와의 영적 교제에 대해서도 말한다(고전 10:16-17). 이것은 우상을

---

32 N. T. Wright, *Pauline Perspectives*, 73.
33 Fee, *The First Epistle to the Corinthians*(『고린도전서』, 부흥과개혁사 역간), 258.

숭배하는 이교도 축제에의 참여를 억제하는 기능을 한다.

공동체적 수준에서 그리스도와의 연합은 신자들을 그리스도의 몸인 교회와의 새로운 관계 안으로 들어가게 한다. 신자들은 "그리스도 안에서 한 몸이 되어 서로 지체가 되었다"(롬 12:5). 그들은 다 그리스도 예수 안에서 하나이며(갈 3:28), 그리스도 안에서 "한 새 사람"을 이룬다(엡 2:15). 그리스도는 그의 몸인 교회의 머리이시다(엡 1:22-23; 4:15-16). 바울은 다른 은유를 사용하여 교회를 건물 또는 성전에 비유한다. "그의 안에서 건물마다 서로 연결하여 주 안에서 성전이 되어 가고, 너희도 성령 안에서 하나님이 거하실 처소가 되기 위하여 그리스도 예수 안에서 함께 지어져 가느니라"(엡 2:21-22). 모두가 하나님과 화목하게 된, 그리스도 안에서 창조된 이 한 새로운 인간은 하나님의 새로운 성전으로서 하나님의 임재가 거하시는 곳이다.

몸과 성전 은유는 그리스도의 몸과 신자의 새로운 관계를 강조하는 핵심적인 몇몇 본문에서 중복되어 나타난다. 에베소서 1:22-23에서 바울은 이렇게 쓴다. "또 만물을 그의 발아래에 복종하게 하시고 그를 만물 위에 교회의 머리로 삼으셨느니라. 교회는 그의 몸이니, 만물 안에서 만물을 충만하게 하시는 이의 충만함이니라"(참조. 엡 3:19). 클린턴 아놀드(Clinton Arnold)는 본문의 배경을 구약에 묘사된 "성전에서의 신적 임재 및 하나님의 나타남"으로 올바르게 밝힌다.[34] 성전에 가득한 하나님의 영광, 즉 "하나님의 본질, 능력, 임재"는 에베소서 1:23에서 "충만함"($\pi\lambda\eta\rho\omega\mu\alpha$, 플레로마)을 가리키기 위해 바울이 쓴 명사의 동사 또는 형용사형을 사용하는 역대하 7:1($\xi\pi\lambda\eta\sigma\epsilon\nu$, 에플레센), 에스겔 43:5($\pi\lambda\eta\rho\eta\varsigma$, 플레레스), 44:4($\pi\lambda\eta\rho\eta\varsigma$), 이사야

---

34   C. Arnold, *Ephesians*(『강해로 푸는 에베소서』, 디모데 역간), 118.

6:1(πλήρης)과 같은 70인역 본문에 등장한다. 이 모든 것은 성전을 가득 채우는 하나님의 영광스러운 임재를 묘사한다.[35] 아놀드는 πλήρωμα(플레로마)라는 용어가 "하나님의 임재와 공존하게 된다"고 주장한다.[36] 골로새서 2:9-10에서 바울은 보충적인 진술을 제시한다. "그 안에는 신성의 모든 충만이 육체로 거하시고, 너희도 그 안에서 충만하여졌으니, 그는 모든 통치자와 권세의 머리시라"(참조. 골 1:19). 더글러스 무 역시 성전에 거하시는 하나님에 대한 구약의 강조를 이 본문의 배경으로 이해한다. "충만하신 하나님은 거처를 취하지 않으셨고, 따라서 건물이 아니라 몸으로 자신을 나타내셨다. 새 언약의 시행의 특징은 성전을 하나님의 임재의 초점이자 하나님의 백성의 핵심인 그리스도로 대체했다는 데 있다.…그리스도 안에서, 오직 그분 안에서, 하나님은 자신을 결정적으로 그리고 철저히 계시하셨다. 그러므로 우리가 하나님을 알거나 경험할 수 있는 모든 것은 그분과의 관계에서 발견된다."[37] 우리는 아래에서 하나님의 관계적 임재를 어떻게 공동체적으로 경험하는지에 대한 바울의 강조에 좀 더 관심을 집중할 것이다.

넷째(이 측면은 다음 단락에서 더 광범위하게 전개될 것이다), 신자들은 그리스도와의 연합과 관련하여 하나님의 영과의 새로운 관계를 시작한다. 우리는 성전으로서의 하나님의 백성과 관련하여 성령의 역할을 이미 살펴보았다. 콘스탄틴 캠벨은 "하나님의 백성이 하나님이 거하시는 '장소'이며, 이런 의미에서 그들이 옛 성전의 기능을 대체했다"는 점에 주목한다.[38] 사람

---

35 C. Arnold, *Ephesians*, 118.
36 C. Arnold, *Ephesians*, 118. M. Barth는 이렇게 말한다. "그러므로 '플레로마'는 하나님의 이름, 영광, 성령, 또는 셰키나의 동의어로 간주될 수 있다"(M. Barth, *Ephesians*, 205).
37 Moo, *The Letters to the Colossians and to Philemon*(『골로새서, 빌레몬서』, 부흥과개혁사 역간), 193-95.
38 C. Campbell, *Paul and Union with Christ*, 290.

들이 그리스도 안에 통합되면, 그들에게 성령이 거주하신다(엡 1:13-14). 성령은 "신자들 안에 그리스도의 임재의 영향을 끼치는" 분이다.[39] 그러므로 "그리스도 안에"와 "성령 안에"라는 말은 바울 서신에서 사실상 신학적으로 동의어로 종종 등장한다(예. 롬 8:9-10; 엡 3:16-19).[40] 성령은 신자들이 그리스도와의 연합을 경험하고 그런 연합의 삶을 살아내는 것을 가능케 해주는 하나님의 인격적 임재다(엡 2:17-18을 보라).

성령으로 말미암는 하나님의 임재

성령에 대한 바울의 신학은 하나님께서 그분의 백성 가운데 살기 위해 다시 오실 것이라는 구약의 예언을 성취하는 데 있어서 그분의 영으로 말미암아 그분의 백성 가운데 내주하신다는 근본적인 현실로 시작한다(예. 렘 31장; 겔 36-37장; 욜 2장). 당신의 백성 가운데 다시 내주하신다는 하나님의 약속은 오순절에 성취된다(행 2장). 고든 피는 이렇게 결론을 내린다. "성령은 다름 아닌 바로 하나님께서 친히 그분의 백성과 또다시 함께하실 것이라는 약속의 성취다."[41]

결과적으로 바울은 로마의 그리스도인들에게 성령이 있는 사람만이 그리스도께 속한 사람이라고 말할 수 있었다(롬 8:9-10). 바울에 따르면, 성

---

39 C. Campbell, *Paul and Union with Christ*, 360-61.
40 C. Campbell, *Paul and Union with Christ*, 361. Campbell은 "그리스도 안에"라는 어구가 "하나님 안에/그리스도 안에/성령 안에"를 가리키는 약어라고 말함으로써(367), Michael Gorman이 바울의 사상에서 암시적인 삼위일체론을 어떻게 강조하는지에 주목한다. M. Gorman, *Inhabiting the Cruciform God*, 4를 보라.
41 Fee, *God's Empowering Presence*(『성령: 하나님의 능력 주시는 임재』, 새물결플러스 역간), 845. 바울 서신에서 πνεῦμα(프뉴마)와 πνευματικός(프뉴마티코스) 같은 중요한 용어들의 용례를 통찰력 있게 다룬 Fee의 논의를 보라(14-36).

령이 없으면 그리스도인도 없다. 한 사람을 하나님과의 관계 안으로 들어가게 하는 것은 외적인 할례가 아니라 "성령으로 말미암는 마음의 할례"다(롬 2:29). 하나님께서 에스겔 36-37장에서 약속하신 새 마음과 새 영이 현실이 되었다. 하나님은 예수 그리스도를 통해 자기 백성에게 자신의 인격적 임재인 그의 성령을 주셨다(살전 4:8; 딛 3:5). 다시 말해서 바울에게는 하나님의 영이 신자 안에 살기 위해 오시고 급격한 관계의 변화를 일으키는 것이 근본적이다. 바울이 성령으로 말미암는 하나님의 관계적 임재를 강조하는 것은 (1) 교회에 대한 핵심적인 바울의 이미지, (2) 신자들 안에서 그리고 그들 가운데서 역사하시는 성령의 능력 있는 사역, 그리고 (3) 신자들이 하나님의 임재 안에서 영원을 보낼 하나님의 인격적 보증이신 성령 안에서 볼 수 있다.

바울 서신에서 하나님의 백성에 대한 세 가지 중요한 이미지는 하나님의 인격적 임재이신 성령을 강조한다. 즉 하나님의 가족, 하나님의 성전, 그리스도의 몸이다.[42] 하나님께서 자기 백성에게 그분의 영을 주셨기 때문에, 그들은 하나님의 자녀가 되었다. 바울은 갈라디아 교회에 이렇게 말한다. "너희가 아들이므로 하나님이 그 아들의 영을 우리 마음 가운데 보내사 아빠 아버지라 부르게 하셨느니라. 그러므로 네가 이후로는 종이 아니요 아들이니, 아들이면 하나님으로 말미암아 유업을 받을 자니라"(갈 4:6-7). 이와 비슷한 로마서 8장 본문에서 바울은 다음과 같이 쓴다. "무릇 하나님의 영으로 인도함을 받는 사람은 곧 하나님의 아들이라. 너희는…양자의 영을 받았으므로 우리가 아빠 아버지라고 부르짖느니라. 성령이 친히 우리의 영과 더불어 우리가 하나님의 자녀인 것을 증언하시나니"(롬 8:14-16). 그들은

---

42   Fee, *God's Empowering Presence*, 873-76.

성령을 받았으므로 하나님의 자녀로 입양되었다. 성령이 그들의 마음 안에 거주하시므로, 그들은 "아빠 아버지"라고 부르짖는다. 바울은 에베소에 있는 이방인 신자들에게 그들이 더 이상 외인도 나그네도 아니고 "하나님의 백성과 동일한 시민이요, 하나님의 가족의 구성원들"이라고 말한다(엡 2:19; 참조. 딤전 3:15). 하나님의 가족에 포함된 것은 그리스도로 말미암아 가능해진 것이다. 그리스도로 말미암아 신자들은 이제 "한 성령으로 말미암아 아버지께 나아감"을 얻었다(엡 2:18). 가족에게 가까이 가는 것은 성령의 내주하시는 임재와 함께 온다.

구약에서 예루살렘에 있는 하나님의 성전, 특히 내부 성소 또는 지성소는 하나님께서 그분의 백성들 가운데 사시는 장소였다.[43] 우리가 앞서 살펴보았듯이, 예수 그리스도는 하나님의 임재의 장소인 예루살렘 성전을 대체하셨다. 그리스도의 승천과 오순절 성령의 강림과 더불어 하나님의 백성은 이제 하나님의 영이 거하시는 성전을 이룬다. 바울은 고린도 교회의 교인들에게 그들이 "하나님의 집"이라고 말한다(고전 3:9). 바울은 십자가에서 죽었다가 다시 살아나신 예수 그리스도의 복음을 선포했는데, 그렇게 함으로써 이 하나님의 집 또는 성전을 위해 유일하게 올바른 터를 놓았다. 건축가들은 이 기초 위에 건설하면서 이 세상 제도에 속한 값싼 재료를 피하는 대신에 복음에 적합한 영속적이며 영원한 재료를 사용해야 한다(고전 3:10-15). "금, 은, 보석"의 이미지는 솔로몬 성전의 건축에서 취한 것이다(대상 29:2; 대하 3:6).[44] 바울은 수사학적 질문과 경고로써 말을 맺는다. "너희는 너희가 하나님의 성전인 것과 하나님의 성령이 너희 안에 계시는 것을

---

43 성서신학에서 성전에 대한 더 자세한 내용은 다음을 보라. T. D. Alexander and S. Gathercole, *Heaven on Earth*; Beale, *The Temple and the Church's Mission*.
44 Fee, *God's Empowering Presence*, 874.

알지 못하느냐? 누구든지 하나님의 성전을 더럽히면 하나님이 그 사람을 멸하시리라. 하나님의 성전은 거룩하니 너희도 그러하니라"(고전 3:16-17). 그들 가운데 계신 성령의 임재는 그들 가운데 거하시는 하나님의 거처 또는 성전을 구성한다.

나중에 바울은 하나님의 성령이 거하시는 성전이라는 그들의 정체성에 근거하여 음행 및 우상숭배에 대해 고린도 교회에 경고한다(고전 6:13-20). 그는 그들에게 그들의 몸을 창녀와 합하지 말라고 주의를 주는데, 그 이유는 그들이 주님과 합하였기 때문이다. 주님과 합한 사람은 누구든지 "그분과 하나의 영/성령이 되었다"(6:17).[45] 고린도 교회의 신자들은 "음행을 피해야" 하는데, 그 이유는 그들의 "몸이 하나님께로부터 받은 바 너희 가운데 계신 성령의 전인 줄을 알"기 (또는 알아야 하기) 때문이다(6:19). 이와 비슷한 고린도후서 6장의 본문에서 바울은 그들에게 "믿지 않는 자들과 멍에를 함께 메지" 말라고 말한다. 그 이유는 의와 불의, 빛과 어둠, 또는 "하나님의 성전과 우상"이 조화되지 않기 때문이다(고후 6:14-16). 그들은 다르게 살아야 하는데, 그 이유는 그들이 "살아 계신 하나님의 성전"이기 때문이다. 하나님께서 "내가 그들 가운데 거하며 두루 행하여 나는 그들의 하나님이 되고 그들은 나의 백성이 되리라"고 말씀하셨듯이 말이다(고후 6:16; 참조. 레 26:12; 렘 32:38; 겔 37:27).

에베소서 2:18-22은 성령의 성전으로서 하나님의 백성에 대한 바울의 가르침을 요약한다(우리가 추가한 강조를 눈여겨보라).

이는 그로 말미암아 우리 둘이 **한 성령 안에서 아버지께 나아감을 얻게** 하려

---

45 이 번역에 대해서는 Fee, *God's Empowering Presence*, 133을 보라.

하심이라. 그러므로 이제부터 너희는 외인도 아니요, 나그네도 아니요, 오직 성도들과 동일한 시민이요, 하나님의 권속이라. 너희는 사도들과 선지자들의 터 위에 세우심을 입은 자라. 그리스도 예수께서 친히 모퉁잇돌이 되셨느니라. 그의 안에서 **모든 건물이** 서로 연결하여 **주 안에서 성전이 되어 가고, 너희도 성령 안에서 하나님이 거하실 처소**가 되기 위하여 그리스도 예수 안에서 함께 지어져 가느니라.

하나님의 백성은 그들 안에 그리고 그들 가운데 거하시는 성령으로 말미암아 하나님의 임재에로 나아감을 얻는다. 하나님의 백성은 단순히 지성소에 들어가도록 허락되는 것이 아니다. 이제 그들 자신이 지성소다. 하나님은 지금 그분의 백성들 가운데 거하신다. 고든 피는 다음과 같이 결론을 내린다.

> 따라서 이곳은 우리가 바울이 구사하는 "내주"라는 말을 어떻게 이해해야 하는지 일러주는 곳이다. 하나님(또는 그리스도)은 영으로 신자 개인 안에 그리고 공동체 안에 들어와 사심으로 당신 백성 안에 들어와 사신다. 여기서 하나님의 임재라는 이미지가 마침내 완성된다. 하나님의 임재는 에덴의 동산에서 시작되었다가 거기서 사라졌다. 이 임재는 출애굽기 40장에서는 성막에서, 그리고 열왕기상 8장에서는 성전에서 회복되었다. 하나님은 몸소 우리 가운데 임재하심으로 우리를 당신 백성으로 구별하여 세우셨다.…그리하여 우리는 하나님이 계신 곳으로 나아감을 얻었을 뿐 아니라(엡 2:18), 하나님이 몸소 영으로 우리가 있는 세상에 임하사 당신 백성이 모인 교회 안에 계시기로 하셨다.[46]

---

46 Fee, *God's Empowering Presence*, 689-90, 『성령: 하나님의 능력 주시는 임재 하권』, 402-3.

바울 서신에서 하나님의 백성에 대한 세 가지 중요한 이미지 가운데 마지막은 그리스도의 몸이라는 이미지다. 여기서 우리는 이 이미지와 관련하여 성령의 역할의 중요성을 간략히 설명하려고 한다. 고린도전서 12장에서 바울은 이렇게 말한다. "우리가 유대인이나 헬라인이나 종이나 자유인이나 다 한 성령으로 세례를 받아 한 몸이 되었고 또 다 한 성령을 마시게 하셨느니라"(고전 12:13). 각기 다른 지체들을 모아 한 몸이 되게 하실 수 있는 분은 성령, 오직 성령이시다. 지체들은 성령을 받음으로써 함께 "성령의 교제"를 경험한다(고후 13:13). 다양한 지체를 하나로 묶어 화평케 하는 그리스도의 한 몸과 한 성령이 있다(엡 4:3-4). 신자들은 "한 성령으로 서서 한뜻으로 복음의 신앙을 위하여 협력"해야 한다(빌 1:27). 빌립보서 2:1-2에 따르면 "성령 안에서 한마음을 품는 것"은 교회 안에서 하나가 되는 매우 중요한 기초다. 그리스도의 몸의 지체들 안에 내주하시고 몸 안에서 하나가 되게 하시는 성령은 신자들이 하나님의 관계적 임재를 강하게 경험하도록 해주신다.

바울이 성령으로 말미암는 하나님의 관계적 임재를 강조하는 두 번째 방식은 신자들 안에서 그리고 그들 가운데서 행하시는 성령의 능력 있는 사역에서 볼 수 있다(예. 은사를 주심, 능력을 주심, 거룩하게 하심). 성령이 하나님의 임재를 그분의 백성에게 전달하는 중요한 방식은 최소한 다섯 가지가 있다. 첫째, 성령은 하나님의 사랑과 생명을 그분의 백성에게 전달하신다. 하나님의 사랑은 "성령으로 말미암아 우리 마음에 부은 바" 되었다(롬 5:5; 참조. 8:16). 신자들이 그리스도 안에서 입증된 하나님의 사랑을 깨닫고 경험하도록 돕는 것 외에도, 성령은 하나님의 백성에게 영생을 주신다(롬 8:2, 6, 10-11; 고후 3:3, 6; 갈 5:25; 6:8). 이 생명은 그것과 아울러 영광스러운 자유를 가져온다(롬 8:2, 15-18; 참조. 고후 3:17). 신자들은 더 이상 율법을 지킬 의

무가 없다. 오히려 그들은 성령과 계속 동행할 때 율법을 성취하고 하나님을 기쁘시게 한다(롬 8:4; 갈 5:16, 22-26; 6:1-2).

둘째, 성령은 우리가 하나님을 알도록 돕는다. 에베소서 1장에서 바울은 성부 하나님께 에베소 교회에 "지혜와 계시의 영"을 주셔서 그들이 "그분을 더 잘 알" 수 있게 해주시기를 기도한다(엡 1:17). 그들은 이처럼 성령을 새롭게 다시 받음으로써 하나님을 더 잘 알 수 있을 뿐만 아니라 하나님의 부르심의 소망, 하나님의 백성 안에 있는 그분의 영광스러운 기업의 풍성함, 믿는 사람들을 위한 하나님의 큰 능력을 더 많이 알게 될 것이다(엡 1:18-19). 간단하게 이렇게 표현할 수 있다. 성령은 "지혜와 명철"을 주셔서 하나님의 백성이 하나님의 뜻을 알 수 있게 하신다고 말이다(골 1:9). 성령은 신자들이 하나님께서 그들의 삶에 행하셨고, 행하고 계시며, 장차 행하실 일을 알 수 있게 해주신다. 하나님과 그분의 뜻을 아는 것은 하나님께서 그들의 삶 속에서 행하신 과거와 현재의 일을 포함할 것이다. "우리가 세상의 영을 받지 아니하고 오직 하나님으로부터 온 영을 받았으니, 이는 우리로 하여금 하나님께서 우리에게 은혜로 주신 것들을 알게 하려 하심이라"(고전 2:12; 참조. 엡 3:4-5). 성령이 그들 안에 임재하시므로, 신자들은 "그리스도의 마음"을 갖게 된다(고전 2:16). 하지만 하나님은 당신의 백성에게 그분이 오랫동안 그들을 위해 예비하신 것을 계시하시는데, 성령은 이런 것을 계시하는 분이시다(고전 2:9-10).

셋째, 성령은 영적인 삶과 건강에 필요한 것을 주신다. 바울은 자기 백성을 "그리스도 안에 있는 모든 신령한 복으로" 축복하시는 하나님을 찬양한다(엡 1:3). 피는 "신령한"이란 에베소서 1:4-14에 더 자세히 설명된 복인 "성령의 복" 또는 "성령과 관련된 복"을 의미하는 것으로 해석해야 한다고 주장했는데, 이는 옳다.⁴⁷ 성령은 이 복이 신자들의 삶에서 실제로 드러나게 하신다. 성령의 복은 바울 서신 전체에서 교회에 작용하는 하나님의 능력 주시는 임재에 대한 더 많은 증거로서 강조된다. 성령은 힘을 주시고(롬 15:13; 엡 3:16), 궁핍할 때 도우시며(빌 1:18-19), 소망 중에 기다릴 수 있게 하시고(갈 5:5; 참조. 롬 15:13), 역경 중에서도 기뻐하게 하시고(살전 1:6), 예배에서 기뻐하고 감사하게 하시며(엡 5:18-20; 골 3:16), 한마음과 한뜻을 갖게 하신다(빌 1:27; 2:1-2). 이것은 성령이 하시는 일 중에서 극히 일부분에 해당한다. 이 모든 것으로 말미암아, 내주하시는 성령은 신자들을 위해 하나님의 뜻대로 구함으로써 친히 그들의 연약함을 도우신다(롬 8:26-27). 여기서 우리는 하나님의 관계적 임재의 가장 깊은 모습을 본다. 즉 성령은 성도들을 완전히 알고, 그들을 위해 "말로 표현할 수 없는 탄식"으로 하나님의 뜻을 구한다(8:26). 더글러스 무는 이 탄식이 신자의 탄식이라기보다 성령의 탄식을 언급할 가능성이 크다고 말했는데, 이는 확실히 옳다. "성령의 '기도 언어'는 우리에게 감지되지 않는 방식으로 우리의 마음에서(참조. 8:27) 일어나는 중보 사역이다."⁴⁸ 성령은 하나님의 백성의 연약함 가운데서 그들을 만나며 그들의 마음 깊은 곳의 갈등을 하나님께 표현한다. 바울은 성령의 임재가 신자들에게 어떻게 생명을 주는 사역인지를 다음과 같은 말로 요약한다. "하나님의 나라는 먹는 것과 마시는 것이 아니요, 오직 성령 안에 있는 의와 평강과 희락이라"(롬 14:17).

넷째, 성령은 그리스도인의 삶을 살아가기 위한 능력을 주신다. 바울이 고린도 교회에 말하듯이, "하나님의 나라는 말이 아니요 능력"이며, 성

---

47 Fee, *God's Empowering Presence*, 666-67.
48 Moo, *The Epistle to the Romans*, 525-26.

령은 그와 같은 능력의 원천이다(고전 4:20; 참조. 살전 1:5). 바울이 디모데에게 핵심을 콕 짚어 "내가 나의 안수함으로 네 속에 있는 하나님의 은사를 다시 불일듯 하게 하기 위하여 너로 생각하게 하노니"라고 말한 것은 "하나님이 우리에게 주신 것은 두려워하는 마음이 아니요, 오직 능력과 사랑과 절제하는 마음이니"를 가리킬 가능성이 크다(딤후 1:6-7). 디모데 안에 임재하신 성령은 그에게 그 과제를 수행하는 데 필요한 힘과 능력을 주실 것이다. 사실 "능력"(δύναμις, 뒤나미스)은 "성령"과 거의 동의어다. 하나님은 "우리 가운데서 역사하시는 능력대로 우리가 구하거나 생각하는 모든 것에 더 넘치도록 능히 하실" 분이시다(엡 3:20; 참조. 1:19-20; 3:16).

좀 더 일반적으로, 성령은 거룩하게 하는 영이시다. 사람들은 "성령의 거룩하게 하심과 진리를 믿음으로 구원을 받"는다(살후 2:13). 복음이 전파될 때, 믿음으로 반응하는 사람들은 "성령으로 말미암아 거룩하게 되어" 하나님이 받으실 제물이 된다(롬 15:16). 바울이 고린도 교회에 설명한 내용은 거룩하게 하는 과정에서 성령의 역할을 훌륭히 간파하고 있다. "우리가 다 수건을 벗은 얼굴로 거울을 보는 것 같이 주의 영광을 보매 그와 같은 형상으로 변화하여 영광에서 영광에 이르니 곧 주의 영으로 말미암음이니라"(고후 3:18). 바울은 사람들이 주께로 나아올 때 그들의 얼굴을 덮고 있던 수건이 제거되며, 성령이신(또는 성령으로서 경험되는) 주님과의 관계 속에 들어간다고 말한다(고후 3:15-17). 이것은 모세가 하나님의 임재 안에 들어가 하나님의 영광을 본 것을 상기시키지만(출 34:34-35), 그리스도인들이 이제 수건이 영원히 벗겨진 채로 하나님의 영광을 바라보기 때문에 근본적으로 다르다.[49] 주의 영은 자유와 하나님의 영광스러운 임재에 대한 새로운 경험

---

49   Harris, *The Second Epistle to the Corinthians*, 313. Harris는 "주님"이 지금 성령으로서 경험

을 가져온다(고후 3:17-18). 신자들은 주의 영광을 곰곰이 생각할 때 그리스도의 형상으로, 즉 "더욱 증가된 영광"으로 점점 더 변화되어간다. 이 모든 것은 "성령이신 주님으로부터 임한다." 성령은 신자들을 변화시켜 그들이 최종적인 영광을 경험할 것을 기대하며 현재의 삶에서 하나님의 영광스러운 임재를 보다 완전하게 경험케 하신다.

또한 성령은 육체와의 싸움에서 신자들을 거룩하게 하신다. 육체를 따라 사는 것이 아니라 성령을 따라 사는 사람들이 율법의 의로운 요구를 완전히 이룬다(롬 8:4). 신자들은 "성령으로" 살 때 "몸의 행실을 죽이고" 생명을 경험할 것이다(롬 8:13). 성령으로부터 생명을 얻고 성령으로 말미암아 행하는 사람들은 육체를 기쁘게 하지 않고 성령을 따라 살며, 그 결과 성령의 열매를 맺고 영생을 거둘 것이다(갈 5:16-6:10).

다섯째, 성령은 다른 사람들에게 사역하는 능력을 주신다. 하나님의 속성은 하나님 자신을 주시는 것이므로, 우리는 신자들이 부분적으로 섬김에 필요한 능력으로서 성령의 임재를 경험한다는 말을 들을 때 놀라지 않는다. 성령은 그리스도의 몸을 세우기 위해 하나님의 백성에게 개별적으로 은사를 주신다(고전 1:7; 7:7). "각 사람에게 성령을 나타내심[예. 지혜, 지식, 믿음, 병 고침, 기적을 행하는 능력, 예언]은 유익하게 하려 하심이라"(고전 12:7). 성령은 하나님의 백성을 한 몸으로 만드시며, 각 사람에게 다른 지체들을 세우는 능력을 나눠주신다(고전 12:11-13). 에베소서 4:3-13에서 바울은 동일한 최종 목표를 염두에 두고 하나님의 백성의 이런 은사를 그리스도께 돌린다. "이는 성도를 온전하게 하여 봉사의 일을 하게 하며 그리스도의 몸을 세우려 하심이라"(엡 4:12).

되는 하나님을 가리킬 개연성이 있다고 결론 내린다(318).

성령의 새로운 방식으로 섬기는 것(롬 7:6; 빌 3:3)은 사역을 위해 성령의 힘을 의지하면서도 그리스도께서 사람을 통해 이루신 일만을 자랑하는 것을 의미한다(롬 15:18). 이것은 다른 사람들을 진실하게 섬기는 것(고후 12:18; 살전 1:5)과 그들에게 가장 좋은 것을 행하는 진정한 관심을 가지고 섬기는 것(갈 6:1-2)을 수반한다. 바울은 (고전 2:4-5에서 세상적인 수사학만을 의지하는 것과 대조하여) 성령의 능력으로 살아가는 것과 복음을 전하는 것의 우선순위를 강조하는데, 그 이유는 예수 그리스도의 참된 복음이 성령과 굳게 연결되기 때문이다(고후 11:3-4; 엡 1:13; 빌 1:27; 살전 1:5).

바울 서신에서 성령으로 말미암는 하나님의 관계적 임재라는 주제는 종말론적 요소도 포함한다. 즉 성령은 하나님의 임재에서 영생의 보증이시다. 바울은 지금과 아직을 연결하는 데 있어 성령의 역할을 전달하는 세 가지 핵심 용어를 사용한다. 먼저 바울은 로마에 있는 그리스도인들에게 이렇게 말한다. "우리 곧 성령의 처음 익은 열매를 받은 우리까지도 속으로 탄식하여 양자 될 것 곧 우리 몸의 속량을 기다리느니라"(롬 8:23).[50] 여기서 "처음 익은 열매"는 성령의 사역을 "과정의 **시작**과 그 시작과 끝 사이의 끊을 수 없는 **연결**"로 밝힌다.[51] 그리고 이 연결은 신자들에게 지극히 인격적이고 현재적이다. "성령의 처음 익은 열매"라는 표현에서 τοῦ πνεύματος(투 프뉴마토스)는 성령 자신을 가리키는 설명적 소유격 또는 동격의 소유격일 것이다. 즉 성령은 하나님의 임재 안에 있는 영생의 보증으로서 신자들 안에 거하는 하나님의 인격적 임재다(참조. 갈 6:8).

---

50   고전 15:20, 23에서 부활하신 그리스도를 죽어서 그분의 재림 때 부활할 신자들의 "첫 열매"로 제시하는 것과 비교하라. "성령"과 "첫 열매"는 성화에 대한 성령의 사역과 관련하여 살후 2:13에서도 함께 등장한다.
51   Moo, *The Epistle to the Romans*, 519-20.

바울이 하나님의 백성 가운데 거하시는 성령의 종말론적 임재를 기술하기 위해 사용하는 다른 두 용어는 고린도 교회와 에베소 교회 두 곳에서 공동으로 작용한다. "인치다"(σφραγίζω, 스프라기조)라는 동사와 "보증"(ἀρραβών, 아라본)이라는 명사가 바로 그것이다. 이 두 상업 용어는 하나님의 백성에게 성령은 장차 올 시대의 하나님의 임재 안에서 얻을 영생에 대한 하나님의 현재 약속이라고 확신시킨다. 지금 경험하는 임재는 미래의 임재를 보장한다. 바울은 고린도 교회에 하나님이 그분의 백성에게 기름을 부으셨으며 그들을 "그분의 소유로 인치셨"음을 상기시킨다(고후 1:22). 바울은 에베소 교회 교인들에게 그들이 그리스도를 믿었을 때 "그 안에서 믿어 약속의 성령으로 인치심을 받았"다고 말한다(엡 1:13). 그들은 "구속의 날을 위해 인치심을 받"았으며, 이 "인"은 성령 자신이다(엡 4:30). 클린턴 아놀드는 이 개념의 중요성을 다음과 같이 지적한다. "새 언약 시대에 한 분이신 참하나님은 인으로써 그분의 모든 백성을 자신에게 속한다고 표시하셨다. 이 인은 약속하신 선물인 성령의 종말론적 성취다. 신자의 삶에서 성령의 임재는 그 사람이 하나님의 소유라는 확고한 표시다."[52]

보충적 용어인 "보증"은 성령의 인에 긍정적인 종말론적 결과들이 있음을 분명하게 보여준다. 바울은 고린도 교회에 하나님이 "우리에게 인치시고 보증으로 우리 마음에 성령을 주셨"다고 말하고(고후 1:22), 다시 "보증으로 성령을 우리에게 주신 이는 하나님이시니라"(고후 5:5)고 말한다. 에베소 교회에 바울은 "그 안에서 또한 믿어 약속의 성령으로 인치심을 받았으니, 이는 우리 기업의 보증이 되사 그 얻으신 것을 속량하시고 그의 영광을 찬송하게 하려 하심이라"고 말한다(엡 1:13-14). "보증"이라는 용어는 비

---

52 C. Arnold, *Ephesians*, 93.

즈니스의 상황에서 "보증금" 또는 "계약금"이라는 의미를 표현하기 위해 고대 파피루스에 자주 등장한다.[53] 성령은 신자들이 미래에 최종적인 구속을 경험할 것이라는 하나님의 맹세 또는 약속이다. 그리고 하나님의 임재에 대한 이 최종적 경험은 성령의 내주를 통해 현재에 이미 시작되었다.

하나님의 백성인 교회 가운데 거하시는 하나님의 임재

사람은 메시아 예수를 믿는 믿음으로 메시아의 공동체인 교회에 들어간다. 이 백성은 예수께 **속한다**(롬 1:6; 7:4; 8:9; 14:8; 고전 15:23; 갈 3:29; 5:24). 그들은 그리스도의 백성이고, 주님을 위해 부름을 받으며, 거룩한 백성으로 구별된다(예. 롬 1:7: "로마에서 하나님의 사랑하심을 받고 성도로 부르심을 받은 모든 자에게"; 참조. 고전 1:2; 골 3:12; 딛 2:14). 그들은 이 공동체의 구성원으로서 하나님의 관계적 임재를 경험한다. 바울의 교회론이 마땅히 받아야 할 주목을 언제나 받은 것은 아니지만, 교회에 대한 바울의 교리는 하나님의 관계적 임재가 그의 사상에서 얼마나 중요한 것인지를 드러낸다. 라이트는 이렇게 주장한다. "바울을 그 자신의 관점에서 읽을 때, 우리는 그에게 하나의 단일 공동체가 절대적으로 중심적이라는 것을 알게 된다. 그리스도의, 그리스도 안에 있는, 성령에 의한 공동체가 모든 것의 중심에 있다."[54] 우리는 바울이 ἐκκλησία(에클레시아, 교회, 총회)라는 용어와 핵심적인 이미지 모두를 통해 교회의 특성을 묘사하는 방식으로 하나님의 임재를 이해한다. 이는 예수께서 예배 중에, 그리고 교회의 연합과 관련한 문제에 그분의 백성

---

53   C. Arnold, *Ephesians*, 93.
54   N. T. Wright, *Pauline Perspectives*, 410.

과 함께하시는 방식이다.

바울이 "교회"(ἐκκλησία)를 지칭하는 용어를 사용한 것은 세 가지 범주로 분류된다. (1) 구체적인 지리적 장소에 있는 개별적 회중 또는 총회(예. 갈 1:2: "갈라디아 여러 교회"; 골 4:15: "눔바와 그 여자의 집에 있는 교회"), (2) 지상이나 하늘에 있는 모든 그리스도인으로 구성된 하나의 보편 교회(예. 고전 10:32; 11:22: "하나님의 교회"), 그리고 (3) 하나님의 보편 교회에 속한 지역의 대표 교회들(예. 롬 16:4: "이방인의 모든 교회"; 살전 2:14: "유대에 있는 하나님의 교회들")이다.[55] 이 세 범주는 하나님의 백성과 그들이 있는 곳 사이의 관계에 대한 어감을 구체화하려는 시도들이다. 하지만 조지 래드(George Ladd)가 설명하듯이, "지역 교회는 교회의 일부분이 아니라 그것을 지역적으로 표현한 교회 **그 자체**(the church)다."[56] 이 백성들은 그리스도에게 묶여 있으며, 그러므로 서로 모인다. 그들은 "그의 아들 예수 그리스도 우리 주와 더불어 교제하게 하시려고 부름"을 받았기 때문에 모인다(고전 1:9). 그들은 "성령 안에서 교제"하며(빌 2:1), "성령의 교제"의 일부분이다(고후 13:13). 하나님의 관계적 임재를 제외하고 "교회"를 정의하려는 여러 시도는 성서적으로 의미가 없다. 교회는 임재로 말미암아 탄생한다. 그리고 우리는 교회의 기본적인 정의에서도 이 사실을 본다. 즉 교회는 하나님이 함께하시는 백성이다. 그러므로 그들은 신앙과 삶을 공유하는 공동체로 모인 사람들이다.

또한 바울은 하나님의 관계적 임재를 강조하기 위해 교회의 핵심적인 이미지들을 사용한다. 우리는 앞서 성령에 대한 항목에서 가족, 성전, 몸의 이미지들을 이미 논의했다. 여기서 우리는 이 세 가지 핵심적인 이미지

---

55   Harris, *Second Epistle to the Corinthians*, 132-33; BDAG 303-4.
56   Ladd, *A Theology of the New Testament*(『신약신학』, 대한기독교서회 역간), 582.

가 하나님 및 그리스도와 관련하여 구체적으로 어떻게 하나님의 임재를 강조하는지를 언급하려고 한다. 가족 이미지는 바울이 신자들을 "형제자매들"이라고 밝힌 것에서 시작한다(예. 롬 8:29; 14:10-21; 고전 5:11; 엡 6:23; 딤전 6:2 — 문맥상 ἀδελφός[아델포스]라는 단어가 사용된 것은 남자와 여자를 모두 가리킨다). 신자들은 그리스도를 통해 맺은 하나님과의 관계 때문에 가족 구성원들이다.

가족 은유는 바울이 그리스도를 교회의 남편이라고 말할 때 보완된다. 하나님을 이스라엘의 남편이라고 말하는 배경에 근거하여(예. 사 54:5; 렘 3:14; 31:32; 겔 16:8), 예수는 교회의 남편 또는 신랑으로 묘사된다(예. 마 9:14-15; 계 21:2). 바울은 로마의 교인들에게 그들이 십자가에서 죽으신 그리스도의 육체적인 몸으로 말미암아 율법에 대해 죽었다고 말한다. 이는 "다른 이 곧 죽은 자 가운데서 살아나신 이에게 속하기[또는 '결합하기']" 위함이다(롬 7:4). 우리는 바울이 로마서 7:2-3의 결혼 문맥에서 신자들과 주님의 새로운 관계를 남편이신 그리스도와의 결혼에 비교하고 있음을 알고 있다. 바울은 고린도후서에서 이렇게 쓴다. "내가 하나님의 열심으로 너희를 위하여 열심을 내노니, 내가 너희를 정결한 처녀로 한 남편인 그리스도께 드리려고 중매함이로다"(고후 11:2). 그리고 교회의 남편이신 그리스도는 에베소서 5:25-32에서 전면에 부각되는데, 여기서 우리는 다음의 내용을 읽는다. "그리스도께서 교회를 사랑하시고 그 교회를 위하여 자신을 주심 같이 하라. 이는 곧 물로 씻어 말씀으로 깨끗하게 하사 거룩하게 하시고 자기 앞에 영광스러운 교회로 세우사 티나 주름 잡힌 것이나 이런 것들이 없이 거룩하고 흠이 없게 하려 하심이라"(엡 5:25-27). 그리스도는 그분의 몸인 교회를 먹이고 돌보신다(29절). "그리스도와 교회"에 대한 이 "심오한 비밀"은 지금 그리스도 안에서 계시된 하나님의 감춰진 계획일 것이다(참조.

엡 1:9; 3:3, 4, 9; 6:19). 하지만 이는 그 계획의 궁극적인 목표에 더욱 첨예하게 초점을 맞춘다. 즉 삼위일체 하나님과 그분의 백성 간에 맺은 사랑의 관계와 그들이 하나님의 임재 안에서 영원히 사는 그분의 계획 말이다. 남편과 아내의 관계는 이 웅장한 목적의 가장 강렬한 예를 제공한다. 복음의 궁극적인 목적은 하나님의 백성이 지금 시작하여 영원까지 확장되는 하나님의 관계적 임재를 경험하고 누리는 것이다.

바울의 두 번째 핵심적 이미지인 성전은 성막과 나중의 성전에 대한 요점으로 우리의 관심을 돌린다. 즉 자기 백성 가운데 거하시는 하나님이다(예. 출 25:8; 33:9-10). 하지만 솔로몬은 성전을 봉헌할 때조차도 땅에 있는 어떤 건물이라도 하나님의 영광스러운 임재를 담을 수 없음을 인정한다. "하나님이 참으로 땅에 거하시리이까? 하늘과 하늘들의 하늘이라도 주를 용납하지 못하겠거든 하물며 내가 건축한 이 성전이오리이까!"(왕상 8:27-30) 하나님의 우주적 임재와 자기 백성 가운데 거하시는 하나님의 임재 사이의 긴장은 우리가 교회를 "살아 계신 하나님의 성전"이라고 말할 때 약간 완화된다(고후 6:16). 하나님의 백성이 새 창조에서 하나님의 임재 안에 살아가는 것에 대한 기대 속에서 하늘과 땅은 점점 가까워졌다. 라이트가 표현하듯이, 바울의 "새 성전 교회론"은 지금 교회와 함께 시작된다.[57]

하나님의 건물은 "주 안에서 성전이 되어 가고…그의 성령으로 말미암아 하나님이 거하실 처소가 되기 위하여" 지어져 간다(엡 2:21-22; 참조. 고전 3:19). 마크 보닝턴(Mark Bonnington)이 말하듯이, 독자들이 거룩한 삶을 살도록 자극하려는 바울의 윤리적/목회적 관심은 왜 그가 성전 이미지를 사용하는지 그 이유를 설명해준다. 하지만 거룩한 삶은 그 근거가 되는 이미

---

57 N. T. Wright, *Pauline Perspectives*, 412.

지가 하나님의 거룩한 (그리고 관계적인) 임재의 현실에 근거하는 경우에만 의미가 있다.[58] 바울의 성전 신학에 반영된, 자신의 백성 가운데 계시는 거룩하신 하나님에 대한 신학(즉 임재)은 그의 윤리학의 궁극적인 원동력이다.

바울이 사용한 그리스도의 몸에 대한 이미지는 다메섹 도상에서 겪은 그의 체험에 기인하는 것 같다. 거기서 그리스도는 그 자신을 박해받는 그의 백성과 분명히 동일시하신다. "사울아, 사울아, 네가 어찌하여 나를 박해하느냐?"(행 9:4) 이 체험은 바울에게 확실히 깊은 인상을 남겼을 것이다. 바울은 그의 편지 전체에서 교회를 그리스도의 몸으로 밝힌다. "이와 같이 우리 많은 사람이 그리스도 안에서 한 몸이 되어 서로 지체가 되었느니라"(롬 12:5). 이것은 교회가 신자들의 집단 혹은 신자들의 몸이라고 말하는 것 이상이다. 그들은 "그리스도의 몸"으로 묘사될 수 있을 정도로 그리스도와 연합된다. 그리스도의 몸 안에서 각 사람은 그 몸의 한 부분이다(고전 12:27). 그리스도는 그분의 몸과 구별되지만, 교회는 그리스도와 친밀하게 연결되어 있다. 신자들은 "그의 몸의 지체"(엡 5:30) 또는 "그의 몸의 부분"이다(고전 12:12, 20). 몸의 "머리"(엡 1:22; 4:15; 골 1:18) 혹은 심지어 몸의 "구주"(엡 5:23)로서 그리스도는 그 몸의 하나 됨과 양육 및 성장을 가능하게 하신다(엡 4:15; 5:29-30; 참조. 골 2:19). 전체 이미지에는 그리스도 안에 있는 하나님의 관계적 임재의 대면이 스며들어 있다.

우리는 예수께서 예배 중에 그의 교회와 함께하시는 방식으로 하나님의 임재가 그분의 백성과 함께하시는 것을 본다. 하워드 마셜이 표현하듯

---

58 Bonnington, "New Temples in Corinth." Bonnington은 이렇게 쓴다. "성전은 하나님의 임재와 소유, 하나님의 거룩성, 그리고 중앙에 한정된 거룩한 장소의 실재에 관한 것이다. 이 모든 것은 하나님의 백성에게 개인적으로든지 집단적으로든지 거룩한 정결함을 요구한다"(159).

이, "회중이 하나님의 임재의 장소라면, 하나님은 그 회중 안에서 활동하신다." 그리고 여기서 바울은 "각기 다른 개인 안에서 성령의 다양한 활동을 통해 회중 안에 나타나는 영적인 선물 또는 은사에 대한 그의 사상을 발전시킨다."[59] 바울은 에베소서 4:1-13에서 이 점을 분명히 설명한다. 이 본문에서 우리는 부활하신 그리스도가 그의 몸에 은사를 받은 지도자들을 선물로 주셨다는 말씀을 읽는다. "이는 성도를 온전하게 하여 봉사의 일을 하게 하며 그리스도의 몸을 세우려 하심이라. 우리가 다 하나님의 아들을 믿는 것과 아는 일에 하나가 되어 온전한 사람을 이루어 그리스도의 장성한 분량이 충만한 데까지 이르리니"(엡 4:12-13). 영적인 선물의 목표는 그리스도를 닮는 것, 즉 신자의 삶에서 그리스도의 임재와 성품을 성숙하게 드러내는 것이다(참조. 엡 3:19). 이런 은사들이 올바르게 사용될 때, 고린도전서 14:24-25에 서술된 것처럼 궁극적으로 불신자들의 회심으로 이어진다. 그들의 회심의 절정은 "하나님이 참으로 너희 가운데 계시도다!"라는 고백이다(25절). 이 말은 이사야 45:14의 반영일 가능성이 크다. "그들이 네게 굴복하고 간구하기를, '하나님이 과연 네게 계시고 그 외에는 다른 하나님이 없다' 하리라"(참조. 슥 8:23). 바울은 교회(원래는 이사야서 본문의 이스라엘)를 통해 하나님이 외인들의 회심을 이루실 것이라고 암시하는 듯하다.[60] 신자들은 자기 백성 가운데 계시는 하나님의 임재에 대한 경험을 통해 그리스도에 대한 믿음에 이르게 될 것이다. 임재는 복음 전도에 불을 지핀다.

예배에는 주의 만찬을 기념하는 것은 물론이고 기도와 찬양도 포함되는데, 이 모든 것이 하나님의 관계적 임재에 대한 경험이다. 바울의 편지 전

---

59 Marshall, *New Testament Theology*(『신약성서 신학』, CH북스 역간), 456.
60 Ciampa and Rosner, "1 Corinthians," 743.

체에서 기도, 도고, 간구, 감사, 찬양은 초기 기독교 예배의 중요한 요소들이다.[61] 신자들은 기도와 찬양을 통해 하나님께 나아가고, 하나님과 관계를 맺으며, 하나님께 응답하고, 하나님의 뜻을 분별하고 그 뜻에 복종하며, 다양한 방법으로 그분의 관계적 임재를 경험한다. 예배가 초기 교회에서는 종종 가정을 배경으로 하여 발생했기에, 음식을 나누는 것은 그리스도의 희생적 죽음과 새 언약의 제정을 상징하는 주의 만찬의 떡과 잔을 나누는 것으로 변형되었다.[62] 그 밖에 주의 만찬이 의미하는 것이 무엇이든지 간에, 그것은 확실히 그리스도의 몸과 피에 참여하는 것(κοινωνία, 코이노니아)이었다(예. 고전 10:16-17; 11:20-24). 성만찬의 정확한 특성은 기독교 역사 내내 논의되어왔지만, 어떤 점에서 떡과 잔에 참여하는 것은 예배 중에 주의 임재를 경험하는 것이다. 이런 참여를 단지 그리스도의 죽음의 혜택에만 국한하려는 것은 너무 제한적인 것 같다. 벤 위더링턴이 말하듯이, "그리스도와의 진정한 영적 교제가 있는 것 같다."[63] 고린도전서 10:18-22에서 바울은 귀신과의 실제적인 영적 교제의 위험 때문에 우상의 축제에 가담하는 것을 경고한다.

마지막으로, 우리는 바울이 신자들에게 교회의 하나 됨을 유지하라고 권하는 방식에서 하나님의 임재를 본다. 임재의 이 측면은 앞에서 서술한 예배에서의 하나님의 임재와 밀접한 관련이 있다. 많은 지체를 가진 하나의 몸은 그리스도 안에서 한 몸이다(롬 12:4-5). 감사의 잔은 그리스도의 피에 참여하는 것이며, 떡은 많은 지체를 가진 그리스도의 몸에 참여하는 것,

---

61   예를 들어 롬 1:8; 고전 1:4; 14:16; 고후 1:3; 엡 1:3, 17; 3:14; 6:18. Hurtado, *Lord Jesus Christ*를 보라.
62   Marshall, *New Testament Theology*, 457.
63   Witherington, *Conflict and Community in Corinth*, 225.

즉 모두가 한 몸으로서 하나의 떡 덩이에 참여하는 것이다(고전 10:16-17). 한 성령으로 세례를 받은 사람들은 모두 한 몸인데, 그 이유는 모두가 한 성령을 받아 마시기 때문이다(고전 12:13). 그리스도와 합하여 세례를 받은 사람들은 다 그리스도로 옷 입었으며, 모두가 그리스도 안에서 하나다(갈 3:26-28). 그리스도로 말미암아 멀리 있던 사람들이 가까워졌고, 한 성령으로 말미암아 성부 하나님께 나아가게 되었다. 그들은 하나님의 백성과 동일한 시민이요, 그분의 가정의 구성원들이다(엡 2:17-19). 라이트가 말하듯이, "바울 안에서 무엇을 보든지, 당신은 그가 교회의 하나 됨을 주장하고, 그것을 위해 열정적으로 일하고 있음을 알게 된다."[64] 하나 됨은 그 중심에 있는 하나님의 관계적 임재를 함께 경험하는 것과 늘 연결된다. 이런 까닭에 예수는 징계하시는 분으로서 그분의 백성들 가운데 임재하신다. 우리는 이를 바울의 말에서 분명하게 읽을 수 있다. 바울은 배교한 사람들을 "우리 주 예수의 이름으로" 이미 심판했다고 말하며, 회중에게 "우리 주 예수의 능력이 임재하실"(고전 5:3-5) 때 그 사람을 징계하라고 요구한다. 이와 비슷하게 "합당하지 않게" 주의 떡을 먹고 주의 잔을 마시는 사람들은 "주의 몸과 피에 대하여 죄를 짓는 것"이며, 결과적으로 "그리스도의 몸을 분별하지 못하고 먹고 마시는 자는 자신에게 내려진 심판을 먹고 마시는 것이다"(고전 11:27-32).

메시아 예수의 공동체에 속한 구성원인 우리가 하나님의 관계적 임재를 어떻게 경험하는지에 대해서는 이보다 더 많은 것을 말할 수 있다. 하지만 우리는 핵심적인 내용을 언급했다. 교회에 대한 바울의 기본적인 정의는 공통된 믿음과 실천적인 삶을 초래하는 하나님의 임재를 함께 체험하

---

[64] N. T. Wright, *Pauline Perspectives*, 410.

는 것에 기초한다. 사도 바울은 하나님의 임재가 하나님의 백성의 정체성과 목적에 얼마나 근본적인지를 강조하기 위해 가족, 성전, 몸으로서의 교회에 대한 핵심적인 이미지들을 사용한다. 또한 우리는 하나님께서 그분의 백성들 가운데서 그리고 세상에서 그들을 통해 역사하실 때 그들의 예배 경험에서 그들 가운데 계시는 하나님의 임재를 본다.

하나님의 지속적인 임재

바울 서신에서 하나님의 지속적인 임재는 서로 관련되는 다음의 세 가지 방식으로 등장한다. (1) 하나님의 임재는 신자에게 새 생명을 가져다준다. (2) 하나님의 임재는 지속적인 은혜, 자비, 평강을 준다. (3) 하나님의 임재는 삶과 사역에서 신자들을 강하게 하고 그들에게 능력을 부여한다. 하나님은 사람들이 예수 그리스도와의 사귐을 통해 그분의 생명 안에 들어오게 하심으로써 첫 번째 방식을 지속하신다. 신자들을 불러 "그의 아들 우리 주 예수 그리스도와 사귐"을 갖게 하시는 하나님은 미쁘시다(고전 1:9). 이 관계적 언어로 인해 데이비드 갈랜드는 κοινωνία(코이노니아)를 "공통된 연합"(common-union)이라고 번역했는데, 그 이유는 그들이 "그리스도 안에 참여함(대상의 소유격)"에 대해 바울이 말하고 있기 때문이다.[65] 그래서 신자들은 처음에 회심할 때 하나님의 영적인 생명이라는 선물로 말미암아 그분의 지속적인 임재를 경험한다. 바울은 고린도전서 8:5-6에서 이것을 분명히 한다. "비록 하늘에나 땅에나 신이라 불리는 자가 있어 많은 신과 많은

---

65 Garland, *1 Corinthians*(『고린도전서』, 부흥과개혁사 역간), 35. Fee, *The First Epistle to the Corinthians*(『고린도전서』, 부흥과개혁사 역간), 45도 이와 비슷하다.

주가 있으나, 그러나 우리에게는 한 하나님 곧 아버지가 계시니, 만물이 그에게서 났고 우리도 그를 위하여 있고, 또한 한 주 예수 그리스도께서 계시니 만물이 그로 말미암고 우리도 그로 말미암아 있느니라."

하나님의 생명을 경험하는 사람들은 예수 그리스도를 통해 보여주신 하나님의 사랑으로 말미암아 하나님께 매여 있다. 피조물 중에 그리스도 예수 안에 있는 하나님의 사랑에서 하나님의 백성을 끊을 수 있는 것은 아무것도 없다(롬 8:35-39). 제임스 던(James Dunn)은 로마서 8장의 이 극적으로 강력한 단락에서 바울의 최종적 발언은 "하나님의 사랑이 이렇게 포용하고 지지하는 사람들에 대한 하나님의 **신실하심**을 믿는 바울의 확신을 가장 강한 어조로 요약한다"고 지적한다.[66] 서로 사랑함으로써 하나님의 사랑에 반응하는 사람은 "하나님이 그 사람을 알아주시며"(고전 8:3), "하나님이 알아주신다"는 것은 하나님의 지속적인 임재라는 기초에 또 다른 건물을 세우게 한다(갈 4:9; 딤후 2:19).[67]

하나님의 지속적인 임재는 신자에게 지속적인 은혜, 자비, 평강을 준다. 바울은 그의 그리스도인 독자들에게 그들이 단지 회심 때만이 아니라 그들의 영적 여정 내내 하나님의 생명을 받는다는 사실을 반복해서 상기시킨다. 그들은 하나님께서 계속해서 주시는 은혜, 자비, 평강을 경험한다. 우리는 주로 바울이 그의 편지들을 시작하고 마치는 독특한 방식을 통해 이를 확인한다. 신학적인 의미가 담긴 이 어구들은 하나님과 그분의 백성

---

66   Dunn, *Romans 1-8*(『로마서 1-8』, 솔로몬 역간), 508.
67   성서적인 의미에서 "안다"라는 말의 기저에 깔린 실재는 현대 영어의 용법으로는 간파하지 못하는 수준의 친밀함을 암시한다. Thiselton이 언급하듯이, "**아는 것**에 대한 정통 기독교의 과정은…**사랑하는 것**과 불가분리로 연결된다"(Thiselton, *First Epistle to the Corinthians*, 626). 하나님을 알고 하나님이 알아주시는 것은 면식이나 사실적인 지식 이상의 것을 암시한다. 하나님의 백성은 가능한 한 가장 심오한 관계적 방식으로 하나님께 속한다.

의 관계의 핵심을 반영하기 위해 단순한 표준적 편지의 관례를 넘어선다. χάρις(카리스, 은혜)와 평범한 유대인의 인사인 "샬롬"(εἰρήνη[에이레네, 평강]로 제시됨)을 사용하는 바울의 수정된 그리스어 인사말은 그의 모든 편지에 등장한다(롬 1:7; 고전 1:3; 고후 1:2; 갈 1:3; 엡 1:2; 빌 1:2; 골 1:2; 살전 1:1; 살후 1:2; 딤전 1:2; 딤후 1:2; 딛 1:4; 몬 3절). 디모데전후서에서 바울은 그 인사말에 "자비"(ἔλεος, 엘레오스)를 추가한다.

마찬가지로, 바울은 하나님께서 그의 독자들과 함께하시기를, 혹은 은혜 또는 평강과 같은 하나님의 능력 주시는 은사들 가운데 하나가 그의 독자들과 함께 있기를 구하는 기도로 그의 편지들을 마친다. 바울은 로마에 있는 그리스도인들에게 "평강의 하나님께서 너희 모든 사람과 함께 계실지어다"라고 말한다(롬 15:33). 바울은 다음 장에서 이렇게 약속한다. "평강의 하나님께서 속히 사탄을 너희 발아래에서 상하게 하시리라. 우리 주 예수의 은혜가 너희에게 있을지어다"(롬 16:20). 그는 다른 여러 곳에서 주 예수의 은혜가 그의 독자들과 함께 있기를 바라는 비슷한 기도를 사용한다(고전 16:23; 고후 13:14; 갈 6:18; 엡 6:24; 골 4:18; 살전 5:28; 살후 3:18; 딤전 6:21; 딤후 4:22; 딛 3:15; 몬 25절). 바울은 몇 군데에서 "은혜가 너희와 함께" 있기를 구하는 기도를 간략히 확장한다. "주 예수 그리스도의 은혜와 하나님의 사랑과 성령의 교통하심이 너희 무리와 함께 있을지어다"(고후 13:13). "우리 주 예수 그리스도를 변함없이 사랑하는 모든 자에게 은혜가 있을지어다"(엡 6:24). 또한 바울은 정기적으로 주의 은혜 또는 주 예수 그리스도의 은혜가 "너희 심령과 함께 있기"를 기도한다(갈 6:18; 빌 4:23; 딤후 4:22; 몬 25절). 이것은 동일한 기도를 개인화하는 한 방식이었을 것이다. 로널드 펑(Ronald Fung)은 독자들을 향한 바울의 바람은 그들이 "주 예수 그리스도가 은혜롭게 내주하시는 임재"를 경험하는 것이라고 말한다.[68] 하나님의 은혜와 사랑과 평강이 너희와 함께 있기를 기도하는 것은 "하나님이 너희와 함께 있기를 바란다"고 말하는 것이다. 하나님은 신자들에게 지속적으로 능력을 공급하시는 그 자신을 주신다.[69] 다시 말해서, 바울은 하나님이 그의 독자들과 함께 계실 것이라고 간단히 기도할 때도 있다. "사랑과 평강의 하나님이 너희와 함께 계시리라"(고후 13:11), "평강의 하나님이 너희와 함께 계시리라"(빌 4:9), "평강의 하나님이 친히 너희를 온전히 거룩하게 하시고"(살전 5:23), "평강의 주께서 친히 때마다 일마다 너희에게 평강을 주시고 주께서 너희 모든 사람과 함께하시기를 원하노라"(살후 3:16). 바울이 그의 편지들을 마무리하는 신학적으로 사려 깊은 방식은 이 공동체들과 함께하시는 하나님의 지속적인 임재에 대한 담대한 확신을 반영한다. 바울은 마치 그들을 하나님의 지속적인 돌보심에 맡기는 것이 그의 사도적 사역의 결정적인 부분인 것처럼 여기는 듯하다.

바울의 "육체의 가시"(고후 12:7) 때문에 하나님의 지속적인 은혜라는 그분의 선물은 바울에게 내재적으로 개인적인 것으로 남아 있었다. "이것이 내게서 떠나가게 하기 위하여 내가 세 번 주께 간구하였더니, 나에게 이르시기를, '내 은혜가 네게 족하도다. 이는 내 능력이 약한 데서 온전하여짐이라' 하신지라"(고후 12:8-9). 하나님의 은혜로운 임재는 특히 시련과 고난의 때에 그리스도인들을 지원한다(예. 고후 8:1-5). 이런 경험은 하나님의 지속적인 은혜 안에 "서 있는" 증거의 결과로 작용한다(롬 5:2). 하나님의 은혜 안에 사는 것과 밀접하게 관련된 것은 하나님이 그의 임재와 함께 신

---

68 Fung, *The Epistle to the Galatians*, 315.
69 Fung, *The Epistle to the Galatians*, 315.

자들을 어떻게 지탱해주시는가에 대한, 즉 하나님의 임재가 삶과 사역에서 신자들을 어떻게 강하게 하고 능력을 주시는가에 대한 최종 범주다.

바울에 따르면, 하나님께서 언제나 그분의 백성을 도우시는 것은 그분이 자기 백성을 강하게 하시고, 능력을 주시며, 그들에게 필요한 것을 공급하시고, 그들을 위로하고 격려하며 보호하시는 방식으로 나타난다. 하나님의 지속적인 임재의 서로 관련된 이런 측면들은 반드시 앞에서 언급한 성령의 현존하는 도우심에 대한 바울의 강력한 강조와 함께 이해해야 한다. 첫째, 하나님은 그분의 백성을 강하게 하시고 능력을 주신다. 바울은 하나님을 "나의 복음과 예수 그리스도를 전파함으로 말미암아…너희를 능히 견고하게 하실" 분으로서 특징짓는 짤막한 찬가로써 로마서를 마무리한다(롬 16:25). 우리는 데살로니가 교회에 보낸 편지에서 하나님이 여러 상황에서 힘을 주실 것이라는 비슷한 기도를 본다. "너희 마음을 굳건하게 하시고"(살전 3:13), "우리 주 예수 그리스도와 우리를 사랑하시고 영원한 위로와 좋은 소망을 은혜로 주신 하나님 우리 아버지께서 너희 마음을 위로하시고 모든 선한 일과 말에 굳건하게 하시기를 원하노라"(살후 2:16-17), "주는 미쁘사 너희를 굳건하게 하시고 악한 자에게서 지키시리라"(살후 3:3). 주 안에서 강하라는 명령이나 하나님 또는 주 예수께서 주시는 강함에 대한 감사의 내용 역시 바울 서신에 자주 등장한다. "너희가 주 안에서와 그 힘의 능력으로 강건하여지고"(엡 6:10), "내게 능력 주시는 자 안에서 내가 모든 것을 할 수 있느니라"(빌 4:13), "나를 능하게 하신 그리스도 예수 우리 주께 내가 감사함은"(딤전 1:12), "주께서 내 곁에 서서 나에게 힘을 주심은"(딤후 4:17).

바울은 자신의 삶에서 하나님께서 지속적으로 견고하게 하심을 증언했다. 그는 독자들 역시 특히 영적 전쟁에 임할 때 하나님께서 지속적으로 견고하게 하심을 경험하기를 기도한다. 사도 바울은 고린도 교회에 그가 이 세상의 무기가 아니라 "어떤 견고한 진도 무너뜨리는 하나님의 능력"으로 싸우는 영적 전쟁을 치르고 있음을 일깨울 수 있었다(고후 10:4). 그리고 그는 에베소 교회에 그들이 마귀의 궤계를 맞설 수 있는 "하나님의 전신갑주"를 가지고 있음을 상기시킨다(엡 6:10-11, 13). 하나님께서 지속적으로 견고하게 하시는 것은 단지 사도만의 특권이 아니다. 이는 오히려 지금 진리, 의, 평안의 복음, 믿음, 구원의 확신과 하나님의 말씀인 성령의 검, 기도 등 다양한 방법으로 모든 신자에게 주어진 것이다(엡 6:14-18). 좀 더 일반적으로, 바울은 하나님께서 그분의 백성 가운데서 언제나 강하게 역사하신다고 주장한다. "하나님을 사랑하는 자 곧 그의 뜻대로 부르심을 입은 자들에게는 모든 것이 합력하여 선을 이루느니라"(συνεργέω, 쉬네르게오)(롬 8:28), "그의 힘의 위력으로 역사하심을 따라 믿는 우리에게 베푸신 능력의 지극히 크심이 어떠한 것을 너희로 알게 하시기를 구하노라"(엡 1:19; 참조. 골 1:29).

우리는 하나님께서 그분의 자녀들을 위해 제공하시는 방법에서도 하나님의 지속적인 임재를 본다. "자기 아들을 아끼지 아니하시고 우리 모든 사람을 위하여 내주신" 분이 "모든 것을 우리에게 은혜롭게 주"실 것이다(롬 8:32). 더글러스 무는 여기서 "모든 것"을 구원에 제한해서는 안 되며, "최종적인 구원을 향해 가는 길에서 우리가 요구하는 영적이고 물리적인 모든 복"이 포함되어야 한다고 주장한다.[70] 바울은 고린도 교회에 "하나님이 능히 모든 은혜를 너희에게 넘치게 하시나니, 이는 너희로 모든 일에 항상 모든 것이 넉넉하여 모든 착한 일을 넘치게 하게 하려 하심이라"는 점

70　Moo, *The Epistle to the Romans*, 541.

을 상기시키며(고후 9:8), 하나님께서 그들의 씨를 공급하시고, 그들의 추수를 풍성하게 하여 그들이 다른 사람들에게 후히 줄 수 있게 하실 것임을 강조한다(9:9-11). 바울은 빌립보 교회에 "하나님이 그리스도 예수 안에서 영광 가운데 그 풍성한 대로 너희 모든 쓸 것을 채우시리라"고 분명히 말한다(빌 4:19). 고든 피는 다음과 같이 요약한다. "따라서 이 편지의 본론에서 최종적인 발언은 이것이다. '그의 영광의 부요함을 계속 유지하기 위해 당신에게 필요한 모든 것은 당신이 그리스도 예수 안에서 얼마든지 활용 가능하게 되었다.' 이것은 모든 것을 말해준다. 첨가할 수 있는 것은 아무것도 없다."[71] 우리는 여기서 하나님의 영광스러운 임재("그분의 영광의 풍성함을 따라")와 하나님의 지속적인 임재가 그리스도 예수 안에서 우리의 모든 필요를 충족시키시는 것 사이에 분명한 연결이 있음을 본다. 필요를 채워주시는 분으로서의 하나님에 대한 바울의 확신은 그의 동역자들에게 주는 그의 교훈에서도 표현된다. "네가 이 세대에서 부한 자들을 명하여 마음을 높이지 말고 정함이 없는 재물에 소망을 두지 말고 오직 우리에게 모든 것을 후히 주사 누리게 하시는 하나님께 두며"(딤전 6:17). 하나님의 지속적인 공급은 사도 바울의 생애와 사역에 스며들어 있다.

하나님의 지속적인 임재는 하나님께서 그분의 백성을 위로하고 격려하는 것을 의미하기도 한다. 이것은 고린도후서에서 가장 두드러지게 나타나는데, 이곳에서는 "위로"가 주요 강조점이다.[72] 하나님은 "자비의 아버지시요, 모든 위로의 하나님이시며, 우리의 모든 환난 중에서 우리를 위로하"는 분이다(고후 1:3-4). 성부 하나님에게서 비롯된 이 위로는 "그리스도로

---

71 Fee, *Paul's Letter to the Philippians*, 454-55.
72 고린도후서에는 하나님 혹은 그리스도께서 신자들에게 주시는 "위로"를 지칭하기 위해 명사 παράκλησις(파라클레시스)와 동사 παρακαλέω(파라칼레오)가 여러 번 사용된다.

말미암아 넘친다"(고후 1:5). 바울은 나중에 고린도후서 7장에서 하나님을 "낙심한 자들을 위로하시는 하나님"으로 묘사한다(6절). 이 경우에, 바울은 디도의 귀환과 고린도 교회가 이 동역자에게 준 위로로 말미암아 하나님의 위로를 경험했다. 바울은 빌립보서 2장에서 그의 장엄한 그리스도 찬양시를 "그러므로 그리스도 안에 무슨 권면이나 사랑의 무슨 위로나 성령의 무슨 교제나 긍휼이나 자비가 있거든"(빌 2:1)이라는 근본적인 조건절로 시작한다. 그리스도와의 연합은 그분의 지속적인 사랑으로부터 격려와 위로를 가져다준다. 바울의 경우처럼, 위로는 이 세상의 고난 및 환난과 상반된다(참조. 빌 1:29-30). 또한 바울은 그의 독자들이 하나님의 격려와 위로를 경험하게 되기를 기도한다. "이제 인내와 위로의 하나님이 너희로 그리스도 예수를 본받아 서로 뜻이 같게 하여 주사"(롬 15:5), "우리 주 예수 그리스도와 우리를 사랑하시고 영원한 위로와 좋은 소망을 은혜로 주신 하나님 우리 아버지께서 너희 마음을 위로하시고 모든 선한 일과 말에 굳건하게 하시기를 원하노라"(살후 2:16-17). 이런 예들은 신자들이 예수 그리스도로 말미암아 하나님의 격려와 위로를 경험하고 있음을 바울이 얼마나 강조하는지를 보여주는 몇몇 예에 불과하다.

하나님의 지속적인 임재는 하나님의 백성에 대한 그분의 보호와 구원도 포함한다. 이것은 하나님의 백성이 예수의 제자가 될 때 그들에 대한 하나님의 첫 구원을 가리킬 수 있다. 골로새서 1:13에 이렇게 언급되었듯이 말이다. "그가 우리를 흑암의 권세에서 건져내사 그의 사랑의 아들의 나라로 옮기셨으니." 하나님의 지속적인 임재는 복음의 사명을 추구하는 데 있어 하나님의 지속적인 보호를 가리킬 수도 있다. 이런 의미에서 바울은 때때로 육체적 구원에 대해 말한다. 고린도후서의 시작에서 이렇게 말하는 것처럼 말이다. "그가 이같이 큰 사망에서 우리를 건지셨고 또 건지실 것이며 이후에도 건지시기를 그에게 바라노라. 너희도 우리를 위하여 간구함으로 도우라"(고후 1:10-11). 또한 바울은 디모데에게 이렇게 말한다. "나의 교훈과 행실과 의향과 믿음과 오래 참음과 사랑과 인내와 박해를 받음과 고난과 또한 안디옥과 이고니온과 루스드라에서 당한 일과 어떠한 박해를 받은 것을 네가 과연 보고 알았거니와 주께서 이 모든 것 가운데서 나를 건지셨느니라"(딤후 3:10-11). 그리고 바울은 다른 상황에서 특성상 영적인 구원에 대해서도 말한다. 디모데후서를 마무리하면서 바울은 신체적이고 영적인 구원을 모두 암시한다. "주께서 내 곁에 서서 나에게 힘을 주심은 나로 말미암아 선포된 말씀이 온전히 전파되어 모든 이방인이 듣게 하심이니 내가 사자의 입에서 건짐을 받았느니라. 주께서 나를 모든 악한 일에서 건져내시고 또 그의 천국에 들어가도록 구원하시리니, 그에게 영광이 세세 무궁토록 있을지어다. 아멘"(딤후 4:17-18). 이 본문에서처럼, 미래에 있을 영적인 구원에 대한 언급은 하나님의 종말론적인 임재를 종종 가리킨다. 또한 데살로니가전서를 시작하는 장에서 바울은 독자들에게 그리스도에 대한 그들의 믿음이 끼치는 공적인 영향에 대해 말하면서 "장래의 노하심에서 우리를 건지시는 예수"를 언급한다(살전 1:10). 하나님의 종말론적 임재에 대해 좀 더 자세히 탐구하기 전에 우리는 하나님께서 그분의 백성들을 보호하시는 방법 하나를 더 언급하려고 한다. 그것은 성령과 예수께서 하늘로부터 그들을 위해 간구하신다는 것이다. "마음을 살피시는 이가 성령의 생각을 아시나니, 이는 성령이 하나님의 뜻대로 성도를 위하여 간구하심이니라.…죽으실 뿐 아니라 다시 살아나신 이는 그리스도 예수시니, 그는 하나님 우편에 계신 자요, 우리를 위하여 간구하시는 자시니라"(롬 8:27, 34).[73]

---

73 예수의 중보자적 역할은 히브리서에서 대제사장으로서의 예수에 대한 묘사로 더욱 발전된

하나님의 종말론적 임재

사도 바울이 이해하기에, 하나님의 거대한 이야기의 결론은 강력한 강처럼 그의 교훈을 가로지른다. 바울은 그의 사상에 있어서 철저히 종말론적인데, 그 이유는 그가 하나님께서 그리스도 안에서 행하신 일이 미래에 중대한 영향을 미칠 것이라고 믿기 때문이다. 예수 안에서 하나님의 성육신적 임재의 궁극적인 결과는 하나님의 백성이 새 창조에서 하나님과 함께 누리는 영광스러운 미래를 기대할 수 있다는 것이다. 예수의 생애, 죽음, 부활은 결코 끝이 아닌, 이야기의 아름다운 결말을 시작했다. 바울 서신에서 하나님의 종말론적 임재는 최종적인 구속 또는 구원, 그리스도의 재림과 신자들의 몸의 부활, 최후의 심판(하나님의 임재의 상실 또는 하나님의 임재 안에서 누리는 영생), 그리고 신자들의 미래와 하나님의 영광스러운 임재의 최종적 경험에 대한 강조를 포함한다.

바울은 그의 위대한 두 개요서인 로마서와 에베소서에서 하나님의 관계적 임재를 부각시키는 방식으로 구속과 구원의 최종성을 강조한다. 로마서 8장에서 바울은 신자들이 어떻게 "속으로 탄식하여 양자 될 것 곧 우리 몸의 속량을 기다리"고 있는지, 그리고 이 "소망"이 우리가 아직 갖지 못한 것을 받는다는 확신에 찬 기대를 품고 있는지에 대해 말한다(롬 8:23-24; 참조. 골 1:5). 이런 기대는 하나님의 임재 안에서 누릴 영생에 어울리는 변화된 몸의 부활에 속한다. 에베소서 1장에서 바울은 성령을 이 세대와 장차 올 세대 사이의 관계적 연결로서 언급한다. "약속의 성령으로 인치심을 받았으니, 이는 우리 기업의 보증이 되사 그 얻으신 것을 속량하시고 그

다(예. 히 7:25; 9:24).

의 영광을 찬송하게 하려 하심이라"(엡 1:13-14). 바울은 나중에 에베소서에서 "너희가 구원의 날까지 인치심을 받은 하나님의 성령"에 대해 쓴다(엡 4:30). 신자들은 "그 기쁘신 뜻대로 우리를 예정하사 예수 그리스도로 말미암아 자기의 아들들[과 딸들]이 되게 하셨"다는 의미에서 "하나님의 소유"다(엡 1:5; 참조. 출 19:5; 신 14:2; 말 3:17; 벧전 2:9). 신자들은 성령에 의해 효력이 나타난 예수 그리스도를 통해 하나님과 관계를 맺는다. 그들은 언젠가 완전하게 될 것이고 온전히 구속함을 얻을 것이다. 이것은 하나님께서 이미 그분께 속한 사람들을 영원한 소유로 삼으신다는 뜻이다. 신자들은 하나님의 영광스러운 임재 안에서 영원히 살 것이다.

바울은 신학적으로 미래 시제를 사용하여 구원을 언급한다. 로마서 13장에서 바울은 신자들이 잠에서 깰 때가 되었다는 점에 주목한다. "이는 이제 우리의 구원이 처음 믿을 때보다 가까웠음이라. 밤이 깊고 낮이 가까웠으니"(롬 13:11-12). 이 문맥에서 바울은 그의 독자들에게 지금 거룩한 삶을 살라고 촉구하기 위해 미래의 구원에 대한 종말론적 확신을 사용한다. "낮/날"이라는 표현에서 구약 신학에 등장하는 미래의 심판과 구원의 때인 "야웨의 날"에 대한 암시를 보는 것은 그다지 어렵지 않다. 바울은 이 중요한 사건을 종종 암시한다(예. 롬 13:12-13; 고전 1:8; 5:5; 고후 1:14; 빌 1:6, 10; 2:16; 살전 5:2, 4; 살후 1:10; 2:2; 딤후 1:12, 18; 4:8). 이날은 신자들이 "구원을 받을" 날이며(빌 1:28), "그리스도 예수 안에 있는 구원을 영원한 영광과 함께 받게" 될 날이다(딤후 2:10).

최종적인 구원은 "영원한 영광"과 함께 온다. 이것은 하나님의 영광스러운 임재를 나타내는 하나님의 영광, 엄위, 광채를 영원한 상태에서 누리게 된다는 것을 의미한다. 앞에서 언급했듯이, "영광"은 하나님의 임재와 동의어로 사용되곤 한다. 로마서 5:2에서 바울은 "하나님의 영광을 바라며" 자랑하는 것에 대해 말한다. 이것은 그리스도인들이 "하나님의 영광스러운 생명에 참여할" 수 있게 되었음을 가리킬 것이다(참조. 벧전 5:10).[74] 신자들은 이생에서 주의 영광을 생각할 때 다음과 같은 과정에 있는 것이다. "그와 같은 형상으로 변화하여 영광에서 영광에 이르니 곧 주의 영으로 말미암음이니라(고후 3:18). 고든 피는 이 과정의 중요성을 다음과 같이 표현한다. "우리는 성령이 주시는 자유 안에서 하나님의 영광, 즉 우리 주 예수 그리스도의 얼굴에서 우리에게 분명하게 드러난 영광을 보았다. 또한 우리는 그 영광을 체험하게 되었으며, 마지막 영광에 이를 때까지 그 영광을 점점 더 많이 체험하게 될 것이다."[75] 언젠가 신자들은 그들의 생명이신 그리스도와 함께 영광 중에 나타날 것이다(골 3:4). 신자들은 주 예수 그리스도의 영광에 참여할 것이다(살후 2:14). 그들은 주의 임재에 참여할 것이다.

그리스도의 재림과 신자들의 몸의 부활은 바울 서신에서 하나님의 종말론적 임재의 중심을 이룬다. 신자들은 "복스러운 소망과 우리의 크신 하나님 구주 예수 그리스도의 영광이 나타나심"을 기다리고 있다(딛 2:13). 간단히 말해서, 신자들은 땅에 그리스도의 영광스러운 재림이 임하기를 기다리고 있다(고전 1:7; 빌 3:20; 살전 1:10; 2:19; 3:13; 4:16). 그리스도께서 오실 때 신자들은 장차 올 하나님의 진노가 아니라 최종적인 구원을 받을 것이다(살전 1:10; 5:9). 그리스도의 재림의 목적은 자기 백성을 그에게 모으시고 그들과 함께 영원히 사는 것이다. "주께서 호령과 천사장의 소리와 하나님의 나팔 소리로 친히 하늘로부터 강림하시리니, 그리스도 안에서 죽은 자들이 먼저 일어나고, 그 후에 우리 살아 남은 자들도 그들과 함께 구름 속으

---

74 Fitzmyer, *Romans*(『로마서』, 기독교문서선교회 역간), 396.
75 Fee, *God's Empowering Spirit*, 319.

로 끌어 올려 공중에서 주를 영접하게 하시리니, 그리하여 우리가 항상 주와 함께 있으리라"(살전 4:16-17; 참조. 살후 2:1). 브루스는 "구름" 속으로 끌어 올려진다는 이미지가 "성서적 신현의 일반적 특징"인 구름의 이미지를 연상시킨다고 말한다.[76] 구약성서에서 하나님의 신적 영광은 종종 구름에 임하며 구름에서 빛을 발하곤 했다(예. 출 19:16; 40:34; 왕상 8:10-11; 단 7:13). 우리는 하나님의 임재의 구름이 예수의 변용과 승천에서도 나타나는 것을 본다(막 9:7; 행 1:9). 불신자들은 "주의 얼굴과 그의 힘의 영광을 떠나 영원한 멸망의 형벌을 받"을 것이지만(살후 1:9), 신자들은 예수께서 강림하실 때 "하나님 우리 아버지 앞에서 거룩함에 흠이 없게"(살전 3:13) 될 것이다(참조. 살전 5:23; 고전 1:7-8; 빌 1:10; 딤전 6:14). 따라서 주 안에서 살아 있든지 잠자든지, 신자들은 늘 그들의 주님과 함께 살 것이다(살전 5:10). 재림은 궁극적으로 신자들에게 영원한 재연합을 가져다준다.

재림과 영원한 재연합 사이에 신자들의 몸의 부활이 있다. 신자들은 그리스도의 죽음에 참여했듯이, 그분의 부활에도 참여할 것이다(롬 6:5). 바울은 빌립보서에서 죽은 자들로부터 부활을 얻을 것(빌 3:10-11)과 우리의 낮은 몸이 부활하신 우리 주님의 몸처럼 영광스러운 몸으로 변화될 때를 기대했다(3:20-21). 바울은 고린도전서 15장에서 부활의 몸의 본질에 대한 자신의 주장을 더욱 완전하게 전개한다. 바울은 그리스도 안에서 "모든 사람이 살아날 것"이라고 말한다(고전 15:22). 그리고 이 부활은 순식간에 발생할 것이다. "우리가 다 잠잘 것이 아니요, 마지막 나팔에 순식간에 홀연히 다 변화되리니, 나팔 소리가 나매 죽은 자들이 썩지 아니할 것으로 다시 살아나고 우리도 변화되리라"(고전 15:51-52). 바울의 견고한 확신은 이것

---

76 Bruce, *1 and 2 Thessalonians*(『데살로니가전후서』, 솔로몬 역간), 102.

이다. "주 예수를 다시 살리신 이가 예수와 함께 우리도 다시 살리사 너희와 함께 그 앞에 서게 하실 줄을 아노라"(고후 4:14). 주님께서 그 백성과 **함께** 오실 때 주의 "임재 앞에 있게" 될 것이라는 이 소망은 바울의 사역에서 중요한 동기가 되었다(살전 2:19).[77] 주와 다시 연합하는 것으로서 부활은 하나님의 임재에 대한 영원한 경험을 의미할 것이다.

애석하게도, 예수의 재림에는 부정적인 측면이 있으며, 바울은 불신자들에게 장차 임할 심판과 하나님의 임재의 상실의 현실을 선포하는 것을 부끄러워하지 않는다. 바울은 "진노의 날 곧 하나님의 의로우신 심판이 나타나는 그날"이 임할 것을 말한다(롬 2:5). 계속 선을 행하는 사람들에게 하나님은 영생을 주실 것이다. 하지만 진리를 저버리고 악을 따르는 사람들에게는 하나님의 진노와 분노가 임할 것이다(2:7-8). 이것은 "하나님이 예수 그리스도로 말미암아 사람들의 은밀한 것을 심판하시는 그날"에 발생할 것이다(롬 2:16). 모든 사람이 하나님의 심판대 앞에 서고, 모든 무릎이 꿇으며, 모든 혀가 하나님을 인정할 것이다(롬 14:10-12). 예수께서 다시 오실 때, "그가 어둠에 감추인 것들을 드러내고 마음의 뜻을 나타내"실 것이다(고전 4:5). 불순종하는 사람들은 그리스도와 하나님의 나라에서 기업을 받지 못할 것이며, 하나님의 진노를 받을 것이다(엡 5:5-6). 바울은 데살로니가후서에서 구체적으로 임재의 상실이라는 측면에서 장차 임할 하나님의 심판을 묘사한다. "환난을 받는 너희에게는 우리와 함께 안식으로 갚으시는 것이 하나님의 공의시니, 주 예수께서 자기의 능력의 천사들과 함께

77　"임재 앞에 있다"라는 표현은 Fee, *The First and Second Letters to the Thessalonians*, 108에서 가져왔다. Bruce는 그리스도의 재림을 묘사하기 위해 사용된 παρουσία(파루시아)라는 용어가 데살로니가에 보낸 편지들에는 여섯 번 등장하고(살전 2:19; 3:13; 4:15; 5:23; 살후 2:1, 8), 바울의 다른 편지들에서는 고전 15:23에만 등장한다는 점에 주목한다(Bruce, *1 and 2 Thessalonians*, 57).

하늘로부터 불꽃 가운데에 나타나실 때에 하나님을 모르는 자들과 우리 주 예수의 복음에 복종하지 않는 자들에게 형벌을 내리시리니, 이런 자들은 **주의 얼굴과 그의 힘의 영광을 떠나** 영원한 멸망의 형벌을 받으리로다. 그 날에 그가 강림하사 그의 성도들에게서 영광을 받으시고 모든 믿는 자들에게서 놀랍게 여김을 얻으시리니"(살후 1:7-10). 바울은 여기서 이사야 2:10, 19, 21을 암시하고 있다. 이 본문에서 주의 날에 악한 자들은 "바위 틈에 들어가며 진토에 숨어 여호와의 위엄과 그 광대하심의 영광을 피하라"는 명령을 받는다.[78] 제프리 와이마(Jeffrey Weima)는 다음과 같은 결론을 내린다. "그러므로 데살로니가에서 그리스도인들을 박해하는 사람들은…그리스도의 이 영광스럽고 강력한 임재로부터 영원히 끊어질 것이다. 이것은 '항상 주와 함께 있을' 데살로니가 신자들의 운명과 날카롭게 대조된다(살전 4:17; 참조. 5:10)."[79]

불신자들은 주님의 정죄를 받게 되지만, 하나님의 백성은 장차 올 이 진노에서 구원을 받을 것이다(살전 1:10). 하나님은 그분의 백성에게 칭찬과 상을 주실 것이다. 주님께서 오실 때 "각 사람에게 하나님으로부터 칭찬이 있으리라"(고전 4:5). 이 상은 "기업"이 될 것이다(골 3:24). 바울은 구약의 기업 용어를 사용함으로써 하나님의 백성이 하나님이 약속하신 땅을 기업으로 받을 것이라는 이 개념을 활용한다. 하지만 신약성서에서 "기업"은 하나님 나라(예. 마 25:34; 고전 6:9-10; 15:50; 갈 5:21) 및 왕 자신과 종종 연결된

---

78   Weima, "1-2 Thessalonians," 885.
79   Weima, "1-2 Thessalonians," 885. G. Green은 **주의 임재**가 구약성서와 요한계시록의 여러 본문에서 하나님의 심판과 연결된다(민 16:46; 삿 5:5; 시 34:16[33:17]; 96:13[95:13]; 렘 4:26; 겔 38:20; 계 6:16; 20:11)"는 점에 주목한다. Green은 살후 1:9에서 바울은 "불순종하는 사람들이 주의 **임재**에서 쫓겨날 뿐만 아니라 이 **임재**로부터 **영원한 멸망**이 나온다"는 진리를 전달한다고 바르게 결론을 내린다(G. Green, *The Letters to the Thessalonians*, 293).

다. 구약 배경은 이런 읽기를 뒷받침한다. 우리는 신명기 10:9에서 "레위는 그의 형제 중에 분깃이 없으며 기업이 없고 네 하나님 여호와께서 그에게 말씀하심 같이 여호와가 그의 기업이시니라"라는 말씀을 읽는다. 하나님의 임재를 그들의 분깃으로 상속받는 하나님의 백성은 구약성서에서 흔하다(예. 민 18:20; 시 16:5; 렘 10:16; 51:19). 바울이 언급하는 이 "유산"은 그 중심이 관계적이다. 바울은 빌립보 교회에 "그리스도 예수께 잡힌 바 된 그것을 잡으려고…푯대를 향하여 그리스도 예수 안에서 하나님이 위에서 부르신 부름의 상을 위하여" 달려간다고 말한다(빌 3:12-14). 그리스도께서 바울을 사로잡으셨으며, 이제는 바울이 그리스도와 그분의 분깃과 기업을 붙잡을 것이다. 에베소서 1:18에서 바울은 "그의 부르심의 소망이 무엇이며 성도 안에서 그 기업의 영광의 풍성함이 무엇"인지를 안다고 말할 때 약간 다른 각도에서 동일한 실제를 바라본다(참조. 골 1:12). 바울은 디모데에게 예수께서 그를 모든 악한 일에서 건져내시고 그분의 천국에 안전하게 들어가게 하실 것이라고 말한다(딤후 4:18). 또한 바울은 그가 받을 하늘의 기업을 묘사하기 위해 좀 더 친숙한 요한의 표현인 "영생"을 사용한다(예. 롬 2:7; 6:22-23; 딤전 1:16; 6:12; 딛 3:7).

바울의 종말론은 신자들이 새 창조에서 하나님의 영광스러운 임재에 참여하는 것을 묘사하는 데서 절정에 이른다. 이 "복스러운 소망"은 "우리의 크신 하나님 구주 예수 그리스도의 영광이 나타나심"이다(딛 2:13). 인격적으로 묘사된 "영광"이 예수의 재림과 함께 마지막 날에 나타날 때, 우리의 소망은 완전히 실현될 것이다. 하나님의 자녀와 상속자로서 그리스도의 고난에 참여하는 것은 그분의 영광에 참여하는 것도 의미한다. 이는 그분의 영광스러운 임재를 영원히 누리는 것을 가리킬 것이다(롬 8:17; 참조. 8:30; 9:23; 고후 4:17; 골 1:27; 벧전 4:13; 5:1). 이렇듯 장차 하나님의 영광스러운 임재에 참여하는 까닭에, 신자들은 바울과 함께 그들이 살든지 죽든지 그리스도의 것이며 그리스도와 영원히 함께 있을 것이라고 말할 수 있다(롬 14:8; 참조. 고전 15:23; 빌 1:21-24; 딤후 2:11).

히브리서와 일반 서신

이 모음집은 우리에게 "초기 교회의 신학적 사상의 풍성함에 대한 귀중하고 실제로 없어서는 안 되는 증거"를 제시해준다.[80] 이 편지들은 다양한 신학적 내용을 강조하고 있지만(예. 히브리서의 그리스도의 제사장직, 베드로전서의 교회론, 야고보서의 믿음의 실천적 문제, 베드로후서와 유다서의 종말론 등), 기독교 신앙에 대한 이 편지들의 중심적인 이해가 아름답게 조화를 이루고 있다. 아래의 논의에서 증명되겠지만, 하나님의 관계적 임재라는 주제는 강력하고 통합적인 방식으로 이 편지들을 관통한다. 본문을 자세히 연구해보면, 바울이 그의 서신에서 사용한 것과 비슷한 하나님의 임재에 관한 범주들이 드러날 것이다. 이 단락은 그리스도의 성육신과 대제사장직, 그분의 자기 계시와 구원의 제공, 자신의 백성 가운데 거하시는 그분의 지속적인 임재, 성령의 임재, 그리고 하나님의 종말론적 임재를 통해 하나님의 관계적 임재를 개관한다.

---

80 Marshall, *New Testament Theology*, 704. Marshall은 일반 서신의 신학적 공헌에 대한 유익한 개관을 제시해준다(30장).

하나님의 성육신적 임재

히브리서는 우리 가운데 거하시는 하나님의 성육신적 임재로서의 예수에 관한 강력한 진술로 시작한다. "옛적에 선지자들을 통하여 여러 부분과 여러 모양으로 우리 조상들에게 말씀하신 하나님이 이 모든 날 마지막에는 아들을 통하여 우리에게 말씀하셨으니"(히 1:1-2). 그 아들은 "하나님의 영광의 광채시요 그 본체의 형상이시다"(1:3). 그분은 하나님의 백성에게 주시는 하나님의 말씀의 궁극적인 표현이다. 조지 거스리(George Guthrie)는 히브리서 1:2b-4의 교차 대구 구조가 하나님의 말씀이신 그리스도께 어떻게 주의를 기울이는지를 관찰한다.

A 하나님은 그리스도를 상속자로 삼으셨다	보좌에 앉음
B 하나님은 그리스도를 통해 세상을 지으셨다	우주적 행위
C 그리스도는 하나님의 영광의 광채시다	하나님과의 관계
C′ 그리스도는 하나님의 표를 지니고 계신다	하나님과의 관계
B′ 그리스도는 세상을 다스리신다	우주적 행위
(죄를 정결케 하신다)	(성육신)
A′ 그리스도는 하나님의 우편에 앉으셨다	보좌에 앉음[81]

하나님의 아들은 하나님의 영광의 (막연한 반영이 아니라) 광채시다. 그분은 하나님의 본질 또는 본질적 특성(ὑπόστασις, 휘포스타시스)을 계시하신다.[82]

---

81 Guthrie, *Hebrews*(『NIV 적용주석 히브리서』, 솔로몬 역간), 55. Guthrie는 Ellingworth, *The Epistle to the Hebrews*, 95에 제시된 구조를 수정한다.
82 BDAG 1040; Louw and Nida, *Greek-English Lexicon of the New Testament*, 584.

우리에게 주시는 하나님의 말씀으로서의 예수는 "하나님의 인격과 임재의 나타남"이다.[83] 하나님이 말씀하셨다. 그런데 그분은 말씀이 육신이 된 그분의 아들을 통해 말씀하셨다.

히브리서의 또 다른 강조점은 하나님의 성육신적 임재와 관련하여 문제의 핵심을 찌른다. 즉 그 아들이 어떻게 우리와 인간성을 공유하시는지의 문제다. 그분은 말씀이 육신이 되신 분, 우리처럼 되신(즉 완전한 인간이 되신) 말씀이시다. 그래서 우리는 하나님의 임재의 완전한 유익과 복을 경험할 수 있다. 히브리서 저자는 "자녀라면 혈육에 속하였으므로", 예수 역시 "자녀들의 인간성을 경험하셨으며", 그래서 죽음으로써 마귀의 권세를 깨뜨리시고 죄와 사망에 종노릇하는 사람들을 놓아주셨다고 말한다(히 2:14-15). 저자는 계속해서 이렇게 말한다. "그러므로 그가 범사에 형제들과 같이 되심이 마땅하도다. 이는 하나님의 일에 자비하고 신실한 대제사장이 되어 백성의 죄를 속량하려 하심이라"(2:17). 거룩하게 하시는 이와 거룩함을 입은 자들은 "동일한 가족에 속한다"(2:11). 예수를 향한 하나님의 뜻으로 인해 예수는 완전한 인간이 되셨다(10:5: "당신은 나를 위해 한 몸을 예비하셨나이다"; 참조. 시 39:7 LXX).[84] 아버지의 뜻을 행한다는 것은 완전한 인간성을 취하신다는 의미다(10:5, 7, 9; 참조. 시 39:6-8 LXX). 예수 안에 임한 하나님의 성육신적 임재는 그리스도 안에서 행하신 하나님의 구원 행위의 나머지 부분에 대한 초석을 제공한다.

---

83 Guthrie, *Hebrews*, 48. 눅 9:32; 요 1:14; 2:11; 17:5; 롬 8:17; 고전 2:8; 빌 3:21; 살후 2:14도 보라.

84 Lane은 히브리서 저자가 히 10:5에서 예수의 인간적인 몸을 묘사할 때 통상적으로 사용되는 σάρξ(사르크스) 대신에 σῶμα(소마)를 사용하는 것에 주목한다(예. 히 2:14; 5:7). Lane은 그렇게 한 목적이 예수의 죽음이 "율법이 명한 제사보다 질적으로 뛰어난 것"이었음을 보이려는 데 있다고 생각한다(Lane, *Hebrews 9-13*[『히브리서 9-13』, 솔로몬 역간], 262).

성육신한 성자의 고난과 죽음 역시 하나님의 성육신적 임재를 강력하게 부각한다. 히브리서 2:10은 이렇게 말한다. "그러므로 만물이 그를 위하고 또한 그로 말미암은 이가 많은 아들들을 이끌어 영광에 들어가게 하시는 일에 그들의 구원의 창시자를 고난을 통하여 온전하게 하심이 합당하도다." 다시 말해서 하나님은 예수의 많은 고난과 그 절정인 그의 희생적 죽음을 통해 "'그의 백성의 구원의 선구자'로서의 그의 소명에 있어서" 그 아들을 온전하게 하셨다.[85] 그리고 하나님은 성자 예수의 죽음을 통해 "많은 아들과 딸들을 영광에" 이르게 하셨다. 즉 하나님의 최종적 승인을 누리고 하나님의 영광스러운 임재 안에서 영원히 사는 그들의 궁극적인 운명에 이르게 하셨다. 영광은 예수의 십자가 죽음의 목표다. 임재는 성육신의 궁극적인 목적이다. 크레이그 쾨스터(Craig Koester)는 이렇게 쓴다. "'영광'이라는 단어는 70인역과 유대교 및 기독교 문헌에서 신적 능력과 임재를 가리키는 말로 사용되었다. 영광에 들어간 자들은 하나님의 임재가 나타난 영역에 들어갔다.…영광에 들어간다는 것은 하나님의 임재 안에서 영원히 지속되는 생명을 의미할 것이다"(롬 2:7; 5:2; 고전 15:42-43; 엡 1:18; 벧전 1:21; 5:10).[86] 선구자 예수는 그의 "성육신, 죽음, 하나님의 임재에 들어감, 하나님의 우편에 앉으심"을 통해 많은 자녀가 그를 따라서 "그들을 위해 하늘 고향에 예비된 영광"에 들어갈 길을 마련하셨다.[87] 베드로는 베드로전서 1:11에서 이 점을 이해하는 단서를 제공한다. 이 구절에서 베드로는 "메시아가 받으실 고난과 후에 받으실 영광"을 언급한다. 이것은 아마도 예수의 부활, 승천, 높아짐을, 혹은 어쩌면 그의 백성을 영접하기 위해 장차 영광

---

85 Cockerill, *The Epistle to the Hebrews*, 138.
86 Koester, *Hebrews*(『히브리서』, 기독교문서선교회 역간), 228.
87 Cockerill, *The Epistle to the Hebrews*, 137-38.

중에 다시 오심을 가리킬 것이다(참조. 벧전 4:13; 5:4).

예수의 성육신적 임재는 그가 모든 사람을 위해 죽음을 맛보는 것을 의미했다(히 2:9; 참조. 9:15-17). 하나님의 어린양인 예수는 "창세 전부터 미리 알린 바 되신 이나, 이 말세에 너희를 위하여 나타내신 바 되"셨다(벧전 1:19-20). 그는 "자기를 단번에 제물로 드려 죄를 없이 하시려고 세상 끝에 나타나셨"다(히 9:26). 예수는 새 언약의 중보자시며, 그분이 흘리신 피는 "아벨의 피보다 더 나은 것을 말하는", 우리가 감히 거절하지 못하는 말씀이다(히 12:24-25). 또한 역설적으로 어린양은 "양들의 큰 목자"시다. 그분은 구원을 주시기 위해 단번에 나타나셨으며(13:20; 참조. 7:27; 9:26), 그분을 기다리는 사람들에게 구원을 주기 위하여 두 번째 나타나실 것이다(9:28).

베드로 역시 예수의 성육신적 임재를 강조하지만, 히브리서 저자보다는 좀 더 간접적으로 강조한다. 베드로는 "메시아의 고난"과 연결하여 "너희에게 임할 은혜"에 대해 말한다(벧전 1:10-11). 예수의 지상의 임재는 그의 구속적 사역의 한 측면을 제공하며(벧전 1:18-19; 3:18; 4:1), 그의 종말론적 임재의 전조가 된다(벧전 1:20). 베드로는 예수의 몸의 부활을 강조할 때, 그의 성육신적 임재를 상정한다(벧전 1:3, 21; 3:18, 21). 게다가 베드로는 예수의 변용을 목격하는 강력한 경험을 언급할 때, 성육신적 임재를 당연히 염두에 둔다(벧후 1:16-18).

그리스도의 제사장적 임재

히브리서 저자는 신자들에게 "큰 대제사장이 계시니 승천하신 이, 곧 하나님의 아들 예수시라"고 담대하게 진술한다(히 4:14; 참조. 2:17; 3:1; 6:19-20;

8:1).[88] 예수는 멜기세덱의 반차를 따르는, 하나님의 백성들의 영원한 대제사장이 되심으로써 그들을 위해 내성소로 들어가셨다(5:6, 10; 6:18-20).[89] 조지 래드는 "히브리서의 기독론에서 중심 주제가 그리스도의 대제사장직"이라는 점에 주목한다.[90] 히브리서를 주의 깊게 읽으면 하나님의 아들 예수 안에 거하는 하나님의 성육신적 임재가 그의 대제사장적 임재에 "없어서는 안 되는 자격"이 된다는 점이 분명해진다.[91] 우리와 함께하시는 하나님은 우리를 위한 하나님이 되신다.

예수의 제사장 신분으로 인해 속죄의 희생이 가능해진다. 그는 우리의 대제사장이 되시고 "백성의 죄를 속량하기 위해" 완전한 사람이 되셨다(히 2:17). 그는 자신의 피로 하나님의 임재의 장소인 지성소에 들어가셨다(9:12). 이것은 백성의 죄를 위해 예수의 몸을 단번에 드린 제물이었다(7:27; 9:26). 그는 "자기에게 순종하는 모든 자에게 영원한 구원의 근원이 되"셨다(5:9).

예수는 사역을 마치시고 하나님의 오른편으로 높아지셔서 하나님의 임재 안에 앉으셨다(히 10:12). 하워드 마셜이 말하듯이, 예수께서 대제사장으로서 자신을 제물로 주신 결과는 사람들이 "두려움이 없이 하나님의 임재 속에" 들어가게 되는 것이다(10:19을 보라). 그리고 그들은 "이제 하나님

---

88 그리스도의 제사장적 임재라는 주제는 히브리서만의 특징이다. 일반 서신은 그리스도의 구원 사역의 각기 다른 측면들을 강조한다.
89 Marshall, *New Testament Theology*, 622-23. Marshall은 히브리서 저자가 멜기세덱을 이용하여 다음과 같은 사실을 보여주고 있음에 주목한다. "레위 지파와 구별되는 제사장직이 있을 수 있지만, 그 기능에서 완전히 적법하고 그 의미에서 레위 지파보다 우월한 제사장직이 있을 수 있다. 레위가 아닌 유다 지파에서 나온 그리스도의 제사장직도 같은 범주에 속한다고 이해될 수 있다." Hurst, "Priest, High," 964-66도 보라.
90 Ladd, *A Theology of the New Testament*, 625.
91 Marshall, *New Testament Theology*, 621.

과 긍정적인 관계를 맺는데, 이는 하나님의 임재 안으로 들어간다는 측면에서 묘사될 수 있다. 미래에 있을 임재의 완성을 현재 고대하면서 말이다."[92]

신자들은 이제 새롭고 뛰어난 언약에 참여한다(히 8:6, 8; 9:15). 히브리서 8장에서 우리는 신약성서에서 가장 긴 구약 인용인 예레미야 31:31-34을 발견한다. 이 인용에서 초점은 예수의 희생적 죽음으로 세워진 "새" 언약에 있다. 이 새 언약으로 말미암아 사람들은 하나님과의 관계에 들어갈 수 있다. "내가 내 법을 그들의 생각에 두고 그들의 마음에 이것을 기록하리라. 나는 그들에게 하나님이 되고 그들은 내게 백성이 되리라. 또 각각 자기 나라 사람과 각각 자기 형제를 가르쳐 이르기를 '주를 알라' 하지 아니할 것은 그들이 작은 자로부터 큰 자까지 다 나를 앎이라"(히 8:10-11).

이 새 언약적 관계의 우선적인 결과는 죄 사함이다. 이로 인해 하나님의 임재 안으로 영원히 나아가게 되었다(히 8:12; 10:16-17). 우리를 위한 하나님(그리스도의 제사장적 임재)은 하나님과 함께하는 우리로 이어진다(종말론적 임재). 우리의 신실한 대제사장으로 인해 신자들은 "긍휼하심을 받고 때를 따라 돕는 은혜를 얻기 위하여 은혜의 보좌 앞에 담대히 나아갈 것"이다(4:16). 앞서가신 대제사장 예수는 그의 백성을 위해 휘장 뒤에 있는 내성소에 들어가셨다(6:19-20). 그는 "하늘에 있는 위엄의 보좌 우편에 앉으시고", 이 높은 곳에서 그의 백성을 섬기신다(8:1-2). 그는 이제 신자들을 위해 하늘에서 하나님의 임재 앞에 나타나셨다(9:24). 히브리서 저자는 10:19-22에서 예수의 대제사장적 사역의 함의를 다음과 같이 분명하게 간추린다. "그러므로 형제들아, 우리가 예수의 피를 힘입어 성소에 들어갈 담력을 얻었나니, 그 길은 우리를 위하여 휘장 가운데로 열어 놓으신 새로운 살 길

---

92 Marshall, *New Testament Theology*, 625.

이요, 휘장은 곧 그의 육체니라. 또 하나님의 집 다스리는 큰 제사장이 계시매 우리가 마음에 뿌림을 받아 악한 양심으로부터 벗어나고 몸은 맑은 물로 씻음을 받았으니 참 마음과 온전한 믿음으로 하나님께 나아가자." 예수는 하나님의 백성을 위해 하나님의 임재에 들어가는 길을 놓으셨을 뿐만 아니라 그들의 구원을 얻으려고 그들을 위해 간구하신다(7:24-25; 참조. 롬 8:34). 예수는 하나님 앞에 계신 그들의 변호자시다. 그는 하나님께서 그들을 보호하시고 그들의 종말론적 구원을 안전하게 지켜주시기를 기도한다.[93] 하나님의 백성은 깨끗한 양심과 하나님의 임재에 나아가는 것이 보장된 상황에서 이제 두려움 없이 "살아 계신 하나님을 섬길" 수 있다(히 9:14).

신자들에게 있는 대제사장은 "우리의 연약함을 동정할 수 없는" 분이 아니다. 오히려 우리에게는 "모든 일에 우리와 똑같이 시험을 받으신 이로되 죄는 없으"신 대제사장이 계신다(히 4:15). 이 자비로우시고 신실하시며 완전한 사람이신 대제사장은 무덤을 이기고 승리하셨고, 하늘에 올라가셨다(4:14). 그 결과 신자들은 "긍휼하심을 받고 때를 따라 돕는 은혜를 얻기 위하여 은혜의 보좌 앞에 담대히 나아갈" 수 있다(4:16). 우리는 무엇보다도 그리스도의 제사장적 임재가 하나님의 지속적인 임재를 위한 기초로 작용한다는 것을 알 수 있다.

하나님의 지속적인 임재

자기 백성들의 영혼의 "목자"와 "감독자"이신 주님은 그들의 광야 여정에서 그들을 돌보시고 붙들어주신다(히 13:20; 벧전 2:25). 그들은 한때 양처럼

---

93 Lane, *Hebrews 1-8*(『히브리서 1-8』, 솔로몬 역간), 190.

각기 제 길로 갔지만 이제 주님께로 돌아왔다. 이사야 40:10-11(LXX)에서 하나님은 친히 당신의 백성의 목자라고 말씀하신다. "그는 목자 같이 양 떼를 먹이시며 어린양을 그 팔로 모아 품에 안으시며 젖먹이는 암컷들을 온순히 인도하시리로다"(11절). 캐런 좁스(Karen Jobes)가 말하듯이, 에스겔 34:11-12(LXX)은 목자와 감독자의 역할이 둘 다 하나님의 지속적인 임재에 속한다고 기술한다. "내가 내 양을 찾고 찾되, 목자가…그 떼를 찾는 것 같이 내가 내 양을 찾아서 흐리고 캄캄한 날에 그 흩어진 모든 곳에서 그것들을 건져낼지라."[94] 히브리서, 베드로전서, 복음서, 특히 요한복음 10장에서도 대제사장이신 예수 그리스도께서 큰 목자의 역할을 수행하신다.

그런데 앞에서 언급했듯이, 그리스도의 제사장적 임재는 하나님의 지속적인 임재에 근본적이다. 히브리서 4:14-16은 다음과 같이 말한다. "그러므로 우리에게 큰 대제사장이 계시니…하나님의 아들 예수시라.…우리는 긍휼하심을 받고 때를 따라 돕는 은혜를 얻기 위하여 은혜의 보좌 앞에 담대히 나아갈 것이니라." 다른 북엔드인 히브리서 10장에도 비슷한 내용이 나온다. "하나님의 집 다스리는 큰 제사장이 계시매…참 마음과 온전한 믿음으로 하나님께 나아가자"(히 10:21-22). 조지 거스리가 말하듯이, 이 "가까이 나아감"(προσέρχομαι, 프로세르코마이[히 4:16; 7:25; 10:1, 22; 11:6; 12:18, 22; 벧전 2:4을 보라])이라는 개념은 한때 하나님의 임재에 들어가는 것이 금지되었던 사람들이 이제는 하나님과의 관계의 일부로서 하나님의 임재에 지속적으로 그리고 정기적으로 들어갈 수 있음을 나타낸다.[95] 성서적 믿음은 하나님이 "그를 가까이하는 사람들에게 상 주시는" 분이심을 믿고 그분

---

94 Jobes, *1 Peter*, 198.
95 Guthrie, *Hebrews*, 176.

께 나아가는 것을 포함한다(히 11:6). 주의 눈은 "의인을 향하시고 그의 귀는 의인의 간구에 기울이"신다(벧전 3:12, 시 33:16 LXX[34:15 ET]을 인용함).

이 본문들은 하나님께서 제공하신 영적 성장의 특별한 수단을 통해 하나님의 백성이 그분의 지속적인 임재를 공통으로 경험할 것을 암시한다. 히브리서 4장은 확신을 가지고 하나님의 은혜의 보좌에 나아감을 언급한다. 이것은 하나님의 임재에 가까이 나아가는 수단으로서 기도와 예배를 가리킬 것이다. 히브리서 10장은 지역 공동체에서 믿음, 죄 사함, 소망, 사랑, 그리고 건전하고 지속적인 참여와 같은, 하나님의 임재에 나아가는 부가적인 방안을 암시한다(19-25절을 보라).[96] 히브리서 13장에서 저자는 신자들에게 돈을 사랑하지 말고 만족을 배우는 삶을 살라고 권하는데, 이는 하나님께서 그들 가운데 거하시는 임재를 약속하셨기 때문이다. "내가 결코 너희를 버리지 아니하고 너희를 떠나지 아니하리라"(13:5, 신 31:6, 8을 인용함; 참조. 창 28:15; 수 1:5; 대상 28:20). 따라서 신자들은 확신을 가지고 이렇게 말할 수 있을 것이다. "주는 나를 돕는 이시니 내가 무서워하지 아니하겠노라. 사람이 내게 어찌하리요?"(13:6, 시 118:6-7을 인용함) 히브리서의 끝에 있는 축복은 예수를 죽은 자 가운데서 다시 살리시고 신자들이 하나님의 뜻을 행하도록 모든 것으로 준비시키시는 평강의 하나님과, "예수 그리스도로 말미암아 그분을 기쁘시게 하는 것을 우리 안에서 이루시는" 하나님을 부른다(13:21). 윌리엄 레인은 이렇게 결론 내린다. "은혜로 마음을 강하게 하고(13:9), 카리스마적 은사들로 마음을 채우고 공급하여(2:4; 6:5; 13:9), 요동하거나 결핍을 겪지 않고 하나님의 뜻을 행할 능력을 갖게 하시는 분은

---

96   Guthrie, *Hebrews*, 348.

바로 하나님이다."⁹⁷ 이것이야말로 실제로 "역사하는"(현재 분사 ποιῶν, 포이온) 하나님의 지속적인 임재다.

또한 히브리서는 약속된 안식이라는 개념을 사용하여 하나님의 지속적인 임재를 강조한다. 구약성서에서 하나님은 그분의 순례하는 백성에게 광야를 거쳐 약속의 땅으로 가는 그들의 여정의 목표로서 안식을 약속하셨다. 비록 한 세대가 반역하여 하나님의 안식에 들어가는 것이 금지되었고(히 3:7-11, 시 95:7-11을 인용함), 여호수아가 나중에 이스라엘을 인도하여 약속의 땅으로 들어갔지만, 히브리서 저자는 그의 독자들에게 하나님의 안식에 들어갈 약속이 여전히 남아 있다는 소망을 제시한다(4:1, 6, 7-11). "오늘 너희가 그의 음성을 듣거든 너희 마음을 완고하게 하지 말라"(4:7), "저 안식에 들어가기를 힘쓸지니"(4:11). 저자는 이렇게 마무리한다. "그런즉 안식할 때가 하나님의 백성에게 남아 있도다"(4:9). 하나님이 약속하신 안식의 초점이 미래에 있지만(아래에서 종말론을 보라), 하나님의 안식에는 "이미"의 측면이 있다. "오늘"에 대한 강조가 이런 결론을 뒷받침한다. 거스리가 말하듯이, "히브리서 4장에서 논의되는 안식의 개념이 전적으로 미래 지향적이라면, 공동체의 구성원은 모두 현재 그 안식에 도달하지 못했다."⁹⁸ 히브리서 4:3은 안식에 관한 "이미"의 측면을 분명히 한다. "이미 믿는 우리들은 저 안식에 들어가는도다."

하나님의 백성을 위해 마련된 그분의 "안식-쉼"은 지금 들어가서 경험할 수 있는 영적 실재다(히 4장). 동시에 그 안식에는 약속된 미래의 성취가 있다. 해롤드 애트리지(Harold Attridge)는 안식의 의미를 다음과 같이

97　Lane, *Hebrews 9-13*, 564.
98　Guthrie, *Hebrews*, 151-52.

잘 설명해준다. "따라서 안식의 이미지는 히브리서가 충분히 설명하지 않는 구원의 전 과정을 가리키는 복잡한 상징으로서 이해하는 것이 가장 좋다. 하지만 이 이미지에는 개인적인 차원과 공동체적인 차원이 다 들어 있다. 안식은 세례로 시작되었고(히 10:22) 종말론적으로 전부 완성될 하나님의 임재, 하늘의 본향(11:16), 흔들리지 않는 나라에(12:28) 들어가는 과정이다."[99] 하나님의 안식(쉼)이 주로 종말론적인 소망이라면, 지금 그 안식에 들어가는 것은 이제 하나님과의 관계 안으로 들어가서 남은 광야의 여정 동안 그분의 은혜롭고 지속적인 임재를 경험하는 것을 가리키는 것이 확실하다. 예수의 말씀은 적절한 병행을 제공해준다. "수고하고 무거운 짐 진 자들아, 다 내게로 오라. 내가 너희를 쉬게 하리라"(마 11:28). 특히 예수의 말씀이 출애굽기 33:14을 암시하는 것이라면 더욱 그렇다. "내가 친히 가리라. 내가 너를 쉬게 하리라(참조. 렘 6:16).[100]

야고보는 하나님의 지속적인 임재를 강조하기 위해 "지혜"의 특성을 사용한다. "야고보에게 지혜는 적어도 부분적으로 바울의 믿음, 요한의 사랑 혹은 생명, 베드로의 소망에 해당한다."[101] 하나님의 지속적인 임재는 "악을 행하는 유혹"에 속하는 임재가 아니라(약 1:13-14), "기꺼이 지혜를 주는" 그런 임재다(1:5-7). 야고보는 이렇게 쓴다. "너희 중에 누구든지 지혜가 부족하거든 모든 사람에게 후히 주시고 꾸짖지 아니하시는 하나님께 구하라. 그리하면 주시리라"(약 1:5). 의심하지 않고 믿음으로 구하는 자들은 하나님의 지혜를 얼마든지 활용할 수 있다(1:6). 댄 매카트니(Dan

---

99 Attridge, *The Epistle to the Hebrews*, 128.
100 출 33:14b의 암시일 가능성은 D. Turner, *Matthew*(『마태복음』, 부흥과개혁사 역간), 305에서 지적된다.
101 McKnight, *The Letter of James*(『야고보서』, 부흥과개혁사 역간), 86, Mayor, *The Epistle of St. James*, 38을 인용함.

McCartney)는 이렇게 설명한다. "하지만 야고보서의 지혜는 단지 삶의 기술이 아니라 (약 3장에서 전개되는 것처럼) 경건하게 살고 시험을 견디도록 하나님이 주시는 능력이다."[102] 하나님은 이런 지혜를 "후히"(ἁπλῶς, 하플로스) 주신다. 이 단어는 6-8절에 언급되는 의심하는 자의 이중적 마음과 대조적으로 "단순성" 또는 "진실성" 또는 "일편단심"으로 이해하는 것이 더 나을 것이다.[103] 하나님은 그분의 백성에게 이 파괴된 세상에서 잘살도록 인도하고 지탱해주는 그분의 지혜를 주려는 의도에서 마음이 나뉘지 않으신다.

베드로전서 2:2-3에서 베드로는 신자의 삶에서 하나님의 지속적인 사역을 묘사하기 위해 순전한 젖을 사모하는 갓난아이의 은유를 사용한다. "갓난아기들같이 순전하고 신령한[λογικός, 로기코스] 젖을 사모하라. 이는 그로 말미암아 너희로 구원에 이르도록 자라게 하려 함이라. 너희가 주의 인자하심을 맛보았으면 그리하라." 대부분의 주석가들은 젖을 하나님의 말씀과 동일시한다. 왜냐하면 베드로는 젖이 하나님의 말씀(λόγος, 로고스)을 가리킨다는 것을 분명히 하기 위해 예상되는 용어인 πνευματικός(프뉴마티코스[2:5]) 대신에 "신령한"으로 번역된 λογικός(로기코스)를 사용하기 때문이다.[104] 좁스는 지시 대상으로서 하나님의 지속적인 임재를 가리키는, 젖 은유에 대한 광범위한 해석을 제안한다.[105] 그녀는 다음과 같이 결론 내린다. "하나님은 그리스도 안에서만 새로 탄생한 생명을 잉태하고 유지하

---

102 McCartney, *James*(『야고보서』, 부흥과개혁사 역간), 88.
103 McKnight, *The Letter of James*, 88; Moo, *The Letter of James*(『야고보서』, 부흥과개혁사 역간), 59.
104 예를 들어 T. Schreiner, *1, 2 Peter, Jude*, 99-100을 보라. Schreiner는 이렇게 결론을 내린다. "영적 성장은 주로 신비적이지 않으며 합리적이다. 그것은 하나님의 말씀으로 알려지고 지속된다는 의미에서 합리적이다."
105 Jobes, *1 Peter*, 130-41.

신다. 그들은 영적인 양육을 받기 위해 주 하나님을 갈망해야 한다." 이 말은 3절 후반부에 비춰볼 때 더 그럴듯해진다. "너희가 주의 인자하심을 맛보았으면 그리하라"(참조. 시 33:9 LXX[34:8 ET]: "너희는 여호와의 선하심을 맛보아 알지어다"). 이것은 지속적으로 붙드시는 분이신 주님 자신을 가리킨다.[106]

하나님의 계시적-구원적 임재

히브리서와 일반 서신에서 하나님의 계시적 임재는 하나님께서 그의 아들 예수 그리스도를 통해 구원을 주시는 것을 가리킨다. 이 모든 것은 새 창조에서 자기 백성들 가운데 살아 계시는 하나님에 대한 소망 안에 있다(아래의 종말론적 임재를 보라). 히브리서는 하나님께서 "그의 아들을 통해 우리에게 말씀하셨다"는 선언으로 시작한다(히 1:2). 그리고 이 하나님의 말씀은 구원을 가져온다. 이 구원은 처음에 주님께서 이렇게 선언하신 것이다. "하나님도 표적들과 기사들과 여러 가지 능력과 및 자기의 뜻을 따라 성령이 나누어 주신 것으로써 그들과 함께 증언하셨느니라"(히 2:4). 이것은 일반으로 받은 구원이고, "하나님의 거룩한 백성에게 단번에 주신" 믿음이다(유 3절). 히브리서는 하나님과의 이런 관계("안식-쉼")에 들어가기 위해 힘쓰라고 말한다. "왜냐하면[γάρ, 가르] 하나님의 말씀은 살아 있고 활력이 있어 좌우에 날 선 어떤 검보다도 예리하여 혼과 영과 및 관절과 골수를 찔러 쪼개기까지 하며 또 마음의 생각과 뜻을 판단하"기 때문이다(히 4:12). 하나님의 뚫고 들어가며 판단하는 임재는 그의 말씀을 통해 그의 백성에게 임한

---

106 Jobes, *1 Peter*, 140. Michaels도 비슷한 결론을 내린다. "젖 자체는 하나님이 그의 자녀들에게 자비로 주시는 하나님의 지속적인 생명으로 해석되는 것이 더 적절하다"(Michaels, *1 Peter*[『베드로전서』, 솔로몬 역간], 89).

다(예. 히 4:1-11에서 시 95:7-11을 주해함). 이 편지에서 최종적인 경고들 가운데 하나는 이런 권면을 포함한다. "너희는 삼가 말씀하신 이를 거역하지 말라"(히 12:25). 이것은 독자들에게 주의 말씀을 듣는 것이 하찮은 일이 아님을 상기시킨다(참조. 히 2:1-4).

히브리서 저자처럼 베드로와 야고보도 예수를 통해 제공되는 하나님이 보내신 구원을 하나님의 말씀과 연결한다. 이는 둘 다 하나님의 계시적 임재의 측면들이다. 예언자들은 한때 메시아를 통해 임할 하나님의 은혜와 "그와 함께 임할 영광"을 말했다(벧전 1:10-11). 이는 "하늘로부터 보내신 성령을 힘입어 복음을 전하는" 자들에 의해 마지막으로 선포된 은혜다(1:12). 베드로는 신자들에게 경건한 삶을 살고, 서로 깊이 사랑하라고 촉구하는데, 그 이유는 그들이 다음과 같이 거듭난 이들이기 때문이다. "너희가 거듭난 것은 썩어질 씨로 된 것이 아니요 썩지 아니할 씨로 된 것이니, 살아 있고 항상 있는 하나님의 말씀으로 되었느니라"(1:23). 여기서 "말씀"은 아마도 그들에게 선포되고 그들을 하나님의 백성으로 변화시킨 복음을 가리킬 것이다. 베드로가 이사야 40:6-8(LXX)을 인용한 것은 카슨(D. A. Carson)이 말하는 것처럼 이사야 40장의 더 넓은 맥락을 활용하기 위함일 것이다.

하지만 베드로가 더 많은 것을 주장하고 있는 것은 분명하다. 만일 그가 그의 독자들을 인용한 본문과 함께 이사야 40장의 내용으로 이끌기를 기대하고 있다면, 그들에게 전파된 말씀은 야웨의 방문, 즉 전 세계적인 신현을 약속하는 말씀이 분명하다. 복음 자체에서 나타나고 세상 끝에 성취되기로 약속된 신현 말이다. 정확하게 말해서 하나님의 말씀은 믿을 수 있기에, 베드로의 독자들은 아직 이루어지지 않은 성취가 장차 일어날 것이며, "이것이 바로 너

희에게 전파된 말씀"이라는 것을 확신할 수 있다.107

이 구원의 말씀을 통한 하나님의 계시적 임재는 그분의 백성에게 새 생명, 즉 영생을 가져온다. 베드로는 그의 두 번째 편지에서 그의 독자들에게 거짓 교사들의 이단과 대조적으로 거룩한 예언자들이 (주께서 그의 사도들로 말미암아[벧후 3:2]) 믿을 만한 말씀을 주셨음을 상기시킬 때 비슷한 요점을 지적한다. 베드로는 이렇게 말한다. "먼저 알 것은 성경의 모든 예언은 사사로이 풀 것이 아니니, 예언은 언제든지 사람의 뜻으로 낸 것이 아니요, 오직 성령의 감동하심을 받은 사람들이 하나님께 받아 말한 것임이라"(벧후 1:20-21). 이 말씀에 주의하는 것은 어두운 곳을 비추는 생명을 주는 빛에 주의하는 것이다(1:19).

야고보 역시 하나님의 계시적 임재가 어떻게 그분의 구원적 임재를 가져오는지를 강조한다. "위로부터 빛들의 아버지는…진리의 말씀으로 우리를 낳으셨느니라"(약 1:17-18). 창조주요 아버지이신 하나님은 선포된 말씀을 통해 이 신자들을 새 생명과 그분과의 관계 안으로 들어가게 하셨다. 야고보는 몇 절 다음에 그의 독자들에게 "모든 더러운 것과 넘치는 악을 내버리고 너희 영혼을 능히 구원할 바 마음에 심어진 말씀을 온유함으로 받으라"고 훈계한다(약 1:21). "마음에 심어진 말씀" 역시 청중이 받고 그에 따라 행하는 복음 메시지를 가리킬 것이다. "너희를 구원"하기 위해 받은 이 메시지의 능력은 아마도 궁극적으로 하나님의 종말론적 임재를 경험하는 것을 가리키겠지만, 그 경험은 지금 여기서 시작된다(참조. 약 4:12; 엡 1:13-14도 보라).

107　Carson, "1 Peter," 1022.

하나님의 백성인 교회 가운데 거하시는 하나님의 임재

역사 내내 하나님은 종종 그분의 임재를 그의 백성에게 그리고 그의 백성을 통해 알리셨다. 히브리서와 일반 서신은 하나님의 관계적 임재의 이런 측면에 대해 다양한 방식으로 이야기한다. 즉 하나님의 백성으로서의 신자들, 하나님의 양 떼로서의 교회, 집(또는 성전), 가족 등이다. 그리고 하나님은 공동체의 실제적인 삶을 통해 그분의 임재를 다양한 방식으로 알게 하신다.

개인은 그리스도 안에서(참조. 바울의 "그리스도 안에") 참여자(μέτοχος, 메토코스)가 됨으로써 하나님의 백성에 속하게 된다. "우리가 시작할 때에 확신한 것을 끝까지 견고히 잡고 있으면 그리스도와 함께 참여한 자가 되리라"(히 3:14). 신자들은 신실한 이스라엘과 연속성을 이루는 백성에 합류한다. 야고보는 심지어 그의 청중을 "흩어져 있는 열두 지파"로 언급한다(약 1:1; 참조. 2:21: "우리 조상 아브라함"). 이는 하나님의 백성에 대한 구약의 명칭과 출애굽과 이후 광야를 방황하던 시절에 그들과 함께하신 하나님의 신실한 임재를 반영하는 어구다. 베드로도 마찬가지로 그의 청중을 "흩어진 자" 또는 "흩어진 나그네"로 명명한다(벧전 1:1). 하워드 마셜이 말하듯이, 이런 묘사는 "그들이 자신들을 구약의 하나님의 백성의 참된 계승자들로 여겼다"는 것을 보여준다.[108] 권면의 역사적 상황으로 인해 히브리서는 이런 연속성을 인정한다(하지만 여전히 유지한다). 케빈 자일스(Kevin Giles)는 다

---

108 Marshall, *New Testament Theology*, 640. Giles는 벧전 1:1-2에서 신자들에 대한 다음과 같은 묘사들을 새로운 이스라엘이라는 분명한 신분 증명으로서 이해한다. "흩어진 나그네", "하나님 아버지의 미리 아심을 따라 택하심을 받은 자들", "성령이 거룩하게 하심으로…예수 그리스도의 피 뿌림을 얻은 자"(벧전 1:1-2). Giles, "Church," 198-99을 보라.

음과 같이 논평한다.

> 비록 히브리서가 주장을 위해 주로 구약성서에 호소하고 있긴 하지만, 이 편지는 이스라엘과의 근본적인 단절을 예상한다. 옛 언약은 새 언약으로 대체되었고(히 8:6-13), 유대교의 제사장 제도와 대제사장직과 사역은 끝이 났으며(히 7:11-14, 23-28), 예수는 자신을 드림으로써 옛 제사 제도를 더 이상 쓸모가 없게 만드셨다(히 9:25-28; 10:11-15). 결론적으로 히브리서 저자는 기독교 공동체를 명목상으로는 아니지만 실질적으로 새 이스라엘로 여긴다. 그리스도인들이 하나님의 역사적 백성의 독특한 직함과 특권을 상정하면서 그 백성의 자리를 차지했다.[109]

한편 히브리서는 예수를 따르는 사람들이 "구름같이 허다한 증인들에 의해 둘러싸여 있다"고 말할 수 있었다(히 12:1). 이는 히브리서 11장에 언급된 믿음이 있는 사람들, 그리고 그들과 같은 다른 사람들을 가리킬 것이다. 그들은 모든 과정을 견뎌왔고, 지금 하나님의 신실한 임재를 증언하고 있다. 저자는 이후 12장에서 이 신자들이 시내산이 아니라 "시온산과 살아계신 하나님의 도성인 하늘의 예루살렘과…하늘에 기록된 장자들의 모임과 교회와 만민의 심판자이신 하나님과 및 온전하게 된 의인의 영들과 새 언약의 중보자이신 예수"에게 이르렀다고 말한다(12:22-24). 이스라엘에 대한 구약의 암시를 담고 있는 어구인(예. 출 4:22-23 LXX) "장자들의 모임[교회]"(ἐκκλησία πρωτοτόκων, 에클레시아 프로토토콘)으로서 하나님의 백성은 지금 "온전하게 된 의인들의 영들"과 연속선상에 있다. 이것은 지금 하늘

---

109 Giles, "Church," 198.

에 있는 도성에서 하나님의 임재를 누리고 있는 경건하게 죽은 자들을 가리킨다.[110] 자일스는 히브리서가 "원래 역사적 이스라엘의 특권이었던" 하나님의 새로운 언약 백성에 대한 묘사를 많이 사용한다는 점에 주목한다 (예. 하나님의 백성, 하나님의 자녀, 성도, 하나님의 집).[111]

교회를 하나님의 백성으로 가장 직접적으로 그리고 가장 강력하게 말하고 있는 편지는 베드로전서다. 비록 베드로전서가 "교회"(ἐκκλησία)라는 용어를 사용하지는 않지만, "이 편지는 신약성서에서 다른 어느 책보다도 그리스도인 공동체, 즉 교회를 신학적으로 정의하는 데 관심이 있다."[112] 핵심 본문이 베드로전서 2:9-10이라는 것은 확실하다. "너희는 택하신 족속이요, 왕 같은 제사장들이요, 거룩한 나라요, 그의 소유가 된 백성이니, 이는 너희를 어두운 데서 불러내어 그의 기이한 빛에 들어가게 하신 이의 아름다운 덕을 선포하게 하려 하심이라. 너희가 전에는 백성이 아니더니 이제는 하나님의 백성이요, 전에는 긍휼을 얻지 못하였더니 이제는 긍휼을 얻은 자니라." 베드로는 출애굽기 19:6, 이사야 43:20-21, 호세아 2:25을 암시함으로써 그의 독자들에게 그들이 하나님께 속한 백성임을 상기시킨다. 그분은 그들을 구원하기 위해 오셨다. 그들은 이제 제사장으로서 하나님께 특별히 나아가게 되었다. 하나님은 그들과 언약을 체결하셨으며, 그들에게 그의 임재 안에 서 있을 영원한 자리를 주셨다. 그들은 실제로 하나님의 특별한 소유다. 그들은 전에는 "내 백성이 아니더니", 이제는 "내 백성"이라고 불린다. 그리고 그들은 "주는 내 하나님이시라"고 응답한다(호 2:23). 베드로는 그의 독자들에게 그들이 그들과 늘 함께 계시는 하나님과

---

110 Lane, *Hebrews 9-13*, 470-71.
111 Giles, "Church," 198.
112 Giles, "Church," 198.

의 관계 안에 있다는 일차적인 정체성을 부여하고 있다.

자신의 백성 가운데 거하시는 하나님의 임재는 하나님의 양 무리, 집(또는 성전), 그리고 가족과 같은 이미지의 사용을 통해서도 나타난다. 베드로는 베드로전서 5:2에서 교회를 "하나님의 양 무리"로 묘사함으로써 교회에 대한 그의 강조를 이어나간다. 예언자들은 일반적으로 하나님의 백성을 하나님의 양 떼로 묘사한다(예, 사 63:11; 렘 13:17; 31:10; 50:17; 겔 34:11-24; 미 2:12; 7:14; 슥 9:16; 10:3). 예수는 "목자와 감독자"(벧전 2:25), "목자장"(벧전 5:4), "큰 목자"(히 13:20)로 묘사된다(참조. 요 10:11, 14; 계 7:17). 양 떼와 함께 하는 목자의 이미지는 하나님께서 그분의 백성을 찾으시고, 모으시며, 지키시고, 보호하시며, 공급하시는 것과 같은 하나님의 돌보심에 대해 말한다.

하나님의 백성은 하나님의 "집" 또는 성전으로도 묘사된다. 히브리서 3장에서 저자는 모세가 "하나님의 온 집에서" 신실했다고 말한다(히 3:2, 5; 참조. 민 12:7). 이 말은 모세가 하나님의 백성을 대신하는 신실한 종이었다는 의미다. 이와는 대조적으로 예수는 "하나님의 집을 맡은 아들로서 신실했으며, 우리는 그의 집"이다(3:6). 이는 예수가 모세보다 우월함을 강조할 뿐만 아니라 하나님의 성전 또는 거처로서 하나님의 백성을 강조한다. 하나님의 임재는 하나님의 백성 가운데 거한다(참조. 딤전 3:15, 고전 3:16-17; 엡 2:19-21; 벧전 2:4-5에 사용된 성전 용어). 베드로는 하나님의 백성을 산 돌들로 구성된 "신령한 집"에 비유한다. "사람에게는 버린 바가 되었으나 하나님께는 택하심을 입은 보배로운 산 돌이신 예수께 나아가 너희도 산 돌같이 신령한 집으로 세워지고, 예수 그리스도로 말미암아 하나님이 기쁘게 받으실 신령한 제사를 드릴 거룩한 제사장이 될지니라"(벧전 2:4-5). 저자가 "신령한"(πνευματικός, 프뉴마티코스)이라는 단어를 사용했을 때, 이는 주로 종교적인 것을 의미하지 않고 오히려 성령과 관련이 있거나 긴밀히 연결된 하나님의 능력 주시는 임재를 의미한다. 하나님의 백성은 하나님의 성전이기도 하다.

설명할 가치가 있는 마지막 이미지는 하나님의 가족으로서 하나님의 백성이다. 하나님은 "많은 아들과 딸을 영광에 이르게" 하기 위하여 예수의 고난을 사용하셨다(히 2:10). 예수와 그를 따르는 사람들은 모두 "한 가족에 속한" 사람들이며(2:11), 예수는 "그들을 형제자매라고 부르기를" 부끄러워하지 않으신다(2:11-12; 참조. 시 22:22). 왜냐하면 그들도 하나님의 자녀들이기 때문이다(2:13).[113] 크레이그 쾨스터가 말하듯이, 사람들은 일반적으로 그들의 유산을 자기 자녀들에게 물려준다. 그리고 이 경우에, 예수는 그의 고난을 통해 많은 아들과 딸들을 영광에 들어가게 하신다(2:10).[114] 이 문맥에서 영광은 하나님의 임재를 가리킬 가능성이 크다. 가족 관계의 궁극적인 목표는 가족으로서 함께 있는 것이다. 하나님의 백성이 하나님의 임재 안에서 영생을 경험하듯이 말이다(참조. 롬 5:2; 엡 1:18; 벧전 5:10). 쾨스터는 히브리서가 하나님의 백성의 운명을 "하나님의 안식(히 4:10), 성소에 들어감(10:19), 시온산에 도착함(12:22)"으로도 묘사한다고 말한다. 이 모든 것은 하나님의 영원한 임재의 경험을 묘사하는 이미지들이다.[115] 히브리서 12장에서 하나님의 훈육의 주제를 숙고하면서 저자는 하나님의 백성을 하나님의 가족으로 언급한다. 하나님은 "아버지"시며(12:5-7, 9), 신자들은 그의 자녀들이다(12:6-8). 아버지이신 하나님은 사랑하는 아버지로서 그의 자녀들을 훈육하신다. 즉 사랑하고, 받아주시며, 바르게 하시고, 가장 좋은 것

---

113 하나님의 백성을 "형제자매" 또는 가족으로 언급하기 위해 히브리서와 일반 서신에서는 ἀδελφός(아델포스)의 복수형이 여러 번 사용된다. 히 2:11, 12; 3:1, 12; 10:19; 13:22; 약 1:2, 16, 19; 2:1, 5, 14; 3:1, 10, 12; 4:11; 5:7, 9, 10, 12, 19; 벧후 1:10.
114 Koester, *Hebrews*, 227-28.
115 Koester, *Hebrews*, 228.

을 원하신다. 하나님은 그의 아들딸들이 "거룩하게 살고 거룩함에 참여하도록" 그들을 훈육하신다(12:9-10). 이것은 그들이 하나님의 임재 안에서 영원히 살도록 하나님이 계획하셨음을 나타낸다.

마지막으로 우리는 하나님께서 공동체의 실천적인 삶을 통해 그분의 임재를 알게 하심을 본다. 하나님의 백성은 예배하기 위해 지속적으로 함께 만나야 한다(히 2:12). 히브리서 저자는 예배를 위한 모임을 포기하는 사람들에게 모이는 것을 포기하지 말고 공동체 안에서 계속 서로 격려하라고 도전한다(10:24-25). 그들이 하나님의 강력한 임재를 경험하고 믿음 안에서 인내하도록 격려를 받는 곳은 바로 공동체의 예배다. 야고보는 그들의 일반적인 예배 관행을 대조한다. 그들은 하나님의 형상으로 지음을 받은 사람들을 저주하는 건강하지 못한 모습으로 "우리 주와 아버지를 찬송한다"(약 3:9). 유다는 거짓 교사들이 "너희의 애찬을 더럽혔다"는 것을 한탄한다(유 12절). 이는 성만찬을 기념하는 공동체 식사를 간접적으로 가리키는 말일 것이다. 기도 역시 하나님의 백성이 주의 임재를 경험하는 공동체의 한 측면을 나타낸다. 베드로는 그의 독자들에게 마지막이 가까이 온 것을 의식하면서 "정신을 차리고 근신하여 기도하라"고 촉구한다(벧전 4:7). 야고보는 곤경에 처했거나 병든 자들은 교회의 지도자들을 불러 기도하게 하라고, 그러면 그들이 하나님의 용서와 치료를 경험하게 될 것이라고 말한다(약 5:13-16).

신자들은 예배 및 기도와 마찬가지로 서로를 향한 사랑과 섬김을 통해 하나님의 임재를 경험한다. 베드로는 그의 독자들에게 이렇게 교훈한다. "무엇보다도 뜨겁게 서로 사랑할지니, 사랑은 허다한 죄를 덮느니라"(벧전 4:8; 참조. 1:22), "서로 대접하기를 원망 없이 하고"(4:9). 히브리서는 신자들에게 "서로 돌아보아 사랑과 선행을 격려"하라고 권한다(히 10:24). 이런 권고는 모인 공동체 안에서 두루 일어난다. 베드로 역시 교회를 세우는 또 다른 방식으로서 영적 은사를 적절히 행사하는 것을 언급한다. 은사(χάρισμα, 카리스마)는 다른 사람들을 섬기기 위해 사용되어야 한다(벧전 4:10). 은사는 궁극적으로 하나님의 은혜(χάρις, 카리스)에서 흘러나온다. 그래서 말하는 사람은 "하나님의 말씀을 말하는 사람처럼" 말해야 하고, 섬기는 사람은 "하나님이 공급하시는 힘으로" 해야 한다(벧전 4:11). 하나님의 백성이 사람을 섬기는 것을 통해 하나님의 임재를 경험할 때 하나님은 존귀히 여김을 받으시고 영광을 받으신다. 우리는 야고보서 4:6-10에 있는 일련의 권면에서 대조적인 시나리오를 본다. 이 본문에서 하나님은 교만한 자를 물리치시고 겸손한 자에게 은혜를 주신다. 따라서 하나님의 백성은 하나님께 순복하고, 악을 대적하며, "하나님을 가까이하고", 자신의 죄를 회개하며, 마음을 정결하게 해야 한다. 그들이 하나님 앞에서 자신을 낮출 때, 하나님은 그들을 "가까이하시며", 그들을 높이신다. 이 문맥에서 하나님께 가까이 나아가는 것과 하나님이 그분의 백성들에게 가까이 오시는 것은 회개한 신자와 주님의 관계가 회복됨을 가리킬 것이다.[116] 하나님의 임재는 그분의 뜻을 행한 결과로 하나님의 백성의 공동체 안에서 회복된 관계와 연결된다.[117]

116　Moo, *The Letter of James*, 193; McKnight, *The Letter of James*, 350; R. Martin, *James*(『야고보서』, 솔로몬 역간), 153.
117　McKnight는 "하나님께 가까이 나아가고 하나님이 우리에게 가까이 오시는 것에 대한 언어는 '나는 너희의 하나님이 되고 너희는 내 백성이 되리라'(예. 창 17:2, 4, 6-8; 출 6:2-8)는 구약의 강력한 언약 공식 중 하나를 상기시킨다"고 제안한다(McKnight, *The Letter of James*, 350).

성령을 통한 하나님의 임재

히브리서에서 성령의 사역은 앞에서 언급한 하나님의 계시적-구원적 임재와 밀접하게 연결된다. 하나님의 영은 그분의 백성에게 말씀하시며(히 3:7, 시 95:7-11의 인용이 이어짐), 그들에게 그리스도의 음성에 세심한 주의를 기울일 것을 상기시킨다. 성령은 죄 사함을 비롯하여 새 언약의 체결에 관여하신다(렘 31:31-34을 인용한 히 10:15-16을 보라). 성령은 성서를 통해서도 그리스도 이전에는 "하나님의 임재에 나아가는 길이 효과가 없었고, 저지되었으며, 아니면 보편적으로 가능한 것이 아니었다"고 경고한다(9:8).[118] 백성의 죄는 옛 언약을 파기했고, 구원을 주시는 하나님을 저버리는 사람들은 "은혜의 성령을 멸시했다"(10:29). 성령은 신자를 하나님의 은혜에 대한 경험으로 인도하는 분이시다. 성령을 떠나서는 그리스도와 그의 새 언약의 사역을 경험하지 못할 것이다.

하지만 히브리서 저자는 그의 독자들의 경우에 더 나은 것, 즉 구원을 동반하는 것이 있다고 확신한다(히 6:9). 오순절에 신자들은 성령의 나눠주심을 받았다. 즉 하나님의 인격적이고 능력 주시는 임재 말이다. "하나님도 표적들과 기사들과 여러 가지 능력과 및 자기의 뜻을 따라 성령이 나누어 주신 것으로써 그들과 함께 [그리스도께서 보장하신 구원을] 증언하셨느니라"(히 2:4). 비록 이것이 성령의 은사들을 지칭할 수 있다고 할지라도 "은사"라는 용어는 언급되지 않으며 "성령의 나눠주시는 것"(πνεύματος ἁγίου μερισμοῖς, 프뉴마토스 하기우 메리스모이스)은 성령 자신을 받는 것을 언

---

[118] Hodson, "Hebrews," 229.

급할 가능성이 크다.[119] 언약 공동체의 구성원이 되었다는 확실한 표시 하나는 성령에 "참여하는 것"(μετόχος, 메토코스)이다(히 6:4). 앨런 호드슨(Alan Hodson)이 말하듯이, "사람들과 함께하시는 성령의 임재는 그들이 진짜로 새 언약의 백성임을 증명한다."[120] 또는 토머스 슈라이너가 설명하듯이, "성령에 참여하는 것은 새 생명의 표지이며, 신자들이 그리스도인이라는 주된 표시다."[121] 제사로 드린 동물의 피가 거룩하게 할 수 없다는 것이 입증되었지만, "영원하신 성령으로 말미암아 흠 없는 자기를 하나님께 드린 그리스도의 피"는 능히 "너희 양심을 죽은 행실에서 깨끗하게 하고 살아 계신 하나님을 섬기게" 할 수 있다(히 9:13-14). "영원하신 성령"은 성령에 대해 말하는 또 다른 방식이다. 이것은 어쩌면 영원한 구속과 하나님의 임재에 영원히 나아감을 확실하게 하신 그리스도 사건에서 성령의 역할을 강조하는 말일 것이다(히 9:12). 신자들은 이제 중보자로서 인간 제사장이 필요 없이 살아 계신 하나님을 자유롭게 예배한다(λατρεύω, 라트류오)(참조. 히 12:28).

베드로전서는 대부분의 바울 서신보다 성령을 더 자주 언급한다.[122] 성령의 역할은 네 가지 주요 범주로 나뉘며, 각 역할은 하나님의 관계적 임재라는 우리의 주제와 관련이 있다. 첫째, 성령은 하나님의 자기 계시에서 직접적인 역할을 수행한다. "그리스도의 영"(참조. 롬 8:9)은 구약의 예언자

119　Hodson, "Hebrews," 234-35.
120　Hodson, "Hebrews," 236.
121　T. Schreiner, *New Testament Theology*(『신약신학』, 부흥과개혁사 역간), 492.
122　Dubis, *Messianic Woes in First Peter*, 125. Dubis는 πνεῦμα(프뉴마)의 등장 빈도가 얼마나 비교되는지를 보여준다(각 책에 사용된 단어들의 전체 수와 관련하여 πνεῦμα가 등장하는 횟수의 백분율을 사용한다). 로마서(.45%), 베드로전서(.42%), 고린도후서(.33%), 데살로니가전서(.30%), 빌립보서(.27%).

들에게 장차 오실 메시아의 고난과 영광을 계시했다. 그것은 "하늘로부터 보내신 성령을 힘입어 복음을 전하는 자들"에 의해 강화된 메시지다(벧전 1:10-12). 성령은 예언자들의 메시지를 계시하며, 복음을 전하는 사람들에게 능력을 주신다. 베드로는 베드로후서 1:21에서 이와 비슷하게 지적한다. "예언은 언제든지 사람의 뜻으로 낸 것이 아니요, 오직 성령의 감동하심을 받은 사람들이 하나님께 받아 말한 것임이라." 성령은 하나님과 관계를 맺고 하나님의 임재 안에서 영원히 지내기 위해 알아야 할 것을 하나님의 백성에게 언제나 알려주시는 계시의 영이다.

둘째, 성령은 하나님의 백성을 거룩하게 한다. 신자들은 "흩어진 나그네 곧 하나님 아버지의 미리 아심을 따라 성령이 거룩하게 하심으로 순종함과 예수 그리스도의 피 뿌림을 얻기 위하여 택하심을 받은 자들"이다(벧전 1:1-2). 성령은 신자의 회심에 필수적으로 관여하신다. 캐런 좁스는 성령이 "하나님이 그리스도를 믿게 된 사람들의 삶에 그분의 선택하시는 예지가 작동하게 하는 수단 또는 대리자"라는 점에 주목한다.[123] "순종함과…피 뿌림을 얻기 위하여"라는 어구는 출애굽기 24장의 언약 의식이라는 배경을 고려할 때 이사일의(二詞一意, 두 단어로 표현된 하나의 사상)로 이해하는 것이 좋을 것이다. 출애굽기 24장에서 하나님의 백성은 순종을 맹세하고(3, 7절), 그다음에 희생제물의 피 뿌림을 받았다(8절).[124] 좁스에 따르면, 이 문맥은 하나님과 그 백성의 언약 관계를 가리킨다. 그들은 인격적이며 능력을 주시는 하나님의 임재이신 성령이 거하는 백성이다. 성령은 그들이 그리스도의 희생에 비추어 전적으로 새로운 삶을 살도록 인도하신다.[125]

---

123 Jobes, *1 Peter*, 69-70.
124 Jobes, *1 Peter*, 72.
125 Jobes, *1 Peter*, 72. Davids, *The First Epistle of Peter*, 48도 보라.

셋째, 이전의 역할과 많은 관련이 있는 것은 성령이 어떻게 생명을 공급하는가다. 베드로는 그리스도께서 친히 "육체로는 죽임을 당하시고 영으로는 살리심을 받으셨으니"라고 쓴다(벧전 3:18). 성령은 예수를 죽은 자 가운데서 살리신 분이며, 신자에게 생명을 공급해주는 분이다. 베드로는 복음이 지금 죽은 자들에게 전파되었다고 말한다. 이는 궁극적으로 그들이 "육체로는 사람으로 심판을 받으나 영으로는 하나님을 따라 살게 하려 함"이다(벧전 4:6). 이 절에서 우리는 πνεύματι(프뉴마티)를 수단의 여격으로 취한다. 즉 신자들은 ("육으로"[σαρκί, 사르키]와 반대로) 성령으로 말미암아 새 생명을 경험할 것이다.[126] 성령은 생명을 주는 영이다.

넷째, 성령은 하나님의 백성이 그들의 믿음의 표현으로서 고난을 받을 수 있도록 능력을 주신다. 신자들은 그리스도의 이름 때문에 모욕을 받을 때 복이 있다. "영광의 영 곧 하나님의 영이 너희 위에 계심이라"(벧전 4:14[문자적으로 "영광의 그리고 하나님의 영이 너희 위에 계신다"]). 두 어구를 개별적으로 고려한다면, "영광의"(of-glory)는 하나님의 셰키나 임재와 동일시되는데, 이는 결국 설명적 관계가 된다. "영광의 임재, 즉 하나님의 영"이다.[127] 이사야 11:2은 주의 영이 장차 올 메시아적 인물 위에 머물 것이라고 약속한다. 베드로는 이 본문을 인용하여 그의 독자들에게 그리스도 위에 머물렀던 동일한 성령이 지금 그들 위에 머물러 언젠가 당신의 백성 안에 거하시겠다는 하나님의 오랜 약속을 성취한다는 것을 상기시킨다(예. 사 32:15; 겔 39:29; 욜 2:28-29; 슥 12:10). 성령의 능력 주시는 임재는 고난 중에도

---

126 T. Schreiner, *1, 2 Peter, Jude*, 209.
127 Schafroth, "1 and 2 Peter," 241. 영어 성경 NET와 NRSV를 비교해보라. NET: "the Spirit of glory, who is the Spirit of God, rests on you"(하나님의 영이신 영광의 성령이 너희 위에 계시느니라); NRSV: "the spirit of glory, which is the Spirit of God, is resting on you"(하나님의 영이신 영광의 영이 너희 위에 계시느니라).

계속된다. 여기서 베드로는 그리스도인들에게 영원히 영감을 불어넣고 힘을 주시는, "고난을 당하는 그리스도인들과 함께하시는 하나님의 영광과 영의 지속적인 임재"에 대해 말하고 있다.[128] 베드로는 어쩌면 그가 언급한 "하나님의 능력"(벧전 1:5)이나 "신적인 능력"(벧후 1:3)과 비슷한 어떤 것을 말하고 있는지도 모른다. 즉 하나님의 백성이 경건한 삶을 사는 데 필요한 모든 것을 공급하고 그들의 최종 구원이 드러날 때까지 그들을 보호하는 능력 말이다.

비록 야고보가 하나님의 지속적인 임재를 말할 때 지혜 용어를 사용하기를 선호할지라도, 그는 야고보서 4:5에서 성령을 언급했을 가능성이 크다. "너희는 하나님이 우리 속에 거하게 하신 성령이 시기하기까지 사모한다 하신 말씀을 헛된 줄로 생각하느냐?" 모든 해석학적 선택지와 함께 논쟁의 여지가 많은 이 구절은 하나님께서 그분의 백성 안에 거하게 하신 성령을 갈망하신다는 가능성을 열어둔다. 아무튼 하나님은 그분의 백성이 세상과 벗 되는 것을 거절하고 자신과 밀접한 관계를 맺고 행하기를 깊이 바라신다.

유다는 그의 짧은 편지에서 성령을 두 번 언급한다. 그는 19-20절에서 이렇게 기록한다. "이 사람들은 분열을 일으키는 자며, 육에 속한 자며, 성령이 없는 자니라. 사랑하는 자들아, 너희는 너희의 지극히 거룩한 믿음 위에 자신을 세우며 성령으로 기도하며." 유다는 먼저 거짓 교사들을 "성령이 없는 자" 또는 불신자들로서 특징짓는다(19절). 그들 안에는 세상적인 (영적이지 않은, 세속적인, ψυχικοί, 프쉬키코이) 것이 가득할지도 모른다. 하지만 그들은 그들의 삶에서 하나님의 임재, 내주하시는 성령이 없는 사람들이다

---

128 Schafroth, "1 and 2 Peter," 242.

(참조. 롬 8:9; 고전 2:14). 이들과 대조적으로, 참된 신자들은 자신들을 믿음 안에 세우고, 성령 안에서 기도하며, 주 예수 그리스도의 재림을 간절히 기다림으로써 하나님의 사랑 안에서 자신을 지키라는 권면을 받는다(20-21절). 이 삼위일체적 공식에서 성령으로 기도하는 것은 하나님의 임재 및 도움과의 긴밀한 연결을 제공해준다(참조. 롬 8:15-16, 26-27; 갈 4:6; 엡 6:18).

하나님의 종말론적 임재

히브리서와 일반 서신은 하나님의 관계적 임재와 관련하여 소망, 기업, 그리스도의 재림, 심판이라는 네 가지 주요 강조점으로써 종말론을 풍성히 발전시켰다. 그리스도인의 소망은 그 원천을 예수 그리스도의 부활과 그 부활이 가져오는 구원에서 발견한다. 베드로는 그의 첫 번째 편지를 이 담대한 선언으로 시작한다. "우리 주 예수 그리스도의 아버지 하나님을 찬송하리로다! 그의 많으신 긍휼대로 예수 그리스도를 죽은 자 가운데서 부활하게 하심으로 말미암아 우리를 거듭나게 하사 산 소망이 있게 하시며"(벧전 1:3). 소망의 원천이 예수의 몸의 부활과 더불어 과거에 있지만, 그 소망은 하나님의 백성이 주와 함께 있는 미래에 대한 약속이기에 "산 소망"이다. (우리는 하나님의 약속 중 일부로서의 새로운 기업을 아래에서 논의할 것이다.) 캐런 좁스는 다음과 같이 쓴다. "그리스도인의 소망은 영원한 것이다. 왜냐하면 그 소망의 근거인 그리스도께서 영원하시기 때문이다. 그리스도인의 삶에서 현재의 실재는 과거의 실재이신 예수 그리스도의 부활로 정의되고 결정되며, 그리스도께서 영원히 살아 계시기 때문에 미래에도 보장된다."[129]

---

129   Jobes, *1 Peter*, 85.

히브리서 저자는 그리스도의 영원한 제사장직의 이미지를 사용하여 이것과 상당히 동일한 결론을 내린다. "제사장 된 그들의 수효가 많은 것은 죽음으로 말미암아 항상 있지 못함이로되, 예수는 영원히 계시므로 그 제사장 직분도 갈리지 아니하느니라. 그러므로 자기를 힘입어 하나님께 나아가는 자들을 온전히 구원하실 수 있으니, 이는 그가 항상 살아 계셔서 그들을 위하여 간구하심이라"(히 7:23-25).

소망의 목표는 하나님의 백성이 그분의 임재 안에서 살 것이라는 데 있다. 하나님은 "많은 아들딸을 영광에 이르게" 하시려고 구원의 선구자를 고난을 통해 온전하게 하셨다(히 2:10). 여기서 "영광"은 새 창조에서 하나님의 임재 안에서의 삶을 가리킨다. 신자들 역시 그들이 자랑하는 확신과 소망을 굳게 붙들면 하나님의 집이라고 묘사된다(히 3:6). 하나님의 "집"은 가족이라는 의미에서 하나님의 가정을 언급하거나, 아니면 하나님의 성소 또는 성전을 언급할 것이다.[130] 가정/가족이든지 성전이든지 간에, 그 이미지는 하나님의 임재 안에서 사는 하나님의 백성을 그들의 소망의 최종적인 목표로서 가리킨다. 유다서의 송영은 소망이라는 용어가 사용되지 않았음에도 이 사실을 함축적으로 잘 표현한다. "능히 너희를 보호하사 거침이 없게 하시고 너희로 그 영광 앞에 흠이 없이 기쁨으로 서게 하실 이, 곧 우리 구주 홀로 하나이신 하나님께 우리 주 예수 그리스도로 말미암아 영광과 위엄과 권력과 권세가 영원 전부터 이제와 영원토록 있을지어다. 아멘"(유 24-25절). 리처드 보컴은 "그분의 영광"이 하나님의 영광스러운 임재에 들

---

130 Koester, *Hebrews*, 247. 딤전 3:15에서 교회가 하나님의 집으로 불리듯이, 예전에 이스라엘은 하나님의 "집"으로 언급되었다(예. 출 16:31; 호 8:1; 히 8:8). 하나님의 "집"은 성소일 수도 있다(예. 출 23:19; 34:26; 시 27:4). 교회 역시 성전으로 언급된다(예. 고전 3:16-17; 엡 2:19-21; 벧전 2:4-5).

어가는 거대한 종말론적 소망에 초점을 맞추는 "하나님 자신을 가리키는 경건한 완곡어법"이라고 말한다.[131] 피터 데이비스(Peter Davids)는 이것이 "하나님의 임재 안에서의 축제, 곧 하나님의 백성이 땅에서 섬겼던 하나님의 임재 안에서 누리는 즐거운 축하연에서 노래하고 찬송하며 춤추는 사람들의 바다"라고 말한다.[132] 이 저자들은 그들의 독자들에게 그들의 소망이 "온전히 실현될" 수 있도록 끝까지 인내하라고 도전한다(히 6:11). 영원한 하나님의 관계적 임재는 인내할 만한 가치가 있다.

소망의 중요성은 그것이 영혼을 격려하며 영혼에 닻을 내리는 방식에 있다. "앞에 있는 소망을 얻으려고 피난처를 찾은 우리에게 큰 안위를 받게 하려 하심이라. 우리가 이 소망을 가지고 있는 것은 영혼의 닻 같아서 튼튼하고 견고하여 휘장 안에 들어가나니"(히 6:18-19). 신자들의 소망은 하늘에 계신 하나님의 처소로 옮겨져 그들이 지금 하나님의 임재에 접근할 수 있게 한다. 이처럼 하나님께 나아가는 것으로 인해 신자들의 믿음은 강해지고 안정된다(히 11:1). 물론 이 소망은 위대한 대제사장이신 예수께서 하나님의 임재에 들어가신 것에 의거한다(히 6:20).[133] 저자가 히브리서 7:19에서 명료하게 말하고 있듯이, 이 제사장 안에서 "더 좋은 소망이 생기니, 이것으로 우리가 하나님께 가까이 가느니라"(4:16; 10:22; 12:22도 보라). 그러므로 신자들은 약속하신 하나님께서 미쁘시기에, 그들이 믿고 고백하는 "소망을 움직이지 말며 굳게 잡"아야 한다(히 10:23).

---

131 Bauckham, *2 Peter, Jude*(『유다서, 베드로후서』, 솔로몬 역간), 122. Davids는 "영광"이 하나님을 가리키는 전형적인 유대교 방식이라고 주장하는데, 이는 다음의 예들에서 볼 수 있다. Tobit 12:12; *1 Enoch* 27:2; 63:5; 102:2(Davids, *The Letters of 2 Peter and Jude*, 111).
132 Davids, *The Letters of 2 Peter and Jude*, 111.
133 히 6:19의 분사 εἰσερχομένην(에이세르코메넨)은 관계대명사 ἥν(헨)을 수식하며, 따라서 이 관계대명사의 선행사인 6:18의 소망(ἐλπίς, 엘피스)의 행위를 묘사한다.

두 번째 종말론적 강조는 기업이라는 개념에 초점을 맞춘다. 히브리서는 하나님의 백성이 하나님께서 약속하신 것을 기업으로 받는다는 것을 여러 번 언급한다(예. 히 6:11-12, 17; 9:15; 10:34-37; 11:39-40). 개리스 코커릴(Gareth Cockerill)은 하나님의 약속이 "풍성하게 나타났으며, 언약 및 약속의 땅에 대한 언어로 가득 채워져 있다"고 말한다.[134] 하나님의 백성은 하나님께서 풍성한 복의 장소에서 그분의 언약 백성 가운데 사시겠다고 반복적으로 언급한 구약의 약속을 성취하면서 하나님의 임재를 기업으로 받는다(출 25:8; 레 26:12; 렘 32:38; 겔 37:27). 베드로와 야고보는 그 기업을 "복"(벧전 3:9), "영원한 영광"(벧전 5:10), "생명의 면류관"(약 1:12), 그리고 "그 나라"(약 2:5)로 묘사한다. 때때로 이 저자들은 신자들이 "구원"을 기업으로 받을 것이라고 구체화하기도 한다(히 1:14; 벧전 1:3-5; 벧후 3:15). 베드로는 이 기업이 "썩지 않고 더럽지 않고 쇠하지 아니하는" 것이며, "너희를 위하여 하늘에 간직하신 것이라. 너희는 말세에 나타내기로 예비하신 구원을 얻기 위하여 믿음으로 말미암아 하나님의 능력으로 보호하심을 받았느니라"고 말한다(벧전 1:4-5). 그리스도의 재림 때에 완전하게 기업으로 얻게 될 구원은 보호되며 영원하다. 이로 인해 신자들은 더 이상 흩어진 나그네로 살지 않고 하늘에 있는 하나님 나라의 완전한 시민으로서 하나님의 임재에 들어가게 될 것이다(벧전 1:1). 신자들은 하나님의 임재 안에서 마침내 진정한 고향에 도달할 것이다.

히브리서는 기업을 받는 신자들을 묘사하기 위해 강력한 몇 가지 이미지를 사용한다. 먼저, 신자들은 하나님의 안식에 들어간다(히 3:11, 18; 4:1, 3, 5, 10-11). 앞서 우리는 안식의 "이미"라는 측면을 하나님의 지속적인 임재

134　Cockerill, *The Epistle to the Hebrews*, 284.

를 현재 영적으로 경험하는 것으로서 논의했다. 하지만 "안식"은 히브리서에서 강력한 종말론적 차원도 전달한다. 안식은 하나님의 백성에게 "시작되었으나 아직은 완성되지 않은" 영적 실재를 가리킨다.[135] 안식은 여전히 바랄 수 있는 약속이다(4:1). 안식은 들어갔거나(또는 들어가고 있지만)(4:3), 아직 들어가지 않은 것이기도 하다(4:11). 그 시점에서 노동이 중단될 것이다(4:10). "약속의 땅"인 가나안이 최종 목적지가 아니라는 것은 확실하다. 왜냐하면 그곳에 들어간 사람들이 여전히 하늘의 본향을 찾고 있기 때문이다(11:13-16). 데이비드 드실바(David deSilva)가 다음과 같은 결론을 내린 것은 확실히 정확하다. "안식에 들어가는 것은 하나님의 영역에 들어가는 것과 다르지 않다.… '영광'에 들어가는 것, '휘장 뒤'의 자리에 들어가는 것, '흔들리지 않는 나라'에 들어가는 것, 그리고 지상의 무대를 넘어 존재하는 '영속적'이고 '장차 올 도성'에 들어가는 것이다."[136] 안식은 하나님의 임재 안에서의 삶이다.

또한 기업은 안식과 연결된 이미지인 하늘 성소에서 하나님의 임재에 들어가는 것을 의미한다(예. 시 132:8, 13-14). 그리스도는 죄를 없애기 위해 자신을 희생제물로 단번에 드리심으로써 하나님의 영광스러운 임재의 하늘 성소에 들어가셨다(히 9:24-26). 그리스도는 한 번 죽으셨지만, "구원에 이르게 하기 위하여 죄와 상관없이 자기를 바라는 자들에게 두 번째 나타나"실 것이다(9:28). 이 최종 구원의 전달은 하나님의 백성이 그분의 임재에 영원히 들어가는 길을 개척한 예수와 깊이 연결된다. 이런 의미에서 그리스도인의 소망은 "영혼의 닻 같아서 튼튼하고 견고하여 휘장 안에 들

---

135 Guthrie, *Hebrews*, 152.
136 DeSilva, *Perseverance in Gratitude*, 160.

어가나니, 그리로 앞서가신 예수께서…우리를 위하여 들어가셨느니라"(히 6:19-20). 히브리서 저자는 우리가 "예수의 피를 힘입어 지성소에 들어갈 담력을 얻었"고(10:19), 온전한 믿음으로 하나님께 가까이 나아갈 특권이 있다(10:22)고 말하는 같은 문맥에서, 신자들에게 "믿는 도리의 소망을 움직이지 말며 굳게 잡고"(10:23), "그날이 가까움을 볼수록" 모이기를 계속하라고 권한다(10:25). 크레이그 쾨스터가 결론지은 것처럼, "듣는 자들은 이미 기도를 통해 하나님께 나아갈 수 있지만(4:14-16), 그들은 이 현시대의 끝에 그들보다 앞서가신 그리스도를 따라 하나님의 임재 안에 완전히 들어갈 것이다(6:19-20; 10:19)."[137]

기업을 묘사하기 위해 사용된 마지막 이미지는 하나님의 영원한 도성에 도착하는 것이다. 아브라함은 약속의 땅으로 가는 여정을 수행했지만, 여전히 "하나님이 계획하시고 지으실 터가 있는 성을 바랐"다(히 11:10). 이 신실한 순례자들은 "이제는 더 나은 본향, 곧 하늘에 있는 것을 사모했으며", 하나님은 실제로 "그들을 위하여 한 성을 예비하셨다"(11:16). 장차 올 이 도성은 "시온산과 살아 계신 하나님의 도성인 하늘의 예루살렘"이다(12:22). 조지 거스리는 히브리서 저자가 12:18-21의 시내산과 관련된 일곱 가지의 역동성을 12:22-24의 시온산과 관련된 일곱 가지의 역동성과 어떻게 균형을 맞추는지와, 이것들 중 대부분이 종말론적임을 지혜롭게 관찰한다.[138]

윌리엄 레인은 시온산의 특징들이 하나님의 관계적 임재를 어떻게 지

---

137 Koester, *Hebrews*, 103.
138 Guthrie, *Hebrews*, 417-19. (1) 살아 계신 하나님의 도성인 하늘의 예루살렘, (2) 천만 천사들의 기뻐하는 총회, (3) 그들의 이름이 하늘에 기록된 장자들의 교회, (4) 모든 사람의 심판자이신 하나님, (5) 온전하게 된 의인의 영들, (6) 새 언약의 중보자이신 예수, (7) 아벨의 피보다 더 나은 것을 말하는 뿌린 피.

시하는지에 대해 다음과 같이 주석한다.

> 환상의 모든 측면은 하나님의 임재 안으로 담대하게 들어가라고 격려한다(참조. 히 4:16). 시온산의 분위기는 축제다. 번쩍이는 불, 어둠, 그리고 암울함의 두려운 가시적 이미지는 살아 계신 하나님의 도성인 하늘 예루살렘의 실재 앞에서 사라진다. 회오리바람, 나팔의 폭발음, 온갖 소리가 어우러진 불협화음이 조용해지고, 축제의 모임에 참석한 천사들의 기쁜 찬송으로 대체된다. 산 아래에 엄숙하게 모여 두려움에 떨던 이스라엘 회중은 이름이 하늘의 생명책에 영원히 기록된 사람들의 총회로 대체된다. 하나님이 가까이할 수 없는 분이라는 압도적인 인상은 하나님의 임재와 새 언약의 중보자이신 예수께 완전히 가까이 가는 경험으로 가려진다.[139]

완전한 접근이 이제 가능해졌지만, 최종 접근은 하늘 도성에 도달하는 것을 기다린다. 신자들이 "흔들리지 않는 나라"(히 12:28), "장차 올 영구한 도성"(13:14)을 기업으로 받을 때를 말이다. 영원한 축제는 하나님의 모든 백성이 "그날"에 하나님의 임재 안에 모일 때에야 비로소 시작된다(참조. 막 14:25).

세 번째 종말론적 강조는 자신의 원수들에 대항하는 최후 전투에서 승리하고 자신의 백성에게 최종적 구원을 가져오는 그리스도의 재림에 초점을 맞춘다. 이 최종적 구원은 하나님의 임재와 관련한 수많은 상(賞)을 포함한다. 그리스도는 위대한 대제사장으로서 죄를 위해 단번에 한 희생제사를 드리셨고, 지금은 하나님의 임재 안에 앉으셔서 그분의 백성을 위해 간

139　Lane, *Hebrews 9-13*, 464-65.

구하시며, "그의 원수들이 그의 발등상이 되기를" 기다리신다(히 10:12-13; 참조. 시 110:1)(히 7:25; 9:24; 롬 8:34; 요일 2:1을 보라).¹⁴⁰ 그럼에도 이 저자들은 계속해서 예수의 강림이 임박하게 "가까움"을 강조한다(히 10:25, 37; 약 5:8; 벧전 4:7). "그날"(히 10:25; 벧전 2:12; 벧후 1:19; 3:10), 곧 하나님께서 오래 참으시고 많은 사람이 회개하기를 바라시기 때문에 늦추신 날(벧후 3:8-9; 참조. 약 5:7)이 이를 때 예수께서 영광 중에 나타나실 것이다(벧전 4:13; 유 14절). 하나님 나라가 도래할 것이다(약 2:5). 신자들은 하나님의 은혜를 온전하게 경험할 것이다(벧전 1:13).

예수께서 최종적인 구원을 가져오실 때(히 1:14; 벧전 1:5, 9) 신실한 자들은 "풍성한 상을 받을" 것이다(히 10:35; 참조. 11:26). 이것은 죽은 의인들의 부활로 시작한다(히 11:35; 벧전 4:6; 5:6). 그리스도께서 재림하실 때, 그들은 "생명의 면류관" 또는 부활의 생명인 면류관을 받을 것이다(약 1:12; 참조. 계 2:10: "이기는 자에게는 내가 승리자의 관을 주리라").¹⁴¹ 하나님의 임재 안에서 영원한 삶을 위한 부활의 생명은 재림하시는 주께서 그의 백성에게 주시는 첫 번째 선물이다.

베드로는 이 최종적 구원의 결과와 상을 묘사할 때 "기쁨"과 "영광"의 이미지를 선호한다. 베드로의 독자들의 믿음은 불로 정련될 것이며, 그래서 "예수 그리스도께서 나타나실 때에 칭찬과 영광과 존귀를 얻"을 것이다(벧전 1:7). 이 칭찬과 영광과 존귀는 하나님께서 그의 종들에게 주시는 것을 가리킬 가능성이 크다. 하지만 베드로전서 4:13에서 보듯이, 영광은 하나님의 임재와 동의어일 수도 있다. "오히려 너희가 그리스도의 고난에 참

---

140 아래에서 우리는 최후 심판이 임재 주제에 어떻게 작용하는지를 좀 더 설명할 것이다.
141 McCartney는 약 1:12과 계 2:10의 "생명의 면류관"이라는 어구가 그리스어에서 동격의 소유격 ― "생명인 면류관" ― 을 나타낼 가능성이 있다고 주장한다(McCartney, *James*, 101).

여하는 것으로 즐거워하라. 이는 그의 영광을 나타내실 때에 너희로 즐거워하고 기뻐하게 하려 함이라." 그리스도의 영광이 나타날 때, 신자들은 "장차 나타날 영광에 참여하고"(벧전 5:1), "시들지 아니하는 영광의 면류관을 받을 것이다"(벧전 5:4). 여기서 "영광의 면류관"은 야고보서 1:12의 "생명의 면류관"처럼 그리스어의 동격의 소유격으로 이해해야 한다. 즉 "영광인 면류관"(τὸν στέφανον τῆς δόξης, 톤 스테파논 테스 독세스)이다. 영광과 임재 간의 강한 연결로 인해 신자들에게 주어지는 주된 상은 주님 자신과 그분의 임재 안에 있는 영생이라고 결론을 내리게 된다(유 21절). 베드로는 나중에 예언자의 메시지가 믿을 만하다는 점에 독자들의 주의를 환기시킨다. 그들은 어두운 곳에 있는 빛에 주목하듯이, "날이 새어 샛별이 너희 마음에 떠오르기까지" 예언자의 메시지에 주의해야 한다(벧후 1:19). 그리스도가 "샛별"이신 것이 확실하다. 또한 그리스도가 신자들의 마음에 떠오르는 것은 그리스도의 재림의 영적 효과를 가리킬 가능성이 가장 크다. 즉 그리스도의 영광스러운 임재가 전인격을 통해 빛을 발한다는 것이다. 진 그린(Gene Green)은 주의 영광이 떠오르는 것이 성서의 여러 곳에 등장한다는 점에 주목한다(예. 사 60:1; 눅 1:78).[142] 바울은 고린도후서 4:6에서 하나님께서 "예수 그리스도의 얼굴에 있는 하나님의 영광을 아는 빛을 우리 마음에 비추셨"다고 언급할 때, 이와 비슷한 이미지를 사용한다. 그리스도의 재림으로 인해 그의 백성은 주를 볼 것이며(히 12:14), 하나님의 뜻 안에 완전히 잠긴 세상, 곧 새 하늘과 새 땅에서 그와 함께 살 것이다(벧후 3:13).

네 번째 종말론적 강조는 심판에서 하나님의 임재의 자리와 관련이 있다. 일반 서신은 장차 임할 심판이라는 사실에 대해 반복적으로 진술한다.

---

142 G. Green, *Jude and 2 Peter*, 228-29.

사람은 한 번 죽으며, 그 이후에는 심판에 직면한다(히 9:27). 만물의 심판자는 하나님이시다(히 12:23, 26-27). "주의 날" 또는 "하나님의 날"은 심판을 행하기 위해 도적같이 이를 것이다(벧후 3:10, 12; 유 6, 14-15절). 심판은 확실히 임할 것이다(벧전 4:17-18; 벧후 2:9).

심판은 하나님의 임재를 경험하는 것과도 관련된다. 하지만 그것은 어쩌면 진노와 정죄를 받는 방식일 것이다. 야고보는 "심판주가 문 밖에 서 계시니라!"고 말한다(약 5:9). 히브리서가 말하듯이, "지으신 것이 하나도 그 앞에 나타나지 않음이 없고 우리의 결산을 받으실 이의 눈앞에 만물이 벌거벗은 것 같이 드러나느니라"(히 4:13). 히브리서 저자는 신명기 32:35-36에 언급된 하나님의 심판에 주목하면서, 심판 때 불신자들은 "살아 계신 하나님의 손에 빠진다"고 마무리한다(히 10:31). 베드로는 하나님의 심판을 "주의 얼굴" 앞에 가는 것으로(벧전 3:12), 또는 "산 자와 죽은 자를 심판하기로 예비하신 이에게 사실대로 고하"는 것으로(벧전 4:5) 묘사한다.

심판은 궁극적으로 하나님의 관계적 임재에서의 분리를 의미한다. 심판을 묘사하기 위해 히브리서와 일반 서신에 사용된 이미지와 은유들은 영원한 의식적 고통이나 영혼 멸절론자의 견해를 지지하는 것으로 해석될 수 있지만, 언제나 하나님의 임재에서 쫓겨나는 것과 관련된다. 심판은 저주받은 땅(히 6:8), 소멸하는 불(히 10:27; 12:29; 벧후 3:7; 유 7, 23절), 멸망(히 10:39; 벧후 2:1, 3, 12; 3:7, 10, 12, 16; 유 5, 10절), 정죄(벧후 2:3; 유 4절), 캄캄한 흑암(벧후 2:17; 유 13절)으로서 다양하게 묘사된다. 심판은 매우 자주, 일반적으로 편지의 큰 흐름에서 구원과 나란히 놓이며, 임재의 영원한 경험과 대조적으로 임재로부터의 쫓겨남을 나타낸다(예. 히 10:39에 요약된 것을 제외하고 히브리서 전체; 벧전 4:17-18; 벧후 3:12-13; 유 21절).

결론

신약 서신서들은 하나님의 관계적 임재라는 주제에서 신학적 중심을 찾는다. 바울 서신, 히브리서, 일반 서신에서 우리는 사실상 다음과 같은 동일한 주제의 패턴을 본다. 즉 하나님의 계시적 임재, 하나님의 성육신적 임재, 구원의 복음에 초점을 맞춘 하나님의 임재, 성령과 자신의 백성인 교회를 통한 하나님의 임재, 하나님의 지속적인 임재, 하나님의 종말론적 임재다. 우리는 바울에게서 그리스도와의 연합이라는 주제를 통해, 히브리서에서는 그리스도의 제사장적 임재라는 모티프를 통해 특별한 강조를 본다. 둘 다 그들의 독자들을 위해 강력한 방식으로 하나님의 관계적 임재를 적응시킨다.

바울은 구체적으로 그의 말과 복음의 메시지를 통해 하나님의 계시적 임재를 강조한다. (몇 가지만 거론하자면) 이신칭의, 의, 구속, 화목, 입양과 같은 바울의 유명한 신학적 용어들 대부분은 예수 그리스도 안에서 알려진 하나님의 관계적 임재의 복음에 뿌리를 두고 있다. 바울의 다메섹 체험의 중심에서 우리는 부활하신 그리스도와의 관계적 대면을 발견한다. 이것은 바울의 서신서 전체에서 그리스도와의 연합에 대한 그의 강조를 설명하는 데 크게 도움이 되는 관계다.

히브리서와 일반 서신도 마찬가지로 그리스도 안에서 하나님의 성육신적 임재를 강조한다. 그리고 우리와 함께 계시는 하나님이라는 이 주제는 특히 히브리서에서 우리를 위한 하나님의 대제사장직에 대한 강조로 이어진다. 이제 우리는 우리의 위대한 대제사장이신 예수 그리스도의 희생제사를 통해 새롭고 더 나은 언약에 참여한다.

성령과 자신의 백성인 교회를 통한 하나님의 관계적 임재는 신약성서의 이 단락에서 핵심적인 자리를 차지한다. 우리 가운데 거하시는 하나님의 능력 주시는 임재로서 성령은 그의 백성 가운데 영원히 사시겠다는 하나님의 오래된 약속을 이룬다. 성령의 사역은 자연스럽게 하나님의 백성인 교회의 실재로 이어진다. 바울이 교회를 가리키기 위해 주로 사용하는 은유들(가족, 성전, 몸)은 성령의 강력한 사역을 반영한다. 우리는 베드로전서에서 이와 비슷한 강조를 발견한다. 베드로는 "신령한 집", "왕 같은 제사장", "거룩한 제사장", "거룩한 나라" 그리고 "하나님의 특별한 소유"로서 하나님의 백성에 초점을 맞춘다(벧전 2:5, 9).

바울에게서 그리고 히브리서와 일반 서신 모두에서 하나님의 지속적인 임재가 강하게 나타난다. 바울은 신자들의 개인적 삶과 공동체적 삶에서 직접적이고 격려하는 용어들(즉 강하게 하다, 위로하다, 은혜, 자비, 평강을 주다 등)을 통해 하나님의 지속적인 임재를 인식한다. 한편 히브리서 저자는 은혜를 받음, 안식-쉼을 찾음에 대해 말한다. 야고보서는 공동체에서 실행되는 하나님의 지혜의 지속적인 힘을 강조한다.

하나님의 종말론적 임재 역시 이 단락에서 중요한 역할을 수행한다. 바울의 종말론적 복음은 그리스도의 재림, 신자들의 부활, 심판과 상급의 실제, 구원의 완전한 실현, 새 창조 안에서의 삶을 특징으로 한다. 하나님의 기업은 그분의 백성이다. 복스러운 소망은 그리스도께서 그분의 백성을 위해 다시 오시는 것이다. 종말론은 바울 신학을 주도한다. 히브리서와 일반 서신, 특히 베드로전서 역시 하나님의 종말론적 임재를 강조한다. 베드로전서에서 이와 같은 임재는 살아 있는 소망을 특징으로 하며, 히브리서에서 하나님의 임재 안에 나아가는 것은 믿음에 닻을 내린다. 영원한 안식에 대한 약속은 하나님의 임재 안에서의 삶을 묘사한다. 영광과 기쁨으로 가득한 그리스도의 재림은 그의 백성에게 최종적인 구원을 가져온다. 이와 대조적으로 이 편지들은 불신자들에 대한 심판으로 인해 일어나는 하나님의 임재에서의 분리라는 실재도 강조한다. 하지만 초점은 소망에 남아 있다.

이제 우리는 신약의 나머지 책들인 요한복음, 요한 서신, 그리고 요한계시록을 통해 하나님의 관계적 임재라는 주제를 추적하려고 한다.

# 제6장

요한복음, 요한 서신, 요한계시록에 나타난
하나님의 관계적 임재

요한 문헌은 자신의 백성 가운데 거하시는 하나님의 관계적 임재를 살피는 훌륭한 관점을 제공한다.[1] 육신이 되신 말씀을 통한 하나님의 성육신적 임재이든지, 보혜사의 사역을 통한 하나님의 지속적인 임재이든지, 하나님의 도우시는 임재와 예수에 대한 제자도이든지, 아니면 현재 및 미래의 실제로서 하나님의 종말론적 임재이든지 간에, 요한복음에서 하나님의 관계적 임재는 중심 무대를 차지한다. 요한은 그의 복음서에서와 마찬가지로 그의 서신에서도 여러 주제의 복잡하고 역동적인 혼합을 통해 하나님의 관계적 임재라는 주제를 전달한다. 하나님을 아는 것과 하나님에게서 태어나는 것은 영생과 관계가 있다. 이는 하나님의 종말론적 임재와 연결되며, 하나님을 믿고 그분의 계명을 지키는 것과 관련되는데, 둘 다 성령의 역할과 관계가 있다. 세부적인 내용을 파악하는 것은 마치 물살이 빠른 강에서 화창한 햇빛에 비친 다양한 가닥의 멋지고 복잡한 색을 밝혀내려는 것과 같다. 마

---

1 우리는 요한복음, 요한 서신, 요한계시록의 저자를 사도 요한으로 상정한다.

지막으로, 우리는 요한계시록에서 하나님의 관계적 임재가 드러나는 다양한 방식에 주의를 기울일 것이다. 즉 삼위일체적·예언적·성육신적·지속적·종말론적 임재의 방식이다. 이야기의 마지막 장에 충실한 이 단락은 새 창조에서 자신의 백성 가운데 영원히 사시겠다는 하나님의 오래된 약속의 최종 성취를 밝힌다.

요한복음

하나님은 자신을 창조주, 소통하시는 분, 아버지, 보내시는 분으로 계시하셨다. 하나님은 그분의 백성과 인격적 관계를 세우기 위해 자신을 계시하신다. 하나님은 아들 예수 그리스도 안에서 그분의 성육신적 임재를 통해 관계적 극단으로 나가신다. 상당히 문자적으로, 하나님은 예수(즉 육신이 되신 말씀) 안에서, 특히 예수의 표적들과 "나는 ~이다"라는 말씀을 통해 이야기하셨다. 성부 하나님께서 보내신 아들이자 새로운 성전으로서 예수는 하나님의 임재를 즉시 가능하게 하신다. 예수는 성령의 미래 사역과 제자들의 현재 공동체를 통해 가능해진 하나님의 지속적인 임재에 관한 가르침을 통해서도 그의 제자들을 위로하고 격려하신다. 종말론적으로 말해서, 하나님의 생명을 주시는 임재는 현재 및 미래 모두의 실재로서 빛을 발한다. 제자들은 예수 안에서 영생을 경험하기 시작할 수 있다. 그리고 그들은 언젠가 그들을 위해 예비된 곳에서 예수와 함께 하나님의 임재 안에 살 것이다.

규정하기 힘들지만 계시된 하나님의 임재

요한복음에서 "하나님은 숨어 계시며, 그분의 임재는 규정하기 힘들다."[2] 하나님의 유일한 말씀은 요한복음 12:28에서 발견된다. "내가 이미 영광스럽게 하였고 또다시 영광스럽게 하리라." 그럼에도 하나님은 이 복음서 전체에서 그분의 관계적 임재를 극적인 방식으로 알리신다. 첫째, 하나님은 창조주시다. 하나님은 그분의 말씀으로 만물을 창조하시고, 인류에게 빛과 생명을 가져다주시며(요 1:1-3; 참조. 창 1:1-3), 사람들이 그분의 자녀가 되게 하시고, 그의 임재를 경험하게 하신다(요 1:12-13). 요한은 바울보다 더 섬세하게 새 창조에 대한 신학을 묘사한다. 지니 브라운(Jeannine Brown)이 말하는 것처럼, "이 [새 창조] 모티프의 누적 효과는 요한이 메시아이신 예수 안에서 하나님의 창조 사역의 완성과 갱신이 임했음을 전달하려고 한다는 것을 나타낸다."[3] 실제로 하나님은 그분의 빛과 생명을 주시는 임재를 세상에 가져오신다.

둘째, 하나님은 소통하는 분이시다. 하나님의 말씀(이스라엘의 성서)을 통해서든지, 그 말씀(예수 그리스도) 혹은 성령을 통해서든지, 하나님은 사람들에게 자신을 알리신다.[4] 하나님은 창조에서 어둠과 죽음을 없애고 예수 그리스도를 통해 관계를 가능하게 만들기 위해 자신을 계시하신다. 하나님께서 그분 자신과 그분의 뜻을 알리시는 소통의 일차적인 목적은 사람들이 그분의 관계적 임재를 경험하게 하는 것이다.

---

2   Koester, *The Word of Life*, 25. M. Thompson, *The God of the Gospel of John*도 보라.
3   J. Brown, "Creation's Renewal in the Gospel of John," 290. Köstenberger, *A Theology of John's Gospel and Letters*(『요한신학』, 부흥과개혁사 역간), 336-54에서 광범위하게 논의된 내용도 보라.
4   소통에 대한 이 세 가지 방식에 대해서는 Koester, *The Word of Life*, 26-30을 보라.

셋째, 하나님은 아버지시다. 예수는 하나님을 요한복음 내내 그의 아버지로 언급한다.[5] 하나님은 예수의 아버지로 묘사되는데, 예수는 하나님을 "나의 아버지"(거의 40회) 또는 "아버지"(80회 이상)로 언급한다. 예수가 행하는 모든 일은 하나님 아버지의 아들로서 행하는 것이다. 아버지 하나님은 그 아들을 통해 사람들에게 그분의 사랑과 생명을 주신다. 게다가 하나님은 신자들의 아버지로도 불린다. 하지만 예수의 부활 이후에야 비로소 그렇게 불린다. "내가 내 아버지 곧 너희 아버지, 내 하나님 곧 너희 하나님께로 올라간다 하라"(요 20:17). 아버지의 목표는 사람들이 믿음으로 그에게 반응하고 그의 사랑받는 자녀들이 되는 것이다(요 1:12-13; 3:3-8).

마지막으로, 하나님은 보내시는 분이다. 하나님은 세례 요한, 예수, 성령을 보내시는데, 이 보냄은 임재의 행위를 나타낸다. 크레이그 쾨스터는 이렇게 말한다. "우리는 하나님이 다른 이들을 보내실 때 그들과 함께 가시는 것을 발견한다. 하나님은 편안하게 세상을 떠나기 위해 다른 이들을 세상에 보내시는 것이 아니다. 하나님은 사물들의 중앙에 계신다. 그래서 예수는 갈등에 직면해서도 '나를 보내신 이가 나와 함께하시도다. 그는 나를 혼자 두지 아니하셨느니라'라고 주장할 수 있다(요 8:29; 16:32). 보내시는 것은 부재하시는 하나님이 아니라, 임재하시는 하나님의 행위다."[6] 요한은 하나님 아버지를 예수를 보내신 분으로, 아들 예수는 아버지 또는 하나님에 의해 보냄을 받으신 분으로 밝힌다.[7] 때때로 아버지는 아들을 보내시는 분

5　πατήρ(파테르)라는 용어는 요한복음에서 136번 사용된다. 그중 대부분의 경우에(약 120번), 이 용어는 하나님을 가리킨다. 신약성서에서 이에 근접한 다른 책은 없다.

6　Koester, *The Word of Life*, 33.

7　그는 주로 πέμπω(펨포, 약 24번)와 ἀποστέλλω(아포스텔로, 약 17번)라는 용어를 사용하여 그렇게 밝힌다. πέμπω에 대해서는 다음을 보라. 4:34; 5:23, 24, 30, 37; 6:38, 39, 44; 7:16, 28, 33; 8:16, 18, 26, 29; 9:4; 12:44, 45, 49; 13:20(2x); 14:24; 15:21; 16:5. ἀποστέλλω에 대

으로 밝혀진다(5:23, 24, 37; 6:44, 57; 7:29; 8:18, 26, 42; 10:36; 11:42; 17:25). 다른 때에는 초점이 아버지에게서 시작된 예수의 사역에 있다(3:17; 4:34; 5:36; 6:29, 38-39; 9:4). 예수는 하나님의 말씀을 이야기하는데, 이는 그의 가르침이 아버지 하나님에게서 온 것이라는 의미다(3:34; 7:16, 28; 12:49; 14:24; 17:8). 필요한 것은 아버지께서 보내신 자를 믿는 것 또는 아는 것이다(5:38; 12:44; 13:20; 15:21; 17:3, 21, 23). 예수는 아버지를 기뻐하시고(5:30; 8:16, 29), 아버지를 분명히 반영하시며(12:45), 아버지께로 돌아가실 것이다(7:33; 16:5). 대체로 하나님 아버지의 보냄을 받은 아들이라는 주제는 예수 그리스도의 인격 안에서 자신의 임재를 계시하시는 분으로서의 하나님을 풍성하게 강조한다.

요한복음의 창조주, 소통하시는 분, 아버지, 보내시는 분으로서의 하나님의 특성에 대한 이 간략한 개요에서 우리는 관계의 목적을 위해 자신의 임재를 알리시는 분으로서의 하나님에 대한 그림을 갖게 된다. 하나님 아버지는 그의 독생자를 주셔서(요 3:16) 세상이 "영생"을 얻을 수 있게, 다시 말하면 "유일하신 참하나님과 그가 보내신 예수 그리스도를 알게" 하셨다(요 17:3). 창조주이신 하나님은 그의 장막을 치시는 말씀을 통해 소통하신다. 그래서 그를 믿는 모든 사람이 하나님의 자녀가 되게(즉 그분의 관계적 임재를 경험하게) 하신다.

해서는 다음을 보라. 3:17, 34; 5:36, 38; 6:29, 57; 7:29; 8:42; 10:36; 11:42; 17:3, 8, 18, 21, 23, 25; 20:21. Köstenberger, *The Missions of Jesus and the Disciples*, 97-106의 추기, "The Two Johannine Words for Sending"을 보라.

하나님의 성육신적 임재

하나님께서 요한복음에서 그분의 임재를 알리시는 일차적인 방법은 그의 아들 예수 그리스도를 통해서다. 예수가 빌립에게 이렇게 말씀하신 것처럼 말이다. "나를 본 자는 아버지를 보았거늘"(요 14:9). 이런 강조는 요한복음에서 처음부터 시작하여 계속된다. 서막이 다음과 같은 대담한 선언으로 마무리되듯이 말이다. "본래 하나님을 본 사람이 없으되, 아버지 품속에 있는 독생하신 하나님이 나타내셨느니라"(요 1:18). "주해"(exegesis)라는 단어가 유래한 "나타내다/알리다"에 해당하는 그리스어 ἐξηγήσατο(엑세게사토)는 리처드 보컴이 "요한의 기독론에서 가장 특징적인 측면, 즉 하나님의 계시로서의 성육신"이라고 부른 내용을 강하게 전달한다.[8] 보컴은 이런 "요한의 성육신적-계시적 기독론이 모든 복음서에서 예수의 이야기를 우리와 함께하시는 하나님의 이야기로서 읽기 위한 가장 포괄적인 신학적 틀을 제공한다"고 말한다.[9]

하나님은 지극히 인격적이고 실제적인 방식으로 말씀하심으로써 자신을 계시하신다. "태초에 말씀이 계시니라. 이 말씀이 하나님과 함께 계셨으니 이 말씀은 곧 하나님이시니라"(요 1:1). 태초에 하나님과 함께 계셨고, 그를 통해 하나님이 만물을 창조하신 이 하나님의 말씀은 육신(σάρξ, 사르크스)이 되어 우리 가운데 그의 거처를 삼으셨다(σκηνόω, 스케노오)(1:1-3, 14). 안드레아스 쾨스텐버거(Andreas Köstenberger)는 말씀에 대한 요한의 신학이 하나님의 자기표현 또는 언어로서 하나님의 말씀에 대한 구약의 묘사에 깊

---

8 Bauckham, *Gospel of Glory*(『요한복음 새롭게 보기』, 새물결플러스 역간), 198.
9 Bauckham, *Gospel of Glory*, 201.

이 뿌리를 두고 있음을 우리에게 상기시킨다. 이는 요한의 서막이 왜 창조를 하나님의 계시적 임재의 일차적 실례인 성육신과 연결하는지를 설명해 준다.[10]

이 "말씀"은 단순한 정보를 넘어 인격적 대면으로 이동한다.[11] 흥미로운 것은 요한계시록이 자기 백성 가운데 거하시는 하나님의 임재를 묘사하기 위해 "보호하다" 또는 "장막을 치다"(σκηνόω)를 가리키는 동일한 용어를 사용한다는 점이다. 요한계시록 7:15에서 하나님은 하늘의 허다한 무리를 "그의 임재로"(σκηνώσει ἐπ᾽ αὐτούς, 스케노세이 에프 아우투스) 보호하신다. 요한계시록 13:5-6에서 짐승은 하나님을 모독하고, 그분의 이름과 그분의 거처 또는 성막(σκηνή, 스케네)을 비방한다. 여기서 하나님의 거처 또는 성막은 그분의 백성, 즉 하늘의 시민권을 가지고 있는 백성을 의미한다. 그리고 요한계시록 21:3에서 우리는 하나님의 장막, 즉 거처(σκηνή, 스케네)가 그분이 함께 거하시는(σκηνόω) 사람들 가운데 있는 것을 본다. 요한계시록 밖에서 동사 σκηνόω의 유일한 사용은 요한복음 1:14에 등장하는데, 여기서는 하나님의 성육신적 임재가 중심 무대를 차지한다.[12]

요한은 "영광"에 대한 그의 첫 번째 언급으로 요한복음 1:14을 마무리한다. "우리가 그의 영광[δόξα, 독사]을 보니 아버지의 독생자의 영광이요 은혜와 진리가 충만하더라." 신약성서에서 δόξα는 "존귀, 특권, 평판"을, 아니면 영광스러운 임재라는 의미에서 "가시적인 광채"를 의미할 수 있다.[13]

---

10 Köstenberger, *A Theology of John's Gospel and Letters*, 338-41.
11 Koester, *The Word of Life*, 27.
12 Koester, *The Dwelling of God*, 102을 보라. Koester는 동사 σκηνόω가 "육체"와 "영광"을 둘 다 아우르는 언어유희라고 주장하고, "성막 이미지가 사람들 가운데 거하는 하나님의 말씀과 영광의 장소로서 예수의 인격을 독특하게 묘사할 수 있다고 결론 내린다.
13 Bauckham, *Gospel of Glory*, 43-62, 72-74.

여기서는 두 번째 의미를 염두에 둔다. 사람들은 말씀을 들었을 뿐만 아니라 그를 보고 만지기도 했다(요일 1:1-3). 우리 저자들 중 한 사람(대니)이 썼듯이, "성막을 세우는 것의 중요한 점은 자기 백성 가운데 거하시고 그들과 함께 이동하시는 하나님의 임재를 위한 적절한 장소를 짓는 것이다. 출애굽기에서 성막 이야기의 절정은 하나님이 실제로 성막에 거주하시는 것이다(출 40:34-38)."[14] 동일한 내용이 솔로몬 성전의 완공에서도 나타난다(왕상 8:10-11). 하지만 하나님께서 솔로몬 성전에 거하시는 것은 훨씬 더 신중했다. 성막이나 성전을 통해 이루어지지 않은 것은 예수 안에서 성취된다. 결국 모세가 겨우 얼핏 보았고 성막과 성전에서 계속 감춰졌던 하나님의 불타는 듯한 영광스러운 임재는 이사야 40:5과 같은 본문을 성취하면서 이제 예수 안에서 가시적인 것이 되었다. "주의 영광이 계시될 것이며, 모든 육체[σάρξ]가 하나님의 구원을 볼 것이다. 주께서 말씀하셨기 때문이다"(70인역을 번역함). 또한 광야의 여정 동안 하나님의 백성을 덮었던 하나님의 임재의 셰키나 영광과의 관련성을 놓칠 수 없다(예. 출 13:21-22; 33:7-11; 40:34-38). 요한은 하나님의 영광스러운 임재가 이제 모든 사람에게 인격적으로 그리고 강력하게 나타났음을 분명히 한다. 그들이 예수 안에서 하나님의 얼굴을 보는 것을 허락하면서 말이다.[15] 예수는 하나님의 셰키나시다.[16]

우리는 예수의 "표적들"을 통해 나타난 하나님의 성육신적 임재도 본다.

---

14 J. D. Hays, *The Temple and the Tabernacle*, 59.
15 Koester, *The Word of Life*, 25. Koester는 이렇게 말한다. "십자가에 못 박히시고 부활하신 예수 안에서 그들[독자들]은 하나님의 얼굴을 보라고 부름을 받는다."
16 Frey, "God's Dwelling on Earth," 97.

- 물을 포도주로 변하게 함—"예수께서 이 첫 표적을 통해 그의 영광을 나타내시매"(2:1-11).
- 왕의 신하의 아들을 고침—"네 아들이 살 것이라"(4:46-54).
- 안식일에 중풍병자를 고침—"'내 아버지께서 이제까지 일하시니 나도 일한다.'…하나님을 자기의 친아버지라 하여 자기를 하나님과 동등으로 삼으심이러라"(5:2-18).
- 오천 명을 먹임—"나는 생명의 떡이니"(6:2-15, 35).
- 안식일에 맹인을 고침—"나는 세상의 빛이로라" 그리고 "생명의 빛"(9:1-12, 39; 8:12).
- 나사로를 다시 살림—"나는 부활이요 생명이니"(11:1-45).
- 예수의 부활—"예수께서 제자들 앞에서 이 책에 기록되지 아니한 다른 표적도 많이 행하셨으나 오직 이것을 기록함은 너희로 예수께서 하나님의 아들 그리스도이심을 믿게 하려 함이요, 또 너희로 믿고 그 이름을 힘입어 생명을 얻게 하려 함이니라"(20:1-31).

영광, 치유, 생명, 공급, 빛, 부활, 이 모든 것은 하나님의 임재를 가리키는 표시들이다. 이 기적들은 능력의 분명한 행위를 넘어 더 큰 것, 즉 예수의 인격 안에서 작용하는 하나님의 영광스러운 임재를 가리킨다.

예수의 표적과 밀접한 관련이 있는 것은 "나는 ~이다"라는 그의 일곱 가지 말씀이다(이 진술들은 "ἐγώ εἰμι, 에고 에이미"라는 어구로 표현되었다는 특징이 있다).[17] 물론 이 어구는 야웨, 즉 인격적으로 임재하시는 하나님에 대한 구약성서의 계시를 암시한다. 좀 더 친숙한 "나는 ~이다"라는 예수의 말

---

17 Bauckham, *The Testimony of the Beloved Disciple*, 243-50의 논의를 보라.

씀에는 다음과 같은 서술어가 이어진다. "나는 생명의 떡이다"(요 6:35, 48), "세상의 빛"(8:12; 9:5), "양의 문"(10:7, 9), "선한 목자"(10:11, 14), "부활이요 생명"(11:25), "길이요 진리요 생명"(14:6), "참포도나무"(15:1). 게다가 서술어가 없는 일곱 개의 절대적인 "나는 ~이다" 말씀도 있다.

예수께서 이르시되 "네게 말하는 **내가 그라** 하시니라"(4:26).

이르시되 "**내니** 두려워하지 말라" 하신대(6:20).

그러므로 "내가 너희에게 말하기를 너희가 너희 죄 가운데서 죽으리라 하였노라. 너희가 만일 **내가 그인 줄** 믿지 아니하면 너희 죄 가운데서 죽으리라"(8:24).

이에 예수께서 이르시되 "너희가 인자를 든 후에 **내가 그인 줄**을 알고 또 내가 스스로 아무것도 하지 아니하고 오직 아버지께서 가르치신 대로 이런 것을 말하는 줄도 알리라"(8:28).

예수께서 이르시되 "진실로 진실로 너희에게 이르노니, 아브라함이 나기 전부터 **내가 있느니라**" 하시니(8:58).

지금부터 일이 일어나기 전에 미리 너희에게 일러 둠은 일이 일어날 때에 **내가 그인 줄** 너희가 믿게 하려 함이로라(13:19).

대답하되 "나사렛 예수라" 하거늘, 이르시되 "**내가 그니라**" 하시니라.…예수께서 그들에게 "내가 그니라" 하실 때에 그들이 물러가서 땅에 엎드러지는지라. 이에 다시 "누구를 찾느냐?"고 물으신대, 그들이 말하되 "나사렛 예수라" 하거늘, 예수께서 대답하시되 "너희에게 **내가 그니라**" 하였으니(18:5-8).

이중 의미에 대한 요한의 선호와 그의 글에서 숫자 7의 중요성을 고려할 때, 이 구절들에서 몇 개는 신분 확인의 일반적인 진술(즉 "이봐, 나야")로 읽을 수 있다. 하지만 일곱 개 모두를 기독론적 의미가 담긴 두 번째의 "나는 ~이다"(I am) 말씀으로 이해하는 것이 타당하다. 표적들이 예수 안에서 하나님의 영광을 드러내지만, 두 세트의 말씀들은 표적의 의미를 분명하게 밝히는 것 같다.[18] 리처드 보컴에 따르면, 이 두 세트의 말씀은 신적 정체성을 표현하는데, 여기서 예수는 "자신을 한 분이자 유일하신 하나님, 곧 이스라엘의 하나님 야웨와 분명하게 동일시하고 있다."[19] 예수는 하나님의 관계적 임재를 세상에 드러낼 수 있는 분이다.

요한은 다양한 방식으로 예수 안에서 하나님의 성육신적 임재를 강조한다. 두 가지는 특히 언급할 가치가 있다. 즉 하나님의 일을 수행하기 위해 보냄을 받은 하나님 아버지의 대리인으로서 예수와 새 성전으로서 예수다.[20] 우리는 예수가 하나님 아버지께서 보내신 아들임을 이미 언급했다. 이는 보내시는 분으로서 하나님의 속성에 대해 많은 것을 이야기한다(앞의 내용을 보라). 또한 "내가 왔다"라는 예수의 분명한 선언은 그의 성육신의 목적에 관한 어떤 의심도 제거한다. 예수는 하나님으로부터(요 8:42; 16:28) 또

---

18   Bauckham, *The Testimony of the Beloved Disciple*, 250.
19   Bauckham, *The Testimony of the Beloved Disciple*, 247.
20   요한복음의 성전 상징에 대한 개관은 Coloe, *God Dwells with Us*를 보라.

는 "내 아버지의 이름으로"(5:43) 오셨다. 이는 그가 하나님의 권위 있는 대표자로 오셨음을 의미한다.[21] 신학적으로 말해서, 예수는 하나님의 신적 임재를 성육신하셨다는 의미에서 하나님의 대표자로서의 역할을 수행한다. 예수는 영원한 생명 또는 부활 생명을 모든 믿는 자에게 주심으로써(6:38-40; 10:10), 병자를 고치고 사람들을 회복시키심으로써(9:39), 어둠에 있는 사람들에게 빛과 구원을 가져오심으로써(12:46), 진리를 증언하심으로써(18:37) 아버지 하나님의 뜻을 행하러 오셨다.

서막에서 영광을 암시한 것은 요한이 복음서 전체를 통해 예수를 하나님의 임재의 새 성전으로서 묘사하는 것에 대해 독자들을 준비시킨다. 매리언 톰슨(Marianne Thompson)은 이렇게 쓴다. "예수를 하나님의 영광과 임재의 나타남으로 이해하는 한, 초기 기독교는 '거룩한 공간'을 인정한다. 하지만 그들은 그 공간을 '재배치하며', 그것을 은유적으로 해석한다. 그러므로 그의 정체성을 설명하기 위해 사용된 유대교의 상징들[주로 성전]은 이스라엘의 메시아이신 예수의 인격에 부여된다."[22] 하나님은 새 성전에서 그의 백성들 가운데 거하겠다고 약속하셨으며(예. 겔 37:26-28; 43:7-9; 슥 2:10-11), 요한은 이 약속이 역설적으로 기원후 70년 예루살렘 성전의 멸망이라는 배경에서 처음에 예수 안에서 성취되었음을 본다. 아래의 본문들은 새 성전으로서의 예수에 대한 요한의 묘사를 가리킨다.[23]

· 말씀이 육신이 되어 "우리 가운데 거하시매"(1:14).

---

21 Keener, *The Gospel of John*(『요한복음 1·2·3』, 기독교문서선교회 역간), 660.
22 M. Thompson, *The God of the Gospel of John*, 217.
23 이 본문들과 다른 본문들에 대한 더 자세한 논의는 Köstenberger, *A Theology of John's Gospel and Letters*, 425-31을 보라.

- 예수는 사흘 동안 성전 된 자기 육체를 다시 지으실 것이다(2:19, 21).[24]
- 참되게 예배하는 자들은 물리적인 장소에 매이지 않고, "영과 진리로" 예배할 것이다(4:23-24; 참조. 14:6, 9-11).
- 장막절과 관련하여 그리고 성전 뜰에서 가르치는 동안 예수는 자신이 성전과 연관되는 이미지들인 생명수의 원천이자 세상의 빛이라고 선언한다(7:37-38; 8:12; 9:5).
- 수전절의 맥락에서 예수는 그를 따르는 사람들에게 영생을 주겠다고, 자신이 아버지 하나님과 하나라고, 따라서 하나님의 아들이라고 주장한다(10:27-38).
- 예수는 자신이 하나님의 새 성전임을 암시하면서 아버지 하나님이 예루살렘 성전에 거하시는 것이 아니라 자신 안에 거하신다고 주장한다(10:38; 14:10-11, 20; 17:21).

하나님은 이제 새 성전인 예수를 통해 그분의 관계적 임재를 전달하신다. 하나님의 임재는 더 이상 물리적인 장소에 국한되지 않고 이제 한 인격 안에서 구현된다.[25] 예수는 예배의 새로운 중심이 되며, 예수를 따르는 자들에게 성령이 오심은 예수의 죽음과 부활을 넘어 새 성전의 이미지를 확장한다(아래를 보라).

예수 안에서 하나님의 성육신적 임재는 요한복음을 통해 밝게 채색된다. 그 결과 "구원은 일차적으로 하나님을 아는 것으로, 하나님의 생명 안

---

24 Perrin, *Jesus the Temple*, 80-113을 보라.
25 Walker, *Jesus and the Holy City*, 168.

에 참여하는 것으로, 그리고 하나님의 임재가 이 세상에서 구현된 분을 통해 하나님과 교제를 가지는 것으로 이루어진다."[26] 그럼에도 마리아가 예수의 장례를 위해 그의 몸에 기름을 부은 후 예수는 제자들에게 이렇게 말씀하신다. "가난한 자들은 항상 너희와 함께 있거니와 나는 항상 있지 아니하리라"(요 12:8). 이후에 예수는 장차 있을 그의 부재를 다시 언급하신다. "내가 아직 잠시 너희와 함께 있겠노라. 너희가 나를 찾을 것이나 일찍이 내가 유대인들에게 너희는 내가 가는 곳에 올 수 없다고 말한 것과 같이 지금 너희에게도 이르노라"(13:33). 예수 안에서 하나님의 강력한 성육신적 임재를 배경으로 할 때, 그리고 예수의 종말론적 임재가 임하기 전을 배경으로 할 때, 하나님은 그의 백성들이 그의 임재를 경험하게 하기 위해 무엇을 마련하셨는가?

하나님의 지속적인 임재

요한복음은 하나님의 지속적인 임재에 대해서도 말하는데, 이는 두 가지 보충적인 방식으로 이루어진다. 즉 공동체의 역할을 비롯하여 예수에 대한 제자도와 성령의 지속적인 사역이 그것이다. 서로 관련되는 이 두 가지 강조는 동일한 실재에 대한 두 개의 관점처럼 기능한다. 즉 하나는 위로부터의 관점으로(성령), 다른 하나는 아래로부터의 관점으로(제자도) 기능하는 것이다. 우리는 성령의 사역으로 시작한다.

---

26 M. Thompson, *The God of the Gospel of John*, 240.

성령을 통한 지속적인 임재

요한복음에서 성령은 하나님의 백성을 보호하고 유지하는 일에 중요하고 다양한 역할을 수행한다. 성령은 먼저 사람들이 하나님과의 관계에 들어갈 수 있게 하고(요 1:33; 3:4-8, 34), 참된 예배를 가능하게 하며(4:23-24), 생명을 가져오신다(6:63; 7:37-39). 성령의 지속적인 임재는 요한복음 후반부에서 훨씬 더 특징적으로 나타난다. 예수는 성령을 "다른 보혜사"[παράκλητος, 파라클레토스], (같은 종류의) 또 다른 "도우시는 임재"로 밝히는데, 이것은 제자들과 함께하는 성령의 임재가 "예수가 지상에 계시는 동안 그들과 함께하여 격려하고 힘을 주신 것을 대체할 것임"을 암시한다.[27] (참조. 14:18 ["**내가** 너희를 고아와 같이 버려두지 아니하고 너희에게로 오리라"]; 16:7).

성령은 "또 다른 도우시는 임재"로서 단지 그들과 **함께** 사는 것이 아니라 그들 **안에** 사는 것으로써 친밀하게 인격적인 방식으로 예수의 제자들과 영원히 함께 있을 것이다(요 14:16-17). 비록 예수는 제자들을 위해 거처(μονή, 모네)를 마련하기 위해 그들을 떠나지만(14:2-3), 자신과 아버지 하나님께서 와서 그들과 함께 있을 집(μονή, 모네)을 만들 것이라고 그들을 확신시키는데(14:23), 이는 성령의 내주를 언급하는 것이 확실하다. 그리고 이것은 영원한 인격적 임재다. 즉 예수는 성령이 "너희와 함께 영원히 있을 것이라"고 말씀하신다(14:16). 성령은 예수에 관해 증언하고, 제자들에게 그분의 가르침을 상기시키며, 그들을 모든 진리 안으로 인도하고, 장차 올 것을 계시한다(14:26; 15:26; 16:13). 성령은 예수의 백성들 가운데서 그의 임재

---

27 Köstenberger, *A Theology of John's Gospel and Letters*, 396. 우리는 παράκλητος를 "도우시는 임재"(helping Presence)라고 번역하는 데 있어 Köstenberger에게 빚지고 있다.

로서, 특히 하나님의 말씀을 가르치고 계시하는 것과 관련하여 역할을 담당한다.

어쩌면 놀랍게도, 성령은 제자들에게 아버지 하나님의 임재를 나타낸다. 즉 예수를 증언하고(15:26-27), 예수를 영화롭게 하며(16:14), 제자들을 붙들어주고(14:17), 심판에 대해 세상을 책망하며(16:8-11), 가르친다(14:26; 16:13). 이 모든 것은 아버지 하나님과 관련된 기능들이다. 톰슨은 다음과 같이 바르게 주장한다. "요한복음 전체를 관통하는 성령에 대한 일차적인 이해는 아들에게 부여되었고 아들을 통해 부여된 아버지 하나님의 생명을 주는 능력이라는 것이다.…성령에 대한 '신학적' 색채는 '기독론적' 형성보다 선행하며 그 형성을 뒷받침한다."[28]

요한복음에서 성령에 대한 마지막 언급은 예수께서 "숨을 쉬시고"(여기서 ἐνεφύσησεν[에네퓌세센]은 직접 목적어가 없다) 그의 제자들에게 "성령을 받으라"고 말씀하심으로써 사역을 위해 그들에게 능력을 주시는 것을 특징으로 한다(요 20:22). 이것은 얼마 있지 않아 오순절에 성령을 충만하게 부어주실 것을 기대하는 상징적인 행위일 가능성이 크다.[29] 실제적인 의미에서 예수는 자신 안에서 역사하시는 하나님의 강력한 임재가 그의 제자들을 통해 그 사역을 계속할 것이라고 말하고 있다. 요약하면, 성령의 역할은 예수의 승천과 재림 사이에 예수의 제자들의 공동체에 하나님의 임재를 알리는 것이다. 크레이그 쾨스터가 말하는 것처럼, 성령은 예수를 대신하지 않지만(예. 성육신도 없고, 십자가 처형도 없다), 부활하신 그리스도는 성령의 임재

---

28 M. Thompson, *The God of the Gospel of John*, 186. M. Thompson, *John*, 318-22도 보라.
29 Köstenberger, *A Theology of John's Gospel and Letters*, 400. Köstenberger는 "숨을 쉬다"(ἐνεφύσησεν, 에네퓌세센)를 뜻하는 동사와 똑같은 형태가 70인역 창 2:7에 사용된다는 점에 주목한다. 이 창세기 본문에서 하나님은 아담을 창조하실 때 그의 영을 아담에게 불어넣으신다. 따라서 "요 1:1의 창조로부터 20:22의 새 창조까지" 원을 마무리한다.

를 통해 믿음의 공동체에 그분의 지속적인 임재를 알리신다.[30]

예수에 대한 제자도를 통한 지속적인 임재

하나님은 그의 성령을 통해 자기 백성을 붙드시지만, 좀 더 교회론적인 관점에서 보면, 요한복음에서 반복적으로 등장하는 주제인 예수에 대한 제자도를 통해서도 그분의 관계적 임재를 나타내신다. 예수에 대한 제자도의 중심에는 예수의 임재와의 관계적 대면이 서 있다. "나를 따르라"는 말씀이 요한복음 전체를 시작하고 마무리한다(요 1:43; 21:19, 22). 쾨스터가 관찰했듯이, 제자도에 관한 한, 요한은 악이나 덕의 목록, 상세한 권면, 포괄적인 제자도 매뉴얼을 아무것도 제시하지 않는다. 오히려 그는 주님과 그분을 따르는 사람들 사이의 사랑의 관계에 대해 설명한다.[31] 이것은 니고데모, 사마리아 여인, 마리아와 마르다, 막달라 마리아, 베드로와 같은 개인과 예수의 관계에서 입증된다. 하지만 이것은 목자와 양 떼(10:1-42), 사랑의 계명과 발 씻음(13:1-17, 34-35; 15:12, 17), 그리고 포도나무와 가지(15:1-17) 같은 새로운 공동체에 대한 강력한 이미지들을 통해서도 입증된다.

새로운 공동체의 이미지들. 목자와 양 떼의 이미지는 많은 면에서 관계적 임재를 표현한다. (1) 양은 목자가 양의 이름을 부르고 인도할 때 그의 음성을 알고 그를 따른다(요 10:3-4, 16, 27). (2) 목자는 양육하고 보호하며 풍성한 생명을 공급한다(10:9-10). (3) 선한 목자와 양의 인격적 관계는 아버지 하나님과 아들의 친근한 관계에 근거한다(10:14-15).[32] (4) 목자는 양

---

30 Koester, *The Word of Life*, 148, 150. Morris는 이렇게 쓴다. "성령은 예수의 육체적 임재가 그를 따르는 사람들에게서 떠났을 때 하나님의 임재다"(Morris, *Jesus Is the Christ*, 159).
31 Koester, *The Word of Life*, 188.
32 Carson, *The Gospel according to John*(『요한복음』, 부흥과개혁사 역간), 387.

을 위해 자기 목숨을 주고, 양에게 영생을 준다(10:15, 28). (5) 아들(목자)과 아버지 하나님은 양을 위해 영원한 안전을 제공하신다(10:28-29). (6) 양 떼가 하나고, 목자도 한 분이다(10:16). 관계적 임재는 마음을 사로잡는 이 이미지의 중심에 있다.

예수는 성만찬 전날 단지 손님이 되신 것이 아니라 종이 되어 수건을 두르고 그의 제자들의 발을 씻으신다. 베드로가 이 난처한 행동에 참여하기를 강력히 거부할 때, 예수는 그에게 이렇게 경고하신다. "내가 너를 씻어 주지 아니하면 네가 나와 상관이 없느니라"(요 13:8). 이 말씀은 여기서 제자가 되지 않는다면 예수의 종말론적 임재에 참여할 수 없다는 의미일 것이다(참조. 14:1-3; 17:24). 그리고 나서 예수는 발을 씻는 것으로써 강력하게 상징되는 그의 사랑의 계명을 제기하신다. "너희도 서로 발을 씻어 주는 것이 옳으니라"(13:14). "내가 너희를 사랑한 것 같이 너희도 서로 사랑하라"(13:34)(참조. 15:12, 17). 이 이미지는 실례를 들어 보여준 사랑의 계명과 더불어 제자들의 삶에서나 사랑하는 종들의 공동체에서 임재의 변화시키는 힘에 대해 말한다.

어쩌면 다른 어떤 것보다 포도나무와 가지의 은유(요 15:1-17)는 "예수와 그의 제자들 사이의 유기적인 하나 됨"을 묘사한다.[33] 이 포도 재배의 이미지는 거의 모든 절에서 임재의 교환을 강조한다. "내 안에 거하라. 나도 너희 안에 거하리라"(15:4). "거하다"(μένω, 메노)는 "누군가와 함께 그리고 그를 위해 있다"는 것이며, "관계 속에서 전체성"을 가리킨다.[34] 톰슨은 거하는 것은 수용성 혹은 "예수의 생명 주시는 임재에 대한 개방성과 반응

---

33 Köstenberger, *A Theology of John's Gospel and Letters*, 503. Köstenberger는 요한복음의 포도나무와 가지의 이미지가 바울의 "그리스도의 몸" 은유와 비슷하다는 점에 주목한다.
34 Koester, *The Word of Life*, 195.

성"을 특징으로 한다고 말한다.³⁵ 예수의 임재와 연합하는 것은 열매를 맺고, 예수의 가르침에 순종하며, 공동체 안에서 사랑하는 결과를 낳는다.

예수에게 개인적으로 반응하기. 핵심적인 공동체의 이미지들을 통해 하나님의 관계적 임재의 공동체적 경험을 강조하는 것과 더불어, 요한은 하나님의 임재의 개인적인 경험도 강조한다. 요한은 제자도의 이런 측면을 돋보이게 하려고 다양한 용어와 표현을 채용한다.³⁶ 개인은 구체적인 **행동**을 함으로써 예수를 따르라는 도전을 받는다.

- 예수와 그의 메시지를 믿어라(예. 3:15-18, 36; 6:35, 40, 47; 7:37-38; 11:25-26; 12:44; 14:12).
- 예수를 보내신 아버지 하나님을 믿어라(예. 5:24).
- 예수께로 오라(예. 6:37).
- 예수를 사랑하라(예. 14:21, 23-24).
- 예수의 말씀 혹은 가르침을 받아들이라/순종하라(예. 3:33; 8:51; 14:21).
- 예수를 따르라(예. 8:12).
- 진리에 따라 살라(예. 3:21).
- 하나님의 뜻을 행하라(예. 7:17).
- 예수를 섬기라(예. 12:25-26).

---

35 M. Thompson, *John*, 325.
36 Bauckham, *Gospel of Glory*, 1-19에서 개인주의를 다룬 중요한 장을 보라. Bauckham은 신자 개인과 예수의 관계에 이목을 집중시키는 다섯 개의 다른 문법적 형태를 가진 67개의 말씀을 밝힌다.

개인은 구체적인 은유와 연관된 행동을 통해서도 예수를 따르라는 도전을 받는다.

- 다시/위로부터 태어나라(3:3, 5).
- 생수를 마셔라(4:13-14; 7:37).
- 생명의 떡을 먹어라(6:35, 51, 54-58).
- 빛 가운데 행하라/걸어가라(8:12; 12:46).
- 예수라는 문으로 들어가라(10:9).
- 예수 안에 거하라(15:5-6).

신실한 제자도에 대한 이런 행동들의 **결과**는 하나님의 관계적 임재를 분명히 가리킨다.

- 영생을 얻음(예. 3:15-16, 36; 4:14; 5:24; 6:40, 47, 54, 57-58; 11:25; 12:25).
- 영적인 죽음을 겪지 않음(예. 8:51-52; 11:26).
- 빛을 경험함(예. 3:21; 8:12).
- 어둠에 거하지 않음(예. 12:46).
- 정죄가 아니라 구원을 경험함(예. 3:18; 10:9).
- 하나님의 사랑을 받음(예. 14:21, 23).
- 하나님의 나라를 경험함(예. 3:3, 5).
- 하나님의 자기-계시를 앎(예. 14:9, 21).
- 성령을 받음(예. 7:37-39).
- 영적으로 만족함을 얻음(예. 4:13-14; 6:35).
- 열매 맺는 삶을 누림(예. 14:12; 15:2, 5).

- 버림을 받지 않고 예수와 확실한 관계를 맺음(예. 6:37; 14:18).
- 예수와 지속적인 관계를 맺음(예. 6:56).
- 아버지 하나님께 귀히 여김을 받음(예. 12:26).
- 예수께서 예비하신 하나님의 집의 거처에 살게 됨(예. 14:23).
- 예수와 함께 있음(예. 12:26).
- 마지막 날에 부활을 경험함(예. 6:40, 44).

이 결과들은 번창하는 관계를 다음과 같이 특징짓는다. 즉 생명(죽음과 반대), 사랑과 확실한 관계(버림과 반대), 빛(어둠과 반대), 하나님을 앎(거절과 반대), 영적인 만족과 열매 맺음, 귀히 여김을 받음, 인격적 임재를 계속 누림, 그리고 부활이다. 이것은 가장 심오하고 풍부한 관계적 언어다.

따라서 지금까지 우리는 요한복음에서 성부 하나님의 임재, 예수 안에 있는 하나님의 성육신적 임재, 그리고 공동체적으로나 개인적으로 성령 안에 나타나는 하나님의 지속적인 임재와 예수에 대한 제자도에 주목했다. 이제 우리는 하나님의 종말론적 임재에 대한 개관으로 마무리할 것이다.

하나님의 종말론적 임재

요한복음의 거의 끝에서 예수는 제자들에게 그가 떠나실 것을 준비시키신다. 일찍이 예수는 유대 지도자들에게 자신이 떠날 것이고, 그들이 자신을 찾을 수도 따라올 수도 없다고 말씀하셨다(요 7:33-34; 8:21). 대조적으로 그는 이제 그의 제자들에게 그가 떠날 것이라고 알리시지만(13:33, 36a), 그가 곧 그들을 위해 장소를 예비하고 다시 돌아와 그들이 자신과 함께 있게 할 것이라고 안심시키신다(13:36b; 14:2-3). 그리고 나서 17장에서 예수는 이렇게 기도하신다. "아버지여, 내게 주신 자도 나 있는 곳에 나와 함께 있어⋯ 나의 영광을 그들로 보게 하시기를 원하옵나이다"(17:24). 예수의 떠남은 마지막 일들에 관한 그의 가르침의 기회를 제공하고, 하나님의 임재는 핵심적인 역할을 담당한다.

심지어 많은 해석자가 요한복음을 대충 읽고도 요한의 실현된 혹은 시작된 종말론에 초점을 맞추었다. 이는 장차 올 시대의 복이 예수의 제자들에게 지금 주어진다는 견해다.[37] 요한이 공관복음서의 시간적 틀을 채택하여 단순하게 미래를 현재로 무너뜨렸다는 가정이 제기되어왔다. 하지만 요한복음을 좀 더 면밀하게 읽어보면, 요한의 사상이 약간 더 미묘한 차이가 있음을 알 수 있다.

매리언 톰슨은 요한의 종말론이 그의 기독론의 기능, 궁극적으로는 그의 신학의 기능이라고 올바르게 제안한다.[38] 일차적 암시는 요한의 종말론에서 현재에 해당하는 것은 미래 그 이상이라는 것이다. 그것은 "살아 계신 하나님의 생명 주시는 임재"다.[39] "하나님에 대한 지식과 하나님의 임재가 예수 그리스도의 임재를 통해 나타났고, 그 임재에 가까이 나아갈 수 있게 되었다"는 것이 요한이 말하고 있는 요지다.[40]

어떤 의미에서, 미래는 실제로 현재 안에 들어왔으며, 미래적 종말론은 요한복음에 건재하고 잘 정립되었다. 하지만 "미래"는 종종 하나님의 관계적 임재를 경험하는 측면에서 정의되곤 한다. 예수 그리스도의 인격 안에서 영생과 같은 마지막 때의 복이 믿음으로 예수와 올바른 관계를 맺

---

37 이 견해는 전통적으로 Dodd, *The Interpretation of the Fourth Gospel*에 의해 주창되었다.
38 M. Thompson, *The God of the Gospel of John*, 82.
39 M. Thompson, *The God of the Gospel of John*, 86.
40 M. Thompson, *The God of the Gospel of John*, 86.

고 있는 사람들에게 지금 주어진다.[41] 요한은 일반적으로 빛 대 어둠, 정죄 대신에 구원, 죽음이 아닌 생명 등의 대조되는 이미지들을 사용하여 이 새로운 종말론적 실재를 묘사한다.

영생은 요한의 종말론의 주도적인 혜택 또는 복을 제공하며, 이 생명은 자신의 믿음을 하나님의 아들에게 둔 사람들에게 지금 시작된다(요 3:16-18).[42] 그들은 정죄가 아니라 구원을 경험한다(3:16-17). 그들은 사망에서 생명으로 옮겨졌다(5:24). 이는 근본적으로 하나님의 임재를 대면하는 것으로 규정되는 생명이다. 유일하신 참하나님과 그분이 보내신 예수 그리스도를 아는 것이 영생이다(17:3; 참조. 요일 5:20). 그리고 이 지식은 막연한 지적인 동의를 넘어 신뢰, 관계, 그리고 교제를 포함하는 것으로 나아간다. 영생은 성부와 성자 사이에 존재하는 사귐에서 흘러나온다(1:18; 10:30; 14:7; 17:11, 22-23). 신자들은 생수의 강처럼 그들을 통해 흐르는(7:38-39) 성령으로 태어났다(3:5, 6, 8). 신자들은 영(성령)과 진리로 예배하는 참예배자들이다(4:23-24). "부활과 생명"이신 분과의 관계 안에 있다는 것은 그들이 절대 죽지 않는다는 의미다(6:50; 8:51; 11:25-26). 예수의 생애, 죽음, 부활,

---

41 Köstenberger, *A Theology of John's Gospel and Letters*, 297. Köstenberger 역시 다음과 같이 주석한다. "요한은 공관복음의 감람산 강화(마 24장과 병행 본문)에서 발견되는, 마지막 때와 관련한 예수의 교훈과 하나님 나라에 관한 공관복음의 편만한 강조를 성령을 통해 예수 안에서 이미 여기서 지금 경험하고 있는 영생에 초점을 맞춘 종말론으로 대체하는 것 같다."

42 요한복음에서 "영생"은 예수 그리스도를 통한 유일하신 참하나님과의 관계로 정의된다(요 17:3). 영생은 **현재 경험**이다. 영생은 아버지와 아들이 주신다(5:21, 26; 17:2). 영생은 성서에서가 아니라 아들 안에서 발견된다(5:39-40). 영생은 사망에서 생명으로 옮기는 것과 관련되며(5:24, 29), 죽음으로 파괴될 수 없다(8:51). 믿는 자는 누구나 영생을 얻는다(3:15-16, 36; 4:14; 5:24; 6:47, 50, 51; 20:31). 아버지 하나님이 주시는 생명의 떡으로서의 예수는 그를 따르는 사람들을 생명으로 붙드신다(6:27, 32-33, 54). 선한 목자로서의 예수는 그의 백성이 충만하고 풍성한 생명을 얻게 하려고 오셨다(10:10, 28). 하지만 영생은 특히 부활과 연결된 **미래의 대망**이기도 하다. 죽은 자들이 하나님의 아들의 음성을 듣고 살아날 때가 올 것이다(5:25, 28-29). 영생은 부활 생명이다(6:40; 11:21-27, 32, 41-44).

영화롭게 되심은 이 새로운 경험을 개시하며, 예수는 그가 영화롭게 될 때가 이르렀다고 거듭 말씀하신다(12:23, 28, 31-32; 17:1, 3-5). 하나님의 관계적 임재는 하나님의 도우시는 임재인 성령의 사역을 통해 예수를 따르는 사람들의 개인적 경험 안으로 들어온다.

그렇지만 요한은 여전히 미래적 종말론을 강조할 여지를 찾고 있으며, 하나님의 관계적 임재의 측면에서 그렇게 한다. 요한복음 1:51에서 예수는 나다나엘(과 복수형 대명사와 동사가 사용된 것을 고려할 때 어쩌면 다른 제자들)에게 "하늘이 열리고 하나님의 사자들이 인자 위에 오르락내리락하는 것을 보리라"고 말씀하신다. 인자 예수는 하늘과 땅을 연결한다. 이 말씀의 기저가 되는 창세기 28장의 야곱의 환상에 대한 이야기에서, 야곱은 "야웨가 이곳에 계신다"는 것을 자각하며, 그곳의 이름을 "하나님의 집" 또는 "하늘의 문" 또는 "벧엘"이라고 지었다(창 28:16-17, 19). 크레이그 키너가 표현했듯이, 이것은 하늘과 땅을 중개하는 분이신 "예수가 야곱의 사닥다리"임을 의미한다.[43] 예수가 하나님의 집 또는 거처(하나님의 임재에 나아가는 인격적 수단)라는 사실은 예수가 새 성전임을 일깨우는 또 다른 역할을 담당한다.[44] 비슬리-머리가 제안한 대로, 예수의 약속은 그가 세례를 받을 때 하늘이 열린 것에서부터 그의 영광스러운 재림까지 그의 구원 사역을 총망라하여 성취될 것이다.[45]

미래적 종말론을 반영하는 요한의 본문들의 균형은 두 개의 중심점을 만든다. 첫째, 믿는 자들은 미래의 몸의 부활을 경험할 것이다. 예수는 "무

---

43 Keener, *The Gospel of John*, 489.
44 Keener, *The Gospel of John*, 489-90.
45 Beasley-Murray, John(『요한복음』, 솔로몬 역간), 28. Helyer는 "이 말씀의 종말론적 차원은 축소되어서도 제거되어서도 안 된다"라고 주장한다(Helyer, *The Witness of Jesus, Paul and John*, 350).

덤 속에 있는 자가 다 그[인자]의 음성을 들을 때가 오나니", 어떤 사람들은 생명을 경험하기 위해, 다른 사람들은 정죄에 직면하기 위해 나올 것이라고 말씀하신다(요 5:28-29). 예수는 몇 군데서 그의 재림을 언급하며(예. 14:3; 21:22-23), 그가 재림할 때 그를 따르는 사람들을 죽은 자들 가운데서 다시 살리겠다고 약속하신다. 요한복음 6장의 생명의 떡에 관한 담론에서 예수는 마지막 날에 그의 백성을 다시 살리실 것을 적어도 네 번 약속하신다(6:39, 40, 44, 54; 참조. 57, 58절). 현재적 종말론과 미래적 종말론은 요한복음 11장에 보도된 나사로가 다시 살아나는 사건에서 하나의 실재가 된다. 예수가 미래의 몸의 부활을 믿는 유대교 신앙을 지지한다는 것은 의심의 여지가 없다. 하지만 그는 자신이 바로 부활이요 생명이라는 점을 분명히 하신다(11:25; 참조. 5:25). 이 상호 보충적인 실재들은 예수와의 관계 안에서만 경험된다(14:19). 그의 임재는 부활의 생명을 가능하게 하는 것이며, 죽음은 그 관계에 아무런 위협도 가하지 못한다.

미래적 종말론과 관련된 두 번째 강조점은 예수가 그를 따르는 사람들에게 하나님의 임재 안에 있는 미래의 집을 약속하신다는 것이다. 요한복음 14장에서 예수는 제자들에게 아버지 집에 가서 그들을 위해 처소를 예비하겠다고 말씀하신다(요 14:2-3, 28). 이 본문을 잘못 읽음으로 인해 많은 성도들은 틀림없이 하늘에 있는 자기 집을 장식하는 꿈을 꾸게 될 것이다. "아버지의 집"은 아마도 새 성전에 대한 용어를 사용하면서 새 창조의 의미에서 하나님의 임재를 가리킬 것이다.[46] 아버지의 임재 안에는 살 곳이 많고, 하나님의 온 가족을 위한 넉넉한 공간이 있을 것이다.

하지만 장소에 대한 언급은 곧 인격적 관계의 우선순위에 자리를 내준

46　Beale, *The Temple and the Church's Mission*.

다. 예수는 그의 제자들을 안심시키며 이렇게 말씀하신다. "가서 너희를 위하여 거처를 예비하면, 내가 다시 와서 너희를 내게로[πρὸς ἐμαυτόν, 프로스 에마우톤] 영접하여 나 있는 곳에 너희도 있게 하리라"(요 14:3). 나중에 예수는 그를 따르는 사람들이 자신의 영광을 볼 수 있도록 "나 있는 곳에 나와 함께[μετ᾽ ἐμοῦ, 메트 에무]" 있게 해주시기를 기도하신다(17:24). 크레이그 쾨스터가 언급하듯이, "예수가 '내가 다시 와서 너희를 하늘로 데려갈 것이다'라고 말씀하실 것으로 기대되는 곳에서, 그는 '내가 너희를 **나 자신**[myself]에게 데려갈 것이다'라고 말씀하신다."[47] 요한복음에서 모든 종말론적인 길은 예수 그리스도와의 관계를 통한 하나님의 임재에 대한 경험으로 이어진다.

요한 서신

요한 서신의 다양한 주제는 모두 하나님의 관계적 임재를 가리키며, 하나님과 그의 백성의 상호 내주에 대한 요한의 강조와 일치한다.[48] 내주에 대한 요한의 언어는 두 가지 주요 형식을 취한다. 첫째, 그는 요한 1, 2, 3서에서 "거하다" 또는 "살다"(μένω, 메노)라는 동사를 27번 사용하는데, 그 대부분이 하나님의 관계적 임재를 강조한다.[49] 스티븐 스몰리(Stephen Smalley)가 지적하듯이, "이 시점에서 μένειν[메네인]의 사용은 하나님에 대한 매우

---

47 Koester, *The Word of Life*, 184.
48 Malatesta, *Interiority and Covenant*.
49 이는 요한이 즐겨 사용하는 동사이다. 그는 요한복음에서 μένω를 40번 사용한다. 신약성서 전체에서 이 동사는 총 118번 사용된다.

개인적인 지식을 암시한다. 그것은 예수를 통한 하나님과의 친근하고 헌신적인 관계를 전제하는데, 이는 영원하면서도 지속적이다."[50] 하나님의 백성은 예수 또는 하나님 안에 거한다. 그리고 하나님 혹은 예수는 그 사람 안에 거하신다. 하나님의 백성은 하나님의 말씀 혹은 진리 안에, 사랑과 빛 안에 거하거나 산다. 그리고 이런 실재들은 그들 안에 거한다. 요한은 하나님이 우리 안에 거하실 뿐만 아니라 우리 역시 하나님 안에 거한다는, 내주의 호혜성 혹은 상호성을 강조한다.[51] 하나님의 백성은 성령을 통해 이 상호 내주를 경험하는데, 성령은 그들에게 영생을 보장하면서 그들 안에 거한다.

요한이 하나님의 내주하시는 임재를 말하는 두 번째 방법은 그 "안에" 또는 그와 "함께"라는 용어를 통해서다. 여기에는 동사 "거하다"와 상당히 많은 중첩이 있다.[52] 하나님의 백성은 "아버지/아들"과 함께 있을 뿐만 아니라 "그 안에" 있다. 아버지/아들은 "우리 안에" 계시며, 우리는 "그 안에" 있다. 사랑하는 사람은 누구든지 하나님 안에 살며, 그의 사랑이 우리 가운데서 온전하게 된다. 성령이 우리 안에 살며, 하나님의 진리/말씀/빛이 우리 안에 산다. 다시 놀라운 것은 이 표현들의 상호적 혹은 호혜적 성격이다. 하나님이 그의 백성 안에 거하시고, **또한** 그들이 하나님 안에/하나님과 함께 거한다는 것은 예외가 아니라 법칙이다. 요한 1, 2, 3서에서 하나님의 임재는 철저히 관계적으로 묘사된다.

요한은 이 서신들에서 하나님의 관계적 임재에 대한 몇 가지 주요 측면을 반복해서 찾는다. 즉 성육신한 아들이자 영생이신 예수, 진리를 믿음,

---

50 Smalley, *1, 2, 3 John*(『요한 1, 2, 3서』, 솔로몬 역간), 52.
51 Lieu, *The Theology of the Johannine Epistles*, 44.
52 요일 1:3, 5, 8, 10; 2:1, 5-6, 8, 10, 14, 19, 24, 27-28; 3:3, 5-6, 9, 15, 17, 24; 4:4, 12-13, 15-17; 5:11, 20; 요이 2-3절을 보라.

성령의 역할, 하나님께 순종하고 하나님을 앎, 그리고 사랑이다. 캐런 좁스가 지적하듯이, 서신 전체에서 요한의 주된 관심은 "하나님의 아들 예수 그리스도께서 죄를 위한 대속 제물로서 죽으시고, 그의 자기희생에 근거하여 하나님을 알고 하나님과 함께 영생을 누릴 새 언약 백성을 하나님을 위해 창조하시려고 성부 하나님에게서 오셨다"는 것이다.[53]

성육신한 아들이자 영생이신 예수

하나님의 성육신한 아들이신 예수

요한1서는 요한복음 서막의 용어를 상기시키면서 예수 안에 나타난 하나님의 성육신적 임재를 단도직입적으로 선언하는 말로 시작한다(요일 1:1-4). 즉 우리는 처음부터 아버지와 함께 계시다가 지금 나타난 생명의 말씀, 영생을 보았고, 들었고, 만졌다고 말이다. 속이는 자들과 거짓말하는 자들 그리고 적그리스도들은 예수가 육체로 온 것을 인정하지 않았다 (2:22; 참조. 요이 7절). 반면에 하나님의 참백성은 하나님의 아들이 "나타나셨고"(ἐφανερώθη, 에파네로테), 죄를 없애고 마귀의 일을 멸하기 위해 그렇게 하셨다는 것을 인정한다(3:5, 8). 요한1서에서 "나타났다"라는 동사는 예수가 성육신에서(1:2; 3:5, 8) 또는 그분의 재림에서(2:28; 3:2) 그 자신을 알리시는 것을 가리킨다. 예수는 삼위일체 하나님과 하나님의 백성들이 서로 사귐(κοινωνία, 코이노니아)을 갖게 하려고 오셨다(예. 1:3: "우리가 보고 들은 바를 너희에게도 전함은 너희로 우리와 사귐이 있게 하려 함이니, 우리의 사귐은 아버지와 그

---

53 Jobes, *1, 2, & 3 John*(『강해로 푸는 요한일·이·삼서』, 디모데 역간), 339. Jobes는 이를 "요한 서신의 탁월한 신학적 요점"으로 명명하고, 그것이 "신약성서 전체의 포괄적 메시지와 일치한다"고 말한다.

의 아들 예수 그리스도와 더불어 누림이라"). 결과적으로 하나님의 백성이 그분의 관계적 임재 안에 참여할 수 있도록 그리스도 안에서 하나님의 성육신적 임재가 선포된다. 콘스탄틴 캠벨이 주목한 것처럼, "여기에 사용된 용어들은…**하나님 안에서의** 사귐의 사상을 이해하는 단서를 제공한다[참조. 요 14:10].…하나님은 관계의 하나님이시며, 이것이 요한의 선포의 목표가 사귐에 있는 이유다."[54]

하나님은 예수 안에서 그의 피조물에 오셨으며(요일 4:2), 다음의 셋이 예수의 성육신을 증언한다. 바로 "성령과 물과 피"가 그것이며(5:6, 8), 이는 예수의 출생이나 어쩌면 세례(물), 그의 죽음(피), 그리고 성령을 가리킬 가능성이 크다.[55] 예수가 성육신한 하나님의 아들이라는 진리를 받아들이는 사람은 이제 하나님과의 관계에 열려 있다.[56] 요한1서 4:15은 이것을 평이하게 진술한다. "누구든지 예수를 하나님의 아들이라 시인하면, 하나님이 그의 안에 거하시고 그도 하나님 안에 거하느니라." 성육신한 아들의 복음을 받아들이는 것은 이런 상호 내주로 이어진다. "너희는 처음부터 들은 것을 너희 안에 거하게 하라. 처음부터 들은 것이 너희 안에 거하면, 너희가 아들과 아버지 안에 거하리라"(2:24). 하나님의 성육신적 임재는 하나님의 구원 사역에 절대적으로 필요하다. 그것이 없다면 십자가는 의미가 없고, 우리는 여전히 죄 안에 있을 것이기 때문이다. 예수 안에 나타난 하나님의

---

54   C. Campbell, *1, 2 & 3 John*, 25.
55   5:6의 "임하신 이"(ὁ ἐλθών, 호 엘톤)라는 과거분사에 직면하여 성례전적 견해가 무수했기에 물을 새로운 생명과 출생 시의 생명의 시작에 대한 상징으로 간주하는 전통적인 견해가 최상의 설명일 것이다. 그리고 "물=성령"이라는 해석은 5:8에 열거된 세 증인에 대한 자연스러운 독해를 제시하지 못한다. Witherington, *Letters and Homilies for Hellenized Christians*, 542-46을 보라. Witherington은 이 본문이 성육신을 가리킨다고 주장한다.
56   Jobes는 이렇게 쓴다. "성육신이라는 역사적 사실이 없다면 하나님과의 사귐은 가능할 수 없었을 것이다"(Jobes, *1, 2, & 3 John*, 196).

성육신적 임재로 인해 우리는 하나님의 임재의 또 다른 측면인 예수 안에서의 영생을 경험할 수 있게 된다.[57]

영생이신 예수

요한은 그의 첫 번째 서신을 시작하고 마치는 주제, 즉 "생명"과 "영생"을 강조하는데(요일 1:1-2; 5:11-13, 16, 20), 이는 하나님의 성육신적 임재와 밀접한 관련이 있다.[58] 성육신한 아들은 요한1서에서 일찍이 "생명의 말씀", "생명" 그리고 "영생"으로 밝혀진다(1:1-2). 생명 또는 영생은 궁극적으로 인격적이고 관계적이다. 그 이유는 예수께서 아버지와 함께 계시다가 이제 나타나신 "영생"이시기 때문이다(1:2; 참조. 요 1:4; 5:26; 11:25; 14:6). 요한은 이렇게 말한다. "또 증거는 이것이니, 하나님이 우리에게 영생을 주신 것과 이 생명이 그의 아들 안에 있는 그것이니라(요일 5:11). 이는 요한복음 17:3과 놀라울 정도로 비슷하게 들리는 진술이다. "영생은 곧 유일하신 참 하나님과 그가 보내신 자 예수 그리스도를 아는 것이니이다."

생명이 아들 안에 있다고 알린 후에, 요한은 이렇게 선언한다. "아들이 있는 자에게는 생명이 있고, 하나님의 아들이 없는 자에게는 생명이 없느니라"(요일 5:12). "아들이 있는 것"은 영생이 있다는 것이고, "아들이 거하신다"는 것이다.[59] 요한이 5:20에서 분명히 말하듯이 말이다. "또 아는 것은 하나님의 아들이 이르러 우리에게 지각을 주사 우리로 참된 자를 알게 하신 것과 또한 우리가 참된 자 곧 그의 아들 예수 그리스도 안에 있는 것이니, 그는 참하나님이시요 영생이시라." 영생을 소유하는 것은 하나님의

---

57   Jobes, *1, 2, & 3 John*, 343.
58   Kruse, *The Letters of John*, 184-87에 있는 유익한 추기인 "영생에 대한 설명"을 보라.
59   Kruse, *The Letters of John*, 186.

존재와 성품, 그분의 관계적 임재, 그분의 생명의 핵심적인 측면에 대한 존재론적인 경험을 반영한다. 이 경험은 사망에서 생명으로 옮기는 것(3:14)과 하나님의 심판에서 면제되는 것(4:16-17)을 수반한다. 대조적으로, 아들이 없는 사람(즉 영생이 없는 사람)은 사망에 머물러 있거나 하나님의 심판 아래 들어가게 된다(5:12; 참조. 요 3:16, 36; 5:24, 29; 10:28). 요한은 "아들이 있는 것"의 의미가 무엇인지를 설명하느라고 그의 첫 번째 편지 대부분의 지면을 할애한다. 그것은 진리를 믿는 것, 성령이 내주하시는 것, 하나님을 알고 순종하는 것, 그리고 특별히 사랑하는 것과 관련된 실재다. 우리가 하나님의 백성이 이 영생을 어떻게 경험하는지에 대해 좀 더 살펴볼 때 다음의 한 가지 사실이 확실해진다. 즉 하나님의 관계적 임재는 예수 그리스도 안에서 발견되는 영생에 대한 요한의 개념에서 중심에 놓여 있다.

인격적이고 관계적인 진리를 믿음

거짓 교사들과 사귐을 떠난 자들의 위협으로 인해 요한은 원래 공동체에 맡겨졌던 믿을 만하고 참된 복음에 주의를 환기시키는 것으로 시작한다. 요한1서 5:13의 결론적인 목적 진술은 아들을 믿는 믿음에 명백하게 집중한다. "내가 하나님의 아들의 이름을 믿는 너희에게 이것을 쓰는 것은 너희로 하여금 너희에게 영생이 있음을 알게 하려 함이라"(참조. 요 20:31, 요한복음의 목적 진술 역시 믿음을 특징으로 한다). 요한은 참된 복음을 강조하면서, "진리"(요일 1:6, 8; 2:4, 8, 21; 3:19; 요이 2, 3, 4절; 요삼 1, 3, 4, 8, 12절), "생명의 말씀" 또는 "[예수의] 말씀" 또는 "하나님의 말씀" 또는 "메시지"(요일 1:1, 10; 2:5, 7, 14), 예수의 계명(요일 2:3-4, 7-8; 3:22-24; 5:2-3; 요이 4, 6절), "우리가 처음부터 들은 것"(2:24), "그리스도의 가르침" 또는 "교훈"(요이 9-10절; 참조. "우리의 증거", 요삼 12절)을 언급한다.

눈에 띄는 것은 이 진리가 사람과 예수의 관계에 따라 "우리/너희 안에" 있거나 "우리/너희 안에 있지 않다"는 것이다(요일 2:8, 23; 4:2-3, 15; 요이 7절). 요한은 사람들과 관계적으로 연결되지 않는 별도의 외적인 진리나 말씀을 서술하는 데는 관심이 없다. 이 진리 또는 메시지는 궁극적으로 인격적이고 관계적이다. 육신이 되신 말씀이 나타났다. 요한에 따르면, 이에 대한 적절한 반응은 이 예수 중심의 메시지 또는 진리(요일 3:23에서는 예수의 "이름"이나 인격; 참조. 5:10)를 믿는 것이다. 이렇게 하는 사람들은 하나님에게서 나고, 세상을 이기며, 영생을 가졌다고 확신할 수 있다(5:1, 5, 13). 하나님의 백성에게 지금이나 영원히 하나님의 관계적 임재에 대한 경험을 주는 것은 믿고 받아들여진, 내주하는 진리 또는 말씀이다.

하나님에게서 태어남, 하나님을 앎, 하나님께 순종함

하나님의 관계적 임재라는 주제는 그리스도인의 삶에 대한 요한의 강조와 훨씬 더 인격적인 방식으로 연결된다. 요한은 "하나님에게서 태어남"이나 "하나님을 앎"과 같은 관계적인 용어를 사용하여 하나님이 그분의 자녀들과 어떻게 인격적으로 관계를 맺으며, 사랑, 빛, 진리, 정결, 의 등에 대한 그의 삶으로 그들을 재조정하는지를 보여준다.[60] 임재는 이 이미지들의 중심에 놓여 있다.

요한은 요한1서 2:29, 3:9, 4:7, 5:1, 4, 18에서 "하나님에게서 태어나는 것"에 대해 말한다. 출생 이미지는 예수에 관한 신자들의 신학적 신념을 재

---

60   M. Thompson, *1-3 John*, 21.

확인시켜주며(요일 5:1), 그들과 하나님의 관계라는 측면을 강조한다. 사랑하는 사람들은 그들이 하나님에게서 태어났다는 것을 증명한다(4:7). 의로운 일을 행하고, 습관적인 죄를 계속 짓는 것을 거부하는 사람들이 하나님에게서 태어났다는 것을 증명하는 것처럼 말이다(2:29; 3:9; 5:18). 또한 하나님에게서 태어난 사람들은 세상이나 세상의 거짓 예언자들을 이긴다(5:4; 참조. 4:4). 주디스 리우(Judith Lieu)가 주목하듯이, 출생 이미지는 관계에서의 확실성과 안전을 전달한다. "하나님에게서 태어났다는 것은 특정한 확신을 소유하고 있다는 것이기도 하다. 출생은 되돌릴 수 없으며, 단계적으로 혹은 정도에 따라 발생하지도 않는다!"[61] 구약성서에서 하나님을 이스라엘 자녀들의 아버지로 묘사한 것이 관계적 친밀감을 반영하는 이런 이미지의 배경일 것이다(예. 신 32:6; 사 63:16; 말 1:6).[62] 동사 γεννάω(겐나오)는 요한1서에서 신자들에게 사용될 때 완료 시제로만 등장하는데, 이는 새로운 출생이 의의 실천보다 선행한다는 것을 보여준다.[63] 하나님은 그분의 백성을 그리스도를 통해 자신과의 영적 관계 안으로 이끄시며, 그들 안에 그의 생명, 즉 그의 임재의 생명을 심으셔서 필요한 영적 자원을 가지고 풍성하고 신실하게 살 수 있게 하신다.[64]

요한의 가족 이미지는 하나님을 앎이라는 사상으로 계속된다. 요한은 하나님을 아는 것에 대해 말할 때 하나님에 대한 인격적 지식을 의도한다. 리우가 언급하듯이, "제4복음서에서처럼…[요한 서신에서] 지식은 실재에 대한 사실적 지식이나 지각보다는 관계를 의미한다. 이것은 구약성서에

---

61 Lieu, *The Theology of the Johannine Epistles*, 34.
62 Smalley, *1, 2, 3 John*, 134.
63 T. Schreiner, *The King in His Beauty*, 535.
64 Marshall, *New Testament Theology*, 539-40, 546.

서도 동일하게 적용된다. 구약성서에서 하나님에 대한 지식은 인정, 고백, 순종을 수반한다(렘 31:33-34)."[65] 요한이 그의 사랑하는 자녀들에게 글을 쓰는 것은 그들이 "아버지를 알기" 때문이고(요일 2:13-14), 그가 공동체의 "아버들"에게 글을 쓰는 것도 그들이 "태초부터 계신 자를 알기" 때문이다 (2:13). 이 신자들은 자신들이 진리에 속함을 알 수 있었을 것이고, 또한 그들이 하나님을 알고 하나님이 그들을 알기 때문에 "그분의 임재 안에서 마음을 굳세게" 할 수 있었을 것이다(3:19-20). "주 앞에서"라는 어구(19절)는 종말을 가리킬 수도 있지만, 아마도 지금 여기서 하나님과 함께하는 신자들의 삶을 가리킬 것이다. 우리의 마음이 우리를 정죄할 때, 하나님은 우리의 마음보다 크시다. 이 지식은 우리의 마음을 설득하여 비난하는 내부의 음성보다 하나님의 음성에 귀를 기울이도록 확신을 제공해준다. 마지막으로 요한은 예수께서 오신 까닭이 그의 백성에게 지각을 주어 그들이 참되신 분을 알고 "그의 아들 예수 그리스도 안에 있음으로써 참되신 분 안에" 있게 하기 위함이라고 말한다(5:20). 하나님을 아는 것은 인격적이고 관계적이다.

하나님을 아는 것은 진리와도 직접적으로 관련된다(앞에서 진리를 믿는 것에 대한 설명을 보라). 캐런 좁스는 진리의 개념이 "요한복음이나 요한 서신 모두의 핵심이다. 요한복음과 요한 서신에서 '진리'와 '알다'에 해당하는 그리스어는 거의 2백 번 언급된다"고 말한다.[66] 요한은 그의 독자들에게 이 진리가 "너희 안에" 있으며(요일 2:8), "너희는 진리를 안다"(2:20)고 말한다. 요한은 또 이렇게 말한다. "우리 안에 거하여 영원히 우리와 함께할 진리로

---

65 Lieu, *The Theology of the Johannine Epistles*, 32.
66 Jobes, *1, 2, & 3 John*, 340.

말미암음이로다"(요이 2절). 진리는 인격적이며, 예수와 그에 관한 올바른 믿음(요일 4:6), 성령(3:24; 4:2, 6, 13), 그리고 사랑(4:7-8, 16; 5:2)과 직접 연결된다.

하나님에게서 태어나고 하나님을 아는 것은 우리에게 하나님의 계명에 대한 순종의 개념을 지적해준다. 하나님을 관계적으로 알게 된 사람들은 그분의 계명을 지키고, 옳은 일을 행하며, 자신을 깨끗하게 하고, 습관적으로 죄짓는 것을 거부할 것이다(요일 2:3-5, 29; 3:3, 5-6, 9; 5:2). 하나님의 계명은 예수에게 집중되며, 믿음의 순종은 그리스도 중심적이다(요일 2:7-8; 3:23; 요이 4절). 하나님의 계명을 지키는 것과 그분을 기쁘시게 하는 것은 응답받는 기도와 직결된다(요일 3:22).

하나님의 관계적 임재를 경험하는 것은 "하나님 안에" 있는 것과 그분 안에서 사는 것(요일 2:5-6; 4:15-16), 또는 진리에 거하는 것(2:8)을 의미한다. 이런 경험은 하나님의 말씀에 순종하고 예수께서 사신 것처럼 사는 사람들에게 참된 것이다(2:5-6). 예수를 하나님의 성육신한 아들로서 믿는 것과 더불어, 사랑의 계명은 하나님의 계명 중에서 중심 무대를 차지한다.

하나님의 사랑과 하나님의 임재

사랑은 요한 서신의 주요 주제 중 하나다. 어근 형태인 ἀγάπ-(agap-)가 62번 등장하는데, 동사 형태인 ἀγαπάω(아가파오)가 31번, 명사 형태인 ἀγάπη(아가페)가 21번 등장한다. 하워드 마셜은 요한 1, 2, 3서에서 "사랑은 신약성서의 다른 곳에서 유례가 없는 방식으로 논의된다"고 말한다.[67] 사랑은 임

67　Marshall, *New Testament Theology*, 538-39.

재 주제와도 강하게 연결된다. 예를 들어 예수 그리스도를 통해 보여주신 우리에 대한 하나님의 사랑은 우리가 하나님이나 다른 사람들에게 보여야 하는 반응의 기초를 제공해준다(요일 3:16; 4:9-10). 요한은 이렇게 말한다. "사랑은 여기 있으니, 우리가 하나님을 사랑한 것이 아니요, 하나님이 우리를 사랑하사 우리 죄를 속하기 위하여 화목 제물로 그 아들을 보내셨음이라"(4:10). 아버지의 큰 사랑으로 인해 우리는 "하나님의 자녀"가 되고, 하나님의 가족의 구성원이 될 수 있다(3:1; 참조. 5:1). 하나님은 사랑이시다. "사랑 안에 거하는 자는 하나님 안에 거하고, 하나님도 그의 안에 거하시느니라"(4:16). 하나님의 사랑이 "우리 가운데" 역사하고, 심판 날에 확신을 준다(4:17). 관계적 강조가 계속된다. 사랑은 하나님에게서 나오는 것이기 때문에, 사랑하는 사람은 모두 "하나님에게서 나고 하나님을 아느니라"(4:7). 하지만 사랑하지 않는 사람은 "하나님을 알지 못하나니, 이는 하나님은 사랑이시"기 때문이다(4:8). 자기 백성을 향한 하나님의 사랑은 우리가 그의 자녀가 되고, 그를 알며, 그의 사랑에 보답하는 기초를 제공한다.

요한에 따르면, 하나님의 사랑은 그에 마땅한 반응이 있어야 한다. 요한은 하나님을 사랑한다고 주장하는 사람들은 그분의 말씀이나 계명에 순종함으로써 그들의 사랑을 증명할 것이라고 강조한다(요일 2:5; 5:3; 요이 6절). 다시 말해서, 신자들의 사랑은 하나님과의 관계에서 흘러나오며, 그들의 윤리적인 행위에 영향을 준다. 그들은 예수처럼 살 것이다(요일 2:6; 4:17). 그 역은 불신자들에게 해당된다. 아버지의 사랑은 "세상을 사랑하는 사람" 안에서는 발견되지 않는다(2:15). "의로운 것을 행하지 않는" 사람들은 하나님의 자녀가 아니다. 그들은 하나님의 가족에 속하지 않는다(3:10). 요한 서신에서 하나님의 주된 계명은 예수를 믿는 것과 서로 사랑하는 것이다(3:23). 이것은 사랑과 하나님의 임재 간의 최종적 연결로 이어진다. 즉 서로 사랑하는 것이다.

"우리가 사랑함은 그가 먼저 우리를 사랑하셨음이라"(요일 4:19). 요한은 하나님을 진정으로 사랑하는 사람은 영적 형제자매도 사랑할 것이라고 말한다. 또한 그는 다음과 같이 말한다. "하나님이 이같이 우리를 사랑하셨은즉, 우리도 서로 사랑하는 것이 마땅하도다"(4:11; 참조. 요이 5절). 예수를 믿는 사람은 하나님에게서 태어났으며, "낳으신 이를 사랑하는 자마다 그에게서 난 자를 사랑하느니라"(5:1). 여기서 "그에게서 난 자"는 하나님의 가족에 속한 다른 구성원들을 의미한다. 눈으로 볼 수 있는 동료 신자들을 사랑하지 않을 때, 어떻게 눈으로 볼 수 없는 하나님을 사랑한다고 주장할 수 있겠는가?(4:20) 하나님을 향한 사랑과 그리스도 안에서 형제자매에 대한 사랑 간의 관계적 연결을 파기해서는 안 된다. 이 연결은 요한 서신 내내 반복적으로 표면 위로 드러난다(예. 4:21). 사랑하는 사람은 "빛 가운데 산다"(2:10). 사랑하는 사람은 "사망에서 생명으로 옮겼다"(3:14). 사랑하는 사람은 "하나님에게서 났고 하나님을 안다"(4:7). 우리가 서로 사랑할 때 "하나님이 우리 안에 거하시고 그의 사랑이 우리 안에 온전히 이루어지느니라"(4:12). "사랑 안에 거하는 자는 하나님 안에 거하고, 하나님도 그의 안에 거하시느니라"(4:16). 이와 대조적으로 사랑하지 않는 사람들은 하나님의 가족에 속하지 않고(3:10), 하나님을 알지 못하며(4:8), 하나님을 사랑하지 않고(4:20), 영적 사망 가운데 있다(3:14).

요한 서신 전체에서 사랑이라는 주제에 나타난 하나님의 관계적 임재의 중요성을 보기 위해 요한이 말하는 것에서 임재와 관련된 모든 접점을 제거하고 남은 것을 보려고 시도해보라. 거의 없다. 자기 백성에 대한 하나님의 사랑, 순종으로 보여주는 백성의 결과적인 감사, 그리고 서로에 대한 그들의 사랑은 모두 자기 백성 가운데 거하시는 하나님의 역동적이고 관계적인 임재에 뿌리를 두고 있다.

성령과의 인격적 교제

하나님의 성육신한 아들인 예수를 중심으로 하는 하나님의 진리는 성령에 의해 인간의 경험에서 실현된다(요일 4:6; 5:6).[68] 요한이 그의 서신에서 성령에 관해 그렇게 많이 언급하지는 않지만, 그가 말한 내용은 우리의 임재 주제에 중요하게 기여한다. 에드워드 말라테스타(Edward Malatesta)는 "성령과의 인격적 교제는 그리스도인의 내면성의 기준이다"라고 결론 내린다.[69] 성령의 사역의 기초는 예수를 성육신한 아들로서 보증하는 것이다. 우리는 하나님의 영을 "예수 그리스도가 육체로 오신 것을 승인하시는" 분으로 인정할 수 있다(4:2). 성령은 실제로 "진리의 영"이다(4:6). 물과 피와 함께 성령은 예수가 하나님의 성육신한 아들이라고 증언한다(5:6, 8). 신자들은 성령의 증언하는 사역으로 말미암아 위로를 받아야 한다. 왜냐하면 그들 안에 계신 분(성령으로 역사하시는 삼위일체 하나님)이 세상에 있는 적그리스도의 영보다 크시기 때문이다(4:3-4).

요한은 요한1서 2:20, 27에서 확신을 주는 성령의 중요한 역사를 강조한다. 여기서 요한은 그의 독자들에게 그들이 "거룩하신 자에게서 기름 부음을 받"았음을 확신시킨다. 그것은 "거짓이 아니라 진짜" 기름 부음이며, 그는 그들 안에 "거하시고" 모든 것에 대해 그들을 "가르치시는" 분이

---

68   Kruse는 성령의 일차적인 역할은 요한의 맥락에서 교회에서 벗어나고 있었던 사람들이 주장한 새로운 계시를 가져오는 것이 아니라 전통(즉 처음부터 선포된 예수에 관한 복음)을 증언하는 것이라고 말한다(Kruse, *The Letters of John*, 155). 요한 문헌의 성령에 대해 충분히 다룬 Burge, *The Anointed Community*를 보라.
69   Malatesta, *Interiority and Covenant*, 279.

다. 이런 이유로, 요한은 독자들에게 그들이 "진리를 알고" 있다는 것과 바람직한 반응이 "그 안에 거하는 것"임을 상기시킨다. 여기서 "그"는 기름 부음을 가리킬 수도 있고(그럴 가능성이 있음), 예수를 가리킬 수도 있다(요일 2:28에 비춰볼 때, 가능성이 더 크다). 신약성서에서 "기름 붓다"(χρίω, 크리오)라는 동사의 일관된 사용은 성령을 매개로 하여 기름을 붓는 분으로서 하나님을 가리킨다(눅 4:18; 행 4:27; 10:38; 고후 1:21-22; 참조. 히 1:9의 은유적 사용).[70] 이런 이유로, 해석자들은 대부분 요한1서 2:20, 27에서 "기름 부음"이 성령을 가리킨다고 결론 내린다. 개리 버지(Gary Burge)가 지적하듯이, "이 기름 부음을 오직 하나님의 말씀이나 정통 케리그마로만 이해하는 해석에 반대하는 중요한 논증 가운데 하나는 이 기름 부음이 신자 안에 거한다는 점이다."[71] 이 맥락에서 요한의 격려는 요한복음 14:26에 있는 예수의 교훈과 비슷하게 들린다. "보혜사 곧 아버지께서 내 이름으로 보내실 성령 그가 너희에게 모든 것을 가르치고 내가 너희에게 말한 모든 것을 생각나게 하리라"(참조. 요 14:17; 15:26; 16:13). 하나님과 그분의 진리를 아는 것은 성령에 의해 실현되는, 신자 안에 거하는 하나님의 임재의 사역과 직결된다.

요한은 요한1서 3:11-24에서 신자들을 확신시키는 성령의 역할을 계속 강조한다. 특히 24절에서 그는 이렇게 말한다. "그의 계명을 지키는 자는 주 안에 거하고 주는 그의 안에 거하시나니 우리에게 주신 성령으로 말미암아 그가 우리 안에 거하시는 줄을 우리가 아느니라." 요한은 4:13에서 비슷한 본문 하나를 추가한다. "그의 성령을 우리에게 주시므로 우리가 그 안에 거하고 그가 우리 안에 거하시는 줄을 아느니라." 성령의 주된 역

---

70 Kruse, *The Letters of John*, 103; Jobes, *1, 2 & 3 John*, 127; Schnackenburg, *The Johannine Epistles*, 151; Marshall, *The Epistles of John*, 153.
71 Burge, *The Anointed Community*, 175.

할 중 하나는 하나님께서 신자들의 삶에 계시고 그들이 하나님 안에 있다는 것을 그들에게 확신시키는 것이다. 스티븐 스몰리가 말한 것처럼, "하나님의 영에 참여함으로써…우리는 하나님과의 인격적(영적) 관계에 대한 확신을 얻을 수 있다."[72] 신자들 안에 거하는 성령의 임재는 신자 안에 거하는 하나님의 임재에 대한 증거다. 콜린 크루즈(Colin Kruse)가 관찰한 것처럼, 하나님 안에서 이 상호 거주는 하나님의 계명을 지키는 것 이상을 포함하며, "성령의 사역을 통해 영향을 받는 새롭고 진정한 영적 실존"을 암시한다.[73]

우리는 요한1서 3:9의 수수께끼 같은 말에서 성령에 대한 또 다른 가능성 있는 언급을 발견한다. "하나님께로부터 난 자마다 죄를 짓지 아니하나니, 이는 하나님의 씨[σπέρμα, 스페르마]가 그의 속에 거함이요, 그도 범죄하지 못하는 것은 하나님께로부터 났음이라." "하나님의 씨"에 대한 해석은 다양하고 넓다. 따라서 우리는 여기서 독단화할 수 없다. 하지만 우리의 관점에서 볼 때 성령은 최상의 선택을 제공한다. 이로부터 자연스럽게 이어지는 것은 출생 이미지가 요한복음 3장에 있는 예수의 교훈을 반영한다는 것과 성령과의 연결이 있다는 점이다.[74] 우리는 크루즈에 동의하면서, "새로운 탄생은 성령을 통해 하나님의 영향을 받으며, 요한 신학에서 신자들과 함께 계시고 신자들 안에 거하시는 분이 성령이라는 사실에 비춰볼 때", 여기서의 지시 대상은 성령일 것이라고 결론 내린다.[75] 제자들 안에 그리고 그들 가운데 거하는 성령의 임재는 그들의 순종에 동기를 부여하는

---

72 Smalley, *1, 2, 3 John*, 250.
73 Kruse, *The Letters of John*, 143.
74 Burge, *The Anointed Community*, 176.
75 Kruse, *The Letters of John*, 125. Burge, *The Anointed Community*, 176도 보라.

중요한 역할을 담당한다. 이것 역시 자기 백성들 가운데 거하시는 하나님의 관계적 임재를 예시하는 주제다.

요한계시록

하나님의 관계적 임재는 장엄하고 신비로운 책인 요한계시록 전체에 심오하고 광대하게 흐른다. 하나님의 종말론적 임재가 가장 두드러지지만, 하나님의 관계적 임재에 대한 다른 중요한 측면들도 많이 있다. 즉 하나님의 삼위일체적·예언적·성육신적·지속적 임재다. 예언적-묵시적 언어로 둘러싸인 임재에 대한 동일한 신학적 메시지를 보는 것 역시 흥미롭다. 우리는 하나님께서 완전한 공동체와의 관계로 들어가시기 위해 어떻게 그분 자신을 그분의 피조물에게 초대를 확대하는 삼위일체적 공동체로서 계시하셨는지부터 시작한다.

하나님의 삼위일체적 임재

요한계시록에서 임재라는 주제는 자신을 알리시는 삼위일체 하나님의 속성과 성품에 근거한다. 서론의 인사말은 "이제도 계시고 전에도 계셨고 장차 오실 이와 그의 보좌 앞에 있는 일곱 영[7중적 성령을 언급하는 것 같음]과⋯예수 그리스도"로부터 확대되는 은혜와 평강으로 시작한다(계 1:4-5a). 브루스는 요한계시록에서 하나님과 그분의 많은 속성을 가지고 있는 그리스도 사이에 "일곱 영"이 위치하는 것이 "천사들에 대한 언급 이상의 어떤 것이 암시되어 있음을" 나타낸다고 말한다.[76] 리처드 보컴은 이렇게 말한다. "초기 기독교 편지의 서론 중에서 요한은 표준적 형식의 인사말에 '삼위일체적' 특성을 부여한다는 점에서 독특하다."[77]

하나님을 "이제도 계시고 전에도 계셨고 장차 오실 이"로 밝힌 것은 요한계시록에서 세 번 등장한다(계 1:4, 8; 4:8). 보컴은 요한이 미래형("있을 것이다", will be)보다 현재 분사("오시는 이", the one who is coming)를 선호함에 있어 유대 및 그리스 공식의 다른 모든 예에서 어떻게 벗어났는지에 주목한다. 이렇게 함으로써 요한은 단지 하나님의 미래적 실존이 아니라 그분이 장차 세상에 오심을 강조한다.[78] 그렇다면 "장차 오실"이라는 요소가 요한계시록의 마지막 두 가지 예(11:17; 16:5)에서 생략되는 것은 놀랍지 않다. 왜냐하면 하나님의 임재는 그 맥락에서 이미 도래했기 때문이다. 결론은 요한이 단지 하나님의 영원한 속성만이 아니라 그의 피조물과 함께하는 그분의 임재를 강조하는 방식으로 하나님을 묘사함으로써 요한계시록을 시작한다는 것이다.

따라서 요한은 하나님의 이름을 세상과 분리된 그 자신 안에 있는 하나님의 영원성이 아니라 세상과의 관계에서 그의 영원성을 나타내는 것으로 해석한다. 이것은 자신의 피조물에게 오시는 것을 자신의 미래로 선택하는 성서의 하나님이다. 그의 피조물은 그분 안에서 자신의 미래를 찾을 것이다(참조. 계

---

76 Bruce, "The Spirit in the Apocalypse," 336.
77 Bauckham, *The Theology of the Book of Revelation*(『요한계시록의 신학』, 한들출판사 역간), 24. 이것은 완전히 발전된 교부신학을 요한계시록으로 들여와 읽으려는 것이 아니라, 단순히 요한이 성부 하나님, 성자 예수, 성령을 포함하는 신적 실재를 이해하고 있음을 관찰하려는 것이며, 이것이 이후에 삼위일체론 형성에 공헌했다는 이해다.
78 Bauckham, *The Theology of the Book of Revelation*, 29.

21:3). 더욱이 하나님의 이름에 대한 이런 해석은 출애굽기 3:14[70인역: ἐγώ εἰμι ὁ ὤν, 에고 에이미 호 온, "나는 스스로 있는 자다"]의 의미와 중대한 연속선상에 있다. 이 어구는 순수하게 하나님의 자존성(self-existence)을 언급하는 것이 아니라 하나님이 그의 역사에서 자기 백성과 함께하는 존재가 되시겠다는 그의 약속을 가리킬 것이다. 요한은 하나님이 그분의 백성을 위한 역사적 존재라는 초기 이스라엘의 신앙을 하나님이 영원한 미래에 만물을 성취하려고 오신다는 최종적 강림에 대한 후기의 종말론적 신앙으로 특징 있게 발전시켰다.[79]

오랜 세월 동안 자기 백성을 돌보셨고 이제 구원하고 심판하기 위해 오시는 전능자를 묘사하는 언어는 구약의 본문을 반영하며(예. 시 96:13; 사 26:21; 40:10; 미 1:2-4; 슥 14:5), 하나님의 최종적 강림에 대한 요한계시록의 강조와 잘 어울린다(아래의 "하나님의 종말론적 임재"를 보라).

우리는 요한계시록 전체에서 하나님의 삼위일체적 임재의 다른 예들을 보는데, 이 예들은 일반적으로 장차 있을 하나님의 종말론적 임재를 지향한다. 요한계시록 7장에서는 큰 환난 가운데서 나온 허다한 무리가 하나님의 임재 안에서 보호받으며 보좌 앞에서 하나님을 섬기며(예배하며) 서 있다(계 7:15). 그들은 다시는 주리거나 목마르지 않고 더운 열기에 직면하지 않을 것이다. 그 이유는 다음과 같다. "이는 보좌 가운데에 계신 어린양[성자]이 그들의 목자가 되사 생명수[성령?] 샘으로 인도하시고 하나님[성부]께서 그들의 눈에서 모든 눈물을 씻어 주실 것임이라"(7:17). 그 후에 하나님의 백성은 삼위일체 하나님의 돌보시고 보호하시는 관계적 임재를

79　Bauckham, *The Theology of the Book of Revelation*, 30.

경험할 것이다. 우리는 요한계시록 22:1에서 천사가 요한에게 "하나님과 및 어린양의 보좌로부터 나와서" 흐르는 "수정같이 맑은 생명수의 강"을 보여줄 때 이와 비슷한 언급을 본다.

하나님의 관계적 특성과 관련하여 라이언 리스터는 다음과 같이 쓴다. "하나님의 초월성과 내재성은 둘 다 하나님의 삼위일체적 특성 때문에 존재한다. 성부, 성자, 성령 간에 존재하는 삼위일체 하나님의 영원한 내적 관계는 하나님이 관계적으로 자아 충족적이며, 이 관계 외에 아무것도 필요하지 않다는 것을 드러낸다.…삼위일체 하나님의 세 위격 간의 이런 친밀함은 하나님과 창조 질서의 내재적 관계의 기초를 이룬다.…다시 말해서, 하나님과 세상의 관계는 삼위일체의 세 위격 간의 관계에서 직접 나온다."[80] 비록 이것이 요한계시록에 나타나는 하나님의 관계적 임재의 모든 측면 중에서 가장 덜 명확하지만, 하나님의 삼위일체적 임재는 하나님의 관계적 임재의 다른 측면들에 기초 또는 근거를 제공한다.

하나님의 예언적 임재

예언적 서막과 에필로그

요한계시록의 제목에 서술되어 있듯이, 이것은 예수 그리스도의 "계시"(ἀποκάλυψις, 아포칼립시스)다(계 1:1). 삼위일체 하나님은 그분의 속성이 관계적이고 소통적이므로 그분의 임재를 알리신다. 하나님은 적어도 부분적으로는 그의 예언의 말씀을 통해 그의 임재를 알리신다. 우선 요한계시록의 시작과 끝의 예언적 수미상관은 계시를 통해 자신의 임재를 알리시려는

---

80   Lister, *The Presence of God*, 47.

하나님의 의도를 재차 천명한다. 요한계시록은 편지의 시작과 끝 사이에 적어도 일곱 개의 어휘적 연결이 있는데, 이는 자신에 대한 하나님의 계시와 자신의 백성에 대한 그분의 계획에 초점을 맞춤으로써 이 책이 어떻게 구성되는지를 보여준다.

- 계시는 하나님에게서 기원한다(1:1; 22:6).
- 계시는 보여지고(δείκνυμι, 데이크뉘미; 1:1; 22:6, 8) 알려져야 한다(σημαίνω, 세마이노; 1:1).
- 계시의 사건들은 곧 일어날 것이다(1:1; 22:6).
- 계시는 천사(1:1; 22:6, 8, 16)와 요한(1:1; 22:8-21)을 통해 전달되었다.
- 계시는 하나님의 말씀에 뿌리를 두고 있다(1:2-3; 22:6-7, 9-10, 18-19).
- 계시는 기록되어 교회에 전달된 예언의 말씀이다(1:3; 22:6-7, 9-10, 18-19).
- 복은 이 예언의 말씀을 듣고 순종하는 사람들에게 선포된다(1:3; 22:7, 9).

하나님에게서 기원하여 예수에게, 그의 천사들에게, 요한에게, 그리고 교회들에 전달되는 계시는 요한계시록의 시작과 끝에서 주된 강조점을 제공해준다. 요한계시록이 어떤 책으로 이해되든지 간에, 확실한 것은 이 책이 하나님으로부터 그분의 백성에게로 전해지는 소통이라는 점이다. 이는 하나님의 은혜롭고 진실한 임재가 신실하게 인내하라는 도전에 직면한 백성에게로 확장되는 것이다.

하나님의 예언적 임재는 편지의 본론 전체에도, 특히 요한의 환상 경험, 일곱 교회에 대한 메시지, 그리고 천사들의 소통적 행위들과 관련하여 등장한다.

요한의 환상 경험

요한은 많은 상황에서 하나님의 메시지를 그분의 백성에게 전달하는 핵심 역할을 담당하는 영적·환상적 경험을 직접 했다. 요한계시록에 부정과거 능동태 직설법 1인칭 단수형이 87번 사용된다는 것은 흥미롭다. (일반적으로 주어로서 예수와 함께 사용된) 몇 개의 예외(예. 계 2:21; 3:9, 21; 22:16)는 대부분 요한이 계시의 어떤 측면을 "보았거나"(εἶδον, 에이돈, 40번 이상) "들은"(ἤκουσα, 에쿠사, 거의 30번) 것과 관련이 있다.[81] 명백한 목적 진술을 위해 이런 예들과 그것들의 맥락을 유심히 살펴보면, 결과는 다시 예언적 계시에 집중된다(예. 1:11, 19; 4:1; 5:1-7; 6:9; 10:11; 19:10; 22:8-10, 16).

게다가 네 가지 경우에 요한은 "성령 안에 있다/성령에 감동되었다"고 한다(계 1:10; 4:2; 17:3; 21:10). 요한은 주의 날에(즉 예배 도중에) "성령 안에 있었다." 그때 요한은 높아진 그리스도에 관한 환상을 받는다(1:10-18). 요한은 그가 보는 것을 두루마리에 기록하여 그것을 일곱 교회에 보내라고 지시하는 나팔 소리 같은 큰 음성을 듣는다. "성령 안에서"의 환상 여행은 요한이 하나님의 보좌가 있는 방(4:2), 큰 성 바벨론(17:3), 새 예루살렘(21:10)에 관해 목격하고 기록하면서 계속된다. 하나님은 구속사 내내 그의 종들에게 계시를 기록하고 그것을 그의 백성에게 전하라고 말씀하곤 하셨다(예. 출 17:14; 사 30:8; 렘 30:2; 36:2). 특별히 에스겔의 경험에서 나온 구

---

81 다른 예들은 요한의 다른 행위들(즉 돌아섰다, 엎드러졌다, 갔다, 취했다, 먹었다, 놀랐다, 보았다)이나 예수의 행위들(주었다, 사랑했다, 이겼다, 앉았다, 보냈다)을 특징으로 한다.

약 예언자의 용어가 반영된 것 역시 주의 영에 감동되어 메시지를 전하는 요한의 예언자적 권위에 무게를 더해준다(예. 겔 2:2; 3:12, 14, 24; 8:3; 11:1, 24; 37:1; 43:5).[82]

요한의 환상 경험은 하나님이 그의 종들에게 전하라고 주신 것을 요한이 듣고 보았다는 점에서 예언적 경험이었다. 하나님의 관계적 임재는 요한에게 환상 경험을 주며, 그다음에는 그의 독자들에게 하나님의 임재에 대한 매력적인 문학적·영적 경험을 요한을 통해 제공해준다.[83]

일곱 교회에 대한 메시지

일곱 개의 메시지 안에 들어 있는 핵심적인 요소들은 하나님의 예언적 임재라는 주제를 강조한다. 첫째, "기록하라"는 명령이 매번 반복되는데, 이는 적어도 세 가지 목적을 수행한다. (1) 다른 곳에 사는 독자들이 그 메시지에 접근하도록 만들기 위해, (2) 메시지를 분명하게 하고 그 약속이 지켜질 것이라는 점을 강조하기 위해, (3) 미래를 위해 그 메시지를 보존하기 위해서다.[84] 둘째, 각각의 메시지는 영화롭게 되신 그리스도에게서 나오며, 그의 "계시"의 한 부분으로서 기능한다(계 1:1-2). 셋째, 많은 학자들은 이 메시지가 경고, 격려, 약속을 특징으로 하는, 엘리야와 예레미야로부터 나온 구약의 예언적 편지들(예. 대하 21:12-15; 렘 29:4-23, 24-28, 30-32)과 얼마나 유사한지에 주목해왔다. 하나님께서 예언자들을 통해 이스라엘을 자신에게로 되돌아오게 하려고 노력하신 것처럼, 요한계시록은 일곱 개의 메시

---

82 Beale, *The Book of Revelation*(『NIGTC 요한계시록』, 새물결플러스 역간), 203-4.
83 Bauckham은 이렇게 쓴다. "요한은 그의 환상 경험으로부터 독자가 동일한 경험에 간접적으로 참여하는 것이 아니라 문학적인 수단으로 바뀐 메시지를 받을 수 있는 작품을 만들었다"(Bauckham, *The Climax of Prophecy*[『예언의 절정 1』, 한들출판사 역간], 159).
84 Koester, *Revelation*(『요한계시록』, 기독교문서선교회 역간), 244.

지로써 하나님의 거룩한 사랑을 그의 백성에게 전하는 동일한 관계적 목적으로 기능한다.[85] 넷째, 각 편지는 귀 있는 사람은 "성령이 교회들에게 하시는 말씀을 들을지어다"라는 진술로 마친다. 비일이 언급했듯이, "이 공식은 그리스도의 말씀이 바로 성령의 말씀이며, 그리스도께서 성령을 통해 교회 가운데 거하신다는 것을 보여준다."[86] 성령이 말씀하시는 것을 들으라는 권면은 예수의 예언자적 외침도 상기시킨다. "귀 있는 자는 들을지어다"(예. 막 4:9, 23; 마 11:15; 13:9, 43; 눅 8:8; 14:35). 요한계시록에서 그리스도의 예언적 말씀은 성령을 통해, 확대하자면 아마도 성령의 감동을 받은 그리스도인 예언자들을 통해 온다.[87] 비슷한 강조가 요한계시록 19:10b에 등장하는데, 이 본문은 아마도 "예수의 증언은 이 예언의 성령이다"라고 번역되어야 할 것이다. 다시 말하면, 성령 하나님이 예수에 관한 그리고 예수에게서 나오는 이 예언적 메시지(즉 요한계시록)의 원천이시다.[88] 다섯째, 편지들은 이기는 자들에 대한 종말론적 약속으로 마무리된다. 이는 인내하는 사람들에게 하나님의 영원한 임재와 그 임재에 수반되는 모든 풍성한 복을 주겠다는 약속이다(계 2:7, 11, 17, 26-28; 3:5, 12, 21). 약속이 편지마다 다르게 표현되어 있지만, 그것들은 이기는 자들이 하나님의 관계적 임재를 영원히 누릴 것이라는 최종적 약속의 표현이다(예. 21:3, 7; 22:2-4).[89]

85　Osborne, *Revelation*(『요한계시록』, 부흥과개혁사 역간), 106을 보라.
86　Beale, *The Book of Revelation*, 234.
87　Bauckham은 이렇게 결론 내린다. "따라서 예언의 영은 그리스도인 예언자들을 통해 말씀하시고, 높아지신 그리스도의 말씀을 땅에 있는 그의 백성에게 가져오시며, 천상적인 계시의 말씀을 땅에서 보증하시고, 교회의 기도를 하늘에 계신 그들의 주님께로 향하게 하신다"(Bauckham, *The Climax of Prophecy*, 160).
88　μαρτυρία Ἰησοῦ(마르튀리아 이에수)를 1:1의 ἀποκάλυψις Ἰησοῦ Χριστοῦ(아포칼립시스 이에수 크리스투)처럼 대상의 소유격과 주격적 소유격을 다 의미하는 것으로 취함. Wallace, *Greek Grammar beyond the Basics*, 119-21을 보라.
89　Beale, *The Book of Revelation*, 234.

천사의 소통적 행위

천사가 중재자로서 자주 등장한다는 점은 묵시문학의 특징이며, 요한계시록도 예외가 아니다. 신약성서에서 ἄγγελος(앙겔로스)라는 단어가 사용된 175번의 용례 중에서 67번이 요한계시록에 등장한다. (장로들과 생물들도 천사와 같은 존재로 간주된다면, 천사의 활동은 훨씬 더 많아질 것이다.) 전체적으로 강조되는 것은 소통에 있다. 그리스도는 그의 천사를 통해 그의 종 요한에게 계시를 알리신다(계 1:1; 22:6, 8). 이는 교회들을 위한 증언인 계시다(22:16). 천사들은 환상을 중재하며 상징의 의미를 알 수 있는 통찰을 제공해준다(예. 5:2-5; 7:13-14; 10:9; 14:6-7; 17:1, 7, 15-18; 19:9-10; 21:9; 22:1, 6, 9). 계시, 두루마리, 작은 두루마리, 영원한 복음, 교회들을 위한 증언 등 이 모든 것은 새 창조에서 악을 심판하시고 자기 백성들 가운데 사시는 하나님의 거대한 목적을 중심으로 전개된다.

하나님의 성육신적 임재

요한계시록은 예수 그리스도 안에 거하시는 하나님의 성육신적 임재가 자기 백성을 구원하고 그들 가운데 영원히 사시려는 하나님의 계획의 핵심적인 요소임을 보여준다. 요한계시록은 높아지고 영광스럽게 된 예수의 신분을 강조하는 한편, 그의 성육신을 하나님의 임재의 중요한 측면으로 선포한다. 12장에서 우리는 "아들, 즉 장차 철장으로 만국을 다스릴 남자를 낳은" 여자에 관한 내용을 읽는다(계 12:5; 참조. 12:13). 아이 그리스도의 출생은 하나님의 성육신적 임재의 시작을 알린다. 하나님의 성육신적 임재를 가리키는 주도적인 이미지들은 충성된 증인, 어린양, 그리고 죽은 자들 가운데서 먼저 태어난 자로서의 예수다.

요한계시록에서 예수에 관한 가장 초기의 묘사는 "충성된 증인"이다(계 1:5). 라오디게아 교회에 대한 메시지는 예수를 "아멘이시요, 충성되고 참된 증인이시요, 하나님의 창조의 근본이신 이"로 지칭한다(3:14). 충성된 증인으로서의 예수의 역할은 그가 하나님의 계시의 중재자라는 것과 아마도 더 강조되는 것으로서 그의 죽음을 통해 이루어진 하나님의 진리에 대한 그의 증언을 모두 가리킨다.[90] 비록 "증인"(μάρτυς, 마르튀스)이라는 용어가 요한계시록에서 순교를 가리키는 전문용어가 아니라고 할지라도, μάρτυς와 μαρτυρία(마르튀리아, 증거)는 참되고 신실한 증언을 전달한 결과로 야기된 고난 및 죽음과 관련하여 지속적으로 사용된다(예. 2:13; 6:9; 11:3, 7; 12:17; 17:6; 20:4). 우리와 함께 계시는 하나님이신 예수는 충성된 증인이 되는 것에 대한 우리의 최고의 모범이다.

어린양으로서의 예수에 대한 이미지 역시 자기 백성 가운데 거하시는 하나님의 성육신적 임재를 전달한다.[91] 리처드 보컴은 "요한계시록에서 그리스도의 역할은 땅에 하나님의 나라를 세우는 것"이며(참조. 계 11:15), 이것은 "구원과 심판을 둘 다 포함하는 사역"이라고 주장한다.[92] 두 측면은 모두 하나님의 임재의 나타남이며, 구원 사역은 어린양의 희생적 죽음에 집중된다. 이 어린양은 "죽임을 당한" 어린양이며, 하나님의 통치에 반대하는 모든 사람과 모든 것을 단번에 물리치고 아무것도 그와 그의 백성의 관계를 방해하지 못하도록 자신의 피를 흘리셨다(예. 5:6, 9, 12; 7:14; 11:8; 12:11; 13:8).

---

90 Mounce, *The Book of Revelation*(『요한계시록』, 부흥과개혁사 역간), 48.
91 "어린양"(ἀρνίον, 아르니온)은 요한계시록에서 예수를 지칭하는 중요한 칭호다. 이 단어는 신약성서에 30번 등장하며, 그중 29번이 요한계시록에 나타나는데, 계 13:11을 제외하고는 모두 예수를 가리킨다.
92 Bauckham, *The Theology of the Book of Revelation*, 67.

마지막으로, 예수의 몸의 부활 역시 그리스도 안에 있는 하나님의 성육신적 임재를 천명한다. 요한계시록은 예수를 "죽은 자들 가운데서 먼저 나신 이"(계 1:5), "살아 있는 자" 곧 전에 죽었으나 이제는 "세세토록 살아 있는 자"(1:18), "처음이며 마지막이요 죽었다가 살아나신 이"(2:8)로 묘사한다. 예수의 승리(3:21; 5:5의 νικάω[니카오])에 그의 부활이 포함된다는 것은 확실하다. 세 가지 이미지 — 충성된 증인, 어린양, 그리고 죽은 자들 가운데서 먼저 나신 이 — 는 모두 예수의 생애, 죽음, 부활을 통해 예수 안에 나타난 하나님의 임재를 묘사한다.

하나님의 지속적인 임재

요한계시록은 자기 백성과 함께하시는 하나님을 묘사하는데, 하나님의 지속적인 임재는 요한계시록에서 두 가지 주요 형식을 취한다. 즉 하늘에서 성도들과 함께하시는 하나님의 임재와 땅에서 성도들과 함께하시는 하나님의 임재다.

하늘에서 하나님의 지속적인 임재

하늘에서 하나님의 지속적인 임재는 요한계시록의 환상적이고 묵시적인 특성으로 인해 약간 혼란스러울 수 있다. 예를 들어, 우리는 7장의 허다한 무리 또는 14장의 144,000명과 함께하는 하나님의 임재를 중간기 상태 동안 그들과 함께하는 하나님의 임재로 여겨야 하는가? 아니면 영원한 상태에 대한 예변적(proleptic) 환상으로 이해해야 하는가? 우리가 이것을 하나님의 지속적인 임재의 예로서 이해하든지 그분의 종말론적 임재의 예로서 이해하든지 간에, 하나님이 그분의 하늘 백성과 함께하신다는 전반적인 강조는 분명하다.

자신의 하늘 백성과 함께하시는 하나님의 지속적인 임재를 언급하는 본문이 놀라울 정도로 많다. 다섯째 인을 떼자, 요한은 하늘에서 순교한 신자들의 영혼을 본다(계 6:9-11). 그들은 하나님의 보호하시는 임재와 관련된 장소인 "제단 아래" 있다(6:9). 그 영혼들은 하나님께 부르짖는다(6:10). 이것은 하나님이 그들의 기도를 들으시고 그들의 기도에 곧 응답하실 것임을 상기시킨다. 각 영혼은 순결과 승리의 상징인 흰옷을 받으며, 마지막 부활 때까지 "쉬라"(ἀναπαύω, 아나파우오)는 말을 듣는다. 다르게 표현하자면, 그들은 안전하게 안심하면서 하나님의 임재 안에 있다.

요한계시록 7:9-17에서는 허다한 무리가 하나님의 보좌와 어린양 앞에 서 있다(계 7:9). 그들은 흰옷을 입고 손에 종려나무 가지를 들고 있는데, 이는 둘 다 승리의 상징이다(7:9). 우리는 나중에 그들이 "어린양의 피에 그 옷을 씻어 희게" 했다는 것을 알게 된다(7:14). 하나님과 어린양을 찬양하며 큰 소리로 외치는 이 사람들(7:10)은 이후에 "큰 환난에서 나오는 자들"이라는 것이 밝혀진다(7:14). 가장 중요한 것은 우리가 그들이 "하나님의 보좌 앞에 있고 또 그의 성전에서 밤낮 하나님을 섬"긴다는 것과 "보좌에 앉으신 이가 그들 위에 장막을 치"신다는 말씀을 듣는다는 것이다(7:15). 하늘 성전은 요한계시록에서 하나님의 임재와 지속적으로 연결된다(예. 21:3-4, 22; 22:3; 참조. 겔 37:26-28). 그 백성 위에 "장막을 치신다"(σκηνώσει ἐπ' αὐτούς, 스케노세이 에프 아우투스; 참조. 요 1:14)고 언급된 것은 바로 하나님의 임재를 말한다. 이는 광야 여정에서 하나님이 그의 셰키나 영광의 임재로 이스라엘 백성을 덮어 그들을 보호하고 인도하신 것을 떠올리게 하는 이미지다

(예. 출 13:21-22; 33:7-11; 40:34-38).[93] 이 보호하시는 임재에는 7:16-17에 언급된 내용이 포함된다. "그들이 다시는 주리지도 아니하며 목마르지도 아니하고 해나 아무 뜨거운 기운에 상하지도 아니하리니, 이는 보좌 가운데에 계신 어린양이 그들의 목자가 되사 생명수 샘으로 인도하시고 하나님께서 그들의 눈에서 모든 눈물을 씻어 주실 것임이라." 모든 나라와 족속과 백성과 방언에서 온 하나님의 백성은 새 예루살렘인 영원한 지성소에서 하나님의 셰키나 임재를 경험할 것이다(21:3, 15-18, 22).

요한계시록 14장에서 어린양은 144,000명과 함께 하나님이 거하시는 장소의 상징인 시온산에 서 있다. 144,000명은 그들의 이마에 어린양의 이름과 아버지의 이름을 기록한 것이 있다. 이것은 하나님의 백성이 안전하고 영원한 관계로 하나님께 속해 있음을 나타낸다. 그들은 하나님의 임재인 "그의 보좌 앞에서" 새 노래로 구원하시는 하나님의 능력의 행위를 축하한다(계 14:3). 조셉 망기나(Joseph Mangina)는 이렇게 쓴다. "하나님은 무한히 찬양받기에 합당하시며 친히 조화로운 분이시기 때문에 그분의 임재 안에 있는 피조물은 노래를 부르지 않을 수 없다."[94] "하나님과 어린양의 처음 익은 열매"인 이 사람들은(14:4) 하나님의 보호하시는 임재 안에서 안전하게 숨겨진다.

시온산에서 자기 백성과 함께하는 어린양에 대한 이 영광스러운 묘사와 아주 근접하게 요한계시록 14:6-11에서는 짐승을 따르는 사람들에 대한 세 차례의 심판이 나온다. 그 후에 하나님의 백성에게 예수께 충성하는 일에 인내하라는 촉구가 나오며(계 14:12), 요한계시록의 일곱 가지 복 중에

---

93 요한계시록에는 σκηνόω(스케노오)(7:15; 12:12; 13:6; 21:3)와 σκηνή(스케네)(13:6; 15:5; 21:3)라는 용어가 총 7번 등장한다.
94 Mangina, *Revelation*, 172.

서 두 번째 복이 이어진다. "'지금 이후로 주 안에서 죽는 자들은 복이 있도다' 하시매, 성령이 이르시되, '그러하다. 그들이 수고를 그치고 쉬리니, 이는 그들의 행한 일이 따름이라' 하시더라"(14:13). 성령의 "그러하다"는 "주 안에서 죽는" 사람들에게 예비된 쉼의 복이 중요함을 보여준다(참조. 계 6:11의 순교자들을 위한 쉼). 이 약속은 히브리서 4:1-11에 묘사된 안식-쉼을 상기시킨다. "주 안에서" 죽는 것과 관련이 있는 쉼은 그들이 최종적 부활을 기다릴 때 하나님의 임재 안에서의 생명을 확실히 포함한다.

하늘에서 성도들과 함께하시는 하나님의 지속적인 임재의 또 다른 예는 대접 심판 직전에 등장한다. 우리는 15장에서 짐승을 이기고 이제 유리 바다 위에 서서 하나님께서 그들에게 주신 수금을 들고 하나님의 성품과 권능을 찬양하는 사람들에 대해 읽는다. 승리자들이 서 있는 곳이 중요한 이유는 "유리 바다"가 독자들에게 제사장들이 의식을 위해 씻던 솔로몬 성전의 놋 "바다"를 상기시키기 때문이다(왕상 7:23-44; 대상 18:8; 대하 4:2-6). 요한계시록의 다른 곳에도 반영된 성전 이미지(예. 7:15; 11:19; 14:15-17; 15:5-16:1, 17)는 승리자들을 하나님의 임재 안에 서 있는 것으로 묘사한다(참조. 4:6).[95]

땅에서 하나님의 지속적인 임재

땅에서 자기 백성과 함께하시는 하나님의 지속적인 임재는 교회들 가운데서 영화롭게 되신 그리스도, 성령의 사역, 그리고 기도 응답, 영적 보호, 양육과 같은 다른 수단들에 의해 전달된다.

교회들 가운데서 영화롭게 되신 그리스도. 요한계시록 1:12-18의 "촛

95　Keener, *Revelation*(『NIV 적용주석 요한계시록』, 솔로몬 역간), 173-74.

대 사이에" 영화롭게 되신 그리스도에 대한 환상에 이어, 우리는 2-3장에서 하나님의 임재를 교회에 전달하시는 그리스도에 대해 읽는다. τάδε λέγει(타데 레게이, 이것은 ~의 말씀이다)는 70인역에서 구약 예언자들이 하나님의 말씀을 소개할 때 사용하는 고정 공식이다(τάδε λέγει κύριος; "주께서 이와 같이 말씀하시니라"). 비일은 일곱 개의 모든 메시지에 이 공식을 사용한 것은 "그리스도께서 야웨의 역할을 맡고 계심을 강조한다"고 결론 내린다.[96]

영화롭게 되신 그리스도는 각 회중의 영적·관계적 상태에 대한 친밀한 지식을 갖고 계신다. 그는 "내가 아노라"(οἶδα[오이다], 계 2:2, 9, 13, 19; 3:1, 8, 15)라고 말하면서 모든 메시지를 시작하며, 그가 아는 대상은 교회의 덕과 악을 모두 포함한다. 자기 백성 가운데 계신 그분은 그들의 상황과 행위를 속속들이 아신다.

우리는 처음부터 그가 "일곱 금 촛대 사이를 거니신다"는 말을 듣는다(계 2:1; 참조. 1:13). 그랜트 오스본이 말하듯이, "'거니신다'는 이미지는 교회에 대한 관심과 권위의 개념을 결합한다." 그래서 그리스도는 그의 백성을 보살피시는 분이자 지켜보시는 분으로 임재하신다.[97] 그리스도는 라오디게아의 그리스도인들에게 요한계시록 3:20의 친숙한 약속으로 가장 부드럽게 그의 지속적인 임재를 전달하신다. "볼지어다! 내가 문밖에 서서 두드리노니, 누구든지 내 음성을 듣고 문을 열면 내가 그에게로 들어가 그와 더불어 먹고 그는 나와 더불어 먹으리라." 일곱 개의 메시지를 하나의 단위로 이해할 때, 2:1(촛대 사이를 거니시는 이)과 3:20(식탁 교제로의 초대)의 수

---

96   Beale, *The Book of Revelation*, 229.
97   Osborne, *Revelation*, 112.

미상관은 임재라는 주제를 전체 단락의 중심으로서 강화한다. 마찬가지로, 마지막 편지를 마무리하는 말은 일곱 개의 모든 메시지에 적합한 결론을 제공한다. 다루기 힘든 신자들과 식탁 교제를 하려는 예수의 끈질긴 계획은 그들과 교제하려는 그의 갈망에 대해 많은 것을 말해준다. 많은 사람이 3:20의 식탁 교제라는 이미지를 최후의 메시아 잔치를 미리 맛보는 것으로 이해하는 것은 전혀 이상하지 않다(예. 계 19:6-9).

이상한 것은 예수가 교회들에 주신 "내가 속히 오리라"는 약속이 그의 지속적인 임재 가운데서도 일종의 부재를 나타낸다는 점이다(예. 2:25; 3:11).[98] 우리는 여기서 그리스도 안에서 하나님의 지속적인 임재로서 "이미 그러나 아직"이라는 긴장이 하나님의 종말론적 임재의 최종적 성취를 대망하는 것을 본다.

성령의 사역.[99] 교회 가운데 거하시는 그리스도의 지속적인 임재는 성령의 사역과 강하게 연결된다. 그리스도는 요한계시록 3:1에서 "하나님의 일곱 영을 가지신"이로 소개되는데, 이는 아마도 7중적 성령을 언급하는 것 같다(참조. 계 1:4; 4:5; 5:6; 슥 4:2, 10).[100] 스가랴서의 배경은 사람의 힘이나

---

98 심판하기 위해 자기 백성에게 오신다는 예수의 약속(예. 계 2:5, 16; 3:3)은 다음 단락에서 다뤄질 것이다.

99 Bauckham은 요한계시록의 성령에 대한 언급에 세 가지 범주가 포함된다고 정확히 지적한다. 즉 일곱 영(1:4; 3:1; 4:5; 5:6), ἐν πνεύματι(엔 프뉴마티, 성령 안에서)라는 어구(1:10; 4:2; 17:3; 21:10), 그리고 성령에 대한 다른 언급들이다(2:7, 11, 17, 29; 3:6, 13, 22; 14:13; 19:10; 22:17)(Bauckham, *The Climax of Prophecy*, 150). 요한계시록에서 성령에 대한 완전한 연구 역시 성령의 임재를 제시하는 이미지와 개념들을 포함할 것이다(예. 11:11의 하나님으로부터 나오는 생기와 21:6; 22:1, 17의 생명수).

100 "하나님의 일곱 영과[καὶ] 일곱 별"이라는 어구에서 καὶ는, NIV와 대부분의 번역 성경에서처럼, 설명적(즉 "일곱 별인 일곱 영")이라기보다는 접속사일 것이다. Bauckham 역시 "'영'이라는 용어는 (종종 사해사본에서처럼) 천사들을 가리키기 위해 분명히 사용될 수 있지만, 초기 기독교 문헌에서 이런 의미로 사용된 예는 거의 없으며, 요한계시록에서는 결코 이런 의미로 사용되지 않는다"는 점에 주목한다(Bauckham, *The Climax of Prophecy*, 162).

능력이 아니라 하나님의 성령으로 이루어지는 하나님의 사역을 가리킨다(슥 4:6). 그다음에 우리는 부활하신 그리스도께서 주시는 일곱 개의 메시지의 끝마다 "성령이 교회들에게 하시는 말씀을 들을지어다"라는 권면을 읽는다(2:7, 11, 17, 29; 3:6, 13, 22). 이것은 성령과 그리스도가 하나님의 지속적인 임재를 그의 백성에게 알리는 일에 협력한다는 점을 상기시킨다.

게다가 우리가 성령의 "장소"라고 칭할 수 있는 것 역시 땅에 있는 성도들을 위한 성령의 지속적인 임재를 강화한다. 요한계시록에서 하나님은 보좌에 앉아 계신다(예. 4:2; 19:4). 어린양 예수는 하나님의 보좌에 계시지만, 하나님께 나아가 그분에게서 두루마리를 받으신다(예. 5:6-7; 22:1, 3). 하지만 성령은 1:4에서 "그의[하나님의] 보좌 앞에" 있다. 4:5에서 일곱 등불(즉 하나님의 일곱 영)은 "보좌 앞에" 켜져 있다. 이 언급들은 성령의 일차적인 역할이 교회에 능력을 주어 예수를 증언하게 하는 것을 포함하여 하나님의 강력한 임재를 세상에 알리는 것임을 나타낸다. 5:6에서는 어린양이 일곱 뿔과 일곱 눈이 있다고 하는데, 이는 "온 땅에 보냄을 받은" 하나님의 일곱 영(또는 7중적 성령)이다. 보컴에 따르면, 구약성서에서 야웨의 눈은 "세상 전체에서 발생하는 일을 볼 수 있는 하나님의 능력뿐만 아니라 그분이 선택하신 것이 무엇이든지 그것을 강력하게 행할 수 있는 그의 능력을 나타낸다"(참조. 대하 16:7-9; 슥 4:10).[101] 예수는 그를 따르는 사람들에게 그들의 사명을 세상에서 수행하기 위해 아버지 하나님과 예수께서 성령을 보낼 것이라고 이미 말씀하셨다(요 14:26; 15:26; 16:7을 보라).

성령이 땅에서 하나님의 백성에게 하나님의 지속적인 임재를 나타내

---

101 Bauckham, *The Climax of Prophecy*, 164.

는 또 다른 방법은 "살아 계신 하나님의 인"과 관련된다.[102] "인"(σφραγίς, 스프라기스)(계 7:2, 3, 4, 5, 8; 9:4)은 "짐승의 표"와 상반된다. 두 표는 모두 사람의 이마에 새겨져 있고(7:3; 9:4과 13:16; 14:9; 20:4을 비교하라) 하나님과 어린양 또는 짐승의 이름과 연결되기 때문에(7:3; 22:4과 13:17; 14:11; 15:2을 비교하라) 소유권을 나타낸다.

인은 소유권 외에도 영적인 보호를 나타낸다(하나님께서 신적 심판으로부터 보호하기 위해 신실한 자들을 표시하는 겔 9장을 보라). 이와 비슷하게 요한계시록에서는 살아 계신 하나님의 인으로 표시된 사람들만이 장차 임할 하나님의 진노를 견딜 수 있다(예. 계 6:17-7:4; 9:3-4). 인은 신자들을 물리적 박해나 고난에서 면제하지는 않지만, 영적 패배로부터 그들을 보호하고 그들이 그리스도께 충성할 수 있게 해준다. 반대로 인을 받지 못한 사람들은 악한 세력들에게 속고 하나님의 진노를 겪을 것이다(13:7-8; 14:9-11).

인이 무엇인지 분명하게 밝힌 유일한 본문은 요한계시록 14:1이다. "또 내가 보니 보라, 어린양이 시온산에 섰고 그와 함께 십사만 사천이 서 있는데, 그들의 이마에는 어린양의 이름과 그 아버지의 이름을 쓴 것이 있더라." 사도 바울은 하나님의 인을 성령과 동일시한다(고후 1:22; 엡 1:13; 4:30). 요한 역시 여기서 이것을 염두에 두었던 것 같다. 하나님의 인은 우리가 하나님께 속한다는 것을 나타내며, 우리가 비록 물리적인 박해를 당할지라도 하나님이 우리를 악으로부터 영적으로 보호하실 것이라는 확신을 가져다준다. 만일 "인"이라는 용어가 "이름"이라는 용어와 동등하고, 이름이 인격에 해당한다면, 신자에게 새겨진 하나님과 어린양의 이름/인격과 신자를 보호하시는 성령의 내주를 분명하게 구별하기가 어렵다. 하나는 보

---

102 Duvall, *Revelation*, 114을 보라.

완적인 용어를 사용하여 거의 동일한 실재에 도달한다.

역사 내내 하나님의 영은 그분의 백성을 붙드셨다. 역사의 마지막에 하나님의 영은 증언하며 기꺼이 순교자가 되는 교회를 죽은 자들로부터 부활시킬 것이다. 요한계시록 11:11에 언급된 것처럼 말이다. "삼 일 반 후에 하나님께로부터 생기가 그들 속에 들어가매 그들이 발로 일어서니 구경하는 자들이 크게 두려워하더라." "생기"(πνεῦμα ζωῆς, 프뉴마 조에스)가 그들에게 들어갔다. 이것은 하나님의 종말론적 백성을 부활시키는 성령의 역할을 가리킬 것이다. 즉 "생명의 영"의 역할이다. 에스겔 37:1-14과 아마도 스가랴 4:6의 배경 역시 이런 결론을 내릴 가능성을 높여준다. 부활시키는 능력은 하나님의 지속적인 임재가 궁극적으로 나타나는 것이다.

다른 수단을 통한 하나님의 지속적인 임재. 요한계시록은 하나님의 사랑과 은혜, 기도에 대한 하나님의 응답, 하나님의 영적 보호와 양육, 자기 백성이 박해받는 동안 그들과 함께하시는 하나님의 임재를 비롯하여 다양한 수단을 통해 땅에 있는 자기 백성을 위하시는 하나님의 지속적인 임재를 전달한다.

편지의 서론에서는 독자들이 "은혜와 평강"(계 1:4)의 인사를 받지만, 편지를 마무리하는 곳에서는 "주 예수의 은혜"가 하나님의 (모든) 백성 위에 주어진다(22:21). 전체 편지가 하나님의 은혜로 둘러싸인 이런 구조는 독자들에게 그들이 환난 중에 인내하며 충성스럽게 증언할 때 하나님께서 그들과 함께하신다는 것을 상기시킨다. 소위 "하나님의 은혜의 절정"에 앞서 하나님의 지속적인 임재가 중간기에 있을 것이다.

이와 비슷하게, 하나님은 그분의 백성에게 그들이 사랑받고 있음을 상기시키신다. 자기 백성을 향한 그리스도의 과거의 사랑은 빌라델비아 교회에 편지하는 요한계시록 3:9에 분명히 진술된다. "보라, 사탄의 회당 곧 자칭 유대인이라 하나 그렇지 아니하고 거짓말하는 자들 중에서 몇을 네게 주어 그들로 와서 네 발 앞에 절하게 하고 내가 너를 사랑하는 줄을 알게 하리라." 하지만 그리스도의 과거의 사랑은 그들을 대신하여 그가 희생제물로 죽은 것에 관한 여러 언급에도 확실히 나타난다(예. 계 5:9; 12:11). 여기서 한 걸음 더 나아가 그리스도의 속죄의 죽음은 그의 백성을 위한 그의 지속적 사랑의 특별한 나타남이었다. 그래서 편지 서론의 송영은 "우리를 사랑하시는" 그분에 대해 말할 수 있었다(1:5). 그리스도의 거룩하게 하시는 임재의 증거로서 그분의 지속적인 사랑은 문에 서서 식탁 교제가 이어지기를 바라며 문을 두드리는 그분의 이미지에서도 나타난다(3:20).

하나님은 자기 백성의 기도에 대한 응답에서도 그들에게 임재하신다. 요한계시록 5:8, 6:9-11, 8:3-4에서 성도들은 하나님께 그들의 간구를 드리며, 악을 심판하시고 순교의 상황에서 그들의 피에 대해 복수해주시기를 구한다(계 6:10). 하나님은 정의를 구하는 그들의 부르짖음을 들으시고 하늘에서 불을 내리는 심판으로써 응답하신다(8:3-5). 요한계시록의 기도와 관련하여 조셉 망기나는 이렇게 쓴다. "요한계시록에서, 하늘과 땅 사이의 거래가 양방향으로 움직인다. 하나님은 이 책에서 일차적 행위자시다. 그러므로 이동의 일차적 방향은 아래를 향한다. 하늘에서 땅으로 말이다. 하지만 하나님이 단순히 명령에 의해 통치하신다고 말하는 것은 틀렸다. 교회가 하나님의 말씀을 듣기 위해 부름을 받았다면, 하나님 역시 들으신다. 하나님의 백성의 기도는 하나님께도 중요하다."[103] 독자들이 이 예언이 어떻게 끝나는지를 알고 있다는 점을 반드시 염두에 두어야 한다. 그들은 기도가 어떻게 응답받을지 안다. 이는 그들이 충성되게 인내할 때 하나님이

103　Mangina, *Revelation*, 119.

지금 그들과 함께하시고 그들을 위하신다는 그들의 믿음을 강화해준다.

하나님의 백성은 하나님의 보호와 양육에 대한 확신을 통해서도 그분의 지속적인 임재를 경험한다. 많은 논란의 대상이 되는 요한계시록 3:10("네가 나의 인내의 말씀을 지켰은즉 내가 또한 너를 지켜 시험의 때를 면하게 하리니, 이는 장차 온 세상에 임하여 땅에 거하는 자들을 시험할 때라")에서, 예수는 빌라델비아의 신자들(과 이것이 적용되는 모든 신자; 참조. 요 17:15)에게 영적인 보호를 약속하신다. 하나님의 진노를 겪는 것과 순교를 초래할 수도 있는 용의 분노를 직면하는 것은 엄청난 차이가 있다. 신자들이 박해나 심지어 죽음을 면제받을 것이라는 약속을 받은 적은 없지만, 요한계시록은 그들이 영적으로 보호받을 것이라는 분명한 메시지를 보낸다. 이를테면, 144,000명에게 인을 침(계 7:1-8; 14:1-5), 하나님의 성전을 측량함(11:1; 참조. 겔 40-42장), 그리고 12장에서 여인에 대한 보호와 양육 등이다.[104] 영적 보호의 개념은 앞서 논의한 인을 치는 행위와 유사하다.

요한계시록은 박해받는 자기 백성과 함께하시는 하나님의 임재를 특히 강조한다. 13장은 이렇게 기록한다. "짐승이 입을 벌려 하나님을 향하여 비방하되, 그의 이름과 그의 장막 곧 하늘에 사는 자들을 비방하더라. 또 권세를 받아 하나님의 거룩한 백성들과 싸워 이기게 되고"(계 13:6-7). 하나님의 "장막"(σκηνή, 스케네)은 지금 땅에 거하든지 하늘에 있든지 하나님께 속한 백성들 또는 하늘의 시민권을 가진 사람들을 가리킨다. 그들은 땅에 거하는 자들과 대조되는 사람들이다. Σκηνή라는 용어와 그것의 동족어 동사

---

[104] 광야는 하나님의 백성에게 시련의 장소지만, 동시에 보호와 공급의 장소이기도 하다. 계 12:6, 14에서 "돌보다"라고 번역된 동사 τρέφω(트레포)는 "먹이다" 또는 "양육하다"를 의미한다. BDAG 1014을 보라. Beale, *The Book of Revelation*, 645-46에서 추기 "시험과 보호의 장소인 광야"도 보라.

는 여러 곳에서 하나님의 종말론적 임재를 강조하기 위해 사용되며(계 7:15; 12:12; 21:3), 아마 여기서도 그런 뜻으로 사용되었을 것이다.[105] 그렇지만 요점은 분명하다. 즉 하나님의 장막은 그분의 **백성이다**.

하나님의 거처의 천상적 특성이 강조되지만, 신자들은 땅에서도 하나님의 거처를 구성한다. 요한계시록 11:1에서 성전 뜰은, 비록 측정되지 않거나 박해로부터 보호받지 못한다고 할지라도, 교회를 다른 관점에서 언급하는 것일 수 있다. 이를테면, 이 세상에서 박해와 순교의 피해를 입기 쉬운 하나님의 백성 말이다.[106] 게다가 20:9에서는 침략하는 군대가 "하나님의 진영[τὴν παρεμβολὴν τῶν ἁγίων, 텐 파렘볼렌 톤 하기온], 즉 그분이 사랑하시는 도시"를 포위하고 있다고 한다.[107] 하나님은 전에 이스라엘 진영 중앙에서 걸으셨고 그들 가운데 자신의 셰키나 또는 임재를 나타내셨지만(출 14:19-20; 신 23:14), 지금은 유대인과 이방인 신자들을 막론하고 예수 그리스도를 따르는 사람들 가운데 장막을 치신다. 이곳 요한계시록 20:9에서 성도들의 진영과 "그분이 사랑하시는 도시"(참조. 3:9)는 동의어로서 둘 다 하나님의 백성의 공동체를 가리킨다. 20:9의 요지는 하나님의 백성이 하나님의 임재에 의해 침략하는 군대로부터 보호받는다는 것이다.

---

105 계 13:6의 언급은 좀 더 종말론을 지향할 가능성이 있다. NIV는 "하늘에 있는 사람들" 앞에 "그리고"를 포함하지만, 학자들은 대부분 그것을 동격으로 이해한다. "하나님의 거처, 즉 하늘에 사는 사람들"이라고 말이다(예. Koester, *Revelation*, 573). 이 집단은 천사들과 주 안에서 죽은 구원받은 사람들을 모두 포함했을 것이다.
106 하나님의 영의 성전으로서 하나님의 백성을 강조한 신약성서 본문을 눈여겨보라(예. 고전 3:16-17; 6:19; 엡 2:21-22; 히 3:6; 벧전 2:5).
107 ἅγιοι(하기오이)라는 단어는 하나님의 백성을 가리키는 데 13번 사용되며, 모든 경우에 유대인과 이방인 신자 모두 또는 교회를 언급하는 것 같다(계 5:8; 8:3, 4; 11:18; 13:7, 10; 14:12; 16:6; 17:6; 18:20, 24; 19:8; 20:9).

하나님의 종말론적 임재

심판에 나타난 하나님의 임재

리처드 보컴은 요한계시록 전체가 여러 가지 방식으로 "이름이 거룩히 여김을 받으시오며, 나라가 임하시오며, 뜻이 하늘에서 이루어진 것 같이 땅에서도 이루어지이다"(마 6:9-10)라는 주기도문의 처음 세 간구의 성취에 대한 환상으로서 어떻게 기능하는지에 주목한다.[108] 하나님의 거룩함과 통치와 뜻이 하늘에서와 같이 땅에서도 인정되어야 한다면, 악한 세력들은 반드시 멸망되어야 한다. 따라서 언뜻 보기에 심판이 하나님의 임재라는 주제에 필수적인 것으로 판명되는 것에 놀랄 수도 있겠지만, 이는 하나님의 백성들 가운데서 영원히 방해받지 않고 친밀하게 살고자 하시는 하나님의 궁극적인 목적을 이루는 데 여전히 필요하다.

악에 대한 하나님의 심판은 요한계시록 여러 곳에 등장한다. 심판 환상의 세 가지 시리즈(인, 나팔, 대접)는 요한계시록의 핵심 부분을 구성한다. 우리는 용과 그의 조력자들의 멸망에 대해, 그리고 하나님의 심판이 하나님의 임재에서의 추방을 포함한다는 것에 대해 읽는다(계 12:7-9). 요한계시록 17:1-19:5은 바벨론—하나님을 대적하는 정치·종교·경제·군사 제도—의 멸망을 그린다. 19:6-20:15에 묘사된 최후의 승리는 중심 요소로서 심판을 특징으로 한다.

요한계시록은 하나님의 심판이 궁극적으로 그분의 임재에서 나온다는 것을 보여준다. 세 가지 심판 시리즈는 각각 보좌가 있는 방과 연결되는데, 이는 하나님이 궁극적으로 악을 심판하는 것에 책임을 지심을 나타낸

---

108 Bauckham, *The Theology of the Book of Revelation*, 40.

다.[109] 이것은 일곱 천사가 재앙을 개시하기 위해 하늘 성전/성막에서 직접 올 때인 대접 심판에서 특히 분명히 드러난다(계 15:6-7). "하나님의 영광과 능력으로 말미암아 성전에 연기가 가득 차매 일곱 천사의 일곱 재앙이 마치기까지는 성전에 능히 들어갈 자가 없더라"(계 15:8). 이것은 (성전의 목적인) 하나님과 교제하고 하나님을 예배하는 것이 "세상이 실제로 다시 창조되고, 다시 새롭게 되며, 모든 악이 깨끗이 제거될 때라야 비로소 다시 시작된다"는 것을 나타낼 것이다.[110] 일곱째 대접이 쏟아지자, 성전과 보좌로부터 큰 음성이 나와 "되었다"라고 선언한다(16:17). 이 선언 다음에는 심판을 위해 오시는 하나님의 신현에 종종 동반되는 종말론적인 폭풍과 지진이 이어진다(16:18, 21; 참조. 4:5; 8:5; 11:19; 출 19:16-18). 최후의 심판은 종종 사람들이 하나님을 대면하러 오는 것으로 생생하게 묘사되곤 한다. 요한계시록 6:16에서 불신자들은 하나님의 얼굴(πρόσωπον, 프로소폰) 또는 임재로부터 숨으려고 하는데, 이는 이 문맥에서 하나님의 진노와 직접 연결된다. 동일한 현실이 크고 흰 보좌에서 심판을 행하는 20:11에도 등장한다. 여기서 하나님은 "땅과 하늘이 그 앞[πρόσωπον]에서 피하여 간 데 없"게 되는 분으로 묘사된다. 이것은 22:4에서 하나님의 백성이 언젠가 하나님의 얼굴(πρόσωπον)을 볼 것이라는 약속으로 위로받는 것과 철저히 대조된다.[111]

심판은 하나님의 임재에서 나올 뿐만 아니라 그분의 임재의 상실과도

---

109 Bauckham, *The Theology of the Book of Revelation*, 41. Bauckham은 네 생물이 네 명의 말 탄 자를 부르는 것(6:1, 3, 5, 7)과 하늘에서 하나님 앞에 서 있는 일곱 천사가 일곱 나팔을 부는 것(8:2, 6)에 주목한다.
110 Mangina, *Revelation*, 185.
111 하나님의 임재와 동의어로서 하나님의 얼굴의 이미지는 신약성서의 여러 곳에 등장한다(마 18:10; 행 2:28; 고후 4:6; 살후 1:9; 히 9:24; 벧전 3:12). 변화산에서 예수의 얼굴이 빛난 것도 보라(마 17:2; 눅 9:29).

관련된다. 바벨론에 대한 심판은 하나님의 백성에게 그 죄에 참여하지 말고 그 형벌을 받지 않기 위해 악한 도성을 떠나라고 하는 요청으로 시작된다(계 18:4). 사악한 도시의 멸망은 그 도시 안의 생명이 상실되는 결과를 초래한다. 요한계시록 18:21-23에는 그 도시에서 빼앗긴 것을 묘사하기 위해 "다시는 ~하지 아니하니라"라는 어구가 여섯 번 사용된다. 제임스 레세귀(James Resseguie)는 바벨론의 멸망을 묘사하기 위해 사용된 "더 이상 ~하지 않는다"라는 표현이 새 창조에 없는 것을 묘사하기 위해 사용된 "더 이상 ~이 없다"는 표현과 어떻게 대조되는지에 주목한다. 즉 새 창조에는 더 이상 바다, 눈물, 사망, 애통하는 것, 곡하는 것, 아픈 것이 없다(21:1, 4).[112] 하나님의 임재에서 나오는 모든 선한 것이 없는 것은 하늘에 있는 도시, 즉 하나님의 임재의 장소에 모든 악이 없는 것과 대조된다.

요한계시록 20:11-15에서 최후의 심판 장면은 하나님의 생명 주시는 임재에서 단번에 악이 제거되는 것을 궁극적이고 최종적인 측면에서 묘사한다. 짐승과 거짓 예언자(계 19:20), 사탄(20:10), 죽음과 음부(20:14), 악한 자들(20:15; 21:8) 등 하나님의 모든 원수는 그분의 임재에서 제거되는 동일한 운명을 맞이할 것이다. 회개하지 않는 죄인들은 거룩한 성에서, 즉 하나님의 임재에서 쫓겨날 것이다(21:8, 27; 참조. 살후 1:5-10).[113] 최종적인 악 목록(22:15)은 거룩한 성에 들어가 생명나무의 열매를 먹을 권리를 박탈당한 악한 자들을 묘사한다(22:14-15). 요한계시록 곳곳에서 하나님의 임재

---

112 Resseguie, *The Revelation of John*, 232.
113 수수께끼 같은 말씀인 계 14:10("그들도 거룩한 천사들 앞과 어린양 앞에서 불과 유황으로 고난을 받으리니")은 아마도 영원한 형벌로 이어지는 심판에 대한 법정적 선언을 가리킬 것이다(Osborne, *Revelation*, 541). 요한계시록은 악한 자들이 의인 앞에서 형벌을 받을 것이라는 일반적인 묵시적 신앙과는 다르다. 왜냐하면 14:10에는 의인이 언급되지 않기 때문이다(예. *1 Enoch* 48:9; 62:12; 108:14-15) (Beale and McDonough, "Revelation," 1132을 보라).

는 신실한 사람들에게는 빛과 위로와 보호를 가져오지만, 신실하지 않은 사람들에게는 정죄와 추방을 가져오는 불이다. 저주(예. 22:18-19)와 마라나타(22:20)가 함께 병기된 것은 우리에게 하나님의 임재가 우리가 길들이기 위해 노력해야 하는 것이 아님을 상기시킨다(21:6-7과 21:8을 비교하라; 고전 16:22-24도 보라). 죽임을 당하신 어린양(Lamb)은 또한 승리하시는 숫양(Ram)이시다.[114]

자기 백성과 함께하시는 하나님의 영원한 임재

하나님의 종말론적 임재의 또 다른, 더 적극적인 측면이 있다. 하나님이 새 창조에서 그분의 백성 가운데 사신다는 것이다. 요한계시록 2-3장의 일곱 개의 메시지에서 이기는 자들에게 주시는 약속은 모두 종말론적인 약속이다. 즉 하나님의 낙원에 있는 생명나무의 열매를 먹을 권리(계 2:7), 둘째 사망의 해를 받지 않음(2:11), 감추었던 만나와 새 이름을 기록한 흰 돌(2:17), 만국을 다스리는 권세와 새벽별의 선물(2:26-28), 흰옷과 아버지 앞에서 인정받아 생명책에 기록됨(3:5), 하나님의 성전에 영원히 거하는 것과, 하나님의 이름과 하나님의 성의 이름, 그리고 예수의 새 이름이 새겨짐(3:12), 그리고 예수의 보좌에 그와 함께 앉을 권리(3:21) 등이 그것이다. 신자들은 그리스도가 다시 오실 때까지 신실함을 유지하라는 교훈을 받으며(1:7; 2:25; 3:3; 16:15; 22:7, 20), 그리스도의 재림은 하나님의 종말론적 임재가 시작되게 하는 승리의 사건으로 기능한다.

요한계시록은 예언적-묵시적 특성에 맞추어 그리스도의 재림을 묘사하기 위해 풍부하고 강력한 이미지를 사용한다. 요한계시록 19:11-

---

114   Bruce, "The Spirit in the Apocalypse," 344.

21에서 힘 있는 용사이신 그리스도는 하나님의 원수들을 심판하고 그들을 무찌르는 전쟁을 치르기 위해 힘 있는 백마를 타고 오신다. 하지만 이 용사 이미지는 그리스도의 재림이 그의 백성에게 의미하는 것에 훨씬 더 적합한 이미지, 즉 앞서 나온 장면인 어린양의 혼인 잔치의 도래(19:6-10)와 짝을 이룬다.

종말론적인 결혼 축제의 이미지는 새 창조에서 하나님과 그분의 백성의 최종적 연합을 가장 잘 전달한다.[115] 신부와 신랑의 언어는 신자들을 향한 하나님의 완전한 사랑을 전달하며, 새 창조에서 하나님의 인격적 임재에 대한 우리의 즐겁고 친밀한 경험을 기대한다. 구약 예언자들은 종종 이스라엘을 야웨의 아내라고 말한다(사 49:18; 54:5-6; 62:5; 렘 2:2; 겔 16:15-63; 호 2:14-23). 그리고 이 결혼 은유는 규칙적으로 하나님과 그 백성의 친근한 관계를 묘사한다(예. 사 54:5-7; 렘 2:2; 호 2:16, 19-20; 마 25:1-13). 게다가 이 은유는 박해에 직면한 그리스도인 독자들에게 깊은 정서적 안정과 확신을 전달한다. 신성한 남편으로서 하나님은 자신의 신부에게 원수들을 무찌른 것을 기념하는 호화로운 잔치와 그분의 풍성한 공급을 약속하셨다(예. 사 25:6-9).[116] 요한계시록 19:9에 언급된 어린양의 혼인 식사가 요한계시록 21-22장의 새 창조에 대한 좀 더 완전한 묘사를 지향하는 것 같기는 하지만, 이 이미지는 하나님이 그분의 백성을 위해 준비하고 계시는 인격적이고 친근하며 즐거운 교제의 시간을 강하게 대망한다.

요한계시록의 흐름에 비춰볼 때, 20장 끝에서 모든 것이 이루어진 것으로 보인다. 그리스도가 재림하셨고, 성도들이 부활했으며, 하나님의 원

---

115 Duvall, *Revelation*, 250-54을 보라.
116 예수 역시 그의 완성된 나라에서의 혼인 잔치에 대해 말씀하신다(예. 마 8:11; 22:1-14; 25:1-13; 26:29; 눅 13:29; 14:16-24).

수들이 심판을 받고, 구원이 이루어졌으니 말이다. 그런데 21-22장이 필요한 이유는 무엇일까? 그 이유는 구원의 목표가 단지 하나님께서 그의 백성을 사탄과 죄로부터 구원하시는 것만이 아니라 그의 백성을 **당신께로** 구원하시는 것이기 때문이다. 다시 말해서, 복음의 목표는 단지 악에서의 구원 혹은 구출이 아니라 창조주이자 구원자이며 보존자이신 하나님과의 영원한 교제에 있다. 결과적으로 요한계시록의 마지막 환상(21:1-22:5)은 요한계시록뿐만 아니라 성서 전체의 일차적인 목표와 주제를 이야기한다. 즉 새 창조에서 자신의 백성 가운데 함께하시는 하나님의 관계적 임재다. 이 마지막 환상은 이기는 자들에게 주시는 약속의 성취(2-3장), 보좌가 있는 방에서 드리는 예배의 완전한 실현(4-5장), 순교자들의 기도에 대한 응답(6:9-11), 심판의 목표(6-16장), 악과의 최종적 갈등의 결과를 나타낸다(17-19장). 마지막 환상은 실제로 이중적이다. 요한계시록 21:1-8은 나중에 21:9-22:5에서 좀 더 영광스럽게 설명된 내용을 요약한다.

요한계시록 21:1-22:5의 간략한 개요는 자기 백성 가운데 거하시는 하나님의 관계적 임재라는 주제가 곳곳에 퍼져 있음을 보여준다. 시작하는 환상(계 21:1-8)은 하나님께서 그분의 백성과 함께 거하실 곳과 함께 시작한다. 즉 "새 하늘과 새 땅"(21:1, 5), 줄곧 악을 상징해왔던 바다가 다시 있지 않은 곳이다(12:17-13:1).[117] 그곳은 하늘에서 하나님으로부터 내려오는 거룩한 성과 새 예루살렘으로 더 구체적으로 묘사되며, 남편을 위해 단장한 아름다운 신부로서 준비된다(21:2). 거룩한 도시가 아름답게 옷을 입은 신부를 닮았기 때문에 그 장소가 어떻게 백성들을 의미하는지도 주목하라.

---

117 요한계시록에서 바다의 상징에 대해 좀 더 알기 위해서는 Beale, *The Book of Revelation*, 1042을 보라.

보컴은 새 창조의 세 가지 측면을, **백성**이 하나님의 직접적인 **임재** 안에서 사는 **장소**로 요약한다.[118]

요한계시록 21:3에서 보좌에서 음성이 나와 "보라! 하나님의 장막 [σκηνή, 스케네]이 사람들과 함께 있으매 하나님이 그들과 함께 계시리니, 그들은 하나님의 백성이 되고 하나님은 친히 그들과 함께 계셔서"라고 선언한다. 이 구절을 주석하면서 그레엄 골즈워디(Graeme Goldsworthy)는 이렇게 말한다. "이 한 절은 성서의 전체 메시지를 요약하여 담고 있다고 말할 수 있다. 언약과 구속의 전체 역사가 이 영광스러운 천명의 배후에 있다. 이스라엘의 소망의 모든 측면 — 언약, 구속, 약속의 땅, 성전, 시온, 다윗 계열의 왕, 새 에덴 — 이 하나의 단순하지만 심오한 진술 안에 엮어져 있다. 즉 **하나님의 거처는 사람들과 함께**[즉 백성들 사이에] 있다."[119] 하나님은 그분의 백성 가운데 사시겠다는 오래된 삼중 약속을 이제 실현하신다. 요한계시록에서 예외는 삼중 약속의 전형적인 순서가 거꾸로 되었다는 점인데, 그 이유는 성취가 이제 이르렀기 때문이다(예. 레 26:11-12; 겔 37:26-28; 슥 2:10-11). 하나님의 백성은 그분의 영원한 장막이 될 것이다(참조. 요 1:14에서는 예수의 성육신을 묘사하기 위해 σκηνόω[스케노오]가 사용됨).[120]

요한계시록 21장과 관련하여, 비일은 새 창조(1절), 새 예루살렘(2절),

---

118 Bauckham, *The Theology of the Book of Revelation*, 132-43.
119 Goldsworthy, *The Goldsworthy Trilogy*(『복음과 요한계시록』, 성서유니온선교회 역간), 313.
120 Mounce는 다음과 같이 말한다. "'장막'(*skēnē*)에 해당하는 그리스어는 하나님의 임재와 영광을 의미하는 데 사용된 히브리어 '셰키나'와 밀접한 관련이 있다. 광야를 방황할 때 성막 또는 천막은 자기 백성 가운데 거하시는 하나님의 임재의 상징이었다. 제4복음서에서 요한은 말씀이 육신이 되어 사람들 사이에 장막을 치셨으며(*eskēnōsen*), 그 결과 사람들은 그의 영광, 즉 독생자의 영광을 보았다고 쓴다(요 1:14). 이 선견자가 하나님의 장막이 우리와 함께 있다고 쓸 때, 그는 영광스러운 임재 가운데 계신 하나님이 우리와 함께 거하기 위해 오셨다고 말하는 것이다"(Mounce, *The Book of Revelation*, 383).

그리고 장막을 치시는 하나님의 임재를 동등한 것으로 이해하는 강력한 사례를 마련한다. 비일은 이렇게 쓴다. "새 창조와 새 예루살렘은 바로 하나님의 장막, 즉 21장 전체에서 묘사된 하나님의 특별한 임재의 진정한 성전이다. 이 하나님의 임재는 전에 이스라엘의 성전에 한정되었고, 교회를 통해 확장되기 시작했으며, 나중에 둘이 하나가 될 온 땅과 하늘에 충만할 것이다. 그때 온 피조물의 중심이 되었던 에덴동산 성전의 종말론적 목표가 마침내 성취될 것이다(계 22:1-3)."[121] 비일은 새 하늘과 새 땅이 성전으로 묘사된 것은 "하나님의 영광스러운 임재의 성전을 우주적으로 확장하려는 하나님의 목표가 실현될 것이기 때문"이라고 올바르게 결론 내린다.[122]

요한계시록 21:4에서 하나님은 당신의 자녀들의 눈에서 모든 눈물을 씻어주시는 다정하고 사랑 많으신 아버지로 묘사된다. 하나님의 임재는 모든 악한 것과 샬롬을 파괴하는 눈물, 사망, 애통하는 것, 곡하는 것, 아픈 것이 없음을 의미한다. 마지막으로 21:7에서 이기는 자들은 새 창조를 기업으로 받을 것이며 하나님의 임재 안에서 하나님의 자녀로 영원히 살 것이라는 확신을 얻는다. 가족 이미지는 인간적 감정의 깊이를 헤아리는 방식으로 하나님의 관계적 임재를 강조한다.

요한계시록 21:9-22:5의 두 번째 환상은 특히 거룩한 성 자체에 주목하며 시작하는 환상(계 21:1-8)을 확장한다. 요한은 "신부, 곧 어린양의 아내"를 볼 준비를 하라는 말을 듣는다. 그리고 나서 성령을 통해 높은 산으로 인도되며, "하나님께로부터 하늘에서 내려오는 거룩한 성 예루살렘"을 본다(21:10). 다시 말하지만, 그 성은 신부고, 장소는 백성이다. 거룩한 혼인

---

121 Beale, *The Temple and the Church's Mission*, 368.
122 Beale, *The Temple and the Church's Mission*, 369.

이 일어났으며, 하나님과 그분의 백성은 이제 남편과 아내로서 영원을 보낼 것이다.[123]

거룩한 성 역시 하나님의 영광스러운 임재를 반영한다(계 21:11). 그리고 그 성은 "빛나다", "영광", "귀한", "순수한", "맑은" 등과 같은 용어로 묘사된다. 요한계시록에서 "영광"의 단어 집단은 열아홉 번 등장하는데, 찬양(1:6; 4:9, 11; 5:12, 13; 7:12; 14:7; 15:4; 18:7; 19:1, 7), 인식 또는 인정(11:13; 16:9), 영광, 존귀(21:24, 26), 그리고 임재(15:8; 18:1; 21:11, 23)를 포함하는 의미의 범위를 아우른다. 로버트 마운스(Robert Mounce)는 "묵시문학에서 하나님의 영광은 그분의 임재를 지칭한다(겔 43:5)"고 결론 내린다.[124] 하나님의 영광스러운 임재라는 주제는 벽옥을 언급하는 것과 같은 미묘한 방식으로 계속된다(21:18). 하나님의 성의 벽은 "벽옥"으로 만들어지는데, 벽옥은 열두 기초석 가운데 첫 번째 보석이다(21:19). 벽옥은 반투명한 돌이며, 구체적으로 하나님의 빛 그리고 하나님의 영광과 연관된다. 이는 요한계시록 4:3에서 보좌에 앉으신 하나님의 모습이 벽옥과 같다고 언급되기 때문이다.[125] 다시 말해서 새 창조 전체가 하나님의 영광스러운 임재로 빛난다.

그 성은 빛을 위해 해나 달이 필요하지 않다. 왜냐하면 "하나님의 영광[즉 임재]이 비치고 어린양이 그 등불이 되"시기 때문이다(계 21:23). 성령이 하나님의 백성에게 그의 삼위일체적 임재를 보여주시면서 성부와 성자에 가담한다는 절묘한 단서가 있다. 이는 요한계시록 21:23에서는 하나님,

---

123 Osborne, *Revelation*, 748.
124 Mounce, *The Book of Revelation*, 390.
125 BDAG 465; Beale, *The Book of Revelation*, 321. 계 4:3과 21:11, 18-19 사이의 연결 때문에 Mealy는 새 예루살렘이 실제의 진원지, 즉 하나님의 백성 가운데 거하시는 하나님의 영광스러운 임재의 진원지인 그분의 크고 흰 보좌라고 결론짓는다. Mealy, *After the Thousand Years*, 175을 보라.

어린양, 빛으로, 22:1에서는 하나님, 어린양, 생명수로, 그리고 22:3-4에서는 하나님, 어린양, 그의 이름으로 등장한다. 만일 이것이 실제로 삼위일체 하나님을 보여주는 것이라면, 당신의 백성과 함께하기를 바라시는 삼위일체 하나님에 대한 언급은 요한계시록 전체의 북엔드다(1:4-5을 보라).

일반적으로 언급되는 것처럼, 하늘 도시의 정육면체 모양은 성전 내소의 모양을 반영한다(계 21:16; 참조. 왕상 6:20; 대하 3:8-9). 이것은 그 도시 전체가 하나님의 임재로 가득 차 있음을 의미한다. 하나님의 임재가 온 창조 세계에 충만하므로, 하나님이 거하실 성전 또는 특별한 장소는 필요 없다. 오히려 "주 하나님 곧 전능하신 이와 어린양이 그 성전이심이라"(21:22). 회복된 성전("여호와가 거기 계신다, 즉 여호와 삼마")에 대한 에스겔의 예언적 환상은 놀랍게도 예상치 못한 방식으로 채워졌다(겔 41-48장의 결론인 겔 48:35). 삼위일체 하나님이 그분의 임재로 새 창조를 채우실 때 정육면체 모양의 지성소는 확장되었다. 하나님의 백성은 멀리서 하나님의 셰키나 영광을 주목할 뿐만 아니라 지극히 인격적인 방식으로 하나님의 영광스러운 임재를 경험할 것이다.

마지막으로 요한계시록 22:3-4에서 우리는 다음과 같은 내용을 읽는다. "하나님과 그 어린양의 보좌가 그 가운데에 있으리니, 그의 종들이 그를 섬기며 그의 얼굴을 볼 터이요, 그의 이름도 그들의 이마에 있으리라." 대제사장이 땅에 있는 성전의 지성소에 일 년에 단 한 번 이마에 하나님의 거룩한 이름을 쓴 것을 두르고 들어가던 것과는 대조적으로, 이제는 하나님의 모든 백성이 그의 이름을 가지고 "그의 얼굴을 볼 것"이다. 신약성서는 아무도 하나님을 본 적이 없다는 것(예. 요 1:18; 요일 4:12; 딤전 6:15-16)과 하나님의 얼굴을 보는 것은 엄연한 종말론적 소망이라는 것(예. 마 5:8; 히 12:14; 고전 13:12; 요일 3:2)을 둘 다 강조한다. 우리는 신약의 수많은 본문에서 "얼굴"과 하나님의 임재의 분명한 연결을 본다(예. 고후 4:6; 살후 1:9; 히 9:24; 벧전 3:12; 예수의 변형과 관련된 본문들도 참조하라). 데이비드 오니(David Aune)는 이렇게 쓴다. " '하나님의 얼굴을 봄'이라는 어구는 유대교와 초기 기독교에서 하나님의 임재와 능력에 대한 충분한 인식,…성전에서 하나님을 예배하는 것,…또는 예언적 환상의 상황에서 하나님을 보는 것을 나타내는 은유다."[126] 요한계시록은 첫 번째 용례의 예로서 기능하는데, 그 이유는 하나님의 얼굴을 보는 것은 심판에서든(6:16; 20:11), 예배를 위한 교제에서든(22:4), 하나님의 직접적인 임재를 경험하는 것을 의미하기 때문이다.

결론

요한복음에서 하나님은 자신의 임재를 자기 백성에게 알리기 위해 계시하시고, 전달하시며, 보내신다. 하나님의 임재는 성육신한 하나님의 아들 예수 안에서 친밀하고 인격적으로 나타난다. 육신이 된 말씀인 예수께서 우리 가운데 장막을 치셨으므로, 우리는 이전에 보지 못했던 하나님의 영광스러운 임재를 볼 수 있다(요 1장). 예수 안에서 새 성전, 영생, 하나님의 임재가 임했다. 복음과 그 결과로 나타나는 그리스도인의 삶은 하나님에게서 태어남, 하나님을 앎, 하나님을 믿고 사랑함과 같은 관계적 이미지를 통해 묘사된다. 하나님은 주로 성령의 사역과 제자들의 공동체를 통한 그분의 임재로써 자기 백성을 붙드신다. 하나님은 죽음 너머까지 그분의 백성을 붙드신다. 요한은 그의 모든 글에서 하나님의 종말론적 임재를 실현된 것

---

126 Aune, *Revelation 17-22*(『요한계시록 17-22』, 솔로몬 역간), 1179.

으로 또한 미래에 속한 것으로 특징짓는다. 하나님은 궁극적으로 악을 심판하시고 그분의 임재에서 악을 쫓아내실 것이지만, 하나님의 백성을 부활을 통해 그분의 영원한 임재와 새 창조의 영원한 고향으로 들어가게 하실 것이다.

그리고 나서 요한 1, 2, 3서에서 우리는 다양한 주제가 요한복음과 비슷한 방법으로 하나님의 임재라는 주제를 둘러싸고 있음을 본다. 주요한 차이는 우리가 요한 서신에서 요한이 하나님의 관계적 임재의 다층적 실재를 공동체의 삶과 상황에 적용하는 것을 목격한다는 점이다. 임재의 실재—성육신한 아들, 영생, 진리를 믿음, 성령의 역할, 하나님을 알고 순종하며 사랑함—는 반드시 전심으로 받아들여지고 공개적으로 실행되어야 한다. 요한 서신에서 하나님의 임재는 확실히 관계적이다. 우리는 내주에 대한 언어와 태어남, 앎, 사랑함 등과 같은 인격적 이미지들에서 이것을 확인한다. 하나님의 영은 하나님의 백성이 하나님의 임재를 경험하는 것을 확실하게 한다.

우리는 요한계시록에서 하나님의 관계적 임재의 다양한 측면을 개관했다. 즉 삼위일체적·예언적·성육신적, (하늘과 땅에 있는 성도들에 대한) 지속적·심판적·종말론적 임재다. 우리가 지금까지 살펴본 내용은 하나님의 관계적 임재가 성서신학의 응집력 있는 중심을 제공한다는 것을 알려준다.

- 요한계시록, 즉 예언의 말씀은 관계적인 삼위일체 하나님에게서 나온다.
- 이 예언의 말씀은 그리스도 안에서 나타나신 하나님의 성육신적 임재에 근거한다.
- 이 예언의 말씀은 하나님의 백성에게 그분의 뜻을 전하고, 그들이

공동체 안에서 새 창조를 향한 여정을 계속하는 동안 그들에게 그분의 지속적인 임재를 확신시킨다.
- 이 예언의 말씀은 하나님의 백성에게 언제나 현존하는 성령과 그가 공급하는 모든 것을 상기시킨다.
- 이 예언의 말씀은 하나님의 백성에게 하나님의 심판하시는 임재를 상기시킴으로써 충성을 격려한다.
- 무엇보다도 이 예언의 말씀은 새 하늘과 새 땅에서 하나님의 영광스러운 임재 가운데 산다는 것이 어떤 의미인지를 장엄하게 묘사한다.

이제 성서의 위대한 이야기 전체에서 발견되는 하나님의 관계적 임재에 대한 많은 관찰과 통찰을 마무리하는 과제가 남았다.

결론

본서의 주요 논제로 되돌아감

우리는 앞에서 제시한 기본적인 논제로 다시 돌아간다. 즉 삼위일체 하나님은 그분의 백성과 인격적인 관계를 갈망하시며, 그래서 이 관계를 설정하고 구축하기 위해 자신의 임재를 알리신다. 다시 말해서, 하나님의 관계적 임재는 성서의 전체 메시지의 중심, 성서신학의 중심에 있다.[1]

하나님의 관계적 임재는 성서신학의 응집력 있는 중심을 형성한다. 우리는 "응집력 있는 중심"이라는 말로써 수레바퀴의 축보다는 거미줄을 더

---

1 Daniel Brendsel은 최근 논문 "Plots, Themes, and Responsibilities: The Search for a Center of Biblical Theology Reexamined"에서 다음과 같은 중심을 제안하기 전에 우리가 어떻게 방법론적으로 진행해야 하는지에 대한 풍부한 지혜를 제공해준다. "**삼위일체 하나님은 그분의 백성 가운데 거하시는 그분의 임재, 즉 창조, 타락, 구속, 완성의 4중적 이야기에서 그의 백성의 예배에 대한 책임을 수반하는 임재를 증가시키는(그리고 구현하는) 데 적극적으로 관여하신다**"(412). 우리 역시 하나님의 관계적 임재를 전체 성서 이야기의 추진력과 궁극적인 목표로서 이해한다.

생각하고 있다.² 거미줄 유비에서 성서의 주요 주제들은, 거미줄 안에 있는 주요 가닥들처럼, 중심과 이런저런 방법으로 연결된다. 어떤 때는 직접적으로, 다른 때는 보다 간접적으로 말이다. 성서의 주요 주제들을 아우르는 중심이 존재하는 것은 분명하지만, 그 중심은 유연성을 허용하면서도 그것이 어떻게 상호 연결성을 제공하고 있는지 언뜻 보기에 항상 분명한 것은 아니다. 우리는 하나님의 관계적 임재가 성서의 이런 응집력 있는 중심으로 기능한다고 믿는다.

핵심적인 세 가지 질문

중요한 중심을 제안하기 위해서, 다음과 같은 핵심적인 세 가지 질문에 확신 있게 대답해야 한다.³ 첫째, 이 주제가 처음부터 끝까지 성서 이야기의 플롯을 몰고 가는가? 여기서 우리는 성서 전체에 계시된 구원 역사 전반에 걸친 주제에 대한 내러티브 영향을 보고 있다. 이 질문에서 핵심적인 요소들 가운데 하나는 시간이다. 이야기 흐름은 중심과 다르다. 하지만 통일적인 중심은 성서 이야기의 추진력으로서 지속적으로 등장해야 한다.

---

2   C. Campbell, *Paul and Union with Christ*, 437-39.
3   Beale, *A New Testament Biblical Theology*(『신약성경신학』, 부흥과개혁사 역간), 168-69을 보라. Beale은 다른 것보다 나은 하나의 중심을 판단하기 위해서 타당한 테스트 네 가지를 제안한다. (1) 그것은 반드시 다른 중심들과 관련이 있으면서도 좀 더 포괄적인 중심을 지녀야 하고 다른 것들은 논리적인 하부 범주에 속해야 한다. (2) 그것은 구약성서와 신약성서 둘 다에 확고한 본문의 기초가 있어야 한다. (3) 그것은 주요한 성서적 주제들과 통합적으로 관계가 있어야 한다. (4) 그것은 포괄적이어야 한다. 우리가 이 책에서 취한 세 가지 질문은 이 네 가지 타당한 테스트와 비슷하다. Beale, "The Eschatological Conception of New Testament Theology," 45도 보라.

둘째, 이 주제는 성서 전체에 얼마나 광범위하게 등장하는가? 이 질문은 그 주제의 폭과 범위를 겨냥한다. 비일은 "가장 포괄적인 중심은 가장 개연성이 높다고 판단되는 것이다"라고 결론을 내린다.[4] 그 주제는 정경에 속하는 성서 전체에 걸쳐 다양한 유형의 문학에 두드러지게 등장하는가? 예를 들어 하나님 나라라는 주제는 공관복음에는 광범위하게 등장하지만, 바울 서신에는 매우 드물게 나타나기 때문에 포괄성이 부족하다.

셋째, 제안된 중심은 다른 주요 주제들을 가장 잘 설명해주는가? 또는 그것이 하부 범주이기도 한가? 이 질문은 그 주제의 깊이와 관계성을 살핀다. 제안된 중심은 만연한 다른 주제들을 일관성 있는 전체로 통합시키는 응집력을 제공하는가?

하나님의 관계적 임재는 최상의 대답을 제공한다

제시된 방대한 주해서로부터 우리는 하나님의 관계적 임재라는 주제가 이 세 가지 중요한 질문에 최상의 대답을 제공하고, 성서신학의 응집력 있는 중심으로 기능한다고 확신 있게 결론을 내린다. 우선, 하나님의 관계적 임재는 이야기의 흐름을 처음부터 끝까지 주도한다. 즉 이야기를 지속적으로 통합하고, 새 창조에서 자기 백성과 함께 사시는 하나님에 관한 이야기의 궁극적인 목적을 향해 플롯을 진행시킨다. 이야기는 창조와 동산에 나타난 하나님의 임재와 함께 시작한다. 하나님의 영은 물 위에 운행하신다(창 1:1-2). 하나님은 사람을 지으시고, 그들과 함께 있기를 좋아하시며, 동산에서

---

4 Beale, *A New Testament Biblical Theology*, 168.

그들과 함께 거니시는 것을 기뻐하신다. 존 월튼이 말하듯이, "하나님의 임재는 동산을 이해하는 열쇠였다."[5]

동산에서 자기 백성 가운데 거하시고 그들과 관계를 맺으시는 하나님은 성서 이야기를 마무리하기도 하신다. 요한계시록은 어린양의 혼인과 혼인잔치(계 19:7, 9; 21:2, 9), 자기 백성을 위로하시는 하나님(21:4), 완전하게 된 동산에서 그들 가운데 사시는 하나님(21:3, 7, 22; 22:2, 4), 생명나무에서 자유롭게 열매를 먹는 하나님의 백성(22:2, 14), 그리고 하나님의 얼굴을 보는 것(22:4)을 묘사하는데, 이 모든 것(과 그 이상의 것)은 창세기 1-2장에서 시작한 이야기의 멋진 결말을 이룬다.[6] 처음부터 끝까지, 그리고 사실상 그 사이에 있는 거의 모든 장에서 하나님의 관계적 임재는 성서 이야기를 통합하고 진척시킨다.

창세기 3장에서 인류의 타락의 위기는 근본적으로 하나님의 임재에 나아가는 것과 그 임재가 제공하는 친근한 관계의 상실로서 가장 잘 이해된다. 이야기가 계속되는 동안, 하나님의 임재의 약속은 언약의 중심을 이룬다. 구약성서 내내 하나님과 이스라엘의 언약 관계는 종종 반복되는 삼중 진술로 정의된다. "나는 너희의 하나님이 될 것이다, 너희는 내 백성이 될 것이다, 나는 너희 가운데 거할 것이다." 하나님이 그분의 백성을 애굽에서 구출하신 것, 광야의 여정 내내 그들과 함께하신 것, 그들을 약속의 땅으로 인도하신 것, 이 모든 것이 임재를 가리킨다. 구름, 불, 성막, 시내산, 그들보다 먼저 그 땅으로 가심, 이 모든 것 역시 하나님의 임재를 상징한다. 성전 건축, 바빌로니아 포로와 포로 귀환, 그리고 예언자들의 메시지, 이 모

---

5   J. Walton, *Genesis*, 182.
6   Pate et al., *The Story of Israel*, 271-72의 표를 보라. 이는 요한계시록이 창세기에서 시작된 것을 어떻게 마무리하는지를 보여준다.

두가 자기 백성 가운데 사시려는 하나님의 오래된 의도와 관련하여 의미가 있는 이스라엘 역사의 중대한 사건들이다. 하지만 에스겔은 하나님의 영광스러운 임재가 성전을 떠나서 (포로 후에 재건된 성전에도) 수백 년이 지나 예수께서 예루살렘에 오시기까지 돌아오지 않는다고 이야기한다.

메시아 예수의 강림은 하나님의 임재를 강력하게 인격적인 방식으로 알린다. 즉 임마누엘, 우리와 함께 계시는 하나님이 오셨다. 성육신한 하나님의 아들 예수 안에서 하나님 나라가 가까이 왔고, 새 성전이 계시되었으며, 영생이 주어졌다. 예수는 성령의 새로운 공동체를 창조하신다. 오순절에 성령의 도래와 더불어 하나님의 능력 주시는 임재가 신자 개인 안에 살기 위해 온다. 이 새 언약 공동체는 성령의 성전, 하나님의 가족, 그리스도의 몸을 이루는데, 이 세 가지는 하나님의 임재에 근거를 둔 이미지들이다. 하나님은 그리스도께서 재림하실 때까지 하나님의 백성의 선교 여행에서 그들을 계속 붙드실 것이다. 그리스도께서 그의 백성을 죽은 자 가운데서 살리시고 새 창조에서 그들을 자신과 재결합시키실 때, 그들은 그분의 관계적 임재에 대한 영원하고 방해받지 않는 접근을 경험하게 될 것이다.

하나님의 관계적 임재는 포괄성에 관한 두 번째 질문에도 답을 준다. 이 주제는 성서 전체에 걸쳐 광범위하게 나타난다. 성서의 거의 모든 책(실제로 거의 모든 장)은 임재라는 주제를 다루며, 창세기 1-2장과 요한계시록 19-22장의 거대한 임재 수미상관에 둘러싸여 있다. 이 주제는 정경을 관통하며 나타나므로, 구원 역사의 다양한 단계 전체에 등장한다. 자기 백성을 대하는 과정에서 하나님이 어디에 계시든지 상관없이, 하나님의 관계적 임재라는 주제는 중심에 있다.

자신의 임재를 백성에게 알리심으로써 그들과 관계를 맺기를 원하시는 하나님은 성서의 다양한 문학 장르와 하부 장르 전체에 두루 모습을 드러내신다. 몇몇 주제가 특정 문학 형식에 제한되기도 하지만, 임재라는 주제는 모든 장르를 꿰뚫는 것 같다. 역사적 내러티브, 예언, 시, 복음서, 서신, 묵시, 그 밖에 무엇이든지 간에, 우리는 하나님의 임재가 메시지의 핵심 부분으로 부상하는 것을 목격한다.

임재는 성서가 전달하는 모든 주요 신학적 범주에도 두루 등장한다. 하나님의 관계적 임재는 신론, 기독론, 성령론, 인간론, 교회론, 구원론, 선교학, 그리고 종말론의 중심이다. 이처럼 포괄적이지만 유연한 방식으로 성서신학적 사상을 하나로 묶는 다른 주제는 없다.

성서신학의 중심으로 제안된 하나님의 관계적 임재는 깊이와 연결성에 관한 마지막 질문에 대해서도 답한다. 우리는 이 주제가 다른 주요 주제들에 대해 최상의 설명을 제공하고, 다른 주제들을 일관된 전체로 통합하는 응집력 있는 거미줄 같은 중심을 제공한다고 주장한다. 언약, 하나님 나라, 새로운 출애굽, 구원, 약속, 하나님의 백성, 구속사, 이신칭의, 화목, 새 창조, 영광, 또는 "이미 그러나 아직 아니"와 같은 다른 제안된 중심들이 매우 중요하게 기여하고, 때로는 임재와 중첩되기도 하지만, 하나님의 관계적 임재처럼 이야기 흐름의 지속적인 추진력으로 입증된 것은 아무것도 없다.

보완적인 주제들

이 주제를 탐구하는 동안 우리는 하나님의 임재의 몇몇 측면을 예시하기 위해 다른 보완적인 주제들을 종종 언급했다. 예를 들어, 하나님의 백성, 즉 하나님의 인격적이며 능력을 주시는 임재인 성령이 내주하는 백성과 하나님의 언약 관계는 사람들이 그리스도의 희생에 비춰 온전한 새 삶을 살고 하나님의 임재 안에 영원히 나아가도록 인도한다. 임재가 없다면, 언약은 의미 없는 종교 의식이 되고 말 것이다. 우리는 하나님 나라가 하나님의 관계적 임재의 실제에 어떻게 뿌리를 두고 있는지, 그리고 임재가 어떻게 하나님 나라의 의와 예수에 대한 제자도의 핵심에 놓이는지를 탐구했다. 나사렛 예수 안에 성육신하신 하나님의 임재의 도래는 하나님 나라의 도래를 구성하며 구현한다. 하나님의 관계적 임재는 하나님 나라(즉 예수 안에서 시간적·공간적으로 "가까이 임한" 나라)보다 앞서고, 그 나라를 창조하며, 그 나라에 의미를 부여한다. 바울이 칭의, 화목, 입양, 새 창조에 대해 말할 때, 자기 백성과 관계를 맺고 그들과 함께 사시겠다는 하나님의 결심이 표면으로 떠오른다.

임재라는 주제는 "하나님의 영광"과 거의 동의어다. 비일은 "하나님의 영광스러운 임재가 그가 제안한 이야기 흐름의 핵심(새 창조적 통치)에 속한다"고 결론 내린다.[7] 그는 다음과 같은 말을 덧붙인다. "하나님의 본질이기도 하고 그가 누구인지와 그가 행하신 일을 칭송하는 영광스러운 찬양이기도 한 하나님의 영광은 내가 표현한 전반적인 이야기 흐름의 **목표**다.…하나님의 영광은 이야기 흐름의 요지로 이해되어야 한다. 그 이유는 그것이 궁극적인 목표이기 때문이다."[8]

콘스탄틴 캠벨은 바울 서신에 나타나는 그리스도와의 연합에 대한 철저한 연구의 결론 부분에서 다음과 같이 말한다. "그것[그리스도와의 연합]은 바울 신학의 풍부함과 활력을 재발견하는 열쇠로 간주되어야 하지만, 바울 사상의 중심은 아니다. 따라서 그리스도와의 연합은 필수 불가결

---

7 Beale, *A New Testament Biblical Theology*, 175.
8 Beale, *A New Testament Biblical Theology*, 175, 183.

한 것이지만 '큰 관심사'는 아니다. 결국 바울의 가장 큰 관심은 그리스도 안에 있는 하나님의 영광일 것이다."[9]

다른 학자들 역시 하나님의 영광을 성서신학의 중심으로 주장했다.[10] 일찍이 우리는 "영광"에 대한 두 가지 주요 의미를 언급했다. (1) 존귀, 명망, 명성, (2) 영광스러운 임재를 의식할 수 있는 가시적인 광채다.[11] 우리는 요한복음에서 어떻게 예수가 하나님의 셰키나인지를 살펴보았다.[12] 요한계시록에서는 삼위일체 하나님이 그분의 임재로 새 창조를 채우실 때 정육면체 모양의 지성소가 확장된다. 창조세계 전체가 하나님의 성전이다. 하나님의 백성은 멀리서 하나님의 셰키나 영광을 바라볼 뿐만 아니라 지극히 인격적인 방식으로 하나님의 영광스러운 임재를 경험할 것이다. 우리는 (찬양의 의미에서) 영광이 (임재의 의미에서) 영광의 결과라고 본다. 임재는 찬양보다 선행하며 찬양을 가능케 한다. 찬양은 임재의 궁극적인 결과다. 찬양은 임재로부터 흘러나오는데, 이는 임재를 성서의 주요 메시지에 훨씬 더 중심적인 것으로 만든다.

이 모든 것을 어떻게 규합할 것인가?

가장 포괄적이고 편만하며 통합적인 주제로서 하나님의 관계적 임재는 성서신학 전체를 하나로 묶는다(도표를 보라).

---

9   C. Campbell, *Paul and Union with Christ*, 442.
10 T. Schreiner, *New Testament Theology*, 13-14; J. Hamilton, *God's Glory in Salvation through Judgment*, 53.
11 Bauckham, *Gospel of Glory*, 43-62, 72-74.
12 Frey, "God's Dwelling on Earth," 97.

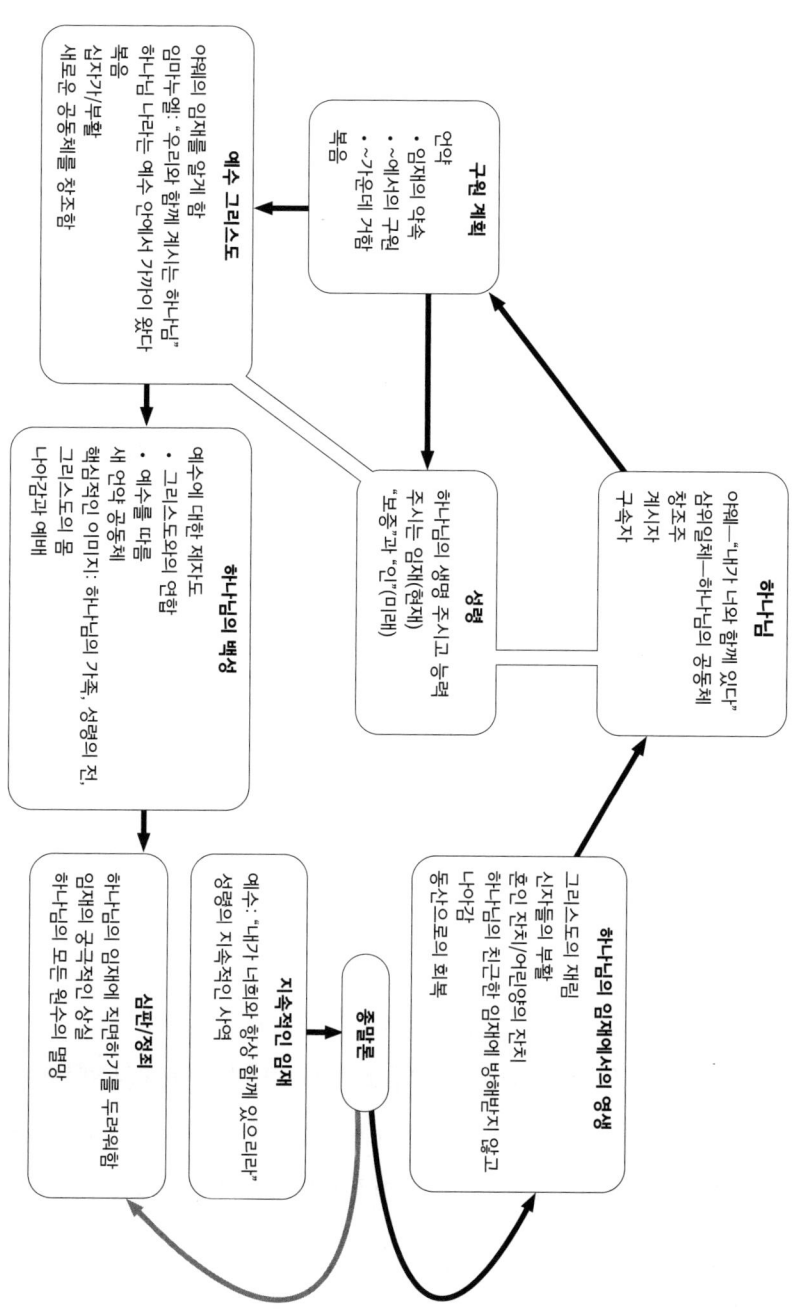

결론 567

하나님

이 도표를 만들어내는 것은 단순히 창조, 타락, 구속, 완성으로 이어지는 구원의 이야기나 조직신학의 주요 범주들이 아니라 하나님의 관계적 임재라는 주제다. 우리는 하나님으로 시작한다. 하나님의 성호인 야웨("주")는 하나님의 임재에 대한 다음의 약속을 암시한다. 즉 "내가 너희와 함께 있다[또는 '있을 것이다']"(출 3:12, 14). 따라서 구약성서 전체에서 사용된 하나님의 주요 이름은 자기 백성과 인격적·관계적으로 함께하기를 바라는 하나님으로서 그분의 핵심적인 정체성을 함축한다. 고대 근동에서 이름의 중요성을 고려할 때, 이것은 관계적 하나님에 관해 많은 것을 이야기한다. 성육신하신 하나님의 아들 예수가 무대에 모습을 나타내고 자신을 야웨와 동일시했을 때, 우리는 하나님의 관계적 임재를 아주 가까이 그리고 인격적으로 만난다.

또한 하나님은 삼위일체이시다. 즉 성부, 성자, 성령, 이 세 위격이 하나 안에 있으며, 하나가 세 위격 안에 있는 복된 삼위일체다. 하나님은 자신을 신적 공동체로 계시하신다. 하지만 삼위일체 하나님은 그분의 특성상 관계적이시므로, 이 완전한 공동체와 교제할 기회를 그분의 피조물에게 확대하신다. 그렇다면 삼위일체로서의 하나님의 속성은 자신의 피조물을 구원하고 그 세계에 가까이 가려는 그분의 바람의 기초 또는 근거를 제공한다. 프레드 샌더스(Fred Sanders)는 이렇게 쓴다. "복음은 삼위일체적이며, 삼위일체는 복음이다. 기독교의 구원은 삼위일체로부터 나오고, 삼위일체를 통해 발생하며, 우리를 삼위일체의 본향으로 이끈다."[13]

---

13 Sanders, *The Deep Things of God*, 10.

또한 우리는 창조주이신 하나님의 행위를 통해서도 그분의 관계적 임재를 본다. 수면 위를 운행하시는 하나님의 영(창 1:2), 남자를 만들고, 그에게 생기를 불어넣으시며, 그다음에 남자의 갈비뼈로 여자를 만드신 하나님(2:7, 22), 이 남녀를 위해 동산을 만드신 하나님(2:8, 15), 동산에서 아담 및 하와와 함께 거니시는 하나님(3:8), 이 모든 것이 친근한 관계로써 자기 백성 가까이에 있고 싶어 하시는 하나님의 바람을 드러낸다. 하나님의 "형상"으로 창조된 이 인간은 하나님과 아주 가깝고 인격적인 관계를 맺도록 계획되었다.

하나님은 인간을 자신의 삼위일체적·관계적 자아의 연장으로 창조하실 뿐만 아니라 자신을 그들에게 계시하신다. 자신이 앞장서서 구원의 이야기 전체를 통해 사람들에게 자신을 드러내고 말씀하실 때, 하나님은 계시자로서 자신을 보여주신다. 구약성서 전체에서 우리는 하나님이 자기 백성과 더 가까운 관계를 맺기 위해 핵심 인물들에게 자신을 드러내시는 것을 본다. 신약성서에서 우리는 "이 마지막 날에" 하나님이 그의 아들을 통해 말씀하셨다는 내용을 읽는다(히 1:2). 태초에 하나님과 함께 계셨고 하나님께서 그를 통해 창조하신 말씀은 이제 육신을 입었고, 우리 가운데 그의 거처를 마련하셨다(요 1:1-3, 14). 하나님은 구속하기 위해 자신을 계시하시며, 악으로부터 자기 백성을 구원하고 그들 가운데 영원히 살기 위해 구속하신다.

구원 계획

구원의 복음은 삼위일체 하나님이 그분의 삼위일체적 생명을 우리에게 은혜롭게 공개하셨다는 것이다.[14] 언약과 복음이라는 두 단어가 다른 어떤 것보다 하나님의 관계적 구원 계획을 더 잘 정의한다. 창세기와 출애굽기는 대부분 하나님께서 그분의 백성과 어떻게 언약 관계를 체결하셨는지를 서술하는 데 지면을 할애한다. 이는 주로 족장들과 모세의 경험을 통해 말해진 이야기다. 언약의 중심에는 하나님의 임재에 대한 그분의 약속이 있다(다시 말하면, "나는 너희의 하나님이 될 것이다, 너희는 내 백성이 될 것이다, 내가 너희 가운데 거할 것이다"). 야웨가 그분의 백성의 하나님이시라면, 그분은 그들 가운데 살기 위해 반드시 그들을 구원하고 구속하실 것이다. 하나님은 함께 거하기 위해 반드시 구하실 것이다. 예언자들은 하나님의 백성에게 이 복음을 선포하면서 하나님의 원래 목적들을 상기시켰다. 하나님은 그 자신과 자기 백성 간의 이 삼위일체적 언약 관계를 회복시키기 위해 그의 영을 부어주기까지 하신다(사 32:15; 44:3-4; 겔 39:29; 욜 2:28). 백성들의 배반으로 인해 하나님의 계획이 일시적으로 지체되지만, 미래의 회복은 장차 오실 메시아와 그의 복음과 함께 지평선 위로 떠오른다.

예수 그리스도

예수의 오심은 그가 하나님 나라의 "복음"을 선포할 때 약속된 회복을 개시한다. 야웨의 인격적 임재는 예수를 통해 알려질 것이다.

---

14 Sanders, *The Deep Things of God*, 191.

임마누엘, 우리와 함께 계시는 하나님이 도래했다. 복음은 나사렛 예수에 의해 구현되고 선포된다. 바울은 칭의, 의, 구속, 해방, 화목, 입양, 약속된 성령의 도래라는 측면에서 이 복음을 설명한다. 요한은 영생이라는 용어를 선호한다. 이 생명은 아들 안에 있으며, 아들이 있는 모든 사람은 생명이 있다. 하나님의 관계적 임재는 예수 안에서 발견되는 영생에 대한 요한의 개념에서 중심에 있다. 물론 아들의 능력 있는 사역의 절정은 십자가와 부활이다. 이로 인해 복음이 현실이 되고 이용할 수 있는 것이 된다. 예수는 제자들을 부르고 그의 교회를 세움으로써 새 언약 공동체를 창조해나가신다.

하나님의 백성

새 언약 공동체는 예수에 대한 제자도의 요청에 응답한 개인들을 포함한다. 제자도의 본질은 예수의 인격적 임재를(즉 "나를 따르라") 경험하는 것이다. 이들은 그리스도와 연합하고, 그의 죽음, 장사 됨, 부활에 참여하는 사람들이다. 그들의 생명은 지금 "그리스도와 함께 하나님 안에 감추어졌다"(골 3:3-4). 결과적으로 그들은 새 언약 공동체에 속한 자들로서 하나님의 가족, 성령의 전, 그리스도의 몸과 동일시된다. 이는 모두 하나님의 관계적 임재를 강조하는 이미지들이다. 예수는 신부인 교회의 남편 혹은 신랑이다. 하나님은 그분 자신과 그분의 백성 사이의 영원한 사랑의 관계로 이어지는 이 신성한 결혼을 의도하신다. 그리스도 안에서 모든 개별 신자들 역시 하나의 몸을 형성한다. 그리스도는 그 몸의 머리이시다. 교회는 살아계신 하나님의 성전으로서 과거에 성막과 성전이 이루려고 시도했던 것을 불완전하긴 하지만 성취한다. 즉 하나님의 임재를 그분의 백성 가운데 영원히 있게 하는 것이다. 교회는 이제 하나님이 그분의 영으로 말미암아 사시는 바로 그 건물이다. 하나님의 백성은 산 돌로서 하나님의 임재에 영원히 가까이 나아가는 거룩한 제사장이 되기 위해 영적인 집 또는 성전으로 지어져 가고 있다(벧전 2:4-5). 그리스도 안에서 창조되고 이제 하나님과 화목하게 된 이 새로운 인류는 하나님의 인격적 임재가 거하는 곳이다. 하나님은 목자이시며, 우리는 그의 양이다. 그분은 포도나무이시며 우리는 가지다. 그분이 우리를 사랑하셨듯이 우리도 서로 사랑해야 한다.

삼위일체 하나님과의 이 새로운 관계로 인해 하나님의 백성은 하나님의 임재에 가까이 나아가고 찬양과 감사로 반응할 기회를 얻는다. 예배는 기도, 찬양, 성만찬 기념, 그리고 더 많은 것을 포함하며, 신자들은 예배하는 공동체에서 서로 사랑하고 섬김을 통해 영적 은사들을 행사함으로써 하나님의 강력한 임재를 만난다.

성령과 하나님의 지속적인 임재

구약성서에서 성령은 자신의 백성과 함께하겠다고 약속하신 하나님의 임재의 언약 관계를 회복하기 위해 부어진다.[15] 하나님의 영이 사울이나 다윗과 같은 특별한 지도자들에게 부어지기는 했지만, 구약성서는 하나님이 그분의 능력 주시는 임재인 성령을 언약 공동체의 각 구성원 안에 두실 때를 지향한다(예. 겔 36-37장). 약속된 성령은 하나님의 백성 안에 그리고 그들 가운데 거하시겠다는 하나님의 약속을 성취하기 위해 오순절에 오신다(예. 욜 2:28의 약속을 성취하는 행 2장). 오순절은 선교적 경험이기 이전에 하나님의 인격적 임재에 대한 관계적 경험이다. 하나님의 백성에게 능력을 주는

---

15   Block, "The View from the Top," 202-3.

것과 더불어, 성령은 그들의 미래를 보증하신다. 바울(과 어쩌면 요한)은 "보증"이나 "인"과 같은 개념들을 사용하여 하나님의 백성에게 하나님의 임재 안에서의 영생을 보증하는 성령의 종말론적 역할을 강조한다. 하나님의 능력 주시는 임재라는 선물은 새 창조에서 하나님과 함께 누리는, 약속된 생명의 선물을 보증한다.

하나님의 백성의 역사 내내 "내가 너희와 함께 있다"라는 어구는 하나님이 그의 임재를 지속적으로 경험하게 하시려고 그분이 구속하신 백성을 변호하고, 보호하며, 강하게 하고, 위로하며, 인도하실 것이라는 의미를 전달한다. 우리와 함께 계시는 하나님, 즉 임마누엘이신 예수는(마 1:23) 하나님의 지속적인 임재를 약속하신다. "내가 너희와 항상 함께 있으리라"(마 28:20). 그리스도는 요한계시록 2-3장에서 자신의 지속적인 임재를 교회에 제공하시는 야웨의 역할을 맡으신다. 우리의 큰 대제사장이신 그리스도는 높아지셔서 하나님의 우편에 앉아 계신다. 그는 그곳에서 그의 백성이 때를 따라 은혜를 얻기 위하여 하나님의 은혜의 보좌 앞에 나아갈 수 있도록 그들을 위해 간구하신다(히 4:14-16). 예수는 그의 지속적인 임재를 약속하셨고, 이 역할은 성령의 내주로 성취된다. 성령은 하나님의 백성이 하늘 도성으로 가는 광야의 여정 동안 그들을 붙드는 중심 역할을 수행한다. 예수는 성령을 또 다른(동일한 유의) "도우시는 임재"로 지칭한다(요 14-16장). 성령은 예수에 관해 증언하고, 그의 제자들에게 그분의 가르침을 생각나게 하며, 그들을 모든 진리로 인도하고, 장차 올 것을 드러내신다(요 14:26; 15:26; 16:13). 성령의 주요 역할 가운데 하나인 "거룩한 이로부터 기름 부음"(요일 2:20, 27)은 신자들에게 그들의 삶에 하나님이 계신다는 것과 그의 임재 안에 그들이 있다는 것을 확신시킨다(요일 3:24). 요한계시록에서 성령은 "보좌 앞에" 있는데, 이는 성령의 역할이 하나님의 임재를 세상에 알리는 것임을 나타낸다(계 1:4; 4:5; 5:6).

마태복음의 수미상관(마 1:23; 28:20)은 그리스도께서 메시아 잔치에서 그의 백성과 함께 새 포도주를 마실 때를 대망한다(26:29). 이것은 우리를 하나님의 종말론적 임재로 데려간다.

종말론[16]

우리는 성서의 이야기가 어떻게 마무리되는지에 있어서 서로 대조되는 미래의 두 결과를 본다. 즉 심판 또는 구원이다. 이 둘은 모두 하나님의 임재와 연결해서 이해하는 것이 가장 좋다. 아담과 하와가 죄를 지었을 때, 그 결과는 동산에서 추방되고 하나님의 임재에서 쫓겨나는 것이었다. 우리는 성서의 이야기에서 임재의 상실을 여러 번 반복해서 본다. 즉 금송아지 사건, 이스라엘이 가나안 땅에서 쫓겨나서 포로가 됨, 예루살렘이 정복당함, 성전이 파괴됨, 하나님께서 그의 얼굴을 돌리심(그리고 이와 비슷한 이미지들), 하나님의 임재가 성전에서 떠남, 예수께서 귀신과 종교 지도자들에게 대항하심, 예수께서 성전 파괴를 예언하고 무화과나무를 저주하심, 예수의 가르침(특히 그의 비유), 그리고 요한계시록의 내용 대부분이 임재의 상실과 관련된다. 바울은 최후의 심판을 하나님의 진노를 겪는 것(롬 2:5), 하나님의 임재에서 쫓겨나는 것(살후 1:7-10)으로 이해한다. 인류의 죄가 초래한 신학적 문제는 그들이 하나님의 임재와 하나님과의 관계에 나아가는 것을 잃어

---

16 Beale은 이렇게 쓴다. "종말론은 시초론(protology)이다. 이는 모든 구속사의 목표가 인류가 타락한 창조의 원초적 상태로 되돌아간 다음, 그 상태를 넘어 더 고양된 상태, 즉 첫 번째 창조가 도달하려고 계획했지만 도달하지 못한 더 높은 상태로 나아가는 것임을 의미한다"(Beale, *A New Testament Biblical Theology*, 177-78).

버렸다는 데 있다.

악에 대한 하나님의 심판은 궁극적으로 그분의 임재에서 나온다. 히브리서 저자는 이렇게 말한다. "살아 계신 하나님의 손에 빠져 들어가는 것이 무서울진저"(히 10:31), "우리 하나님은 소멸하는 불이심이라"(12:29). 최후의 심판 장면으로 마무리하는(계 20:11-15) 요한계시록의 다양한 심판 환상은, 심판을 하나님의 생명 주시는 임재로부터 단번에 악을 결정적으로 제거하는 것으로 묘사한다. 즉 사탄과 그의 집단들, 사망과 모든 악한 사람은 하나님의 임재에서 쫓겨날 것이다. 즉 하늘 도성에 들어가지 못하고, 생명나무의 열매를 먹을 특권이 없으며, 하나님의 임재와 그에 동반되는 복을 영원히 누릴 수 없다. 심판은 먼저 거룩하신 하나님의 임재와의 두려운 대면이며, 그다음에는 하나님의 관계적 임재의 상실이 뒤따른다.

하나님의 구원은 이것과 극명한 대조를 이룬다. 구약성서는 하나님의 임재의 회복을 약속한다. 하지만 그 백성이 그 땅으로 다시 돌아오고 성전이 재건되었지만, 회복은 포로 귀환 이후에도 일어나지 않았다. 하나님께서 그분의 백성 가운데 거하기 위해 다시 오실 날에 대한 기대는 여전히 남아 있고, 이것의 성취는 다윗 계열의 메시아이신 예수의 오심으로 시작된다. 하나님이 약속하신 임재의 완성 또는 최종적 성취는 그리스도의 재림과 함께 일어난다. 예수는 재림하시고, 그의 백성을 다시 살리시며, 어린양의 혼인 잔치에 참여하도록 그들을 모으신다. 예수는 첫 번째 성만찬에서 친밀한 식탁 교제의 때를 다음과 같이 예상하셨다. "내가 포도나무에서 난 것을 이제부터 내 아버지의 나라에서 새것으로 너희와 함께 마시는 날까지 마시지 아니하리라"(마 26:29). 그렇다면 잔치는 종말이 올 때까지 끝나지 않은 채로 남아 있다.

종말론적인 혼인 축하는 아마도 새 창조에서 일어날 하나님과 그 백성의 최종적 연합을 가장 잘 전달할 것이다. 결혼 은유는 하나님의 임재에서 생명의 깊은 관계적·감정적 중요성을 표현한다. 제자들의 영원한 상, 그들의 기업은 삼위일체 하나님과 그분의 임재 안에서 누리는 생명이다. 이것이 하나님 나라의 회복이다(행 1:6). 이것이 바로 "복스러운 소망"이다(딛 2:13). 하나님의 안식은 그분의 임재 안에서 누리는 영생이다. 하나님의 거처는 이제 그분의 백성과 함께 있다(계 21:3). 하나님의 백성이 하나님의 성전이다. 그들은 하나님의 지성소다. 하나님의 영광스럽고 관계적인 임재는 이제 그분의 백성을 영원히 덮고 그들을 보호할 것이다. 하나님은 그분의 약속을 지키신다!

에덴동산으로의 회복

우리는 지금까지 하나님의 관계적 임재가 어떻게 창조의 궁극적인 이유를 제공하는지를 살펴보았다. 자신을 주시는 삼위일체 하나님은 그분의 백성을 초대하여 완전한 공동체를 누리게 하신다. 임재 역시 언약의 중심에 있다. "나는 너희의 하나님이 될 것이다, 너희는 내 백성이 될 것이다, 나는 너희 가운데 거할 것이다." 인류의 타락은 임재의 상실로 이해하는 것이 가장 좋다. 예수 그리스도 안에서 성육신하고 능력을 주는 성령에 의해 현실이 된 임재는 하나님의 백성을 그의 새 성전으로 만드는 일을 가능케 한다. 임재는 하나님 나라의 최종적 결과를 묘사한다. 즉 왕과의 영원한 교제다("내가 내 아버지의 나라에서 너희와 함께 새롭게 마시리라"). 임재는 복음의 목표를 제공한다. 즉 관계를 위한, 교제를 위한, 그리고 예배를 위한 구원 말이다. 임재는 하나님의 구원 이야기의 마지막 장에 위치한다. 즉 오랫동안 대망했던 동산으로의 복귀다. 이야기는 동산에서 거니는 것으로부터 동산에서 예배하는 것으로 이동한다. 동산은 지성소의 모양을 한 새 창조 전체다. 성전 도시는 이제 하나님의 임재가 거하시는 곳이다. 하나님은 우리의 눈물을 닦아주시고, 우리는 그분의 얼굴을 볼 것이다(계 21:4; 22:4). 완전한 샬롬의 임재는 모든 악이 없는 것을 의미하기도 한다. 이 모든 것의 중심에는 하나님이 계신다. 즉 당신의 백성을 창조하시고 구속하셔서 그분의 관계적 임재를 영원히 누리도록 초대하신 삼위일체 하나님 말이다. 성서가 말하는 모든 내용은 바로 이것이다. 하나님의 관계적 임재는 실제로 성서신학의 중심이다.

참고 문헌

Abba, Raymond. "The Divine Name Yahweh." *JBL* 80 (1961): 320-28.
Abelson, Joshua. *The Immanence of God in Rabbinical Literature*. London: MacMillan, 1912. Reprint, Miami: HardPress, 2012.
Ackroyd, Peter R. *Exile and Restoration: A Study of Hebrew Thought of the Sixth Century B.C.* Philadelphia: Westminster, 1968. 『이스라엘의 포로와 회복』(기독교문서선교회 역간).
Adams, Edward. "The Coming of the Son of Man in Mark's Gospel." *TynBul* 56, no. 2 (2005): 39-61.
Albertz, Rainer. "The Thwarted Restoration." In *Yahwism after the Exile: Perspectives on Israelite Religion in the Persian Era*, edited by Rainer Albertz and Bob Becking, 1-17. STAR 5. Assen: Royal Van Gorcum, 2003.
Alden, Robert L. *Job*. NAC 11. Nashville: Broadman & Holman, 1993.
Alexander, Ralph H. "Ezekiel." In *The Expositor's Bible Commentary*, edited by Frank E. Gaebelein, 6:737-996. Grand Rapids: Zondervan, 1986.
Alexander, T. Desmond. *Exodus*. TTCS. Grand Rapids: Baker Books, 2016.
_____. *From Paradise to the Promised Land: An Introduction to the Pentateuch*. 3rd ed. Grand Rapids: Baker Academic, 2012. 『주제별로 본 모세오경』(대한신학대학원대학교 역간).
Alexander, T. Desmond, and Simon Gathercole, eds. *Heaven on Earth: The Temple in Biblical Theology*. Waynesboro, GA: Paternoster, 2004.
Allen, Leslie C. *The Books of Joel, Obadiah, Jonah, and Micah*. NICOT. Grand Rapids: Eerdmans, 1976.
_____. *Ezekiel 1-19*. WBC 28. Dallas: Word, 1994. 『에스겔 1-19』(솔로몬 역간).
_____. *Ezekiel 20-48*. WBC 29. Dallas: Word, 1990. 『에스겔 20-48』(솔로몬 역간).
_____. *Jeremiah: A Commentary*. OTL. Louisville: Westminster John Knox, 2008.
Allison, Dale, Jr. *The New Moses: A Matthean Typology*. Minneapolis: Fortress, 1993.
Anderson, Bernhard W. "'God with Us'—in Judgment and in Mercy: The Editorial Structure of Isaiah 5-10(11)." In *Canon, Theology, and Old Testament Interpretation: Essays in Honor of Brevard S. Childs*, edited by Gene M. Tucker, David L. Petersen, and Robert R. Wilson, 230-45. Philadelphia: Fortress,

1988.

_____. "The Holy One of Israel." In *Justice and the Holy: Essays in Honor of Walter Harrelson*, edited by Douglas A. Knight and Peter J. Paris, 3-19. Atlanta: Scholars Press, 1989.

Anderson, Gary A. *Christian Doctrine and the Old Testament: Theology in the Service of Biblical Exegesis*. Grand Rapids: Baker Academic, 2017.

_____. "Towards a Theology of the Tabernacle and Its Furniture." In *Text, Thought, and Practice in Qumran and Early Christianity*, edited by Ruth A. Clements and Daniel R. Schwartz, 159-94. STDJ 84. Leiden: Brill, 2009.

Ansberry, Christopher B. "Wisdom and Biblical Theology." In *Interpreting Old Testament Wisdom Literature*, edited by David G. Firth and Lindsay Wilson, 174-93. Downers Grove, IL: InterVarsity, 2017.

Arnold, Bill T. *Genesis*. NCBC. Cambridge: Cambridge University Press, 2009.

Arnold, Clinton E. *Ephesians*. ZECNT. Grand Rapids: Zondervan, 2010. 『강해로 푸는 에베소서』(디모데 역간).

Ashley, Timothy R. *The Book of Numbers*. NICOT. Grand Rapids: Eerdmans, 1993.

Atkinson, David. *The Message of Genesis 1-11: The Dawn of Creation*. TBST. Downers Grove, IL: InterVarsity, 1990.

Attridge, Harold W. *The Epistle to the Hebrews: A Commentary on the Epistle to the Hebrews*. Edited by Helmut Koester. Hermeneia. Philadelphia: Fortress, 1989.

Aune, David E. *Revelation 17-22*. WBC 52C. Dallas: Word, 1998. 『요한계시록 17-22』(솔로몬 역간).

Averbeck, Richard E. "Tabernacle." In the *Dictionary of the Old Testament: Pentateuch*, edited by T. Desmond Alexander and David W. Baker, 807-27. Downers Grove, IL: InterVarsity, 2003.

Baker, David W. *Joel, Obadiah, Malachi*. NIVAC. Grand Rapids: Zondervan, 2006.

Balentine, Samuel E. *The Hidden God: The Hiding of the Face of God in the Old Testament*. OTM. Oxford: Oxford University Press, 1983.

_____. *The Torah's Vision of Worship*. OBT. Minneapolis: Fortress, 1999.

Barclay, John M. G. *Paul and the Gift*. Grand Rapids: Eerdmans, 2015. 『바울과 선물』(새물결플러스 역간).

Barker, Kenneth L., and Waylon Bailey. *Micah, Nahum, Habakkuk, Zephaniah*. NAC 20. Nashville: Broadman & Holman, 1999.

Barr, James. *The Concept of Biblical Theology: An Old Testament Perspective*. Minneapolis: Fortress, 1999.

Barrett, R. "Idols, Idolatry, Gods." In *Dictionary of the Old Testament: Prophets*, edited by Mark J. Boda and J. Gordon McConville, 551-55. Downers Grove, IL: InterVarsity, 2012.

Barth, Christoph. *God with Us: A Theological Introduction to the Old Testament.* Grand Rapids: Eerdmans, 1991.

Barth, Karl. *Church Dogmatics* III/1. Edited by G. W. Bromiley and T. F. Torrance. Translated by J. W. Edwards, O. Bussey, and Harold Knight. Edinburgh: T&T Clark, 1958. 『교회 교의학』(대한기독교서회 역간).

Barth, Markus. *Ephesians: Introduction, Translation, and Commentary on Chapters 1-3.* AB 34. Garden City, NY: Doubleday, 1974.

Bartholomew, Craig G. "Ecclesiastes." In *Theological Interpretation of the Old Testament: A Book-by-Book Survey*, edited by Kevin J. Vanhoozer, 179-85. London: SPCK; Grand Rapids: Baker Academic, 2008.

Bauckham, Richard. *The Climax of Prophecy: Studies on the Book of Revelation.* Edinburgh: T&T Clark, 1993. 『예언의 절정 1』(한들출판사 역간).

_____. *Gospel of Glory: Major Themes in Johannine Theology.* Grand Rapids: Baker Academic, 2015. 『요한복음 새롭게 보기』(새물결플러스 역간).

_____. "James and the Jerusalem Church." In *The Book of Acts in Its Palestinian Setting*, edited by Richard Bauckham, 415-80. BAFCS 4. Grand Rapids: Eerdmans, 1995.

_____. *Jesus and the God of Israel: God Crucified and Other Studies on the New Testament's Christology of Divine Identity.* Grand Rapids: Eerdmans, 2008. 『예수와 이스라엘의 하나님』(새물결플러스 역간).

_____. *2 Peter, Jude.* WBC 50. Dallas: Word, 1998. 『유다서, 베드로후서』(솔로몬 역간).

_____. *The Testimony of the Beloved Disciple: Narrative, History, and Theology in the Gospel of John.* Grand Rapids: Eerdmans, 2007.

_____. *The Theology of the Book of Revelation.* NTT. Cambridge: Cambridge University Press, 1993. 『요한계시록의 신학』(한들출판사 역간).

Baxter, Wayne. *Israel's Only Shepherd: Matthew's Shepherd Motif and His Social Setting.* LNTS 457. London: T&T Clark, 2012.

Beale, G. K. *The Book of Revelation: A Commentary on the Greek Text.* NIGTC. Grand Rapids: Eerdmans, 1999. 『NIGTC 요한계시록 상·하』(새물결플러스 역간).

_____. "The Descent of the Eschatological Temple in the Form of the Spirit at Pentecost, Part 1: The Clearest Evidence." *TynBul* 56, no. 1 (2005): 73-102.

_____. "The Descent of the Eschatological Temple in the Form of the Spirit at Pentecost, Part 2: Corroborating Evidence." *TynBul* 56, no. 2 (2005): 63-90.

_____. "The Eschatological Conception of New Testament Theology." In *Eschatology in Bible and Theology*, edited by Kent E. Brower and Mark W. Elliott, 11-52. Downers Grove, IL: InterVarsity, 1997.

―――. *A New Testament Biblical Theology: The Unfolding of the Old Testament in the New*. Grand Rapids: Baker Academic, 2011. 『신약성경신학』(부흥과개혁사 역간).

―――. *The Temple and the Church's Mission: A Biblical Theology of the Dwelling Place of God*. NSBT 15. Nottingham: Apollos; Downers Grove, IL: InterVarsity, 2004. 『성전 신학: 하나님의 임재와 교회의 선교적 사명』(새물결플러스 역간).

Beale, G. K., and Mitchell Kim. *God Dwells among Us: Expanding Eden to the Ends of the Earth*. Downers Grove, IL: InterVarsity, 2014. 『성전으로 읽는 성경 이야기』(부흥과개혁사 역간).

Beale, G. K., and Sean M. McDonough. "Revelation." *CNTUOT* 1081-161.

Beasley-Murray, G. R. "The Interpretation of Daniel 7." *CBQ* 45 (1983): 44-58.

―――. *John*. WBC 36. Dallas: Word, 2002. 『요한복음』(솔로몬 역간).

Becking, Bob. "Silent Witness: The Symbolic Presence of God in the Temple Vessels in Ezra and Nehemiah." In *Divine Presence and Absence in Exilic and Post-Exilic Judaism*, edited by Nathan MacDonald and Izaak J. de Hulster, 267-81. FAT 2/61. Tübingen: Mohr Siebeck, 2013.

Begg, Christopher T. "The Ark in Chronicles." In *The Chronicler as Theologian: Essays in Honor of Ralph W. Klein*, edited by M. Patrick Graham, Steven L. McKenzie, and Gary N. Knoppers, 133-45. JSOTSup 371. London: T&T Clark, 2003.

Beker, J. Christiaan. *Paul the Apostle: The Triumph of God in Life and Thought*. Philadelphia: Fortress, 1980. 『사도 바울』(한국신학연구소 역간).

Bellinger, W. H. *Leviticus, Numbers*. NIBC. Peabody, MA: Hendrickson, 2001. 『UBC 레위기, 민수기』(성서유니온선교회 역간).

―――. *Psalms: A Guide to Studying the Psalter*. 2nd ed. Grand Rapids: Baker Academic, 2012.

Bergen, Robert D. *1, 2 Samuel*. NAC 7. Nashville: Broadman & Holman, 1996.

Beuken, Willem A. M. "The Manifestation of Yahweh and the Commission of Isaiah: Isaiah 6 Read against the Background of Isaiah 1." *CTJ* 39 (2004): 72-87.

Beyer, Bryan E. *Encountering the Book of Isaiah: A Historical and Theological Survey*. EBS. Grand Rapids: Baker Academic, 2007. 『이사야서의 역사적 신학적 강해』(크리스찬출판사 역간).

Bimson, John J. "1 and 2 Kings." In *New Bible Commentary: 21st Century Edition*, edited by D. A. Carson et al., 334-87. Downers Grove, IL: InterVarsity, 1994.

Birch, Bruce C., et al. *A Theological Introduction to the Old Testament*. Nashville:

Abingdon, 1999. 『신학의 렌즈로 본 구약개관』(새물결플러스 역간).

Blenkinsopp, Joseph. *Ezekiel*. IBC. Louisville: John Knox, 1990. 『에스겔』(한국장로교출판사 역간).

_____. *A History of Prophecy in Israel*. Rev. ed. Louisville: Westminster John Knox, 1996.

_____. *Isaiah 1-39: A New Translation with Introduction and Commentary*. AYB 19. New York: Doubleday, 2000.

_____. *Judaism, The First Phase: The Place of Ezra and Nehemiah in the Origins of Judaism*. Grand Rapids: Eerdmans, 2009.

Block, Daniel I. *The Book of Ezekiel: Chapters 1-24*. NICOT. Grand Rapids: Eerdmans, 1997. 『에스겔 I』(부흥과개혁사 역간).

_____. *The Book of Ezekiel: Chapters 25-48*. NICOT. Grand Rapids: Eerdmans, 1998.

_____. "Empowered by the Spirit of God: The Holy Spirit in the Historiographic Writings of the Old Testament." *SBJT* 1 (1997): 42-61.

_____. *How I Love Your Torah, O LORD! Studies in the Book of Deuteronomy*. Eugene, OR: Cascade, 2011.

_____. *Judges, Ruth*. NAC 6. Nashville: Broadman & Holman, 2002.

_____. "'A Place for My Name': Horeb and Zion in the Mosaic Vision of Israelite Worship." *JETS* 58 (2015): 221-47.

_____. "The Prophet of the Spirit: The Use of *RWḤ* in the Book of Ezekiel." *JETS* 32 (1989): 27-49.

_____. "The View from the Top: The Holy Spirit in the Prophets." In *Presence, Power and Promise: The Role of the Spirit of God in the Old Testament*, edited by David G. Firth and Paul D. Wegner, 175-207. Downers Grove, IL: InterVarsity, 2011.

Blomberg, Craig L. *Matthew*. NAC 22. Nashville: Broadman & Holman, 1992.

Bock, Darrell L. *Acts*. BECNT. Grand Rapids: Baker Academic, 2007.

_____. *Jesus according to Scripture: Restoring the Portrait from the Gospels*. Grand Rapids: Baker Academic, 2002. 『복음서를 통해 본 예수』(솔로몬 역간).

_____. *Luke*. 2 vols. BECNT. Grand Rapids: Baker Academic, 1994-96. 『누가복음』(부흥과개혁사 역간).

_____. "Scripture and the Realisation of God's Promises." In *Witness to the Gospel: The Theology of Acts*, edited by I. Howard Marshall and David Peterson, 41-62. Grand Rapids: Eerdmans, 1998.

_____. *A Theology of Luke and Acts: God's Promised Program, Realized for All Nations*. BTNT. Grand Rapids: Zondervan, 2012. 『누가신학』(부흥과개혁사 역간).

Bock, Darrell L., with Benjamin I. Simpson. *Jesus according to Scripture: Restoring the*

Portrait from the Gospels. 2nd ed. Grand Rapids: Baker Academic, 2017.

Boda, Mark J. *The Book of Zechariah*. NICOT. Grand Rapids: Eerdmans, 2016.

———. "From Fasts to Feasts: The Literary Function of Zechariah 7-8." *CBQ* 65 (2003): 390-407.

———. *Haggai, Zechariah*. NIVAC. Grand Rapids: Zondervan, 2004.

———. "Return to Me": *A Biblical Theology of Repentance*. NSBT 35. Nottingham: Apollos; Downers Grove, IL: InterVarsity, 2015.

Bonhoeffer, Dietrich. *Creation and Fall: A Theological Interpretation of Genesis 1-3*. Translated by John C. Fletcher. New York: Macmillan, 1959. 『창조와 타락』(복있는사람 역간).

Bonnington, Mark. "New Temples in Corinth: Paul's Use of Temple Imagery in the Ethics of the Corinthian Correspondence." In *Heaven on Earth: The Temple in Biblical Theology*, edited by T. Desmond Alexander and Simon Gathercole, 151-59. Waynesboro, GA: Paternoster, 2004.

Booth, Susan Maxwell. *The Tabernacling Presence of God: Mission and Gospel Witness*. Eugene, OR: Wipf & Stock, 2015.

Boström, Lennart. *The God of the Sages: The Portrayal of God in the Book of Proverbs*. ConBOT 29. Stockholm: Almqvist & Wiksell, 1990.

Braun, Roddy. *1 Chronicles*. WBC 14. Waco: Word, 1986. 『역대상』(솔로몬 역간).

Brendsel, Daniel J. "Plots, Themes, and Responsibilities: The Search for a Center of Biblical Theology Reexamined." *Themelios* 35 (2010): 400-412.

Brody, Aaron Jed. "*Each Man Cried Out to His God*": *The Specialized Religion of Canaanite and Phoenician Seafarers*. HSM 58. Atlanta: Scholars Press, 1998.

Brower, Kent E. "'Let the Reader Understand': Temple & Eschatology in Mark." In *Eschatology in Bible & Theology: Evangelical Essays at the Dawn of a New Millennium*, edited by Kent E. Brower and Mark W. Elliott, 119-43. Downers Grove, IL: InterVarsity, 1997.

Brown, Jeannine K. "Creation's Renewal in the Gospel of John." *CBQ* 72 (2010): 275-90.

Brown, William P. "Manifest Diversity: The Presence of God in Genesis." In *Genesis and Christian Theology*, edited by Nathan MacDonald, Mark W. Elliott, and Grant Macaskill, 3-25. Grand Rapids: Eerdmans, 2012.

———. *Seeing the Psalms: A Theology of Metaphor*. Louisville: Westminster John Knox, 2002.

Bruce, F. F. *The Book of the Acts*. NICNT. Grand Rapids: Eerdmans, 1988. 『사도행전』(부흥과개혁사 역간).

_____. "The Spirit in the Apocalypse." In *Christ and Spirit in the New Testament: In Honour of Charles Francis Digby Moule*, edited by Barnabas Lindars and Stephen S. Smalley, 333-44. Cambridge: Cambridge University Press, 1973.

_____. *1 and 2 Thessalonians*. WBC 45. Dallas: Word, 1998.『데살로니가전후서』(솔로몬 역간).

Bruckner, James. *Jonah, Nahum, Habakkuk, Zephaniah*. NIVAC. Grand Rapids: Zondervan, 2004.

Brueggemann, Walter. "The Book of Exodus." *NIB* 1:677-981.

_____. "The Crisis and Promise of Presence in Israel." *HBT* 1 (1979): 47-86.

_____. *First and Second Samuel*. IBC. Louisville: John Knox, 1990.『사무엘상·하』(한국장로교출판사 역간).

_____. *Isaiah 1-39*. WestBC. Louisville: Westminster John Knox, 1998.

_____. *The Land: Place as Gift, Promise, and Challenge in Biblical Faith*. 2nd ed. OBT. Minneapolis: Fortress, 2002.『성경이 말하는 땅』(기독교문서선교회 역간).

_____. "Presence of God, Cultic." *IDBSup* 680-83.

_____. *Solomon: Israel's Ironic Icon of Human Achievement*. Columbia: University of South Carolina Press, 2005.

_____. *Theology of the Old Testament: Testimony, Dispute, Advocacy*. Minneapolis: Fortress, 1997.『구약신학』(기독교문서선교회 역간).

Brueggemann, Walter, and William H. Bellinger Jr. *Psalms*. NCBC. New York: Cambridge University Press, 2014.

Brunner, Emil. *Man in Revolt: A Christian Anthropology*. Translated by Olive Wyon. London: Lutterworth, 1939.

Buckwalter, H. Douglas. "The Divine Saviour." In *Witness to the Gospel: The Theology of Acts*, edited by I. Howard Marshall and David Peterson, 107-23. Grand Rapids: Eerdmans, 1998.

Budd, Philip J. *Numbers*. WBC 5. Waco: Word, 1984.『민수기』(솔로몬 역간).

Bullock, C. Hassell. *Encountering the Book of Psalms: A Literary and Theological Introduction*. Grand Rapids: Baker Academic, 2001.『시편의 문학적 신학적 개론』(크리스챤출판사 역간).

_____. *Psalms*. 2 vols. TTCS. Grand Rapids: Baker Books, 2015-17.

Burge, Gary M. *The Anointed Community: The Holy Spirit in the Johannine Tradition*. Grand Rapids: Eerdmans, 1987.

Burnett, Joel S. "A Plea for David and Zion: The Elohistic Psalter as Psalm Collection for the Temple's Restoration." In *Diachronic and Synchronic: Reading the Psalms in Real Time; Proceedings of the Baylor Symposium on the Book of Psalms*, edited by Joel S. Burnett, W. H. Bellinger, and W. Dennis Tucker, 95-113. LHBOTS 488. London: T&T Clark, 2007.

_____. *Where Is God? Divine Absence in the Hebrew Bible*. Minneapolis: Fortress, 2010.

Butler, Trent C. *Joshua*. WBC 7. Waco: Word, 1983. 『여호수아』(솔로몬 역간).

Campbell, Anthony F. *2 Samuel*. FOTL. Grand Rapids: Eerdmans, 2005.

Campbell, Constantine R. *1, 2 & 3 John*. SGBC. Grand Rapids: Zondervan, 2017.

_____. *Paul and Union with Christ: An Exegetical and Theological Study*. Grand Rapids: Zondervan, 2012. 『바울이 본 그리스도와의 연합』(새물결플러스 역간).

Capes, David B., Rodney Reeves, and E. Randolph Richards. *Rediscovering Paul: An Introduction to His World, Letters, and Theology*. 2nd ed. Downers Grove, IL: InterVarsity, 2017.

Carson, D. A. "Current Issues in Biblical Theology: A New Testament Perspective." *BBR* 5 (1995): 17-41.

_____. *The Gospel according to John*. PNTC. Grand Rapids: Eerdmans, 1991. 『요한복음』 (부흥과개혁사 역간).

_____. "1 Peter." *CNTUOT* 1015-45.

_____. "Systematic Theology and Biblical Theology." *NDBT* 89-104.

Cassuto, Umberto. *From Adam to Noah: A Commentary on Genesis 1-6:8*. Translated by Israel Abrahams. Jerusalem: Magnes, 1978.

Charette, Blaine. *Restoring Presence: The Spirit in Matthew's Gospel*. JPTSup 18. Sheffield: Sheffield Academic, 2000.

Chavel, Simeon. "The Face of God and the Etiquette of Eye-Contact: Visitation, Pilgrimage, and Prophetic Vision in Ancient Israelite and Early Jewish Imagination." *JSQ* 19 (2012): 1-55.

Childs, Brevard S. *Isaiah: A Commentary*. OTL. Louisville: Westminster John Knox, 2001.

_____. *Old Testament Theology in a Canonical Context*. Philadelphia: Fortress, 1985. 『구약신학』(CH북스 역간).

Chisholm, Robert B. *Handbook on the Prophets: Isaiah, Jeremiah, Lamentations Ezekiel, Daniel, Minor Prophets*. Grand Rapids: Baker Academic, 2002.

Ciampa, Roy E., and Brian S. Rosner. "1 Corinthians." *CNTUOT* 695-752.

Clarke, Rosalind. "Seeking Wisdom in the Song of Songs." In *Interpreting Old Testament Wisdom Literature*, edited by David G. Firth and Lindsay Wilson, 100-112. Downers Grove, IL: InterVarsity, 2017.

Clements, R. E. "The Book of Deuteronomy." *NIB* 2:271-538.

_____. *Ezekiel*. WestBC. Louisville: Westminster John Knox, 1996.

_____. *God and Temple: The Idea of the Divine Presence in Ancient Israel*. Reprint, Eugene, OR: Wipf & Stock, 2016.

_____. "Leviticus." In *The Broadman Bible Commentary*, edited by Clifton J. Allen, 2:1-72. Nashville: Broadman, 1970.

Clines, D. J. A. "The Image of God in Man." *TynBul* 19 (1968): 53-103.

Cockerill, Gareth Lee. *The Epistle to the Hebrews*. NICNT. Grand Rapids: Eerdmans, 2012.

Coloe, Mary L. *God Dwells with Us: Temple Symbolism in the Fourth Gospel*. Collegeville, MN: Liturgical Press, 2001.

Cook, Stephen L. "God's Real Absence and Real Presence in Deuteronomy and Deuteronomism." In *Divine Presence and Absence in Exilic and Post-Exilic Judaism*, edited by Nathan MacDonald and Izaak J. de Hulster, 121-50. FAT 2/61. Tübingen: Mohr Siebeck, 2013.

Cooper, Lamar Eugene. *Ezekiel*. NAC 17. Nashville: Broadman & Holman, 1994.

Craigie, Peter C. *Psalms 1-50*. WBC 19. Nashville: Thomas Nelson, 1983. 『시편 1-50』(솔로몬 역간).

Creach, Jerome F. D. *The Destiny of the Righteous in Psalms*. St. Louis: Chalice, 2008.

_____. *Yahweh as Refuge and the Editing of the Hebrew Psalter*. JSOTSup 217. Sheffield: Sheffield Academic, 1996.

Crenshaw, James L. *Joel: A New Translation with Introduction and Commentary*. AB 24C. New York: Doubleday, 1995.

_____. *Old Testament Wisdom: An Introduction*. Rev. ed. Louisville: Westminster John Knox, 1998. 『구약 지혜문학의 이해』(한국장로교출판사 역간).

Crutchfield, John C. "Psalms." In *What the Old Testament Authors Really Cared About: A Survey of Jesus' Bible*, edited by Jason S. DeRouchie, 336-57. Grand Rapids: Kregel, 2013.

Cudworth, Troy D. *War in Chronicles: Temple Faithfulness and Israel's Place in the Land*. LHBOTS 627. London: Bloomsbury T&T Clark, 2016.

Darr, Katheryn Pfisterer. "The Book of Ezekiel." *NIB* 6:1075-1607.

Davids, Peter H. *The First Epistle of Peter*. NICNT. Grand Rapids: Eerdmans, 1990.

_____. *The Letters of 2 Peter and Jude*. PNTC. Grand Rapids: Eerdmans, 2006.

Davies, G. Henton. *Exodus: Introduction and Commentary*. TBC. London: SCM, 1967.

Davies, John A. "A Royal Priesthood: Literary and Intertextual Perspectives on an Image of Israel in Exodus 19:6." *TynBul* 53, no. 1 (2002): 157-59.

deClaissé-Walford, Nancy, Rolf A. Jacobson, and Beth LaNeel Tanner. *The Book of Psalms*. NICOT. Grand Rapids: Eerdmans, 2014. 『NICOT 시편』(부흥과개혁

사 역간).

Delkurt, Holger. "Sin and Atonement in Zechariah's Night Visions." In *Tradition in Transition: Haggai and Zechariah 1-8 in the Trajectory of Hebrew Theology*, edited by Mark J. Boda and Michael H. Floyd, 235-51. LHBOTS 475. London: T&T Clark, 2008.

Dempster, Stephen G. *Dominion and Dynasty: A Biblical Theology of the Hebrew Bible.* NSBT 15. Nottingham: Apollos; Downers Grove, IL: InterVarsity, 2003. 『하나님 나라 관점으로 읽는 구약신학』(부흥과개혁사 역간).

―――. "Geography and Genealogy, Dominion and Dynasty: A Theology of the Hebrew Bible." In *Biblical Theology: Retrospect and Prospect*, edited by Scott J. Hafemann, 66-82. Downers Grove, IL: InterVarsity, 2002.

deSilva, David A. *Perseverance in Gratitude: A Socio-Rhetorical Commentary on the Epistle "to the Hebrews."* Grand Rapids: Eerdmans, 2000.

Dirksen, Peter B. *1 Chronicles*. Translated by Anthony P. Runia. HCOT. Leuven: Peeters, 2005.

Dodd, C. H. *The Interpretation of the Fourth Gospel*. Cambridge: Cambridge University Press, 1953.

Dozeman, Thomas B. *Commentary on Exodus*. ECC. Grand Rapids: Eerdmans, 2009.

Dubis, Mark. *Messianic Woes in First Peter: Suffering and Eschatology in 1 Peter 4:12-19*. SBL 33. New York: Peter Lang, 2002.

Dumbrell, William J. *The End of the Beginning: Revelation 21-22 and the Old Testament*. Eugene, OR: Wipf & Stock, 2001. 『새 언약과 새 창조』(기독교문서선교회 역간).

Dunn, James D. G. *Baptism in the Holy Spirit: A Re-examination of the New Testament Teaching on the Gift of the Spirit in Relation to Pentecostalism Today*. Philadelphia: Westminster, 1970.

―――. *Romans 1-8*. WBC 38A. Dallas: Word, 1998. 『로마서 1-8』(솔로몬 역간).

Durham, John I. *Exodus*. WBC 3. Waco: Word, 1987. 『출애굽기』(솔로몬 역간).

―――. "שָׁלוֹם and the Presence of God." In *Proclamation and Presence: Old Testament Essays in Honor of Gwynne Henton Davies*, edited by John I. Durham and J. R. Porter, 272-94. Richmond: John Knox, 1970.

Duvall, J. Scott. "The Beginning and the End." In *The Baker Illustrated Bible Handbook*, edited by J. Scott Duvall and J. Daniel Hays, 29-32. Grand Rapids: Baker Books, 2011. 『베이커 성경 핸드북』(부흥과개혁사 역간).

―――. *Revelation*. TTCS. Grand Rapids: Baker Books, 2014.

Duvall, J. Scott, and J. Daniel Hays. *Grasping God's Word: A Hands-On Approach to*

Reading, Interpreting, and Applying the Bible. 3rd ed. Grand Rapids: Zondervan, 2012. 『성경해석: 성경을 읽고 해석하고 적용하는 실제적 지침서』(한국성서유니온 역간).

Dyrness, William. *Themes in Old Testament Theology*. Downers Grove, IL: Inter-Varsity, 1977. 『주제별로 본 구약신학』(생명의말씀사 역간).

Edwards, James R. *The Gospel according to Luke*. PNTC. Grand Rapids: Eerdmans, 2015. 『누가복음』(부흥과개혁사 역간).

_____. *The Gospel according to Mark*. PNTC. Grand Rapids: Eerdmans, 2002. 『마가복음』(부흥과개혁사 역간).

Eichrodt, Walther. *Ezekiel: A Commentary*. Translated by Cosslett Quin. OTL. Philadelphia: Westminster, 1970. 『에제키엘』(한국신학연구소 역간).

_____. *Theology of the Old Testament*. Translated by J. A. Baker. 2 vols. OTL. Philadelphia: Westminster, 1961. 『구약성서신학 I, II』(CH북스 역간).

Ellingworth, Paul. *The Epistle to the Hebrews: A Commentary on the Greek Text*. NIGTC. Grand Rapids: Eerdmans, 1993.

Enns, Peter. *Exodus*. NIVAC. Grand Rapids: Zondervan, 2000.

Eskola, Timo. *A Narrative Theology of the New Testament*. WUNT 350. Tübingen: Mohr Siebeck, 2015. 『신약성서의 내러티브 신학』(새물결플러스 역간).

Eslinger, Lyle. *Into the Hands of the Living God*. BLS 24. Sheffield: Almond, 1989.

Estes, Daniel J. *Handbook on the Wisdom Books and Psalms: Job, Psalms, Proverbs, Ecclesiastes, Song of Songs*. Grand Rapids: Baker Academic, 2005.

Fee, Gordon D. *The First and Second Letters to the Thessalonians*. NICNT. Grand Rapids: Eerdmans, 2009.

_____. *The First Epistle to the Corinthians*. NICNT. Grand Rapids: Eerdmans, 1987. 『고린도전서』(부흥과개혁사 역간).

_____. *God's Empowering Presence: The Holy Spirit in the Letters of Paul*. Peabody, MA: Hendrickson, 1994. 『성령: 하나님의 능력 주시는 임재 상·하』(새물결플러스 역간).

_____. *Paul's Letter to the Philippians*. NICNT. Grand Rapids: Eerdmans, 1995.

_____. *1 and 2 Timothy, Titus*. NIBC. Peabody, MA: Hendrickson, 1988.

Firth, David G. *1 & 2 Samuel*. ApOTC 8. Nottingham: Apollos; Downers Grove, IL: InterVarsity, 2009.

_____. "The Spirit and Leadership: Testimony, Empowerment and Purpose." In *Presence, Power and Promise: The Role of the Spirit of God in the Old Testament*, edited by David G. Firth and Paul D. Wegner, 259-80. Downers Grove, IL: InterVarsity, 2011.

Fishbane, Michael A. *Text and Texture: Close Readings of Selected Biblical Texts.* New York: Schocken, 1979.

Fitzmyer, Joseph A. *Romans: A New Translation with Introduction and Commentary.* AYB 33. New Haven: Yale University Press, 2008. 『로마서』(기독교문서선교회 역간).

Fowler, Mervyn D. "The Meaning of *lipnê* YHWH in the Old Testament." *ZAW* 99 (1987): 384-90.

France, R. T. *The Gospel of Mark: A Commentary on the Greek Text.* NIGTC. Grand Rapids: Eerdmans, 2002. 『NIGTC 마가복음』(새물결플러스 역간).

_____. *The Gospel of Matthew.* NICNT. Grand Rapids: Eerdmans, 2007. 『마태복음』(부흥과개혁사 역간).

Fredericks, Daniel C., and Daniel J. Estes. *Ecclesiastes & The Song of Songs.* ApOTC 16. Nottingham: Apollos; Downers Grove, IL: InterVarsity, 2010.

Fretheim, Terence E. "The Book of Genesis." *NIB* 1:321-674.

_____. *Exodus.* IBC. Louisville: John Knox, 1991.

_____. *God and World in the Old Testament: A Relational Theology of Creation.* Nashville: Abingdon, 2005.

_____. *The Message of Jonah: A Theological Commentary.* Minneapolis: Augsburg, 1977.

_____. *The Pentateuch.* IBT. Nashville: Abingdon, 1996.

_____. *The Suffering of God: An Old Testament Perspective.* OBT. Philadelphia: Fortress, 1984.

Frey, Jörg. "God's Dwelling on Earth: '*Shekhina*-Theology' in Revelation 21 and in the Gospel of John." In *John's Gospel and Intimations of Apocalyptic*, edited by Catrin H. Williams and Christopher Rowland, 79-103. London: Bloomsbury T&T Clark, 2013.

Fried, Lisbeth S. "Temple Building in Ezra 1-6." In *From the Foundations to the Crenellations: Essays on Temple Building in the Ancient Near East and Hebrew Bible*, edited by Mark J. Boda and Jamie Novotny, 319-38. AOAT 366. Münster: Ugarit-Verlag, 2010.

_____. "The Torah of God as God: The Exaltation of the Written Law Code in Ezra-Nehemiah." In *Divine Presence and Absence in Exilic and Post-Exilic Judaism*, edited by Nathan MacDonald and Izaak J. de Hulster, 283-300. FAT 2/61. Tübingen: Mohr Siebeck, 2013.

Fritsch, Charles T. "God Was with Him: A Theological Study of the Joseph Narratives." *Int* 9 (1955): 21-34.

Fung, Ronald Y. K. *The Epistle to the Galatians.* NICNT. Grand Rapids: Eerdmans, 1988.

Gammie, John G. *Holiness in Israel*. OBT. Minneapolis: Fortress, 1989.
Gane, Roy. *Leviticus, Numbers*. NIVAC. Grand Rapids: Zondervan, 2004.
Garland, David E. *1 Corinthians*. BECNT. Grand Rapids: Baker Academic, 2003. 『고린도전서』(부흥과개혁사 역간).
_____. *Luke*. ZECNT. Grand Rapids: Zondervan, 2012. 『강해로 푸는 누가복음』(디모데 역간).
_____. *A Theology of Mark's Gospel: Good News about Jesus the Messiah, the Son of God*. BTNT. Grand Rapids: Zondervan, 2015. 『마가신학』(부흥과개혁사 역간).
Garrett, Duane A. *Hosea, Joel*. NAC 19A. Nashville: Broadman & Holman, 1997.
_____. *Proverbs, Ecclesiastes, Song of Songs*. NAC 14. Nashville: Broadman & Holman, 1993. 『잠언, 전도서, 아가서』(부흥과개혁사 역간).
Gathercole, Simon J. *The Preexistent Son: Recovering the Christologies of Matthew, Mark, and Luke*. Grand Rapids: Eerdmans, 2006.
_____. "The Son of Man in Mark's Gospel." *ExpTim* 115 (2004): 366-72.
Gentry, Peter J. "The Meaning of 'Holy' in the Old Testament." *BSac* 170 (2013): 400-417.
Gentry, Peter J., and Stephen J. Wellum. *Kingdom through Covenant: A Biblical-Theological Understanding of the Covenants*. Wheaton: Crossway, 2012.
Giles, Kevin N. "Church." In *Dictionary of the Later New Testament and Its Developments*, edited by Ralph P. Martin and Peter H. Davids, 194-204. Downers Grove, IL: InterVarsity, 1997.
Gitay, Yehoshua. "Reflections on the Poetics of the Samuel Narrative: The Question of the Ark Narrative." *CBQ* 54 (1992): 221-30.
Goldingay, John. *Daniel*. WBC 30. Dallas: Word, 1989. 『다니엘』(솔로몬 역간).
_____. "Daniel in the Context of Old Testament Theology." In *The Book of Daniel: Composition and Reception*, edited by John J. Collins and Peter W. Flint, 2:639-60. Leiden: Brill, 2002.
_____. *Isaiah*. NIBC. Peabody, MA: Hendrickson, 2001.
_____. *The Message of Isaiah 40-55: A Literary-Theological Commentary*. London: T&T Clark, 2005.
_____. *Old Testament Theology*. Vol. 1, *Israel's Gospel*. Downers Grove, IL: Inter-Varsity, 2003.
_____. *Old Testament Theology*. Vol. 2, *Israel's Faith*. Downers Grove, IL: Inter-Varsity, 2006.
Goldingay, John, and David Payne. *A Critical and Exegetical Commentary on Isaiah 40-55*. 2 vols. ICC. London: T&T Clark, 2006.

Goldsworthy, Graeme. *The Goldsworthy Trilogy*. Eugene, OR: Wipf & Stock, 2000. 『복음과 요한계시록』(성서유니온선교회 역간).

Gorman, Frank H. *Divine Presence and Community: A Commentary on the Book of Leviticus*. ITC. Grand Rapids: Eerdmans; Edinburgh: Handsel, 1997.

Gorman, Michael J. *Apostle of the Crucified Lord: A Theological Introduction to Paul and His Letters*. Grand Rapids: Eerdmans, 2004.

_____. *Cruciformity: Paul's Narrative Spirituality of the Cross*. Grand Rapids: Eerdmans, 2001. 『삶으로 담아내는 십자가』(새물결플러스 역간).

_____. *Inhabiting the Cruciform God: Kenosis, Justification, and Theosis in Paul's Narrative Soteriology*. Grand Rapids: Eerdmans, 2009.

Goswell, Greg. "The Eschatology of Malachi after Zechariah 14." *JBL* 132 (2013): 625–38.

Gowan, Donald E. *Eschatology in the Old Testament*. Edinburgh: T&T Clark, 1986. 『구약성경의 종말론』(기독교문서선교회 역간).

_____. *Theology of the Prophetic Books: The Death and Resurrection of Israel*. Louisville: Westminster John Knox, 1998.

Gray, John. *I & II Kings: A Commentary*. OTL. Philadelphia: Westminster, 1963. 『열왕기(상), (하)』(한국신학연구소 역간).

Green, Gene L. *Jude and 2 Peter*. BECNT. Grand Rapids: Baker Academic, 2008.

_____. *The Letters to the Thessalonians*. PNTC. Grand Rapids: Eerdmans, 2002.

Green, Joel B. "'Salvation to the End of the Earth' (Acts 13:47): God as Saviour in the Acts of the Apostles." In *Witness to the Gospel: The Theology of Acts*, edited by I. Howard Marshall and David Peterson, 83–106. Grand Rapids: Eerdmans, 1998.

Greenberg, Moshe. *Ezekiel 1–20: A New Translation with Introduction and Commentary*. AB 22. Garden City, NY: Doubleday, 1983.

Greer, Jeremy. "A Key to Matthew's Gospel: The Story of Israel in Matthew 1:21." PhD diss., B. H. Carroll Theological Institute, 2014.

Grenz, Stanley J. *The Social God and the Relational Self: A Trinitarian Theology of the Imago Dei*. Louisville: Westminster John Knox, 2001.

Guelich, Robert A. *The Sermon on the Mount: A Foundation for Understanding*. Waco: Word, 1982. 『산상설교』(솔로몬 역간).

Gundry, Robert H. *Mark: A Commentary on His Apology for the Cross*. Grand Rapids: Eerdmans, 1993.

Gunkel, Hermann. *The Psalms: A Form-Critical Introduction*. Translated by T. M. Horner. FBBS 19. Philadelphia: Fortress, 1967.

Gunn, David M., and Danna Nolan Fewell. *Narrative in the Hebrew Bible*. OBS. Oxford: Oxford University Press, 1993.
Guthrie, George. *Hebrews*. NIVAC. Grand Rapids: Zondervan, 1998. 『NIV 적용주석 히브리서』(솔로몬 역간).
Hafemann, Scott J. "Biblical Theology: Retrospect and Prospect." In *Biblical Theology: Retrospect and Prospect*, edited by Scott J. Hafemann, 15-21. Nottingham: Apollos; Downers Grove, IL: InterVarsity, 2002.
Hagner, Donald A. "Matthew." *NDBT* 262-67.
_____. *Matthew 1-13*. WBC 33A. Dallas: Word, 1998. 『마태복음 1-13』(솔로몬 역간).
_____. *Matthew 14-28*. WBC 33B. Dallas: Word, 1998. 『마태복음 14-28』(솔로몬 역간).
_____. "Matthew's Eschatology." In *To Tell the Mystery: Essays on New Testament Eschatology in Honor of Robert H. Gundry*, edited by T. Schmidt and M. Silva, 49-71. JSNTSup 100. Sheffield: JSOT Press, 1994.
Hahn, Scott W. *The Kingdom of God as Liturgical Empire: A Theological Commentary on 1-2 Chronicles*. Grand Rapids: Baker Academic, 2012.
Hamilton, James M., Jr. "Divine Presence." In *Dictionary of the Old Testament: Wisdom, Poetry & Writings*, edited by Tremper Longman III and Peter Enns, 116-20. Downers Grove, IL: InterVarsity, 2008.
_____. "God with Men in the Prophets and the Writings: An Examination of the Nature of God's Presence." *SBET* 23 (2005): 166-93.
_____. *God's Glory in Salvation through Judgment: A Biblical Theology*. Wheaton: Crossway, 2010.
_____. *God's Indwelling Presence: The Holy Spirit in the Old and New Testaments*. NACSBT. Nashville: Broadman & Holman, 2006.
_____. "The Messianic Music of the Song of Songs: A Non-Allegorical Interpretation." *WTJ* 68 (2006): 331-45.
_____. *With the Clouds of Heaven: The Book of Daniel in Biblical Theology*. NSBT 32. Nottingham: Apollos; Downers Grove, IL: InterVarsity, 2014.
Hamilton, Victor P. *The Book of Genesis: Chapters 1-17*. NICOT. Grand Rapids: Eerdmans, 1990. 『NICOT 창세기 1』(부흥과개혁사 역간).
_____. *Exodus: An Exegetical Commentary*. Grand Rapids: Baker Academic, 2011.
Haran, Menahem. *Temples and Temple-Service in Ancient Israel: An Inquiry into Biblical Cult Phenomena and the Historical Setting of the Priestly School*. Oxford: Clarendon, 1978. Reprint, Winona Lake, IN: Eisenbrauns, 1985.

Harris, Murray J. *The Second Epistle to the Corinthians: A Commentary on the Greek Text*. NIGTC. Grand Rapids: Eerdmans, 2005.

Harrison, R. K. *Jeremiah and Lamentations: An Introduction and Commentary*. TOTC. Downers Grove, IL: InterVarsity, 1973.

Hartley, John E. *The Book of Job*. NICOT. Grand Rapids: Eerdmans, 1988.

_____. *Leviticus*. WBC 4. Dallas: Word, 1992. 『레위기』(솔로몬 역간).

Hasel, Gerhard F. *New Testament Theology: Basic Issues in the Current Debate*. Grand Rapids: Eerdmans, 1978. 『신약신학: 현대 논쟁의 기본 이슈들』(엠마오 역간).

Hauge, Martin Ravndal. *The Descent from the Mountain: Narrative Patterns in Exodus 19-40*. JSOTSup 323. Sheffield: Sheffield Academic, 2001.

Hawk, L. Daniel. *Ruth*. ApOTC 7B. Nottingham: Apollos; Downers Grove, IL: InterVarsity, 2015.

Hays, J. Daniel. "Has the Narrator Come to Praise Solomon or to Bury Him? Narrative Subtlety in 1 Kings 1-11." *JSOT* 28 (2003): 149-74.

_____. *Jeremiah and Lamentations*. TTCS. Grand Rapids: Baker Books, 2016.

_____. *The Message of the Prophets: A Survey of the Prophetic and Apocalyptic Books of the Old Testament*. Grand Rapids: Zondervan, 2010.

_____. *The Temple and the Tabernacle: A Study of God's Dwelling Places from Genesis to Revelation*. Grand Rapids: Baker Books, 2016. 『하나님의 임재와 구원』(새물결플러스 역간).

Hays, Richard B. *Echoes of Scripture in the Gospels*. Waco: Baylor University Press, 2016. 『바울서신에 나타난 구약의 반향』(여수룬 역간).

Helyer, Larry R. *The Witness of Jesus, Paul and John: An Exploration in Biblical Theology*. Downers Grove, IL: IVP Academic, 2008.

Hertog, Cornelis Den. "The Prophetic Dimension of the Divine Name: On Exodus 3:14a and Its Context." *CBQ* 64 (2002): 213-38.

Hildebrandt, Wilf. "Spirit of Yahweh." In *Dictionary of the Old Testament: Prophets*, edited by Mark J. Boda and J. Gordon McConville, 747-57. Downers Grove, IL: InterVarsity, 2012.

Hill, Andrew E. *1 & 2 Chronicles*. NIVAC. Grand Rapids: Zondervan, 2003.

Hodson, Alan K. "Hebrews." In *A Biblical Theology of the Holy Spirit*, edited by Trevor J. Burke and Keith Warrington, 226-37. Eugene, OR: Cascade, 2014.

Hossfeld, Frank-Lothar, and Erich Zenger. *Die Psalmen I: Psalm 1-50*. NEchtB. Würzburg: Echter Verlag, 1993.

_____. *Psalms 2: A Commentary on Psalms 51-100*. Edited by Klaus Baltzer. Translated by Linda M. Maloney. Hermeneia. Minneapolis: Fortress, 2005.

_____. *Psalms 3: A Commentary on Psalms 101-150*. Edited by Klaus Baltzer. Translated by Linda M. Maloney. Hermeneia. Minneapolis: Fortress, 2011.

House, Paul R. "The Character of God in the Book of the Twelve." In *Reading and Hearing the Book of the Twelve*, edited by James D. Nogalski and Marvin A. Sweeney, 125-45. SBLSymS 15. Atlanta: Society of Biblical Literature, 2000.

_____. *Old Testament Theology*. Downers Grove, IL: InterVarsity, 1998. 『구약신학』(기독교문서선교회 역간).

Houtman, Cornelis. *Exodus*. Translated by Sierd Woudstra. 4 vols. HCOT. Kampen: Kok, 1996.

Hubbard, Robert L. *The Book of Ruth*. NICOT. Grand Rapids: Eerdmans, 1988.

_____. *Joshua*. NIVAC. Grand Rapids: Zondervan, 2009.

Humbert, D. Paul. "Die Herausforderungsformel '*hinnenî êlêkâ*.'" *ZAW* 45 (1933): 101-8.

Hundley, Michael. *Keeping Heaven on Earth: Safeguarding the Divine Presence in the Priestly Tabernacle*. FAT 2/50. Tübingen: Mohr Siebeck, 2011.

_____. "To Be or Not to Be: A Reexamination of Name Language in Deuteronomy and the Deuteronomistic History." *VT* 59 (2009): 533-55.

Hurowitz, Victor Avigdor. *I Have Built You an Exalted House: Temple Building in the Bible in Light of Mesopotamian and North-West Semitic Writings*. JSOTSup 115. Sheffield: JSOT Press, 1992.

_____. "Paradise Regained: Proverbs 3:13-20 Reconsidered." In *Sefer Moshe: The Moshe Weinfeld Jubilee Volume*, edited by Chaim Cohen, Avi Hurvitz, and Shalom M. Paul, 49-62. Winona Lake, IN: Eisenbrauns, 2004.

_____. "YHWH's Exalted House: Aspects of the Design and Symbolism of Solomon's Temple." In *Temple and Worship in Biblical Israel: Proceedings of the Oxford Old Testament Seminar*, edited by John Day, 63-110. LHBOTS 422. London: T&T Clark, 2007.

Hurst, L. D. "Priest, High." In *Dictionary of the Later New Testament and Its Developments*, edited by Ralph P. Martin and Peter H. Davids, 963-67. Downers Grove, IL: InterVarsity, 1997.

Hurtado, Larry W. *The Earliest Christian Artifacts: Manuscripts and Christian Origins*. Grand Rapids: Eerdmans, 2006.

_____. *Lord Jesus Christ: Devotion to Jesus in Earliest Christianity*. Grand Rapids: Eerdmans, 2003. 『주 예수 그리스도』(새물결플러스 역간).

_____. *Mark*. UBCS. Grand Rapids: Baker Books, 2011. 『마가복음』(성서유니온선교회 역간).

Hurtado, Larry W., and Paul L. Owens, eds. *Who Is This Son of Man?" The Latest Scholarship on a Puzzling Expression of the Historical Jesus*. LNTS 390. London: T&T Clark, 2011.

Isbell, Charles D. "The Divine Name אהיה as a Symbol of Presence in Israelite Tradition." *HAR* 2 (1978): 101-18.

Jacob, Benno. *The Second Book of the Bible: Exodus*. Translated by Walter Jacob. Hoboken, NJ: KTAV, 1992.

Jacob, Edmond. *Theology of the Old Testament*. Translated by Arthur W. Heathcote and Philip J. Allcock. New York: Harper & Row, 1958. 『구약신학』(CH북스 역간).

Janzen, J. Gerald. *Job*. IBC. Atlanta: John Knox, 1985.

Japhet, Sara. *The Ideology of the Book of Chronicles and Its Place in Biblical Thought*. Winona Lake, IN: Eisenbrauns, 2009.

Jensen, Philip. "Holiness in the Priestly Writings of the Old Testament." In *Holiness: Past and Present*, edited by Stephen C. Barton, 93-121. London: T&T Clark, 2003.

Jeon, Yong Ho. *Impeccable Solomon? A Study of Solomon's Faults in Chronicles*. Eugene, OR: Pickwick, 2013.

_____. "The Retroactive Re-evaluation Technique with Pharaoh's Daughter and the Nature of Solomon's Corruption in 1 Kings 1-12." *TynBul* 62, no. 1 (2011): 15-40.

Jobes, Karen H. *1, 2, & 3 John*. ZECNT. Grand Rapids: Zondervan, 2014. 『강해로 푸는 요한일·이·삼서』(디모데 역간).

_____. *1 Peter*. BECNT. Grand Rapids: Baker Academic, 2005.

Johansson, Daniel. "*Kyrios* in the Gospel of Mark." *JSNT* 33 (2010): 101-24.

Johnston, Philip S. "The Psalms and Distress." In *Interpreting the Psalms: Issues and Approaches*, edited by David Firth and Philip S. Johnston, 63-84. Downers Grove, IL: InterVarsity, 2005.

Joyce, Paul M. "Temple and Worship in Ezekiel 40-48." In *Temple and Worship in Biblical Israel*, edited by John Day, 145-63. LHBOTS 422. London: T&T Clark, 2005.

Kaiser, Otto. *Isaiah 1-12: A Commentary*. Translated by R. A. Wilson. OTL. Philadelphia: Westminster, 1972.

Kaiser, Walter C., Jr. *The Promise-Plan of God: A Biblical Theology of the Old and New Testaments*. Grand Rapids: Zondervan, 2008.

_____. *Toward an Old Testament Theology*. Grand Rapids: Zondervan, 1978. 『구약성경신학』(생명의말씀사 역간).

Kamp, Albert. "The Conceptualization of God's Dwelling Place in 1 Kings 8: A Cognitive Approach." *JSOT* 40 (2016): 415-38.

Kashlow, Robert C. "Zechariah 1-8 as a Theological Explanation for the Failure of Prophecy in Haggai 2:20-23." *JTS* 64 (2013): 385-403.

Keener, Craig S. *The Gospel of John: A Commentary*. 2 vols. Peabody, MA: Hendrickson, 2003. 『키너 요한복음 1·2·3』(기독교문서선교회 역간).

_____. *The Gospel of Matthew: A Socio-Rhetorical Commentary*. Grand Rapids: Eerdmans, 2009.

_____. *Revelation*. NIVAC. Grand Rapids: Zondervan, 1999. 『NIV 적용주석 요한계시록』(솔로몬 역간).

Kelly, Brian E. *Retribution and Eschatology in Chronicles*. JSOTSup 211. Sheffield: Sheffield Academic, 1996.

Keown, Gerald L., Pamela J. Scalise, and Thomas G. Smothers. *Jeremiah 26-52*. WBC 27. Dallas: Word, 1995. 『예레미야 26-52』(솔로몬 역간).

Kessler, John. *Old Testament Theology: Divine Call and Human Response*. Waco: Baylor University Press, 2013.

_____. "Temple Building in Haggai." In *From the Foundations to the Crenellations: Essays on Temple Building in the Ancient Near East and Hebrew Bible*, edited by Mark J. Boda and Jamie Novotny, 357-79. AOAT 366. Münster: Ugarit-Verlag, 2010.

_____. "Tradition, Continuity and Covenant." In *Tradition in Transition: Haggai and Zechariah 1-8 in the Trajectory of Hebrew Theology*, edited by Mark J. Boda and Michael H. Floyd, 1-39. LHBOTS 475. London: T&T Clark, 2008.

Kim, Hak-Chin. "How Did Luke Understand 'the Name of Jesus' and 'in the Name of Jesus'?" *S&I* 3 (2009): 95-117.

Klein, Ralph W. "The Books of Ezra & Nehemiah." *NIB* 3:661-851.

_____. *1 Chronicles: A Commentary*. Edited by Thomas Krüger. Hermeneia. Minneapolis: Fortress, 2006.

_____. *2 Chronicles: A Commentary*. Edited by Paul D. Hanson. Hermeneia. Minneapolis: Fortress, 2012.

Kleinig, John W. *The Lord's Song: The Basis, Function and Significance of Choral Music in Chronicles*. JSOTSup 156. Sheffield: JSOT Press, 1993.

Klink, Edward W., III, and Darian R. Lockett. *Understanding Biblical Theology: A Comparison of Theory and Practice*. Grand Rapids: Zondervan, 2012.

Knafl, Anne K. *Forming God: Divine Anthropomorphism in the Pentateuch*. Siphrut 12. Winona Lake, IN: Eisenbrauns, 2014.

Koester, Craig R. *The Dwelling of God: The Tabernacle in the Old Testament, Intertestamental Jewish Literature, and the New Testament.* CBQMS 22. Washington: Catholic Biblical Association of America, 1989.

_____. *Hebrews: A New Translation with Introduction and Commentary.* AYB 36. New Haven: Yale University Press, 2008.『히브리서』(기독교문서선교회 역간).

_____. *Revelation: A New Translation with Introduction and Commentary.* AYB 38A. New Haven: Yale University Press, 2014.『요한계시록 1·2』(기독교문서선교회 역간).

_____. *The Word of Life: A Theology of John's Gospel.* Grand Rapids: Eerdmans, 2008.

Köstenberger, Andreas. *The Missions of Jesus and the Disciples according to the Fourth Gospel.* Grand Rapids: Eerdmans, 1998.

_____. *A Theology of John's Gospel and Letters: The Word, the Christ, the Son of God.* BTNT. Grand Rapids: Zondervan, 2009.『요한신학』(부흥과개혁사 역간).

Kraus, Hans-Joachim. *Psalms 1-59: A Commentary.* Translated by Hilton C. Oswald. Minneapolis: Augsburg, 1988.

_____. *Psalms 60-150: A Commentary.* Translated by Hilton C. Oswald. Minneapolis: Augsburg, 1989.

_____. *Theology of the Psalms.* Translated by Keith Crim. Minneapolis: Augsburg, 1986.『시편의 신학』(비블리카아카데미아 역간).

Kruse, Colin G. *The Letters of John.* PNTC. Grand Rapids: Eerdmans, 2000.

Kupp, David D. *Matthew's Emmanuel: Divine Presence and God's People in the First Gospel.* SNTSMS 90. Cambridge: Cambridge University Press, 1996.

Kutsko, John F. *Between Heaven and Earth: Divine Presence and Absence in the Book of Ezekiel.* BJSUCSD. Winona Lake, IN: Eisenbrauns, 2000.

Kwakkel, Gert. "Under YHWH's Wings." In *Metaphors in the Psalms*, edited by Pierre van Hecke and Antje Labahn, 141-66. BETL 231. Leuven: Peeters, 2010.

Lacocque, André. *The Book of Daniel.* Translated by David Pellauer. Atlanta: John Knox, 1979.

Ladd, George E. "The Parable of the Sheep and the Goats in Recent Literature." In *New Dimensions in New Testament Study*, edited by Richard N. Longenecker and Merrill C. Tenney, 191-99. Grand Rapids: Eerdmans, 1974.

_____. *A Theology of the New Testament.* Edited by Donald A. Hagner. Rev. ed. Grand Rapids: Eerdmans, 1993.『신약신학』(대한기독교서회 역간).

Lane, William L. *The Gospel of Mark.* NICNT. Grand Rapids: Eerdmans, 1974.『마가복음』(생명의말씀사 역간).

_____. *Hebrews 1-8.* WBC 47A. Dallas: Word, 1998.『히브리서 1-8』(솔로몬 역간).

_____. *Hebrews 9-13*. WBC 47B. Dallas: Word, 1998. 『히브리서 9-13』(솔로몬 역간).
Lau, Peter H. W., and Gregory Goswell. *Unceasing Kindness: A Biblical Theology of Ruth*. NSBT 41. Nottingham: Apollos; Downers Grove, IL: InterVarsity, 2016.
Leene, Hendrik. "Ezekiel and Jeremiah: Promises of Inner Renewal in Diachronic Perspective." In *Past, Present, Future: The Deuteronomistic History and the Prophets*, edited by Johannes C. de Moor and Harry F. van Rooy, 150-75. OtSt 44. Leiden: Brill, 2000.
Leithart, Peter. *1 & 2 Kings*. BTCB. Grand Rapids: Brazos, 2006.
Levenson, Jon D. *Sinai and Zion: An Entry into the Jewish Bible*. San Francisco: HarperSanFrancisco, 1985. 『시내산과 시온』(대한기독교서회 역간).
Levine, Baruch A. *Numbers 1-20: A New Translation with Introduction and Commentary*. AB 4. New York: Doubleday, 1993.
Levison, John R. *Filled with the Spirit*. Grand Rapids: Eerdmans, 2009.
Lieu, Judith M. *The Theology of the Johannine Epistles*. NTT. Cambridge: Cambridge University Press, 1991.
Limburg, James. *Psalms*. WestBC. Louisville: Westminster John Knox, 2000.
Lister, J. Ryan. *The Presence of God: Its Place in the Storyline of Scripture and the Story of Our Lives*. Wheaton: Crossway, 2015.
Lohfink, Norbert. "Jona ging zur Stadt hinaus (Jona 4,5)." BZ 5 (1961): 185-203.
Longenecker, Richard N. "The Acts of the Apostles." In *The Expositor's Bible Commentary*, edited by Frank E. Gaebelein, 9:207-573. Grand Rapids: Zondervan, 1981.
Longman, Tremper, III. *The Book of Ecclesiastes*. NICOT. Grand Rapids: Eerdmans, 1998.
_____. *Daniel*. NIVAC. Grand Rapids: Zondervan, 1999.
_____. *The Fear of the Lord Is Wisdom: A Theological Introduction to Wisdom in Israel*. Grand Rapids: Baker Academic, 2017.
_____. "From Weeping to Rejoicing: Psalm 150 as the Conclusion to the Psalter." In *The Psalms: Language for All Seasons of the Soul*, edited by Andrew J. Schmutzer and David M. Howard, 219-29. Chicago: Moody, 2013.
_____. *How to Read Genesis*. Downers Grove, IL: InterVarsity, 2005. 『어떻게 창세기를 읽을 것인가?』(IVP 역간).
_____. *Immanuel in Our Place: Seeing Christ in Israel's Worship*. GAOT. Phillipsburg, NJ: P&R, 2001. 『우리 안에 거하시는 하나님』(기독교문서선교회 역간).
_____. *Jeremiah, Lamentations*. NIBC. Peabody, MA: Hendrickson, 2008. 『예레미야, 예레미야 애가』(성서유니온선교회 역간).

_____. *Job*. BCOTWP. Grand Rapids: Baker Academic, 2012. 『욥기 주석』(기독교문서선교회 역간).

_____. "Psalms." In *A Complete Literary Guide to the Bible*, edited by Leland Ryken and Tremper Longman III, 245-50. Grand Rapids: Zondervan, 1993.

_____. *Psalms: An Introduction and Commentary*. TOTC. Downers Grove, IL: IVP Academic, 2014. 『시편 I, II』(기독교문서선교회 역간).

Longman, Tremper, III, and Daniel G. Reid. *God Is a Warrior*. SOTBT. Grand Rapids: Zondervan, 1995. 『거룩한 용사』(솔로몬 역간).

Louw, Johannes P., and Eugene A. Nida. *Greek-English Lexicon of the New Testament: Based on Semantic Domains*. New York: United Bible Societies, 1996.

Lucas, Ernest C. *Daniel*. ApOTC 20. Leicester: Apollos; Downers Grove, IL: Inter-Varsity, 2002. 『다니엘』(부흥과개혁사 역간).

_____. "Daniel: Book of." In *Dictionary of the Old Testament: Prophets*, edited by Mark J. Boda and J. Gordon McConville, 110-23. Downers Grove, IL: Inter-Varsity, 2012.

_____. *A Guide to the Psalms & Wisdom Literature*. Vol. 3 of *Exploring the Old Testament*. EB. Downers Grove, IL: InterVarsity, 2003. 『시편과 지혜서』(성서유니온선교회 역간).

Lundbom, Jack. *Jeremiah 1-20: A New Translation with Introduction and Commentary*. AB 21A. New York: Doubleday, 1999.

_____. *Jeremiah 21-36: A New Translation with Introduction and Commentary*. AB 21B. New York: Doubleday, 2004.

Luz, Ulrich. *The Theology of the Gospel of Matthew*. Translated by J. Bradford Robinson. NTT. Cambridge: Cambridge University Press, 1995.

Lynch, Matthew. *Monotheism and Institutions in the Book of Chronicles: Temple, Priesthood, and Kingship in Post-Exilic Perspective*. FAT 2/64. Tübingen: Mohr Siebeck, 2014.

Ma, Wonsuk. *Until the Spirit Comes: The Spirit of God in the Book of Isaiah*. JSOTSup 271. Sheffield: Sheffield Academic, 1999.

MacDonald, Nathan. *Deuteronomy and the Meaning of "Monotheism."* 2nd ed. FAT 2/1. Tübingen: Mohr Siebeck, 2012.

_____. "The Spirit of YHWH: An Overlooked Conceptualization of Divine Presence in the Persian Period." In *Divine Presence and Absence in Exilic and Post-Exilic Judaism*, edited by Nathan MacDonald and Izaak J. de Hulster, 95-119. FAT 2/61. Tübingen: Mohr Siebeck, 2013.

Malatesta, Edward. *Interiority and Covenant: An Exegetical Study of* εἶναι ἐν *and* μένειν ἐν *in the First Letter of Saint John*. AnBib 69. Rome: Pontifical Biblical Institute Press, 1978.

Malchow, Bruce V. "The Messenger of the Covenant in Malachi 3:1." *JBL* 103 (1984): 252-55.

Malone, Andrew S. "Is the Messiah Announced in Malachi 3:1?" *TynBul* 57, no. 2 (2006): 215-28.

Mangina, Joseph L. *Revelation*. BTCB. Grand Rapids: Brazos, 2010.

Marlow, Hilary. "The Spirit of Yahweh in Isaiah 11:1-9." In *Presence, Power and Promise: The Role of the Spirit of God in the Old Testament*, edited by David G. Firth and Paul D. Wegner, 220-32. Downers Grove, IL: InterVarsity, 2011.

Marshall, I. Howard. "Church and Temple in the New Testament." *TynBul* 40, no. 2 (1989): 203-22.

———. *The Epistles of John*. NICNT. Grand Rapids: Eerdmans, 1978.

———. *The Gospel of Luke: A Commentary on the Greek Text*. NIGTC. Grand Rapids: Eerdmans, 1978.

———. *New Testament Theology: Many Witnesses, One Gospel*. Downers Grove, IL: InterVarsity, 2004. 『신약성서 신학』(CH북스 역간).

Martens, Elmer A. *God's Design: A Focus on Old Testament Theology*. 4th ed. Eugene, OR: Wipf & Stock, 2015. 『하나님의 계획: 새로운 구약신학』(아가페출판사 역간).

Martin, Oren. *Bound for the Promised Land: The Land Promise in God's Redemptive Plan*. NSBT 34. Nottingham: Apollos; Downers Grove, IL: InterVarsity, 2015.

Martin, Ralph P. *James*. WBC 48. Dallas: Word, 1988. 『야고보서』(솔로몬 역간).

———. *Reconciliation: A Study of Paul's Theology*. Rev. ed. Grand Rapids: Zondervan, 1989.

Mathews, Kenneth A. *Genesis 1-11:26*. NAC 1A. Nashville: Broadman & Holman, 1996.

Mayes, A. D. H. *Deuteronomy*. NCB. Grand Rapids: Eerdmans, 1991.

Mayor, Joseph B. *The Epistle of St. James: The Greek Text with Introduction, Notes, Comments and Further Studies*. Reprint, Grand Rapids: Zondervan, 1954.

Mays, James Luther. *Micah: A Commentary*. OTL. Philadelphia: Westminster, 1976.

———. *Psalms*. IBC. Louisville: John Knox, 1994. 『시편』(한국장로교출판사 역간).

McCann, J. Clinton, Jr. "The Book of Psalms." *NIB* 4:641-1280.

McCartney, Dan G. *James*. BECNT. Grand Rapids: Baker Academic, 2009. 『야고보서』(부흥과개혁사 역간).

McConville, J. Gordon. *Being Human in God's World: An Old Testament Theology of*

Humanity. Grand Rapids: Baker Academic, 2016.

_____. *Deuteronomy*. ApOTC 5. Leicester: Apollos; Downers Grove, IL: InterVarsity, 2002. 『신명기』(부흥과개혁사 역간).

_____. *Grace in the End: A Study in Deuteronomic Theology*. Grand Rapids: Zondervan, 1993.

_____. *A Guide to the Prophets*. Vol. 4 of *Exploring the Old Testament*. EB. Downers Grove, IL: InterVarsity, 2002.

_____. "Time, Place and the Deuteronomic Altar-Law." In *Time and Place in Deuteronomy*, edited by J. G. McConville and J. G. Millar, 89-139. JSOTSup 179. Sheffield: Sheffield Academic, 1994.

McConville, J. G., and J. G. Millar, eds. *Time and Place in Deuteronomy*. JSOTSup 179. Sheffield: Sheffield Academic, 1994.

McDowell, Catherine L. *The Image of God in the Garden of Eden*. Siphrut 15. Winona Lake, IN: Eisenbrauns, 2015.

_____. "'In the Image of God He Created Them': How Genesis 1:26-27 Defines the Divine-Human Relationship and Why It Matters." In *The Image of God in an Image Driven Age: Explorations in Theological Anthropology*, edited by Beth Felker Jones and Jeffrey W. Barbeau, 29-46. Downers Grove, IL: InterVarsity, 2016.

McKane, William. *A Critical and Exegetical Commentary on Jeremiah*. 2 vols. ICC. Edinburgh: T&T Clark, 1986.

McKelvey, R. Jack. *The New Temple: The Church in the New Testament*. OTM. Oxford: Oxford University Press, 1969.

McKeown, James. *Genesis*. THOTC. Grand Rapids: Eerdmans, 2008.

_____. *Ruth*. THOTC. Grand Rapids: Eerdmans, 2015.

McKnight, Scot. *The Letter of James*. NICNT. Grand Rapids: Eerdmans, 2011. 『야고보서』(부흥과개혁사 역간).

Mealy, J. Webb. *After the Thousand Years: Resurrection and Judgment in Revelation 20*. JSNTSup 70. Sheffield: JSOT Press, 1992.

Meier, Samuel A. "Angels, Messengers, Heavenly Beings." In *Dictionary of the Old Testament: Prophets*, edited by Mark J. Boda and J. Gordon McConville, 24-29. Downers Grove, IL: InterVarsity, 2012.

Melton, Brittany N. "'O, That I Knew Where I Might Find Him': Aspects of Divine Absence in Proverbs, Job and Ecclesiastes." In *Interpreting Old Testament Wisdom Literature*, edited by David G. Firth and Lindsay Wilson, 205-16. Downers Grove, IL: InterVarsity, 2017.

Merrill, Eugene H. *Everlasting Dominion: A Theology of the Old Testament*. Nashville: Broadman & Holman, 2006.

_____. "Pilgrimage and Procession: Motifs of Israel's Return." In *Israel's Apostasy and Restoration: Essays in Honor of Roland K. Harrison*, edited by Avraham Gileadi, 261-72. Grand Rapids: Baker, 1988.

Mettinger, Tryggve N. D. *The Dethronement of Sabaoth: Studies in the Shem and Kabod Theologies*. Translated by Frederick H. Cryer. ConBOT 18. Lund: CWK Gleerup, 1982.

Meyers, Carol L., and Eric M. Meyers. *Haggai, Zechariah 1-8: A New Translation with Introduction and Commentary*. AB 25B. Garden City, NY: Doubleday, 1987.

Michaels, J. Ramsey. *1 Peter*. WBC 49. Dallas: Word, 1998. 『베드로전서』(솔로몬 역간).

Middleton, J. Richard. *The Liberating Image: The Imago Dei in Genesis 1*. Grand Rapids: Brazos, 2005. 『해방의 형상』(SFC 역간).

_____. *A New Heaven and a New Earth: Reclaiming Biblical Eschatology*. Grand Rapids: Baker Academic, 2014. 『새 하늘과 새 땅』(새물결플러스 역간).

Milgrom, Jacob. *Leviticus 1-16: A New Translation with Introduction and Commentary*. AB 3. New York: Doubleday, 1991.

Miller, Patrick D., Jr. "The Blessing of God: An Interpretation of Numbers 6:22-27." *Int* 29 (1975): 240-51.

_____. *The Divine Warrior in Early Israel*. HSM 5. Cambridge, MA: Harvard University Press, 1973.

Miller, Patrick D., and J. J. M. Roberts. *The Hand of the Lord: A Reassessment of the "Ark Narrative" of 1 Samuel*. Atlanta: Society of Biblical Literature, 2008.

Miller, Stephen. *Daniel*. NAC 18. Nashville: Broadman & Holman, 1994.

Moberly, R. W. L. *At the Mountain of God: Story and Theology in Exodus 32-34*. JSOTSup 22. Sheffield: JSOT Press, 1983.

Moltmann, Jürgen. *The Coming of God: Christian Eschatology*. London: SCM, 1996. 『오시는 하나님』(대한기독교서회 역간).

Moo, Douglas J. *The Epistle to the Romans*. NICNT. Grand Rapids: Eerdmans, 1996. 『로마서』(솔로몬 역간).

_____. *The Letter of James*. PNTC. Grand Rapids: Eerdmans, 2000. 『야고보서』(부흥과개혁사 역간).

_____. *The Letters to the Colossians and to Philemon*. PNTC. Grand Rapids: Eerdmans, 2008. 『골로새서, 빌레몬서』(부흥과개혁사 역간).

_____. "Paul." *NDBT* 136-40.

Moore, M. S. "Divine Presence." In *Dictionary of the Old Testament: Prophets*, edited by Mark J. Boda and J. Gordon McConville, 166-70. Downers Grove, IL: InterVarsity, 2012.

Morales, L. Michael. *The Tabernacle Pre-Figured: Cosmic Mountain Ideology in Genesis and Exodus*. BTS 15. Leuven: Peeters, 2012.

_____. *Who Shall Ascend the Mountain of the Lord? A Biblical Theology of the Book of Leviticus*. NSBT 37. Nottingham: Apollos; Downers Grove, IL: InterVarsity, 2015. 『레위기의 성경신학: 여호와의 산에 오를 자가 누구인가?』(부흥과개혁사 역간).

Morris, Leon. *The Epistle to the Romans*. PNTC. Grand Rapids: Eerdmans, 1988.

_____. *Jesus Is the Christ: Studies in the Theology of John*. Grand Rapids: Eerdmans, 1989.

_____. *Ruth*. TOTC. Downers Grove, IL: InterVarsity, 1968.

Mounce, Robert. *The Book of Revelation*. NICNT. Grand Rapids: Eerdmans, 1977. 『요한계시록』(부흥과개혁사 역간).

Murphy, Roland E. *The Gift of the Psalms*. Peabody, MA: Hendrickson, 2000.

_____. *The Tree of Life: An Exploration of Biblical Wisdom Literature*. Rev. ed. with supplement. Grand Rapids: Eerdmans, 2002. 『생명의 나무』(성바오로출판사 역간).

Nelson, Richard D. *Deuteronomy: A Commentary*. OTL. Louisville: Westminster John Knox, 2002.

_____. *First and Second Kings*. IBC. Louisville: John Knox, 1987. 『열왕기상·하』(한국장로교출판사 역간).

_____. *Joshua: A Commentary*. OTL. Louisville: Westminster John Knox, 1997.

Newsom, Carol A. "Angels." *ABD* 1:248-53.

Niehaus, Jeffrey J. *God at Sinai: Covenant and Theophany in the Bible and Ancient Near East*. Grand Rapids: Zondervan, 1995. 『시내산의 하나님: 성경과 고대 근동학의 언약과 신현』(이레서원 역간).

_____. "In the Wind of the Storm: Another Look at Genesis III 8." *VT* 44 (1994): 263-67.

Niskanen, Paul. "Yhwh as Father, Redeemer, and Potter in Isaiah 63:7-64:11." *CBQ* 68 (2006): 397-407.

Nogalski, James D., and Marvin A. Sweeney. *Reading and Hearing the Book of the Twelve*. SBLSymS 15. Atlanta: Society of Biblical Literature, 2000.

North, Christopher R. *The Second Isaiah: Introduction, Translation and Commentary to Chapters XL-LV*. Oxford: Clarendon, 1964.

Nykolaishen, Douglas J. E., and Andrew J. Schmutzer. *Ezra, Nehemiah, and Esther*.

TTCS. Grand Rapids: Baker Books, 2018.

Olley, John W. "Pharaoh's Daughter, Solomon's Palace, and the Temple: Another Look at the Structure of 1 Kings 1-11." *JSOT* 27 (2003): 355-69.

Osborne, Grant R. *Matthew*. ZECNT. Grand Rapids: Zondervan, 2010. 『강해로 푸는 마태복음』(디모데 역간).

_____. *Revelation*. BECNT. Grand Rapids: Baker Academic, 2002. 『요한계시록』(부흥과개혁사 역간).

Oswalt, John N. *The Book of Isaiah: Chapters 1-39*. NICOT. Grand Rapids: Eerdmans, 1986. 『이사야 1』(부흥과개혁사 역간).

_____. *The Book of Isaiah: Chapters 40-66*. NICOT. Grand Rapids: Eerdmans, 1998. 『이사야 2』(부흥과개혁사 역간).

O'Toole, R. F. "Activity of the Risen Jesus in Luke-Acts." *Bib* 62 (1981): 471-98.

Pate, C. Marvin. *Interpreting Revelation and Other Apocalyptic Literature: An Exegetical Handbook*. Grand Rapids: Kregel, 2016.

Pate, C. Marvin, et al. *The Story of Israel: A Biblical Theology*. Leicester: Apollos; Downers Grove, IL: InterVarsity, 2004.

Patrick, Frank Y. "Time and Tradition in the Book of Haggai." In *Tradition in Transition: Haggai and Zechariah 1-8 in the Trajectory of Hebrew Theology*, edited by Mark J. Boda and Michael H. Floyd, 40-55. LHBOTS 475. London: T&T Clark, 2008.

Perdue, Leo G. *Proverbs*. IBC. Louisville: John Knox, 2000. 『잠언』(한국장로교출판사 역간).

_____. *Wisdom Literature: A Theological History*. Louisville: Westminster John Knox, 2007.

Perrin, Nicholas. *Jesus the Temple*. Grand Rapids: Baker Academic, 2010. 『예수와 성전』(새물결플러스 역간).

Petersen, David L. *Haggai and Zechariah 1-8: A Commentary*. OTL. Philadelphia: Westminster, 1984.

_____. *The Prophetic Literature: An Introduction*. Louisville: Westminster John Knox, 2002.

_____. "Zechariah's Visions: A Theological Perspective." *VT* 34 (1984): 195-206.

Peterson, David G. "The Pneumatology of Luke-Acts: The Spirit of Prophecy Unleashed." In *Issues in Luke-Acts: Selected Essays*, edited by Sean A. Adams and Michael W. Pahl, 211-32. Piscataway, NJ: Gorgias, 2012.

_____. "The Worship of the New Community." In *Witness to the Gospel: The Theology of Acts*, edited by I. Howard Marshall and David Peterson, 373-95. Grand

Rapids: Eerdmans, 1998.

Peterson, Ryan S. *The Imago Dei as Human Identity: A Theological Interpretation*. JTISup 14. Winona Lake, IN: Eisenbrauns, 2016.

Plastaras, James. *The God of Exodus: The Theology of the Exodus Narratives*. Milwaukee: Bruce, 1966.

Porter, Stanley E. "Is There a Center to Paul's Theology? An Introduction to the Study of Paul and His Theology." In *Paul and His Theology*, edited by Stanley E. Porter, 1–19. PSt 3. Leiden: Brill, 2006.

Powell, Mark Allan. *God with Us: A Pastoral Theology of Matthew's Gospel*. Minneapolis: Fortress, 1995.

Preuss, Horst Dietrich. "… ich will mit dir sein!" *ZAW* 80 (1968): 139–73.

Propp, William H. C. *Exodus 1–18: A New Translation with Introduction and Commentary*. AB 2. New York: Doubleday, 1999.

Provan, Iain. *Discovering Genesis: Content, Interpretation, Reception*. Grand Rapids: Eerdmans, 2015.

_____. *1 and 2 Kings*. NIBC. Peabody, MA: Hendrickson, 1995. 『열왕기』(성서유니온선교회 역간).

Raitt, Thomas M. *A Theology of the Exile: Judgment/Deliverance in Jeremiah and Ezekiel*. Philadelphia: Fortress, 1977.

Rapske, Brian. "Opposition to the Plan of God and Persecution." In *Witness to the Gospel: The Theology of Acts*, edited by I. Howard Marshall and David Peterson, 235–56. Grand Rapids: Eerdmans, 1998.

Reddit, Paul L. "Esther." In *Theological Interpretation of the Old Testament: A Book-by-Book Survey*, edited by Kevin J. Vanhoozer, 142–47. London: SPCK; Grand Rapids: Baker Academic, 2008.

Rendtorff, Rolf. *The Canonical Hebrew Bible: A Theology of the Old Testament*. Translated by David E. Orton. TBS 7. Leiden: Deo, 2005.

Resseguie, James L. *The Revelation of John: A Narrative Commentary*. Grand Rapids: Baker Academic, 2009.

Richter, Sandra L. *The Deuteronomistic History and the Name Theology*. BZAW 318. Berlin: de Gruyter, 2002.

_____. *The Epic of Eden: A Christian Entry into the Old Testament*. Downers Grove, IL: InterVarsity, 2008.

_____. "The Place of the Name in Deuteronomy." *VT* 57 (2007): 342–66.

Roberts, J. J. M. "Isaiah in Old Testament Theology." *Int* 36 (1982): 130–43.

Robertson, O. Palmer. *The Flow of the Psalms: Discovering Their Structure and Theology*.

Phillipsburg, NJ: P&R, 2015.

Robson, James. *Word and Spirit in Ezekiel*. LHBOTS 447. London: T&T Clark, 2006.

Römer, Thomas. "Redaction Criticism: 1 Kings 8 and the Deuteronomists." In *Method Matters: Essays on the Interpretation of the Hebrew Bible in Honor of David L. Petersen*, edited by Joel M. LeMon and Kent Harold Richards, 63-76. SBLRBS 56. Atlanta: Society of Biblical Literature, 2009.

Rooker, Mark F. *Leviticus*. NAC 3A. Nashville: Broadman & Holman, 2000.

Rosner, Brian S. *Known by God: A Biblical Theology of Personal Identity*. BTL. Grand Rapids: Zondervan, 2017.

_____. "The Progress of the Word." In *Witness to the Gospel: The Theology of Acts*, edited by I. Howard Marshall and David Peterson, 215-33. Grand Rapids: Eerdmans, 1998.

Ross, Allen P. *A Commentary on the Psalms*. Vol. 1. KEL. Grand Rapids: Kregel, 2011.

_____. *Creation and Blessing: A Guide to the Study and Exposition of the Book of Genesis*. Grand Rapids: Baker, 1988. 『창조와 축복』(디모데 역간).

_____. *Holiness to the Lord: A Guide to the Exposition of the Book of Leviticus*. Grand Rapids: Baker Academic, 2002. 『거룩과 동행』(디모데 역간).

_____. *Recalling the Hope of Glory: Biblical Worship from the Garden to the New Creation*. Grand Rapids: Kregel, 2006.

Routledge, Robin. *Old Testament Theology: A Thematic Approach*. Downers Grove, IL: InterVarsity, 2008.

_____. "The Spirit and the Future in the Old Testament: Restoration and Renewal." In *Presence, Power and Promise: The Role of the Spirit of God in the Old Testament*, edited by David G. Firth and Paul D. Wegner, 346-67. Downers Grove, IL: InterVarsity, 2011.

Rowe, C. Kavin. *Early Narrative Christology: The Lord in the Gospel of Luke*. Grand Rapids: Baker Academic, 2009.

Ryken, Leland, James C. Wilhoit, and Tremper Longman III, eds. *Dictionary of Biblical Imagery*. Downers Grove, IL: InterVarsity, 1998. 『성경 이미지 사전』(기독교문서선교회 역간).

Sailhamer, John H. *The Pentateuch as Narrative: A Biblical-Theological Commentary*. Grand Rapids: Zondervan, 1992. 『서술로서의 모세오경』(크리스챤서적 역간).

Sakenfeld, Katharine Doob. *Ruth*. IBC. Louisville: John Knox, 1999. 『룻기』(한국장로교출판사 역간).

Sanders, Fred. *The Deep Things of God: How the Trinity Changes Everything*. Wheaton: Crossway, 2010.

Saner, Andrea D. *"Too Much to Grasp": Exodus 3:13-5 and the Reality of God.* JTISup 11. Winona Lake, IN: Eisenbrauns, 2015.
Satyavani, Puttagunta. *Seeing the Face of God: Exploring an Old Testament Theme.* Carlisle: Langham, 2014.
Schafroth, Verena. "1 and 2 Peter." In *A Biblical Theology of the Holy Spirit*, edited by Trevor J. Burke and Keith Warrington, 238-49. Eugene, OR: Cascade, 2014.
Schnabel, Eckhard J. *Acts.* ZECNT. Grand Rapids: Zondervan, 2012. Expanded digital ed., Logos. 『강해로 푸는 사도행전』(디모데 역간).
Schnackenburg, Rudolf. *Ephesians: A Commentary.* Translated by Helen Heron. Edinburgh: T&T Clark, 1991.
_____. *The Johannine Epistles.* Translated by Reginald Fuller and Ilse Fuller. New York: Crossroad, 1992.
Schnittjer, Gary Edward. *The Torah Story: An Apprenticeship on the Pentateuch.* Grand Rapids: Zondervan, 2006.
Schöpflin, Karin. "God's Interpreter: The Interpreting Angel in Post-Exilic Prophetic Visions of the Old Testament." In *Angels: The Concept of Celestial Beings— Origins, Development and Reception*, edited by Friedrich V. Reiterer, Tobias Nicklas, and Karin Schöpflin, 189-204. Deuterocanonical and Cognate Literature Yearbook 2007. Berlin: de Gruyter, 2007.
Schreiner, Patrick. *The Body of Jesus: A Spatial Analysis of the Kingdom in Matthew.* LNTS 555. London: Bloomsbury T&T Clark, 2016.
Schreiner, Thomas R. *The King in His Beauty: A Biblical Theology of the Old and New Testaments.* Grand Rapids: Baker Academic, 2013.
_____. *New Testament Theology: Magnifying God in Christ.* Grand Rapids: Baker Academic, 2008. 『신약신학』(부흥과개혁사 역간).
_____. *Paul, Apostle of God's Glory in Christ: A Pauline Theology.* Downers Grove, IL: IVP Academic, 2006. 『바울신학』(은성 역간).
_____. *1, 2 Peter, Jude.* NAC 37. Nashville: Broadman & Holman, 2003.
Schuele, Andreas. "Made in the Image of God: The Concepts of Divine Image in Genesis 1-3." *ZAW* 117 (2005): 1-20.
_____. "The Spirit of YHWH and the Aura of Divine Presence." *Int* 66 (2012): 16-28.
Scobie, Charles H. H. *The Ways of Our God: An Approach to Biblical Theology.* Grand Rapids: Eerdmans, 2003. 『성경신학: 성경 전체를 종합적으로 다루는 다중 주제적 연구방식』(부흥과개혁사 역간).
Seibert, Eric. *Subversive Scribes and the Solomonic Narrative: A Rereading of 1 Kings*

1-11. LHBOTS 436. London: T&T Clark, 2006.

Seitz, Christopher R. "The Book of Isaiah 40-66." *NIB* 6:309-552.

_____. "The Call of Moses and the 'Revelation' of the Divine Name." In *Theological Exegesis: Essays in Honor of Brevard S. Childs*, edited by Christopher Seitz and Kathryn Greene-McCreight, 145-61. Grand Rapids: Eerdmans, 1999.

_____. *Isaiah 1-39*. IBC. Louisville: John Knox, 1993.

_____. *Prophecy and Hermeneutics: Toward a New Introduction to the Prophets*. STI. Grand Rapids: Baker Academic, 2007.

Selman, Martin J. *1 Chronicles: An Introduction and Commentary*. TOTC. Downers Grove, IL: InterVarsity, 1994. 『역대상』(기독교문서선교회 역간).

_____. "Jerusalem in Chronicles." In *Zion, City of Our God*, edited by Richard S. Hess and Gordon J. Wenham, 43-56. Grand Rapids: Eerdmans, 1999.

Smalley, Stephen S. *1, 2, 3 John*. WBC 51. Dallas: Word, 1989. 『요한 1, 2, 3서』(솔로몬 역간).

Smith, Billy K., and Frank S. Page. *Amos, Obadiah, Jonah*. NAC 19B. Nashville: Broadman & Holman, 1995.

Smith, Gary. *Isaiah 1-39*. NAC 15A. Nashville: Broadman & Holman, 2007.

Smith, Mark S. *Where the Gods Are: Spatial Dimensions of Anthropomorphism in the Biblical World*. AYBRL. New Haven: Yale University Press, 2006.

Smith, Ralph L. *Micah-Malachi*. WBC 32. Waco: Word, 1984. 『미가-말라기』(솔로몬 역간).

Smoak, Jeremy D. *The Priestly Blessing in Inscription and Scripture: The Early History of Numbers 6:24-26*. Oxford: Oxford University Press, 2016.

Snearly, Michael K. *The Return of the King: Messianic Expectation in Book V of the Psalter*. LHBOTS 624. London: Bloomsbury T&T Clark, 2016.

Sommer, Benjamin D. "Conflicting Constructions of Divine Presence in the Priestly Tabernacle." *BibInt* 9 (2001): 41-63.

_____. *Revelation and Authority: Sinai in Jewish Scripture and Tradition*. AYBRL. New Haven: Yale University Press, 2015.

Soulen, R. Kendall. *Distinguishing the Voices*. Vol. 1 of *The Divine Name(s) and the Holy Trinity*. Louisville: Westminster John Knox, 2011.

Squires, John T. *The Plan of God in Luke-Acts*. SNTSMS 76. Cambridge: Cambridge University Press, 1993.

_____. "The Plan of God in the Acts of the Apostles." In *Witness to the Gospel: The Theology of Acts*, edited by I. Howard Marshall and David Peterson, 19-39. Grand Rapids: Eerdmans, 1998.

Stein, Robert H. *Jesus, the Temple, and the Coming of the Son of Man: A Commentary on Mark 13*. Downers Grove, IL: InterVarsity, 2014.『예수, 성전, 인자의 재림』(새물결플러스 역간).

―――. "Last Supper." In *Dictionary of Jesus and the Gospels*, edited by Joel B. Green and Scot McKnight, 445-50. Downers Grove, IL: InterVarsity, 1992.

―――. *Luke*. NAC 24. Nashville: Broadman & Holman, 1992.

―――. *Mark*. BECNT. Grand Rapids: Baker Academic, 2008.『마가복음』(부흥과개혁사 역간).

Strauss, Mark L. *The Davidic Messiah in Luke-Acts: The Promise and Its Fulfillment in Lukan Christology*. JSNTSup 110. Sheffield: Sheffield Academic, 1995.

Stuart, Douglas K. "'The Cool of the Day' (Gen. 3:8) and 'The Way He Should Go' (Prov. 22:6)." *BSac* 171 (2014): 259-73.

―――. *Exodus*. NAC 2. Nashville: Broadman & Holman, 2006.

―――. *Hosea-Jonah*. WBC 31. Waco: Word, 1987.『호세아-요나』(솔로몬 역간).

Tate, Marvin E. *Psalms 51-100*. WBC 20. Dallas: Word, 1990.『시편 51-100』(솔로몬 역간).

Terrien, Samuel. *The Elusive Presence: The Heart of Biblical Theology*. San Francisco: Harper & Row, 1978.

Thielman, Frank. *Theology of the New Testament*. Grand Rapids: Zondervan, 2005.『신약신학』(기독교문서선교회 역간).

Thiselton, Anthony C. *The First Epistle to the Corinthians: A Commentary on the Greek Text*. NIGTC. Grand Rapids: Eerdmans, 2000.

Thompson, J. A. *The Book of Jeremiah*. NICOT. Grand Rapids: Eerdmans, 1980.

Thompson, Marianne Meye. *The God of the Gospel of John*. Grand Rapids: Eerdmans, 2001.

―――. *1-3 John*. IVPNTC. Downers Grove, IL: InterVarsity, 1992.

―――. *John: A Commentary*. NTL. Louisville: Westminster John Knox, 2015.

Tilling, Chris. *Paul's Divine Christology*. Grand Rapids: Eerdmans, 2015.

Timmer, Daniel C. *A Gracious and Compassionate God: Mission, Salvation and Spirituality in the Book of Jonah*. NSBT 26. Nottingham: Apollos; Downers Grove, IL: InterVarsity, 2011.

Tiňo, Jozef. *King and Temple in Chronicles: A Contextual Approach to Their Relations*. FRLANT 234. Göttingen: Vanderhoeck & Ruprecht, 2010.

Tollington, Janet E. *Tradition and Innovation in Haggai and Zechariah*. JSOTSup 150. Sheffield: JSOT Press, 1993.

Tooman, William A. "Covenant and Presence in the Composition and Theology of

Ezekiel." In *Divine Presence and Absence in Exilic and Post-Exilic Judaism*, edited by Nathan MacDonald and Izaak J. de Hulster, 151-82. FAT 2/61. Tübingen: Mohr Siebeck, 2013.

Towner, Philip H. *The Letters to Timothy and Titus*. NICNT. Grand Rapids, Eerdmans, 2006.

Towner, W. Sibley. *Daniel*. IBC. Atlanta: John Knox, 1984.

Trible, Phyllis. "The Book of Jonah." *NIB* 7:463-540.

Tucker, Gene M. "The Book of Isaiah 1-39." *NIB* 6:27-305.

Tucker, W. Dennis, Jr. "The Pentateuch: Divine Will and Human Responsibility." In *The Story of Israel: A Biblical Theology*, by C. Marvin Pate et al., 29-49. Downers Grove, IL: InterVarsity, 2004.

Tuell, Steven S. *First and Second Chronicles*. IBC. Louisville: John Knox, 2001.

Tull, Patricia K. *Isaiah 1-39*. SHBC. Macon, GA: Smyth & Helwys, 2010.

Turner, David L. *Matthew*. BECNT. Grand Rapids: Baker Academic, 2008. 『마태복음』 (부흥과개혁사 역간).

Turner, Max. "The Spirit and Salvation in Luke-Acts." In *The Holy Spirit and Christian Origins: Essays in Honor of James D. G. Dunn*, edited by Graham N. Stanton, Bruce W. Longenecker, and Stephen C. Barton, 103-16. Grand Rapids: Eerdmans, 2004.

_____. "The 'Spirit of Prophecy' as the Power of Israel's Restoration and Witness." In *Witness to the Gospel: The Theology of Acts*, edited by I. Howard Marshall and David Peterson, 327-48. Grand Rapids: Eerdmans, 1998.

_____. "The Work of the Holy Spirit in Luke-Acts." *WW* 23 (2003): 146-53.

VanGemeren, Willem A. "The Spirit of Restoration." *WTJ* 50 (1988): 81-102.

VanGemeren, Willem, and Andrew Abernethy. "The Spirit and the Future: A Canonical Approach." In *Presence, Power and Promise: The Role of the Spirit of God in the Old Testament*, edited by David G. Firth and Paul D. Wegner, 321-45. Downers Grove, IL: InterVarsity, 2011.

Van Leeuwen, Raymond C. "Proverbs." In *Theological Interpretation of the Old Testament: A Book-by-Book Survey*, edited by Kevin J. Vanhoozer, 171-78. London: SPCK; Grand Rapids: Baker Academic, 2008.

Verhoef, Peter A. *The Books of Haggai and Malachi*. NICOT. Grand Rapids: Eerdmans, 1987.

Vogt, Peter T. *Deuteronomic Theology and the Significance of Torah: A Reappraisal*. Winona Lake, IN: Eisenbrauns, 2006.

von Rad, Gerhard. *Genesis: A Commentary*. Translated by John H. Marks. OTL.

Philadelphia: Westminster, 1972. 『창세기』(한국신학연구소 역간).

———. *Old Testament Theology*. Translated by D. M. G. Stalker. 2 vols. OTL. Louisville: Westminster John Knox, 2001.

Vriezen, T. C. "Essentials of the Theology of Isaiah." In *Israel's Prophetic Heritage: Essays in Honor of James Muilenburg*, edited by Bernhard W. Anderson and Walter Harrelson, 128–46. New York: Harper, 1962.

———. *An Outline of Old Testament Theology*. 2nd ed. Newton, MA: C. T. Branford, 1970.

Walker, Peter W. *Jesus and the Holy City: New Testament Perspectives on Jerusalem*. Grand Rapids: Eerdmans, 1996.

Wallace, Daniel B. *Greek Grammar beyond the Basics: An Exegetical Syntax of the New Testament*. Grand Rapids: Zondervan, 1996.

Walsh, Jerome T. "The Characterization of Solomon in First Kings 1–5." *CBQ* 57 (1995): 471–93.

Waltke, Bruce K. *The Book of Proverbs: Chapters 1–15*. NICOT. Grand Rapids: Eerdmans, 2004.

———. *Genesis: A Commentary*. Grand Rapids: Zondervan, 2001. 『창세기 주석』(새물결플러스 역간).

Waltke, Bruce K., with Charles Yu. *An Old Testament Theology: An Exegetical, Canonical, and Thematic Approach*. Grand Rapids: Zondervan, 2007. 『구약신학: 주석적, 정경적, 주제별 연구방식』(부흥과개혁사 역간).

Walton, John H. "Equilibrium and the Sacred Compass: The Structure of Leviticus." *BBR* 11 (2001): 293–304.

———. *Genesis*. NIVAC. Grand Rapids: Zondervan, 2001.

Walton, Kevin. *Thou Traveller Unknown: The Presence and Absence of God in the Jacob Narrative*. PBTM. Waynesboro, GA: Paternoster, 2003.

Ward, Timothy. *Word and Supplement: Speech Acts, Biblical Texts, and the Sufficiency of Scripture*. Oxford: Oxford University Press, 2002.

———. *Words of Life: Scripture as the Living and Active Word of God*. Downers Grove, IL: InterVarsity, 2009.

Watts, Rikk E. "Mark." *CNTUOT* 111–249.

Weima, Jeffrey A. D. "1–2 Thessalonians." *CNTUOT* 871–89.

Weinfeld, M. "Jeremiah and the Spiritual Metamorphosis of Israel." *ZAW* 88 (1976): 17–56.

Wenham, Gordon J. *The Book of Leviticus*. NICOT. Grand Rapids: Eerdmans, 1979. 『NICOT 레위기』(부흥과개혁사 역간).

_____. "Deuteronomy and the Central Sanctuary." *TynBul* 22 (1971): 103-18.

_____. *Genesis 1-15*. WBC 1. Waco: Word, 1987. 『창세기 1-15』(솔로몬 역간).

_____. "Sanctuary Symbolism in the Garden of Eden Story." In *"I Studied Inscriptions from before the Flood": Ancient Near Eastern, Literary, and Linguistic Approaches to Genesis 1-11*, edited by Richard S. Hess and David Toshio Tsumura, 399-404. SBTS 4. Winona Lake, IN: Eisenbrauns, 1994.

Wessner, Mark D. "Toward a Literary Understanding of Moses and the LORD 'Face to Face' (פָּנִים אֶל־פָּנִים) in Exodus 33:7-11." *ResQ* 44 (2002): 109-16.

Westermann, Claus. *Beginning and End in the Bible*. Translated by Keith Crim. Philadelphia: Fortress, 1972.

_____. *Genesis 1-11: A Commentary*. Translated by John J. Scullion. Minneapolis: Augsburg, 1984.

_____. *Praise and Lament in the Psalms*. Translated by Keith R. Crim and Richard N. Soulen. Edinburgh: T&T Clark, 1965.

Wildberger, Hans. *Isaiah 1-12: A Commentary*. Translated by Thomas H. Trapp. CC. Minneapolis: Fortress, 1991.

Wilkins, Michael J. *Discipleship in the Ancient World and Matthew's Gospel*. 2nd ed. Grand Rapids: Baker, 1995.

_____. *Matthew*. NIVAC. Grand Rapids: Zondervan, 2004. 『NIV 적용주석 마태복음』(솔로몬 역간).

Williamson, H. G. M. *1 and 2 Chronicles*. NCB. Grand Rapids: Eerdmans, 1982.

_____. *A Critical and Exegetical Commentary on Isaiah 1-27*. 3 vols. ICC. London: T&T Clark, 2006.

_____. *Ezra, Nehemiah*. WBC 16. Waco: Word, 1985. 『에스라·느헤미야』(솔로몬 역간).

_____. "Isaiah 63,7-64,11." *ZAW* 102 (1990): 48-58.

Wilson, Gerald H. *The Editing of the Hebrew Psalter*. SBLDS 76. Chico, CA: Scholars Press, 1985.

_____. "The Structure of the Psalter." In *Interpreting the Psalms: Issues and Approaches*, edited by David Firth and Philip S. Johnston, 229-46. Downers Grove, IL: InterVarsity, 2005.

Wilson, Ian. *Out of the Midst of the Fire: Divine Presence in Deuteronomy*. SBLDS 151. Atlanta: Scholars Press, 1995.

Wilson, Lindsay. *Job*. THOTC. Grand Rapids: Eerdmans, 2015.

Wiseman, Donald J. *1 and 2 Kings*. TOTC. Downers Grove, IL: InterVarsity, 1993.

Witherington, Ben, III. *The Acts of the Apostles: A Socio-Rhetorical Commentary*. Grand

_____. *Conflict and Community in Corinth: A Socio-Rhetorical Commentary on 1 and 2 Corinthians*. Grand Rapids: Eerdmans, 1995.

_____. *The Gospel of Mark: A Socio-Rhetorical Commentary*. Grand Rapids: Eerdmans, 2001.

_____. *Letters and Homilies for Hellenized Christians*. 2 vols. Downers Grove, IL: IVP Academic, 2006.

Wolff, Hans Walter. *Anthropology of the Old Testament*. Translated by Margaret Kohl. London: SCM, 1974. 『구약성서의 인간학』(분도출판사 역간).

_____. *Joel and Amos: A Commentary on the Books of the Prophets Joel and Amos*. Edited by S. Dean McBride Jr. Translated by Waldemar Janzen, S. Dean McBride Jr., and Charles A. Muenchow. Hermeneia. Philadelphia: Fortress, 1977.

_____. *Obadiah and Jonah*. Translated by Margaret Kohl. CC. Minneapolis: Augsburg, 1986.

Wolff, Herbert M. "The Transcendent Nature of Covenant Curse Reversals." In *Israel's Apostasy and Restoration: Essays in Honor of Roland K. Harrison*, edited by Avraham Gileadi, 319-25. Grand Rapids: Baker, 1988.

Wright, Christopher J. H. *Deuteronomy*. NIBC. Peabody, MA: Hendrickson, 1996. 『신명기』(성서유니온선교회 역간).

_____. *The Message of Ezekiel: A New Heart and a New Spirit*. TBST. Downers Grove, IL: InterVarsity, 2001. 『에스겔 강해』(IVP 역간).

Wright, N. T. *Justification: God's Plan and Paul's Vision*. London: SPCK, 2009. 『칭의를 말하다』(에클레시아북스 역간).

_____. *Paul and the Faithfulness of God*. COQG 4. 2 vols. Minneapolis: Fortress, 2013. 『바울과 하나님의 신실하심』(CH북스 역간).

_____. *Pauline Perspectives: Essays on Paul, 1978-2013*. Grand Rapids: Eerdmans, 2013.

Youngblood, Kevin J. *Jonah: God's Scandalous Mercy*. HMSCS. Grand Rapids: Zondervan, 2013.

Younger, K. Lawson. *Judges, Ruth*. NIVAC. Grand Rapids: Zondervan, 2002.

Zimmerli, Walther. *Ezekiel 1: A Commentary on the Book of the Prophet Ezekiel*. Edited by Frank Moore Cross and Klaus Baltzer with Leonard Jay Green-spoon. Translated by Ronald E. Clements. Hermeneia. Philadelphia: Fortress, 1979.

_____. *Ezekiel 2: A Commentary on the Book of the Prophet Ezekiel*. Edited by Paul D. Hanson with Leonard Jay Greenspoon. Translated by James D. Martin. Hermeneia. Philadelphia: Fortress, 1983.

인명 색인

A

Abba, Raymond 69
Abelson, Joshua 284
Abernethy, Andrew 229
Ackroyd, Peter R.(아크로이드, 피터) 285, 288-89
Albertz, Rainer 282
Alden, Robert L.(올던) 234
Alexander, Ralph H. 246
Alexander, T. Desmond(알렉산더, 데스몬드) 53, 57, 63-64, 78, 81, 89, 95, 408
Allen, Leslie C.(알렌, 레슬리) 239, 242-43, 246-47, 252, 255, 279, 281
Allison, Dale, Jr. 318
Anderson, Bernhard W.(앤더슨, 버나드) 211-12, 220
Anderson, Gary A. 57, 96, 101, 136
Ansberry, Christopher B. 194-95
Arnold, Bill T.(아놀드, 빌) 52, 56, 90
Arnold, Clinton E.(아놀드, 클린턴) 404-5, 417-18
Ashley, Timothy R. 94-95, 98-100
Atkinson, David 54, 57
Attridge, Harold W.(애트리지, 해롤드) 452-53
Augustine(아우구스티누스) 203
Aune, David E.(오니, 데이비드) 555
Averbeck, Richard E. 51, 81-82

B

Bailey, Waylon 278
Baker, David W. 291
Balentine, Samuel E.(발렌틴, 새뮤얼) 49, 82, 89, 93, 115, 217, 250-51, 260
Barclay, John M. 396
Barker, Kenneth L. 278
Barr, James 31
Barrett, R. 249
Barth, Christoph 69, 116
Barth, Karl 54
Barth, Markus 405
Bartholomew, Craig G. 202
Bauckham, Richard(보컴, 리처드) 301, 371, 387, 472, 488-89, 491, 493, 501, 524-25, 529-30, 532, 538-39, 545-46, 551, 566
Baxter, Wayne 318
Beale, G. K.(비일) 45, 52, 78, 98, 265, 334-35, 358, 363-64, 370-71, 408, 507, 529-30, 537, 543, 547, 550-53, 560-61, 565, 574
Beasley-Murray, G. R.(비슬리-머리) 269-70, 506
Becking, Bob 169
Begg, Christopher T. 154
Beker, J. Christiaan 387
Bellinger, William H., Jr.(벨린저) 93, 95, 97, 102, 171-78, 180, 182, 193

Bergen, Robert D. 135
Beuken, Willem A. M. 212
Beyer, Bryan E. 229
Bimson, John J. 147
Birch, Bruce C. 54, 194
Blenkinsopp, Joseph 168, 210-11, 229-30, 244, 257, 264-65
Block, Daniel I.(블록, 대니얼) 108-9, 113-14, 117, 124-26, 128, 134, 218, 229-30, 245-48, 250-51, 253-58, 260-65, 281, 572
Blomberg, Craig L. 323, 325
Bock, Darrell L.(복크, 대럴) 340, 351-54, 356-58, 364, 375, 377-78, 383
Boda, Mark J.(보다, 마크) 129, 162, 285-86, 288-91
Bonhoeffer, Dietrich 51
Bonnington, Mark(보닝턴, 마크) 421-22
Booth, Susan Maxwell(부스, 수전) 45, 53-54, 375
Boström, Lennart 195
Braun, Roddy 164
Brendsel, Daniel J. 559
Brody, Aaron Jed 275
Brower, Kent E.(브라우어, 켄트) 333
Brown, Jeannine K.(브라운, 지니) 485
Brown, William P.(브라운, 윌리엄) 50-51, 53, 60, 62, 180-81
Bruce, F. F.(브루스) 379, 438-39, 523-24, 548
Bruckner, James 273
Brueggemann, Walter(브루그만, 월터) 39, 53, 56, 69, 80, 86, 116-17, 137, 142, 147, 171-73, 176-78, 180, 182, 193, 212, 215, 220, 222, 229-30

Brunner, Emil 54
Buckwalter, H. Douglas(벅월터, 더글러스) 358-60
Budd, Philip J. 99
Bullock, C. Hassell(블록, 하젤) 173, 178, 182-84, 186, 190-91
Burge, Gary W.(버지, 개리) 520-22
Burnett, Joel S.(버넷, 조엘) 38, 115-16, 151, 178-79, 190, 217
Butler, Trent C. 122

C

Calvin, John(칼뱅) 203
Campbell, Anthony F. 136
Campbell, Constantine R.(캠벨, 콘스탄틴) 35, 387, 396, 400-1, 405-6, 511, 560, 565-66
Capes, David B.(케이프스, 데이비드) 387
Carr, G. L. 287
Carson, D. A.(카슨) 31-32, 456-57, 499
Cassuto, Umberto 51
Charette, Blaine(샤렛, 블레인) 317, 335
Chavel, Simeon 177
Childs, Brevard S.(차일즈, 브레바드) 54, 212, 218, 222, 224-25, 227-29
Chisholm, Robert B. 212, 227, 229, 290-91
Ciampa, Roy E. 423
Clarke, Rosalind 203
Clements, R. E.(클레멘츠) 37, 39, 40, 44, 72-73, 80, 93, 108, 136, 145-46, 187, 189, 213, 233, 251-52, 265, 284
Clines, D. J. A. 54
Cockerill, Gareth Lee(코커릴, 개리스)

445, 473
Collins, C. J. 80
Coloe, Mary L. 493
Cook, Stephen L.(쿡, 스티븐) 112, 233
Cooper, Lamar Eugene 246-47
Craigie, Peter C. 186
Creach, Jerome F. D.(크리치, 제롬) 172, 175, 179-80, 191
Crenshaw, James L.(크렌쇼, 제임스) 199, 279, 281
Crutchfield, John C. 179
Cudworth, Troy D. 155

D
Darr, Katheryn Pfisterer 244
Davids, Peter H.(데이비스, 피터) 467, 472
Davies, G. Henton(데이비스, 헨톤) 63, 69
Davies, John A. 77
deClaissé-Walford, Nancy 173, 191
Delkurt, Holger 285
Dempster, Stephen G.(뎀스터, 스티븐) 64, 73, 163
deSilva, David A.(드실바, 데이비드) 474
Dodd, C. H. 504
Dozeman, Thomas B.(도즈먼, 토머스) 63, 67, 74, 79, 81, 85, 87
Dubis, Mark 466
Dumbrell, William J. 49, 53
Dunn, James D. G.(던, 제임스) 365, 427
Durham, John I.(더럼, 존) 63, 69, 71, 73-74, 78, 84-86, 286-87
Duvall, J. Scott(듀발, 스캇) 40, 42, 49, 540, 549
Dyrness, William 56

E
Edwards, James R.(에드워즈, 제임스) 298-99, 301, 305-7, 311, 313, 327, 329, 355, 381
Eichrodt, Walther(아이히로트, 발터) 68, 139, 246, 251, 256
Els, P. J. J. S. 280
Enns, Peter 73
Eslinger, Lyle 147
Estes, Daniel J.(에스테스, 대니얼) 175, 202-3

F
Fee, Gordon D.(피, 고든) 390, 392, 403, 406-10, 413, 426, 432, 437, 439
Fewell, Danna Nolan 147
Firth, David G. 126, 133-34, 138
Fitzmyer, Joseph A. 437
Fowler, Mervyn D. 48, 91-92
France, R. T.(프란스) 296-97, 299, 303, 307, 310, 316, 320, 325, 327, 338, 349
Fredericks, Daniel C. 202-3
Fretheim, Terence E.(프레타임, 테렌스) 40, 49-52, 54, 58, 81-82, 89, 197, 215, 225, 274
Frey, Jörg 490, 566
Fried, Lisbeth S.(프리드, 리스벳) 168-69, 283-84
Fritsch, Charles T. 61
Fung, Ronald Y. K.(펑, 로널드) 428-29

G
Gammie, John G. 211

Gane, Roy 94
Garland, David E.(갈랜드, 데이비드) 299, 309, 311, 338, 382-83, 426
Garrett, Duane E. 198, 279
Gathercole, Simon J.(개더콜, 사이먼) 300-1, 348, 408
Gentry, Peter J.(젠트리, 피터) 77-78, 212
Gerstenberger, E. 180, 234
Giles, Kevin N.(자일스, 케빈) 458-60
Gitay, Yehoshua 136
Goldingay, John(골딩게이, 존) 51, 59, 64, 109, 113, 196, 211-12, 216-17, 220, 223-26, 237, 267-70
Goldsworthy, Graeme(골즈워디, 그레엄) 551
Gorman, Frank H. 94
Gorman, Michael J.(고먼, 마이클) 393, 406
Goswell, Gregory(고스웰, 그레고리) 127-29, 291
Gowan, Donald E(고원, 도널드) 222, 225, 285, 289
Gray, John 147
Green, Gene L.(그린, 진) 440, 478
Green, Joel B. 352
Greenberg, Moshe 64, 246
Greer, Jeremy 302
Grenz, Stanley J. 54
Guelich, Robert A.(굴리히, 로버트) 320
Gundry, Robert H.(건드리, 로버트) 306-7
Gunkel, Hermann(궁켈, 헤르만) 172-73
Gunn, David M. 147
Guthrie, George(거스리, 조지) 443-44, 450-52, 474-75

H

Hafemann, Scott J. 31
Hagner, Donald A.(해그너, 도널드) 319, 323-24, 341, 343, 349
Hahn, Scott W.(한, 스캇) 164
Hamilton, James M.(해밀턴, 제임스) 174, 177, 187, 189, 203, 210, 364, 566
Hamilton, Victor P. 51, 57-58, 69
Haran, Menahem 213
Harman, A. M. 125
Harris, Murray J. 391-92, 414, 419
Harrison, R. K. 240
Hartley, John E. 76, 91, 93, 95, 201
Hasel, Gerhard F. 386
Hauge, Martin Ravndal(해게, 마르틴) 81
Hawk, L. Daniel 127, 131, 181
Hays, J. Daniel(헤이즈, 대니얼) 40, 42, 52-53, 58, 77-79, 147, 227, 235, 241, 252, 271-72, 370, 490
Hays, Richard B.(헤이즈, 리처드) 301, 303
Helyer, Larry R. 506
Hertog, Cornelis Den 68-69
Hildebrandt, Wilf 229-30
Hill, Andrew E. 156
Hodson, Alan K.(호드슨, 앨런) 465-66
Hossfeld, Frank-Lothar 173
House, Paul R.(하우스, 폴) 54, 61, 67-68, 81, 95, 211, 244, 252-53, 257, 271
Houtman, Cornelis 72, 78
Hubbard, Robert L. 122, 129-31
Humbert, D. Paul 254
Hundley, Michael(헌들리, 마이클) 87, 92, 109, 111, 135
Hurowitz, Victor Avigdor(후로비츠, 빅터)

141, 168-69, 198
Hurst, L. D. 447
Hurtado, Larry W.(허타도, 래리) 32-33, 300-1, 312, 331-32, 334, 336, 338, 358, 360, 424

I
Isbell, Charles D. 69

J
Jacob, Benno 69
Jacob, Edmond(자콥, 에드몽) 68
Jacobson, Rolf A. 173, 191
Janzen, J. Gerald 201
Japhet, Sara(예펫, 사라) 148, 154, 156, 158-60
Jenni, E. 125, 212
Jensen, Philip 82
Jeon, Yong Ho(전용호) 147, 158
Jobes, Karen H.(좁스, 캐런) 450, 454-55, 467, 470, 510-12, 516, 521
Johansson, Daniel 301
Johnston, Philip S. 178
Joyce, Paul M.(조이스, 폴) 262, 264

K
Kaiser, Otto 212, 222-23, 254
Kaiser, Walter C., Jr. 60, 62, 68, 80, 109, 230
Kamp, Albert 109, 142
Kashlow, Robert C. 285, 288
Keener, Craig S.(키너, 크레이그) 302, 325, 343, 494, 506, 536
Kelly, Brian E. 163
Keown, Gerald L. 243
Kessler, John 68, 78, 283, 286
Kim, Hak-Chin 45, 265
Klein, Ralph W.(클라인, 랄프) 154-55, 166
Kleinig, John W.(클라이닉, 존) 156-57, 161
Klink, Edward W., III 30
Knafl, Anne K. 103, 107, 109
Koester, Craig R.(쾨스터, 크레이그) 445, 462, 471, 475, 485-86, 489-90, 498-500, 508, 529, 544
Köstenberger, Andreas(쾨스텐버거, 안드레아스) 485, 487-89, 494, 497-98, 500, 505
Kraus, Hans-Joachim(크라우스, 한스-요아힘) 172, 174, 176, 182, 184, 187-89
Kruse, Colin G.(크루즈, 콜린) 512, 520-22
Kupp, David D.(쿱, 데이비드) 302, 304, 324-25, 335, 337, 347-50
Kutsko, John F.(쿠츠코, 존) 244-46, 249, 255
Kwakkel, Gert 181

L
Lacocque, André 269-70
Ladd, George E.(래드, 조지) 323, 419, 447
Lane, William L.(레인, 윌리엄) 300, 305, 311, 326, 335-37, 339-40, 444, 449, 451-52, 460, 475-76
Lau, Peter H. W.(라우, 피터) 127-29

Leene, Hendrik 243, 256
Leithart, Peter 142
Levenson, Jon(레벤슨, 존) 188, 212
Levine, Baruch A. 99
Levison, John R. 247, 249
Lieu, Judith M.(리우, 주디스) 509, 515-16
Limburg, James 173, 178-79, 184
Lister, J. Ryan(리스터, 라이언) 45, 69, 117, 123-24, 526
Lockett, Darian R. 30
Lohfink, Norbert 273
Longenecker, Richard N.(롱네커, 리처드) 376, 379
Longman, Tremper, III(롱맨, 트렘퍼) 44, 52, 57, 61, 82, 135, 172-73, 187, 194-97, 199-202, 219, 236-37, 241-42, 254, 270, 306, 338
Louw, Johannes P. 443
Lucas, Ernest C.(루카스, 어니스트) 177, 191, 195, 266, 270
Lundbom 235-39
Luther, Martin(루터) 203
Luz, Ulrich(루츠, 울리히) 346-47, 349
Lynch, Matthew 156, 161

M

Ma, Wonsuk 229-30
MacDonald, Nathan(맥도널드, 나단) 106, 109, 126, 249, 257
Malatesta, Edward(말라테스타, 에드워드) 508, 520
Malchow, Bruce V. 292
Malone, Andrew S. 291
Mangina, Joseph L.(망기나, 조셉) 535, 542, 546
Marlow, Hilary 228
Marshall, I. Howard(마셜, 하워드) 355, 361-63, 369, 423-24, 442, 447-48, 458, 515, 517, 521
Martens, Elmer A. 69
Martin, Oren 117
Martin, Ralph P. 399, 464
Mathews, Keneth A. 52, 55, 57
Mayes, A. D. 109
Mayor, Joseph B. 453
Mays, James Luther 191, 277
McCann, J. Clinton(맥칸, 클린턴) 173, 178, 185, 190-91
McCartney, Dan(맥카트니, 댄) 453-54, 477
McConville, J. Gordon(맥콘빌, 고든) 56, 104, 107, 109, 116, 244
McDowell, Catherine L.(맥도웰, 캐서린) 55
McKane, William 237-39
McKelvey, R. Jack 371
McKeown, James(매컨, 제임스) 58, 128, 130
McKnight, Scot 453-54, 464
Mealy, J. Webb 553
Meier, Samuel E. 267
Melton, Brittany N. 194, 197
Merrill, Eugene H. 141-42, 221
Mettinger, Tryggve N. D. 211, 213-14, 233
Meyers, Carol L. 288-90
Meyers, Eric M. 288-90
Middleton, J. Richard 53-55, 226
Milgrom, Jacob 81, 96

Millar, J. G. 109
Miller, Patrick D.(밀러, 패트릭) 100, 136-37, 254
Miller, Stephen 270
Moberly, R. W. L. 87
Moltmann, Jürgen 37, 225
Moo, Douglas J.(무, 더글러스) 387, 398, 405, 413, 416, 431, 454, 464
Moore, M. S. 38
Morales, L. Michael 53, 57-58, 60, 82, 94-96
Morris, Leon(모리스, 레온) 130, 398, 499
Mounce, Robert(마운스, 로버트) 532, 551, 553
Murphy, Roland E. 191, 200

N

Nelson, Richard D. 104-6, 109, 123, 147, 151
Newsom, Carol A. 267
Nida, Eugene A. 443
Niehaus, Jeffrey J. 51, 72, 80, 182
Niskanen, Paul 218
Nogalski, James D. 271
North, Christopher R. 224-26
Nykolaishen, Douglas J. E.(니콜라이셴, 더글러스) 166, 171

O

Olley, John W. 147
Osborne, Grant R.(오스본, 그랜트) 304, 317-18, 325, 336, 530, 537, 547, 553
Oswalt, John N. 211-12, 218, 224, 229

O'Toole, R. F.(오툴) 359
Ottosson, M. 212
Owens, Paul L. 300

P

Page, Frank(페이지, 프랭크) 273-74
Pate, C. Marvin 31, 270, 562
Patrick, Frank Y. 282, 284
Payne, David 226
Perdue, Leo G. 196-97
Perrin, Nicholas 333, 495
Petersen, David L.(피터슨, 데이비드) 244, 286-88, 290
Peterson, David G. 365, 370
Peterson, Ryan S. 55
Plastaras, James(플라스타라스, 제임스) 68, 77, 81-82
Porter, Stanley E. 386
Powell, Mark Allan(포웰, 마크 앨런) 341
Preuss, Horst Dietrich 67, 69
Propp, William H. 64-65
Provan, Iain 52, 147

R

Raitt, Thomas M.(레이트, 토머스) 235, 253
Rapske, Brian(랩스키, 브라이언) 376
Reddit, Paul L. 171
Reeves, Rodney(리브즈, 로드니) 387
Reid, Daniel G. 219, 254
Rendtorff, Rolf(렌토르프, 롤프) 63, 81, 136
Resseguie, James L.(레세귀, 제임스) 547

Richards, E. Randolph(리처즈, 랜돌프) 387
Richter, Sandra L.(리히터, 샌드라) 109-11, 116, 233
Ringgren, H. 123
Roberts, J. J. M.(로버츠) 136-37, 211
Robertson, O. Palmer(로버트슨, 팔머) 173, 177, 185, 190, 192
Robson, James 256, 260
Römer, Thomas(뢰머, 토머스) 144
Rooker, Mark F.(루커, 마크) 92, 94-95
Rosner, Brian S.(로스너, 브라이언) 322, 374, 423
Ross, Allen P. 51, 62, 82, 94-95, 191
Routledge, Robin(러틀리지, 로빈) 50, 54, 57, 69, 78, 229-30, 282
Rowe, C. Kavin(로우, 캐빈) 357
Ryken, Leland 306, 338

S

Sailhamer, John H. 50
Sakenfeld, Katharine Doob(자켄펠드, 캐서린) 130
Sanders, Fred(샌더스, 프레드) 568, 570
Saner, Andrea D. 69
Satyavani, Puttagunta(사티아바니, 푸타군타) 100, 177
Scalise, Pamela J. 243
Schafroth, Verena 468-69
Schmutzer, Andrew J. 166, 171
Schnabel, Eckhard(슈나벨, 에크하르트) 374
Schnackenburg, Rudolf 393, 521
Schnittjer, Gary Edward 63, 93

Schöpflin, Karin 267
Schreiner, Patrick, 331, 342, 344, 346, 350
Schreiner, Thomas R.(슈라이너, 토머스) 315-16, 318, 363, 387, 454, 466, 468, 515, 566
Schuele, Andreas(슐레, 안드레아스) 55, 246, 248
Scobie, Charles H. H.(스코비, 찰스) 49, 68
Seibert, Eric 147
Seitz, Christopher R. 67, 212, 219, 222, 227-28, 271
Selman, Martin J.(셀만, 마틴) 153, 159, 163, 165
Simian-Yofre, H.(시미안-요프레) 48, 92, 218
Simpson, Benjamin I. 378
Smalley, Stephen S.(스몰리, 스티븐) 508-9, 515, 522
Smith, Billy K.(스미스, 빌리) 273-74
Smith, Gary 212, 222, 227-28
Smith, Mark S. 53
Smith, Ralph L. 291
Smoak, Jeremy D.(스모크, 제레미) 100, 177
Smothers, Thomas G. 243
Snearly, Michael K. 173, 190-91
Sommer, Benjamin D. 79, 83, 94
Soulen, R. Kendall 69, 109
Squires, John T.(스콰이어스, 존) 351-52, 367
Stähli, H.-P. 234-35
Stein, Robert H. 305, 311, 313, 329, 335, 337-39, 362

Strauss, Mark L. 355
Stuart, Douglas K. 51, 84-85, 87, 278-79, 281
Sweeney, Marvin A. 271

T

Tanner, Beth LaNeel 173, 191
Tate, Marvin E. 184, 190-91
Terrien, Samuel(테리언, 새뮤얼) 44, 69, 171, 233, 239, 254
Thielman, Frank 386
Thiselton, Anthony C. 427
Thompson, J. A. 235
Thompson, Marianne Meye(톰슨, 매리언) 485, 494, 496, 498, 501, 504, 514
Tilling, Chris 392, 397
Timmer, Daniel C. 276
Tiño, Jozef 163
Tollington, Janet E. 282
Tooman, William A.(투먼, 윌리엄) 244, 256-57, 259, 261
Towner, Philip H. 392
Towner, W. Sibley 268
Trible, Phyllis 273
Tucker, Gene M. 212
Tucker, W. Dennis, Jr. 58-59
Tuell, Steven S. 152-54, 160
Tull, Patricia K. 212
Turner, David L.(터너, 데이비드) 304, 320-21, 323, 453
Turner, Max(터너, 막스) 361, 365, 367, 369

V

van der Woude, A. S. 48, 92, 109
VanGemeren, Willem A. 229, 281
Van Leeuwen, Raymond C. 194
Van Pelt, M. V. 230
Verhoef, Peter A. 291
Vogt, Peter T.(포크트, 페테르) 103, 106-7, 109, 116, 233
von Rad, Gerhard(폰 라트, 게르하르트) 55, 67, 108, 172, 187, 194, 196-97, 287
Vriezen, T. C.(프리젠) 39, 68, 210

W

Walker, Peter W. 495
Wallace, Daniel B. 530
Walsh, Jerome T. 147
Waltke, Bruce K. 50-52, 58, 66, 68, 89-90, 109, 163, 171, 195-98, 229, 257
Walton, John H.(월튼, 존) 50, 52, 57, 59, 92, 562
Walton, Kevin 61
Ward, Timothy(워드, 티모시) 388
Watts, Rikk E.(왓츠, 릭) 296-97, 312, 340
Weima, Jeffrey A. D.(와이마, 제프리) 440
Weinfeld, M. 38, 239-40
Wenham, Gordon J. 51-52, 57, 89, 93, 95, 98, 109
Wessner, Mark D. 87
Westermann, Claus(베스터만, 클라우스) 49, 51, 53-54, 57, 173, 178
Wildberger, Hans(빌트버거, 한스) 212-13, 277-78
Wilhoit, James C. 306, 338
Wilkins, Michael J.(윌킨스, 마이클) 318-

19, 337
Williams, T. F.(윌리엄스) 129
Williamson, H. G. M. 157, 159, 166, 218, 222
Wilson, Gerald H. 173, 179, 185
Wilson, Ian 47, 103, 107, 109, 233
Wilson, Lindsay 200
Wiseman, Donald J. 147
Witherington, Ben, III(위더링턴, 벤) 297, 308, 331, 340, 364, 377, 390, 424, 511
Wolff, Hans Wolter(볼프, 한스 발터) 54, 276, 278-79
Wolff, Herbert M. 230
Wright, Christopher J. H. 109, 245-47, 255, 259-60, 262, 264-65
Wright, N. T.(라이트) 385, 396, 403, 418, 421, 425

Y

Youngblood, Kevin J. 273-74, 276
Younger, K. Lawson 132
Yu, Charles 58, 66, 68, 89-90, 109, 163, 171, 197, 229, 257

Z

Zenger, Erich 173
Zimmerli, Walther(침멀리, 발터) 245-47, 251, 253-55, 260, 264-65

하나님의 임재 신학
성서신학의 응집력 있는 중심

Copyright ⓒ 새물결플러스 2022

1쇄 발행 2022년 3월 11일

지은이 J. 스캇 듀발, J. 대니얼 헤이즈
옮긴이 오광만
펴낸이 김요한
펴낸곳 새물결플러스

편 집 왕희광 정인철 노재현 한바울 정혜인
 이형일 나유영 노동래 최호연
디자인 박인미 황진주 김은경
마케팅 박성민 이원혁
총 무 김명화 이성순
영 상 최정호 곽상원
아카데미 차상희

홈페이지 www.holywaveplus.com
이메일 hwpbooks@hwpbooks.com
출판등록 2008년 8월 21일 제2008-24호
주 소 (우) 04118 서울시 마포구 마포대로19길 33
전 화 02) 2652-3161
팩 스 02) 2652-3191

ISBN 979-11-6129-232-8 93230

책값은 뒤표지에 있습니다.